U0603465

语言学经典文丛

中古汉语读本

（修订本）

方一新　王云路 编著

上海教育出版社

出 版 说 明

上海教育出版社成立六十年来,出版了许多语言学专著,受到学界的欢迎。为满足读者的需要,我们从历年出版的著作中精选了一批,辑为"语言学经典文丛"。此次出版,我们按照学术著作出版规范的国家标准,对编入文丛的著作进行了体例等方面的调整,还对个别差错予以改正。其他均保持原貌。

上海教育出版社

2018 年 8 月

目　　录

序

　　方一新、王云路两位同志合著的《中古汉语读本》即将出版，这是一件很有意义的事。编著这部书是具有开创性的工作，也是汉语史研究工作中的新进展。我相信，无论专业语文工作者或是业余爱好语文的同志，都可以从这部书里获益不少。

　　对于汉语发展历史的研究，近几十年来有了长足的进展，成果相当可观。如果说，几十年以前我们对汉语史的理解还比较粗疏，只停留在把汉语简单地划分为文言和白话（古代汉语和现代汉语）两大块这么一个阶段，那么，几十年以后的今天，我们的认识就丰富多了，对汉语的理解也深刻多了。现在，语言学界都承认，在汉语的发展过程中，除了古代汉语和现代汉语这两个阶段以外，还有一个近代汉语时期。这一点是大家的共同认识，尽管在这三个时期的具体划分上，以及这三个时期之间的关系是鼎足而三还是一分为二（即把现代汉语看成近代汉语的一个阶段）等问题上，看法还不完全一致。

　　看法不一致并不是坏事，它常常是认识更趋深化的起点。由于看法不一致，就促使我们更进一步去占有语言资料，更仔细地观察语言现象，更深入地探索汉语发展的特点。现在，越来越多的学者已经注意到，汉代以后的汉语比之先秦时期的汉语有许多不同。有的学者指出，从东汉开始，到魏晋南北朝，古代汉语起了质的变化，出现了许多新的词语和新的句法格式，成为古代汉语向近代汉语过渡的时期。有的学者明确主张把这一个阶段从古代汉语中划分出来，认为这一个阶段应属汉语史上的中古汉语时期。"上古汉语—中古汉语—近代汉语—现代汉语"这样一种划分已经越来越得到学者们的注意与承认。

一新、云路两位的《中古汉语读本》所处理的语言材料就是上面所说的东汉魏晋南北朝时期的中古汉语。这一时期最明显的特点是接近口语的成分开始出现,并且呈现由少到多的发展趋势。其所以拿东汉作起点,是因为从东汉开始已经出现了在不同程度上反映当时口语的白话材料。本书选录的汉代乐府和汉译佛经就是很有力的证明。汉代乐府民歌上承《诗经》十五国风的余绪,比较接近口语,并且影响到一部分文人的诗作,跟同一时期的散文相比,更能反映当时的语言实际。至于汉译佛经的影响就更大了,正如本书两位著者所说:

> 汉译佛经的出现,同样也是汉语发展史上的一件大事。由于多种原因(诸如为了便于传教、译师汉语水平不高、笔受者便于记录等),东汉以至隋代间为数众多的翻译佛经,其口语成分较之同时代中土固有文献要大得多,并对当时乃至后世的语言及文学创作产生了巨大的影响。这些译经是研究汉语史,尤其是汉魏六朝词汇史的宝贵材料,应该引起我们的充分注意。(见本书1页)

正是接近口语的中土固有文献和因域外传入佛教而出现的汉译佛经这两股力量,影响了东汉以后五六百年的中古汉语。中古汉语虽然还不是纯粹的口语,但是比之汉魏以后文人刻意模仿先秦的语言规范而形成的脱离口语的"文言",其面貌已有很大不同。我们要了解这一时期汉语的真实面貌,只能到这一类文献里去找寻。这类文献大多不见于高文典册,而且往往很零碎,需要做一番旁搜博采、披沙拣金的艰苦工作。本书的两位著者在这方面花了不少精力,把他们搜集到的文献按照(一)佛经、(二)小说、(三)诗歌、(四)杂著、(五)其他这五类加以排列,"举一隅而以三隅反",读者可以从中窥见中古汉语的概貌。这项工作过去还没有人做过,这是著者的一大贡献,填补了一大块空白。

本书更大的贡献在于对这些文献所作的诠释。诠释包括对原文的"题解"和对原文的词语的"注释"。本书题解部分往往能做到要言不烦，只着重介绍原文的性质、主要内容、语言特点以及版本出处，等等。用简单的话，说清楚要说的事，这是对题解的一般要求。因为原文毕竟是主体，题解只是辅助而不能代替原文。"如人饮水，冷暖自知"，要知道中古汉语究竟是怎么回事，还需要认真阅读原文。

这些中古文献都是距离我们一千几百年的作品。这一千几百年间，文言变化不大，因为它已经形成固定的模式，而口语的变化肯定是非常之大的。这类文献越接近当时的口语，今天就越不容易读懂。本书对原文的词语的注释，跟题解部分不同，可谓不厌其详。为了说清楚一个词的确切含义，著者往往要引证几种、十几种乃至更多种材料，其功力显现于此，对读者帮助最大的也在于此。我们阅读古籍，最困难的还不在于那些从字面到内容都与今天的用语迥然不同的词语（这些词语的意思一般能从字书、辞书、类书中查到），最困难的是与今天的用语字面相同而字义迥异的那些词语，要是简单地望文生义，那就非弄错不可。我读了这部《中古汉语读本》，由衷钦佩著者对原文词语特别是容易与今语相混同的那些词语的详尽注释。这里面有著者本人穷源竟委的努力，也有前人和时贤研究的成果经过著者的消化融会而吸收到本书中来的。吸取现有研究成果，是非常重要的，其意义绝不低于研究者本人的钻研。无论做什么研究，社会科学或是自然科学，首先必须知道别人已经对这项课题做过哪些工作，有哪些成果可以参考，有哪些弯路应该避免。任何研究工作，只要有人做过，哪怕只有少数人做过，也不管做得怎么样，我们接着做，就不是从零开始，就得先看看人家已经走到了哪一步。别人做对了的，我们不必重复；别人弄错了的，我们要避免：只有这样，研究的水平才能不断提高。一新、云路两位的水平高，因为他们没有重复无效劳动，他们是站在前人的肩上向前攀登不息的。

我初次结识方一新、王云路伉俪，是1989年。那年秋天，承蒋云从先生的厚意，约我到杭州大学参加几位博士生的毕业论文答辩，一新就是其中的一位,而且是很杰出的一位。他师从蒋先生和故友郭在贻先生,论文是关于《世说新语》的词汇研究的,研究对象正是属于中古汉语时期。给我印象最深的就是前面所说与今天的用语在字面上相同而字义迥异、容易让人望文生义的那些词语,他能够把这些词语阐释得清清楚楚。读了他的博士论文以后再读《世说新语》,就感觉"积滞群疑,涣然冰释"了。

方一新、王云路两位继承了他们师辈谨严求实的学风,这本著作证明了这一点。郭在贻先生英年早逝,朋辈无不扼腕叹息。现在读了一新、云路的新著,我想大家都可以为亡友薪尽火传、后继有人而感觉欣慰了。

刘 坚

1992 年 2 月

前　言

吕叔湘先生曾经指出:"进一步开展近代汉语词汇语法的研究,我以为有几件事要做。第一,做好资料工作……第二,总结研究成果……第三,编辑读本。"(《近代汉语读本·序》)这本《中古汉语读本》,是我们继《中古汉语语词例释》之后,在中古汉语研究领域内的又一尝试。

建国以来,有关古代语言的作品选读书籍,先后出版了南开大学中文系古代汉语教研室编写的《古代汉语读本》(天津人民出版社,1981年版)和刘坚先生编著的《近代汉语读本》(上海教育出版社,1985年版)。前者以先秦、秦汉典籍为主要内容,后者以唐、宋以来的白话作品为主要内容,都受到了读者的欢迎。尤其是《近代汉语读本》的问世,是近年来汉语史研究的可喜突破,为学习和研究近代汉语提供了很大的便利。我们以为,在上述两种《读本》中间还有一段空白,那就是东汉魏晋南北朝时期的早期白话文献,我们称之为"中古汉语"。经过几年的准备和积累,现在试图做这一工作。刘坚先生《近代汉语读本》已经收入了六朝作品《世说新语》《百喻经》和《奏弹刘整》,我们在广泛调查、阅读汉魏六朝文献的基础上加以扩展和充实,分"佛经""小说""诗歌""杂著""其他"这五类(前两类由方一新主要编写,后三类由王云路主要编写)选录了这一时期部分口语词汇较多的篇章。各类中的作品大体依照作(译)者年代排列;每一类下有总说,书名后是对该书及作(译)者的简单介绍;篇以下依次是篇名(标题)、题解、原文、注释。许多口语词和熟语条下,除了释义外,还辅之以较多的例证,以求言而有征,举一反三,力图揭示汉魏六朝口语词汇的一些基本特点,展现部分习用语的使用情况。

我们编选这本《中古汉语读本》,旨在抛砖引玉,引起学界对汉魏六朝语言研究尤其是口语词汇研究的重视;也希望借此向广大语文爱好者介绍汉魏六朝时期比较通俗的作品的概貌。篇幅所限,很多本应入选的篇章不得不割爱了。如果本书能给从事语言研究的同仁们和普通读者以些微帮助,能为汉语史研究尽绵薄之力,我们的目的也就达到了。

我们应该感谢刘坚先生。编注这本书的想法是在刘先生《近代汉语读本》的启发下形成的。现在,刘先生又在百忙中欣然作序,体现了前辈学者对后学的关怀和厚爱。我们要感谢吉林教育出版社。在出版业并不景气的今天,他们愿意赔钱出这本书,令人感动。更要感谢自始至终都鼓励、关注本书写作的责任编辑李静同志。没有她的支持和帮助,书稿的完成肯定是不可能的。

本书在注释过程中参考了前辈时贤的不少论著,如蒋云从师《敦煌变文字义通释》、郭在贻师《训诂丛稿》、周一良先生《魏晋南北朝史札记》、江蓝生先生《魏晋南北朝小说词语汇释》、蔡镜浩先生《魏晋南北朝词语例释》和吴金华先生《〈三国志〉校诂》等,限于体例,未能逐一说明,谨此一并致谢,兼示不敢掠美之意。作者学浅识庸,书中阙失之处难免,敬祈海内外博雅之士教正。

作　者

1992 年

再 版 前 言

本书完成于1992年，出版于1993年，现在已经是2004年的岁尾了。十多年过去了，看看以前的注释，重读刘坚先生的序言，感慨良多。

那时没有电脑，没有电子文本，不知道要翻阅多少古书才能找到一个合适的例子，才可以作出恰当的解释。我们为找到一个例证而欣喜不已，也就敝帚自珍，舍不得扔掉一个例证，所谓韩信将兵，多多益善，这是我们的心血，也是这部《读本》的特色。现在，电脑检索系统可以在几分钟时间完成我们几天甚至几十天才能完成的工作，所以我们在保留原有特色的基础上，对例证作了适当删削，也订正了个别有误的注释；同时补充了一些具有口语特色的篇章，包括《晋书·愍怀太子传》《宋书·庾炳之传》《魏书·尔朱彦伯传》等史书片段；王褒《僮约》、戴良《失父零丁》等契约文书；《修行本起经》《十诵律》《弥沙塞部和醯五分律》等佛教文献；《孔雀东南飞》《木兰辞》等民间诗歌；《观世音应验记》《异苑》等小说内容，还有道教文献《太平经》的部分篇章。章节安排也由五部分改为六部分，即：（一）佛经；（二）小说；（三）史书；（四）诗歌；（五）杂著；（六）其他。这就是修订本新增的大致内容。新增篇目中的明显误字，酌作校勘或在注释中说明。

刘坚先生离开我们已经3年多了，但刘先生的音容笑貌仍在眼前浮现。刘坚先生重情意，他是我们的导师郭在贻先生的挚友。1996年的一天，刘先生寄给我们5本《语文研究》，那里有他的一篇回忆故友郭老师的文章，刘先生在信里说：郭老师不在了，我写的回忆文章只有给你们几位郭老师的弟子看看了，分给大家，留个纪念吧。这篇《纪念语言学家郭在贻逝世七周年》的文章情文并茂,感人至深。2003 年整理出版《郭在贻文集》时,我们也附上了刘先生的这篇文章。刘先生提携后进不遗余力,为我们主持答辩,为我们的国家社科基金课题结项作鉴定组长,为我们的书稿写序,为我们的一点点进步加油助威。有一年,王云路到北京开全国语言学会年会,还应刘先生之邀,和法国语言学家贝罗贝先生一道到先生家做客。饭菜素淡,看得出先生过着简朴的生活,也看得出先生真诚的品格。现在,上海教育出版社要我们修订《中古汉语读本》,与刘坚先生的《近代汉语读本》一道再版,作为一套书推出,更作为对刘先生的纪念。这是《读本》修订再版的一个原因。

当年编辑《中古汉语读本》时,我们曾编了一个词语索引,但出版社考虑到费用问题,最终没能放上去。后来承蒙日本花园大学教授衣川贤次先生的美意,索引及勘误得以在日本《中国语研究》第 42 号(白帝社,2000 年 10 月)刊出。本次修订工作,得到了许多师友的支持和帮助。年近八旬的张永言先生把他对《读本》的意见专门写给我们,令人感动。友人汪维辉教授为《读本》的修订提供了不少宝贵意见,宋闻兵博士校订、复核,做了大量工作;姚永铭兄更是仔细通读修订稿,订讹补阙,出力甚多。此外,钱群英博士为修订本编了词语索引,袁佩娜、邱戌程同学以及 2001 级文献班同学也为《读本》修订做了不少工作;编者之一方一新利用在日本京都大学访问期间做《读本》的修订工作,承蒙平田昌司教授提供了很好的研究和生活条件,谨在此一并致以衷心的感谢。同时,我们也要感谢上海教育出版社,尤其是张荣、徐川山两位先生,是他们怂恿我们对《中古汉语读本》进行修订,给了拙编一次修改充实、订正讹误的机会,我们很感激。

希望这本小书能给中古汉语研究者提供一点帮助。书中肯定还有很多错误,希望继续得到学界同仁和广大读者的批评指正。

方一新　王云路
2004 年 12 月 27 日

佛　经

　　佛教自两汉之交传入我国后，经过历代名僧信士的努力，到唐代以前，已经翻译引进了卷帙浩繁的佛教经典，总数约有一千多部，三千六百余卷①。如同佛教的传入是中国哲学思想史、文化艺术史以及中外交流史上的一件大事一样，汉译佛经的出现，同样也是汉语发展史上的一件大事。由于多种原因（诸如为了便于传教、译师汉语水平不高、笔受者便于记录等），东汉以至隋代间为数众多的翻译佛经，其口语成分较之同时代中土固有文献要大得多，并对当时乃至后世的语言及文学创作产生了巨大的影响。这些译经是研究汉语史，尤其是汉魏六朝词汇史的宝贵材料，应该引起我们的充分注意。

　　今据日本《大正新修大藏经》②，选录《修行本起经》《六度集经》《生经》《杂譬喻经》《十诵律》《五分律》《贤愚经》《杂宝藏经》和《百喻经》这九部佛经中若干口语词汇比较丰富的章节加以注释，以求通过这些佛经片段和我们的注释，略窥先唐汉译佛经语言特点之一斑。个别疑有讹误的文字，参考《中华大藏经》（中华书局，1984）等相关版本酌作校正。凡原文有误者加括号（　），校正文字加方框号［　］。

（一）修 行 本 起 经

　　二卷，东汉竺大力共康孟详译。大乘佛教的经典之一，记述佛陀

---

　　①　朱庆之.佛典与中古汉语词汇研究［M］.台北：文津出版社，1992.
　　②　简称《大正藏》，日本大正 13 年（1924）初版，昭和 36 年（1961）再版。是藏以《高丽藏》再雕本为底本，以宋、元、明三藏及宫本、圣语藏、敦煌写本、古佚本旁校，以脚注的形式当页出校，直观实用。

释迦牟尼诞生、成长、出家修道、传教的经历。据史料记载,该经的梵本是东汉另一翻译家昙果从古印度迦维罗卫国(今在尼泊尔境内)带来的,建安二年(197年)二月,由康孟详和竺大力在洛阳译成汉语。康、竺二人的译文流畅通达,受到好评。道安曾称赞说:"孟详所出,奕奕流便,足腾玄趣也。"(《高僧传》卷一《支娄迦谶》)

康孟详,东汉僧人,翻译家。康居(古国名,今中亚一带)人,汉灵帝、献帝时以讲解驰名京洛。与竺大力、昙果合译《中本起经》《修行本起经》,语言地道,文笔流畅。事迹见南朝梁慧皎《高僧传》卷一《支娄迦谶附康孟详》、《开元释教录》卷一、《历代三宝记》卷四。竺大力,东汉僧人,翻译家。事迹见慧皎《高僧传》卷一、《开元释教录》卷一、《历代三宝记》卷二。

此经的异译有三国吴支谦译《太子瑞应本起经》。现选录卷上《试艺品》的片段。

1. 试 艺 品

[题解]

这原是一部叙述佛传故事的佛经,本文撷取了其中的一个片段。太子长大以后,思想逐渐成熟,思考问题渐多,整天忧心忡忡,令国王、王后不安。大臣出主意说,应该为太子娶妻了,于是为太子求娶邻国国王的女儿裘夷。裘夷以美貌著称,多次拒绝了别国国王的提亲。这次,为了避免矛盾和遴选如意郎君,裘夷想出了比武择婿的主意。赶路途中、比武场上,比试力量、箭法,太子手下的优陀、难陀、调达、阿难已很出色,但太子更胜一筹。最后比试摔跤,魔鬼力人王出场,志在必得,但照样败在了太子手下。在众多侍女中,太子抛掷珠璎,一下子就投中了裘夷。但娶妻、配备了六万婇女以后,太子也没产生兴趣,国王只得采纳臣子的建议,让太子出去游玩,散心开怀。

文章讲述了佛陀出家前的一段故事,其中以叙写比武的场面最为详细、具体,也十分生动有趣。佛陀虽未练过武,但比试起来,力大艺精,故屡战皆捷,顺利娶到了美女裘夷。译者语言表达能力强,文中对难陀、调达等的描写也栩栩如生。

［原文］

于是太子[1]，与诸官属[2]，即回还宫[3]。至年十七，妙才益显，昼夜忧思，未曾欢乐，常念出家。王问其仆[4]："太子云何[5]？"其仆答言："太子日日忧悴[6]，未尝欢乐[7]。"王复愁忧，召诸群臣："太子忧思，今当如何？"有一臣言："令习兵马。"或言："当习手搏射御。"或言："当令案行国界[8]，使观施为，散诸意思[9]。"有一臣言："太子已大，宜当娶妻，以回其志[10]。"

王为太子采择名女，无可意者[11]。有小国王，名须波佛（汉言善觉）[12]，有女名裘夷[13]。端正皎洁[14]，天下少双；八国诸王，皆为子求，悉不与之。白净王闻，即召善觉，而告之曰："吾为太子，娉取卿女[15]。"善觉答言："今女有母及诸群臣、国师梵志，当卜所宜，别自启白[16]。"善觉归国，愁忧不乐，绝不饮食[17]。女即问王："体力不安[18]？何故不乐？"父言："坐汝令吾忧耳[19]。"女言："云何为我？"父言："闻诸国王来求索汝，吾皆不许。今白净王，为太子求汝。若不许者，恐见诛罚[20]；适欲与者，诸国怨结[21]，以是之故，令吾忧戚。"女言："愿父安意[22]，此事易耳。我却七日[23]，自处出门[24]。"善觉听之。表白净王："女（即）[却]七日[25]，自出求处国中勇武技术最胜者[26]，尔乃为之。"白净王念：太子处宫，未曾所习，今欲试艺，当如何乎？

至其时日，裘夷从五百侍女[27]，诣国门上。诸国术士，普皆云集[28]，观最妙技礼乐备者，我乃应之。王敕群臣，当出戏场[29]，观诸技术。王语优陀[30]："汝告太子，为尔娶妻，当现奇艺。"优陀受教，往告太子："王为娶妻，令试礼乐，宜就戏场[31]。"太子即与优陀、难陀、调达、阿难等五百人[32]，执持礼乐射艺之具，当出城门。安置一象，当其城门，决有力者。调达先出，见象塞门，扠之一拳[33]，应（持）[时]即死[34]。难陀寻至，牵著道侧[35]。太子后来，问其仆曰："谁扛杀象[36]？"答言："调达杀之。""谁复移者？"答言："难陀。"菩萨慈仁，徐前按象[37]，举掷城外。象即还稣[38]，更生如故[39]。调达到场，扑众力士[40]，莫能当者。诸名勇力，皆为摧辱。王问其仆："谁为胜者？"答言："调达。"王告难陀："汝与调达二人相扑[41]。"难陀受教即扑，调达顿躃闷绝[42]。以水灌之，有顷乃稣。王复问言："谁为胜者？"其仆答言："难陀得胜。"王告难陀："与太子决。"难陀白王："兄如须弥[43]，难陀如芥子[44]，实非其类。"拜谢而退。

复以射决。先安铁鼓，十里置一，至于七鼓。诸名射者，其箭力势，不及一鼓。调达放发，彻一中二[45]。难陀彻二，箭贯三鼓。其馀艺士，无能及者。太子前射，挽弓皆折，无可手者[46]。告其仆曰："吾先祖有弓，今在天庙，汝取持来。"即往取弓，二人乃胜[47]。令与众人，无能举者。太子张弓，弓声如雷。传与大众，莫能引者。太子揽牵弹弓之声，闻四十里。弯弓放箭，彻过七鼓；再发穿鼓入地[48]，泉水涌出。三发贯鼓，著铁围山。一切众会叹未曾有[49]。诸来决艺，悉皆受折[50]，惭愧而去。

复有力人王，最于后来[51]。壮健非常，勇猛绝世。谓调达难陀，为不足击，当与太子共决技耳。被辱去者，审呼能报[52]，踊跃欢喜。语力人王："卿之雄杰[53]，世无当者，决力取胜，必自如意[54]。"皆随从还。观与太子决于胜负[55]。调达难陀，奋其威武，便前欲击。太子止言："此非为人，大力魔王耳。卿不能制，必受其辱，吾自当之。"父王闻此，念太子幼，深为愁怖。诸来观者，谓胜太子[56]。时力人王，蹋地勇起[57]，奋臂举手，前撮太子[58]。太子应时[59]，接扑著地[60]。地为大动。众会重辱，散去忽灭。太子殊胜，椎钟击鼓，弹琴歌颂，骑乘还宫。

优陀语善觉言："太子技艺，事事殊特[61]，卿女裘夷，今为所在[62]？"善觉答言："从五百侍女，在城门上。"优陀白太子言："宜现奇特。"太子脱身珠璎[63]，欲遥掷之。优陀言："众女大多[64]，今掷与谁？"太子言："珠璎著颈，则是其人。"寻便掷珠[65]，即著裘夷[66]。一切众女，皆称妙哉，甚为奇特，世之希有。于是善觉严办送女[67]，诣太子宫。众伎侍从，凡二万人[68]。昼夜娱乐，绝世之音。太子志意[69]，不以为欢。常欲弃舍，静修道业，济度众生。

王问其仆："太子迎妃以来，意志云何[70]？"仆答王言："忧思不乐。身体羸瘦，转不如前[71]。"王心愁忧。即召群臣："太子不悦，当如之何？"诸臣议言："宜复娉娶，增其伎乐[72]。傥能回志，乐于世间。"即复为娉妙女：一名众称味，二名常乐意。其一夫人者，二万婇女[73]。三夫人者，凡有六万婇女。端正妙好，天女无异[74]。王问裘夷："太子今有六万婇女，伎乐供养，太子宁乐乎[75]？"答言："太子夙夜专精志道[76]，不思欲乐。"王闻忧惨[77]。召诸群臣，复共议言："今供太子，尽世珍奇，而故专志[78]，未曾欢乐。必如阿夷言乎?"诸臣答言："六万婇女，极世之乐，不以为欢。宜使出游，观于治政，以散道意[79]。"

[注释]

[1] 太子：梵语 Siddhārtha，名悉达多，古印度北部迦毗罗卫国(今尼泊尔境内)净饭王太子，释迦牟尼出家前的称号。本为释迦族人，佛教的创始人。据传，他幼年就开始思考人生，二十九岁时，有感于尘世的生老病死，人生无常，抛弃王族生活，出家修道。经过六年的苦行，悟到苦行尚不足以解脱人世间的痛苦，遂至正觉山菩提树下静思得道，观四谛、十二因缘之法，成"觉者""世尊"，创立佛教，开始传经布道。八十岁时去世。弟子们把他一生所说的教法记录整理，通过几次结集，成为经、律、论三藏。参见《生经·佛说鳖猕猴经》注[1]。

[2] 官属：原指主要官员的属吏。《周礼·天官·大宰》："以八法治官府：一曰官属，以举邦治。"汉郑玄注："官属，谓六官，其属各六十。"西晋法立共法炬译《大楼炭经》卷三《龙鸟品》："王言适竟，金轮便东飞，王傍诸大臣及官属皆随之飞。金轮所止处，王诸官属，亦随其止。"也泛指官员、官吏。西晋白法祖译《佛般泥洹经》卷上："即乘王威，皆严驾乘而出，欲觐见供养佛。中有乘青马青车，青衣青盖，青幢青幡，官属皆青。中有乘黄马黄车，黄衣黄盖，黄幢黄幡，官属皆黄。"北凉昙无谶译《佛说文陀竭王经》："其国中无贫穷，无豪羸强弱，无有奴婢尊卑，皆同一等。令我人众官属共食之自然粳米，自然衣被、服饰诸珍宝。"本例即泛指义。

[3] 回还：回到，返回。《易林》卷一一《夬之晋》："执辔西朝，回还故处。"失译(附梁录)《无明罗刹集》卷上："罗刹闻王安慰之言，寻便回还，合掌而言。"《宋书·张兴世传》："兴世乃令轻舸溯流而上，旋复回还，一二日中，辄复如此，使贼不为之备。"

[4] 王：指太子悉达多的父亲净饭王，也即下文"白净王闻"的白净王。梵文Śuddhodana，音译首图驮那。唐道宣《释迦氏谱序》："净饭王有二子：长曰悉达(即菩萨也)，次名难陀。"宋释志磐《佛祖统纪》卷二《教主释迦牟尼佛本纪》第一之二："观释迦第一甘蔗圣王之后，观白净王夫妻，真正堪为父母(白净，或云净饭。梵云首图驮那)。"

[5] 云何：如何，怎样。《史记·司马穰苴列传》："召军正问曰：'军法期而后至者云何?'对曰：'当斩。'"下文"云何为我"义同。

[6] 忧悴：忧伤;忧愁。《后汉书·顺帝纪》："寇盗肆暴，庶狱弥繁，忧悴永叹，疢如疾首。"《魏书·王慧龙传》："自以遭难流离，常怀忧悴，乃作《祭伍子胥文》，以

寄意焉。"

[7] 未尝:未曾。

[8] 案行:巡行;巡视。通常是皇帝大臣或佛主众王的行为。西晋法立共法炬译《大楼炭经》卷一《转法轮品》:"尔时诸小王持国界,奉上转轮王,转轮王即住,案行东方诸国。"苻秦昙摩难提译《增一阿含经》卷四〇:"尔时世尊告诸比丘:'吾与汝等,悉案行诸房,观诸住处。'"后秦佛陀耶舍共竺佛念译《长阿含经》卷三:"乘齐象上,清旦出拘尸城,案行天下,周遍四海。"

[9] 意思:心思,念头。本经卷下《游观品》:"有一臣言:'宜令太子监农种植,役其意思,使不念道。'"旧题后汉安世高译《佛说自誓三昧经》:"从始起意常得去家,坚固之志心无懈惓,深不退转,信证具足,意思分明。"北凉昙无谶译《金光明经》卷一《忏悔品》:"今悉忏悔,身口所作,及以意思,十种恶业,一切忏悔,远离十恶。"五代南唐静筠撰《祖堂集》卷一〇:"师云:'上士聊闻便了却,中下意思莫能知。'"

[10] 回:扭转,改变。《三国志·魏志·荀彧传》南朝宋裴松之注引东晋孙盛《晋阳秋》:"又论父彧不如从兄攸,或立德高整,轨仪以训物;而攸不治外形,慎密自居而已。粲以此言善攸,诸兄怒而不能回也。"《后汉书·隗嚣传论》:"夫功全则誉显,业谢则衅生,回成丧而为其议者,或未闻焉。"唐李贤注:"成丧犹成败也。言事之成败在于天命,不由人力。能回为此议者寡,故未之闻也。"《太平广记》卷三六"李清"条(出《集异记》):"子孙姻族泣谏曰:'冥寞深远,不测纪极。……忍以千金之身,自投于斯,岂久视永年之阶乎?'清曰:'吾志也。汝辈必阻,则吾私行矣,是不获行竹箪洪縻之安也。'众知不可回,则共治其事。"

[11] 可意:称意。可,称心,满意。动词。《汉书·陈汤传》:"万年与汤议,以为:武帝时,工杨光以所作数可意,自致将作大匠。"唐颜师古注"可意":"可天子之意。"《后汉纪·章帝纪上》:"太后异之,上可意焉,遂召入掖庭。"《宋书·范晔传》:"详观古今著述及评论,殆少可意者。"元周砥《题可意楼》诗:"乐事本来皆可意,为君拈笔赋闲情。"

[12] 须波佛:梵语 Suprabuddha,国王名。意译为善觉、善悟等。是印度迦毗罗卫国附近的天臂城主,摩耶夫人的父亲。他当时作为天臂城的一个长者,有吉祥的名声,家中仓库盈溢,园林田宅无数,财宝很多。见南朝梁释僧祐撰《释迦谱》卷二。　汉言善觉:汉言,意为汉语是……意思,也说晋言、秦言、梁言等,中古佛经多见。后汉竺大力共康孟详译《修行本起经》卷上《菩萨降身品》:"于时集至梵志相师,普称万岁,即名太子,号为悉达(汉言财吉)。"三国吴支谦译《月明菩萨经》:"是时罗阅祇有大姓豪富家名申日,申日有子,字栴罗法(汉言月明)。"又有"晋言",后汉昙果共康孟详译《中本起经》卷上《现变品》:"于时波罗奈城中,有长

者名阿具利。有一子，字曰蛇蛇（晋言宝称）。”有“秦言”，后秦佛陀耶舍共竺佛念译《长阿含经》卷五：“佛言：‘汝因何事，自称己名为阇尼沙（阇尼沙秦言胜结使）？’”有“隋言”，隋阇那崛多译《佛本行集经》卷二四曰：“彼有一城，名为迦毗罗婆苏都（隋言黄头居处）。彼城有一释种之王，号名净饭，是我之父，我是其子。母名摩耶（隋言幻），我名悉达（隋言成利）。”有“唐言”，唐玄奘、辩机《大唐西域记》卷七：“初，萨婆曷剌他悉陀（唐言一切义成。旧曰悉达多，讹略也）太子逾城之后，栖山隐谷，忘身殉法。”唐窥基《成唯识论述记》卷一（本）曰：“五梵云难陀，唐言欢喜，胜军祖习。”

　　[13] 裘夷：梵语 Gopikā，也作瞿夷、俱夷等，意译为明女、覆障、守护大地等，是善觉王的女儿，悉达太子夫人。

　　[14] 端正：美丽；漂亮。多见于佛典。后汉支娄迦谶译《道行般若经》卷六：“譬若淫泆之人，有所重爱端正女人，与共期会。”三国吴康僧会译《六度集经》卷二：“王夫人者，本大国王女。端正无双，手足柔软，生长深宫，不更寒苦。”西晋竺法护译《佛五百弟子自说本起经·迦耶品》：“有一童女人，来到香肆上，容貌端正好，见彼趣我所，适捉与调戏。”按：从中古佛典来看，“端正”也可以指男子，后汉支娄迦谶译《道行般若经》卷九：“时长者女与诸伎人婇女五百人，相随来至萨陀波伦菩萨所，问言：‘善男子，年尚幼小，端正如是，何以故自割截其身体？’”参见《六度集经·须大拏经》注[3]。

　　[15] 取：后来写作“娶”。《诗·豳风·伐柯》：“取妻如何？匪媒不得。”唐陆德明《释文》：“取，亦作娶。”

　　[16] 别自：另外。自，副词词尾，没有词汇意义。三国吴支谦译《须摩提女经》：“满财语邠池言：‘卿家所事别自供养，我家所事别自供养，虽复所事不同，何妨人自私好。’”苻秦昙摩难提译《增一阿含经》卷二二：“时满财长者曰：‘我等所事自当别祀，此女所事别自供养。’”隋阇那崛多等译《佛本行集经》卷三：“但我师资婆罗门学，别自有法，要须相问。”　启白：禀报，报告。西晋竺法护译《生经》卷一《佛说分卫比丘经》：“诸比丘即来诣佛，启白世尊，具说本末。”宋慧洪撰《林间录》卷下：“斋毕，传宣效南方禅林仪范开堂演法，又宣左街副僧录慈云大师清满启白。”参见《生经·佛说舅甥经》注[11]。

　　[17] 绝：断。就是“绝食”的“绝”。

　　[18] 体力：身体，与今义不同。西晋竺法护译《正法华经》卷二《应时品》：“诸黑象众，厥状高大，体力强盛，拔扈自在。”姚秦竺佛念译《出曜经》卷二〇《恚品》：“一切智力具者，如来遗体力者，体有百二十节，一节有百二十八臂。”　不安：不适，不舒服。《礼记·文王世子》：“文王之为世子，朝于王季日三。鸡初鸣而衣服，至于寝门外，问内竖之御者曰：‘今日安否何如？’内竖曰：‘安。’文王乃喜。……

其有不安节(引者注:节,时节),则内竖以告文王,文王色忧,行不能正履。"《汉书·王褒传》:"其后太子体不安,苦忽忽善忘,不乐。"宋普济撰《五灯会元》卷四《百丈海禅师法嗣·卫国院道禅师》:"师不安,不见客。有人来谒,乃曰:'久聆和尚道德,忽承法体违和,略请和尚相见。'"

　　[19] 坐:因为。《燕丹子》卷下:"(荆轲)箕踞而骂曰:'吾坐轻易,为竖子所欺。'"后汉康孟详共昙果译《中本起经》卷上《转法轮品》:"五人遥见佛来,便共议曰:'我等勤苦,室家离别,登山越岭,困苦疲极,正坐此人。'"《三国志·魏志·吕布传》南朝宋裴松之注引三国鱼豢《典略》:"(陈)宫顾指布曰:'但坐此人不从宫言,以至于此。若其见从,亦未必为禽也。'"晋葛洪《抱朴子内篇·黄白》:"刘向作金不成,无可怪之也。……刘向岂凡人哉,直坐不得口诀耳。"

　　[20] 见:助动词,下接动词,表示被动。《诗·小雅·伐木》"民之失德,干糇以愆"汉郑玄笺:"失德,谓见谤讪也。""见谤讪"就是被谤讪,用法与此例相同。

　　[21] 怨结:结怨;结仇。三国吴康僧会译《六度集经》卷三:"菩萨见拘无所告诉,唯归命三尊,悔过自责,慈愿众生早离八难,莫有怨结如吾今也。"清魏祝亭《荆南苗俗记》:"出必挟弓弩行,镞皆附毒,中人立毙,然非怨结者不轻发。"也指怨仇、仇人,名词。西晋竺法护译《生经》卷三《佛说国王五人经》:"前者相失,以意不及,众人构狡,遂成怨结,积年违旷,不得言会。"后秦佛陀耶舍共竺佛念译《长阿含经》卷一〇:"佛告释言:'怨结之生,皆由贪嫉。'""怨结"原指怨气郁结。《墨子·亲士》:"怨结于民心,谄谀在侧,善议障塞,则国危矣。"《后汉书·明帝纪》:"今永平之政,百姓怨结,而吏人求复,令人愧笑,重逆此县之拳拳。"结怨、怨仇二义,盖由此引申而来。

　　[22] 安意:放心;宽心。旧题汉袁康《越绝书·外传记地传》:"今越勾践其已败矣,君王安意,越易兼也。"西晋竺法护译《普曜经》卷二《降神处胎品》:"时四天王诣白净王,而谓王言:'大王安意,今我等身当为菩萨造立妙宅。'"东晋佛陀跋陀罗共法显译《摩诃僧祇律》卷二八:"语病者言:'长老,安意住。我到前聚落,当求乘来迎。'"宋施护译《佛说给孤长者女得度因缘经》卷下:"大王,如是十梦皆非汝事,是彼之相汝不应怖,寿命无失宜自安意。"

　　[23] 却:后;以后。后汉支娄迦谶译《道行般若经》卷七《远离品》:"或时先啖果菜,却食饭。"《三国志·魏志·武帝纪》:"公谓运者曰:'却十五日为汝破绍,不复劳汝矣。'"《后汉书·律历志中》:"中兴以来,图谶漏泄,而《考灵曜》《命历序》皆有甲寅元。其所起在四分庚申元后百一十四岁,朔差却二日。"又有"却后"一词,谓过后。支娄迦谶译《道行般若经》卷二《功德品》:"却后若当为人中之导,悉当逮佛智慧。"《世说新语·假谲》:"从姑刘氏家值乱离散,唯有一女,甚有姿慧。姑以属公觅婚,公密有自婚意。……却后数日,公报姑云:'已觅得婚处,门地粗可,婿

身名宦,尽不减骄。'"唐道世撰《法苑珠林》卷三七引《冥祥记》:"有一小儿,从窗而出,长可尺余,洁净分明,至度床前,曰:'君却后二年,当得长生之道。'倏然而灭。"

[24] 处:出嫁。"自处"和"出门"同义,就是自求出嫁。下文"自出求处"与之同义。

[25] 却:《大正藏》原作"即",误,据《中华大藏经》改。

[26] 技术:技艺,本领。与今义有别。《史记·货殖列传》:"医方诸食技术之人,焦神极能,为重糈也。"宋陆佃《埤雅》卷一《释鱼·龙》:"此言技术虽高,而应世稍疏,则无所用之。"下文"观诸技术"的"技术"同。《中华大藏经》"技"作"伎",义同。

[27] 从:使……跟从。《史记·李将军列传》:"尝夜从一骑出,从人田间饮。"从一骑,使一骑跟从自己(指李广)。

[28] 普皆:全都;全部。范围副词同义连用。西晋无罗叉译《放光般若经》卷五:"舍利弗,三十七品至十八法亦假名与字耳,诸三昧门陀邻尼门亦复如是,乃至萨云若普皆如是如是。"后秦佛陀耶舍共竺佛念译《长阿含经》卷二:"又诸比丘尼、优婆塞、优婆夷,普皆如是,亦复未集。"南朝宋求那跋陀罗译《过去现在因果经》卷四:"聋者得听,哑者能言,盲者得视,狂者得正,拘癖疾病,普皆除愈。"

[29] 出:至,到。《三国志·吴志·孙亮传》南朝宋裴松之注引《吴历》:"亮数出中书视孙权旧事,问左右侍臣:'先帝数有特制……'""出中书"谓到中书省去。失译(附三秦录)《别译杂阿含经》卷一:"佛乞食已,洗足入僧坊中,出于静室,坐僧众中。""出于静室"言来到静室。参见《搜神记·卢充》注[5]。　戏场:比试的场所,角斗的地方。三国魏应场《斗鸡》诗:"戚戚怀不乐,无以释劳勤。兄弟游戏场,命驾迎众宾。"也指表演杂技、戏曲的场所。《隋书·音乐志下》:"每岁正月,万国来朝,留至十五日,于端门外,建国门内,绵亘八里,列为戏场。"戏:角斗、角力。

[30] 优陀:梵语 Udāyin,又作优陀夷、优陀耶、邬(乌)陀夷等,是印度迦维罗城刹帝利种,以善于劝导化育民众著称,佛弟子中居第一。曾劝悉达太子接受妃子裘夷,佛成道后,请佛归乡。参唐玄应《一切经音义》卷二五、宋法云《翻译名义集》卷二。

[31] 就:走近;来到。

[32] 难陀:梵语 Nanda,也译作难提、难努,意译为欢喜,净饭王的第二子,释迦的异母弟。身长一丈五尺二寸,具三十相。溺爱艳妻,不乐出家,佛设法化之,得阿罗汉。参元魏吉迦夜共昙曜译《杂宝藏经》卷八《佛弟难陀为佛所逼出家得道缘》、唐慧琳《一切经音义》卷二三。　调达:梵语 Devadatta,又作"提婆达多""提婆达兜"等,意译天热、天授。斛饭王之子,阿难之兄,佛之堂弟。早年从佛学为弟子,后因利养造三逆罪,生堕入地狱。参见《生经·佛说鳖猕猴经》注[53]。

阿难:佛之从弟,十大弟子之一。参见《弥沙塞部和醯五分律》注[14]。

[33] 扠:用拳头打;击打。此词原指用拳头打人。辽释行均《龙龛手镜》卷二《上声·手部》:"扠,丑佳反。以拳加人也。亦作摵。"东晋僧伽提婆译《中阿含经》卷五〇:"汝等若为他人拳扠石掷,杖打刀斫时,或心变易者,或口恶言者,我说汝等因此必衰。"姚秦鸠摩罗什译《妙法莲华经》卷五《安乐行品》:"亦不亲近诸有凶戏相扠相扑,及那罗等种种变现之戏。"南朝梁宝唱等集《经律异相》卷四三引《杂譬喻经》:"罗刹闻此,永不肯放。萨薄聊以两拳扠之,拳入鳞甲,拔不得出。"也可泛指击打。东晋法显共佛驮跋陀罗译《摩诃僧祇律》卷一五:"堂内比丘即为开户,得入堂已,趣纵横身床上而卧,或以手肘膝扠筑边人。"

[34] 时:《大正藏》原作"持",误,据《中华大藏经》改。应时:当即,马上。参见本篇注[59]。

[35] 牵著:拖到。著,介词,置于动词之后,引进行为动作的处所。下文"接扑著地"的"著"用法相同。三国吴康僧会译《六度集经》卷三《须大拏经》:"吾闻布施上士名须大拏,洪慈济众,虚耗其国,王逮群臣,徙著山中。"参见《百喻经·得金鼠狼喻》注[11]。

[36] 拪:同"枉",冤屈;违背。《敦煌变文校注·李陵变文》:"血流满市,拪法陵母,日月无光,树枝摧折。"

[37] 徐:慢慢地;不慌不忙地。西晋法立共法炬译《大楼炭经》卷一:"其河两旁,有种种树,河水徐行,有种种华。"《世说新语·雅量》:"谢公与人围棋,俄而谢玄淮上信至。看书竟,默然无言,徐向局。"东晋法显译《大般涅槃经》卷中:"微风徐起,吹彼树枝,条叶相触,音如天乐。"

[38] 稣:后作"苏"(蘇)。苏醒。下文"有顷乃稣"的"稣"用法相同。

[39] 更生:新生,重新活过来。《庄子·达生》:"夫欲免为形者,莫如弃世,弃世则无累,无累则正平,正平则与彼更生,更生则几矣。"

[40] 扑:摔;角斗。西晋法立共法炬译《大楼炭经》卷二《泥犁品》之一:"泥犁旁便各各取其身扑著地,取钳拗开其口,取消铜灌人口。"符秦昙摩难提译《增一阿含经》卷二六《等见品》:"复捉流离太子,扑之著地。"后秦佛陀耶舍共竺佛念译《长阿含经》卷一九:"到已,狱卒扑之令堕,偃热铁上,舒展其身,以钉钉手、钉足、钉心。"

[41] 相扑:相互比试摔斗。我国传统体育项目之一。古称角觚,犹今之摔跤。《太平御览》卷七一五引《江表传》:"孙皓使尚方以金作步摇,假髻以千数,令宫人着以相扑,朝成夕败,辄命更作。"姚秦鸠摩罗什译《妙法莲华经》卷五:"亦不亲近诸有凶戏相扠相扑,及那罗等种种变现之戏。"唐地婆诃罗译《方广大庄严经》卷四:"佛告诸比丘:'是时五百童子角力相扑,分为三十二朋。'"唐义净译《根本说

一切有部苾刍尼毗奈耶》卷十二：“谓乘马车，执持弓箭，回转进趣，执钩执索，排镎之类，斩截斫刺，相扠相扑，射声等术。”宋普济撰《五灯会元》卷一二《谷隐聪禅师法嗣·金山昙颖禅师》：“上堂：‘山僧平生，意好相扑，只是无人搭对。’”

[42] 顿蹶：跌倒；摔在地上。唐玄奘、辩机《大唐西域记》卷三《八国·乌仗那国》：“舍利时王闻已，悲号顿蹶，久而醒悟。”也作“顿擗”，《文选·曹植〈送应氏〉诗之一》：“垣墙皆顿擗，荆棘上参天。”唐张铣注：“顿僻，崩倒也。”　　闷绝：昏迷，晕倒。失译《大方便佛报恩经》卷一：“尔时大王及与夫人思是苦已，失声大哭。王悲闷绝，举身躃地，良久醒悟。”《左传·定公四年》“（王孙）由于徐苏而从”晋杜预注：“以背受戈，故当时闷绝。”姚秦鸠摩罗什译《禅秘要法经》卷中：“尔时黑象如前，以鼻绕树，无量诸龙及诸夜叉，与黑象共战，狂象蹴踏是诸鬼神，闷绝躃地。”《搜神记》卷二〇“华隆义犬”条：“隆后至江边伐荻，为大蛇盘绕，犬奋咋蛇，蛇死。隆僵卧无知，犬彷徨涕泣，走还舟，复反草中，徒伴怪之，随往，见隆闷绝，将归家。”

[43] 须弥：即须弥山。梵语 Sumeru 的音译，意译作妙高。原为印度神话中的山名，后为佛教所采用，指一个小世界的中心。山顶为帝释天所居，山腰为四天王所居，四周有八山、八海环绕，形成须弥世界。

[44] 芥子：芥菜的种子。符秦昙摩难提译《增一阿含经》卷一二：“彼比丘即于坐上，身生恶疮，大如芥子。”后以“芥子”与“须弥”对举或并用，喻巨大与极小，形容反差之大。西晋法炬共法立译《法句譬喻经》卷二《述千品》：“正使百劫勤苦尽杀，普天猪羊持用祷祀，罪如须弥福无芥子。”西晋竺法护译《普曜经》卷三：“须弥比芥子，过天龙王变；日月礼萤耶，慧德岂礼敬。三千界自归，芥子比须弥；牛迹比大海，上尊喻日月。”

[45] 彻：穿过；穿透。《说文·攴部》：“彻，通也。”《左传·成公十六年》：“癸巳，潘尪之党与养由基蹲甲而射之，彻七札焉。”晋杜预注：“一发达七札，言其能陷坚。”

[46] 可手：称手，可以让手把握。可，犹今“可口”之“可”。《太平御览》卷三五七引三国魏司马懿《教》：“当教诸围上守土皆作栖，人一枚，轻重长短者各各可守。”“可守”当作“可手”。《全晋文》卷一〇七张翰《杖赋》（《艺文类聚》卷六九引）：“方圆适意，洪细可手。”旧题北魏崔鸿撰《十六国春秋》卷三〇《前燕录八·慕容翰》：“翰弯弓三石余，矢尤长大。觊为之造可手弓矢，使车埋于道旁。”《资治通鉴·晋成帝咸康六年》文同，元胡三省注：“可手，便手也。”

[47] 胜（shēng）：胜任，指能扛来。

[48] 再：第二次。《书·多方》：“我惟时其教告之，至于再，至于三，乃有不用我降尔命，我乃其大罚殛之。”《左传·僖公五年》：“晋不可启，寇不可玩。一之谓

甚,其可再乎?"

[49] 众会:众人。下文"众会重辱"的"众会"义同。唐道世撰《法苑珠林》卷三七引《譬喻经》:"众人见佛,各各念言:今日如来当为众会说虫本末,以释众疑,不当快乎!"《太平广记》卷三〇八"刘元迥"条(出《集异记》):"明年,师古方宴僚属将吏,忽有庖人自厨径诣师古于众会之中,因举身丈余,蹋空而立。"

[50] 悉皆:都,全部。《太平经》卷九三:"俱乐生而恶死,悉皆饮食以养其体。"旧题三国吴支谦译《菩萨本缘经》卷中:"犹来求推觅,况君为其父。不见此山中,一切诸树木。以失我子故,悉皆而啼哭。"后秦佛陀耶舍共竺佛念译《长阿含经》卷二:"佛自念言:我今疾生,举身痛甚,而诸弟子悉皆不在。"

[51] 于:在。介词。

[52] 审呼:确实以为。审,确实,的确。呼,以为,认为。后汉支娄迦谶译《道行般若经》卷四:"譬若男子欲见遮迦越罗者,未见遮迦越罗,反见小王。想其形容被服谛熟观之,便呼言是为遮迦越罗。"晋葛洪《抱朴子内篇·论仙》:"魏文帝穷览洽闻,自呼于物无所不经,谓天下无切玉之刀,火浣之布。"　报:报仇。《韩非子·饰邪》:"明法亲民以报吴,则夫差为擒。"

[53] 雄杰:杰出,伟大。《广雅·释训》:"魁岸,雄杰也。"《汉书·刑法志》:"雄杰之士因势辅时,作为权诈以相倾覆。"

[54] 必自:必定;一定。必,必定;自,副词词尾,不表词汇意义。后汉昙果共康孟详译《中本起经》卷上《转法轮品》:"但为施坐,各莫跪起言语问讯也,得此不乐,必自去矣。"旧题后汉支曜译《佛说阿那律八念经》:"以行八念思惟四禅,精进不亏,心无差跌。必自安隐,至泥洹门。"三国吴康僧会译《六度集经》卷八《明度无极章》:"王喜,设酒为乐七日,曰:'尔等为吾获神女来,吾其升天,以国惠尔。'对曰:'必自勉励。'"

[55] 决于:决;角逐。于,助词,放在动词之后,起足句的作用。下文"观于治政"的"于"用法相同。后秦鸠摩罗什译《禅秘要法经》卷上:"于苦法中,横生乐想;于空法中,起颠倒想;于不净身,起于净想。"《百喻经·欲食半饼喻》:"如彼痴人,于半番饼生于饱想。""起于净想""生于饱想"的"于"用法相同。

[56] 谓:认为;以为。《诗·王风·大车》:"縠则异室,死则同穴,谓予不信,有如皦日。"《三国志·魏志·武帝纪》:"会明,贼谓公为遁,悉军来追。"

[57] 蹋:同"踏"。《中华大藏经》即作"踏"。

[58] 撮:抓取。三国吴康僧会译《六度集经》卷一:"妻侍质家女,女浴脱身,珠玑众宝以悬著架。天化为鹰,撮衣宝去。女云婢盗,录之系狱。"后秦佛陀耶舍共竺佛念译《长阿含经》卷一九:"复使探撮,举著口中,烧其唇舌,从咽至腹,通彻下过,无不燋烂。"

[59] 应时：当即，当下。《汉书·何武传》："武为刺史，二千石有罪，应时举奏。"西晋竺法护译《佛五百弟子自说本起经》："我应时喜踊，则一心叉手。稽首世尊足，却在一面坐。"隋阇那崛多等译《起世经》卷二："树枝如本不为下垂，其叶应时萎黄枯落，不相覆苫。"

[60] 扑著：扔到；投到。东晋僧伽提婆译《中阿含经》卷五〇："彼或有人，以手拳扠，石掷杖打，或以刀斫，或扑著地，于意云何？"唐道世撰《法苑珠林》卷三三引《法句喻经》："迦罗分卫来趣郊祠，长者妇见之，忿然瞋恚，共捉迦罗，扑著火中，举身焦烂，更现神足。"

[61] 殊特：突出；出众。《东观汉记》卷一六《张酺》（出《太平御览》卷四〇四）："上甚欣悦，然后修君臣之礼，赏赐殊特。"《三国志·魏志·邢颙传》："桢诚不足同贯斯人，并列左右，而桢礼遇殊特。"姚秦竺佛念译《出曜经》卷一六："即生男儿，颜貌殊特，有豪贵相。"南朝梁宝唱等集《经律异相》卷一四引《诸经要事》："时有一犍陀罗神，居七宝宫，与众超绝，身形端正，聪明殊特。"

[62] 所在：何在，在哪里。汉魏以来，接近口语的文献表示疑问的习语。《论衡·吉验》："窦太后弟名曰广国，年四五岁，家贫，为人所掠卖，其家不知其所在。"后汉昙果共康孟详译《中本起经》卷上："大家惊怪，问其状变。答言：'不知宝称今为所在？'长者怖悸，即遣马骑，四出推索。"后秦佛陀耶舍共竺佛念译《长阿含经》卷四："世尊知而故问：'阿难比丘今为所在？'"《三国志·魏志·董卓传》："卓至，肃等格卓。卓惊呼：'布所在？'布曰：'有诏。'遂杀卓，夷三族。""所"有何义，载籍多见：《管子·地数》："桓公问于管子曰：'请问天财所出？地利所在？'""所出"，出自哪里。姚秦佛陀耶舍共竺佛念等译《四分律》卷三一："王所遣使人，随逐比丘后；比丘欲所至，造诣何所宿。""所至"即何至。参见《六度集经·须大拏经》注[10]。

[63] 珠璎：珠宝。三国吴支谦译《佛说维摩诘经》卷上《菩萨品》："头波变（汉言固受）其国名炎气，皆见珠璎悬彼国土，变成彼佛珠交露棚。"西晋竺法护译《宝女所问经》卷一："于时宝女，前诣佛所，则散珠璎；散珠璎已，佛之威神，宝女之德，誓愿至诚。"北凉昙无谶译《大方等大集经》卷五八："种种诸华，种种衣，种种盖，种种幢幡，金绳珠璎。"

[64] 大多：极多；很多。大、极、很，程度副词。旧题三国吴康僧会译《旧杂譬喻经》卷下："阿难白佛：'此龙残杀乃尔所人及诸畜兽，其罪大多，已不可计。'"西晋法立共法炬译《大楼炭经》卷二："佛见如是，叹然言曰：'此大姓梵志何以愚痴？所施大多，福报薄少。'"

[65] 寻便：便；即便。东晋僧伽提婆译《中阿含经》卷三二："至波和国，以此恶患，寻便命终。"东晋佛陀跋陀罗共法显译《摩诃僧祇律》卷六："时阐陀即持钱

去，寻便安处，欲作大房，尽五百金钱。"北凉昙无谶译《悲华经》卷九："思惟是已，如其所念，分阎浮提，即为六分；赐与诸子，寻便出家。""寻便"本为词组，《左传·襄公六年》："晋人以鄅故来讨，曰：'何故亡鄅？'"晋杜预注："鄅属鲁，恃赂而慢莒，鲁不致力辅助，无何以还晋，寻便见灭。"寻，不久，便，于是，就。"寻便"由状谓词组演变为并列式双音副词，是词汇化的结果。

[66] 著：中；击中。

[67] 严办：准备；置办。东晋法显译《大般涅槃经》卷下："诸力士等闻阿难言，皆共严办阇维之具。"《世说新语·捷悟》"郗司空在北府"条南朝梁刘孝标注引东晋孙盛《晋阳秋》："大司马将讨慕容暐，表求申劝平北将军愔及袁真等严办。"唐义净译《根本说一切有部苾刍尼毗奈耶》卷二："王与臣佐朝集而住，遂见大士……王问住处，严办好食，持将奉施。"

[68] 凡：一共。《史记·陈涉世家》："陈胜王凡六月。已为王，王陈其故人。"

[69] 志意：心绪，心情。姚秦佛陀耶舍共竺佛念等译《四分律》卷三一："家家遍乞已，诸根寂然定；钵饭速满已，志意常悦豫。"失译（附秦录）《别译杂阿含经》卷一五："时此女人见于如来在宫中坐，颜色悦豫，志意湛然。"

[70] 意志：心情。晋法炬共法立译《法句譬喻经》卷四："未到中间，意志恍惚，手失锡杖，肩失衣钵，殊不自觉。"姚秦竺佛念译《出曜经》卷六："至七日到，王遣使唤：'云何王子，七日之中，意志自由、快乐不乎？'"

[71] 转：更加。晋葛洪《抱朴子内篇·道意》："于是诸病者闻之，悉往自洗，转有饮之以治腹内疾者。"《后汉书·朱浮传》："宠得书愈怒，攻浮转急。"《北周诗》卷四庾信《奉梨》："接枝秋转脆，含消落更香。"

[72] 伎乐(yuè)：指歌舞女艺人，歌妓。原指音乐舞蹈，《孔子家语·辨政》："五官伎乐，不懈于时。"三国吴康僧会译《六度集经》卷八："又曰：吾弃贪淫、嗔恚、愚痴、歌舞伎乐、睡眠邪僻之心，就清净心，远离爱欲。"晋法显撰《法显传·摩竭提国巴连弗邑》："佛次第入城，入城内再宿。通夜然灯，伎乐供养，国国皆尔。"引申则指从事歌舞表演的女艺人，失译（附后汉录）《大方便佛报恩经》卷六："此一天子唯有一妇，有一伎乐，以染欲情深，虽复天王命重，不能自割。"唐玄奘译《大般若波罗蜜多经》卷八："须财谷与财谷，须珍宝与珍宝，须伎乐与伎乐，须侍卫与侍卫，随其所须。"

[73] 婇女：宫女。西晋法立共法炬译《大楼炭经》卷一："我从先圣闻：若王十五日月满，沐浴上高观，与婇女俱坐，见东方自然金轮者，即得作转轮王。"东晋僧伽提婆译《中阿含经》卷一四："彼最后王名曰尼弥，如法法王，行法如法，而为太子、后妃、婇女及诸臣民、沙门、梵志乃至昆虫，奉持法斋。"后秦佛陀耶舍共竺佛念译《长阿含经》卷一："即便严饰宫馆，简择婇女，以娱乐之。"

[74] 天女：仙女。

[75] 宁乐乎：快乐吗。宁……乎，中古时期表示疑问的常见格式。"宁"通常表示询问、有疑而问，不表强烈的反问语气。《史记·范雎蔡泽列传》："应侯因让之曰：'子尝宣言欲代我相秦，宁有之乎？'对曰：'然。'"《后汉书·邓禹传》："光武见之甚欢，谓曰：'我得专封拜，生远来，宁欲仕乎？'禹曰：'不愿也。'"

[76] 志道：语出《论语·里仁》："士志于道，而耻恶衣恶食者，未足与议也。"后凝固成"志道"一词，谓有志于某项事业。对于信佛教者而言，是说有志于佛教。三国吴康僧会译《六度集经》卷三："昔者梵志，年百二十。执贞不娶，淫泆窃尽。……王娉为相，志道不仕。"西晋竺法护译《度世品经》卷六："又复示现菩萨精进，勤苦志道，最于后世。"

[77] 忧惨：忧愁；担心。旧题三国吴支谦译《撰集百缘经》卷一《长者七日作王缘》："如是三战，军故坏败，唯王单己逃入城内，甚怀忧惨。"《三国志·蜀志·蒋琬传》："臣既暗弱，加婴疾疢，规方无成，夙夜忧惨。"失译（附秦录）《别译杂阿含经》卷七："'假设有人，尽系缚之，加诸骂辱，皆悉斩戮。汝颇于中，生苦恼不？'聚落主言：'虽复忧惨，不必一向生大苦恼。'"唐义净译《根本说一切有部毗奈耶杂事》卷三八："时诸苾刍，见佛世尊般涅盘已，各怀悲感，或有迷闷，宛转于地，椎胸大唤，心生忧惨。"

[78] 故：仍；仍然。《风俗通义·怪神·世间多有精物妖怪百端》："火从箧篦中起，衣物烧尽，而篦故完。"《三国志·魏志·齐王芳传》南朝宋裴松之注："允此秋不得，故为领军，而建此谋。"《世说新语·言语》："时融儿大者九岁，小者八岁，二儿故琢钉戏，了无遽容。"东晋僧伽提婆译《中阿含经》卷三二："可听赖吒和罗于正法律中，至信舍家，无家学道。若其乐者，于此生中，故可相见。"参见《汉诗·古诗为焦仲卿妻作》注[4]。

[79] 道意：出家之意。后秦佛陀耶舍共竺佛念译《长阿含经》卷四："夫生有死，合会有离。何有生此而永寿者？宜割恩爱，以存道意。"刘宋宝云译《佛本行经》卷一："魔王进三女，来欲乱道意。所至靡不惑，唯佛慈能护。"刘宋佛陀什共竺道生等译《弥沙塞部和醯五分律》卷一四："尔时诸比丘尼诵治病经方，诸白衣讥呵言：'此等但学医术无求道意，何不以此诵读佛经？'"

（二）六　度　集　经

八卷，三国吴康僧会编译。辑录佛本生故事和佛传故事九十一篇，按"六度"（印度大乘佛教认为人应当通过布施、持戒、忍辱、精进、禅定、智慧等六种方法来争取涅槃解脱,称之为"六度","度"即到彼岸之意)的次序编排,并在每一"度"前扼要地说明其意义。《六度集经》叙事生动,语言富有口语性。其中的不少故事在我国广为流传,像著名的"瞎子摸象"的故事,就出在其中的《镜面王经》。

康僧会,南朝梁僧祐《出三藏记集》卷一三、慧皎《高僧传》卷一《译经上》有传。祖籍康居,世居印度,后迁居交阯(今越南)。三国吴孙权赤乌十年(247年,一说赤乌四年)来到建业(今南京市),建寺译经,传授佛教,吴孙皓天纪四年(280年)圆寂。译经除本经外,又题署译《旧杂譬喻经》二卷,今存;《吴品》五卷,已佚。除译经外,尚有注经之作,亦均已佚。另有《安般守意经序》《法镜经序》两篇序文存世。

现选录卷二《布施度无极章》中的《须大拏经》一篇。

2. 须 大 拏 经

[题解]

主人公须大拏是叶波国王的太子。他心地善良,乐道好施,因把国家赖以战胜敌人的大象施舍给了敌国,而被父王放逐国外,流落山中。就这样,他还是布施不已,直至奉出自己的亲生骨肉和结发妻子。须大拏的善行感动了天地诸神,后来,在天帝释的帮助下,他终于返回了祖国,与家人团聚,并最终成佛。故事通过须大拏这一形象的塑造,为佛门信徒树立了一个乐施积德的典范。

原文较长,本篇节录中间一段,内容描写须大拏施舍儿女给婆罗门的经过。

太子须大拏的故事,又见旧题三国吴支谦译《菩萨本缘经》卷中《一切持王子品》、西秦圣坚译《太子须大拏经》,后者尤为详赡。又,《经律异相》卷三一亦引《须大拏经》,当即出自《六度集经》,而文字略有不同。

[原文]

后有鸠留县老贫梵志[1],其妻年丰[2],颜华端正[3]。提瓶行汲[4],道逢年少,遮要调曰[5]:"尔居贫乎? 无以自全。贪彼老财,庶以归居。彼翁学道内否[6],不通教化之纪[7],希成一人[8],专愚懭悢[9],尔将所贪乎[10]？颜状丑黑，鼻正匾匰[11]，身体缭戾[12]，面皱唇䫏[13]，言语塞吃[14]，两目又青[15]，状类若鬼[16]。举身无好，孰不偃憎[17]？尔为室家[18]，将无愧厌乎[19]？"妇闻调婿[20]，流泪而云："吾睹彼翁，鬓须正白[21]，犹霜著树。朝夕希心[22]，欲其早丧，未即从愿，无如之何。"归向其婿，如事具云，曰："子有奴使，妾不行汲。若其如今[23]，吾去子矣[24]。"婿曰："吾贫，缘获给使乎[25]？"妻曰："吾闻布施上士名须大拏[26]，洪慈济众，虚耗其国，王逮群臣[27]，徙著山中。其有两儿，乞则惠卿[28]。"

妻数有言，爱妇难违，即用其言，到叶波国。诣宫门曰："太子安之乎？"卫士上闻。王闻斯言，心结内塞[29]，涕泣交流，有顷而曰："太子见逐，唯为斯辈，而今复来乎？请现劳俫[30]，问其所以。"对曰："太子润馨，遐迩咏歌，故远归命，庶自稣息[31]。"王曰："太子众宝，布施都尽。今处深山，衣食不充[32]，何以惠子？"对曰："德徽巍巍[33]，远自竭慕，贵睹光颜[34]，没齿无恨也[35]。"王使人示其径路。道逢猎士曰："子经历诸山，宁睹太子不[36]？"猎士素知太子迸逐所由[37]，勃然骂曰："吾斩尔首！问太子为乎[38]？"梵志恧然而惧曰[39]："吾必为子所杀矣，当权而诡之耳[40]。"曰："王逮群臣令呼太子[41]，还国为王。"答曰："大善。"喜示其处。

遥见小屋，太子亦睹其来。两儿睹之，中心怛惧。兄弟俱曰："吾父尚施，而斯子来。财尽无副[42]，必以吾兄弟惠与之。"携手俱逃。母故掘荫，其垎容人[43]。二儿入中，以柴覆上。自相诫曰："父呼无应也。"太子仰问，请其前坐，果浆置前。食果饮毕，慰劳之曰："历远疲倦矣。"对曰："吾自彼来，举身恼痛，又大饥渴。太子光馨，八方叹懿[44]，巍巍远照，有如太山；天神地祇[45]，孰不甚善。今故远归穷[46]，庶延微命。"太子恻然曰："财尽无惜矣。"梵志曰："可以二儿给养吾老矣[47]。"答曰："子远来求儿，吾无违心。"太子呼焉，兄弟惧矣，又相谓曰："吾父呼求，必以惠鬼也，违命无应。"太子隐其在垎[48]，发柴睹之[49]，儿出抱父，战栗涕泣，呼号且言[50]："彼是鬼也，非梵志矣。吾数睹梵志，颜类未有若兹[51]，无以吾等为鬼作食。吾母采果，来归何迟；今日定死，为鬼所啖。母归索吾，当如牛母索其犊子，狂走哀协，父必悔矣。"太子曰："自生布施，未尝微悔。吾以许焉[52]，尔无违矣。"梵志曰："子以普

慈相惠,儿母归者,即败子洪润[53],违吾本愿。不如早去。"太子曰:
"卿愿求儿,故自远来。终不敢违,便可速迈[54]。"太子右手沃澡[55],左
手持儿,授彼梵志。梵志曰:"吾老气微,儿舍遁迈[56],之其母所,吾缘
获之乎?"太子弘惠,缚以相付。太子持儿,令梵志缚,自手执绳端[57]。
两儿蹴身[58],宛转父前[59],哀号呼母曰:"天神、地祇,山、树诸神,一哀
告吾母意云[60]:'两儿以惠人,宜急舍彼果,可一相见。'"哀感二
仪[61],山神怆然,为作大响,有若雷震。

母时采果,心为忪忪[62]。仰看苍天,不睹云雨。右目瞤[63],左腋
痒,两乳湩流出相属[64]。母惟之曰[65]:"斯怪甚大,吾用果为[66]? 急
归视儿,将有他乎[67]?"委果旋归[68],惶惶如狂。帝释念曰[69]:"菩萨
志隆[70],欲成其弘誓之重任。妻到,坏其高志也。"化为师子[71],当
道而蹲。妇曰:"卿是兽中之王,吾亦人中王子,俱止斯山。吾有两
儿,皆尚微细[72],朝来未食,须望我耳。"师子避之,妇得进路。回复
于前[73],化作白狼。妇辞如前,狼又避焉。又化为虎,适梵志远[74],
乃遂退矣。

妇还,睹太子独坐,惨然怖曰:"吾儿如之[75],而今独坐? 儿常望
睹,吾以果归[76],奔走趣吾[77],躃地复起[78],跳踉喜笑[79]。曰:'母归
矣,饥儿饱矣。'今不睹之,将以惠人乎? 吾坐儿立,各在左右。睹身有
尘,竞共拂拭[80]。今儿不来,又不睹处,卿以惠谁? 可早相语。祷祀
乾坤,情实难云[81],乃致良嗣[82]。今儿戏具泥象、泥牛、泥马、泥猪杂
巧诸物纵横于地[83],睹之心感[84],吾且发狂。将为虎狼、鬼魅、盗贼吞
乎? 疾释斯结[85],吾必死矣。"太子久而乃言:"有一梵志,来索两儿,
云:'年尽命微,欲以自济。'吾以惠之。"妇闻斯言,感踊躃地[86],宛转
哀恸,流泪且云:"审如所梦。一夜之中,梦睹老耄贫窭梵志[87],割吾
两乳,执之疾驰。正为今也。"哀恸呼天,动一山间。云:"吾子如之,当
如行求乎?"太子睹妻哀恸尤甚,而谓之曰:"吾本盟尔[88],隆孝奉
遵[89]。吾志大道[90],尚济众生,无求不惠,言誓甚明。而今哀恸,以乱
我心。"妻曰:"太子求道,厥劳何甚? 夫士家尊,在于妻子之间,靡不自
由。岂况人尊乎?"愿曰:"所索必获,如一切智[91]。"

［注释］

［1］梵志：一般认为来自梵文 Brahmacārin 和 Brāhmaṇa，为半音半意的梵汉合璧词，意译为"净裔"，即婆罗门，佛教称外道之出家者。亦有时贤认为"梵志"很有可能是从接近犍陀罗语 Bramayirya 的中期印度语音翻译而来的。参看：姜南.汉译佛典中的"梵志"是梵汉合璧词吗？[J]. 中国语文，2014(5).相传婆罗门为梵天之苗裔而行梵法，故婆罗门也称梵志。姚秦鸠摩罗什译《大智度论》卷五六："梵志者，是一切出家外道；若有承用其法者，亦名梵志。"

［2］年丰：年轻。"丰"有盛义，《吕氏春秋·当染》："(此二士)皆死久矣，从属弥众，弟子弥丰，充满天下。"汉高诱注："丰，盛也。"引申之，则可指人正当盛年、恰值妙龄。

［3］颜华：相貌；容貌。同经卷四《戒度无极章》："(小妻)结气而殒。魂灵感化，为四姓女，颜华绝人，智意流通。"　端正：俊俏；漂亮。西晋竺法护译《生经》卷四《佛说变悔喻经》："复现女人，颜貌端正，色像第一，姿曜炜炜，众类无逮。"元魏慧觉等译《贤愚经》卷五《贫人夫妇叠施得现报品》："尔时国中，有一长者，其妇怀妊，月满生女，端正姝妙，容貌少双。"又作"端政"，后汉支娄迦谶译《般舟三昧经》卷上《问事品》："端政姝好，于众中颜色无比。"元魏吉迦夜共昙曜译《杂宝藏经》卷一《弃老国缘》："天神又化作一女人，端政瑰玮，逾于世人，而又问言：'世间颇有端政之人如我者不？'"

［4］瓶：比缶小的容器，用以打水。《说文·缶部》："缾，罃也。瓶，缾或从瓦。"又："罃，汲缾也。"《方言》卷五："缶谓之瓿甊，其小者谓之瓶。"钱绎笺疏："《井》卦云：'羸其瓶。'是瓶亦为汲水之器。郑注云：'盆以盛水，瓶以汲水'，是也。"后秦鸠摩罗什译《大庄严论经》卷一五："时有婢使，担瓨取水，见水中影，谓为是己有。"《广雅·释器》："瓨，瓶也。""提瓶行汲"与此例"担瓨取水"相似，都是指拎着或挑着瓦罐之类的容器去打水。

［5］遮要(yāo)：拦阻；堵住。"遮"和"要"均有拦截义。　调：音 tiáo，嘲笑，嘲弄。下文"妇闻调婿"之"调"义同。《世说新语·赏誉》："武帝每见济，辄以湛调之，曰：'卿家痴叔死未？'"又《排调》："庾征西大举征胡。既成行，止镇襄阳。殷豫章与书，送一折角如意以调之。"又有"调弄"连言者，《搜神记》卷五"丁姑祠"条："(丁新妇)见形，……至牛渚津，求渡。有两男子，共乘船捕鱼，仍呼求载。两男子笑，共调弄之，言：'听我为妇，当相渡也。'"隋阇那崛多译《发觉净心经》卷上："彼不自觉己之过恶，当复调弄彼等法师，于众人前说其咎。"

［6］内否：内，心里，内心。《论语·里仁》："见贤思齐焉，见不贤而内自省也。"否：音 pǐ，闭塞，阻隔。《广雅·释诂一》："否，隔也。"《全后汉文》卷七三蔡邕《释诲》："是故天地否闭，圣哲潜形。"《列子·天瑞》："然则天有所短，地有所长；圣有所否，物有所通。"《水经注·泗水》："阜则有三石穴，广圆三四尺，穴有通否，水

有盈漏。"《晋书·李重传》："臣以革法创制,当先尽开塞利害之理,举而错之,使体例大通而无否滞亦未易故也。""内否"谓心里闭塞、阻隔。本经卷六《精进度无极章》："时有沙门,年在西夕。志存高行,不遑文学,内否之类,谓之无明矣。礼敬有偏,终始无就。"

[7] 教化：教育感化。　　纪：要领。

[8] 希：罕。后作"稀"。

[9] 专愚："专"通"颛",元、明二本即作"颛愚",愚昧,蠢笨。《后汉书·朱穆传》："及壮耽学,锐意讲诵,或时思至,不自知亡失衣冠,颠队坑岸。其父常以为专愚,几不知数马足。"　　懭悷：性情乖戾,桀骜不驯。西晋竺法护译《生经》卷五《佛说驴驼经》："时有一天,名净修梵志,以偈颂曰：'其求财于利,而行于悯哀,懭悷而自用,不从尊师教。'"南朝梁宝唱等撰集《经律异相》卷三一引《杂藏经》："观王没于五欲,懭悷难化,直尔而往,无以感发,宜以恐逼,尔乃降伏。"又作"懭戾",西晋竺法护译《舍头谏太子二十八宿经》："贪财宿胜,刚强难化,懭戾自用,不知羞惭。"东晋法显共佛驮跋陀罗译《摩诃僧祇律》卷七："从先祖已来,行此懭戾法,今我承袭此,死死终不信。"唐慧琳《一切经音义》卷一四《大宝积经》卷七八音义："懭戾者,掘强咈戾,难调伏也。"

[10] 所：何,什么；何处,哪儿。上文有"(太子)慰劳之曰：'所由来乎？苦体如何？欲何所索,以一脚住乎？'"之文,"所"字亦此二义。西晋竺法护译《生经》卷一《佛说五仙人经》："仙人曰：'然卿所从来？'答曰：'吾失王意,虽献一履,不足解过,故逆流来。'""所从来"即从哪来。刘宋求那跋陀罗译《过去现在因果经》卷四："即便问言：'我意观汝,似新出家,而能如此,摄诸情根；欲有所问,唯愿见答：汝今大师,其名何等？有所教诫？演说何法？'""有所教诫"即有何教诫。后汉昙果共康孟详译《中本起经》卷下《须达品》："美音问曰：'道士何来？今欲所之？'"南朝梁宝唱等撰集《经律异相》卷三一引《须大拏经》："妇睹太子独坐,惨然怖曰：'吾儿所之,而今独坐？'""所之"即去何处。又多见"所在"一语,义为在哪里,参见《修行本起经·试艺品》注[62],此不赘举。

[11] 圓匾：扁平的样子。"鼻正圓匾"盖与今语所谓"塌鼻子"意近。西秦圣坚译《太子须大拏经》："婆罗门有十二丑：身体黑如漆,面上三鼺,鼻正圓匾,两目复青。"唐玄奘、辩机《大唐西域记》卷一《屈支国》："其俗生子以木押头,欲其圓匾也。"唐慧琳《一切经音义》卷三五《一字顶轮王经》卷一音义："圓匾：《考声》：'薄阔貌也。'"

[12] 缭戾：扭曲不正,是一种病态的样子。同经卷一《布施度无极章》："树神睹之,忿其无道,以手搏其颊,身即缭戾,面为反向,手垂刀刃。"后秦鸠摩罗什译《禅秘要法经》卷上："见诸骨人,各各纵横,悉在前地,或见头破,或见项折,或见颠

倒,或见缭戾,或见腰折。"元魏慧觉等译《贤愚经》卷六《月光王头施品》:"即以手搏婆罗门耳,其项反向,手脚缭戾,失刀在地,不能动摇。"又作"缭紾",三国吴支谦译《大明度经》卷六《法来闿士品》:"是时邪自念言:'……吾当坏子。'邪悉坏诸闿士座,皆令缭紾;雨沙、砾石、荆棘、枯骨污座。"《说文·了部》:"了,尥也。"清段玉裁注:"凡物二股或一股结纠缠缚不直伸者,曰'了戾'。"《方言》卷三:"轸,戾也。"晋郭璞注:"相了戾也。""缭戾"(缭紾)同"了戾",本指物体缠绕不伸,引申之则可指扭曲不正矣。

[13] 頯:嘴唇松弛下垂的样子。《玉篇·页部》:"頯,丑貌。"按:"頯"同"哆"。《广韵·哿韵》"哆""頯"二字同"丁可切",此例"頯"字,西秦圣坚译《太子须大拏经》、南朝梁宝唱等撰集《经律异相》卷三一引《须大拏经》均作"哆",可证。《广韵·马韵》:"哆,唇下垂貌。"《集韵·个韵》:"哆,唇缓也。"东晋佛陀跋陀罗译《佛说观佛三昧海经》卷五:"过是已后,得生人中;唇哆面皱,语言謇吃。"

[14] 蹇吃:口吃。隋阇那崛多译《发觉净心经》卷下:"以无信故心难伏,生下贱家常被轻,彼之舌根常蹇吃,行戏论者有斯患。"又作"謇吃",见《太子须大拏经》《经律异相》卷五〇引《观佛三昧海经》及《世说新语·排调》。

[15] 青:蓝色。《荀子·劝学》:"青,取之于蓝而青于蓝。"佛典中常以"青"来形容眼睛难看、异样,不类常人(物)。西晋竺法护译《生经》卷一《佛说野鸡经》:"恶性而卒暴,观面赤如血,其眼青如蓝。……何不行捕鼠?面赤眼正青。"东晋法显《法显传·伽耶城贝多树下》:"王即遣臣,遍求恶人。见池水边有一人,长壮黑色,发黄眼青,以脚钩兼鱼,口呼禽兽。"元魏慧觉等译《贤愚经》卷一一《檀腻鞡品》:"尔时国内有婆罗门宾头卢埵阇,其妇丑恶,两眼复青。"南朝梁宝唱等撰集《经律异相》卷四五引《譬喻经》:"家有一婢,字弗尼持,大头秃发,眼目正青,口鼻缭戾,略不类人。"

[16] 状类:外貌;形状。"类"有形貌义,《楚辞·九章·橘颂》:"精色内白,类可任兮。"汉王逸注:"精,明也;类,犹貌也。言橘实赤黄,其色精明,内怀洁白。以言贤者亦然,外有精明之貌,内有洁白之志。"故"状类"是同义连文。下文"颜类"之"类"义同。

[17] 偓:同"恶"。《集韵·铎韵》:"恶,或从人。"宋、元、明三本即作"恶"。

[18] 室家:妻子。当由《诗·周南·桃夭》"之子于归,宜其室家"化用而来。"室家"又可指夫妻,《搜神记》卷一"弦超"条:"(弦超与知琼)遂披帷相见,悲喜交切。控左援绥,同乘至洛,遂为室家,克复旧好。"南朝梁宝唱等撰集《经律异相》卷三二引《遮罗国王经》:"后惧月光恶太子状,讹曰:'吾国旧仪,室家无白日相见,视之重者也。'"

[19] 将无:莫非,莫不是。常用于表示揣测。西晋竺法护译《佛说如幻三昧

经》卷上:"佛吉迦叶:'用为专心而问此谊,非彼声闻诸缘觉乘之所能及。诸天世人在中迷荒,将无惑乱?'"刘宋求那跋陀罗译《过去现在因果经》卷四:"至天明已,迦叶师徒俱往佛所,'年少沙门,龙火猛烈,将无为此之所伤耶?'"《世说新语·德行》:"王戎云:'太保居在正始中,不在能言之流,及与之言,理中清远。将无以德掩其言?'"南朝梁宝唱等撰集《经律异相》卷一〇引《睒子经》:"时盲父母惊起相谓:'睒行取水,经久不还,将无为毒虫所害?'"

[20] 妇:妻子。见《生经·佛说鳖猕猴经》注[21]。　　婿:丈夫。六朝人习以"婿"字指称女子配偶、丈夫。同经卷六《女人求愿经》:"昔者菩萨,身为女人,厥婿禀气凶愚妒忌,每出商行,以妻嘱邻单母。"刘宋佛驮什译《弥沙塞部和醯五分律》卷四:"母惊惋曰:'昔与母共夫,今与女同婿。生死迷乱,乃至于此!'"《世说新语·贤媛》:"因突入,号泣请曰:'庾玉台常因人,脚短三寸,当复能作贼不?'宣武笑曰:'婿故自急。'"元魏慧觉等译《贤愚经》卷一一《檀腻鞴品》:"王告母人:'……汝儿已死,以腻鞴与汝作婿,令还有儿,乃放使去。'"

[21] 正白:纯白;全白。《释名·释衣服》:"襢衣,襢,坦也,坦然正白,无文采也。"南朝宋刘敬叔《异苑》卷三:"海曲有物,名蛇公。形如覆莲华,正白。"北魏贾思勰《齐民要术》卷一〇《五谷果蓏菜茹非中国物产者·椰》:"椰树,……里肉正白如鸡子,而腹内空。"

[22] 希心:企望;盼望。

[23] 若其:如果。参见《贤愚经·长者无耳目舌品》注[6]。

[24] 去:离开。下文"不如早去"之"去"义同。

[25] 缘:由何;凭何;为何。下文:"梵志曰:'吾老气微,儿舍遁迈,之其母所,吾缘获之乎?'"又:"(王)问梵志曰:'缘得斯儿?'对之如事。"同经卷三《布施度无极经》:"闲居忆曰:'吾本乞儿,缘致斯贿乎?'"又卷五《忍辱度无极章》:"牧人寻察睹儿,即叹曰:'上帝何缘落其子于兹乎?'取归,育之以羊湩乳。曰姓觉知,诰曰:'缘窃湩乎?'"以各例观之,"缘"盖即"何缘"之省略,末例"何缘"与"缘"并用,是其证。

[26] 布施:参见《贤愚经·长者无耳目舌品》注[37]。　　上士:犹"大士",佛经中对菩萨的称呼。《释氏要览》卷上《称谓》引《瑜伽论》云:"无自利利他行者名下士,有自利无利他者名中士,有二利名上士。"

[27] 逮:及。连词。这一用法在本经中多见。下文云:"使者曰:'王逮皇后捐食衔泣,身命日衰,思睹太子。'"又卷五《忍辱度无极章》:"(帝释)以天神药灌睒口中,忽然得苏。父母及睒,王逮臣从,悲乐交集,普复举哀。"又卷八《遮罗国王经》:"王曰:'善哉,斯乐大矣。'遂命七王,以女妻之。八婿礼丰,君民欣欣。于斯王逮臣民始知太子月光之旧婿。"

[28]惠：给予；赠送。下文"何以惠子""子以普慈相惠"之"惠"义同。同经卷一《布施度无极章》："车马舟舆，众宝名珍，妻子国土，索即惠之。"又卷五《之裸国经》："俱还本国，送叔者被路，骂伯者聒耳。伯耻怒曰：'彼与尔何亲，与吾何仇？尔惠吾夺，岂非谗言乎？'"南朝梁宝唱等撰集《经律异相》卷一七引《佛大僧大经》："其弟语贼曰：'欲得宝者，吾与兄书，令惠卿宝。'"敦煌遗书·伯2555号窦昊《为肃州刺史刘臣璧答南蕃书》："和使论悉蔺琮至，远垂翰墨，兼惠银盘。睹物思贤，愧佩非分。"

[29]心结内塞：感情郁积，心里堵塞。"内"即"内否"之"内"，指内心。"心结"与"内塞"同义并列。"结"在六朝人书札中常用以指思恋、忧伤之情郁积于心。如：《楼兰尼雅出土文书》第24号："相见无缘，书问疏简，每念兹叔，不舍心怀，情用劳结。"《吐鲁番出土文书》第一册《哈拉和卓九六号墓文书·仓吏侯遝启》："前去值□备仓谷，策(敕)罚□□，遂用忧结。"又第二册《阿斯塔那一六九号墓文书·高昌书仪》："即日事悠然，奉见未期，益增驰结。"唐人仍用之，《吐鲁番出土文书》第四册《阿斯塔那七八号墓文书·唐残书牍》："唯增悲结，谨言疏不俱。"又第五册《阿斯塔那二四号墓文书·唐贞观二十年赵义深自洛州致西州阿婆家书》："奉拜未期，唯增涕结，伏愿珍重。""内塞"连言者，同经卷五《忍辱度无极章》："四姓结忿，内塞而殒。"

[30]劳俫：慰问；慰勉。《汉书·游侠传·原涉》："既共饮食，涉独不饱，乃载棺物，从宾客往至丧家，为棺敛劳俫毕葬。"又作"劳来"，同经卷八《镜面王经》："(众比丘)心俱念言：'入城甚早，我曹宁可俱到异学梵志讲堂坐须臾乎？'佥然曰可。即俱之彼，与诸梵志更相劳来，便就座坐。"又作"劳徕"，《隋书·律历志中》："于是高祖引孝孙、胄玄等，亲自劳徕。"

[31]庶自稣息：庶，希冀；自，动词词尾。"庶自"即"庶"。"稣息"同"苏息"，谓休养生息。同经卷四《弥兰经》："(神鱼)触败其船，众皆丧身。弥兰骑板，仅而获免。风漂附岸，地名鼻摩。登岸周旋，庶自苏息。"《后汉书·朱浮传》载浮上疏曰："陛下哀愍海内新离祸毒，保养生人，使得苏息。"《全晋文》卷二二王羲之《遗谢安书》："顷所陈论，每蒙允纳，所以令下小得苏息，各安其业。"《北史·薛琡传》："今黎元之命系于守长。若其得人，则苏息有地；任非其器，为患更深。"

[32]充：足。《周礼·天官·大府》："凡万民之贡，以充府库。"汉郑玄注："充，犹足。"《三国志·蜀志·诸葛亮传》："以亮为军师中郎将，使督零陵、桂阳、长沙三郡，调其赋税，以充军实。"

[33]德徽：美德。

[34]光颜：容颜；相貌。同经卷五《忍辱度无极章》："王与元妃，处于山林，海有邪龙，好妃光颜，化为梵志。……龙伺王行，盗挟妃去。"刘宋求那跋陀罗译《佛

说大意经》："国中有婆罗门,财富无量,见大意光颜端正,甚悦乐之。告言:'我相敬重。今有小女,欲以相上。'"

[35] 恨:遗憾。

[36] 宁……不:……吗?"不"同"否"。佛经中常以"宁"与"不""乎""耶""也"等句尾疑问语气词合用,表示疑问。失译《佛说㮈女祇域因缘经》:"梵志见㮈香美非凡,乃问王曰:'此㮈树下,宁有小栽,可得乞不?'"三国吴支谦译《佛说义足经》卷上《须陀利经》:"谓好首言:'汝宁知我曹今弃不复见用,反以沙门瞿昙为师?汝宁能忿,为众作利不?'"西晋竺法护译《生经》卷一《佛说五仙人经》:"王即纳之幔里,别座坐之,会诸群臣,则诏之曰:'卿等宁见前所逐梵志不耶?'答曰:'不见。'"又卷五《佛说梵志经》:"佛告诸比丘:'汝等宁闻梵志今所宣扬、口所说乎?'比丘对曰:'唯然世尊,已见已闻。'"此类用法中土典籍亦不鲜见,兹举一例:《搜神记》卷一五《贾文合》条:"遂至弋阳,修刺谒令,因问曰:'君女宁卒而却苏耶?'"

[37] 进逐:流放;斥逐。本篇此词凡三见,另见上文"将有何罪,乃见进逐"和"今有一子而见进逐,吾何心哉"两处。《礼记·大学》:"唯仁人放流之,进诸四夷,不与同中国。"唐慧琳《一切经音义》卷九二《续高僧传》卷十音义:"郑玄注《礼记》云:'进,放流也。'""进"当读为"屏",元、明二本"进"作"屏",可证。

[38] 为:干吗要……呢?何必要……呢?表示反诘。失译(附后汉录)《杂譬喻经》卷下:"妇往开瓮,自见身影在此瓮中,谓更有女人,大恚;还语夫言:'汝自有妇,藏著瓮中,复迎我为?'"后秦鸠摩罗什译《众经撰杂譬喻》卷下:"使者诣佛国中,语言:'王欲见,供养道人。'道人曰:'我亦无所有,复见我为?'"

[39] 恶:自愧。《方言》卷六:"恶,惭也。山之东西,自愧曰恶。"

[40] 权:佛教语,"方便"的异名,与"实"相对,谓暂用之而终废之之法。这里是设计谋的意思。同经卷六《精进度无极章》:"王深自惟:'众谶乱德,无由获定,吾将权焉。'托病不食,佯死弃众,其诸众者,以箪覆之,各捐而去。"又卷八《遮罗国王经》:"自斯之后,太子出入未尝别色,深惟本国与七国为敌,力争无宁,兆民呼嗟,'吾将权而安之。'"又:"天帝释喜叹曰:'菩萨忧济众生,乃至于兹乎?吾将权而助之焉。'"诡:欺骗。

[41] 逮:见注[27]。

[42] 副:符合;相称。《汉书·孙宝传》:"前大夫为君设除大舍,子自劾去者,欲为高节。今两府高士俗不为主簿,子既为之,徙舍甚说,何前后不相副也?"《后汉书·黄琼传》:"《阳春》之曲,和者必寡;盛名之下,其实难副。""财尽无副"意思是财物(施舍)完了,没有相应的财物施舍了。

[43] 坩:同"坎"。

[44] 懿:美。

[45] 地祇：地神。

[46] 远：宋、元、明三本均无此字。

[47] 以：用，介词。参见《生经·佛说舅甥经》注[14]。　　给养：侍奉供养。

[48] 隐：揣度；猜测。《尔雅·释言》："隐，占也。"晋郭璞注："隐度。"《全三国文》卷六七胡综《伪为吴质作降文三条》："及臣所在，既自多马，加以羌胡常以三四月中美草时，驱马来出，隐度今者，可得三千餘匹。"《汉书·叙传上》"大臣名家皆占数于长安"句唐颜师古注："占，度也。自隐度家之口数而著名籍也。"《文选·鲍照〈东武吟〉》"始随张校尉，占募到河源"句唐李善注："占，谓自隐度而应募为占募。"《广雅·释诂一》："隐，度也。""隐度"犹言思忖、揣测，为同义连文。

[49] 发柴：拨开柴草。

[50] 呼号且言：边呼叫边说。用"且"来连接两项同时进行的动作，相当于"边……边……"，是汉魏六朝文献的习惯用法。下文："妇闻斯言，感踊蹋地，宛转哀恸，流泪且云：'审如所梦。'"又："（梵志）归到其家，喜笑且云：'吾为尔得奴婢二人，自从所使。'"《易林》卷一一《遯之咸》："喜笑且语，不能掩口。"《三国志·魏志·曹爽传》南朝宋裴松之注引晋皇甫谧《列女传》："（夏侯）令女叹且泣曰：'吾亦惟之，许之是也。'"《后汉书·赵孝王良传》唐李贤注引《续汉书》："老子不率宗族，单绖骑牛，哭且行，何足赖哉！"

[51] 颜类：容颜，相貌。与上文"颜状丑黑""状类若鬼"之"颜状""状类"同义。

[52] 以：通"已"。下文"两儿以惠人"之"以"同。

[53] 败：弄坏；败坏。后汉昙果共康孟详译《中本起经》卷下《须达品》："神答梵志：'吾因舍卫给孤独氏，持八关斋。为妇所败，不卒其业。'"《世说新语·排调》："嵇、阮、山、刘在竹林酣饮，王戎后往，步兵曰：'俗物已复来败人意！'"

[54] 迈：离开。同经卷三《布施度无极经》："手探寻之，即获虱矣。中心怆然，求以安之，正有兽骨，徐以置中矣。虱得七日之食，尽乃舍迈。"又卷四《弥兰经》："弥兰惟曰：'斯诸玉女，不令吾迈，其有缘乎？'""迈"字义同。《楚辞·九辩》："众踥蹀而日进兮，美超远而愈迈。""迈"亦远离义。

[55] 沃澡：用水浇洗（梵志手），以示郑重。

[56] 遁迈：逃跑。同经卷五《忍辱度无极章》："国王登台观军，情猥流泪，涕泣交颈曰：'以吾一躯毁兆民之命，国亡难复，人身难获。吾之遁迈，国境咸康，将谁有患乎？'王与元后俱委国亡。"又："龙遣贤臣十六从龟，至人王城下堑中，龟曰：'汝等止此，吾往上闻。'龟遂遁迈，不复来还。"此词又见于卷二《波耶王经》《波罗捺国王经》和卷八《菩萨以明离鬼妻经》，是《六度集经》的习用语。"迈"有遁逃义，

同经卷八《明度无极章》:"(两道士)即结草投水,以盅道视;帝释旋迈,诸天都然,唯斯天女,不获翻飞。"又《菩萨以明离鬼妻经》:"(菩萨)曰:'淫为蟁虫,残身危命者也。吾故驰隐,衰又逢焉。'默而疾迈。"故"遁迈"是同义连文。

[57] 自手:亲手。失译《佛说阿难问事佛吉凶经》:"阿难复白佛言:'人不自手杀,教人杀者,其罪云何? 为无罪耶?'"西晋竺法护译《生经》卷三《佛说国王五人经》:"其父啼泣,泪出五行,长跪请命:'吾有一子,甚重爱之……'时王恚甚,不肯听之。复白王言:'若不活者,愿自手杀,勿使餘人。'"《世说新语·言语》:"孙绰赋《遂初》,筑室畎川,自言见止足之分。斋前种一株松,恒自手壅治之。"汉魏六朝典籍中又常见"手自"一词,与"自手"义同。不赘举。

[58] 躄身:仆倒身体,投身于地。"躄"指仆倒、摔倒。唐慧琳《一切经音义》卷一二《大宝积经》卷一一音义:"躄,倒也。"本篇上文:"俱现陈曰:'夫白象者,势力能躄六十象,斯国却敌之宝,而太子以惠重怨,中藏日虚。'"同经卷八《遮罗国王经》:"年在龆龀,聪明博畅,智策无俦,力能躄象,走攫飞鹰。"

[59] 宛转:身体滚动、翻转,多形容极度悲伤或痛苦的样子。下文:"妇闻斯言,感踊躄地,宛转哀恸。"失译(附后汉录)《大方便佛报恩经》卷二《对治品》:"时诸夫人闻王语已,宛转躄地,举身大哭,闷绝吐逆,良久稣息。"三国吴支谦译《大明度经》卷六《普慈闿士品》:"闿士卖身不集,便自宛转卧地,啼哭呼曰:'吾卖身以奉师,都无买我者,当云何乎?'"旧题支谦译《撰集百缘经》卷五《生盲饿鬼缘》:"见一饿鬼,身如燋柱,腹如大山,咽如细针,又复生盲,为诸乌鹫鸱枭所啄,宛转自扑,扬声叫唤,无有休息。"元魏吉迦夜共昙曜译《杂宝藏经》卷九《波罗奈王闻冢间唤缘》:"然此道人,头破血沥,沾污床座,驱令人角,得急失粪。次第七人,皆被打棒,宛转于地。"

[60] 一:都,全部。

[61] 二仪:同"两仪",原指天地,这里指天、地、山、树诸神。

[62] 忪忪:心跳惊恐的样子。《玉篇·心部》:"忪,心动不定,惊也。"《广韵·钟韵》:"忪,心动貌。"同经卷五《忍辱度无极章》:"父心忪忪而怖,遣使索儿;使睹兄曰:'弟如之乎?'"

[63] 瞤:眼皮跳动。《说文·目部》:"瞤,目动也。"古人迷信,认为"目瞤"是发生吉、凶之事的征兆。《易林》卷一《乾之需》:"目瞤足动,喜如其愿,举家蒙宠。"《西京杂记》卷三"樊哙问瑞应"条:"夫目瞤得酒食,灯火华得钱财,乾鹊噪而行人至,蜘蛛集而百事喜。"此为吉兆。《全后汉文》卷七四蔡邕《连珠》:"臣闻目瞤耳鸣,近夫小戒也;狐鸣犬嗥,家人小袄也;犹忌慎动作,封镇书符,以防其祸。"《敦煌变文校注·燕子赋》:"吾昨夜梦恶,今朝眼瞤,若不私斗,克被官嗔。"此为凶兆。本篇"目瞤"与下文"腋痒""乳湩流出"一样,均预示发生了不祥之事。

[64] 湩：乳汁。《说文·水部》："湩，乳汁也。"《后汉书·独行传·李善》："建武中疫疾，元家相继死没，唯孤儿续始生数旬。……乃潜负续逃去，隐山阳瑕丘界中，亲自哺养，乳为生湩。"唐李贤注："湩，乳汁也。"后汉竺大力共康孟详译《修行本起经》卷下《出家品》："女言：'献食者其法云何？'梵志答言：'当取五皆牛乳，展转相饮，至于一牛，犨一牛湩，转用作糜。'"三国吴支谦译《佛说义足经》卷下《维楼勒王经》："便共掘殿中土，弃深七尺所，更取净土复其处；便复取牛湩洗四殿。"南朝梁宝唱等撰集《经律异相》卷一七引《惟娄王师子湩譬喻经》："昔有国王，号曰惟娄，身体有疾，迎医往视，合药应用师子湩。"　　相属："属"音 zhǔ，连接、连续义。《说文·尾部》："属，连也。"《广雅·释诂二》："属，续也。""相属"谓相连接，连续不断。《史记·魏公子列传》："平原君使者冠盖相属于魏，让魏公子曰：'胜所以自附为婚姻者，以公子之高义，为能急人之困。'"《列子·仲尼》："子舆曰：'吾笑龙之诒孔穿，言善射者能令后镞中前括，发发相及，矢矢相属。'"《文选·郭璞〈江赋〉》："舳舻相属，万里连樯。"

[65] 惟：思，想。

[66] 用……为：干吗……呢？何必……呢？参见《生经·佛说舅甥经》注[49]。

[67] 将：莫非，莫不是。常与疑问语气词连用，表示猜测的语气。下文："今不睹之，将以惠人乎？"又："将为虎狼、鬼魅、盗贼吞乎？"用法相同。元魏慧觉等译《贤愚经》卷八《大施抒海品》："大施自念：'今此小吏自力何敢不承受我？将是父意，故使尔耳？'"又卷九《善事太子入海品》："夫怪问之：'汝言与我共为夫妇，晨去暮还，心不在此；将为他志，故使尔耶？'"南朝梁宝唱等撰集《经律异相》卷三二引《遮罗国王经》："后将观象，妃又睹焉。疑之曰：'吾之所由，辄睹斯人，将是太子乎？'"　　他，此指意外的变故。

[68] 委：丢下；舍弃。《盐铁论·备胡》："今不征伐，则暴害不息；不备，则是以黎民委敌也。"失译（附后汉录）《杂譬喻经》卷下："对曰：'实非武士。家妇见给从军二物，设当失此二物者，妇则委去，不成家居。'"旧题三国吴康僧会译《旧杂譬喻经》卷上："太子自念：'我母当如此，何况餘乎？'夜便委国去，入山中游观。"《世说新语·方正》："友人便怒，曰：'非人哉！与人期行，相委而去。'""委"字此义《孟子·公孙丑下》《离骚》等先秦文献已见，汉魏六朝沿其用耳。

[69] 帝释：佛典称三十三天（忉利天）之主为帝释，是佛教护法神之一。梵文音译名为释迦提桓因陀罗。

[70] 隆：高大。《说文·生部》："隆，丰大也。"

[71] 师子：即"狮子"。

[72] 微细："微"和"细"都有小义，这里指年幼。

[73] 回复：回转到。

[74] 适：正好；恰巧。

[75] 如：犹"何"，"如之"即何之、到哪里去了。下文："(妇)云：'吾子如之？当如行求乎'"之"如"字义同。

[76] 以：带。此为古义。《国语·晋语四》："文公伐原，令以三日之粮。"言命令部下带三日之粮。

[77] 趣：同"趋"，跑向，奔往。

[78] 躄地：仆倒在地，此句言其极度兴奋。下文："妇闻斯言，感踊躄地。"东晋法显《法显传·伽耶城贝多树下》："王夫人问：'王常游何处？'群臣答言：'恒在贝多树下。'夫人伺王不在时，遣人伐其树倒。王来见之，迷闷躄地。"刘宋求那跋陀罗译《大方广宝箧经》卷中："时文殊师利以神力持，令魔波旬所化比丘钵食不减，手口俱满，而不能咽；气闭眼张，悉皆躄地。"元魏瞿昙般若流支译《毗耶娑问经》卷下："其身发热，眼目乱视，如行道路失伴之人，亦如商人海行船没，亦如遗失如意珠者，心懊恼躄地。"

[79] 跳踉：跳跃；腾跳。参见《生经·佛说鳖猕猴经》注[48]。

[80] 拂拭：掸尘；揩擦。失译(附后汉录)《大方便佛报恩经》卷二《对治品》："洗足按摩，浣濯干晒，杨枝澡水，拂拭床敷。"《抱朴子内篇·遐览》："常亲扫除，拂拭床几。"《宋书·殷景仁传》："收湛之日，景仁使拂拭衣冠，寝疾既久，左右皆不晓其意。"《梁诗》卷九何逊《与虞记室诸人咏扇》："罗袖幸拂拭，微芳聊可因。"

[81] 情实：实情。参见《杂宝藏经·长者请舍利弗摩诃罗缘》注[101]。这里指祷祀的经过。

[82] 这三句是说，通过多次难以描述的祷祈神灵，才得到了这两个孩子。言孩子来之不易。

[83] 戏具：玩具。

[84] 感：悲伤。《玉篇·心部》："感，伤也。"《陆机集》卷七《顺东西门行》诗："感朝露，悲人生，逝者若斯安得停！"《宋诗》卷六颜延之《车驾幸京口侍游蒜山作诗》："周南悲昔老，唱滞感遗氓。"又卷七鲍照《代门有车马客行》："前悲尚未弭，后感方复起。""感"均与"悲"对文同义。

[85] 结：指心中疑团。《全汉文》卷四一刘歆《七略》："解纷释结，反之于平安。"《文选·孔融〈荐祢衡表〉》："飞辩骋辞，溢气坌涌；解疑释结，临敌有馀。"

[86] 感踊：犹"感激"，因有所感而激动，形容极度悲伤的样子。

[87] 恖(xiòng)：老弱。与"老"同义并列。《龙龛手镜·穴部》："恖，老弱也。"

[88] 盟尔：和你立下誓约。

[89] 遵:同"尊"。《经律异相》卷三一引《须大挈经》正作"隆孝奉尊"。

[90] 大道:指佛教。

[91] 一切智:佛教"三智"(另两"智"是"道种智"和"一切种智")之一,声闻缘觉之智,知了一切之法。

(三) 生　　经

五卷,西晋竺法护译。述佛及弟子的本生故事,凡五十五篇。其中不少故事情节生动,语言洗练,口语词较多。

竺法护,音译竺昙摩罗刹(亦作昙摩罗察,梵文 Dharmarakṣa),意译法护。南朝梁僧祐《出三藏记集》卷一三、慧皎《高僧传》卷一《译经上》有传。祖籍月支,世居敦煌郡。自晋武帝泰始二年到愍帝建兴元年(266—313 年),先后在敦煌、酒泉、长安、洛阳等地沿途译经一百五十餘部。据吕澂先生考证,今存八十四部(见《中国佛教》第二辑"竺法护"条)。

现选录卷一的《佛说鳖猕猴经》、卷二(宋、元、明三本及《经律异相》所引本、敦煌本作卷一)的《佛说舅甥经》两篇。

3. 佛说鳖猕猴经

[题解]

一鳖和一猕猴本为好友,后来鳖听信妻子的逸言,竟图谋杀害猕猴,取食其肝。猕猴临危不惧,凭着自己的智慧摆脱了危险。这个故事意在告诫人们:交友必须慎重,还歌颂了机智必将战胜愚蠢。相似的故事又见三国吴康僧会译《六度集经》卷四、隋阇那崛多译《佛本行集经》卷三一等。

[原文]

闻如是:一时佛游舍卫祇树给孤独园[1],与大比丘众千二百五十人俱[2]。时诸比丘,会共议言[3]:有此暴志比丘尼者[4],弃家远业,而行学道[5],归命三宝[6],佛则为父,法则为母,诸比丘众,以为兄弟。本以道法,而为沙门[7],遵修道谊[8],去三毒垢[9],供侍佛法及比丘僧,愍哀一切,行四等心[10],乃可得度。而反怀恶,谤佛谤尊,轻毁众僧,甚可疑怪,为未曾有。时佛彻听,往问比丘:"属何所论[11]?"比丘具启向所议意。于时世尊告诸比丘:"此比丘尼不但今世念如来恶[12],在在所生[13],亦复如是。"

吾自忆念,乃往过去无数劫时[14],有一猕猴王,处在林树,食果饮水,愍念一切蚑行喘息[15]、人物之类,皆欲令度[16],使至无为[17]。时与一鳖以为知友,亲亲相敬[18],初不相忤[19]。鳖数往来[20],到猕猴所,饮食言谈,说正义理。其妇见之数出不在[21],谓之于外淫荡不节[22],即问夫壻[23]:"卿数出,为何所至凑[24]?将无于外放逸无道[25]?"其夫答曰:"吾与猕猴结为亲友。聪明智慧,又晓义理,出辄往造[26],共论经法,但说快事[27],无他放逸。"其妇不信,谓为不然[28]。又瞋猕猴,诱诔我夫[29],数令出入;当图杀之,吾夫乃休[30]。因便佯病,困劣著床[31],其壻瞻劳[32],医药疗治,竟不肯差[33]。谓其夫言:"何须劳意[34],损其医药?吾病甚重,当得卿所亲亲猕猴之肝,吾乃活耳。"其夫答曰:"是吾亲友,寄身托命[35],终不相疑。云何相图[36],用以活卿耶?"其妇答曰:"今为夫妇,同共一体,不念相济,反为猕猴[37],诚非谊理[38]。"

其夫逼妇[39],又敬重之,往请猕猴:"吾数往来,到君所顿[40],仁不枉屈诣我家门[41];今欲相请,到舍小食。"猕猴答曰:"吾处陆地,卿在水中,安得相从?"其鳖答曰:"吾当负卿[42],亦可任仪[43]。"猕猴便从。负到中道,谓猕猴言:"仁欲知不?所以相请,吾妇病困[44],欲得仁肝,服食除病[45]。"猕猴报曰[46]:"卿何以故,不早相语?吾肝挂树,不赍持来。促还取肝[47],乃相从耳。"便还树上,跳踉欢喜[48]。时鳖问曰:"卿当赍肝,来到我家,反更上树[49],跳踉踊跃,为何所施?"猕猴答曰:"天下至愚,无过于卿。何所有肝而挂在树[50]?共为亲友,寄身托命,而还相图[51],欲危我命。从今已往[52],各自别行。"

佛告比丘:"尔时鳖妇,则暴志是;鳖者,则调达是[53];猕猴王者,则我身是。"佛说如是,莫不欢喜。

[注释]

[1] 佛:指释迦牟尼,佛教的创始人。名悉达多(Siddhārtha),姓乔达摩(Gautama),约生于公元前 565 年。相传为古印度北部迦毗罗卫国(在今尼泊尔南

部)净饭王的太子。二十九岁出家修道,三十五岁创立佛教学说,八十岁在拘尸那迦城逝世。因为他属于释迦族,后被尊称为"释迦牟尼",意为释迦族的圣人。

舍卫:地名,即舍卫城,在今印度西北部拉普的河南岸。佛在世时,波斯匿王居住此城,城内有祇园精舍。　祇树给孤独园:地名,又称祇园精舍。祇树,是波斯匿王之子祇陀太子树林的简称。给孤独,相传是舍卫城中的一个富商,因好向孤独者施舍而得名。他在王舍城听释迦说法并皈依佛门,购买祇陀太子的花园,建筑精舍赠予释迦说法;而祇陀太子仅出卖花园地面,而将原有的园中树木献给释迦,故此园林称为"祇树给孤独园"。因释迦常在此说法,后遂成为佛教圣地。

[2]大比丘:比丘,梵文Bhikṣu的音译,俗称和尚。指信奉佛教、剃度出家已受具足戒(必须遵守的戒律)的男子。大比丘,指比丘中之年高德劭者。

[3]会:聚集。《广雅·释诂三》:"会,聚也。"

[4]暴志:人名。同卷有《佛说姤阁摩暴志谤佛经》,即述此人谤佛的经过。比丘尼,梵文Bhikṣuṇī的音译,俗称尼姑。指信奉佛教、剃度出家已受具足戒的女子。

[5]道:指佛教。下文"本以道法""遵修道谊"之"道"义同。参见《观世音应验记·夏库吏脱险》注[23]。

[6]三宝:佛教称佛、法、僧为"三宝",后以指佛教。《古小说钩沉》辑刘宋刘义庆《宣验记》:"贫道案佛经云:'若履危苦,能归依三宝、忏悔求愿者,皆获甄济。'"南朝梁慧皎《高僧传》卷九《竺佛图澄》:"澄曰:'帝王事佛,当在体恭心顺,显畅三宝,不为暴虐,不害无辜。'"《梁书·昭明太子传》:"高祖大弘佛教,亲自讲说;太子亦崇信三宝,遍览众经。"又专指释氏,《世说新语·尤悔》:"阮思旷奉大法,敬信甚至。大儿年未弱冠,忽被笃疾。儿既是偏所爱重,为之祈请三宝,昼夜不懈。"

[7]沙门:梵文Śramaṇa或吐火罗语Samane的音译,也作"桑门",原为出家者的统称,后专指僧人。义为勤修善法,止息恶行。

[8]谊:同"义"。

[9]三毒:佛教称贪、嗔、痴为"三毒"。东晋法显《法显传·王舍新城菁沙王旧城》:"昔有比丘在上经行,思惟是身无常,……即捉刀欲自杀。复念世尊制戒,不得自杀。又念虽尔,我今但欲杀三毒贼。便以刀自刎。"南朝梁宝唱等撰集《经律异相》卷四引《普曜经》:"后身轻软,不想三毒;诸有疾者,手摩必愈。"《洛阳伽蓝记》卷二《崇真寺》:"既得它物,贪心即起;既怀贪心,便是三毒不除,具足烦恼。"

[10]四等心:即"四无量心"。指菩萨普度无量众生所应具有的慈、悲、喜、舍四种善心。与乐谓之"慈",拔苦谓之"悲",见人离苦得乐而欣悦谓之"喜",怨亲平等、舍怨舍亲谓之"舍"。符秦昙摩难提译《增一阿含经》卷三二《力品》:"彼女人复

更思惟，六情无主，得四等心；身坏命终，生梵天上。"

　　[11] 属：刚才；先前。下文"比丘具启向所议意"，"属"与"向"异词同义。三国吴康僧会译《六度集经》卷六《弥勒为女人身经》："妇执高操，意怪商人，住笑非宜。儿取床迟，还即搏之，商人又住笑。……于是富姓妻问曰：'君住吾前，含笑不止；吾属搏儿，意兴由子，子何以笑？'"又卷八《阿离念弥经》："时诸比丘中饭之后，坐于讲堂，私共讲议。……世尊即起，至比丘所，就座而坐，曰：'属者何议？'长跪对曰：'属饭之后，共议人命，恍惚不久，当就后世。'"三国吴支谦译《佛说义足经》卷上《桀贪王经》："（梵志）却谓王言：'我属从海边来，见一大国丰乐，人民炽盛，多有珍宝，可往攻之。'"又《须陀利经》："维阇作礼竟，叉手言：'属者我悲，身不识方面，所闻经法，不能复诵。'""属者"与"属"同义。

　　[12] 如来：梵文 Tathāgata 的意译，释迦牟尼的十种名号之一。后秦鸠摩罗什译《成实论》卷一："如来者，乘如实道来成正觉，故曰如来。"宋释元照《行宗记》上一之二："真如平等，体离虚妄，故云如实。"释迦牟尼正是悟此道而成佛，故自称"如来佛"。

　　[13] 在在：时时，任何。同经卷一《佛说编阇摩暴志谤佛经》："女人不得，心怀瞋恨，又从请求，复不肯与。心盛遂怒：'我前谐珠，便来迁夺。又从请求，复不肯与。汝毁辱我，在在所生，当报汝怨。'"西晋竺法护译《佛五百弟子自说本起经·货竭品》："如是五百世，在在所生处，穷困常饥馁，勤苦而饿死。"北凉昙无谶译《悲华经》卷八《诸菩萨本授记品》："时有海神，名曰调意，复作是言：'善大丈夫，从今已往，在在之处，乃至一生，愿我常当为汝作母。'"

　　[14] 劫：梵语"劫波"（Kalpa）的简称，意为"极久远的时节"。古印度传说世界经历若干万年后要毁灭一次，再重新开始，佛教因称这样一个周期为一劫。

　　[15] 蚑行喘息：佛经习语。中土文献本指动物行走，用嘴喘息。《文选·王褒〈洞箫赋〉》："是以蟋蟀蚸蠖，蚑行喘息。"亦作"蚑行喙息"，《史记·匈奴列传》："元元万民，下及鱼鳖，上及飞鸟，蚑行喙息蠕动之类，莫不就安利而辟危殆。"《玉篇·虫部》："蚑，蚑行喙息，麠鹿之类行也。"佛经中则常用于指称动物，此例即是。

　　[16] 度：佛教称引人出家使之离尘俗超生死为"度"，如说"剃度""超度"。

　　[17] 无为：佛教称无因缘造作、无生住异灭四相之造作为"无为"，"为"即造作之意。

　　[18] 亲亲：友爱；亲近。下文"当得卿所亲亲猕猴之肝"之"亲亲"义同。同经卷三《佛说国王五人经》："闻其国中，有两长者，豪富难及。旧共亲亲，中共相失，众人构狡，斗使成怒，积有年岁，无能和解者。"

　　[19] 初不：从不。《三国志·吴志·陆逊传》："当御备时，诸将军或是孙策时旧将，或公室贵戚，各自矜恃，不相听从。……及至破备，计多出逊，诸将乃服。

（孙）权闻之,曰:'君何以初不启诸将违节度者邪?'"后秦鸠摩罗什译《大庄严论经》卷一五:"所以然者,我身顷来,诸亲轻贱,初不与语。闻有财宝,乃复见迎。"失译(附东晋录)《饿鬼报应经》:"一鬼问言:'我食无足,初不得饱,何罪所致?'"《后汉书·独行传·彭修》:"受教三日,初不奉行,废命不忠,岂非过邪?"《世说新语·品藻》:"谢遏诸人共道竹林优劣,谢公云:'先辈初不臧贬七贤。'"

[20] 数(shuò):屡次,频繁。下文"其妇见之数出不在""卿数出"之"数"义同。

[21] 妇:妻子。以"妇"指称妻子,《诗经》已有其例。汉魏六朝文献尤其是翻译佛经沿用甚广。后秦弗若多罗共鸠摩罗什译《十诵律》卷二五:"答言:'识。是中某甲男子淫犯他妇。'"　之:其,指鳖。下文"谓之于外淫荡不节"之"之"义同。《吕氏春秋·音初》:"孔甲迷惑,入于民室,主人方乳,或曰:'后来是良日也,之子是必大吉。'"汉高诱注:"之,其。"《世说新语·识鉴》:"时人以谓:山涛不学孙、吴,而暗与之理会。"

[22] 谓:以为;认为。《国语·楚语上》:"昔卫武公年数九十有五矣,犹箴儆于国,曰:'自卿以下至于师长、士,苟在朝者,无谓我老耄而舍我,必恭恪于朝,朝夕以交戒我。'"后汉竺大力共康孟详译《修行本起经》卷上《试艺品》:"父王闻此,念太子幼,深为愁怖;诸来观者,谓胜太子。"三国吴支谦译《佛说义足经》卷上《桀贪王经》:"梵志晨起,往到田上,遥见禾穟,心内欢喜,自谓取愿,视禾不能舍去。"

[23] 夫壻:丈夫。"壻"即"婿"之俗字,见《干禄字书·去声》。《汉诗》卷九《乐府古辞·艳歌行》:"夫婿从门来,斜柯西北眄。"又卷一〇《古诗为焦仲卿妻作》:"谢家事夫婿,中道还兄门,处分适兄意,那得自任专。"南朝梁宝唱等撰集《经律异相》卷二九引《国王不黎先泥十梦经》:"后世人夫婿出行,妇与他通,食其财物。"《敦煌变文校注·秋胡变文》:"唤言郎君:'新妇夫壻游学,经今九载,消息不通,阴(音)信隔绝。'"

[24] 至凑:到;往。后汉支娄迦谶译《佛说遗日摩尼宝经》:"五百比丘问前两比丘言:'二贤者欲何至凑?'两比丘报言:'欲到空闲山中安隐之处。'"西晋竺法护译《持人菩萨经》卷四《世俗度世品》:"佛言持人,不以是法游于世间,无所至凑,无所消除。"又作"至奏"。三国吴支谦译《大明度经》卷二《天帝释问品》:"闿士大夫以影弘誓大乘,所至奏五阴,不当于中住。"

[25] 将无:莫非;恐怕,常用于表示测度。参见《六度集经·须大拏经》注[19]。

[26] 造:拜访。

[27] 但:只。　快事:称心惬意之事。

[28] 谓为:义同"谓",以为,认为。西晋聂承远译《佛说超日明三昧经》卷下:

"得为比丘名曰法乐，好尚杂句严饰之文，不志大乘深妙之化，谓为虚伪非佛正典。"《抱朴子内篇·释滞》："黄老之德，固无量矣，而莫之克识，谓为妄诞之言，可叹者也。"南齐求那毗地译《百喻经·以梨打头破喻》："如彼人者，憍慢恃力，痴无智慧，见我头上无有发毛，谓为是石，以梨打我头破乃尔。"

[29] 诱詀："詀"为"救"之俗字。《正字通·言部》："詀，俗救字。""诱詀"费解。"詀"疑为"詙"之形讹，《中华大藏经》作"诱詙"，可证。"诱詙"同义连文，"诱詙我夫"即引诱我夫。《说文·言部》："詙，诱也。"《原本玉篇残卷·言部》："詙，私律反。《服鸟赋》：'詙迫之徒，或趋西东。'孟康曰：'为利所诱詙也。'"唐玄应《一切经音义》卷七《阿差末经》卷七音义："诱詙，教也，引之相劝也。"皆以"诱詙"连言，可证。宋本"詙"作"忕"，疑为"忧"之借。顾野王所举贾谊《服鸟赋》"詙"和孟康注"诱詙"，今本《文选》均作"忕"，"忕"当读为"詙"。

[30] 休：停止；罢休。

[31] 困劣：患病虚弱的样子。《汉书·史丹传》："上意大感，喟然太息曰：'吾日困劣，而太子、两王幼少，意中恋恋，亦何不念乎！'"《论衡·气寿》："若夫无所遭遇，虚居困劣，短气而死，此禀之薄，用之竭也。"《全后汉文》卷一〇东海王刘强《临命上疏》："臣强困劣，言不能尽意，愿并谢诸王，不意永不复相见也。"失译《杂譬喻经》："不信三尊，背真向伪；悭妒自恣，贪求不施。堕牛中，羸瘦困劣，甚可愍伤。"

[32] 瞻劳：瞻，护理（病人），此佛典常义。元魏慧觉等译《贤愚经》卷七《梨耆弥七子品》："瞻病比丘，由无食故，当舍乞食，早晚无时。病人所须，或能差错。……以是之故，当施其食。"南朝梁宝唱等撰集《经律异相》卷一七引《差摩比丘喻重病经》："差摩比丘身得重病，受大苦痛；陀婆比丘为瞻病者。"又卷一八引《佛看比丘病不受者请经》："有瞻病者，则瞻我身，所获功德，亦无差降。""瞻病"均谓护理病人。劳，慰问。《广韵·号韵》："劳，劳慰。"故"瞻劳"即护理慰问之义。

[33] 差(chài)：通"瘥"，病愈。《方言》卷三："差，愈也。南楚病愈者谓之差。"失译《摩登伽经》卷下《明时分别品》："月在张宿，其得病者，香花祭神，七日乃愈。月在翼宿，至恶难差。"失译《佛说㮈女祇域因缘经》："婆伽陀城中，有大长者，其妇十二年中常患头痛，众医治之，而不能差。"《后汉书·方术传下·华佗》："又有一郡守笃病久，佗以为盛怒则差。"

[34] 何须：何必；哪里用得着。《魏诗》卷六曹植《野田黄雀行》："利剑不在掌，结友何须多？"《全唐诗》卷一二八王维《春日与裴迪过新昌里访吕逸人不遇》："到门不敢题凡鸟，看竹何须问主人。"又卷三〇七朱湾《寻隐者韦九山人于东溪草堂》："路傍樵客何须问，朝市如今不是秦。" 劳意：劳神，操心。

[35] 寄身托命：寄托性命。

[36] 云何：如何；怎么（能）。《史记·司马穰苴列传》："（穰苴）召军正问曰：'军法期而后至者云何？'对曰：'当斩。'"旧题三国吴支谦译《撰集百缘经》卷五《优多罗母堕饿鬼缘》："时母答曰：'汝父既丧，我今便无，唯汝一子；汝今云何舍我出家？'"西晋竺法护译《普曜经》卷四《告车匿被马品》："圣无等伦，云何相舍？功勋难量，名称普至。"元魏瞿昙般若流支译《得无垢女经》："云何有净僧，比丘受具足。何处有此愿，云何百有生。宿命云何有，常与佛和合。"

[37] 反为猕猴：言反而替猕猴打算。

[38] 谊理：即"义理"，道理。

[39] 逼妇：（丈夫）为妻子所逼。

[40] 顿：止宿；逗留。同经卷二《佛说闲居经》："（佛）与大比丘众五百人俱，稍至城里聚落；有自然好音，佛顿其中。"《搜神记》卷一五"李娥"条："乃请费长房读之，曰：'告佗，我当从府君出案行部，当以八月八日中时，武陵城南沟水畔顿，汝是时必往。'"姚秦竺佛念译《出曜经》卷一六《忿怒品》："时梵摩达疲顿，欲得憩息，即告御者：'可于此顿。吾今疲极，欲小止息。'"南朝梁宝唱等撰《经律异相》卷二二引《贤愚经》："其诸商人共将一狗，至于中路，贾客顿息，狗便盗肉。"顿息，止宿休息。又有"顿止""止顿"连言者，不赘举。

[41] 仁：犹言"你"，第二人称敬称。下文"仁欲知不""欲得仁肝"之"仁"义同。同卷《佛说野鸡经》："野猫以偈报（野鸡）曰：'吾多所游行，国邑及郡县；不欲得馀人，唯意乐在仁。'"三国吴康僧会译《六度集经》卷四《弥兰经》："弥兰骑板，仅而获免，风漂附岸。……有四美人，容齐天女，奉迎之曰：'……妾等四女给仁使役，晚息夙兴，唯命所之。'"元魏慧觉等译《贤愚经》卷一○《勒那阇耶品》："人报之曰：'我之薄福，贫穷理极，债负盈集，甚多难计。诸债主辈，竞见剥脱；日夜催切，忧心不释；天地虽宽，无容身处。今欲自没，避离此苦，仁虽谏及，存不如死。'"南朝梁宝唱等撰集《经律异相》卷八引《央掘魔罗（经）》："婆罗门妇年少端正，于世间现深生染心，忽忘仪愧，前执其衣。时世间现曰：'仁今便是我母，如何而行非法？'"

[42] 当：将。参见《杂譬喻经·医师治王病喻》注[15]。　　负：背，驮。

[43] 任仪：宋元明三本作"枉仪"。疑"任义"当读为"任意"，"吾当负卿，亦可任仪"是说我将背着你走，也可以随意往来。"仪""义"古常通用，《诗·大雅·烝民》："民鲜克举之，我仪图之。"唐陆德明《释文》"仪"作"义"，云："郑作仪。"《文选·郭璞〈江赋〉》："想周穆之济师，驱八骏于欺爰。"唐李善注："《列子》曰：'周穆王远游，命驾八骏之乘，骅骝、绿耳、赤骥、白仪、渠黄、逾轮、盗骊、山子。'张湛曰：'仪，古义字。'"是"任仪"即"任义"。而"义""意"二字佛典或相通，如"意故"又作"义故"（见《贤愚经·长者无耳目舌品》注[30]），故"任义"当读作"任意"。

[44] 病困：病重。"困"表示程度很重。《史记·龟策列传》褚少孙曰："卜占病者祝曰：'今某病困。死，首上开，内外交骇。'"《三国志·魏志·管辂传》："广平刘奉林妇病困，已买棺器。"《世说新语·贤媛》："魏武帝崩，文帝悉取武帝宫人自侍。及帝病困，卞后出看疾。"《南史·孝义传上·吴逵》："经荒饥馑，系以疾疫，父母兄嫂及群从小功之亲男女死者十三人。逵时病困，邻里以苇席裹之，埋于村侧。"

[45] 除病：愈病。"除"字中古文献常用以指病愈、治愈。三国吴支谦译《大明度经》卷四《譬喻品》："譬如老病人除愈，欲起行，有健人来扶持之，告曰：'无恐，我自相送，终不中道相弃。'"《广雅·释诂一》："除，愈也。"

[46] 报：回答。此义佛典习见。后汉支娄迦谶译《般舟三昧经》卷上《行品》："欲见佛即见，见即问，问即报。"西晋聂承远译《佛说超日明三昧经》卷上："见骂詈者默而不报，若挝捶者受而不校，若瞋恚者慈心向之。"后秦佛陀耶舍共竺佛念译《长阿含经》卷七《弊宿经》："复问小儿：'汝以何方便更求火耶？'小儿报：'火出于木，我以斧破木求火。'"元魏佛陀扇多译《如来师子吼经》："法上如来知而问曰：'汝善男子从何所来？'胜积菩萨默然不答。时彼众中天龙夜叉……等皆作是念：有何义故？此胜积菩萨，三界大将问已，不报，默然而住。"

[47] 促：急速。

[48] 跳踉：跳跃；蹦跳。下文"跳踉踊跃"之"跳踉"义同。同经卷四《佛说马喻经》："明日长者故乘骑试，以著鞍勒，马即受之，不复跳踉。"又卷五《佛说譬喻经》："醉饱已后，因取瓶跳之，'我受汝恩，令我富饶'。跳踉不止，便堕地破之，所求不能复得。"西秦圣坚译《太子须大拏经》："时男耶利骑师子上戏，师子跳踉，耶利伤面血出。"南朝梁宝唱等撰集《经律异相》卷四三引《杂譬喻经》："罗刹谓言：'汝身及手足，一时悉被羁；但当去就死，跳踉复何为？'"又作"跳梁"。《庄子·逍遥游》："庄子曰：'子独不见狸狌乎？卑身而伏，以候敖者；东西跳梁，不辟高下。'"《太平御览》卷八九九引《风俗通》佚文："丁壮小犊，跳梁弄角，饮水数石，生刍十束。"

[49] 反更：反而；反倒。此词是同义连文，"更"亦"反"义。同经卷五《佛说夫妇经》："于时夫婿不敬重之，憎恶不欢，不欲见之，反更敬爱不急老姬。"《搜神后记》卷一○"斫雷公"条："我贫穷，展力耕垦，蛇来偷食，罪当在蛇，反更霹雳我耶！"

[50] 何所有：犹言岂有、哪里有。

[51] 还：反，反而。《汉诗》卷一二《古诗》："甘瓜抱苦蒂，美枣生荆棘；利傍有倚刀，贪人还自贼。"

[52] 从今已往：从今以后。

[53] 调达：梵名 Devadatta，亦译作"提婆达多"。斛饭王之子，释迦牟尼的从弟。先从佛学为弟子，继率五百众离去。欲与释迦牟尼争夺宗教领袖的地位，故

谋破僧害佛,常与释迦牟尼为敌。

4.佛说舅甥经

[题解]

　　本篇叙舅、甥二人因贫穷而共盗官物。在一次作案时,舅被看守者捕获,甥断舅首,以防暴露自己。国王为了抓住甥,使出了浑身解数,先后设下了"尸骗""女诱""子诱"等圈套,而甥狡黠多智,一一予以识破,始终逍遥法外。国王赏识甥的才智,后与甥言归于好,并招其为驸马。整个故事情节曲折生动,引人入胜。

　　据学者考证,此故事盖脱胎于古希腊史学家希罗多德的《历史》(亦译《史记》,即《希腊波斯战争史》)①,在《经律异相》卷四四、《法苑珠林》卷三一亦有节录;日本古典小说《今昔物语集》卷一〇《盗人入国王仓盗财杀父语》中也有相同的故事,即源于《法苑珠林》②。唐僧义净译《根本说一切有部毗奈耶破僧事》卷一二所记舅甥共盗事当亦与此经同源。敦煌遗书伯希和2965号有陈写本《佛说生经》残卷,即出本篇,友人黄征先生曾有校释之作③。又,太田辰夫、江蓝生两位先生有《〈生经·舅甥经〉词语札记》一文,解释了本篇的部分词语④。我们校、注时参考了这两篇文章。

[原文]

　　闻如是:一时佛游舍卫国祇树给孤独园,与大比丘众俱[1]。佛告诸比丘:乃昔过去无数劫时,姊弟二人,姊有一子,与舅俱给官御府[2],织金缕、锦绫、罗縠、珍好异衣[3]。见帑藏中琦宝好物[4],贪意为动。即共议言:"吾织作[5],勤苦不懈;知诸藏物,好丑多少。宁可共取[6],用解贫乏乎[7]?"夜人定后[8],凿作地窟,盗取官物,不可赀数[9]。明监藏者觉物减少[10],以启白王[11]。王诏之曰:"勿广宣之,令外人

　　①　钱锺书.一节历史掌故,一个宗教寓言,一篇小说[J].文艺研究,1983(4).
　　②　王晓平.佛典·志怪·物语[M].南昌:江西人民出版社,1990:47.
　　③　黄征.敦煌陈写本晋竺法护译《佛说生经》残卷 P.2965 校释[M]//杭州大学古籍研究所.敦煌语言文学论文集.杭州:浙江古籍出版社,1988.
　　④　该文载于《语言研究》1989 年第 1 期。

知。舅甥盗者，谓王多事[12]，不能觉察；至于后日，遂当慴伏[13]，必复重来。且严警守，以用待之[14]。得者收捉，无令放逸。"藏监受诏，即加守备。其人久久[15]，则重来盗。外甥教舅："舅年尊[16]，体羸力少，若为守者所得，不能自脱。更从地窟却行而入[17]；如令见得，我力强盛，当济免舅。"舅适入窟[18]，为守者所执。执者唤呼，诸守人捉甥不制。畏明日识，辄截舅头，出窟持归。

晨晓，藏监具以启闻[19]。王又诏曰："舆出其尸，置四交路[20]。其有对哭取死尸者，则是贼魁[21]。"弃之四衢，警守积日。于时远方有大贾来[22]，人马车驰，填噎塞路[23]，奔突猥逼[24]。其人射闹[25]，载两车薪，置其尸上。守者明朝具以启王。王诏微伺[26]，伺不周密，若有烧者，收缚送来。于是外甥将教僮竖[27]，执炬舞戏；人众总闹，以火投薪，薪燃炽盛。守者不觉，具以启王。王又诏曰："若已蛇维[28]，更增守者，严伺其骨。来取骨者，则是原首[29]。"甥又觉之，兼猥酿酒[30]，特令醇厚。诣守备者，微而酤之[31]。守者连昔饥渴[32]，见酒宗共酤饮[33]。饮酒过多，皆共醉寐，俘囚酒瓶[34]，受骨而去[35]。

守者不觉，明复启王。王又诏曰："前后警守，竟不级获[36]。斯贼狡黠，更当设谋。"王即出女，庄严璎珞[37]，珠玑宝饰；安立房室，于大水傍。众人侍卫，伺察非妄，必有利色来趣女者[38]。素教诫女[39]："得逆抱捉[40]，唤令众人，则可收执。"他日异夜[41]，甥寻窃来[42]。因水放株[43]，令顺流下，唱叫奔急[44]。守者惊趣，谓有异人[45]，但见株杌[46]。如是连昔，数数不变[47]。守者玩习[48]，睡眠不惊。甥即乘株到女室，女则执衣。甥告女曰："用为牵衣[49]？可捉我臂。"甥素殒黠[50]，预持死人臂，以用授女。女便放衣，转捉死臂，而大称叫[51]。迟守者寤[52]，甥得脱走。

明具启王。王又诏曰："此人方便[53]，独一无双。久捕不得，当奈之何？"女即怀妊，十月生男，男大端正[54]。使乳母抱行，周遍国中。有人见与有鸣噭者[55]，便缚送来。抱儿终日，无鸣噭者。甥为饼师[56]，住饼炉下，小儿饥啼，乳母抱儿，趣饼炉下，市饼舖儿[57]。甥既见儿，即以饼与，因而鸣之[58]。乳母还白王曰："儿行终日，无来近者。饥过饼炉，时卖饼者授饼乃鸣。"王又诏曰："何不缚送？"乳母答曰："小儿饥啼，饼师授饼，因而鸣之。不意是贼[59]，何因囚之？"王使乳母更抱儿出，及诸伺候[60]；见近儿者，便缚将来。甥酤美酒，呼请乳母及微伺者，就于酒家劝酒。大醉眠卧，便盗儿去。醒悟失儿，具以启王。王又诏曰："卿等顽騃[61]，贪嗜狂水[62]。既不得贼，复亡失儿。"

甥时得儿，抱至他国。前见国王，占谢答对[63]，引经说谊[64]，王大欢喜。辄赐禄位，以为大臣。而谓之曰："吾之一国，智慧方便，无逮卿者[65]。欲以臣女若吾之女[66]，当以相配。自恣所欲。"对曰："不敢，若王见哀[67]，其实欲索某国王女[68]。"王曰："善哉！从所志愿。"王即有名[69]，自以为子。遣使者往，往令求彼王女。王即可之[70]。王心念言："续是盗魁[71]，前后狡猾。即遣使者，欲迎吾女。"遣其太子，五百骑乘，皆使严整[72]。王即敕外，疾办车骑[73]。

甥为贼臣，即怀恐惧。心自念言："若到彼国，王必被觉，见执不疑。"便启其王："若王见遣，当令人马五百骑具，衣服鞍勒，一无差异[74]，乃可迎妇。"王然其言，即往迎妇。王令女饮食待客，善相娱乐，二百五十骑在前，二百五十骑在后，甥在其中，跨马不下[75]。女父自出，屡观察之；王入骑中，躬执甥出[76]："尔为是非，前后方便，捕何叵得[77]？"稽首答曰："实尔是也。"王曰："卿之聪哲[78]，天下无双。随卿所愿，以女配之。得为夫妇。"

佛告诸比丘："欲知尔时甥者，则吾身是；女父王者，舍利弗是也[79]；舅者，调达是也[80]；女妇国王父，输头檀是也[81]；母，摩耶是[82]；妇，瞿夷是[83]；子，罗云是也[84]。"佛说是时，莫不欢喜。

[注释]

[1] 这一句的解释见上篇《佛说鳖猕猴经》注[1]。

[2] 给(jǐ)：供事；服役。《汉书·张安世传》："用善书给事尚书，精力于职，休沐未尝出。"唐颜师古注："于尚书中给事也。给，供也。"

[3] 异：奇妙；奇特。南齐求那毗地译《百喻经·效其祖先急速食喻》："时妇为夫，造设饮食，夫得急吞，不避其热。妇时怪之，……夫答妇言：'有好密事，不得语汝。'妇闻其言，谓有异法，殷勤问之。"《后汉书·臧洪传》："洪体貌魁梧，有异姿。"此句"珍""好""异"三词近义连文。

[4] 帑藏：国库。《后汉书·桓帝纪》："(建和二年夏四月)，嘉禾生大司农帑藏。"《三国志·魏志·卫觊传》："深思勾践滋民之术，由恐不及，而尚方所造金银

之物,渐更增广,工役不辍,佟靡日崇,帑藏日竭。"《古小说钩沉》辑《裴子语林》:"苏峻新平,帑藏空,犹馀数千端粗练。"

[5] 吾:我们。

[6] 宁可:与句尾语气词"乎"(或"不""耶")合用,义为"可以……吗?""能够……吗?"表示疑问。这里用以表示舅、甥二人相商议、质询的语气。后汉昙果共康孟详译《中本起经》卷上《化迦叶品》:"即稽首言:'大道人实神圣,乃知人念。宁可得从大道人神化禀受经戒,作沙门耶?'"《太平经》卷四五:"今人共害其父母,逆其政令,于真人意,宁可久养不邪?"

[7] 用:以,介词。下文"以用待之""以用授女"的"以用"同义连文,"用"亦"以"也。详本篇注[14]。

[8] 人定:即"亥时",指晚上九时至十一时,此时夜深人静,故名。《汉诗》卷一○《乐府古辞·古诗为焦仲卿妻作》:"奄奄黄昏后,寂寂人定初。"《宋诗》卷一一《清商曲辞·华山畿》:"一坐复一起,黄昏人定后,许时不来已。"

[9] 不可赀数:难以统计,无法计算。《后汉书·陈蕃传》:"又比年收敛,十伤五六,万人饥寒,不聊生活,而采女数千,食肉衣绮,脂油粉黛,不可赀计。"唐李贤注:"赀,量也。"西晋竺法护译《慧上菩萨问大善权经》卷下:"今释种能仁之尊,弃国捐家,今成无上正真之道,已过汝界,多度人民,不可赀量。""不可赀数"与"不可赀计""不可赀量"同义。

[10] 监藏者:看守国库的人。下文数见的"藏监"与之同义,指国库的看守者。

[11] 启白:禀报。同经卷二《佛说比丘各言志经》:"于时舍利弗前白世尊:'我等之类,各演所知,今故启白,得其理不?'"

[12] 谓:以为;认为。下文"谓有异人"之"谓"义同。参见《生经·佛说鳖猕猴经》注[22]。

[13] 遂:便。　慴伏:习惯。"慴"即"习"之俗书,因"伏"而增心旁,俗字中此类偏旁类化之例极多,不胜举。"伏"为"伏"之俗书,习也。《后汉书·冯异传》:"虏兵临境,狃伏小利,遂欲深入。"唐李贤注:"狃伏,犹惯习也。"《集韵·祭韵》:"伏,狃伏。""狃伏"即"狃伏",义为习惯。故"慴伏"就是"习(习)伏",是同义复词。唐玄应《一切经音义》卷一二《生经》卷一音义有"习伏"条,明玄应所见本作"习伏"。

[14] 以用:以;用来。"用"有"以"义,故"以用"是介词连用。下文"以用授女"之"以用"义同。《搜神记》卷一一"郭巨"条:"得石盖,下有黄金一釜,中有丹书,曰:'孝子郭巨,黄金一釜,以用赐汝。'"西秦圣坚译《太子须大挐经》:"太子即使傍臣辇取珍宝,著四城门及著市中,以用布施,恣人所欲,不违其意。"元魏吉迦

夜共昙曜译《杂宝藏经》卷一《十奢王缘》：“时婆罗陀，先在他国，寻召还国，以用为王。”南齐求那毗地译《百喻经·杀商主祀天喻》：“于是众贾共思量言：'我等伴党，尽是亲亲，如何可杀！唯此导师，中用祀天。'即杀导师，以用祭祀。”

[15] 久久：长久；好久。《燕丹子》：“今太子欲灭悁悁之耻，除久久之恨，此实臣所当糜躯碎首而不避也。”《抱朴子内篇·登涉》：“郑君言但习闭气至千息，久久，则能居水中一日许。”

[16] 年尊：年纪大，年事高。“尊”字可指人年龄大，《后汉书·章帝纪》：“（元和二年春二月）乙丑，帝耕于定陶。诏曰：'三老，尊年也。'”“尊年”即高年。《世说新语·伤逝》“郗嘉宾丧”条下南朝梁刘孝标注引《续晋阳秋》曰：“将亡，出一小书箱付门生，云：'本欲焚此，恐官年尊，必以伤愍为毙。我亡后，若大损眠食，则呈此箱。'”《南齐书·刘瓛传》：“又上下年尊，益不愿居官次，废晨昏也。”“年尊”都用于晚辈称长辈年事已高的场合，与此例相同。

[17] 更：再，复。下文“更增守者”“更当设谋”之“更”义同。《正字通·攴部》：“更，再也，复也。”《汉书·王吉传》：“诏书每下，民欣然若更生。”“更生”即再生。　却行而入：倒退着身子进去。

[18] 适：刚刚。参见《杂譬喻经·医师治王病喻》注[25]。

[19] 启：同“启白”，禀报。参见《世说新语·顾雍丧子》注[3]。“启闻”即禀报上闻。

[20] 四交路：指四通八达的大路，与下文“弃之四衢”的“四衢”同义。

[21] 贼魁：贼首，元凶。

[22] 大贾：大商人。

[23] 填噎：又作“嗔咽”，形容拥挤，充塞。《抱朴子外篇·疾谬》：“或倾枕而延宾，或称疾以距客。欲令人士立门以成林，车骑填噎于闾巷。”

[24] 奔突：本指奔跑，冲撞，《诗·大雅·绵》“混夷駾矣，维其喙矣”句汉郑玄笺：“混夷，夷狄国也，见文王之使者将士众过己国，则惶怖惊走，奔突入此柞械之中而逃，甚困剧也。”《后汉书·杨琁传》：“乃令马车居前，顺风鼓灰，贼不得视；因以火烧，布然马惊，奔突贼阵。”此指车马奔驰来至的样子。　狼逼：谓逼近、靠近。“奔突狼逼”一句犹言奔驰迫近。

[25] 射闹：闹，是中古产生的新词，本义是嘈杂、不安静，此处盖指因人多而嘈杂热闹，下文“总闹”的“闹”义同。三国吴康僧会译《六度集经》卷六：“尔等欢闹，邪声乱志，独而无偶。”符秦昙摩难提译《增一阿含经》卷二五《五王品》：“是时，尊者尸婆罗便作是念：我今在此本邦之中，极为烦闹。今可在人间游化。”姚秦竺佛念译《出曜经》卷二《无常品之二》：“第四弟言：'吾当隐大市之中。众人狼闹，各不相识。'”刘宋求那跋陀罗译《杂阿含经》卷四〇：“以不受忏故，时精舍中众多比

丘共相劝谏,高声闹乱。"

[26] 微伺:伺察;窥察。又作"微司"。《说文·见部》:"瞯,司也。"段玉裁注:"司者,今之伺字。"《广雅·释诂三》:"瞯,伺也。""微"与"瞯"同。"微伺"(微司)是同义连文。《史记·伍子胥列传》:"且嚭使人微伺之,其使于齐也,乃属其子于齐之鲍氏。"《汉书·陈咸传》:"于是石显微伺知之,白奏咸漏泄省中语,下狱掠治。"本篇下文"呼请乳母及微伺者"一句亦有"微伺"一语。

[27] 将教:将,率领,带领;教,指使,命令。《集韵·爻韵》:"教,令也。""将教"犹言率领指使。   僮竖:童仆。《陈书·虞寄传》:"寄少笃行,造次必于仁厚,虽僮竖未尝加以声色。"

[28] 蛇维:即"阇维"之异译,原指火葬僧人,这里指火葬其舅。唐玄应《一切经音义》卷四《大方便报恩经》卷三音义:"邪维,或言阇毗,或言阇维,或言阇鼻多,义是焚烧也。"《法苑珠林》卷三一《潜遁篇》引《生经》即作"阇维"。

[29] 原首:宋、元、明三本作"元首",是。"元首"就是上文所说的"贼魁"。

[30] 兼猥:多多。"兼"有加倍义,引申之则有多义。"猥"亦有多义。又有"猥多"连言者,同经卷一《佛说五仙人经》:"时有梵志,过见戏童,人数猥多。"失译(附后汉录)《大方便佛报恩经》卷二《对治品》:"作使答言:'饮食猥多,当时运急,汲取此水,用作饮食。'"元魏慧觉等译《贤愚经》卷一一《檀腻鞸品》:"王告母人:'汝舍沽酒,众客猥多,何以卧儿置于坐处,覆令不现?'""猥多"犹言众多、很多,是同义复词。"兼猥"与"猥多"相仿,也是同义复词。

[31] 微而酤之:"微"与"微伺"的"微"同,伺机、探察。酤,卖酒。这一句是说甥伺机卖酒给守者喝。"酤"又可指买酒,下文"共酤饮"之"酤"是也。

[32] 连昔:连日;连日连夜。"昔"有夜晚义,通"夕"。《广雅·释诂四》:"昔,夜也。"《史记·楚世家》:"其乐非特朝昔之乐也,其获非特凫雁之实也。"唐司马贞索隐:"昔犹夕也。"这里是以"昔"来概指日、夜。下文"如是连昔"的"连昔"则专指连夜(接连几夜),这从上下文中不难看出。

[33] 酒宗:敦煌本作"酒宾",是。"宾"即"肉"之俗字。《干禄字书·入声》:"宾、肉,上俗下正。"《吐鲁番出土文书》第四册《阿斯塔那一五一号墓文书·高昌作头张庆祐等偷丁谷寺物平钱帐》:"羊宾三脚,平钱二文。""羊宾"即羊肉。《敦煌变文校注·大目乾连冥间救母变文》:"心腹到处皆零落,骨宾寻时似烂燋。""骨宾"即骨肉。今本作"宗"者,当因形近而误。

[34] 俘囚:俘获。"俘"有俘获义自不待言,"囚"亦有俘获义,《左传·僖公二十五年》:"囚申公子仪、息公子边以归。"是说俘获申公子仪……而归。故"俘囚"是同义连文。"俘囚酒瓶"意即俘获酒瓶、缴得酒瓶,是较为风趣的说法。

[35] 受:盛(chéng);装。《方言》卷六:"受,盛也,犹秦晋言容盛也。"

[36] 级获：斩获。《史记·平准书》："其明年，大将军、骠骑大出击胡，得首虏八九万级。"《后汉书·光武帝纪上》："光武奔之，斩首数十级。"唐李贤注："秦法，斩首一，赐爵一级，故因谓斩首为级。"

[37] 庄严：装饰；打扮。　璎珞：本指用珠玉缀成的饰物，多为颈饰。失译（附后汉录）《大方便佛报恩经》卷三《论议品》："尔时大王即入窟中，见其鹿女，心生欢喜，即沐浴香汤，名衣上服、百宝璎珞庄严其身。"南齐求那毗地译《百喻经·小儿得欢喜丸喻》："小儿得已，贪其美味，不顾身物。此人即时解其钳锁，璎珞、衣物都尽持去。"南朝梁宝唱等撰集《经律异相》卷八引《濡首无上清净分卫经》："人又曰：'与我宝衣、摩尼、璎珞，然后相与。'"也指用珠宝装饰，转为动词。姚秦竺佛念译《出曜经》卷二一《如来品》之一："众多罗刹女辈颜貌端正，众宝自璎珞身。"刘宋求跋陀罗译《过去现在因果经》卷一："又复择取五百妓女，形容端正，不肥不瘦，不长不短，不白不黑，才能巧妙，各兼数技，皆以名宝，璎珞其身。"此例用前一义，"庄严璎珞"犹言以璎珞庄严（其身）。

[38] 利色：贪色。《礼记·表记》："事君三违而不出竟，则利禄也。"汉郑玄注："利禄，言为贪禄留也。"《易林》卷四《大有之履》："商人行旅，资所无有，贪贝利珠，留连王市。"《潜夫论·断讼》："又贞洁寡妇，……执节坚固，齐怀必死，终无更许之虑。遭值不仁世叔、无义兄弟，或利其娉币，或贪其财贿。"旧题后汉支娄迦谶译《佛说般舟三昧经·四辈品》："不得自贵，不得自大，不得嫉妒，不得瞋恚，不得贪财利色。"各例"利"均贪义。　趣：趋向，奔赴。

[39] 素：预先。《国语·吴语》："夫谋必素见成事焉，而后履之。"三国吴韦昭注："素，犹豫也。""豫"同"预"。《文选·潘岳〈关中诗〉》："将无专策，兵不素肄。"唐李善注："贾逵《国语注》曰：'素，预也。'"

[40] 逆：迎也。"逆抱捉"谓迎面抱住。《法苑珠林》卷31引《生经》："必有利色，来趣女者。逆抱捉，唤令人收执。"

[41] 异：别的；其他，与"他"对文同义。《吕氏春秋·上农》："农不敢行贾，不敢为异事。"汉高诱注："异犹他也。"同经卷五《佛说夫妇经》："（梵志）心自念言：'且是我前妇，非是异人。'"南齐求那毗地译《百喻经·老母捉熊喻》："老母得急，即时合树，搽熊两手，熊不能动。更有异人，来至其所，老母语言：'汝共我捉，杀分其肉。'"异人，别人。元魏慧觉等译《贤愚经》卷五《贫人夫妇叠施得现报品》："叔离白言：'唯此被叠（即"氎"字），内无异衣，女形秽恶，不宜此脱。'"异衣，别的衣服。

[42] 寻：即；随即。同经卷三《佛说国王五人经》："使者按行，见一树下，有此一人，……心自念言：'此非凡人，应为国王'寻往遍启国之大臣，具说本末。"《汉诗》卷一〇《乐府古辞·古诗为焦仲卿妻作》："媒人去数日，寻遣丞请还。"元魏慧

觉等译《贤愚经》卷二《金财因缘品》:"见二金钱在儿两手,父母欢喜,即便收取。取已,故处续复更生;寻更取之,复生如故。"南朝梁宝唱等撰集《经律异相》卷二三引《生经》:"(凶众)候比丘尼适脱衣被,入水洗浴,寻前掣衣,持著远处,欲牵犯之。""寻"义均同上。又有"寻即"连言者,旧题三国吴支谦译《撰集百缘经》卷一〇《唱言生死极苦缘》:"作是语已,寻即出去,入城乞食。"元魏慧觉等译《贤愚经》卷六《快目王眼施缘品》:"诸天来下,寻即誓愿,眼还平复,眼好于前。"元魏吉迦夜共昙曜译《杂宝藏经》卷一〇《优陀羡王缘》:"王素善相,见夫人舞,睹其死相,寻即舍琴,惨然长叹。""寻即"是同义复词,就是即。清刘淇《助字辨略》卷二:"寻,旋也,随也。……凡相因而及曰寻,犹今云随即如何也。"

[43] 株:指木排。"放株"谓放木排。下文"甥即乘株到女室"之"株"义同。

[44] 唱叫:高声叫喊。刘宋龚庆宣《刘涓子鬼遗方·序》:"至门,闻捣药之声;比及,遥见三人,一人开书,一人捣药,一人卧,尔乃齐唱叫突,三人并走。"《太平广记》卷三六一"齐后主"条(出《广古今五行记》):"北齐后主武平五年,如晋阳,在路,兵人于幕下忽唱叫。讯之,曰:'见无数人,皆骑小马如狐,争挥刀梢,故叫之。'"《敦煌变文校注·双恩记》:"(善友)既唤不应,又更大声唱叫:'恶人!恶人!我目已损,若要珠,任将去。莫损我弟,我弟痴幼。'"　　奔急:急,宋、元、明三本作"隐",《经律异相》、敦煌本同,是。"隐"通"殷",震响。《诗·召南·殷其雷》:"殷其雷,在南山之阳。"清王先谦《诗三家义集疏》引臧镛堂云:"《诗》建本'殷'作'隐'。"引陈乔枞云:"'殷''隐'古字通用。"《史记·司马相如列传》:"车骑雷起,隐天动地。"《文选·司马相如〈上林赋〉》"隐"作"殷",李善注:"殷,音隐。郭璞曰:'殷,犹震也。'"故"奔隐"犹言奔腾震响。参见《古诗为焦仲卿妻作》注[60]。

[45] 异人:奇特之人。《后汉书·方术传·郭玉》:"帝奇之,仍试令嬖臣美手腕者与女子杂处帷中,使玉各诊一手,问其疾苦,玉曰:'左阳右阴,脉有男女,状若异人,臣疑其故。'"《世说新语·容止》:"王长史尝病,亲疏不通。林公来,守门人遽启之曰:'一异人在门,不敢不启。'"

[46] 株杌:《说文·木部》:"株,木根也。"《集韵·没韵》:"杌,树无枝也。""株杌"连言本指树桩或树墩,这里指木排。失译(附后汉录)《大方便佛报恩经》卷二《对治品》:"除去沙卤、株杌、荆棘,其地清净,安施床敷。"北魏慧觉等译《贤愚经》卷二《降六师品》:"夫人月满,亦生一男,面貌极丑,形如株杌,父母见之,情不欢喜。"又:"油师瞋恚,逆呵责之:'头如株杌,手脚如轴,不肯生活,候伺他家。'"均用其本义之例。《五灯会元》卷五《石霜庆诸禅师》:"师居石霜山二十年间,学众有长坐不卧,屹若株杌,天下谓之枯木众也。"是此词至宋时犹存。

[47] 数数:屡屡;多次。同经卷五《佛说夫妇经》:"(妇)便谓其夫:'假使卿心不相喜者,倘当见听,出家为道,作比丘尼。'数数如是,婿便听之。"《大宝积经》

卷九西晋竺法护译《密迹金刚力士会》第三之二：“有太子名意无量，得最后筹，是王太子当在最后成行觉道；时诸太子，轻易调戏，数数笑之。”南朝梁宝唱等撰集《经律异相》卷一九引《说比丘分卫经》：“(比丘)得是美食，心中欢喜，不能自胜，数数往诣。”隋阇那崛多译《发觉净心经》卷上：“譬如炽火，将大木薪掷置其中，如是数数掷中，其火转增，炽盛不灭。”

[48] 玩习：习以为常；习惯。“玩”本写作“翫”，《玉篇·习部》：“翫，习也。”是“玩习”乃同义连文。《后汉书·桓帝纪》：“诏书连下，分明恳恻，而在所玩习，遂至怠慢，选举乖错，害及元元。”旧题三国吴康僧会译《旧杂譬喻经》卷上：“诸射师分布诸山，见孔雀从一青雀，便以蜜麨处处涂树。孔雀日日为青雀取食，如是玩习，人便以蜜麨涂己身，孔雀便取蜜麨，人则得之。”后秦鸠摩罗什译《大庄严论经》卷七：“易乐入安般，众生所玩习；各自有胜力，今者舍利弗。”

[49] 用为：干吗……呢？何必……呢？佛经中表示反诘的常见句式。同经卷五《佛说蜜具经》：“或有人说：‘今此仙人，往古难及，当往启受。’有人报言：‘用为见此养身满腹之种？’”又多作“用……为”，义同。西秦圣坚译《太子须大拏经》：“时婆罗门遂入山中，逢一猎师，问言：‘汝在山中，颇见太子须大拏不？’猎者……骂言：‘我欲射汝腹、啖汝肉，用问太子为？’”南朝梁宝唱等撰集《经律异相》卷三二引《大智度论》：“父母报言：‘我唯有汝一儿耳，若入大海，众险难度，一旦失汝，我用活为？’”“用……为”又有“用……干吗呢”“拿……做什么呢”的意思，“用”字有实义，“为”是疑问语气词。失译《佛说㮈女祇域因缘经》：“耆域曰：‘我为医师，周行治病，病者之家争为我使，当用奴为？’”西晋竺法护译《佛五百弟子自说本起经·赖吒惒罗品》：“时亲厚知识往谓父母言：‘善哉听之去，用死人身为？’”刘宋求那跋陀罗译《大方广宝箧经》卷上：“于时文殊师利童子语须菩提：‘大德，今用菩萨法为？’”元魏瞿昙般若流支译《毗耶娑问经》卷上：“彼人如是，既得渡已，于彼烂筏，生瞋怒心；……我于烂筏，竟得何力，用此筏为？即便弃舍。”“为”的这一用法参见《六度集经·须大拏经》注[38]。

[50] 殀：同“凶”。《玉篇·歹部》：“殀，古文凶。”《汉书·艺文志》：“然星事殀悍，其湛密者弗能也。”唐颜师古注：“殀，读与凶同。”

[51] 称叫：呼喊；叫唤。“称”字古有呼唤义，《国语·吴语》：“王称左畸曰：‘摄少司马兹，与王士五人，坐于王前。’”三国吴韦昭注：“贾、唐二君云：‘称，呼也。’”故“称叫”是同义连文。南朝梁宝唱等撰集《经律异相》卷一八引《贫穷老公经》：“路有一人，害所生母，止住树下，啼哭懊恼，称叫‘奈何’！”

[52] 迟(zhì)：等到。《汉书·外戚传上·高祖吕皇后》：“帝晨出射，赵王不能蚤起，太后伺其独居，使人持鸩饮之。迟帝还，赵王死。”《三国志·魏志·张郃传》：“(文帝)因问郃曰：‘迟将军到，亮得无已得陈仓乎！’郃知亮县军无谷，不能久

攻，对曰：'比臣未到，亮已走矣。'""迟守者寤，甥得脱走"是说等到侍卫者醒来，甥已经挣脱逃走了。

[53] 方便：本篇此词凡三见，此例及下文"吾之一国，智慧方便，无逮卿者"之"方便"犹言计谋、办法，名词。又如：同经卷五《佛说拘萨罗国乌王经》："于时四乌，数数往至，大众会所，各自议言：'以何方便，而得取之？'"失译《佛说㮈女祇域因缘经》："耆域自念：'我虽作方便，求此白象，复不得脱；今当复作方便。何可随去？'"西晋竺法护译《佛说须真天子经》卷一《问四事品》："复次天子，菩萨有四事行，得奇特方便，降伏贡高。"元魏吉迦夜共昙曜译《杂宝藏经》卷一《莲华夫人缘》："(王)便募国中能却此敌。又复思忆，彼仙人者，或能解知，作诸方便。"均作名词用。"方便"又可作动词用，义为设法、作计，下文："尔为是非，前后方便，捕何叵得？"元魏慧觉等译《贤愚经》卷五《沙弥守戒自杀品》："我欲心盛，求娆沙弥，冀从我心；而彼守戒，心不改易，方便入房，自舍身命。"南朝梁宝唱等撰集《经律异相》卷二三引《弥沙塞律》："(婆罗门)心作是念：'此比丘尼今不可得，当寻其住处，方便图之。'""方便"一词唐宋时期仍习见，参蒋云从师《敦煌变文字义通释·释情貌》。

[54] 大：极；很。副词。下文"王大欢喜"之"大"义同。旧题三国吴康僧会译《旧杂譬喻经》卷上："孔雀白大王：'宁可木系我足，自在往来湖水中，方咒，令民远近，自恣取水。'王言大佳。"参见《列异传·宗定伯卖鬼》注[7]。　　端正：英俊，漂亮。敦煌本作"端政"，义同，参见《六度集经·须大拏经》注[3]。

[55] 呜噈：亲吻。《说文·欠部》："欯，一曰欯歔(此二字据段玉裁校补)，口相就也。"《广韵·屋韵》："欯歔，口相就也。""欯歔"即"欯歔"，亦即"呜噈"。唐玄应《一切经音义》卷一二《生经》卷一音义："呜噈：《声类》：'噈，亦呜也。'"失译(附后汉录)《杂譬喻经》卷下："儿前母闻生子如是，偶往看见，爱之，即抱呜噈，开口求食。"又作"呜哜"，旧题三国吴支谦译《菩萨本缘经》卷下《兔品》："谛观心闷，抱置膝上，对之呜哜。"又常单用作"呜"，详下注[58]。

[56] 饼师：烙饼师傅。"师"指学有专长、精通某种技艺的人。《孟子·告子上》已有"场师"，佛经中这类称呼多见。三国吴康僧会译《六度集经》卷五："父凶念生，厥性恶重，前家有冶师，去城七里。"冶师，铁匠。后秦鸠摩罗什译《杂譬喻经·木师画师喻》："时日以暮，木师入宿，亦留画师令住止。"木师，木匠；画师，画匠。旧题三国吴支谦译《撰集百缘经》卷八《舞师女作比丘尼比缘》："时有舞师夫妇……善解舞法，回转俯仰，曲得节解。"舞师，舞蹈家。失译《佛说㮈女祇域因缘经》："医师合药，辄疑恐有毒，亦杀之。"医师，医生。西晋竺法护译《佛说鹿母经》："猎师闻声，便往视之，见鹿心喜，适前欲杀。"猎师，猎人。后秦鸠摩罗什译《杂譬喻经·捕鸟师喻》："昔有捕鸟师，张罗网于泽上，以鸟所食物著其中。"捕鸟师，捉

鸟的人。元魏慧觉等译《贤愚经》卷九《善事太子入海品》："(太子)到河池边,见捕鱼师张网捕鱼,狼藉在地。"捕鱼师,渔民。隋阇那崛多译《佛本行集经》卷三一："时彼河岸有一人,是结花鬘师;其人有园,在彼河侧。"结花鬘师,做花串饰物的师傅。南齐求那毗地译《百喻经·诈称眼盲喻》："昔有工匠师,为王作务,不堪其苦,诈言眼盲,便得脱苦。"丁匠师,工匠。又《为恶贼所劫失氍喻》："而语贼言:'此是真金。若不信我语,今此草中,有好金师,可往问之。'"金师,金匠。元魏慧觉等译《贤愚经》卷二《降六师品》："日月满足,生一男儿。……即召相师,占其吉不。"相师,相面先生。隋阇那崛多译《佛本行集经》卷四九："备诸船舶,复雇五人。其五人者,一者执船,二者执棹,三者抒漏,四者善巧沉浮,五者船师。"船师,船老大。又卷五："又复国内竹匠、皮匠、瓦师、砖师、造屋木师、造酒食师、剃须发师、染洗衣师、屠儿、按摩、治病、合药、钓鱼等师,闻王欲驱四子出国,'审如是不?'王言:'实尔。'""瓦师"指做(烧)瓦师傅,"砖师"指做(烧)砖师傅,余可类推。

〔57〕市饼:买饼。

〔58〕鸣:此例与下文"时卖饼者授饼乃鸣""因而鸣之"之"鸣"都是"呜"字的形近之误,《经律异相》《法苑珠林》所引本、敦煌本作"呜",不误。"呜"即"呜嗽",亲吻之义。同经卷四《佛说负为牛者经》:"牛径前往趣佛,屈前两脚,而呜佛足。"失译(附后汉录)《大方便佛报恩经》卷四《恶友品》:"父母忧愁,畏其不济,七日即往,呜抱手足,善方诱喻,可起饮食。"三国吴康僧会译《六度集经》卷五《忍辱度无极章》:"父以首著膝上,母抱其足,呜口吮足,各以一手扪其箭疮。"《世说新语·惑溺》:"(贾)充自外还,乳母抱儿在中庭,儿见充喜踊,充就乳母手中呜之。"

〔59〕不意:不觉得;不以为。"不意"在汉魏以来典籍中常作不料、没想到讲,此例与之有别。

〔60〕及:与,和。　诸:众。　伺候:就是下文"呼请乳母及微伺者"的"微伺者",指窥察监视之人。

〔61〕顽骏:愚蠢。《魏书·李会传》:"会顽骏好酒,其妻……甚有姿色,会不答之。"隋阇那崛多译《大方等大集经贤护分》卷二《正信品》:"彼恶人辈,不知修习,身戒心慧;愚痴无智,犹如白羊,顽骏很弊。"

〔62〕狂水:指酒。因酒能使人乱性发狂,故称。也称"狂药"。《晋书·裴楷传》:"长水校尉孙季舒尝与崇酣燕,慢傲过度,崇欲表免之。楷闻之,谓崇曰:'足下饮人狂药,责人正礼,不亦乖乎!'"

〔63〕占谢:犹"占对",言辞应答,"占谢"与"答对"同义并列。同经卷一《佛说五仙人经》:"门监启曰:'外有梵志,欲求觐尊。'王诏见之。梵志进入,占谢咒愿,又白王曰:'如我所瞻,今果前誓,宁当谛乎?'"又卷二《佛说闲居经》:"时梵志长者,往诣佛所,稽首足下,却坐一面,敬问占谢。"《后汉书·边让传》:"既到,署令

史,(何)进以礼见之。让善占谢(中华标点本据殿本改作"占射",误),能辞对,时宾客满堂,莫不羡其风。"引申之,又有答谢及谢罪义。《晋书·何劭传》:"劭雅有姿望,远客朝见,必以劭侍直。每诸方贡献,帝辄赐之,而观其占谢焉。"此为"答谢"义。《南史·谢颢传》:"宋末为豫章太守,至石头,遂白服登烽火楼,坐免官。诣齐高帝自占谢,言辞清丽,容仪端雅,左右为之倾目,宥而不问。"此为"谢罪"义。

[64] 谊:同"义"。宋、元、明三本即作"义"。

[65] 逮:赶上。

[66] 若:或者,选择连词。《汉书·食货志上》:"(边食)足支一岁以上,可时赦,勿收农民租。……时有军役若遭水旱,民不困乏,天下安宁。"后秦鸠摩罗什译《金刚般若波罗蜜经》:"所有一切众生之类,若卵生若胎生,若湿生若化生,……我皆令入无余涅槃而灭度之。"晋葛洪《肘后备急方》卷一《救卒客忤死方》:"又方:以铜器若瓦器贮热汤,器著腹上。"《齐民要术》卷七《货殖》:"通邑大都:……牛车千两,木器漆者千枚,铜器千钧,素木、铁器若栀、茜千石。"隋阇那崛多译《虚空孕菩萨经》卷上:"若有持戒若不持戒,若有精进若不精进,脱彼袈裟,逼令还俗。"这里"欲以臣女若吾之女"当作一句读,言想要以大臣的女儿或者我的女儿(配嫁给你)。

[67] 见哀:可怜我。下文"见遣"即派遣我。参见《贤愚经·长者无耳目舌品》注[63]。

[68] 索:求聘;迎娶。宋陆游《老学庵笔记》卷一〇:"今人谓娶妇为索妇,古语也。孙权欲为子索关羽女,袁术欲为子索吕布女,皆见《三国志》。"旧题三国吴支谦译《撰集百缘经》卷八《白净比丘尼衣裹身生缘》:"生一女儿,端政殊妙,有白白净衣,裹身而生。……年渐长大,衣亦随大,鲜白净洁,不烦浣染。众人见之,竞共求索。"《搜神记》卷一六"崔少府墓"条:"酒炙数行,谓充曰:'尊府君不以仆门鄙陋,近得书,为君索小女婚,故相迎耳。'"南朝梁宝唱等撰集《经律异相》卷一七引《佛大僧大经》:"频数启其兄,欲作沙门。其国法,欲得妇,具言欲作沙门。佛大即为娉妻,索贤家女,字快见。"又卷四四引《譬喻经》:"昔有一人,……入海采宝,还国,遇善知识,言:'我索贫穷,今得此物,足以自谐。若母不可我意,当舍母居去;若妇不可我意,我当更索。'"

[69] 有名:有名称,有名号。后汉支娄迦谶译《道行般若经》卷九:"幻化及野马,但有名无形。"东晋佛陀跋陀罗共法显译《摩诃僧祇律》卷二四:"臣有四种:或有名而无禄,或有禄而无名。或有禄有名,或无名无禄。"

[70] 可:许可;答应。同经卷一《佛说五仙人经》:"臣谏不止:'若王食馔,但勿须之,则必改也。'王遂可之。伺梵志出,不复须还,则先之食。"元魏慧觉等译《贤愚经》卷一一《无恼指鬘品》:"佛粗说法,得法眼净,心遂纯信,求索出家,佛即

可之。"又有"许可"连言者,后汉昙果共康孟详译《中本起经》卷下《须达品》:"佛法默然,已为许可。"失译(附后汉录)《杂譬喻经》卷上:"(老母)白诸道人:'我今入城视之,若得供办者,当还白之;若无者,亦当使知消息。'于是从许可。"南朝梁宝唱等撰集《经律异相》卷四一引《贤愚经》:"有一大臣,请佛及僧,三月供养,佛即许可。"

[71] 续:又;仍然。同经卷五《佛说君臣经》:"从尔以来,佛久知之,调达凶恶,心怀危諂,吾以慈心,而降伏之,续知如此,故为沙门,欲令建立,摄取善德。"又《佛说清信士阿夷扇持父子经》:"阿夷扇持闻之走在其处空闲山中,而遣人使呼之来还;猕猴不肯,遥报之曰:'吾今续念,前困毒我,众患难量。……今故驰走,来入山中。'"三国吴支谦译《佛说义足经》卷下《维楼勒王经》:"王自念言:如是者,佛续为有恩爱在诸释,续有助意。即从其处而还,兵归其国。"《搜神记》卷六"荆州童谣"条:"是时华容有女子忽啼呼曰:'将有大丧。'……续又歌吟曰:'不意李立为贵人。'"元魏慧觉等译《贤愚经》卷五《长者无耳目舌品》:"其女心念,我母怀妊,未知男女,若续是女,财应属官;若其是男,应为财主。"

[72] 严整:整饰;装饰。后汉竺大力共康孟详译《修行本起经》卷下《游观品》:"王敕国中,太子当出,严整道巷,洒扫烧香,悬缯幡盖,务令鲜洁。"隋阇那崛多译《佛本行集经》卷五〇:"既到海已,祭祀海神,严整船舶,别雇五人,三倍与价。"

[73] 严:置办;装备。《魏诗》卷八郭遐周《赠嵇康》之一:"我友不斯卒,改计适他方;严车感发日,翻然将高翔。"三国吴康僧会译《六度集经》卷三《布施度无极经》:"鳖人语曰:'吾受重润,身体获全,无以答润;虫水居物,知水盈虚,洪水将至,必为巨害矣。愿速严舟,临时相迎。'"失译《摩登伽经》卷上《明往缘品》:"王闻是已,极大惊愕,即便严驾,眷属围绕,前后导从,诣祇洹林。"元魏慧觉等译《贤愚经》卷九《善事太子入海品》:"尔时其使到大王所,披读书表,甚增喜踊。告下诸王,悉皆来集,即严象马。"

[74] 一:皆;全部。释见清王引之《经传释词》卷三。参见《六度集经·须大拏经》注[60]。

[75] 跨马:骑马。西晋法炬共法立译《法句譬喻经》卷一《多闻品》:"化作一人,著好衣服,乘马带剑,手执弓矢,……跨马鸣弦,往入山中。"《古小说钩沉》辑《裴子语林》:"刘调之曰:'女子何不调机利杼,而采桑逆旅?'女答曰:'丈夫何不跨马挥鞭,而牵船乎?'"《世说新语·方正》"杜预之荆州"条下南朝梁刘孝标注引晋王隐《晋书》曰:"(杜)预无伎艺之能,身不跨马,射不穿札,而每有大事,辄在将帅之限。"

[76] 躬:亲自。

[77] 叵得：不可得。"捕何叵得"犹言为什么抓不住你呢？

[78] 聪哲：聪慧睿智。《文选·陆机〈辨亡论〉上》："彼二君子，皆弘敏而多奇，雅达而聪哲。"西晋法炬共法立译《法句譬喻经》卷二《明哲品》："昔有梵志，其年二十。天才自然，事无大小，过目则能，自以聪哲。"

[79] 舍利弗：梵名Śāriputra。佛的十大弟子之一，号称智慧第一。符秦昙摩难提译《增一阿含经》卷三："智慧无穷，决了诸疑，所谓舍利弗比丘是。"

[80] 调达：参见《生经·佛说鳖猕猴经》注[53]。

[81] 输头檀：即"净饭王"。梵名Śuddhodana，又译"首图驮那"。是迦毗罗卫国的国王，释迦牟尼的父亲。唐慧琳《一切经音义》卷二五《涅槃经》卷四音义："输头檀王：此云净饭王也。"

[82] 摩耶：即"摩诃摩耶"，梵名Mahāmāyā，也称"摩耶夫人"。是天臂城释种善觉长者的长女，净饭王的夫人，释迦牟尼的生母。

[83] 瞿夷：又译"裘夷"。梵名Gopikā，是舍夷长者的女儿，悉达太子（释迦牟尼出家前的名号）的第一夫人。

[84] 罗云：即"罗睺罗"，梵名Rāhula，是释迦牟尼的嫡子，十五岁出家为沙弥，遂成阿罗汉果，为佛的十大弟子之一，号称密行第一。

（四）杂 譬 喻 经

一卷，比丘道略集，失译。收集了譬喻、寓言故事三十九则，自《崔离寺师将沙弥下喻》至《梵王长寿喻》，凡三十九喻。汉晋译师好以"杂譬喻"名经，当时如《杂譬喻经》（一卷，旧题后汉支娄迦谶译）、《杂譬喻经》（二卷，失译，附后汉录）、《旧杂譬喻经》（二卷，旧题三国吴康僧会译）、《众经撰杂譬喻》（二卷，姚秦鸠摩罗什译）等，都是"牵物引类，转相证据"（南朝梁僧祐《出三藏记集》卷九《譬喻经序》），说得通俗一点，就是用譬喻、比方的形式来阐释佛教的道理，正与本经的旨趣、特点相同。

现选录《木师画师喻》《医师治王病喻》两篇。

5. 木师画师喻

[题解]

古代劳动人民在生产实践中涌现出不少能工巧匠，本篇所描写的木师、画师就是其中的杰出代表。在一二千年以前，生产力还相当落后的年代里,就能制造出与真人无异、会供人使唤的"木女",画出极其逼真的画像,真是奇哉伟哉,令人惊叹! 尤其是"木女",简直就是现代机器人的雏形,可与张衡作"地动仪"、诸葛亮创制"木牛流马"相媲美。

　　本篇内容在唐义净译《根本说一切有部毗奈耶药事》卷一六又有异译,情节基本相同,文字小异。西晋竺法护译《生经》卷三《佛说国王五人经》描述的一"机关木人",不仅举止如人,还能对人挤眉弄眼,与"木女"有异曲同工之妙。

[原文]

　　昔北天竺有一木师[1],大巧[2],作一木女[3],端正无双[4],衣带严饰[5],与世女无异[6]。亦来亦去[7],亦能行酒看客[8],唯不能语耳。时南天竺有一画师[9],亦善能画[10]。木师闻之,作好饮食,即请画师。画师既至,便使木女行酒擎食[11],从旦至夜[12]。画师不知,谓是真女[13],欲心极盛,念之不忘。时日以暮[14],木师入宿[15],亦留画师令住止[16],以此木女立侍其侧,便语客言[17]:"故留此女[18],可共宿也。"主人已入,木女立在灯边。客即呼之,而女不来。客谓此女羞,故不来,便前,以手牵之,乃知是木,便自惭愧。心念口言[19]:"主人诳我,我当报之[20]。"

　　于是画师复作方便[21],即于壁上画作己像[22],所著被服与身不异[23],以绳系颈,状似绞死。画作蝇鸟[24],著其口啄[25]。作已闭户[26],自入床下。天明,主人出,见户未开,即向中观[27],唯见壁上绞死客像。主人大怖,便谓实死,即破户入,以刀断绳,于是画师从床下出[28]。木师大羞。画师即言:"汝能诳我,我能诳汝。"客主情毕,不相负也[29]。二人相谓:"世人相诳惑,孰异于此。"时彼二人信知诳惑[30],各舍所亲爱,出家修道。

[注释]

　　[1] 天竺:印度的古称。唐慧琳《一切经音义》卷七二《杂阿毗昙心论》卷一音义:"天竺:或言身毒,或言贤豆,皆讹也。正言印度。"　　木师:木匠。

　　[2] 大巧:极巧,非常巧。"大"有极、甚义,参见《生经·佛说舅甥经》注[54]。

　　[3] 木女:用木头做成的女偶人。

［4］端正：漂亮。参见《六度集经·须大拏经》注［3］。

［5］严饰：装饰。参见《杂宝藏经·长者请舍利弗摩诃罗缘》注［84］。

［6］世女：世俗之女。

［7］亦来亦去：来来往往。谓行走与常人无异。

［8］行酒：为宾客依次斟酒。《三国志·吴志·虞翻传》："（孙）权既为吴王，欢宴之末，自起行酒。"《搜神记》卷一"左慈"条："放乃赍酒一罂，脯一片，手倾罂，行酒百官，百官莫不醉饱。"《古小说钩沉》辑《荀氏灵鬼志》："须臾，一吏呼剩上，见高门瓦屋，欢宴盈堂。仍令剩行酒，并赐炙啖。"《世说新语·雅量》："（周）馥司马行酒，（裴）遐正戏，不时为饮，司马恚，因曳遐坠地。"《晋书·崔洪传》："汝南王常宴公卿，以瑠璃钟行酒。"　　看客：接待客人。"看"有待、接待义，元魏吉迦夜共昙曜译《杂宝藏经》卷三《兄弟二人俱出家缘》："汝父辅相先看我厚；今彼比丘至止已来，不知以何幻惑汝父，今于我薄。""看我厚"言待我厚，"于我薄"言待我薄，"看"和"于"都是待义。《太平广记》卷一八"柳归舜"条（出《续玄怪录》）："阿春因教凤花台鸟：'何不看客？三十娘子以黄郎不在，不敢接对郎君。'"《敦煌变文校注·韩朋赋》："新妇闻客此言，面目变青变黄：'如客此语，道有他情，即欲结意，返失其里（理）。遣妾看客，失母贤子。'""看客"义均同上。

［9］画师：画工，画匠。

［10］善能：擅长；精于。参见《杂譬喻经·医师治王病喻》注［4］。

［11］擎：举起，托住。"擎食"指托送饭菜，今语"端盘子"是也。同经《从婆罗门乞食喻》："昔有一道士，造婆罗门家乞食，婆罗门使妇擎食食之。""行酒擎食"谓侍奉、服务于宴席旁。

［12］从旦至夜：从早到晚。

［13］谓：以为。

［14］以：通"已"。

［15］入宿：歇息。

［16］住止：住宿；居留。失译（附后汉录）《杂譬喻经》卷上："诸王追是后王，共至其国。感其信誓，蒙得济命，各不肯还于本国，遂便住止此国。"南齐求那毗地译《百喻经·效其祖先急速食喻》："昔有一人，从北天竺至南天竺。住止既久，即聘其女，共为夫妇。"

［17］客：指画师。

［18］故：特地；特意。姚秦竺佛念译《出曜经》卷八《念品》："五亲得与相见：'与卿别久，各不相识。人存形变，乃至于斯。今我五亲故来迎卿，何为见欺，故言在后？'""故来迎卿"即特意来迎。西秦圣坚译《太子须大拏经》："（道士八人）至太子宫门，俱挂杖，翘一脚住。自说言：'故从远来，欲有乞。'"又："婆罗门言：'若

无物者,与我两儿,以为给使,可养老者。'如是至三。太子言:'卿故远来,欲得我男女,奈何不相与!'""故"也都是特地的意思。

[19] 心念口言:犹如说自言自语。

[20] 报:报复。

[21] 方便:计谋;办法。参见《生经·佛说舅甥经》注[53]。

[22] 壁:墙壁。

[23] 著:穿。失译《摩登伽经》卷上《示真实品》:"复有众生,不乐居家,入于山林,修学禅法,著弊坏衣,乞食济命,清身洁己,奉修祠祀。"西晋竺法护译《生经》卷二《佛说比丘各言志经》:"譬如长者若尊者子,净水洗沐,著新好衣,所有具足,无所少乏。"《世说新语·贤媛》:"桓车骑不好著新衣,浴后,妇故送新衣与。"《梁诗》卷二九《横吹曲辞·企喻歌》:"前行看后行,齐著铁裲裆。" 被服:衣服。按此词本指衾被衣服,《史记·孝武本纪》:"文成言曰:'上即欲与神通,宫室被服不象神,神物不至。'"单指衣服,当是其引申用法。"被服"又指穿着、穿戴,动词。《吕氏春秋·士容》:"客有见田骈者,被服中法,进退中度。"《汉诗》卷九《乐府古辞·陌上桑》:"今有人,山之阿,被服薜荔带女萝。"又卷一〇《古诗》:"不如饮美酒,被服纨与素。"

[24] 蝇鸟:未详是何种昆虫,疑即今之苍蝇。《经律异相》卷44引《杂譬喻经》:"以绳系颈,状似绞死,画作绳像,著其口喙。"

[25] 著:附在。《世说新语·惑溺》:"后会诸吏,闻寿有奇香之气,是外国所贡,一著人则历月不歇。"唐慧琳《一切经音义》卷九《摩诃般若波罗蜜经》卷三五音义:"《字书》:'著,相附著也。'"

[26] 户:门。"闭户"即关门。

[27] 观:察看。

[28] 于是:这时。

[29] 客主情毕,不相负也:这两句是说,主人和客人想捉弄对方的愿望都实现了,谁也不欠谁。

[30] 信知:的确了解;确实知道。

6. 医师治王病喻

[题解]

今生修福行善者,来世必得善报,多修福者多得报,这是小乘佛教宣传的一个基本观点。本篇主人公医师边治王病就边思回报,心情急切,以致怨恨国王。岂料归国时一路所见,尽是治愈王病后所得到的功报,远远超出医师本人所预期的,因而叹悔先前治病的功劳少了。故事旨在阐明:不是不报,时间未到;福德若成,福报自然来至。

[原文]

昔有一大国王,身得重病,十二年不差[1]。一切大医无能治者。时边方小国[2],统属大王;有一医师[3],善能治病[4],王即召来,令治己病。未久之间,即蒙除降[5]。王便念欲报此师恩。屡遣使者,宣令彼国[6]:此师治王病差,应有大功,宜应赏赐。象马车乘,牛羊田宅,青衣直人[7],严饰之具[8],皆给与之。彼小国王,奉宣上命[9],为设舍宅[10],高堂重阁;给其师妇[11],衣裳饮食,珠环严具[12],及象马牛羊,一切备足。师在王边,无有语者[13]。师便思惟:"我治王病,大有功夫[14]。未知王当报我与不[15]。"复经数日,王转平复[16]。其师请辞,欲还本国。王便听之[17]。给一羸马[18],乘具亦弊[19]。师大叹恨:"我治王病,大有功夫;而王不识恩分[20],不相料理[21],令我空去[22]。"循道愁叹[23],以为永恨[24]。

适至本国[25],见有群象,问象子曰[26]:"此谁家象?"象子答曰:"此是某甲师象[27]。"复问象子曰:"某甲师何从得此象[28]?"象子答曰:"某甲师治大王病差,功报所得也[29]。"小复前行[30],见有群马。问马子曰:"此谁家马?"马子答曰:"某甲师马。"小复前行,见有群牛羊。问群牛羊子曰:"此谁家牛羊?"羊子答曰:"某甲师牛羊。"小复前行,见其本舍[31],高堂重阁,殊异本宅。问门人曰[32]:"此是谁舍?"门人答曰:"此是某甲师舍。"便入其阁内,见其妇形色丰悦[33],身服宝衣。怪而问曰:"此谁夫人?"直人答曰:"此是某甲师夫人。"从见象马及入舍内,皆知是治王病功报所得。便自追恨[34]:本治王病,功夫少也。

[注释]

[1] 差:通"瘥",病愈。参见《生经·佛说鳖猕猴经》注[33]。

[2] 边方:边远之地。

[3] 医师:医生。

[4] 善能:善于;擅长。同经《木师画师喻》:"时南天竺有一画师,亦善能画。"《古小说钩沉》辑《幽明录》:"晋司空桓豁在荆州,有参军剪五月五日鹳鸪舌,教令

学语,遂无所不名,与人相问。……又善能效人语笑声。"《齐民要术》卷六《养牛马驴骡》:"(马)股欲薄而博,善能走。"《洛阳伽蓝记》卷四《法云寺》:"河东人刘白堕善能酿酒,季夏六月,时暑赫晞,以罂贮酒,暴于日中;经一旬,其酒不动。"

　　[5] 除降:病情减轻。"除"有病愈义,《后汉书·方术传下·华佗》:"病者不堪其苦,必欲除之,佗遂下疗,应时愈。"南朝梁慧皎《高僧传》卷四《于法开》:"或问法师:'高明刚简,何以医术经怀?'答曰:'明六度以除四魔之病,调九候以疗风寒之疾,自利利人,不亦可乎!'"参见《生经·佛说鳖猕猴经》注[45]。"降"也有病愈义,旧题三国吴支谦译《撰集百缘经》卷一〇《长老比丘在母胎中六十年缘》:"其母极患,设诸汤药,以自疗治,病无降损。""降损"指病情减轻、好转。故"除降"是同义连文。《撰集百缘经》卷二《佛救济度病缘》:"时那罗落多诸疫鬼,杀害民众。各竞求请,塞天善神,悕望疫病渐得除降。"亦其例。

　　[6] 彼国:指这位医师所在的"边方小国"。

　　[7] 青衣:婢女。汉魏以来以"青衣"为卑贱者之服,婢女常穿此服。南朝梁吴均《续齐谐记》:"会稽赵文韶,……秋夜嘉月,怅然思归,倚门唱《西乌夜飞》,其声甚哀怨。忽有青衣婢,年十五六,前曰:'王家娘子白扶侍,闻君歌声,有门人逐月游戏,遣相闻耳。'""青衣婢"即青衣之婢。也以"青衣"为婢女代称。《全后汉文》卷六九蔡邕《青衣赋》:"宜作夫人,为众女师。伊何尔命,在此贱微。……停停沟侧,嗷嗷青衣。"后汉支娄迦谶译《佛说遗日摩尼宝经》:"譬如遮迦越罗与青衣交通,却后生子,具足成遮迦越罗相。虽从青衣生,由为是遮迦越罗子也。"南朝梁宝唱等撰集《经律异相》卷二三引《贫女为国王夫人经》:"又呼二千五百青衣语之曰:'人无贵贱,道在者尊。汝等皆善人之子,古今之变,处在卑微;莫以自卑,当务为善。'"　　直人:疑是奴仆、侍卫一类的人,"直"通"值",侍值。下文亦用此词。

　　[8] 严饰:装饰;修饰。参见《杂宝藏经·长者请舍利弗摩诃罗缘》注[84]。

　　[9] 奉宣:奉命宣布。　　上命:指大国国王下达的要赏赐医师的指令。

　　[10] 舍宅:住宅。《后汉书·皇甫嵩传》:"初,嵩讨张角,路由邺,见中常侍赵忠舍宅逾制,乃奏没入之。"元魏慧觉等译《贤愚经》卷一二《檀弥离品》:"受王封已,父时舍宅变成七宝,诸库藏中悉皆盈满,种种具有。"南朝梁宝唱等撰集《经律异相》卷二七引《出曜经》:"梵志答言:'吾从远来,欲乞珍宝,持作舍宅。'"

　　[11] 师妇:医师的妻子。"妇"有妻义,参见《生经·佛说鳖猕猴经》注[21]。

　　[12] 珠环:缀珠的环形饰物。后汉支娄迦谶译《般舟三昧经》卷中:"当弃所好,服饰珠环。"三国吴支谦译《赖吒和罗经》:"教令悉沐浴庄严,著珠环饰服。"　　严具:妆奁,盛放梳妆品的器具。《全三国文》卷二魏武帝曹操《内诫令》:"孤不好鲜饰严具,所用杂新皮韦笥,以黄韦缘中。遇乱无韦笥,乃作方竹严具。"《陆云集》卷八《与兄平原书》:"严器方七八寸,高四寸余,中无隔,如吴小人严具状,刷腻

处尚可识。"

[13] 这两句是说,医师在国王身边治病,没有人把家里发生的种种变化告诉他。

[14] 大:极;甚。参见《修行本起经·试艺品》注[64]。　　　功夫:功劳。"大有功夫"即言极有功劳。西晋竺法护译《普曜经》卷七《梵天劝助说法品》:"昔者父王遣五人俱侍卫我,经历勤苦,有大功夫,我今宁可为是先说经法而开化之。"

[15] 当:将;将要。《三国志·魏志·武帝纪》南朝宋裴松之注引《魏武故事》:"设使国家无有孤,不知当几人称帝,几人称王。"《抱朴子内篇·杂应》:"吴有道士石春,每行气为人治病,辄不食,以须病者之愈,或百日,或一月乃食。吴景帝闻之曰:'此但不久,必当饥死也。'"《搜神后记》卷九"乌龙"条:"(张)然涕泣不食,乃以盘中肉及饭掷狗,祝曰:'养汝数年,吾当将死,汝能救我否?'"《世说新语·政事》:"(王)丞相末年略不复省事,正封箓诺之。自叹曰:'人言我愦愦,后人当思此愦愦。'"《殷芸小说》卷八《晋江左人》:"王武子左右人,尝于阁中就婢取济衣服,婢欲奸之。其人云:'不敢。'婢云:'若不从,我当大呼。'"《梁诗》卷三〇释宝志《谶诗》:"掘尾狗子自发狂,当死未死啮人伤。"参见《晋诗·与殷晋安别》注[9]。
与不:与否。"不"同"否",参见《贤愚经·长者无耳目舌品》注[103]。

[16] 平复:痊愈,身体恢复健康。参见《三国志·魏志·华佗传》注[23]。

[17] 听:准许;允许。《吕氏春秋·知士》:"静郭君至,因请相之。静郭君辞,不得已而受。十日,谢病,强辞,三日而听。"汉高诱注:"听,许。"旧题三国吴支谦译《撰集百缘经》卷七《百子同产缘》:"佛告童子:'父母不听,不得出家。'"西秦圣坚译《太子须大拏经》:"太子白王,欲出游观,王即听之。"《世说新语·德行》:"晋简文为抚军时,所坐床上,尘不听拂,见鼠行迹,视以为佳。"元魏慧觉等译《贤愚经》卷一《檀腻𫗧品》:"尔时母人便叩头曰:'我儿已死,听各和解。我不用此饿婆罗门作夫也。'"均其例。《三国志·魏志·武帝纪》南朝宋裴松之注引《魏略》:"归情上闻,不蒙听许。"南朝梁宝唱等撰集《经律异相》卷三二引《大智论》:"欲充满一切,使无短乏;意见听许,得遂本心。""听许"同义连文。

[18] 羸马:瘦弱之马。

[19] 弊:破旧;破烂。《韩非子·内储说上》:"韩昭侯使人藏弊裤,侍者曰:'君亦不仁矣,弊裤不以赐左右而藏之。'"失译《佛说阿难问事佛吉凶经》:"不敬佛经,持著杂物弊箧之中,或著妻子床上不净之处。"姚秦竺佛念译《出曜经》卷二一《如来品》之二:"复有诸人乘弊坏船,顺风流进,堕罗刹界。"

[20] 恩分:恩情。"分"有情分、情谊义,为汉魏六朝文献所习见,《曹植集》卷一《王仲宣诔》:"吾与夫子,义贯丹青,好和琴瑟,分过友生。"《三国志·魏志·管辂传》南朝宋裴松之注引《辂别传》:"安平赵孔曜,明敏有思识,与辂有管、鲍之

分。"《全陈文》卷九徐陵《为陈武帝与周冢宰宇文护论边境事书》:"彼此方申分好,义绝规图。"《北史·司马子如传》:"子如初为怀朔镇省事,与齐神武相结托,分义甚深。"

[21] 料理:照顾。东晋法显共佛驮跋陀译《摩诃僧祇律》卷一九:"即敕官人,料理比丘,给其汤药,与其衣钵。"《世说新语·俭啬》:"卫江州在寻阳,有知旧人投之,都不料理。"南朝梁宝唱等撰集《经律异相》卷一九引《兴起行经》:"善幻妇者供养无胜,事事不乏料理。"又卷三〇引《善见律毗婆沙》:"道士付嘱:'此二子者,有大福德,不可度量。汝等善好料理,当以乳酪生熟酥五种而供养之。'"

[22] 空去:空手而去。参见《贤愚经·长者无耳目舌品》注[52]。

[23] 循道:沿着(回国的)道路。

[24] 永恨:长久的遗憾。

[25] 适:刚刚;方才。《史记·扁鹊仓公列传》:"所以别之者,臣意所受师方适成,师死,以故表籍所诊,期决死生。""方适"同义连文,"适"亦方也。《全晋文》卷二三王羲之《杂帖》:"适欲遣书,会得足下示。"又卷二六:"适知十五日问,清和为慰。"《世说新语·雅量》:"殷荆州有所识作赋,是束哲慢戏之流,殷甚以为有才,语王恭:'适见新文,甚可观。'便于手巾函中出之。"

[26] 象子:牧象人。佛典中常以"……子"表示从事某项工作的人,"象子"指放牧大象的人,下文"马子"即指牧马人,"羊子"即指牧羊人,可类推。姚秦弗若多罗共鸠摩罗什译《十诵律》卷二六:"佛故在波罗奈国,是时饥饿,乞求难得,诸贫贱人:象子、马子、牛子、客烧死人、人除粪人,皆杀狗啖。"又卷四二:"尔时舍卫国中王园精舍,有比丘尼,名周那难陀,年少端正。有鹿子居士儿,亦年少端正。是男子于周那难陀比丘尼深生漏心。……是鹿子儿如是思惟:'若我语是比丘尼,作是事者,身自得罪,王当治我。'"

[27] 某甲:虚设之称,犹言某某。这里用来指代医师的名字。《古小说钩沉》辑《笑林》:"某甲为霸府佐,为人都不解。"《三国志·魏志·崔琰传》南朝宋裴松之注引《魏略》:"某甲,卿不得我,不得冀州也。"东晋法显共佛驮跋陀译《摩诃僧祇律》卷一九:"若直月若知事人差次食以指,指言某甲去。"后秦弗若多罗共鸠摩罗什译《十诵律》卷九:"是八事中皆用五事:如是名如是姓如是种如是作如是相。如是名者,某甲某甲比丘名。"元魏吉迦夜共昙曜译《杂宝藏经》卷二《昔王子兄弟二人被驱出国缘》:"王言:'汝识某甲不识?'"　　师:医师。

[28] 何从:从哪里。

[29] 功报:功劳报答。

[30] 小复前行:稍稍前进。失译(附后汉录)《大方便佛报恩经》卷四《恶友品》:"(太子)小复前行,见诸男女自共织作,来往顾动,疲劳辛苦。"《杂宝藏经·长

者请舍利弗摩诃罗缘》亦有"小复前行"一语,见该篇注[46]。

[31] 本舍:原来的屋舍、住宅。下文"本宅"义同。

[32] 门人:看门的人。

[33] 形色丰悦:身体丰腴,脸露笑容。

[34] 便自:就、便。"自"是副词词尾,不表实义。苻秦昙摩难提译《增一阿含经》卷六:"昔日此舍卫城中有一人,迎新妇端正无双,尔时彼人未经几时,便自贫穷。"《世说新语·言语》:"荀中郎在京口,登北固望海云:'虽未睹三山,便自使人有凌云意。'"又《规箴》:"陆玩拜司空,有人诣之,索美酒,得,便自起泻著梁柱间地。"又《伤逝》:"孝武山陵夕,王孝伯入临,告其诸弟曰:'虽榱桷惟新,便自有《黍离》之哀。'"

(五) 十 诵 律

六十一卷,佛教律藏之一,后秦弘始六年至十五年(404—413 年)出,鸠摩罗什与弗若多罗、昙摩流支共译。原五十八卷,后卑摩罗叉校订为六十一卷。为小乘说一切有部的戒律,全书由十回诵出,故名。

律藏是佛教的戒律,记述了维持僧众集体日常生活的规范和注意事项。《十诵律》从初诵至十诵,其中规定比丘戒二百五十七条,比丘尼戒三百五十五条,把受具足戒等十七事部分糅述在僧尼律中,形成了特有的结构。该律来自说一切有部的根据地罽宾,较现行的根本说一切有部各律更为古老,属于较原始的戒律。原为口口相传,自姚秦昙摩流支携《十诵律》的梵本来长安后,才以母本为依据,在原来口传相译的基础上,经过数人多年的持续努力,译出此律。

鸠摩罗什(344—413 年),略称罗什,意译童寿,后秦佛教学者,西域龟兹人。七岁随母出家,淹贯经籍,尤擅大乘,且精通汉语。前秦苻坚遣吕光西征,迎罗什而还,至凉州,闻苻坚败,吕自立后凉。罗什滞留后凉十七载,为吕光父子所忌,无法弘传佛教。后凉为后秦姚兴所破,兴迎罗什至长安,以国师礼待之,辟逍遥园西明阁为译场,广译经典。居留十二年,译出《摩诃般若波罗蜜经》《妙法莲华经》《维摩诘所说经》《阿弥陀经》《金刚般若波罗蜜经》《大智度论》《中论》《百论》《十二门论》《成实论》等三百余卷(《出三藏记集》卷二载,罗什共译经三十五部,二百九十四卷)。罗什译文华梵并娴,务求达意,达到了很高的水准，与真谛、玄奘并称为中国佛教三大翻译家。事迹见南朝梁慧皎《高僧传》卷二、《六学僧传》卷一、《神僧传》卷二等。弗若多罗，意译功德华，后秦罽宾僧人。以戒节见称，弘始中至长安，为姚兴延请至中寺，口诵《十诵律》梵本，鸠摩罗什译为汉语，至三分之二时，多罗圆寂。昙摩流支，西域僧人，以律藏闻名。后秦弘始七年（405 年）入关中，应庐山高僧慧远之请，与罗什共译《十诵律》。二人均见慧皎《高僧传》卷二。

现选录卷二《明四波罗夷法之二》的片段。

7. 明四波罗夷法之二

[题解]

所谓"无巧不成书"，本节所叙述的几个故事，主人公都是无心犯了过错，让他人送了性命。当事人都属于过失错误，不是有心杀人。因此，当他们咨询佛陀的意见，佛陀或先问"汝以何心作（语）"，或径直说"不犯"，但接着就告诫本来应该怎么做，所谓惩前毖后是也。显然，佛教的戒律，对因过失而致人丧命的，也是网开一面，并不予以严惩；当然，佛陀告诫事主，本来应该如何如何或以后应该注意如何如何，起到了警戒僧人犯类似过失的作用，并非无所作为。由此可见，佛教戒律既通情达理，颇具人性化，又有从长远着眼，重在预防的特点，直至今天仍有借鉴意义。

[原文]

迦留陀夷恒出入一居士舍[1]。晨朝时到[2]，著衣持钵[3]，往至其舍。是家妇有未断乳儿[4]，持著床上[5]，以叠覆之[6]，舍去[7]。迦留陀夷门下弹指[8]，妇人出看，言："大德[9]，入坐此床上。"迦留陀夷不看[10]，便坐儿上，肠出大唤[11]。妇言："此有小儿。"比丘身重，小儿即死。作是事已[12]，还到寺中，语诸比丘："我今日作如是事[13]。"诸比丘以是事白佛。佛知而故问："汝以何心作？"答言："我不先看，床上便坐。"佛言："无犯。从今当先看床榻坐处[14]，然后可坐。若不先看者，得突吉罗罪[15]。"

又父子比丘共行憍萨罗国，向舍卫城[16]。至崄道中[17]，儿语父言:"疾行过此[18]。"父随儿语,疾走乏死。儿即生疑:我将无犯波罗夷[19],得逆罪耶[20]?是事白佛。佛知故问:"汝以何心语?"儿比丘言:"我见日暮,恐不过崄道[21]。以爱重心,语令疾行,遂使乏死。"佛言:"无犯。"

复有父子比丘共行憍萨罗国,向舍卫城,至一聚落[22],无有僧坊[23]。儿问父言:"今何处宿?"父言:"聚落中宿。"儿言:"聚落中宿,白衣何异[24]?"父即语儿:"当何处宿?"儿言:"空地宿。"父言:"此有虎狼,可畏。我眠汝觉[25]。"儿言:"尔。"即便卧。父便鼾眠。虎闻鼾声,便来啮父[26],头破大唤。儿即起看,头破寻死[27]。儿即生疑:我将无犯波罗夷,得逆罪耶?是事白佛。佛言:"不犯。应大唤,燃火怖之[28]。"

有一比丘,日暮入崄道,值贼[29]。贼欲取比丘[30],比丘舍走[31]。堕岸下织衣师上[32],织师即死。比丘心疑:我将无犯波罗夷?是事白佛。佛言:"不犯波罗夷。从今日莫作如是身行[33]。"

阿罗毗国僧坊中坏故,房舍比丘在屋上作[34]。手中失墼[35],堕木师上[36],木师即死。比丘心疑:我将无犯波罗夷?是事白佛。佛言:"不犯。从今日当一心执作[37]。"

复次阿罗毗国。比丘僧房中坏故,房舍比丘作时,见墼中有蝎,怖畏跳下,堕木师上,木师即死。比丘心疑:我将无犯波罗夷?是事白佛。佛言:"不犯。从今莫起如是身行。"

[注释]

[1] 迦留陀夷:梵语 Kālodāyin,比丘名,也作迦楼陀夷,意译为大粗黑、黑光等,因为长相特别黑,也称黑乌陀夷,是佛经中恶行很多的比丘,经常用作反面典型。　居士:泛称未出家者。旧题后汉支娄迦谶译《般舟三昧经》:"飚陀和白佛:'若有居士修道,闻是三昧欲学者,当云何行?'"后汉竺大力共康孟详译《修行本起经》卷上《现变品》:"即时佛到,国王臣民,长者居士,眷属围绕,数千百重。"失译《佛说㮈女祇域因缘经》:"国中有梵志居士,财富无数,一国无双。"

[2] 晨朝:早晨;清晨。在佛典中,"晨朝"多用在清晨动身乞讨饮食的场合。失译《大方便佛报恩经》卷一《序品》:"尔时阿难承佛威神,于晨朝时,入王舍城,次第乞食。"后秦弗若多罗共鸠摩罗什译《十诵律》卷二:"佛语阿难:'若有比丘随其

所依城邑,聚落止住。晨朝时到,著衣持钵,摄身诸根,系念一心,入村乞食。’”南朝梁曼陀罗仙译《文殊师利所说摩诃般若波罗蜜经》卷上:“尔时如来从住处出,敷座而坐,告舍利弗:‘汝今何故,于晨朝时,在门外立?’”

[3] 钵:梵语“钵多罗”(pātra)的省称。指僧人的食器。西晋法炬译《求欲经》:“犹若诸贤,有人若贩肆客作家,持铜钵来,垢秽不净。”刘宋畺良耶舍译《观无量寿佛经》:“顶上肉髻,若钵头摩华,于肉髻上,有一宝瓶,盛诸光明,普现佛事。”

[4] 是:此,这。指示代词。下“诸比丘以是事白佛”的“是”义同。

[5] 持著:放在。东晋佛陀跋陀罗共法显译《摩诃僧祇律》卷三〇:“知事人瞋,牵犊子著房中,反闭户入聚落乞食。在道中作是念:房中多有夜叉,不能杀是犊耶? 即还精舍,开户见犊已死。比丘怖畏,即持著众僧厕中,便舍而去。”刘宋佛陀什共竺道生等译《弥沙塞部和醯五分律》卷一:“白佛言:‘此恶毒龙今已降伏,当著何处?’佛言:‘可著世界中间。’沙竭陀受教,如人屈申臂顷,持著世界中间,须臾便还。”

[6] 叠:即“氍”(dié)之省借。细毛布,细棉布。《玉篇·毛部》:“氍,毛布也。”此一借义字典辞书失收。旧题三国吴支谦译《撰集百缘经》卷六《须达多乘象劝化缘》:“尔时有一贫穷女人,客作三月,得一张叠,须用作衣。”后秦佛陀耶舍共竺佛念译《长阿含经》卷三:“尔时,福贵被二黄叠,价直百千,即从座起,长跪叉手而白佛言:‘今以此叠奉上世尊,愿垂纳受。’”隋达摩笈多译《起世因本经》卷二《转轮王品》:“十五日月满时,洗沐头发,著不捣白叠,垂发下向,饰以摩尼及诸璎珞。”唐慧琳《一切经音义》卷一一《大宝积经》卷八九音义:“白氍:音牒。《考声》云:‘毛布也。’……经文单作叠,非本字,器物也。”参见《杂宝藏经·长者请舍利弗摩诃罗缘》注[16]。

[7] 舍去:离开。西晋法炬共法立译《法句譬喻经》卷二:“其父惊出,闭门舍去,到田取薪,欲烧杀之。”后秦弗若多罗共鸠摩罗什译《十诵律》卷三九:“佛在舍卫国,憍萨罗国有边聚落,尔时波斯匿王税是边聚落,边聚落人即皆舍去。……王后有教,不复税夺;诸人闻已,即还本处。”《世说新语·文学》“阮宣子有令闻”条南朝梁刘孝标注引《名士传》:“不喜见俗人,时误相逢,即舍去。”

[8] 弹指:弹动手指。早期佛典,多以“弹指顷”“弹指(之)间”比喻极短暂的时间。后汉安世高译《禅行法想经》:“佛言诸比丘:‘若以弹指间,思惟死想,念有身皆死,是为精进行禅。’”旧题后汉支娄迦谶译《般舟三昧经·四事品》:“一者不得有世间思想,如弹指顷三月。”三国吴康僧会《大安般守意经·序》:“一柠乎下万生乎上,弹指之间心九百六十转。”后也径指弹动手指,发出声音。符秦昙摩难提译《增一阿含经》卷一二:“尔时,尊者大目捷连在虚空中,结跏趺坐,弹指告彼比丘,彼比丘即仰问曰:‘汝是何人?’”失译(附三秦录)《别译杂阿含经》:“时彼林中

有天神作是念言："今此比丘处林而睡，甚非所宜，非沙门法，污辱此林。我于今者当觉悟之。作是念已，即往其所，謦咳弹指，而说偈言……"五代南唐静筠撰《祖堂集》卷一五《归宗》："师又问：'阿那个是观音行？'师却弹指一下问：'诸人还闻摩？'众皆云：'闻。'"

　　[9] 大德：对僧人、和尚的尊称。旧题后汉安世高译《佛说出家缘经》："是时难提优婆塞……往诣佛所，头面礼佛，长跪叉手问佛：'大德，愿闻优婆塞五戒，毁坏正戒有何恶事？'"旧题三国吴支谦译《菩萨本缘经》卷上："时毗罗摩菩萨摩诃萨……善言说法：'诸大德，我今忘身以忧汝身，汝今已受我供养，好自利益当观正法。'"北魏杨衒之《洛阳伽蓝记》卷二《城东·秦太上君寺》："常有大德名僧，讲一切经，受业沙门，亦有千数。"

　　[10] 看：指细看。

　　[11] 大唤：大叫。

　　[12] 已：副词，犹言"……后"。接在动词或动词词组之后，表示某项动作的完成。后汉支娄迦谶译《道行般若经》卷三："持用供养娱乐佛，供养已，皆白佛言：'极大施天中天。'"后秦佛陀耶舍共竺佛念译《长阿含经》卷一○："生此处不净，为他所触娆；闻已当患厌，此处可厌患。"参见《贤愚经·长者无耳目舌品》注[20]。

　　[13] 如是：如此；这样。后汉安世高译《长阿含十报法经》卷上："譬如住人观坐人，坐人观卧人，道弟子行如是，受行相思惟熟受。"

　　[14] 从今：从今以后。旧题三国吴支谦译《菩萨本缘经》卷中："尔时二子回捉父衣，而白父言：'父今何缘持我兄弟与此恶婆罗门？我等从今，永离父母。'"后秦佛陀耶舍共竺佛念译《长阿含经》卷一○："从今当精勤，勿复为人使。"宋赜藏主集《古尊宿语录》卷四七："云门颂：新妇骑驴阿家牵，步步相随不着鞭，归到画堂人不识，从今懒更出门前。""从今"当为"从今以后""从今以往"一类习语的凝缩，从佛典的用例看，此一凝缩词的产生，当与四字一顿句式的形成及有字数限制的偈言、诗语有关。

　　[15] 突吉罗：梵语 duṣkṛta，意译为恶作、小过、轻垢、失意等。戒律中的罪名，意思是比丘犯恶不善中的轻罪。参见宋元照《四分律行事钞资持记》卷中、宋法云《翻译名义集》卷一九。

　　[16] 向：往，前往。《三国志·魏志·吕布传》南朝宋裴松之注引《九州春秋》："初，(吕)布骑将侯成遣客牧马十五匹，客悉驱马去，向沛城，欲归刘备。"晋法显撰《法显传·乌苌国》："慧景、道整、慧达三人先发，向佛影那揭国。"

　　[17] 崄道：即险道。崄，同"险"。《集韵·琰韵》："险，《说文》：'阻难也。'或从山。"

　　[18] 疾行：快走。

[19] 将无：莫非；莫不是。疑问副词，表示测度、估摸的语气。后汉支娄迦谶译《道行般若经》卷四："佛语须菩提：'譬若男子欲见大海者，常未见大海。若见大陂池水，便言是水将无是大海。'"西晋法炬译《法海经》："侍者阿难，更整衣服，跪而白佛：'初夜向竟，中夜将至，大众集久，世尊将无疲倦？愿以时说戒。'"参见《六度集经·须大挈经》注[19]。　　波罗夷：参见《弥沙塞部和醯五分律》注[53]。

[20] 逆罪：违逆之罪，触犯之罪。

[21] 恐：担心。

[22] 聚落：村落；村庄。后汉支娄迦谶译《道行般若经》卷四："作是想念，如见郡，如见县，如见聚落。"东晋竺昙无兰译《寂志果经》："譬如有人，从此聚落到某聚落，坐起言语，卧眠不语；从彼聚落来还至此，坐起言语经行，皆识见之。"《后汉书·刘平传附王扶》："少修节行，客居琅邪不其县，所止聚落化其德。"宋法贤译《大正句王经》卷上："时聚落中一切人民，忽闻螺声，咸悉惊怪，互相谓曰：'此是何声？'"

[23] 僧坊：寺庙，僧尼所住的坊舍。本经卷五六："僧坊法者：佛听诸僧坊中温室、讲堂、楼阁、一重舍、尖头舍、揵那舍，佛听是诸坊舍众僧畜，亦听一人畜，是名僧坊法。"失译《大方便佛报恩经》卷七《亲近品》："若行道路，佛塔僧坊，除去砖石、荆棘、不净。"旧题三国吴支谦译《撰集百缘经》卷四《梵摩王太子求法缘》："时彼城中，有一长者，名曰须达，禀性仁贤，敬信三宝，日日往诣僧坊精舍，除扫塔寺。"失译（附三秦录）《别译杂阿含经》卷一："佛乞食还，食已洗足，还僧坊中，入静室坐。"

[24] 白衣：指未信奉佛教的平民。僧人穿黑衣，因以"白衣"指代世俗之人。后汉安世高译《七处三观经》："佛便告比丘：有五恼，人人相依可。何等为五？……三者持钵、袈裟至他国，四者弃戒受白衣。"失译（附东晋录）《菩萨本行经》卷中："太子报言：'我当何时应得为王？'母复答言：'王有千子，汝第一小，不应得王。'太子复言：'若不应得为王者，何用在家作白衣为？'"东晋僧伽提婆译《中阿含经》卷二〇："彼于后时，便数出于白衣共食，调笑贡高，种种谈哗。"也以"白黑"分指俗人（未信奉佛教者）和僧人。南朝梁慧皎《高僧传》卷一《竺佛念》："始就治定，意多未尽。遂尔遘疾，卒于长安。远近白黑，莫不叹惜。"

[25] 觉：醒（着）。东晋佛陀跋陀罗共法显译《摩诃僧祇律》卷二："复有三种，若觉，若眠，若死，皆波罗夷。"后秦弗若多罗共鸠摩罗什译《十诵律》卷一五："时佛忆罗睺罗卧，若我不觉者，正尔当为蛇所害，佛……即以神力作龙声，罗睺罗便觉。""不觉"，谓不使之（指罗睺罗）醒来的话。

[26] 啮：咬；吃。

[27] 寻：即；随即。三国魏曹丕《典论·自叙》："余知其欲突以取交中也，因

伪深进,展果寻前,余却脚鄹,正截其颡。"后秦弗若多罗共鸠摩罗什译《十诵律》卷二六:"尔时世尊以慈心感覆,彼即信悟;寻为说法,示教利喜。""寻"又可与同义、近义词组合成并列式复合词,有"寻即",东晋佛陀跋陀罗共法显译《摩诃僧祇律》卷二:"便共行淫,行淫已,寻即疑悔,具白世尊。"元魏慧觉等译《贤愚经》卷一《梵天请法六事品》:"仙人白言:'大师所敕,不敢违逆。'寻即语曰:'汝今若能剥皮作纸,析骨为笔,血用和墨,写吾法者,乃与汝说。'"有"寻复",东晋佛陀跋陀罗共法显译《摩诃僧祇律》卷三:"教令行已,寻复还悔。"元魏吉迦夜共昙曜译《杂宝藏经》卷九《金猫因缘》:"园中堂上,见一金猫,从东北角,入西南角。王即遣人,寻复发掘,得一铜瓮。"有"寻便",后汉竺大力共康孟详译《修行本起经》卷上《试艺品》:"太子言:'珠璎著颈,则是其人。'寻便掷珠,即著裟夷。"后秦弗若多罗共鸠摩罗什译《十诵律》卷一五:"我闻是二语,即作是念:我未曾见沙门释子、毒蛇恶毒蛇,寻便往看。"参见《生经·佛说舅甥经》注[42]。

[28] 怖之:使它(指老虎)害怕。怖,害怕。

[29] 值:遭遇;遇上。看见《杂宝藏经·长者请舍利弗摩诃罗缘》注[89]。

贼:强盗,劫匪。后汉支娄迦谶译《道行般若经》卷四:"书般若波罗蜜时,意念乡里,若念异方,若念异国,若念王者,若念有贼,若念兵,若念斗。"又卷六:"菩萨至贼中时,终不怖惧,设我于中死,心念言:我身会当弃捐,正令我为贼所杀,我不当有瞋恚。"后秦弗若多罗共鸠摩罗什译《十诵律》卷一一:"时诸比丘众多,安隐得过险道,贼不敢发。诸比丘尼随后缓来,贼见女人众少,寻出夺衣,悉皆裸形放去。"东晋佛陀跋陀罗共法显译《摩诃僧祇律》卷三:"时有一贼七反驱出,犹故来还,劫杀村城。"佛典中的"劫"(指某类坏人的名词)有二义,一指强盗、劫匪,上举各例是;一指小偷、窃贼。后秦弗若多罗共鸠摩罗什译《十诵律》卷一云:"贼者有二种,若劫若盗。"说的就是这两种类型。"贼"指小偷、窃贼,参见《百喻经·夫妇食饼共为要喻》注[4]。

[30] 取:指抓,捕。

[31] 舍走:逃走。失译《兴起行经》卷上《佛说木枪刺脚因缘经》:"诸天皆相谓曰:'佛畏此枪舍走,然枪逐不置。'"西晋竺法护译《普曜经》卷五:"今来众会无数变,云何观此诸头首。愚人睹是不舍走,言降伏之乃讹言。"刘宋宝云译《佛本行经》卷四:"或如鸯掘魔,舍走而以化。如化香持玉,迎逆烦意度。"

[32] 堕:掉落,掉下。后汉昙果共康孟详译《中本起经》卷上《逐至父国品》:"调达冠帻,自然堕地。"后汉竺大力共康孟详译《修行本起经》卷上《菩萨降身品》:"众花开化,明星出时,夫人攀树枝,便从右胁生堕地。"失译《兴起行经》卷下《佛说地婆达兜掷石缘经》:"石边小片迸堕,中佛脚拇指,即破血出。"此外,佛典中,多见"堕地狱"一类的词语,也把下雨称为"雨堕"。　织衣师:犹言裁缝,指做衣服的

人。用"师"放在名词之后构成复音名词,表示职业,为佛经所习见。旧题三国吴支谦译《撰集百缘经》卷四《梵豫王施婆罗门谷缘》:"即敕算师,试算仓谷及以民众,各各得几许?"东晋竺昙无兰译《寂志果经》:"譬如金师所锻工巧,取紫磨金。"东晋僧伽提婆译《中阿含经》卷三六:"譬善象师,游无事处,于树林间,见大象迹。"参见《生经·佛说舅甥经》注[56]。

　　[33] 身行:行为,行动。"身行"本谓亲身履行,亲自做。《礼记·祭统》:"是故君子之事君也,必身行之,所不安于上,则不以使下。"《史记·李斯列传》:"昔者司城子罕相宋,身行刑罚,以威行之。"《汉书·枚乘传》:"臣愿大王孰计而身行之,此百世不易之道也。"由此引申,则产生了行为、行动义。《宋书·颜延之传》:"况树德立义,收族长家,而不思经远乎?曰身行不足遗之后人。"《晋书·武帝纪》:"及身行贪秽,诡黩求容,公节不立,而私门日富者,并谨察之。"而在佛典中,"身行"原是一个与口行、心(念)行相对的概念,丁福保《佛学大辞典》解释说:"身所行善恶之业也。"特指行动、做事。后汉安世高译《七处三观经》:"譬如是,迦罗越,已意不守身行,亦不守口行,亦不守念行。"后汉昙果共康孟详译《中本起经》卷上《度瓶沙王品》:"世人得罪,其行有三:口言伤人,身行暴害,心专妒嫉。"后汉竺大力共康孟详译《修行本起经》卷下《出家品》:"诸天人龙鬼神蚑行蠕动之类,身行口言心所见,悉见闻知。"可见佛典和中土典籍的"身行"虽来源不同,但后来都有行为、做事义,可谓殊途同归。

　　[34] 屋舍比丘:犹言修房和尚。　　作:工作;劳作。指维修。

　　[35] 墼(jī):砖,砖块。

　　[36] 木师:木匠。参见《杂譬喻经·木师画师喻》注[1]。

　　[37] 执作:做事;干活。北凉昙无谶译《佛所行赞》卷二:"诸仙不移足,瞪视亦复然。任重手执作,瞻教不释事。"元魏慧觉等译《贤愚经》卷五《散檀宁品》:"时诸使人,执作食具,经积年岁,厌心便生。"隋阇那崛多等译《佛本行集经》卷一二:"作太子左右,及执作人,僮仆男女,诸后从等,皆悉喂以粳粮之饭。"

(六) 弥沙塞部和醯五分律

　　三十四卷,刘宋佛陀什共竺道生等译。佛教律藏"四律五部"(四律:十诵律,四分律,僧祇律,五分律)之一,简称五分律。据载,佛灭后百年时,付法藏第五祖优婆毱多之下五弟子,同时于律藏生五部之派别,即:① 昙无德部,律本为《四分律》。② 萨婆多部,律本为《十诵律》。③ 弥沙塞部,律本为《五分律》。④ 迦叶遗部,戒本传译为《解脱戒经》,其戒相与《五分律》同。⑤婆苏富多罗部,戒律广本未传。《弥沙塞部和醯五分律》,是五部中之弥沙塞部,梵文原本为东晋法显在西域狮子国所得,南朝宋少帝景平元年(423年),竺道生请罽宾律师佛陀什共于阗沙门智胜译出。

竺道生(355—434年),亦称道生、生公,刘宋僧人。本姓魏,巨鹿(今属河北)人。从竺法汰出家,遂姓竺。与慧睿、慧严等共游长安,从鸠摩罗什受学,与僧肇、道融、僧睿并称关中四杰。创顿悟成佛说,著《二谛论》《佛性常有论》《法身无色论》《佛无净土论》等。除本律外,还译有《比丘戒本》《羯磨》各一卷。见南朝梁慧皎《高僧传》卷七、《神僧传》卷三等。佛陀什,也作佛驮什,刘宋罽宾僧人,专精律品,兼达禅要。宋少帝景平元年(423年)至扬州,住建康龙光寺,译《五分律》三十四卷。见慧皎《高僧传》卷三、《开元释教录》卷五等。

现选录卷一《第一分初波罗夷法》片段。

8. 第一分初波罗夷法

[题解]

达尼迦本来是一个陶瓦匠的儿子,擅长建筑。他建造的草棚屡次被砍柴人偷走材木,不得已,只好自己建造瓦屋,雕梁刻栋。没想到,这样又违反了佛家的规定,因为烧制建筑材料和雕刻栋梁的过程,"残害物命",触犯戒规。不得已,达尼迦又动了建造木屋的主意,并谎称是王准许的,从"典材令"处骗得了"城防大材"。当然,这一套把戏正好被巡逻的"雨舍大臣"查获,经过对质,知道是达尼迦说谎,遂羁押送王。王本来有理由处置达尼迦,但他已信教"灌顶",不愿意落一个杀和尚的名声,就放了犯有偷盗罪的达尼迦,相信佛陀会"以法治汝",把处置罪犯的难题推给释迦。而佛主释迦通过此事,举一反三,约束众多和尚,不得盗取他人钱物,规定了必须遵守的戒律。

作(译)者对达尼迦的设计巧取建材,王的宽宏大量和识见,佛陀的惩前毖后、约法三章的描写,都给人留下较深的印象。本篇故事并不长,但一波三折,颇具戏剧性;描写人物心理活动十分细致,尤其是文中的对话,言简意赅而极为出彩,充满了艺术魅力,可以当作小说来读。

[原文]

　　佛在王舍城。尔时有比丘,名达尼迦,是陶家子[1],于乙罗山作草庵住[2]。至时持钵,入城乞食。取樵人于后辄坏其庵[3],持材木去。食后还已[4],复更治之。如是至三,心转怀恨。便作是念:我身幸能善于和泥[5],何为不作[6],完成瓦屋[7],以勉斯患[8]?即便作之。脊栋栌栱[9],椽柱桁梁[10],绮疏牖户[11],巧妙若神。积薪烧成,色赤严好[12]。大风吹时,作箜篌声。佛在耆阇崛山,遥见其屋种种刻画[13],色赤严好。问阿难言[14]:"彼是何屋?"阿难白佛:"是达尼迦身力所作。"佛告阿难:"是达尼迦所作非法[15],云何出家[16]?为此恶业,残害物命,而无哀愍。我先种种说慈忍法,如何比丘,无此慈心。"世尊如是种种呵已,告诸比丘:"汝等往彼,破其所作。"比丘受教[17],即往屋所。时达尼迦从屋内出,问诸比丘:"我不相犯[18],何为群党欲破我屋?"诸比丘言:"奉世尊敕,非我等心。"达尼迦言:"法王所坏[19],我复何言!"诸比丘即共破之。将达尼迦还至佛所[20],以事白佛。佛以是事,集比丘僧。问达尼迦:"汝实作不?"答言:"实作。"世尊佛种种如上呵责已,告诸比丘:"从今若比丘作烧成瓦屋偷罗遮[21],自现工巧突吉罗[22]。"

　　时达尼迦复作是念:我先结草庵,辄为樵人所坏[23]。后作瓦屋,复违法王出家之体[24]。今宁可更求好材[25],建立大屋。必得久住,无复苦恼。复作是念:王舍城典材令[26],是我知识[27],当往从索[28]。念已,便往语言[29]:"我须材木,可以与我。"典材令言:"我于材木,不得自由。"问言:"由谁。"答言:"由王。"达尼迦言:"王已与我。"典材令言:"若王已相与[30],随意取之。"达尼迦便取城防大材[31],断截持去。时雨舍大臣案行诸处[32],遇见于道。即问典材令:"何以乃持城防大材与彼比丘?"答言:"非是我与。"复问:"是谁?"答言:"是王。"雨舍即启[33]:"不审大王何以乃以城防大材与达尼迦[34]?"王言:"谁道我与?"雨舍言:"是典材令。"王即敕左右:"收典材令[35]。"受教即收,将诣王所。

　　时达尼迦入城乞食,道路见之,问言:"汝何所犯,系缚乃尔[36]?"答言:"由大德故[37],致此大罪。愿见救免[38],全其性命[39]。"达尼迦言:"汝且在前,吾寻后到[40]。"时典材令既至王所,王问:"汝何以乃持城防大材与达尼迦?"白言[41]:"大王,不敢专辄[42]。达尼迦言,王教使与[43]。"王便敕呼。时达尼迦已在门外,王敕令前,即前见王。王问言:"我以何时与比丘材[44]?"达尼迦言:"王岂不忆初登位时,以一切境内草木及水施沙门、婆罗门耶?"王言:"我本所施,不及有主[45]。怪哉比丘,乃作此方便而取人物[46]!"复语言:"我是灌顶王。如何当囚杀沙门? 如今便可速还,诣佛法王,自当以法治汝。"

时有闻者,皆惊愕言:"达尼迦犯罪应死,云何呵责,而便放遣? 如此得脱,谁不为盗?"又讥呵言:"沙门释子,亲受王供而盗王材,况复我等,当得无畏? 沙门释子,常赞叹不盗,教人布施,如何于今,躬行贼法[47]? 此等无沙门行,破沙门法。"如此恶声,展转流布[48]。国中不信乐佛法长者、居士、婆罗门等[49],遥见沙门,辄种种骂。诸比丘闻,更相问言:"谁盗王材,致是恶声?"达尼迦言:"是我所作。"时诸比丘,种种呵责:"汝所作非法,不随顺道[50]。世尊种种毁呰不与取[51],赞叹不盗。汝今云何,躬行贼法?"诸比丘如是呵责已,将诣佛所,以事白佛。佛以是事集比丘僧,问达尼迦:"汝实尔不?"答言:"实尔。"世尊佛种种呵责,如须提那。尔时摩竭大臣出家修道,侍佛左右。佛问比丘:"阿阇世王,人盗齐几[52],便得死罪?"比丘白佛:"五钱已上,便与死罪。"

佛复以此更呵责已,告诸比丘:"以十利故,为诸比丘结戒。从今是戒,应如是说。若比丘盗五钱已上,得波罗夷[53],不共住。"

[注释]

[1] 陶家子:陶匠的儿子。"家",用在名词后面,表示职业。佛典中此类用例甚多,以后汉安世高译《道地经》为例,就有:猎家(亦见堕网中,猎家牵去)、屠家(譬如牛为屠家所杀)、田家(亦譬如田家愿获五谷著舍中)、陶家(如陶家作器)。"猎家"指猎人,可类推。也可指某一类人,如:病痛家(医便行至病痛家),指病人;买金家(譬如买金家见金不观试),指购金者;怨家(① 是身为譬,如会坏城,多怨家。② 是身为譬,如怨家,常成事逢恶因缘),有二义,一指埋怨者,例①;二指仇人,例②。

[2] 草庵:草屋。庵,房屋,《释名·释宫室》:"草圆屋曰蒲,又谓之庵。"非指后世僧尼奉佛的居住地。《太平御览》卷八四九引晋葛洪《神仙传》:"(焦先)结草庵于河渚,或数日一食,欲食,则为人赁作。"北齐颜之推《颜氏家训·风操》:"若配徒隶,诸子并立草庵于所署门,不敢宁宅,动经旬日。"宋潘自牧《记纂渊海》卷二《节序部·元旦》:"昔有人居草庵之中,每岁除夕,遗里间药一贴,令囊浸井中。至

元日取水置于酒樽,名曰屠苏酒。合家饮之,不瘟疫。"也作"草菴",《宋书·沈庆之传》:"顷之风甚,蛮夜下山,人提一炬以烧营,营内多幔屋及草菴,火至,辄以池水灌灭。"北魏杨衒之《洛阳伽蓝记》卷五《城北·凝圆寺》:"塔南一里,太子草菴处。"僧尼奉佛之地义的较早用例有:《太平广记》卷二七七"隋文帝"条(出《独异志》):"隋文帝未贵时,常舟行,江中夜泊。中梦无左手,及觉,甚恶之。及登岸,诣一草庵,中有一老僧,道极高,具以梦告之。僧起贺曰:'无左手者,独拳也,当为天子。'"

[3] 取樵人:打柴者。

[4] 还已:回来以后。已,用在动词后面,表示动作的完成。下文"念已"的"已"用法相同。参见《贤愚经·长者无耳目舌品》注[20]。

[5] 能善:善于。"能"有善于、擅长义,《荀子·劝学》:"假舟楫者,非能水也,而绝江河。"唐杨倞注:"能,善。"故可与同义词组成"能善"一词。《世说新语·德行》"孔仆射为孝武侍中"条南朝梁刘孝标注引《续晋阳秋》:"少而孤贫,能善树节,以儒素见称。"《诸病源候论》卷六《解散病诸候·寒食散发候》:"适大要在能善消息节度,专心候察,不可失意。"也作"善能",《三国志·魏志·王肃传》南朝宋裴松之注引《魏略》:"(贾洪)善能谈戏,王彪亦雅好文学,常师宗之。"东晋僧伽提婆译《中阿含经》卷五〇:"但因我善能料理家业,善经营,善持故,令我大家居士妇鞞陀提如是有极大名称,流布诸方。"参见《杂譬喻经·医师治王病喻》注[4]。　　和泥:指制作陶瓦之器。"和泥"原指用水等液体搅拌泥土或药物等,用于建筑或医疗等。《东观汉记》卷八《耿恭传》:"恭既得水,亲自挽笼,于是令士皆勿饮,先和泥涂城,并扬示之。"晋葛洪《肘后备急方》卷五《治痈疽妒乳诸毒肿方·葛氏卒毒肿起急痛方》:"小品痈结,肿坚如石。……鹿角八两,烧作灰;白敛二两,粗理;黄色磨石一斤,烧令赤。三物捣作末,以苦酒和泥,厚涂痈上,燥更涂取。"

[6] 作:指制作,建筑。下文"即便作之"的"作"用法相同。

[7] 完成:建成;造好。唐王讽《漳州三平大师碑铭并序》:"旬岁内寺宇一新,因旧额标曰:'开元'。於戏,知物不终,完成之以禅教;知像不尽,法约之以表微。"元袁桷《延祐四明志》卷一八《象山县》:"复建宝藏。以居殿之中金函、玉轴层见迭出,所谓妙典秘偈,悉募僧行笔之。盖其徒宝山倡其初义,肱赓其终,积之数年,而五千四十八卷之文灿然完成矣。"

[8] 勉:免除。是"免"的增旁写法。

[9] 脊栋:犹"脊梁",全屋栋梁之所在,犹脊骨为全身骨骼的主干所在一样。
栌栿(fú):梁柱栌,斗栱,梁上短柱。《淮南子·主术》:"修者以为榱橑,短者以为朱儒枅栌。"栿,房梁。

[10] 榱(cuī)柱:屋子的椽柱。榱,屋椽。《左传·襄公三十一年》:"子于郑

国,栋也,栋折榱崩,侨将厌焉,敢不尽言?"　　桁(héng)梁:房梁。桁,梁上的横木,桁条。《文选·何晏〈景福殿赋〉》:"桁梧复叠,势合形离。"

[11] 绮疏:雕刻成花纹的窗户。《全晋文》卷一〇〇陆云《登台赋》:"朝登金虎,夕步文昌。绮疏列于东序,朱户立乎西厢。"《齐诗》卷四谢朓《杂咏三首·烛》:"徘徊云髻影,灼烁绮疏金,恨君秋月夜,遗我洞房阴。"也作"绮疎"。《后汉书·梁冀传》:"窗牖皆有绮疎青琐,图以云气仙灵。"唐李贤注:"绮疎谓镂为绮文。"牖户:门窗。原指窗和门。《诗·豳风·鸱鸮》:"迨天之未阴雨,彻彼桑土,绸缪牖户。"宋朱熹集传:"牖,巢之通气处。户,其出入处也。"此处泛指门窗。

[12] 严好:精美,美好。"严好"本为动宾词组,谓装饰齐整,经过词汇化成词。后汉竺大力共康孟详译《修行本起经》卷上《现变品》:"佛告比丘:'汝等见此供设严好光目者不?'"姚秦鸠摩罗什译《众经撰杂譬喻》卷上:"所受宫殿,广博严好,宫出四边,陆生金色华,光明彻照。"鸠摩罗什译《妙法莲华经》卷六:"唇舌牙齿悉皆严好,鼻修高直面貌圆满,眉高而长额广平正,人相具足世世所生。"

[13] 种种:各种各样。《史记·淮南衡山列传》:"秦皇帝大说,遣振男女三千人,资之五谷种种百工而行。"　　刻画:雕刻;镂刻。东晋法显共佛陀跋陀罗译《佛说大般泥洹经》卷一:"尔时力士生地北南向,有自然善法重阁讲堂,文饰刻画,七宝庄严,五色光耀。"失译(附东晋录)《佛说造立形像福报经》:"迦夷众梵恭,作佛形像报。受福正如是,若能刻画作,天地尚可称,此福不可量。"

[14] 阿难:梵语 Ānanda 的音译,"阿难陀"的略称。意译为欢喜,庆喜。作为迦毗罗城的释氏种,斛饭王之子,提婆达多之弟,佛之从弟,二十五岁时出家,跟随释迦佛二十五年,受持一切佛法。称为多闻第一,十大弟子之一。

[15] 非法:不合佛教教旨。

[16] 云何:为何;为什么。后汉竺大力共康孟详译《修行本起经》卷上《试艺品》:"女即问王:'体力不安? 何故不乐?'父言:'坐汝令吾忧耳。'女言:'云何为我?'"失译《兴起行经》卷上《佛说木枪刺脚因缘经》:"尔时比丘众中漏未尽者,见此疮,皆悲唤号泣曰:'世尊大悲,无物不济。而云何有此痛缘也?'"南朝梁明徽集《五分比丘尼戒本》:"餘沙门、婆罗门无学戒,无惭愧,汝云何于彼得修梵行? 汝舍是恶见,于佛法中增广,得安乐住。"下文"云何呵责,而便放遣""汝今云何,躬行贼法"的"云何"义同。"云何"又有如何、怎么(能)义,是别一义,参见《生经·佛说鳖猕猴经》注[36]。

[17] 教:(上司对部下的)指令、命令。原指古代官府所出的教令、谕告。《荀子·大略》:"以其教出毕行。"唐杨倞注:"教,谓戒令。"也指王公大臣发布的命令、指示,《后汉书·杨彪传附杨修》:"及操自平汉中,欲因讨刘备而不得进,欲守之又难为功,护军不知进止何依。操于是出教,唯'鸡肋'而已。"《世说新语·伤逝》:

"咸和中,丞相王公教曰:'卫洗马当改葬。'"引申之,可泛指上对下的指令、命令。后秦弗若多罗共鸠摩罗什译《十诵律》卷一:"佛告阿难:'汝破是达尼迦比丘赤色泥舍,莫使外道讥嫌呵责。……阿难受教,即往破之。'"

[18] 相犯:触犯你们。相,表示一方对另一方的行为,指代第二人称(复数)。参见《幽明录·卖胡粉女》注[12]。

[19] 法王:梵语 Dharma-rāja,对佛的尊称,意谓佛自由自在地得法,为普天下一切人的老师,能够宣布道化。姚秦鸠摩罗什译《维摩诘所说经》卷上《佛国品》:"已于诸法得自在,是故稽首此法王。"晋慧远《维摩义记》卷一:"佛于诸法得胜自在,故名法王。"后汉支娄迦谶译《阿閦佛国经》卷上:"佛复语舍利弗言:'其刹中人民饭食,胜于天人饭食;其食色香味,亦胜天人所食。其刹中无有王,但有法王佛天中天。'"西晋竺法护译《舍利弗摩诃目连游四衢经》:"佛天中天则为法王,调者不调然当受教。"后汉竺大力共康孟详译《修行本起经》卷下《出家品》:"欬天见佛擒魔众,忍调无想怨自降。诸天欢喜奉华臻,非法王坏法王胜。"末句的属读关系是"非法王//坏/法王//胜","法王"意思是得法的王,与"未得法的王(非法王)"相对。

[20] 将:带着。东晋法显共佛驮跋陀译《摩诃僧祇律》卷一:"猎师念言:我若杀取其皮,不足为贵,当活将去。于是驱还。"姚秦佛陀耶舍译《四分律》卷一:"作是念已,即将诸比丘诣迦兰陀村。须提那母闻其子将诸比丘还归本村,即往迎。"下文"将诣王所"的"将"用法相同。　　还:回到。

[21] 从今:自今以后,从今往后。参见《十诵律》注[14]。　　作烧:制作陶器,烧制器皿。

[22] 工巧:工艺;技艺。名词。西晋法炬译《苦阴因事经》:"此大力士,若族姓子,若学工巧,以自存命。"唐义净译《根本说一切有部毗奈耶》卷一:"我忆父母兄弟姊妹受业师主,我欲学诸工巧及营农业,于我家族情希绍继。"宋普济撰《五灯会元》卷一二《智海平禅师法嗣·净因继成禅师》:"至于工巧技艺,诸子百家悉皆能入。"按:"工巧"一词有二义,除了作名词用外,还可指制作精良,工艺精湛。形容词。西晋法炬共法立译《大楼炭经》卷二:"一曰大富珍宝,田宅奴婢,珠玉象马,工巧者多。"东晋竺昙无兰译《寂志果经》:"譬如金师所锻工巧,取紫磨金。"

[23] 辄:总是;常常。

[24] 体:规定;规矩。"体"有定规矩、立法式义,《管子·君臣上》:"君明,相信,五官肃,士廉,农愚,商工愿,则上下体。"唐尹知章注:"上下各得其体也。"引申则有本条义。

[25] 宁可:不如,比不上。表示两相比较,选取一面。旧题东汉安世高译《婆罗门子命终爱念不离经》:"彼婆罗门遥见祇桓门外有诸戏人共戏,见已作是念:世

间聪明者此最胜,我宁可所共沙门瞿昙论者,尽当向彼戏人说之。"东晋法显共佛驮跋陀译《摩诃僧祇律》卷二:"我等今日当立制限,分其米地,令有畔界。即便封之,此分属我,彼分属汝。时有一众生作是念:若我自取己分,不久当尽;宁可少取他分,令我分久在。"姚秦佛陀耶舍译《四分律》卷一:"时须提那子作是思惟:今时世谷贵,诸比丘乞求难得,我今宁可将诸比丘诣迦兰陀村乞食。诸比丘因我故大得利养,得修梵行。""宁可"又常与句尾疑问语气词"乎""耶""不"连用,用于疑问句,表示询问,参见《生经·佛说舅甥经》注[6]。

[26] 典材令:管理木材的官员。

[27] 知识:朋友。这是中古佛典的习语。后汉安世高译《是法非法经》:"或时闻一者比丘,年大多知识,相知富饶,餘比丘不如。"旧题后汉支娄迦谶译《般舟三昧经·问事品》:"云何行,常在大姓家生,父母兄弟、宗亲知识,无不爱敬。"姚秦佛陀耶舍译《四分律》卷八:"时城内有一大臣,与跋难陀亲旧知识,彼于异时大得猪肉,即敕其妇:'跋难陀释子是我亲友,为其留分。'"中土典籍也有用例,《三国志·吴志·孙韶传》南朝宋裴松之注引《会稽典录》:"海内知识,零落殆尽,惟会稽盛孝章尚存。"

[28] 索:求;索要。本经卷二:"尔时仙人弟子,闻我语已,龙从水出,便从索之。龙闻乞珠,不前不却,默然而住。"东晋法显共佛驮跋陀译《摩诃僧祇律》卷二:"乘彼饥渴,与酒令醉,醉复更索,便共书券,得酒甚少,上券甚多。"

[29] 语言:语之言,对他说。

[30] 相与:给你。后汉支娄迦谶译《道行般若经》卷九:"婆罗门语萨陀波伦菩萨:'善男子,今我欲大祠,欲得人血,欲得人肉,欲得人髓,欲得人心,卿设能与我者,我益与卿财。'萨陀波伦菩萨大欢欣,报言:'愿相与。'萨陀波伦菩萨即取刀自刺两臂,血大出,持之。"失译《佛说㮈女祇域因缘经》:"乃问王曰:'此㮈树下,宁有小栽可得乞不?'王曰:'大多小栽。吾恐妨其大树,辄除去之。卿若欲得,今当相与。'"相,指代第二人称代词。参见《幽明录·卖胡粉女》注[12]。

[31] 城防:防护城墙,架构城楼。

[32] 案行:巡逻;巡行。参见《修行本起经·试艺品》注[8]。

[33] 启:禀告;报告。参见《世说新语·顾雍丧子》注[3]。

[34] 不审:原为不清楚、不知,汉魏以来,经常用于疑问句中,表示疑问语气,词义逐渐虚化。《史记·黥布列传》:"(汉王)谓左右曰:'如彼等者,无足与计天下事。'谒者随何进曰:'不审陛下所谓?'"《东观汉记》卷二一《梁福传》:"司部灾蝗,台召三府驱之。司空掾梁福曰:'普天之下,莫非王土。不审使臣驱蝗何之?'"《全晋文》卷二七王献之《杂帖》:"岂谓奄失此女,惎惜深至,恻切心怀。婙哀念当可为心。……婙先积弊,复有此痛心,不审不乃恶不? 甚以忧驰。"

[35]　收：逮捕，抓获。此义先秦即见。《诗·大雅·瞻卬》："此宜无罪，汝反收之。"汉魏以来沿用不替。《三国志·魏志·曹爽传》南朝宋裴松之注引《魏略》："（丁）斐随行，自以家牛羸困，乃私易官牛，为人所白，被收送狱，夺官。"《世说新语·贤媛》："后徙居墓所，（晋）景王遣钟会看之，若才流及父，当收。"东晋法显共佛驮跋陀译《摩诃僧祇律》卷四〇："佛言：'从今日后，不听覆钵宝物，若有犯官事未被收录，又未籍其财，尔时寄者得取。'""收录"同义并列。

[36]　系缚：捆绑；械拷。佛典中，原多指被尘世凡俗之事所牵连、束缚。失译《兴起行经》卷一《佛说孙陀利宿缘经》："见此辟支佛，困辱被系缚，我起慈悲心，使令得解脱。"西晋法炬共法立译《大楼炭经》卷五："佛告诸比丘：阿须伦所被系缚，如是魔所系缚复剧，若是念为魔所缚，不念为魔所解。"宋道原撰《景德传灯录》卷二八《药山惟俨》："若如是解，即是生死，若不被此得失系缚，便无生死。"　　乃尔：如此，这样。参见《贤愚经·长者无耳目舌品》注[94]。

[37]　大德：对高僧、年长和尚的尊称，谓有大德行。梵语 Bhadanta，音译婆檀陀、波檀陀，意译大德。唐义净译《一切根本有部毗奈耶杂事》卷一九："年少苾刍应唤老者为大德，老唤少年为具寿，若不尔者得越法罪。"参见《十诵律》注[9]。

[38]　见救免：救救我。见，指代第一人称代词。西晋竺法护译《太子墓魄经》："太子顾视父王，下车避道，四拜而起而言：'劳屈父王，远来见迎。'""见迎"即迎我。参见《贤愚经·长者无耳目舌品》注[63]。

[39]　其：犹言我。指代第一人称代词。《楚辞·九章·哀郢》："心婵媛而伤怀兮，眇不知其所蹠。"宋洪兴祖补注："其，一作余。"《陆云集》卷八《与兄平原书》："思兄常欲其作诗文，独未作此曹语。"《全晋文》卷三六庾亮《上疏乞骸骨》："愿陛下览先朝谬授之失，虽垂宽宥，全其首领，犹宜弃之。"《世说新语·贤媛》"王尚书惠尝看王右军夫人"条南朝梁刘孝标注引《妇人集》载《谢表》曰："妾年九十，孤骸独存。愿蒙哀矜，赐其鞠养。"其"均指称我，第一人称代词。

[40]　寻：随后；马上。后汉昙果共康孟详译《中本起经》卷上《转法轮品》："道人告王：'吾真忍辱者，血当为乳，所截平复。'寻如所言，乳出形复。"参见《生经·佛说舅甥经》注[42]、《十诵律》注[27]。

[41]　白：禀报；汇报。用于下对上的场合。参见《贤愚经·长者无耳目舌品》注[11]。

[42]　专辄：擅自；不经允许（做某事）。《全晋文》卷二七王凝之《劾范宁表》："宁若以古制宜崇，自当列上，而敢专辄，惟在任心。"刘宋求那跋陀罗译《过去现在因果经》卷二："汝可为我具启父王，耶输陀罗久已有身，王自问之，昔敕如此，非为专辄。"元魏吉迦夜共昙曜译《杂宝藏经》卷一《十奢王缘》："弟白兄言：'恐涉道路，逢于贼难，故将兵众，用自防卫，更无餘意。愿兄还国，统理国政。'兄答弟言：'先

受父命,远涉来此,我今云何,辄得还返? 若专辄者,不名仁子孝亲之义.'"《颜氏家训·书证》:"古者暴晒字与暴疾字相似,唯下少异,后人专辄加傍日耳."参见南朝梁任昉《奏弹刘整》注[78]。《敦煌变文校注·叶净能诗》:"具传岳神言语,云皆奉天曹匹配,为定(第)三夫人,非敢专擅."“专擅”义同“专辄”。

[43] 与:给(他)。及物动词,省略宾语。盖为了照顾四字一顿的句式而然。上文“非是我与”“谁道我与”用法均同。后汉安世高译《道地经》:"便告家中人言:是病所求所思欲,当随意与,莫禁制之."后汉支娄迦谶译《佛说遗日摩尼宝经》:"何等为四? ……三者人有求深经者,爱惜不肯与."《太平御览》卷三六一引汉应劭《风俗通义》佚文:"弟妇恐伤害之,因乃放与,而心甚怆怆."《世说新语·贤媛》:"桓车骑不好著新衣。浴后,妇故送新衣与。车骑大怒,催使持去."

[44] 以:在。介词。

[45] 不及有主:没有涉及有物主的东西。

[46] 方便:方法;计谋。参见《生经·佛说舅甥经》注[53]。　　人物:人之物,别人的东西。后秦鸠摩罗什译《梵网经》卷下:"一切财物,一针一草,不得故盗,而菩萨应生佛性孝顺慈悲心,常助一切人,生福生乐,而反更盗人财物者,是菩萨波罗夷罪."“财”,宋、元、宫三本无。唐释道世《法苑珠林》卷八五引《轮转五道经》:"为人喜偷盗人物者,后生奴婢牛马中."又卷九八引《(大)智度论》:"若恼前人,强求人物,而营福者,反招其罪."

[47] 躬行:亲自做;自己做。姚秦竺佛念译《出曜经》卷一一《诽谤品第九之餘》:"或有众生习其恶本,寿经百年。自恃年寿,谓为无罪。自相谓言:'人之为恶,皆谓有罪;我躬行之,方便延寿.'"宋普济撰《五灯会元》卷一九《昭觉勤禅师法嗣·虎丘绍隆禅师》:"因追绎白云端和尚立祖堂故事,曰:'为人之后,不能躬行遗训,于义安乎?'遂图其像,以奉安之."还有字面作“躬行”,含义有别的情况。乞伏秦释圣坚译《佛说除恐灾患经》:"于时才明,执持金瓶,躬行澡水,手自斟酌,上下平等."躬,亲自;行,依次分送。“躬行澡水”言亲自分送澡水(洗手水)。元魏慧觉等译《贤愚经》卷二《降六师品》:"即敕严驾,躬行诸国,亲见臣民,宣改异化."躬,亲自;行,案行,巡行。“躬行诸国”言亲自巡行各国。“躬行”都不是一个词。贼法:偷盗之事。姚秦鸠摩罗什译《佛藏经》卷中《戒净品之餘》:"舍利弗,弊恶比丘,乃至大小便利、澡手皆是贼法,何以故? 舍利弗,阎浮提内皆是国王及诸大臣,人民所有及属非人,是恶比丘于中为贼."南朝陈真谛译《佛说无上依经》卷下《赞叹品》:"破结贼法佛已说,魔王幻化佛已除."

[48] 流布:流传;传播。失译《佛说罪业报应教化地狱经》:"佛告信相菩萨善男子:此经名为《罪业报应教化地狱经》,当奉持之,广令流布,功德无量."符秦昙摩难提译《增一阿含经》卷四六:"欲意偏多者便成女人,欲意少者成男子,展转交

接,便成胞胎。由此因缘,故最初有人,转生四姓,流布天下。"刘宋求那跋陀罗译《央掘魔罗经》卷二:"名闻远流布,智慧不倾动。"五代南唐静筠撰《祖堂集》卷一《阿难》:"(阿难)复谓末田底曰:'佛预记汝:吾灭度后,临宾国中一百二十年有一比丘,名末田底,流布佛法。'"

[49] 信乐:信仰;皈依。后汉支娄迦谶译《道行般若经》卷四:"所以者何? 用不信乐深般若波罗蜜,为不问佛及弟子之所致。以是故,当知之。"又卷五:"前世学人今来复得深般若波罗蜜,便信乐不远离也。"西晋竺法护译《般舟三昧经》卷上:"若有菩萨闻是三昧信乐者,其福转倍多。"后秦弗若多罗共鸠摩罗什译《十诵律》卷一:"至年长大,信乐佛法,出家学道,勤行精进。"

[50] 随顺:遵守;按照。后汉支娄迦谶译《道行般若经》卷三:"何谓为四? 随恶师所言:一不随顺学,二不承至法,三主行诽谤,四索人短自贡高。"旧题支娄迦谶译《般舟三昧经·拥护品》:"佛告阿难飏陀和等五百人:人中之师,常持正法,随顺教化。"刘宋畺良耶舍译《观无量寿佛经》:"尔时王舍大城有一太子,名阿阇世,随顺调达恶友之教,收执父王频婆娑罗,幽闭置于七重室内,制诸群臣,一不得往。"

[51] 毁呰(zǐ):此词原为中性词,可指批评、指责,如本例。又作"毁訾",《管子·形势解》:"毁訾贤者之谓訾,推誉不肖之谓譽。""毁疵",《荀子·不苟》:"正义直指,举人之过,非毁疵也。"唐杨倞注:"疵,病也。或曰读为呰。"也可指诋毁,说他人坏话。旧题后汉安世高译《佛说罪业应报教化地狱经》:"佛言:以前世时,坐治生贩卖自誉己物,毁呰他财,器升弄斗,蹉秤前后,欺诳于人,故获斯罪。"北凉昙无谶译《悲华经》卷八:"若求饮食,或以软语,或以恶言;或轻毁呰,或真实言。"唐释道世《法苑珠林》卷三二引《佛本行经》:"时诸人辈闻见此事,毁呰说言:'是等比丘,如是供养,尚不堪受,况复胜者!'"

[52] 齐:到达;到了。　　几:多少(数量)。

[53] 波罗夷:梵语 Pārājika,也作波罗阇已迦,波罗市迦,意译为他胜、极恶、恶、重禁等,六聚罪中的第一条,戒律中的严重罪。本律卷一:"波罗夷者,名为堕法,名为恶法,名断头法,名非沙门法,不共住者,如先白衣时。"姚秦佛陀耶舍共竺佛念等译《四分律》卷一:"波罗夷者,譬如断人头不可复起,若犯此法,不复成比丘故。此从行法非用为名。"唐玄应《一切经音义》卷二三《显扬圣教论》第二十卷音义:"波罗阇已迦,此云他胜,谓破戒烦恼,为他胜于善法也。旧云波罗夷,义言无餘。若犯此戒,永弃清众,故曰无餘。"

(七) 贤 愚 经

又名《贤愚因缘经》。十三卷,北魏太平真君六年(445 年)凉州沙门慧觉(一作昙觉)等译。共收集佛本生故事、佛传故事以及各式因缘故事六十九个,凡六十九品。通过譬喻比方来宣传因果报应等佛教教义,故事曲折动人,语言明快流畅,可读性强。其中不少故事寓有惩恶扬善的积极意义,对后世影响较大。

编译的大致经过是:慧觉、威德等八人曾结伴西行求法,当他们来到于阗(今新疆和田)时,遇上了五年一次的般遮于瑟会。会上长老各讲经律,八人分头听取并记录下来,于公元445年回到高昌,综合、整理成此经,经凉州名僧慧朗题名为《贤愚经》。

现选录卷五的《长者无耳目舌品》一篇。

9. 长者无耳目舌品

[题解]

本篇讲述了一个官员贪赃枉法,最终受到报应的故事。有兄弟二人,哥哥任国"平事",执掌公证民间借贷之事。在一笔侄子为债权人的借贷活动中,只因妻子收受了负债人"估客"的贿赂并以死要挟,就昧着良心,故意撒谎,作假证。因而死后转世投胎时,受到了没有耳朵、眼睛和舌头的报应。

整个故事情节跌宕起伏,读来饶有趣味。从中可以了解到古代民间借贷往来的一些基本情况,对现实生活也很有针砭和借鉴作用。

[原文]

如是我闻,一时佛在舍卫国祇陀精舍[1],与诸比丘大众说法。尔时国内有大长者[2],财富无量,金银七宝[3],象马牛羊,奴婢人民,仓库盈溢。无有男儿,唯有五女,端正聪达[4]。其妇怀妊[5],长者命终。时彼国法,若其命终[6],家无男儿,所有财物,悉应入官。王遣大臣,摄录其财[7],垂当入官[8]。其女心念:"我母怀妊,未知男女,若续是女[9],财应属官;若其是男,应为财主[10]。"念已,往白王言[11]:"我父命终,以无男故,财应入王。然今我母怀妊,须待分身[12],若苟是女[13],人财不迟;若或是男,应为财主。"时波斯匿王[14],住法平整[15],即可所白[16],听如其言。

其母不久,月满生儿。其身浑沌[17],无复耳目,有口无舌,又无手足，然有男根[18]。即为作字，名曼慈毗梨。尔时是女具以是事[19]，往问于王。王闻是已[20]，思惟其义，不以眼耳鼻舌手足等而为财主，乃以男故，得为财主。儿有男根，应得父财。即告诸女："财属汝弟，吾不取也。"尔时大女，往适他家[21]，奉给夫主[22]，谦卑恭谨。拂拭床褥[23]，供设饮食，迎来送去，拜起问讯[24]，譬如婢事大家[25]。比近长者睹其如是[26]，怪而问言："夫妇之道，家家皆有。汝属何为，改操若兹[27]？"女子对曰："我父终没[28]，家财无量。虽有五女，犹当入王。会母分身[29]，生我一弟，无有眼耳舌及手足，但有男根，得为财主。以是义故[30]，虽有诸女，不如一男。是故尔耳。"长者闻已，怪其如是。即与其女，往至佛所，白言："世尊[31]，彼长者子，以何因缘[32]，无有眼耳舌及手足，而生富家，为此财主？"佛告长者："善哉问也[33]。谛听善思，当为汝说。""唯然乐闻[34]。"

　　佛告长者：乃往过去，有大长者兄弟二人，兄名檀若世质，弟名尸罗世质。其兄少小[35]，忠信成实[36]，常好布施[37]，赈救贫乏。以其信善[38]，举国称美[39]。王任此人，为国平事[40]。诤讼典直[41]，由之取决。是时国法，举贷取与[42]，无有券疏[43]，悉诣平事檀若世质，以为明人[44]。时有估客[45]，将欲入海，从弟尸罗世质多举钱财，以供所须。时弟长者，唯有一子，其年幼小。即将其子并所出钱[46]，到平事所[47]，白言："大兄，是估客子从我举钱[48]，入海来还，应得尔许[49]；兄为明人。我若终亡，证令子得。"平事长者，指言如是[50]。其弟长者，不久命终。时估客子，乘船入海，风起波浪，船坏丧失。时估客子，捉板得全[51]，还其本国。时长者子，闻其船坏空归[52]，唯见此人。便自念言[53]："此虽负我[54]，今者空穷[55]，何由可得？须有当债[56]。"时见此估客长者，复与餘贾[57]，续复入海[58]。获大珍宝，安隐吉还[59]。心自念言："彼长者子，前虽见我，不从我债。我举钱时，此人幼稚[60]，或能不忆；或以我前穷，故不债耶？今当试之。"即严好马[61]，众宝服饰，宝衣乘马入市。长者子见服乘如是，心念："此人似还有财[62]，当试从债。"即遣人语言："汝负我钱，今可见偿[63]。"答言："可尔[64]，当思宜了[65]。"

　　估客自念："所举顿大[66]，重生累息[67]，无由可毕[68]。当作一策，乃可了尔[69]。"即持一宝珠，到平事妇所[70]，白言："夫人，我本从尸罗世质举少钱财，其子来从我债，今上一珠，价直十万，若从我债，可嘱平事，莫为明人。"其妇答言："长者诚信，必不肯尔。为当试语[71]。"即受其珠。平事暮归，即便具白。长者答曰："何有是事[72]！以我忠信[73]，不妄语故，故王立我为国平事。若一妄言，此事不可[74]。"时估客来，具告情状，即还其珠。时估客子，更上一珠[75]，价直二十万[76]，复往白言："愿使嘱及[77]。此既小事[78]，但作一言，得三十万。彼若得胜，虽复佽儿[79]，无一钱分；此理可通。"尔时女人，贪爱宝珠，即为受之。暮更白夫："昨日所白，事亦可通，愿必在意[80]。"长者答言："绝无此理。我以可信，得为平事。若一妄语，现世当为世所不信，后世当受无量劫苦[81]。"尔时长者，有一男儿，犹未能行[82]。其妇泣曰："我今与汝共为夫妻，若有死事[83]，犹望不违。嘱此小事，直作一言[84]，当不从[85]，我用活为[86]？若不见随[87]，我先杀儿，然后自杀。"长者闻此，譬如人噎[88]，既不得咽，亦不得吐。自念："我唯有此一子，若其当死[89]，财无所付。若从是语，今则不为人所信用[90]，将来当受无量苦恼。"迫蹴不已[91]，即便可之[92]。其妇欢喜，语估客言："长者已许。"

估客闻之，欣悦还家。严一大象，众宝庄校[93]，著大宝衣，乘象入市。长者子见，心喜念言："是人必富，服乘乃尔[94]。我得财矣。"即往语曰："萨薄当知[95]，先所负钱，今宜见偿。"估客惊言："我都不忆[96]，何时负君？若相负者，明人是谁？"长者子言："若干日月[97]，我父及我，手付汝钱。平事为我明人。何缘言不[98]？"估客子言："我今不念[99]。苟有事实，当还相偿[100]。"寻共相将[101]，至平事所。长者子言："此人往日，亲从我父举若干钱；伯为明人[102]，我时亦见。事为尔不[103]？"答言："不知。"其侄惊曰："伯父尔时审不见闻[104]？不作是语：此事可尔。不以手足，指是财耶？"答言："不尔。"侄子恚曰："以伯忠良，王令平事，国人信用。我亲弟子[105]，非法犹尔[106]，况于外人，枉者岂少[107]！此之虚实，后世自知。"

佛告长者：欲知尔时平事长者，今曼慈毗梨无有耳目浑沌者是[108]。由于尔时一妄语故[109]，堕大地狱[110]，多受苦毒[111]。从地狱出，五百世中，常受浑沌之身。由于尔时好布施故[112]，常生豪富[113]，得为财主。善恶之报，虽久不败[114]。是故汝等，当勤精进[115]，摄身口意[116]，莫妄造恶[117]。

［注释］

　　［1］舍卫国祇陀精舍：舍卫，参见《生经·佛说鳖猕猴经》注[1]。　　祇陀精舍：即祇园精舍，参见同上。

　　［2］长者：佛典中积财具德之年长者的通称。唐慈恩《妙法莲华经玄赞》卷一〇："心平性直，语实行敦，齿迈财盈，名为长者。"

　　［3］七宝：佛教语。原指七种珍宝，其名称在各经所述中互有出入。此可视为多种珍宝的泛称。

　　［4］端正：漂亮。参见《六度集经·须大拏经》注[3]。

　　［5］妇：妻子。参见《生经·佛说鳖猕猴经》注[21]。

　　［6］若其：如果。下文："若其是男，应为财主。"又："若其当死，财无所付。"同经卷九《善事太子入海品》："著新净衣，手执香炉，向四方礼，口自说言：'若其实是如意珠者，便当普雨一切所须。'"三国吴康僧会译《六度集经》卷二《须大拏经》："（妇）曰：'子有奴使，妾不行汲；若其如今，吾去子矣。'"元魏吉迦夜共昙曜译《杂宝藏经》卷一〇《乌枭报怨缘》："已为怨憎，不可救解，终相诛灭，势不两全；宜作方便，诛灭诸枭，然后我等可得欢乐。若其不尔，终为所败。"隋阇那崛多译《佛本行集经》卷四九："我今若当辄出是言向彼说者，是即漏泄；若其漏泄，令彼罗刹诸女闻者，恐将我等至厄难处。"

　　［7］摄录：收取；辖制。同经卷二《降六师品》："即入军中，斩六王首，夺取冠饰，摄录其众。"又卷九《善事太子入海品》："城中当有五百天女，各赍宝珠，来用奉汝，……摄录诸根，勿复与语。"

　　［8］垂当：临近；即将。

　　［9］续：仍然。参见《生经·佛说舅甥经》注[71]。

　　［10］财主：财产的主人，物主，与今语义异。《世说新语·政事》："陈仲弓为太丘长，有劫贼杀财主，主者捕之。"

　　［11］白：禀告；报告。下对上之辞。同经卷一一《檀腻鞨品》："其人白王：'父已死了，我终不用此婆罗门以为父也。听各共解。'"后汉昙果共康孟详译《中本起经》卷下《本起该容品》："度胜白曰：'身贱口秽，不敢便宣如来尊言。'"旧题三国吴支谦译《撰集百缘经》卷三《授记辟支佛品》："时守池人以状白王，甚怀欢喜，将其后妃，往到园中。"

　　［12］分身：分娩。

　　［13］若苟：如果，下文"若或"义同。

　　［14］波斯匿王：指舍卫国国王波斯匿。宋本无"王"字。

　　［15］住法平整："住法"应作"任法"，元、明二本即如此。《经律异相》引作"任法平正"。　　平整：即"平正"，平等公正。

[16] 可：答应；许可。同经卷三《微妙比丘尼品》："复语我言：'今欲与汝入彼园观，宁可尔不？'我便可之。"参见《生经·佛说舅甥经》注[70]。

[17] 浑沌：形容全身浑然一体，未有五官、四肢之分的样子。

[18] 男根：男性生殖器。佛典常以"根"字指称生殖器，有"男根""女根"之说。刘宋沮渠京声译《治禅病秘要法》卷下："夜叉复胜，搏撮罗刹，剥其面皮，剜取女根。"亦以"根"指称动物的生殖器。南齐求那毗地译《百喻经·构驴乳喻》："尔时诸人得一父驴，欲构其乳，净共捉之。……中捉驴根，谓呼是乳，即便构之，望得其乳。"

[19] 是女：此女，指大女儿。

[20] 王闻是已：王闻是后。"已"字用于分句句尾，在由动词或动词性词组构成的谓语后面作补语，表示动作的完成，相当于"……后""……以后"。《史记·扁鹊仓公列传》："尝有所验，何县里人也？何病？医药已，其病之状何如？"《论衡·解除》："先为宾客设膳，食已，驱以刃杖。"失译（附后汉录）《大方便佛报恩经》卷一《序品》："阿难闻是语已，心生惭愧。"旧题三国吴支谦译《菩萨本缘经》卷下《兔品》："自慰喻已，投身火炕。"东晋法显《法显传·兰莫国》："阿育王出世，欲破八塔作八万四千塔，破七塔已，次欲破此塔，龙便现身。"《古小说钩沉》辑《裴子语林》："陆士衡在洛，夏月忽思竹篆饮，语刘实曰：'吾乡曲之思转深，今欲东归，恐无复相见理。'言此已，复生三叹。"

[21] 适：出嫁。

[22] 奉给：侍奉服务。　　夫主：丈夫。失译（附后汉录）《杂譬喻经》卷下："时有一人，为织氎公，年向六十；其妇端正，常经慢夫主。"旧题三国吴支谦译《撰集百缘经》卷八《差摩比丘尼生时二王和解缘》："有一妇女，与其夫主心不相怜，常共忿诤。"西晋竺法护译《舍头谏太子二十八宿经》："女到礼佛，却住一面。佛告女曰：'汝常追逐阿难，何求？'女白佛言：'欲为夫主。'"姚秦昙摩耶舍译《乐璎珞庄严方便品经》："又家有女，为父母所护，或为兄弟姊妹所护，或为姑嫜夫主所护，是等不得奉施佛食。"

[23] 拂拭：收拾整理，掸去尘埃。参见《六度集经·须大拏经》注[80]。

[24] 问讯：问候；请安。旧题三国吴支谦译《撰集百缘经》卷九《罽宾宁王缘》："时波斯匿王闻使者语，甚怀惶怖，无以为计。即诣佛所，白世尊言：'罽宾宁王敕我七日，将诸侍从，令达彼国，朝拜问讯。若不尔者，当来诛我。'"西晋竺法护译《佛说普门品经》："时离垢藏菩萨大士，问讯周毕，退在虚空，结加趺坐。"元魏吉迦夜共昙曜译《杂宝藏经》卷一《十奢王缘》："弟知兄意终不可回，寻即从兄索得革屣，惆怅懊恼，赍还归国，统摄国政。常置革屣于御坐上，日夕朝拜，问讯之义，如兄无异。"元魏瞿昙般若流支译《得无垢女经》："净扫治庄严，常恭敬供养，净戒常

护持,常先意问讯,尽心于法器,如金刚须弥。"《世说新语·简傲》:"王子敬兄弟见郗公,蹑履问讯,其修外生礼。"又作"讯问",《三国志·吴志·太史慈传》:"北海相孔融闻而奇之,数遣人讯问其母,并致饷遗。"

[25] 譬如:如同;好像。《论语·为政》:"子曰:'为政以德,譬如北辰居其所而众星共之。'"三国吴支谦译《大明度经》卷五《不尽品》:"无所因法,当见佛界,是为闿士行明度,当尔时邪大愁毒,譬如丧亲矣。"西晋竺法护译《佛说文殊师利现宝藏经》卷上:"诸天谓魔波旬:'仁者曷为持钵在文殊师利前,譬如侍者?'"刘宋求那跋陀罗译《佛说罪福报应经》:"佛言:'夫人作福,譬如此树,本种一核,稍稍渐大,所益无限。'"""譬"有如、似义,"譬如"是同义连文。　　大家:主人。同经卷四《佛说马喻经》:"(马犇)夜行见母,长跪问言:'今者大家独见憎毒,不得水草,挝鞭甚酷。'"后汉昙果共康孟详译《中本起经》卷上《现变品》:"明旦众女不见蚍蚍,周惶遍求,嘘唏并泣。大家惊怪,问其状变。"旧题三国吴支谦译《撰集百缘经》卷八《善爱比丘尼生时有自然食缘》:"客未至顷,有一婢使,见佛及僧在于门外,乞食立住,不白大家,取其饮食,尽持施与佛及众僧。"南朝梁宝唱等撰集《经律异相》卷一六引《法句经》:"奴分那白大家言:'愿莫愁忧,分那作计,月日之中,当令胜。'"

[26] 比近:邻近。"比"有接近、邻近义。《汉书·孙宝传》:"后署宝主簿,宝徙入舍,祭灶请比邻。"比邻,近邻。《三国志·魏志·杜畿传》南朝宋裴松之注引《傅子》曰:"(杜畿)见侍中耿纪,语终夜。尚书令荀彧与纪比屋,夜闻畿言,异之。""比屋"言屋舍相邻近也。故"比近"系同义连用。

[27] 若兹:如此;这样。

[28] 终没:去世。

[29] 会:恰逢;正好碰上。

[30] 义故:缘故。元魏佛陀扇多译《如来师子吼经》:"时彼众中天龙夜叉……等皆作是念:有何义故? 此胜积菩萨,三界大将问已,不报,默然而住。"隋阇那崛多译《商主天子所问经》:"又复言言:'文殊师利,汝于今者岂可非是世间福田也?'答言:'天子,杀害福田故。'又复问言:'文殊师利,以何义故作如是说?'答言:'天子,夫应杀者是欲恚痴,若能杀彼,是则大福田也。'"汉魏六朝典籍多作"意故",失译(附后汉录)《杂譬喻经》卷下:"王因呼见,问其意故:'汝何缘独得却大军乎?'"《三国志·吴志·孙坚传》:"酒酣,长沙主簿入白坚:'前移南阳,而道路不治,军资不具;请收主簿,推问意故。'"姚秦竺佛念译《出曜经》卷二一《如来品》之二:"吾上树头,遥问意故,众人报我:为摩竭鱼所见坏船,恶风吹浪,堕此鬼界。"《世说新语·假谲》"袁绍年少时"条下南朝梁刘孝标注:"按袁、曹后由鼎跱,迹始携贰。自斯以前,不闻仇隙,有何意故而剚之以剑也?"按:"意"有缘故义(见南朝梁任昉《奏弹刘整》注[29]),"意故"是同义连文。本篇及《如来师子吼经》《商主天

子所问经》作"义故"者,则又"意故"之借耳。

[31] 世尊:佛的尊号。以佛众德皆备,于世独尊故称。

[32] 因缘:佛教语。佛教谓使事物由产生到坏灭的主导条件为"因",辅助条件为"缘",认为世间一切事物都是因缘和合而生的。

[33] 善哉问也:谓语倒置,当系套用先秦"贤哉,回也"(《论语·颜渊》)、"大哉尧之为君"(《孟子·滕文公上》)一类句式。

[34] 唯然乐闻:唯、然,应答之辞;乐闻,喜欢听。这是长者和女子说的话。

[35] 少小:小时,年幼时。同经卷四《佛说海子经》:"昔者有人,父早命过,少小孤寡,独与母居。"后汉支娄迦谶译《般舟三昧经》卷上《问事品》:"端政姝好,于众中颜色无比,少小常在尊贵大姓家生,若其父母兄弟、宗亲知识无不敬爱者。"失译《兴起行经》卷下《佛说苦行宿缘经》:"护喜叉手白迦佛言:'此火鬘者,多兽邑中太史之子,是我少小亲友。'"同经卷一〇《须达起精舍品》:"唯舍利弗是婆罗门种,少小聪明,神足兼备,去必有益。"

[36] 成实:即"诚实","成"通"诚"。明本作"诚实"。

[37] 布施:梵语 Dāna(檀那)的意译,以己物与人之意。原有财施(施物与人,救济贫乏)、法施(施法与人,说法度人)、无畏施(施无畏与人,救人厄难)等种类之分,后也特指向僧人施舍财物。

[38] 信善:诚实善良。

[39] 举国:全国、一国(百姓)。

[40] 平事:此词本篇多见,寻绎文意,当是指公证借贷、裁决诉讼的官吏。下文"悉诣平事""到平事所""平事长者"等"平事"义同。《吐鲁番出土文书》第一册《哈拉和卓九九号墓文书·建平六年张世容随葬衣物疏》:"右条衣裳杂物悉张世容随身所有,若有人仞(认)名,诣大平事讼了。"所云"大平事"一职与本篇的"平事"相同,都是指民间纠纷、民事诉讼的裁决者或调解人。又第三册《阿斯塔那五二〇号墓文书·高昌付官将兵人粮食帐》:"氾平事叁斛柒斗。"可见隋代高昌等地仍有"平事"一职。"平事"本盖为动宾词组,谓处理事务。吴康僧会译《六度集经》卷八:"百揆摧其平事。"下文"王令平事"之"平事"亦是。后转指处理事务的人。又,同经卷一《摩诃萨埵以身施虎品》:"平事案律,其罪应死。"此例"平事"指掌管刑律的官吏,意思有所不同。

[41] 典直:未详。疑为"曲直"之误。

[42] 举贷:借贷。下文"多举钱财""从我举钱"等"举"字均借贷义。三国吴康僧会译《六度集经》卷七《禅度无极章》:"犹若贫人,举债治生,获利还彼,餘财修居,日有利入,其人心喜。"南朝梁宝唱等撰集《经律异相》卷三六引《譬喻经》:"长者言然,持我二人,权举百两金,约用金尽,就作毕直。"《吐鲁番出土文书》第一册

《哈拉和卓九九号墓文书·义熙五年道人弘度举锦券》：“义熙五年甲午岁四月四日，道人弘度从翟绍远举西向白地锦半张，长四尺，广四尺。”诸“举”字都是借贷之义，故“举贷”是同义连文。姚秦竺佛念译《出曜经》卷二五《恶行品》：“设财货穷乏，从王举贷，我还当偿。”南朝梁宝唱等撰集《经律异相》卷四四引《譬喻经》：“阿难邠坻在儿连山下居，大富珍宝。四远贾客举贷乞丐者，往无不得。”则亦以“举贷”连言，是其例。

［43］券疏：指契约、借条。

［44］明人：证人。宋、元、明三本作“时人”（下文同），“时人”亦证人义。考“时人”一语多见于《吐鲁番出土文书》，如第一册《阿斯塔那三九号墓文书·前凉升平十一年王念卖驼券》：“升平十一年四月十五日，王念以兹驼卖与朱越，……若还悔者，罚毯十张供献。时人樟显丰，书券李道伯共［后缺］。”第二册《阿斯塔那一七〇号墓文书·高昌章和十三年孝姿随葬衣物疏》：“右上所件，悉是平生所用之物。时人张坚固，季（当作‘李’）定度。”又《阿斯塔那一六九号墓文书·高昌建昌四处张孝章随葬衣物疏》：“今有朱衣笼冠一具，带物具，白练衣裤一具。……时人张坚固、李定度。”第三册《阿斯塔那二〇五号墓文书·高昌重光元年缺名随葬衣物疏》：“右上所条，悉是平存所用物。……时人张坚固，请（倩）书李定度。”“时人”都当（见）证人讲。又书中多见“时见”“知见（人）”等语，义同“时人”。由此观之，“时人”应是六朝以来口语，今本《大藏经》作“明人”者，疑系后人所改，赖宋、元、明本存其真耳。

［45］估客：商人。宋、元、明三本作“贾客”，义同。同经卷一〇《须达起精舍品》：“值有估客欲至舍卫，时婆罗门作书因之，送与须达，具陈其事。”元魏吉迦夜共昙曜译《杂宝藏经》卷六《长者请舍利弗摩诃罗缘》：“当于时日，入海估客，大获珍宝，安隐归家。”《世说新语·雅量》：“（褚）公东出，乘估客船，送故吏数人，投钱唐亭住。”又《任诞》：“温太真位未高时，屡与扬州淮中估客樗蒲，与辄不竞。”

［46］将：带领、领着。见《杂宝藏经·长者请舍利弗摩诃罗缘》注［76］。
所出钱：所出借之钱。“出”有出借、放债义，《国语·晋语二》：“吾闻之，惠难遍也，施难报也；不遍不报，卒于怨仇。夫李侯将施惠如出责，是之不果奉。”三国吴韦昭注：“如出责，望其报也。”“责”，后作“债”，“出责”即放债。《韩非子·外储说右上》：“其于民也，上之请爵禄行诸大臣，下之私大斗斛区釜以出贷，小斗斛区釜以收之。”出贷，借贷。刘宋佛陀什共竺道生等译《弥沙塞部和醯五分律》卷四：“尔时长者语其妇言：‘我有出息在优善那邑，不复债敛，于今八年。考计生长，乃有亿数。’”出息，指放债所得利息。《隋书·食货志》：“所在官司，因循往昔，以公廨钱物，出举兴生，唯利是求。”出举兴生，言放债生利息，“出举”是同义连文。又常以“出钱”连言，《史记·孟尝君列传》：“其食客三千人，邑入不足以奉客，使人出钱于

薛。"《三国志·魏志·高柔传》:"(高柔)又曰:'汝夫不与人交钱财乎?'对曰:'尝出钱与同营士焦子文,求不得。'""出钱"都是指放债、借钱(与人),动词;本例的用法当即由此转变而来。

[47] 平事所:指平事办公的地方。

[48] 是估客子:是,此,这个;估客子,即估客。下文"时估客子"用同。六朝典籍中,"子"字常用作名词词缀。西晋竺法护译《佛说文殊师利现宝藏经》卷下:"鸟子飞行在于虚空,宁有恐耶?"鸟子,鸟。元魏吉迦夜共昙曜译《杂宝藏经》卷三《山鸡王缘》:"时聚落中有一猫子,闻彼有鸡,便往趣之。"猫子,猫。南朝梁宝唱等撰集《经律异相》卷四七引《杂阿含经》:"过去世时,有一猫狸,饥渴羸瘦,于孔穴中,伺求鼠子。"鼠子,老鼠。《异苑》卷三:"貂出句丽国。常有一物共穴居,或见之,形貌类人,长三尺,能制貂,爱乐刀子。"《北齐书·高德政传》:"帝大怒,召德政谓之曰:'闻尔病,我为尔针。'亲以刀子刺之,血流沾地。"刀子,刀。各例"子"都用在名词之后,作词缀。反观"是估客子""时估客子"两句,"子"字恐是译者为凑足四字句而添加的,与上述单纯作词缀的用法有所不同。

[49] 尔许:这些;如此。《全三国文》卷五魏文帝曹丕《诏责孙权》:"(孙)权前对浩周,自陈不敢自远,乐委质长为外臣;又前后辞旨,头尾击地,此鼠子自知不能保尔许地也。"同经卷一二《波婆离品》:"须臾之劳,当得钱十万,以供家中衣食乏短;但听沙门浮美之谈,亡失尔许钱财之利!"《建康实录》卷一五《王敬则》:"敬则遇兴盛,遥告敬则曰:'公儿死已尽,公如许作底?'""公如许作底"言你这样(指谋反)干什么,"如许"同"尔许"。

[50] 指言:指钱而言。下文云:"不作是语:'此事可尔';不以手足,指是财耶?"盖尔时习俗,证人必须指着被公证的钱物,宣誓担保,表明公正。

[51] 捉板:抓住木板。

[52] 空归:空手回来。"空"有空手、单单、单独义,多指空手只身,不捎带什么东西。同经卷九《善事太子入海品》:"际遇不谐,丧失财宝,单身空到,甚可耻也。"后秦鸠摩罗什译《大庄严论经》卷六:"(王)即唤其人,而语之言:'汝今何故既取此物,还置于地,而便空去?'"鸠摩罗什译《众经撰杂譬喻》卷下:"便还佛所,白言世尊:'遍行求火,无不死者,是以空还。'"《洛阳伽蓝记》卷四《法云寺》:"及太后赐百官负绢,任意自取,朝侯莫不称力而去。唯融与陈留侯李崇负绢过任,蹶倒伤踝。太后即不与之,令其空出,时人笑焉。""空归"一语又见于同经卷八《大施抒海品》:"虽取我珠,吾终不放,……若不得珠,终不空归。"

[53] 念言:思虑;思考。参见《杂宝藏经·长者请舍利弗摩诃罗缘》注[17]。

[54] 负:欠(债)。《说文·贝部》:"负,……一曰受贷不偿。"《全后汉文》卷五九左雄《上疏陈事》:"乡部亲民之吏,皆用儒生清白任从政者,宽其负算,增其

秩禄。"西晋竺法护译《生经》卷四《佛说负为牛者经》："时转轮王，七宝侍从，停住
不进，怪之所以：遥见故旧，为人所拘，负五十两金，令不得去。"《搜神记》卷三"隗
炤"条："于是告其妻曰：'吾不负金，贤夫自有金。乃知亡后当暂穷，故藏金以待
太平。'"

　　[55] 空穷：空乏贫穷。西晋失译《长寿王经》："今闻贤者故来相归，值我空
穷，无以相副，将奈之何？"同经卷一一《檀腻鞴品》："时王国中有婆罗门，名檀腻
鞴，家理空贫，食不充口。""空贫"与"空穷"同义。

　　[56] 债：讨债，索回被欠的钱、物。下文"不从我债""故不债耶""当试从债"
等"债"义同。"债"有讨债、索回欠款义，南齐求那毗地译《百喻经·债半钱喻》：
"往有商人，贷他半钱，久不得偿，即使往债。"字又作"责"，《晋书·艺术传·隗
炤》："却后五年春，当有诏使来顿此亭，姓龚，此人负吾金，即以此版往责之，勿违
言也。""债"又可指索回物品、东西，同经卷一一《檀腻鞴品》："尔时牛主将檀腻
鞴，诣王债牛。""债牛"即索赔牛。《太平广记》卷三八一"赵文若"条（出《冥祥记》）：
"乃有众多猪羊鸡鸭之属，竞来从文若债命。""债命"即（要求）偿命。

　　[57] 复与餘贾：元、明二本作"复与餘举假"，《经律异相》本作"复餘举假"，后
者较真。餘，别处、别家；举假，借贷。《宋书·乐志四》："董永遭家贫，父老财无
遗；举假以供养，佣作致甘肥。"或作"假举"，义同。《潜夫论·断讼》："假举骄奢，
以作淫侈；高负千万，不肯偿责。"《抱朴子内篇·道德》："富家竭其财储，贫人假举
倍息。"

　　[58] 续复：复；再次。同经卷二《降六师品》："波罗㮈人，明日乃知，六师徒
众，续复驰逐。"旧题三国吴支谦译《撰集百缘经》卷八《额上有真珠鬘比丘尼缘》：
"年渐长大，禀性贤善，慈愍孤穷，有来乞者，脱此珠鬘，寻以施之；续复还生，如前
无异。"南朝梁宝唱等撰集《经律异相》卷四六引《杂藏经》："复有一鬼言：'我常为
大狗利牙赤白来唉我肉，唯有骨在，风来吹起，肉续复生，狗复来唉。'""续"有复
义，故"续复"是同义复词。参见《生经·佛说舅甥经》注[71]。

　　[59] 安隐：平安。失译（附后汉录）《大方便佛报恩经》卷四《恶友品》："装束
已讫，与诸人别，而作是言：'汝等于是善安隐归，吾方欲前进，采摩尼宝珠。'"参见
《杂宝藏经·长者请舍利弗摩诃罗缘》注[7]。　　　　吉还：平安返回。南朝梁宝唱
等撰集《经律异相》卷三二引《大智（度）论》："人王父母见儿吉还，欢悦踊跃。"此句
"安隐"与"吉"同义并举。

　　[60] 幼稚：幼小；年幼。《说苑·建本》："人之幼稚童蒙之时，非求师正本，无
以立身全性。"后秦鸠摩罗什译《大庄严论经》卷六："有一国王，时辅相子，其父早
丧，其子幼稚，未任绍继。"

　　[61] 严：装饰；装备。下文"严一大象"的"严"用法相同。参见《生经·佛说

舅甥经》注[73]。

[62]　还：复；仍然。同经卷一一《檀腻韝品》："王告母人：'……汝儿已死，以檀腻韝与汝作婿，令还有儿，乃放使去。'"元魏月婆首那译《僧伽吒经》卷一："譬如有人，刀断其头，使医治之，涂以石蜜、酥油诸药，以用涂之。一切勇，于汝意云何，如是众生，还可活不？"

[63]　见偿：偿还给我。汉魏六朝文献中，"见"字常用在动词的前面，指代前置的宾语、第一人称代词"我"。《抱朴子外篇·自叙》："年十有三，而慈父见背；凤失庭训，饥寒困悴。见背，离我而去，指去世。《搜神后记》卷九"杨生狗"条："(杨)生曰：'君可出我，当有厚报。'人曰：'以此狗见与，便当相出。'"见与，给我。《宋诗》卷一一《清商曲辞·华山畿》之一："君既为侬死，独活为谁施？欢若见怜时，棺木为侬开。"见怜，怜我。《世说新语·贤媛》："(李氏)徐曰：'国破家亡，无心至此，今日若能见杀，乃是本怀。'"见杀，杀我。《宋书·庾悦传》："(刘)毅又相闻曰：'身今年未得子鹅，岂能以残炙见惠。'"见惠，给我。《南史·江淹传》："夜梦一人，自称张景阳，谓曰：'前以一匹锦相寄，今可见还。'"见还，还我。

[64]　可尔：可以，好的。应答之辞。同经卷一〇《须达起精舍品》："报言：'……须达有儿，端正殊妙，卓略多奇；欲求君女，为可尔不？'答言：'可尔。'"《世说新语·雅量》："王僧弥、谢车骑共王小奴许集，僧弥举酒劝谢云：'奉使君一觞。'谢曰：'可尔。'"

[65]　了：了结；解决；处理好。下文"乃可了尔"之"了"义同。"宜了"谓合适了结、妥当处理(的办法)。《楼兰尼雅出土文书》第三八号："□取小麦十八斛去尔，为皆毕了。"《吐鲁番出土文书》第一册《哈拉和卓八八号墓文书·北凉承平五年道人法安弟阿奴举锦券》："故(沽)各半，共员马一匹，各了。"又《哈拉和卓九九号墓文书·北凉承平八年翟绍远买婢券》："贾(价)则毕，人即付。若后有何盗仞(认)名，仰本主了。"又第三册《阿斯塔那三二〇号墓文书·高昌张武顺等葡萄亩数及租酒帐》："王子相桃(萄)壹亩半，租了。"又第四册《阿斯塔那一五一号墓文书·高昌义和三年汜马儿夏田券》："祖殊伯(租输百)役，仰田主了，渠破水滴，仰耕田人了。"《世说新语·任诞》："(孔)群尝书与亲旧：'今年田得七百斛秫米，不了曲蘖事。'"《晋书·傅咸传》："生子痴，了官事，官事未易了也。"

[66]　顿：即；就。旧题三国吴支谦译《撰集百缘经》卷三《化生王子成辟支佛缘》："寻用即买牛头栴檀，方得六两，顿用涂疮。"《世说新语·言语》"高坐道人不作汉语"条下南朝梁刘孝标注引《高坐别传》："性高简，不学晋语；诸公与之言，皆因传译。然神领意得，顿在言前。"南齐求那毗地译《百喻经·愚人集牛乳喻》："(愚人)而作是念：'我今若预于日日中穀取牛乳，牛乳渐多，卒无安处，或致酢败。不如即就牛腹盛之，待临会时，当顿穀取。"清刘淇《助字辨略》卷四："顿，遽然也。"

"所举顿大"言(原先)所借就多。

　　[67] 重生累息：重，重重，层累；生，利息。"重生"与"累息"同义并列。"生"有利息义，当由其生出义引申而来。《楼兰尼雅出土文书》一一二号："▨□□□偿□，廿日生一张□□▨。"《吐鲁番出土文书》第一册《哈拉和卓九九号墓文书·义熙五年道人弘度举锦券》："要到十月卅日还偿锦半张，即交与锦，生布八纵一匹。若过其(期)不偿，一月生布壹丈。"又第二册《阿斯塔那一五三号墓文书·高昌夏某寺葡萄园券》："要到八月卅日，偿钱式拾口，▨期不偿，壹月拾钱上生钱壹▨。"又第三册《阿斯塔那三二一号墓文书·高昌延和五年严申祐等六人分举大麦合券》："严申祐举大麦伍斛，……到五月内偿，□一月壹斛麦上生麦一斗。"

　　[68] 毕：了结；完结。与"了"同义。

　　[69] 尔：同"耳"。

　　[70] 平事妇所：指平事家里。

　　[71] 为当：即"为"，"当"是词尾，不表实义。

　　[72] 何有是事：哪有这样的事。南朝梁宝唱等撰集《经律异相》卷四三引《贤愚经》："(长者)语其弟：'卿兄远行，没彼不还，汝今宜可娶我女。'其弟答言：'何有是事！'""何有"即岂有、哪里有，参见《百喻经·三重楼喻》注[17]。

　　[73] 以：因为。

　　[74] 若一妄言，此事不可：这几句是说，因为我忠信，从不说假话，所以国王才任我为平事；如果有一次说谎了，就不可能再做平事了。

　　[75] 更：又，再。参见《生经·佛说舅甥经》注[17]。

　　[76] 价：宋、元、明三本无此字，《经律异相》引同，盖因上文"价直十万"一句而衍。

　　[77] 嘱及：叮嘱，嘱咐。同经卷三《七瓶金施品》："蛇语其人：'下我著地。'穷责极切，嘱戒以法。……蛇重嘱及，莫更尔耶。"

　　[78] 既：虽，虽然。"既"字此义载籍虽少见，但也并非绝无仅有。《世说新语·规箴》："郗太尉晚节好谈，既雅非所经，而甚矜之。"经，擅长。言郗鉴虽拙于言谈，但自己却很自负看重。又《术解》："荀勖善解音声，时论谓之'暗解'。遂调律吕，正雅乐。……阮咸妙赏，时谓'神解'。每公会作乐，而心谓之不调。既无一言直勖，意忌之，遂出阮为始平太守。""既无一言直勖"云云，谓阮咸虽无一句意见向荀勖提出，但荀勖仍然猜忌他，把他降职为地方官。这两例"既"也都是虽然的意思。

　　[79] 虽复：虽然。"复"是连词词尾，不表实义。旧题三国吴支谦译《撰集百缘经》卷五《哝婆罗似饿鬼缘》："时哝婆罗，虽复在道，故贪粪秽不净之处。"《陆云集》卷八《与兄平原书》："兄文虽复自相为作多少，然无不为高。"《世说新语·容

止》:"王丞相见卫洗马,曰:'居然有羸形,虽复终日调畅,若不堪罗绮。'"《晋书·周颢传》:"(王)敦素悍颉,每见颉辄面热,虽复冬月,扇面手不得休。"义均同上。

[80] 在意:留意,放在心上。《南史·沈攸之传》:"攸之正色谓曰:'当今军粮要急,而卿不以在意,由与城内婚姻邪?'""愿必在意"是说希望(你)务必放在心上。

[81] 现世……后世……:现世,今世;后世,来世。佛教以过去、现在、未来为三世。失译《四十二章经》:"饭百亿辟支佛,不如饭一三世诸佛;饭千亿三世诸佛,不如饭一无念无住无修无证之者。"姚秦鸠摩罗什译《中论》卷一《观因缘品》:"诸心心数法,于三世中次第生。现在心心数法灭,与未来心作次第缘,未来法未生,与谁作次第缘?"　　无量劫:即无数劫,参见《生经·佛说鳖猕猴经》注[14]。

[82] 犹未能行:谓尚在襁褓之中,指年幼。

[83] 死事:指危急之事、生死关头。

[84] 直:只是;不过是。

[85] 当:通"尚",尚且。旧题三国吴康僧会译《旧杂譬喻经》卷上:"太子自为御车,出群臣于道路,奉迎为拜;夫人出其手开帐,令人得见之。……太子自念:'我母当如此,何况餘乎?'""当"亦当读为"尚"。

[86] 我用活为:我还活着干什么呢?"用……为"是佛典中表示反诘的常见句式,参见《生经·佛说舅甥经》注[49]。

[87] 见随:随我。详本篇注[63]。

[88] 譬如:如同;好像。详本篇注[25]。

[89] 若其:如果,详本篇注[6]。　　当,同"傥",如果。参清王引之《经传释词》卷六。"若其"与"当"同义并列。

[90] 今:指今世,下文"将来"指来世。

[91] 迫蹴:逼迫;迫促。《全汉文》卷二三董仲舒《元光元年举贤良对策》:"是故众其奴婢,多其牛羊,广其田宅,博其产业,畜其积委,务此而亡已,以迫蹴民。"《汉书·武五子传·戾太子据》:"(江充)衔至尊之命以迫蹴皇太子,造饰奸诈,群邪错谬。"唐颜师古注:"蹴音千六反。"按:"蹴"当读作"蹙","迫蹴"即"迫蹙",是同义复词。宋、元、明三本"蹴"作"蹙",是其证。后汉昙果共康孟详译《中本起经》卷下《须达品》:"其妇流泪,忿然恚曰:'君毁遗则,祸此兴矣!瞿昙乱法,奚足采纳!'迫蹴不已,便共俱饭。'""迫蹴不已"即"迫蹴不已","迫蹴"亦当读为"迫蹙"。《盐铁论·晁错》:"晁错变法易常,不用制度,迫蹙宗室,侵削诸侯。"

[92] 可:许可;答应。参见《生经·佛说舅甥经》注[70]。

[93] 庄校:装饰。同经卷六《富那奇缘品》:"复于其上,敷大宝床,庄校严饰,而处其上。"又卷九《善事太子入海品》:"还来到国,广作宾众,庄校其女,方云始欲

以女用配。"西晋法炬共法立译《法句譬喻经》卷一《多闻品》："化作一人,著好衣服,乘马带剑,手执弓矢,鞍勒严饰,金银庄校。"失译(附东晋录)《佛说菩萨本行经》卷中："八万四千头牛,尽金庄校。"南朝梁宝唱等撰集《经律异相》卷六引《法华经》："尔时佛前有七宝塔,高五百由旬,纵广二百五十由旬,从地踊出,住在空中,种种宝物而庄校之。"

[94]乃尔:如此;这样。《陆云集》卷八《与兄平原书》："前作二篇,后为复欲有所作以慰,小思虑便大顿极,不知何以乃尔。"后秦鸠摩罗什译《众经撰杂譬喻》卷下："沙门前见妇,颜色憔悴,自掩面目,不复栉梳。沙门言:'何为乃尔?'"《世说新语·言语》："顾长康拜桓宣武墓。……人问之曰:'卿凭重桓乃尔,哭之状其可见乎?'"刘宋求那跋陀罗译《佛说大意经》："海神知之,问言:'卿志何高乃尔? 海深三百六十万由延,其广无涯,奈何竭之?'"

[95]萨薄:商人(商人首领)的称呼。同经卷八《盖事因缘品》："时彼国中有一萨薄,名曰阿利那蜜罗,晋言圣友。时辟支佛往告其家,陈病所由,从其乞乳,萨薄欢喜,便请供养。"又《大施抒海品》："我今躬欲入海采宝,谁欲往者,可共俱进。我为萨薄,自办行具。"后秦弗若多罗共鸠摩罗什译《十诵律》卷二五:"彼国土法,作萨薄者,要出二十万金钱,十万办舡,十万办资粮。"南朝梁宝唱等撰集《经律异相》卷四四引《诸经中要事》："会见外国治生大估客,名曰萨薄,见斧识之,便问老公:'卖此斧不?'"并其例。东晋法显《法显传·王城及佛齿供养》："其城中多居士、长者、萨薄商人。"萨薄也作萨保、萨甫,见于汉文记载和出土文书。此词源自梵语 sārthavāha,后成为粟特语借词,见于粟特语古信札(公元312—313年),意为商队之主,其后在北朝和隋唐时期演变为在华粟特人中掌管事务的首领。其组成部分 sārt(来自梵语 sārtha),一直沿用到近代,意义为商队。

[96]都不忆:丝毫也不记得了,一点儿也想不起来了。都,副词。后面跟否定词"无""不""未"等,义为丝毫也没有(不)……、一点儿也没有(不)……、根本没有(不)……,表示彻底的否定。《搜神记》卷一八"猪臂金铃"条:"见埭上有一女子,年十七八,便呼之留宿。至晓,解金铃系其臂。使人随至家,都无女人,因逼猪栏中,见母猪臂有金铃。"后秦鸠摩罗什译《大庄严论经》卷一二:"尔时大王虽见秤来,都无愁色,即出其股,脚白滑泽,如多罗叶。"元魏吉迦夜共昙曜译《杂宝藏经》卷一《十奢王缘》:"第三夫人,王甚爱敬,而语之言:'我今于尔,所有财宝,都无恪惜;若有所须,随尔所愿。'"是"都无"用例。《搜神后记》卷三"董寿之"条:"妻夜坐,忽见寿之居其侧,叹息不已。妻问:'夜间何得而归?'寿之都不应答。"《古小说钩沉》辑《幽明录》:"明日,兴伯早来,忽惊曰:'此鬼昨夜那得人刺之? 殆死,都不能复动,死亦当不久。'"是"都不"用例。《搜神记》卷一七"虞定国"条:"定国大惊,曰:'都未尝面命,何由便尔? 此必有异。'"《世说新语·文学》:"提婆讲竟,东亭问

法冈道人曰：‘弟子都未解，阿弥那得已解？’”是“都未”用例。

　　[97] 若干日月：犹言(某年)某月某日。

　　[98] 何缘：何能，怎么能；为何。《汉诗》卷一司马相如《琴歌》之一："有艳淑女在此方，室迩人遐毒我肠，何缘交颈为鸳鸯？"西晋竺法护译《持心梵天所问经》卷四《授现不退转天子荆品》："通照铁围山，亿姟诸须弥，愿说其旨趣，何缘而感欣？"西晋法矩译《佛说优填王经》："王曰：‘餘事异日说之不晚。女乱惑意，凶祸之大，不闻其祸，何缘远之？’"姚秦竺佛念译《出曜经》卷二一《如来品》之二："王复瞋恚，语师子曰：‘女中姿容，如天玉女，何缘复称为罗刹鬼耶？’"东晋法显译《佛说杂藏经》："道人答言：‘我大国王，聚落甚多，今复何缘舍大就小？’"《淳化阁帖释文》卷一〇无名氏书："既与直人理略绝，何缘复有周旋理？"

　　[99] 不念：不记得。《论语·公冶长》："子曰：‘伯夷、叔齐不念旧恶，怨是用希。’""不念旧恶"犹言不记旧仇，此例"不念"当即由彼化用而来。

　　[100] 还：立即。《荀子·王霸》："如是，则舜、禹还至，王业还起。"还至，即至；还起，即起。参见清王念孙《读书杂志》卷一一《荀子四》"还"条。　　相偿：偿还给你。"相"的用法参见《幽明录·卖胡粉女》注[12]。

　　[101] 寻：即；随即。参见《生经·佛说舅甥经》注[42]。　　相将：相随，一道。《潜夫论·救边》："羌独往来，深入多杀，已乃陆陆，相将诣阙，谐辞拜谢。"《陶渊明集》卷四《拟古》诗之三："翩翩新来燕，双双入我庐；先巢故尚在，相将还旧居。"《晋诗》卷一九《清商曲辞·江陵乐》："阳春二三月，相将踏百草。"《宋诗》卷九鲍照《梦归乡》："慊款论久别，相将还绮闱。"《梁诗》卷二九《横吹曲辞·高阳乐人歌》之一："可怜白鼻騧，相将入酒家。"《全唐诗》卷五四一李商隐《夜思》："彩鸾空自舞，别燕不相将。"

　　[102] 伯：伯父。

　　[103] 尔：如此；这样。　　不：同"否"，疑问语气词，常用于对话中。后秦弗若多罗共鸠摩罗什译《十诵律》卷二五："有客比丘来，以如是语问讯：‘忍不足不？安乐住不？’"刘宋佛陀什共竺道生等译《弥沙塞部和醯五分律》卷一一："答言：‘汝见后来人不？’诸比丘言：‘见。’"南齐求那毗地译《百喻经·偷牦牛喻》："又问：‘池旁有树不？’对言：‘无树。’""事为尔不"犹言事实是不是这样。

　　[104] 审：的确，果真。同经卷九《善事太子入海品》："王寻往视，审是太子，衣毛悚然，愧惧交怀。"《论衡·知实》："匡人之围孔子，孔子如审先知，当早易道，以违其害。"后汉竺大力共康孟详译《修行本起经》卷下《游观品》："于是王告太子，当行游观。太子念言：‘久在深宫，思欲出游，审得所愿。’"后秦释圣坚译《太子须大挐经》："王呼一臣而问之曰：‘太子审持白象与怨家不？’臣答五言：‘实以与之。’"参见《修行本起经·试艺品》注[51]。

[105] 亲弟子：亲侄子。

[106] 非法：违法。

[107] 抂：同"枉"。

[108] 曼慈毗梨：人名，即大长者之子，已见上文。

[109] 一妄语：一句谎话。

[110] 地狱：梵文 Naraka 的意译，意为"苦的世界"，与"天堂"相对。佛教宣传人在今世做了坏事，死后就会堕入地狱，备受磨难，吃尽苦头。

[111] 苦毒：痛苦。后秦佛陀耶舍共竺佛念译《长阿含经》卷一九："狱卒以铁钩钩取，置餘鍑中，号咷悲叫，苦毒辛酸。"

[112] 布施：见本篇注[37]。

[113] 豪富：指豪富的人家。

[114] 败：弄坏；破坏。参见《六度集经·须大拏经》注[53]。

[115] 精进：佛教"六度"之一，谓精纯专一、修行不懈。同经卷一二《檀弥离品》："尔时阿难及诸比丘闻佛所说，各自劝励，精进修道。"西晋竺法护译《生经》卷一《佛说堕珠著海中经》："以精进力，不避苦难，不惜寿命，水自然趣，悉入器中。"后秦释圣坚译《佛说睒子经》："我前世初得菩萨道时，戒行普具，精进一心。"《世说新语·术解》："郗愔信道甚精勤。常患腹内恶，诸医不可疗，闻于法开有名，往迎之。既来便脉，云：'君侯所患，正是精进太过所致耳。'"

[116] 摄：管束；管住。姚秦竺佛念译《出曜经》卷二一《如来品》之二："贾客闻已，衣毛皆竖，还摄心意，直前诣城。"南朝梁宝唱等撰集《经律异相》卷一七引《法句经》："佛愍伤之，即呼著前，授与一偈，守口摄意身，莫犯如是。"　身口意：佛教有"十恶业"之说，其中杀、盗、淫三者是身业，妄、绮、两、恶四者是口业，贪、瞋、邪三者是意业。管住了身口意三业，即可免作恶，修善道。同经卷九《善事太子入海品》："若能感识如是之恩，当摄身口意，修十善道。"失译《兴起行经》卷上《佛说头痛宿缘经》："当共自谨慎，防护身口意。"东晋佛陀跋陀罗译《文殊师利发愿经》："身口意清净，除灭诸垢秽，一心恭敬礼，十方三世佛。"

[117] 造恶：作恶；干坏事。

(八) 杂 宝 藏 经

　　十卷，北魏吉迦夜共昙曜译。也属故事集，共收集了一百二十一个故事，题为一百二十一缘。内容十分广泛，包括佛本生、佛传、因缘以及印度的一些民间故事、寓言故事、譬喻故事等，借譬说理，形象生动。不少故事都富于启发性,并保存了一批难得的文史研究资料。与《撰集百缘经》(十卷,三国吴支谦译)、《贤愚经》并称为汉译譬喻文学中的三大著作。

吉迦夜,梵名 Kekaya,西域沙门,约生活于北魏献文、孝文帝年间(相当于南朝宋明帝时)。译有《大方广菩萨十地经》等五部。昙曜,北魏名僧。文成帝和平初年(约 460 年),代师贤为"沙门统",掌僧尼事务。曾主持在平城武州塞开凿石窟五所,每窟雕造佛像各一,高者七十尺,次六十尺,为大同云冈石窟营造之始。又与吉迦夜、常那邪舍等译出新经十四部。参《魏书·释老志》、唐道宣《续高僧传》卷一。

现选录卷六的《长者请舍利弗摩诃罗缘》一篇。

10. 长者请舍利弗摩诃罗缘

[题解]

做任何事情都要从实际出发,不同情况应该区别对待,这是为人处世的一个基本准则。但本篇主人公摩诃罗不是这样,他遇事机械教条,生搬硬套,以致言辞忤谬,行为乖戾,处处挨打,事事碰壁,闹出不少笑话。六朝的许多佛经故事寓教于譬,意味深长,此即一例。

[原文]

昔舍卫城中有大长者[1],其家巨富,财宝无量,常于僧次而请沙门[2],就家供养。尔时僧次,次舍利弗及摩诃罗至长者家[3],长者见已[4],甚大欢喜。当于时日[5],入海估客[6],大获珍宝,安隐归家[7]。时彼国王,分赐聚落[8],封与长者。其妻怀妊,复生男儿,诸欢庆事,同时集会[9]。舍利弗等既入其家,受长者供,饮食已讫。长者行水[10],在尊者前,敷小床座[11]。舍利弗咒愿而言[12]:"今日良时得好报,财利乐事一切集;踊跃欢喜心悦乐[13],信心踊发念十力[14],如似今日后常然。"长者尔时闻咒愿已,心大欢喜[15],即以上妙好氎二张施舍利弗[16],然摩诃罗独不施与。时摩诃罗还寺惆怅,作是念言[17]:"今舍利弗所以得者,正由咒愿适长者意[18],故获是施。我今应当求是咒愿。"即语舍利弗言:"向者咒愿[19],愿授与我。"即答之言:"此咒愿者,不可常用,有可用时,有不可用时。"摩诃罗殷勤求请[20]:"愿必授我。"舍利弗不免其意[21]，即授咒愿。既蒙教授，寻即读诵[22]，极令通利[23]。作是思惟："我当何时，次第及我[24]，得为上座[25]，用此咒愿。"

时因僧次，到长者家，得作上座。时彼长者，估客入海，亡失珍宝；长者之妇[26]，遭罗官事[27]，儿复死丧[28]。而摩诃罗说本咒愿[29]，言后常然。尔时长者，既闻是语，心怀忿恚，寻即驱打[30]，推令出门。被瞋打已[31]，情甚懊恼[32]，即入王田胡麻地中[33]，蹋践胡麻，苗稼摧折。守胡麻者瞋其如是，复加鞭打，极令劳辱[34]。时摩诃罗重被打已[35]，过问打者言："我有何愆[36]，见打乃尔？[37]"时守麻者具说践蹋胡麻之状，示其道处，涉路前进。

未经几里，值他刈麦[38]，积而为藉[39]。时彼俗法，绕藉右旋[40]，施设饮食[41]，以求丰壤[42]；若左旋者，以为不吉。时摩诃罗绕藉左旋，麦主忿之，复加打棒[43]。时摩诃罗复问之言："我有何罪，横加打棒[44]？"麦主答言："汝绕麦藉，何不右旋，咒言'多入'[45]？违我法故，是以打汝。"即示其道。小复前行[46]，逢有葬埋，绕他冢圹[47]，如向麦积[48]，咒愿之言："多入，多入。"丧主忿之[49]，复捉挝打[50]，而语之言："汝见死者，应当愍之，言自今以后[51]，更莫如是。云何返言'多入，多入'[52]？"摩诃罗言："自今已后，当如汝语。"又复前行，见他嫁娶，如送葬者之所教，言"自今以后，莫复如是"。时嫁娶者瞋其如是，复加笞打[53]，乃至头破。

遂复前进，被打狂走[54]，值他捕雁，惊怖憧惶[55]，触他罗网[56]。由是之故，惊散他雁。猎师瞋恚[57]，复捉榜打[58]。时摩诃罗被打困熟[59]，语猎师言："我从直道行，数被踬顿[60]，精神失错[61]，行步躁疾[62]，触君罗网，愿见宽放[63]，令我前进。"猎师答言："汝极粗疏，俙侱乃尔[64]，何不安徐匍匐而行[65]？"即前著道[66]，如猎师语，匍匐而行。复于道中，遇浣衣者[67]，见其肘行[68]，谓欲偷衣[69]，即时征捉[70]，复加打棒。时摩诃罗既遭困急[71]，具陈上事[72]，得蒙放舍。至于祇桓[73]，语诸比丘："我于先日[74]，诵舍利弗咒愿，得大苦恼。"自说被打，肤体毁破，几失身命[75]。

诸比丘将摩诃罗诣于佛边[76]，具说其人被打因由[77]。佛言："此摩诃罗不但今日有是因缘[78]，乃至昔时，有国王女遭遇疾患[79]，太史占之[80]，须诣冢间[81]，为其解除[82]。时国王女即将导从[83]，往诣冢间。于时道行有二估客，见国王女侍从严饰[84]，心怀惧畏，走至冢间[85]。其一人者，即为王女侍从之人割截耳鼻[86]；其一人者，得急惊怖[87]，死尸中伏，诈现死相[88]。尔时王女将欲解除，选新死人肤未烂者，坐上澡浴，以疗所患。时遣人看，正值估客[89]，以手触之，其体尚嬮[90]，谓为新死[91]。即以芥末涂身[92]，在上洗浴。芥末辛气[93]，入估客鼻，虽然自持[94]，不能禁制[95]，即便大嚏[96]，欻然而起[97]。时侍从者谓起尸鬼[98]，或能为我作诸灾疫[99]，闭门拒逆[100]；王女得急，急捉不放。于是估客以实告言："我实非鬼。"王女即时与彼估客，俱往诣城，唤开城门，具陈情实[101]。时女父国王虽闻其言，犹怀不信，庄严兵仗[102]，启门就看[103]，方知非鬼。时父王言："女人之体，形不再现[104]。"即以其女而用妻之。估客欢喜，庆遇无量[105]。

　　佛言："尔时估客得王女者，舍利弗是；割截耳鼻者，摩诃罗是。宿缘如此[106]，非但今日。自今已后，诸比丘等若欲说法咒愿[107]，当解时宜[108]，应修习布施、持戒、忍辱、精进、禅定、智慧[109]，忧悲喜乐，宜知是时及以非时[110]，不得妄说。"

[注释]

　　[1]　舍卫城：参见《生经·佛说鳖猕猴经》注[1]。　　长者：参见《贤愚经·长者无耳目舌品》注[2]。

　　[2]　僧次：丁福保《佛学大辞典》："供养法有'僧次'与'别请'二者。施主不选其人，但顺僧中之席次而供养，谓之'僧次'；特选其人而请待，谓之'别请'。"沙门：僧人。参见《生经·佛说鳖猕猴经》注[7]。

　　[3]　次：排到；轮到。　　舍利弗：人名。参见《生经·佛说舅甥经》注[79]。摩诃罗：梵文 Mahallaka，指无知或老。唐玄应《一切经音义》卷四《大方便佛报恩经》卷三音义："摩诃罗：此译云无知也，或言老也。"此为一愚僧人的名字。失译（附后汉录）《大方便佛报恩经》卷三《论议品》："三藏年少言：'我识汝。汝是毗婆尸佛正法中摩诃罗老比丘，何以不识？'摩诃罗言：'我所作已办，梵行已立，不受后有。'"

　　[4]　已：……后。"见已"即见后。参见《贤愚经·长者无耳目舌品》注[20]。

　　[5]　时日：时候；时间。《国语·晋语四》："齐之政败矣，晋之无道久矣，从者之谋忠矣，时日及矣，公子几矣。"三国吴韦昭注："几，近也，言重耳得国时日近。"后汉竺大力共康孟详译《修行本起经》卷上《试艺品》："善觉听之，表白净王：

'女即七日,自出求处国中勇武技术最胜者,尔乃为之。'……至其时日,裘夷从五百侍女,诣国门上,诸国术士,普皆云集。"《陶渊明集》卷二《游斜川》诗序:"辛酉正月五日,天气澄和,风物闲美。与二三乡曲,同游斜川。……各疏年纪乡里,以记其时日。"《晋书·艺术传·佛图澄》:"(郭黑)略得其马,故获免。推检时日,正是澄祝愿时也。""当于时日"谓正当那个时候。

　　[6] 估客:商人。参见《贤愚经·长者无耳目舌品》注[45]。

　　[7] 安隐:平安。此词汉魏六朝典籍(尤其是佛经)多见。后汉安世高译《阿含口解十二因缘经》:"人所欲凡有三事,人之所爱,常欲得之:一者强健,二者安隐,三者长寿。"西晋竺法护译《生经》卷一《佛说堕珠著海中经》:"导师德尊,威神巍巍,诸鬼神龙虽欲翻船夺如意珠,力所不任,于时导师及五百人安隐渡海。"《宋书·夷蛮传》:"惟愿大王圣体和善,群臣百官,悉自安隐。"又作"安稳","隐""稳"古今字。《全晋文》卷二四王羲之《杂帖》:"谢范新妇得□富春还,诸道路安稳,甚慰心。"《世说新语·排调》:"发至破冢,遭风大败。作笺与殷云:'地名破冢,真破冢而出,行人安稳,布帆无恙。'"《全唐诗》卷二二七杜甫《投简梓州幕府兼简韦十郎官》:"幕下郎官安稳无? 从来不奉一行书。"

　　[8] 聚落:村落。《全汉文》卷五六贾让《奏治河三策》:"(河水)时至而去,则填淤肥美,民耕田之;或久无害,稍筑室宅,遂成聚落。"姚秦鸠摩罗什译《诸法无行经》卷上:"(净威仪法师)告诸弟子:'汝等从今已去,勿入聚落。'即如师教,不入聚落。"东晋法显译《佛说杂藏经》:"目连答言:'汝前世时,作聚落主,自恃豪贵,饮酒纵横,轻欺馀人。'"

　　[9] 诸欢庆事,同时集会:如上所说,当时长者是三喜临门。

　　[10] 行水:施主饭后奉宾客水,以用于澡手漱口之类。姚秦竺佛念译《出曜经》卷四《欲品》:"长者躬自行水,清净饭食。供养饮食已讫,行清净水。"姚秦鸠摩罗什译《杂譬喻经·阿修罗因缘喻》:"贫人欢喜,即施饭食。讫已,行澡水毕。"《南齐书·武十七王传·竟陵文宣王子良》:"子良敬信尤笃,数于邸园营斋戒,大集朝臣众僧,至于赋食行水,或躬亲其事,世颇以为失宰相体。"均述饭后行水。西晋法炬共法立译《法句譬喻经》卷一《述千品》:"坐毕下食,食已澡手,请令说法。"东晋法显共佛驮跋陀译《摩诃僧祇律》卷三五:"若食上欲行水者,当先净水洗手洗器,然后行水。受水人当护左手,令净受水;若手污者当澡。若以叶承取,亦用叶拭腻口。饮时不得没唇,不得使器缘著额,当拄唇而饮。饮时不得尽饮,当留少许。掏荡已,从口处弃之。"这两例中,前例明指"行水"的作用是"澡手",后例则具体描述了"行水"以漱口的过程,可资参证。

　　[11] 敷小床座:敷,铺设,摆开。床座:古以"床"为坐具之名,故"床座"即"座",指坐具。后汉支曜译《佛说成具光明定意经》:"屋室自然长广高大,像天之

殿；于屋下便有千亿万座。……室中床座亦复如是。"隋阇那崛多译《大方等大集经贤护分》卷四《具五法品》："尔时世尊入贤护宅，随其床座，安详而坐。"佛经中又习见"敷座"一语，姚秦鸠摩罗什译《金刚般若波罗蜜经》："（世尊）于其城中次第乞已，还至本处。饭食讫，收衣钵洗足已，敷座而坐。"刘宋求那跋陀罗译《大方广宝箧经》卷中："时文殊师利为释梵护世而演说法，即答我言：'阿难，汝往敷座，若时已至，便击揵槌。'"

　　[12] 咒愿：佛教语。指唱诵愿文，为施主祈福求愿。宋灵芝元照《资持记》卷下三之三："咒愿，即为施主求愿也。"

　　[13] 踊跃：欣喜的样子。《三国志·魏志·吕布传》南朝宋裴松之注引《英雄记》："丹杨兵有千人屯西白门城内，闻将军来东，大小踊跃，如复更生。"《淳化阁帖释文》卷二《晋太保河东卫瓘书》："在外累年，始尔得还，情甚踊跃。"西晋竺法护译《佛说无量清净平等觉经》卷一："法宝藏菩萨闻世饶王佛说经如是，则大欢喜踊跃。"南朝梁僧伽婆罗译《佛说大乘十法经》："尔时彼诸外道尼乾子等，闻受记已，心大踊跃，即得无生法忍。"

　　[14] 十力：佛教称佛和菩萨所具有的十种能力。《齐诗》卷二王融《法乐辞》："明心弘十力，寂虑安四禅。"《全梁文》卷五二王僧孺《忏悔礼佛文》："愿大王殿下，五畏内遣，十力外扶。"

　　[15] 大：极，非常。参见《列异传·宗定伯卖鬼》注[7]。

　　[16] 上妙好：即佳、好，三字同义连文。《左传·襄公三十一年》："以敝邑之为盟主，缮完葺墙，以待宾客。"《楚辞·离骚》："览相观于四极兮，周流乎天余乃下。"西晋竺法护译《生经》卷二《佛说舅甥经》："见帑藏中琦宝好物，贪意为动。"竺法护译《普曜经》卷三《王为太子求妃品》："菩萨曰：'此间宁有奇异妙术与我等乎？将来睹之。'"唐义净《根本说一切有部毗奈耶杂事》卷二八："是时鹦鹉知此事已，如大商主得上奇珍，踊跃欢欣。""缮完葺""览相观""琦宝好""奇异妙""上奇珍"等亦三字同义连文。　　氎：细毛（棉）布。南朝梁宝唱等撰集《经律异相》卷二三引《贤愚经》："妇生一女，姝妙少双，其初生时，细软白氎裹身而出。"字又作"叠"，《南史·夷貊传下·高昌国》："多草木，有草实如茧，茧中丝如细纑，名曰白叠子，国人取织以为布。"又作"褋"，西晋聂道真译《异出菩萨本起经》："太子生时，……天地为之振动，乃下为儿；其乳母以褋布囊授其母，即亦自乳养，名为悉达。"　　张：量词。《左传·昭公十三年》："子产、子大叔相郑伯以会，子产以幄幕九张行。"是其滥觞。魏晋南北朝文献则常用于称量布、锦一类的东西。《吐鲁番出土文书》第一册《哈拉和卓八八号墓文书·北凉承平五年道人法安弟阿奴举锦券》："承平五年，岁次丙戌，正月八日，道人法安弟阿奴从翟绍远举高昌所作黄地丘慈中锦一张，……要到前年二月卅日，偿锦一张半。"又第二册《阿斯塔那三三五

号墓文书·高昌延昌三十二年缺名随葬衣物疏》："银钱百文,锦千张,绢万匹。"又第三册《阿斯塔那四八号墓文书·高昌延昌三十六年某甲随葬衣物疏》："紫绫褶袴一具,白练袴衫一具,被锦一百张。"《全梁文》卷七一释僧祐《律分为五部记录》："又有因缘经说:佛在世时,有一长者,梦见一张白氈,忽然自为五段。"

[17] 念言:想法;思索。"作是念言"与下文"作是思惟"同义。同经卷一《慈童女缘》："渐渐前进,并近于城,亦无玉女来迎之者。复作念言:'城中甚似极大快乐,是故不及来迎于我。'"失译(附后汉录)《杂譬喻经》卷上:"夫人念言:'今真得报宿怨矣。'便以栀子黄面,委卧称病。"西晋竺法护译《普曜经》卷四《告车匿被马品》："菩萨遂进,深入名山,五人追之,不能及逮。心自念言:'是为逸人,行不择路,何道之有也。'"隋阇那崛多译《佛本行集经》卷二〇:"其跋伽婆仙人,见彼二树同夜没不现已,心大忧恼,怅怏低头,思惟念言:'必我衰时,相貌所至。'""言"有念义,故"念言"就是念,为同义复词。

[18] 适:符合;投合。

[19] 向者:方才,刚才。《汉书·史丹传》："向者太子当进见,臣窃戒属毋涕泣,感伤陛下。"《太平御览》卷五一六引《风俗通》佚文:"兄得校弟,不得报兄,向者所笑,乃其义也。"《列子·黄帝》:"(杨朱)膝行而前,曰:'向者夫子仰天而叹曰:始以汝为可教,今不可教。弟子欲请夫子辞。'"

[20] 殷勤:恳切。失译(附西晋录)《长寿王经》："念我父临死时,殷勤嘱我,不欲使我报怨。"元魏慧觉等译《贤愚经》卷一一《檀腻䩭品》："时檀腻䩭便白王言:'此诸债主将我来时,于彼道边有一毒蛇,殷勤倩我,寄意白王。'"《晋书·周顗传》:"(王)导后料检中书故事,见顗表救己,殷勤款至。导执表流涕,悲不自胜。"

求请:请求,恳求。《国语·周语上》"无有祈也"三国吴韦昭注:"祈,求也。勿有求请,礼之而已。"《搜神记》卷四"建康小吏"条:"建康小吏曹著,为庐山使所迎,配以女婉。著形意不安,屡屡求请退。"元魏慧觉等译《贤愚经》卷六《快目王眼施缘品》："二万夫人,头脑扑地,腹拍王前,亦皆求请:'唯愿大王,回意易志,莫以眼施。'"稗海本《搜神记》卷一"管辂"条:"子且归家,觅取清酒一榼,鹿脯一斤,吾卯日小食时必至君家,且方便求请,未知得否。"

[21] 不免:不拂;不违背。同经卷一〇《优陀羡王缘》："时彼国法:诸为王者,不自弹琴。尔时夫人,恃己爱宠,而白王言:'愿为弹琴,我为王舞。'王不免意,取琴而弹。"南朝梁宝唱等撰集《经律异相》卷一六引《护口经》："时有三藏比丘,名曰黄颜,众僧告敕:'一切杂使,不令卿涉;但与诸后学者,说诸妙法。'时三藏比丘内心轻慢,不免僧命,便与后学敷显经义。"

[22] 寻即:当即;随即。"寻"有即义,故"寻即"同义连文。参见《生经·佛说舅甥经》注[42]。

〔23〕通利：流利；熟练。旧题三国吴支谦译《撰集百缘经》卷九《三藏比丘缘》："时彼太子，闻王敕已，心怀喜悦，寻即出家，勤加诵习，三藏经书，尽令通利。"姚秦昙摩耶舍译《乐璎珞庄严方便品经》："尔时佛告大德阿难：'阿难，汝受持此经，读诵通利，为他广说。'"南朝梁慧皎《高僧传》卷三《僧伽跋摩》："慧观寺等以跋摩妙解《杂心》，讽诵通利，……更请出焉。"

〔24〕次第：依次。《汉书·武五子传·燕刺王旦》："及卫太子败，齐怀王又薨，旦自以次第当立，上书求入宿卫。"元魏慧觉等译《贤愚经》卷一〇《须达起精舍品》："尔时长者生七男儿，年各长大，为其纳娶，次第至六。"南朝梁宝唱等撰集《经律异相》卷一八引《中阿含经》："受戒具足，成阿罗汉。后十年还村，次第乞迫。"

〔25〕上座：又作"上坐"，本指尊者之座次。《史记·樊郦滕灌列传》："于是沛公辍洗，起摄衣，延郦生上坐，谢之。"《汉书·高帝纪上》："吕公者，好相人，见高祖状貌，因重敬之，引入，坐上坐。"唐颜师古注："上坐，尊处也。"这里指尊贵的客人，下文"得作上座"的"上座"义同。

〔26〕妇：妻子。参见《生经·佛说鳖猕猴经》注〔21〕。

〔27〕遭罗：遭遇；碰到。"罗"有遭义，《汉书·于定国传》："其父于公为县狱吏、郡决曹，决狱平，罗文法者，于公所决皆不恨。"唐颜师古注："罗，罹也，遭也。"故"遭罗"是同义复词。"遭罗官事"盖即今语"吃官司"之意。

〔28〕复：又。　　死丧：死亡。

〔29〕本：原来；原先。参见《搜神记·卢充》注〔39〕。

〔30〕驱打：驱赶殴打。

〔31〕瞋：怒；生气。《三国志·魏志·华佗传》："（郡）守瞋恚既甚，吐黑血数升而愈。"《世说新语·忿狷》："鸡子于地圆转未止，仍下地，以屐齿蹍之，又不得，瞋甚。"

〔32〕懊恼：烦恼。《晋诗》卷一九《清商曲辞·懊侬歌》："懊恼奈何许，夜闻家中论，不得依与汝。"西晋竺法护译《生经》卷一《佛说五仙人经》："梵志命曰：'尔有王相，不宜懊恼，游于众内。'"刘宋求那跋陀罗译《过去现在因果经》卷四："尔时耶舍父，既至天晓，求觅耶舍，不知所在。心大懊恼，悲号涕泣。"南齐求那毗地译《百喻经·妇诈称死喻》："及其夫还，老母语言：'汝妇已死。'夫即往视，信是己妇，哀哭懊恼。"又作"熬恼"，元魏慧觉等译《贤愚经》卷一一《檀腻鞴品》："如汝所念，如我今者，静无众患。实无恶妇咒诅骂詈，无有七女熬恼于我，亦无女夫竞集我家。""熬恼于我"即懊恼于我，作动词用。

〔33〕胡麻：植物名。又称"巨胜""油麻""脂麻"，今通称"芝麻"。失译《摩登伽经》卷下《明时分别品》："月在尾宿，其得病者，经三十日，胡麻祭神，乃可除差。"《齐民要术》卷二《种麻子》："凡五谷地畔近道者，多为六畜所犯，宜种胡麻、麻子以

遮之。”

[34] 令：使。　　劳辱：吃苦，受辱。《抱朴子内篇·勤求》：“抱朴子曰：‘设有死罪，而人能救之者，必不为之吝劳辱而惮卑辞也，必获生生之功也。’”

[35] 重（zhòng）：重重地。

[36] 愆：同“愆”，过失，差错。或写作“愆”，《广韵·仙韵》：“愆，过也。……愆，俗。”

[37] 见打：被打。　　乃尔：如此，这样。参见《贤愚经·长者无耳目舌品》注[94]。

[38] 他：别人，他人。下文“绕他冢圹”“见他嫁娶”“值他捕雁”等“他”义同。《左传·成公二年》：“对曰：‘萧同叔子非他，寡君之母也。’”姚秦竺佛念译《出曜经》卷四《欲品》：“母报儿言：‘宁取我杀，不忍见汝为他所害。’”后秦弗若多罗共鸠摩罗什译《十诵律》卷二五《皮革法》：“沙门亿耳作是思惟：‘我不应尔，看他私事。’”刘宋佛驮什共竺道生译《弥沙塞部和醯五分律》卷一一：“餘估客见，便助迫胁，言：‘汝若不欲为他作妇，何故受他饮食？’”　　刘麦：割麦。

[39] 蕴：堆。“蕴”有堆积、积聚义，动词。唐玄应《一切经音义》卷二《大般涅槃经》卷五音义：“谷蕴：《埤苍》：‘蕴，积也。’”唐慧琳《一切经音义》卷一〇〇《法显传》音义：“蒙积：《说文》云：‘积，聚也。……’《传》从草作蕴，俗字也。”失译（附西晋录）《佛灭度后棺敛葬送经》：“圣帝崩时，以劫波育氎千张缠身，香泽灌上，令泽下彻，以香蕴身，上下四面，使其齐同。”南齐求那毗地译《百喻经·妇诈称死喻》：“夫即往视，信是己妇。哀哭懊恼，大蕴薪油，烧取其骨，以囊盛之。”又有堆（堆积成的东西）义，名词。东晋法显《法显传·摩诃毗诃罗精舍》：“于精舍东四五里，积好大薪。……近上著栴檀、沉水诸香木，四边作阶上，持净好白氎，周匝蒙蕴上。”“蕴”指香木堆。南朝梁宝唱等撰集《经律异相》卷一四引《大智（度）论》：“我见金地国王死，其大夫人自投火蕴，求同一处。”火蕴，火堆。字又作“积”，姚秦竺佛念译《出曜经》卷二《如来品》之二：“即施高梯，逾墙入内，见死人骸骨满数间舍。……诸臣问师子曰：‘王今已死，内宫丧亡。骨成于积，不可识别，云何葬送王身？’”“积”亦堆义。这里的“积而为蕴”犹言积而成堆，下文的“麦蕴”即麦堆。

[40] 旋：绕行。当由其转动、返归义引申而来。唐慧琳《一切经音义》卷三二《观弥勒菩萨上生经》音义：“何休注《公羊》云：‘旋，绕也。’”“绕蕴右旋”谓以麦堆为中心，向右绕行。

[41] 施设：陈设（饮食）。失译《佛说㮈女祇域因缘经》：“生于大姓家，财宝饶富。姊妹相率供养五百比丘尼，日日施设饮食，及作衣服，随所无乏。”南朝梁宝唱等撰集《经律异相》卷一九引《说比丘分卫经》：“即为施设，肴馔众味，盛以满钵，而奉上之。”《宋书·恩幸传·阮佃夫》：“中路相逢，要休同反，就席，便命施设，一时

珍羞,莫不毕备。"参见《洛阳伽蓝记·正觉寺》注[25]。

　　[42] 丰壤:丰收。

　　[43] 打棒:殴打;痛打。是佛典习语。盖"棒"是打人之常械,故名。同经卷九《波罗奈王闻冢间唤缘》:"次第七人,皆被打棒,宛转于地。"旧题三国吴支谦译《撰集百缘经》卷五《饿鬼自生还唼五百子缘》:"姊妹眷属,即诣其所,与彼大妇,极共斗诤,遂相打棒。"后秦鸠摩罗什译《大庄严论经》卷一一:"时珠师执缚比丘,而加打棒。问比丘言:'珠在何处? 还我珠来。'"后代亦见用例,《敦煌资料》第一辑《立嗣文书》:"非理打棒,押良为贱。"《敦煌变文校注·维摩诘经讲经文》:"此人村坊下辈,不识大官,不要打棒,便令放去。"

　　[44] 横:枉;平白无故。《后汉书·酷吏传序》:"至于重文横入,为穷怒之所迁及者,亦何可胜言!"唐李贤注:"横犹枉也。"旧题三国吴康僧会译《旧杂譬喻经》卷上:"龙王问女:'何因啼泣?'女言:'国王枉捶我。'龙王曰:'此王常仁慈,何横捶人?'""横捶人"即枉捶人。《世说新语·雅量》:"周仲智饮酒醉,瞋目还面,谓伯仁曰:'君才不如弟,而横得重名!'"言平白无故地得到重名。南齐求那毗地译《百喻经·月蚀打狗喻》:"无智常人,狗无罪咎,横加于恶。"言枉被人打。

　　[45] 咒言:祝言;祷告说。

　　[46] 小复前行:即"稍复前行"。"小"有稍稍、略微义,同经卷一《十奢王缘》:"时小夫人,瞻视王病,小得瘳差。"《孟子·尽心下》:"其为人也小有才,未闻君子之大道也。"《史记·孙子吴起列传》:"阖庐曰:'子之十三篇,吾尽观之矣,可以小试勒兵乎?'《世说新语·排调》:"明日,与王笺云:'昨食酪小过,通夜委顿。'""小"字义均同上。参见《杂譬喻经·医师治王病喻》注[30]。

　　[47] 冢圹:墓穴。

　　[48] 麦积:同"麦藉",见本篇注[39]。

　　[49] 丧主:丧家,死者家属。

　　[50] 挝打:殴打。后秦鸠摩罗什译《大庄严论经》卷一二:"时宫人等涕泣白王:'彼尊者无有罪过,云何挝打,乃至如是?'"南朝梁宝唱等撰集《经律异相》卷四一引《十卷譬喻经》:"须臾,复有二薜荔鬼,身长三丈,黑瘦陋丑,饥渴苦痛,身中燋然,各捉大棒,更相挝打。"

　　[51] 自今以后:从今以后。

　　[52] 云何:如何,怎能。参见《生经·佛说鳖猕猴经》注[36]。　　返:同"反",反而。

　　[53] 笞打:即上文之"鞭打"。

　　[54] 狂走:狂奔。

　　[55] 憛惶:慌乱失措的样子。旧题三国吴支谦译《撰集百缘经》卷四《善面王

求法缘》：“即化其身，作罗刹像，钩牙双出，锋刃长利，饥饿憛惶，甚可怖畏。”《全晋文》卷九三潘岳《哀永逝文》：“俄龙辆兮门侧，嗟俟时兮将升；嫂侄兮憛惶，慈姑兮垂矜。”姚秦佛陀耶舍共竺佛念译《四分律》卷四六《破僧揵度》：“彼伤两眼，血流污身，东西憛惶，行不见道。”字又作“偅遑”“偅偟”，分见《楚辞·九思·逢尤》和《吴越春秋·夫差内传》。音转之则为“獐狂”，《敦煌变文校注·伍子胥变文》：“女子泊沙（拍纱）于水，举头忽见一人，行步獐狂，精神恍惚。”又：“须臾锋剑交横，抽刀剑吼，枪沾污血，箭下獐狂。”

[56] 罗网：指捕鸟的网。

[57] 猎师：猎人。参见《生经·佛说舅甥经》注[56]。

[58] 榜打：殴打，毒打。“榜”是古代刑法之一，指杖击或鞭笞，故“榜打”同义连用，与上文“鞭打”“打棒”“挝打”“笞打”等结构相似，意义相近。《古小说钩沉》辑《冥祥记》：“舅在此，日见榜挞，楚痛难胜。”“榜打”与“榜挞”亦义近。

[59] 困熟：形容程度重。“被打困熟”犹言被打得很厉害。《全晋文》卷二七王献之《杂帖》：“不谓鄱阳一门艰故至此，……政坐视其灭尽，使人悲熟。”“悲熟”谓悲甚，悲痛之至。

[60] 蹎顿：颠仆；受挫。《易林》卷一四《归妹之巽》：“作新初陵，烂陷难登。三驹摧车，蹎顿伤颐。”《全晋文》卷三七庾翼《北伐至夏口上表》：“加以向冬，野草渐枯，往反二千，或容蹎顿。”又倒之作“顿蹎”，《易林》卷一六《中孚之剥》：“登高斩木，顿蹎蹈险。车顿马罢，伯叔吁嗟。”《宋诗》卷二谢灵运《石壁立招提精舍》：“四城有顿蹎，三世无极已。”

[61] 失错：昏乱；失常。

[62] 躁疾：迅疾；快速。“躁疾”同义平列，“躁”亦疾也。《素问》卷一三《奇病论篇》：“身热如炭，颈膺如格，人迎躁盛，喘息气逆。”唐王冰注：“躁，速也。”此“躁”指脉象浮躁而急速，引申之，则可泛指急速矣。《广雅·释诂一》：“躁，疾也。”

[63] 愿见宽放：希望能够宽大放行。

[64] 侜傮：糊涂；不明事理。本为欺诳或强横义，字又作“侜张”（见《尔雅·释训》）、“辀张”（见《后汉书·皇后纪下·孝仁董皇后》）、“譸张”（见《世说新语·雅量》）等形。受人欺骗的往往是糊涂、不明事理者，故“欺诳”“糊涂”二义看似无涉，实亦相关。

[65] 安徐：从容；舒缓。《国语·越语下》：“宜为人主，安徐而重固。”南齐求那毗地译《百喻经·效其祖先急速食喻》：“妇时怪之，语其夫言：‘此中无贼劫夺人者。有何急事，匆匆乃尔，不安徐食？’”隋阇那崛多译《佛本行集经》卷五〇：“尔时慈者伺彼妇人睡眠著时，安徐而起，从宝殿下，巡历而行。”

[66] 著道：至道，到路上。“著”有至、到义，《三国志·吴志·吾粲传》：“值天

大风,诸船绠绁断绝,漂没著岸,为魏军所获。"《世说新语·任诞》:"王卫军云:'酒正自引人著胜地。'"《陈诗》卷七江总《乌栖曲》:"陇西上计应行去,城南美人啼著曙。"

[67] 浣衣:洗衣服。

[68] 肘行:用肘爬行。指匍匐而行。

[69] 谓:以为。参见《生经·佛说鳖猕猴经》注[22]。

[70] 征捉:捕捉,逮住。"征"有收捕义,《汉书·文帝纪》:"(前元)七年冬十月,令列侯太夫人、夫人,诸侯王子及吏二千石无得擅征捕。"《世说新语·方正》:"(郭)淮妻,太尉王凌之妹,坐凌事,当并诛,使者征摄甚急。""征捕""征摄"均谓收捕、缉捕。《三国志·魏志·邓艾传》:"钟会、胡烈、师纂等皆白艾所作悖逆,变衅以结,诏书槛车征艾。"《全陈文》卷一〇徐陵《为护军长史王质移文》:"既惧槛车之征,便忧齐斧之戮。""征"字义同上。

[71] 困急:困顿窘急。

[72] 上事:刚才经历的事情。指听从猎人的教导,"匍匐而行"的经过。

[73] 祇桓:即"祇园",祇树给孤独园之略称。佛与弟子常居此说教。参见《生经·佛说鳖猕猴经》注[1]。

[74] 先日:往日,前些日子。

[75] 几:几乎,差一点。

[76] 将:带领;带着。失译《摩登伽经》卷下《观灾祥品》:"内外兵乱,在城邑者,携将妻子,逃走他方。"西晋竺法护译《生经》卷四《佛说负为牛者经》:"时远方民,将一大牛,肥盛有力,卖与此城中人。"隋阇那崛多译《大集譬喻王经》卷上:"于时彼人有志有力,勤作方便,求船将来,置于河边。"　诣:至,到。

[77] 因由:原因。

[78] 因缘:佛教术语。参见《贤愚经·长者无耳目舌品》注[32]。

[79] 疾患:疾病。"遭遇疾患"谓生病。"疾患"一词六朝典籍经见。有作名词,用同此例者,《全晋文》卷一〇六江统《谏愍怀太子书》:"自顷圣体屡有疾患,数阙朝侍。"东晋僧伽提婆译《中阿含经》卷一七《长寿王本起经》:"长寿博士,汝身无疾患,意无忧戚耶?"《宋书·明帝纪》:"泰豫元年春正月甲寅朔,上有疾不朝会。以疾患未瘳,故改元。"有作动词,当生病、患病解者,《古小说钩沉》辑《荀氏灵鬼志》:"忽闻呼魂声,便见生女从空中去上天,意甚恶之。少时,疾患,遂薨。"《世说新语·排调》"桓南郡与殷荆州语次"条下南朝梁刘孝标注引《中兴书》:"(殷)仲堪父尝疾患经时,仲堪衣不解带数年。"《北史·恩幸传·和士开》:"又有一人士,曾参士开疾患,遇医人云:'王伤寒极重,应服黄龙汤。'"

[80] 太史:掌管天文历法、占相算卜之事的官吏。　　占:占卜。

[81] 冢间：墓地。

[82] 解除：酬祭神灵，以求消灾去祸。《全后汉文》卷七一蔡邕《上封事陈政要七事》："四时至敬，屡委有司：虽有解除，犹为疏废。"西晋竺法护译《生经》卷二《佛说迦旃延无常经》："得大困疾，懊恼叵言，体适困极，水浆不下，医药不治，神咒不行；假使解除，无所复益。"《庄子·人间世》"故解之以牛之白颡者与豚之亢鼻者，与人有痔病者不可以适河"晋郭象注："巫祝解除，弃此三者，必妙选骍具，然后敢用。"《古小说钩沉》辑《幽明录》："太山府君问礼：'卿在世间何所为？'礼曰：'事三万六千神，为人间解除、祠祀。'"

[83] 导从：古时帝王、官僚或贵族出行时，随行人员中前驱者称导，后随者称从，因谓之"导从"。失译(附后汉录)《大方便佛报恩经》卷二《对治品》："是时转轮圣王，前后导从，案行国界。"这里指侍从、随行者。

[84] 严饰：装扮；修饰。西晋法炬译《佛说优填王经》："女人为何好？但是屎尿囊。何不谛系视，为此而狂荒。其内甚臭秽，外为严饰容。"刘宋功德直译《菩萨念佛三昧经》卷五《诸菩萨本行品》："一切诸世界，严饰如花缨，净若忉利天，见者皆欢悦。"元魏毗目智仙共般若流支译《圣善住意天子所问经》卷中："尔时文殊师利童子，随心化作三十二殿，四角四柱，纵广正等，种种严饰，甚可爱乐。"

[85] 走：奔跑。

[86] 为：被。

[87] 得急：惊慌着急。下文"王女得急"义同。同经卷九《波罗奈王闻冢间唤缘》："设食已讫，闭门遮户，打上座头。……然此道人，头破血沥，沾污床座，驱令入角，得急失粪。"南齐求那毗地译《百喻经·老母捉熊喻》："熊寻后逐，一手抱树，欲捉老母。老母得急，即时合树，捺熊两手，熊不能动。"

[88] 诈现死相：假装出死人的样子（即装成死人）。

[89] 值：遇，碰上。《庄子·知北游》："明见无值，辩不若默。"唐成玄英疏："值，会遇也。"西晋竺法护译《佛说如幻三昧经》卷上："文殊师利心自念言：'如来至真平等觉者，今为所在？于世求之，其难得值。'"《全晋文》卷二六王羲之《杂帖》："源日有书径此界中，而值吾病，不得见之，万恨万恨。"隋阇那崛多译《虚空孕菩萨经》卷下："譬如有人欲行远路，至于旷野，以饥渴所逼，忽值果林，便入彼处，求食因缘，欲活命故。"

[90] 曘：《玉篇·日部》："曘，日朱切。日色。"在此无义。疑当读为"燸"，温暖之义。《集韵·虞韵》："燸，汝朱切。温也。"古从"日"从"火"之字或可相通（暖之与煖、晖之与辉、曜之与燿均其例），故"曘""燸"以同音而通假。

[91] 谓为：以为；认为。参见《生经·佛说鳖猕猴经》注[28]。

[92] 芥末：用芥菜种子研成的粉末，味辛辣。本是调味品，这里所叙以之涂

身后在死尸身上洗浴，当是"解除"这一迷信活动所要求的程序。

　　[93] 辛气：辛辣；(有)辣气。

　　[94] 自持：自制，自我控制。《宋诗》卷六汤惠休《白纻歌》之一："琴瑟未调心已悲，任罗胜绮强自持。"《颜氏家训·后娶》："(殷)基每拜见后母，感慕呜咽，不能自持。"

　　[95] 禁制：制止住；控制住。姚秦竺佛念译《出曜经》卷八《念品》："起从圣教，禁制不善；近道见爱，离道莫亲。""不能禁制"言不能自控。又《出曜经》卷一六《忿怒品》："或有众生，心识倒错，数兴恶念，不能禁制。"南朝梁宝唱等撰集《经律异相》卷五〇引《观佛三昧海经》："如此罪人，欲命终时，身心烦闷，失大小便，不自禁制。"

　　[96] 嚏：同"嚏"，打喷嚏。《广韵·霁韵》："嚏，鼻气也。嚏，俗。"《诗·邶风·终风》："寤言不寐，愿言则嚏。"晋葛洪《肘后备急方》卷四《治卒胃反呕哕方》："又方：以物刺鼻中，各一分来许，皂荚内鼻中，令嚏，差。"

　　[97] 欻然：突然。《广韵·物韵》："欻，暴起。"《魏书·吐谷浑传》："即令从骑拥马令回，数百步，欻然悲鸣，突走而西，声若颓山。"字又作"歘"，《字汇·欠部》："歘，与欻同。"刘宋功德直译《菩萨念佛三昧经》卷一《序品》："告诸比丘，于后夜时，诸天身色，光炎倍常，耆阇崛山，歘然大明。"《水经注·江水二》："(道士)言来事多验，而辞不可详。人心欲见，欻然而对；貌言寻求，终弗遇也。"

　　[98] 起尸鬼：还魂鬼。

　　[99] 或：或许。　　作诸灾疫：制造种种灾祸瘟疫。

　　[100] 拒逆：拒绝。"逆"也有拒义，《韩非子·难二》："蒙羞辱而接君上，贤者之忧世急也，然则君人者无逆贤而已矣。""逆贤"即拒贤，故"拒逆"是同义连用。

　　[101] 情实：实情。《汉书·刘歆传》："或怀妒嫉，不考情实，雷同相从，随声是非。"姚秦竺佛念译《出曜经》卷二一《如来品》之二："王召师子，问其情实：'卿妇幼少，颜貌端正，男子殊异，有君子相，何为舍之，不肯纳受？'"

　　[102] 庄严：装饰，打扮。后秦弗若多罗译《十诵律》卷六："闻迦留陀夷二月游行还舍卫国已，洗身体，庄严面目，香油涂发，著轻染衣，到迦留陀夷所。"刘宋求那跋陀罗译《杂阿含经》卷四三："即以其日，以车舆经纪，运其众具，庄严新堂。"

　　兵仗：武器。《搜神记》卷一八"宋大贤"条："南阳西郊有一亭，人不可止，止则有祸。邑人宋大贤，以正道自处，尝宿亭楼，夜坐鼓琴，不设兵仗。"《北史·贺拔胜传》："性又通率，重义轻财，身死之日，唯有随身兵仗及书千卷而已。"又作"兵杖"，见《汉书·文三王传·梁孝王刘武附刘立》。

　　[103] 启门：打开城门。

　　[104] 女人之体，形不再现：女人的身体，不能被第二个人看见。意谓估客已

亲睹其女洗澡，只能把女儿嫁给他了。

　　[105] 庆：福，幸福。《易·坤》："积善之家，必有餘庆；积不善之家，必有餘殃。"《国语·周语下》三国吴韦昭注："庆，福也。"　　遇：遭遇。　　无量：无法估量。

　　[106] 宿缘：佛教语。指前世的因缘。《全宋文》卷二三何承天《答宗居士书》："岂独爱欲未除，宿缘是畏。"南朝梁慧皎《高僧传》卷三《求那跋陀罗》："答曰：'出家之人，不预戎事。然张畅、宋灵秀等并是驱逼，贫道所明。但不图宿缘乃逢此事。'"

　　[107] 比丘：和尚。参见《生经·佛说鳖猕猴经》注[2]。

　　[108] 解：明白，知晓。西晋竺法护译《慧上菩萨问大善权经》卷下："譬如有医，始学治病，解方晓药，应病救疗，既能自愈，广能愈人。"《世说新语·文学》："谢安年少时，请阮光禄道《白马论》。为论以示谢，于时谢不即解阮语，重相咨尽。"《晋书·文苑传·左思》："（左）雍谓友人曰：'思所晓解，不及我少时。'"《北齐书·恩幸传·和士开》："士开幼而聪慧，选为国子学生，解悟捷疾，为同业所尚。""解"字义同，"晓解""解悟"则是同义连文。

　　[109] 布施、持戒、忍辱、精进、禅定、智慧：即"六度"，佛教语。指使人由生死之此岸度到涅槃之彼岸的六种法门。

　　[110] 及以：以及，和。连词。旧题三国吴支谦译《撰集百缘经》卷四《莲华王舍身作赤鱼缘》："时王太子及诸大臣闻是语已，……悲不能言，前白大王：'我等诸臣及以太子，有何非法，乃使大王有是恨语？'"后秦鸠摩罗什译《大庄严论经》卷一五："外相似恶友，实是善知识：恩过于父母，及以诸亲戚。"同经卷四《八天次第问法缘》："以我过去，虽于父母、师长、沙门、婆罗门忠孝恭敬礼拜，为施敷具及以饮食，然不听法。"《水经注·河水五》："帝甚善之，乃赐《山海经》《河渠书》《禹贡图》及以钱帛。"

（九）百　喻　经

　　亦名《百句譬喻经》《痴华鬘》。四卷，僧伽斯那撰，南朝萧齐求那毗地译。这是一本寓言故事集，共收集九十八则寓言、譬喻故事，凡九十八喻。经名"百喻"，盖取其整数耳。这些故事虽篇幅不长，但因譬说理，喻古讽今，充满了智慧和哲理。语言明快自然，不假雕凿，故历来为人们所喜爱，流传不衰。

　　求那毗地，梵名 Guṇavṛddhi。南朝梁僧祐《出三藏记集》卷十四、慧皎《高僧传》卷三《译经下》有传。中印度人，幼年入道，师从印度高僧僧伽斯那，熟诵经律。齐高帝建元初来华，传教说法，士族敬之。于永明十年(492年)译出此经。

　　现选录卷一的《三重楼喻》、卷四的《夫妇食饼共为要喻》《倒灌喻》和《得金鼠狼喻》四篇。

11. 三 重 楼 喻

[题解]

　　"高楼万丈平地起"，这是起码的常识。但本篇的"富愚人"却不知道，竟异想天开地要工匠为他单造第三层"空中楼阁"，可笑可叹。

[原文]

　　往昔之世，有富愚人，痴无所知，到餘富家[1]，见三重楼[2]，高广严丽[3]，轩敞疏朗[4]，心生渴仰[5]，即作是念[6]："我有财钱不减于彼[7]，云何顷来而不造作如是之楼[8]？"即唤木匠而问言曰："解作彼家端正舍不[9]？"木匠答言："是我所作。"即便语言："今可为我造楼如彼[10]。"是时木匠即便经地[11]，垒墼作楼[12]。愚人见其垒墼作舍，犹怀疑惑，不能了知[13]，而问之言："欲作何等[14]？"木匠答言："作三重屋。"愚人复言："我不欲下二重之屋[15]。先可为我作最上屋[16]。"木匠答言："无有是事。何有不作最下重屋而得造彼第二之屋[17]？不造第二，云何得造第三重屋？"愚人固言[18]："我今不用下二重屋，必可为我作最上者。"时人闻已[19]，便生怪笑[20]，咸作此言[21]：何有不造下第一屋而得上者。

[注释]

　　[1] 餘：别的；其他。

　　[2] 三重楼：三层楼房。

　　[3] 高广：高大宽广。同经《斫树取果喻》："昔有国王，有一好树，高广极大，当生胜果。"南朝梁宝唱等撰集《经律异相》卷四七引《大集经》："复有一窟，名曰无死，高广亦尔，是昔菩萨所住之处。"《水经注·圣水》："有石穴东北洞开，高广四五丈，入穴转更崇深，穴中有水。"《全唐文》卷六〇六刘禹锡《国学新修五经壁本记》："其制如版牍而高广，其平如粉泽而洁滑。"　严丽：装饰华丽。

[4] 轩敞:开敞;宽敞。此词后世仍多沿用,宋宋敏求《春明退朝录》卷下:"皆栋宇轩敞,尽览江山之胜。"宋周应合《景定建康志》卷二一《城阙志二·古宫殿》:"治事有厅,燕息有堂,幕属有舍,庖湢有次,高明轩敞,快人心目。"明魏学洢《核舟记》:"中轩敞者为舱,箬篷覆之。"又有"轩豁""轩朗"等词,义亦相近。　　疏朗:敞亮,明畅。

[5] 渴仰:殷切企盼;非常向往。东晋法显《法显传·僧伽施国》:"目连既还,于时八国大王及诸臣民不见佛久,咸皆渴仰,云集此国,以待世尊。"姚秦鸠摩罗什译《妙法莲华经》卷五《如来寿量品》:"斯众生等闻如是语,必当生于难遭之想,心怀恋慕,渴仰于佛。"《全梁文》卷一六梁元帝《谢敕送齐王瑞像还启》:"臣闻非晦非明,法身凝寂,有感有见,渴仰赴几。"

[6] 即作是念:就这样想。

[7] 不减:"减"有缺少、不足义,"不减"就是不少(于)、不比……少。南朝梁宝唱等撰集《经律异相》卷三一引《奈女经》:"梵志大喜,自念:'我资财无数,不减于王,唯无此奈;今既得之,便无所减。'"宋沈括《梦溪笔谈》卷一一《官政一》:"盐之品至多,前史所载,夷狄间自有十余种;中国所出,亦不减数十种。""不减"用同本篇。魏晋以来文献中,"不减"又常用来品题、评骘人物,作不次于……、不差于……解,当即由此义引申而来。《古小说钩沉》辑《郭子》:"庾公问丞相:'蓝田何似?'王曰:'真独简贵,不减父祖。'"《世说新语·文学》:"(傅)亮叹曰:'若使殷仲文读书半袁豹,才不减班固。'"又《赏誉》:"王长史叹林公:'寻微之功,不减辅嗣。'"《晋书·王羲之传》:"汝是吾家佳子弟,当不减阮主簿。"参见《齐民要术·种谷》注[8]。

[8] 云何:为什么。参见《生经·佛说鳖猕猴经》注[36]。　　顷来:先前,以前。姚秦鸠摩罗什译《大庄严论经》卷一五:"称伽拔吒语诸宗亲:'称伽拔吒,非我身是,乃在伴中,驼驴驮上。所以然者,我身顷来,诸亲轻贱,初不与语,闻有财宝,乃复见迎。'"

[9] 解:会;能够。同经《山羌偷官库喻》:"若是汝之祖父已来所有衣者,应当解著,云何颠倒,用上为下?"《陶渊明集》卷四《九日闲居》诗:"酒能祛百虑,菊解(原作'为',此据曾集、焦竑刻本)制颓龄。"《庾子山集》卷四《奉和永丰殿下言志》诗之九:"野鹤能自猎,江鸥解独渔。"《南史·贼臣传·王伟》:"于狱为诗,赠元帝下要人曰:'赵壹能为赋,邹阳解献书。'"参见《梁诗·棹歌行》注[2]。

[10] 如彼:像他家的一样。

[11] 经地:丈量地基。《诗·大雅·灵台》:"经始灵台,经之营之。"汉郑玄笺:"经,度之也。"元魏慧觉等译《贤愚经》卷一〇《须达起精舍品》:"须达手自捉绳一头,时舍利弗自捉一头,共经精舍。……经地已竟,起立精舍,为佛作窟。"

[12] 垒墼:砌砖。《说文·土部》:"墼,瓴适也。"清王筠《说文释例》:"瓴适今

谓之砖。"

[13] 了知：明白；知晓。"不能了知"谓愚人不能明白木匠"垒墼作舍"的用意。"了"有明白义(见《裴子语林·殷浩于佛经有所不了》注[1]),故"了知"是同义复词。《全宋文》卷四五刘勔《又与殷琰书》："且伦等皆是足下腹心牙爪,所以携手相舍,非有怨恨也,了知事不可济,祸害已及故耳。"南朝梁宝唱等撰集《经律异相》卷四〇引《增一阿含经》："天文地理,靡不贯综；书疏文字,亦悉了知。"

[14] 何等：什么。"欲作何等"犹言想干什么。"何等"是汉魏六朝人习语,其例甚夥。《风俗通义·怪神·世间多有伐木血出以为怪者》："叔高大怒,曰：'老树汁出,此何等血!'"后汉安世高译《佛说大安般守意经》卷下："问：'何等为自知？何等为自证？'报谓：'能分别五阴,是为自知；不疑道,是为自证也。'"西晋竺法护译《菩萨十住行道品经》："有十事。何等为十事？一者悉护十方人。二者⋯⋯"元魏吉迦夜共昙曜译《杂宝藏经》卷八《大力士化旷野群贼缘》："女人答言：'女人还在女前而裸小便,有何等耻!'"

[15] 欲：要；须要。《史记·货殖列传》："欲长钱,取下谷；长石斗,取上种。"《世说新语·汰侈》"王君夫有牛名八百里驳"条下南朝梁刘孝标注引宁戚《(牛)经》曰："又角欲得细,身欲促,形欲得如卷。"参见《齐民要术·种谷》注[13]。下二重之屋：指三层楼中的第一、二层。

[16] 最上屋：最上面的一层,即第三层。

[17] 何有：岂有；哪里有。"何有⋯⋯"是汉魏六朝文献中表示反诘的常见句式。失译《摩登伽经》卷上《明往缘品》："汝婆罗门,妄为此说。夫世界者,由众生业,而得成立,何有梵天能办斯事？"《世说新语·言语》"南郡庞士元闻司马德操在颍川"条下南朝梁刘孝标注引《司马徽别传》："徽曰：'人未尝求己,求之不与,将惭。何有以财物令人惭者？'"又《轻诋》："王太尉问眉子：'汝叔名士,何以不相推重？'眉子曰：'何有名士终日妄语!'"《晋书·陶侃传》："君子当正其衣冠,摄其威仪,何有乱头养望、自谓宏达邪!"　最下重屋：最下层(即第一层)屋。

[18] 固言：固执地说。

[19] 时人：众人。

[20] 便生怪笑：便觉得奇怪可笑。

[21] 咸：都。

12. 夫妇食饼共为要喻

[题解]

遵守约定本来无可非议,但理应分轻重缓急。像文中的那对夫妇,就为了多吃一个饼,竟瞪眼瞧着窃贼偷光家中的财物,甚至当贼侮辱妻子时,丈夫也能一声不吭。实在是因小失大,愚蠢之至。

[原文]

　　昔有夫妇,有三番饼[1]。夫妇共分,各食一饼。餘一番在,共作要言[2]:"若有语者,要不与饼[3]。"既作要已,为一饼故,各不敢语。须臾有贼入家偷盗[4],取其财物。一切所有,尽毕贼手[5]。夫妇二人以先要故[6],眼看不语[7]。贼见不语,即其夫前侵略其妇[8]。其夫眼见[9],亦复不语。妇便唤贼[10],语其夫言:"云何痴人,为一饼故,见贼不唤?"其夫拍手笑言:"咄[11],婢[12]! 我定得饼[13],不复与尔[14]。"世人闻之,无不嗤笑。

[注释]

　　[1] 番:片,张。量词。用于计量薄片状物品。常用来配量"饼"。同经《欲食半饼喻》:"如彼痴人,于半番饼生于饱想。"东晋法显译《佛说杂藏经》:"目连答言:'汝前世时,与众僧作饼,盗心取二番,挟两腋底,是故受如此罪。'"南朝梁宝唱等撰集《经律异相》卷四一引《僧祇律》:"(佛)问:'器中何等?'答曰:'是饼。'佛言:'可行与众僧。'答:'少,不能遍。'佛言:'但与人行一番。'"也作"翻",《敦煌变文校注·伍子胥变文》:"其鱼(渔)人取得美酒一榼,鱼肉五斤,薄饼十翻,饭携一罐。"

　　[2] 要:约;誓约。东晋法显译《佛说杂藏经》:"于一聚落命终,即生色天上。观昔因缘,于王有要,要赴本誓。""要"本有相约、约定义,下文"夫妇二人以先要故"之"要"即是。誓约义即由此引申而来。

　　[3] 要:终;终究。同经《共相怨害喻》:"其人闻已,便大欢喜,愿但教我。虽当自害,要望伤彼。"失译(附后汉录)《杂譬喻经》卷下:"王谓诸臣:'此人本虽畏妇,要济国难,当与上功。'"《全晋文》卷二四王羲之《杂帖》:"吾于时地甚疏卑,致言诚不易:然太老子以在大臣之末,要为居时任。岂可坐视危难?"元魏慧觉等译《贤愚经》卷九《善事太子入海品》:"王及夫人自共议言:'……此儿前后意欲所作,要必成办,不可回转。'"

　　[4] 须臾:过了一会。　　贼:小偷。同经《贼偷锦绣用裹氀褐喻》:"昔有贼人,入富家舍,偷得锦绣。"三国吴康僧会译《六度集经》卷二《须大拏经》:"贼寇尚仁,偷贼竞施:干戈戢藏,囹圄毁矣。""偷贼"同义连文。姚秦佛陀耶舍共竺佛念译《四分律》卷五六《调部》之二:"后异时,此二小儿为贼偷去,……彼父母求觅不

得。"《古小说钩沉》辑《裴子语林》："王子敬在斋中卧，偷入斋取物。……遂复登厨，欲有所觅，子敬因呼曰：'偷儿，石漆青毡是我家旧物，可特置不？'于是群贼始知其不眠，悉置物惊走。"

〔5〕尽毕贼手：全都被贼偷走了。毕，完毕，终了。

〔6〕以先要故：因为先前约定好了的缘故。

〔7〕眼看：眼睁睁看着。

〔8〕侵略：调戏；侮辱。《后汉书·孔融传》："初，曹操攻屠邺城，袁氏妇子多见侵略，而操子丕私纳袁熙妻甄氏。"

〔9〕眼见：犹"眼看"，瞪眼瞅着，亲眼所见。姚秦竺佛念译《出曜经》卷四《欲品》："时彼人王经历久远，心作是念：'我今寿命过于天寿，躬自眼见三十六释尽取命终，我今宜可杀释提桓因。'"姚秦鸠摩罗什译《众经撰杂譬喻》卷上："其人思惟：'我父母生我身，眼见二鬼食尽。今我此身，尽是他身肉。'"南朝梁宝唱等撰集《经律异相》卷四七引《大集经》："若能修行苦行，即得眼见是十二兽。"

〔10〕唤：喊；呼叫。《古小说钩沉》辑《笑林》："孝子哭唤：'奈何！'已以为问豆，答曰：'可作饭。'孝子复哭唤：'穷！'已曰：'适有便穷，自当更送一斛。'"《世说新语·任诞》："与庾亮善，于舫中大唤亮曰：'卿可赎我！'"元魏慧觉等译《贤愚经》卷九《善事太子入海品》："太子苦痛，高声急唤：'波婆伽梨！波婆伽梨！此中有贼！'"

〔11〕咄：呵斥、骂詈声。象声词。《汉书·东方朔传》："朔笑之曰：'咄！口无毛，声謷謷。'"晋葛洪《肘后备急方》卷七《治为熊虎爪牙所伤毒痛方》："一山之虎不可得见，若逢之者，……极势跳，手上下三度，于跳中大唤：'咄，虎！北斗君！汝去！'虎即走。"元魏慧觉等译《贤愚经》卷一一《无恼指鬘品》："母时语言：'咄，不孝物！云何怀逆，欲危害我？'"《敦煌变文校注·叶净能诗》："其时张令妻正拜堂次，使者高声作色：'咄，这府君！因何取他生人妇为妻？'"

〔12〕婢：婢女，这里是对其妻的戏称。

〔13〕定：终于；终究。《三国志·吴志·吴范刘惇赵达传》南朝宋裴松之注引《抱朴子》："实不见有鬼，但见一头白鹅立墓上，所以不即白之，疑是鬼神变化作此相，当候其真形，而定无复移易。"《世说新语·巧艺》："顾长康画裴叔则，颊上益三毛。……看画者寻之，定觉益三毛如有神明，殊胜未安时。"《宋书·顾觊之传》："及后为吴郡，诱绰曰：'我常不许汝出责，定思贫薄亦不可居。'"

〔14〕尔：你。

13. 倒 灌 喻

〔题解〕

　　一个愚人把灌肠用的药物喝进肚里，结果腹胀欲死，痛苦难当。

切记：不是凡药都可口服，更不能凡事都一样对待。

[原文]

　　昔有一人，患下部病[1]。医言："当须倒灌[2]，乃可差耳[3]。"便集灌具[4]，欲以灌之。医未至顷[5]，便取服之[6]。腹胀欲死，不能自胜[7]。医既来至，怪其所以[8]，即便问之："何故如是?"即答医言："向时灌药[9]，我取服之，是故欲死。"医闻是语，深责之言："汝大愚人，不解方便[10]。"即便以餘药服之[11]，方得吐下[12]，尔乃得差[13]。如此愚人，为世所笑。

[注释]

　　[1] 下部病：疑为便秘一类的病。故须用灌肠的方法来加以治疗。

　　[2] 当须：必须。　　倒灌：灌肠。

　　[3] 差：通"瘥"，病愈。

　　[4] 集：收拾；准备。　　灌具：灌肠用的器具。

　　[5] 医未至顷：医生还没有回来的时候。汉魏六朝文献中，"顷"常用在由"未"字构成的偏正词组中，作全句状语，表示时间的某一点，犹言"……的时候"。旧题三国吴支谦译《撰集百缘经》卷八《善爱比丘尼生时有自然食缘》："（长者）设诸肴膳，欲请宾客。客未至顷，有一婢使，见佛及僧在于门外，……取其饮食，尽持施与佛及众僧。"西晋竺法护译《生经》卷四《佛说毒草经》："设不尔者，日未冥顷，毒树尽枯，悉及丛树。"《搜神记》卷一六"蒋济亡儿"条："日暮，复梦曰：'我来迎新君，止在庙下，未发之顷，暂得来归。'"《古小说钩沉》辑《续异记》："其夜，独自未眠之顷，见一丈夫来，长短是中形人，著黄练单衣夹。"

　　[6] 便取服之：指把准备灌肠用的药水拿来喝了。

　　[7] 胜（shēng）：承受。"不能自胜"谓不能自我承受，实在无法忍耐。《陆云集》卷一〇《与戴季甫书》："俊德茂业，邦家之彦，一朝并逝，永尔沦没，哀痛切裂，不能自胜。"

　　[8] 怪其所以：对他痛苦不堪的样子感到奇怪。

　　[9] 向时：刚才。按此词本为从前、往昔义，《陆机集》卷一〇《辨亡论上》："夫曹、刘之将非一世所选，向时之师无曩日之众。"引申之，则有刚才义矣。

　　[10] 解：知晓；懂得。参见《杂宝藏经·长者请舍利弗摩诃罗缘》注[108]。方便：方法。参见《生经·佛说舅甥经》注[53]。

　　[11] 餘药：别的药（指治腹胀的药）。"餘"有其他、别的义，参见《贤愚经·长

者无耳目舌品》注[57]。

　　[12] 方：方才；方始。宋、元、明三本"方"后有"得"字。　　　吐下：上吐下泻。"吐下"一语多见于古代医书。《素问》卷二一《六元正纪大论篇》："太阴所至，为中满霍乱吐下。"《伤寒论》卷二《辨太阳病脉证并治中》："先此时自极吐下者，与调胃承气汤。"

　　[13] 尔乃：这才；如此才。同经《比种田喻》："即以水粪调和其田，下种于地。畏其自脚蹑地令坚，其麦不生，'我当坐一床上，使人舆之，于上散种，尔乃好耳。'"后汉昙果共康孟详译《中本起经》卷下《须达品》："（太子）恚而言曰：'若能以金钱集布满园，尔乃出耳。'"三国吴支谦译《佛说义足经》卷上《须陀利经》："（梵志）便共议：'今但当求我曹部伍中最端正好女共杀之，以其死尸埋于祇树间，尔乃毁伤沙门瞿昙及诸弟子，令恶名远闻。'"姚秦鸠摩罗什译《大庄严论经》卷一二："鹰言：'可尔。愿王秤量身肉，使与鸽等，而以与我，尔乃食之。'"

14. 得金鼠狼喻

[题解]

　　诚心所至，金石为开。文中的行人一心获宝，虽金鼠狼已变为毒蛇，也不畏惧，"要当怀去"，终得宝物。而愚人并无真心诚意，看到一次偶然现象，就以为是事物的必然结果，死于毒蛇之口，不足为怪。

[原文]

　　昔有一人，在路而行。道中得一金鼠狼[1]，心生喜踊[2]；持置怀中，涉道而进[3]。至水欲渡，脱衣置地。寻时金鼠变为毒蛇[4]。此人深思，宁为毒蛇螫杀[5]，要当怀去[6]。心至冥感[7]，还化为金[8]。傍边愚人见其毒蛇变成真实[9]，谓为恒尔[10]，复取毒蛇内著怀里[11]，即为毒蛇之所蜥螫[12]，丧身殒命。世间愚人亦复如是。见善获利[13]，内无真心[14]；但为利养[15]，来附于法。命终之后，堕于恶处。如捉毒蛇，被螫而死。

[注释]

　　[1] 金鼠狼：金铸的黄鼠狼。

　　[2] 喜踊：欣喜高兴。西晋法炬共法立译《法句譬喻经》卷二《明哲品》："佛到双生小儿家，二儿见佛光明，喜踊难量。"元魏慧觉等译《贤愚经》卷六《快目王眼施

缘品》："诸天人民，一切大会，称庆喜踊，不能自胜。"《全隋文》卷三五释智越《贺炀帝登极启》："伏惟皇帝菩萨圣业平成，纂临洪祚，四海万邦，道俗称幸，越等不任喜踊之至。"又作"喜勇"，失译（附姚秦录）《无明罗刹集》卷上："王闻称已，即时喜勇。"隋达磨笈多译《大方等大集经菩萨念佛三昧分》卷二《不空见本事品》之餘："王既见已，生奇特心，喜勇无量。"

　　[3] 涉道：登程；上路。《艺文类聚》卷四五《职官部一·诸王》引《东观汉记》："四年，苍上疏愿朝。上以王触寒涉道，使中谒者赐乘舆豹裘。"《三国志·蜀志·张裔传》："裔还，书与所亲曰：'近者涉道，昼夜接宾，不得宁息。'"元魏吉迦夜共昙曜译《杂宝藏经》卷六《长者请舍利弗摩诃罗缘》："示其道处，涉路前进。""涉路"与"涉道"同义。

　　[4] 寻时：即时；立刻。西晋竺法护译《佛说五百幼童经》："佛时遥呼五百童子来，寻时皆来，住于虚空中，散花供佛。"元魏慧觉等译《贤愚经》卷二《华天因缘品》："意有所须，欲得饮食、床卧之具，寻时如念，自然而至。"《敦煌变文校注·大目乾连冥间救母变文》："心腹到处皆零落，骨肉寻时似烂燋。"参见《生经·佛说舅甥经》注[42]。

　　[5] 宁：宁可；宁愿。《史记·酷吏列传》："岁余，关东吏隶郡国出入关者，号曰：'宁见乳虎，无值宁成之怒。'"《抱朴子内篇·至理》："俗人犹谓不然也，宁煞生请福，分蓍问祟，不肯信良医之攻病。"《世说新语·品藻》："桓公少与殷侯齐名，常有竞心。桓问殷：'卿何如我？'殷云：'我与我周旋久，宁作我。'"　　为：被。
　　螫杀：咬死。

　　[6] 要当：必须；须要；应当。《后汉书·列女传·蔡琰》载琰作《悲愤诗》："失意机微间，辄言毙降虏。要当以亭刃，我曹不活汝。"旧题三国吴支谦译《撰集百缘经》卷四《婆罗门从佛债索缘》："汝今要当与我五百金钱，尔乃听过：若不与者，不听佛过。"西晋法炬共法立译《法句譬喻经》卷二《明哲品》："昔有梵志……自誓曰：'天下技术，要当尽知：一艺不通，则非明达也。'"《世说新语·文学》："乐令善于清言，而不长于手笔。将让河南尹，请潘岳为表。潘曰：'可作耳，要当得君意。'"

　　[7] 心至：诚心所至。　　冥感：（精诚所至，）神灵为之感动。《水经注·睢水》："昔汝南步游张少失其母，及为邔令，遇母于此，乃使良马踟蹰，轻轩罔进，顾访病姬，乃其母也。诚愿宿凭，而冥感昭征矣。"《全隋文》卷一一江总《钟铭》："冀凭慧业，冥感神功。"

　　[8] 还：仍然，又。参见《贤愚经·长者无耳目舌品》注[62]。　　化：变，变成。《楚辞·离骚》："兰芷变而不芳兮，荃蕙化而为茅。"《古小说钩沉》辑《列异传》："（定伯担鬼）径至宛市中，著地化为一羊，便卖之。"

　　[9] 傍边：即"旁边"。《广韵·唐韵》："傍，亦作旁。"　　真实：真正的财富。

"实"有财富义，《左传·文公十八年》："缙云氏有不才子，贪于饮食，冒于货贿，侵欲崇侈，不可盈厌，聚敛积实，不知纪极。"晋杜预注："实，财也。"

[10] 谓为：以为。参见《生经·佛说鳖猕猴经》注[28]。　　恒尔：常常这样。

[11] 内：同"纳"。内著，放入。汉魏六朝典籍中，"著"字常用于动词之后，作介词，用来引进行为动作的处所，相当于"于""在"。后汉竺大力共康孟详译《修行本起经》卷上《试艺品》："时力人王踏地勇起，奋臂举手，前撮太子；太子应时接扑著地，地为大动。"旧题三国吴支谦译《撰集百缘经》卷八《盗贼人缘》："王得珠已，寻即遣人，系著塔头。"《世说新语·规箴》："陆玩拜司空，有人诣之，索美酒，得，便自起泻著梁柱间地。"《齐民要术》卷八《作鱼鲊》："肉讫，漉出，更于清水中净洗。漉著盘中，以白盐散之，盛著笼中，平板石上迮去水。"均其例。《古小说钩沉》辑《齐谐记》："须臾，至大吐，吐一物，似龙，出地渐渐大。……遂撮饭内著向所吐出物上，即消成水。"亦以"内著"为语。

[12] 蜥：螫咬。《字汇·虫部》："蜥，螫也。"故"蜥螫"是同义连文，咬啮之义。

[13] 见善获利：见善者获取利益。

[14] 内：内心。参见《六度集经·须大拏经》注[6]。

[15] 但为：只为。　　利养：佛教语。指财利。后秦鸠摩罗什译《大庄严论经》卷七："愚者贪利养，不见其过恶：利养远圣道，善行灭不生。"鸠摩罗什译《妙法莲华经》卷一《序品》："贪著利养，虽复读诵众经而不通利，多所忘失。"

小　　说

　　我国古代的小说创作,早在先秦的一些典籍(如《汲冢琐语》《山海经》《穆天子传》)中就已见其萌芽。两汉以降,尤其是魏晋南北朝时期,记叙神仙鬼怪之事的志怪小说和描述人物言谈举止的志人小说大量出现,标志着古小说由雏形走向成熟,为后世小说创作(如唐宋传奇)的繁荣鼎盛奠定了基础。这些小说不少都是现实生活的折射和写照,在一定程度上反映了六朝时的政治经济情况和社会风尚。写作上采用了较为口语化的语言,保存了相当多的六朝口语词汇,是研究汉语词汇史的宝贵材料。唯原书多已散佚,我们今天能看到的本子,多数是经后人辑录整理过的,难免有失真、掺假的情况,这是需要注意的。

　　现按传统采用的志怪小说、志人小说两类分法,依次选录。一、志怪小说类——《汉武故事》《列异传》《搜神记》《幽明录》《观世音应验记》《异苑》;二、志人小说类——《裴子语林》《郭子》《世说新语》。均节选若干章节,加上标题,分别作注,以期读者对这两类小说的基本情况有一个大概的了解。

一、志 怪 小 说

(一) 汉 武 故 事

　　今存一卷,缺佚较多,已非完帙。其作者说法不一,今已不可详考;旧题汉班固撰,不可信。是书记述有关汉武帝的琐闻轶事,或出正史之外,可资取证;其中颇有涉及神仙鬼怪的内容,语多荒诞。

鲁迅《古小说钩沉》(人民文学出版社 1973 年版《鲁迅全集》第八卷)有辑本,现据以选录一则。

1. 短 人 巨 灵

[题解]

本文通过西王母使者短人巨灵之口,披露了武帝宠臣东方朔的来历,自是小说家言,无足深究。

《古小说钩沉》本篇系据《齐民要术》卷一〇《五谷果蓏菜茹非中国物产者·桃》,《艺文类聚》卷六九、八六,《太平御览》卷三七八、七一〇等所引辑录。

[原文]

东郡送一短人[1],长七寸[2],衣冠具足。上疑其山精[3],常令在案上行[4],召东方朔问[5]。朔至,呼短人曰:"巨灵[6],汝何忽叛来[7],阿母还未[8]?"短人不对[9],因指朔谓上曰:"王母种桃[10],三千年一作子[11],此儿不良[12],已三过偷之矣[13]。遂失王母意[14],故被谪来此[15]。"上大惊,始知朔非世中人。短人谓上曰:"王母使臣来,陛下求道之法[16]:唯有清净,不宜躁扰,复五年[17],与帝会。"言终不见。

[注释]

[1] 东郡:郡名。秦王政五年(前 242 年)置。因位于秦国的东面,故名。治所在濮阳(今河南濮阳县西南),汉时辖今山东、河南部分地区。 短人:个矮之人。

[2] 七寸:尺、寸等长度计量单位古今颇有差异,古尺比今尺短。战国秦汉时期,一尺约相当于 23 厘米。由此推算,则"七寸"仅为 16.1 厘米,这么短的成人在现实生活中是不会有的。

[3] 上:皇上,指汉武帝刘彻。武帝是汉景帝之子,公元前 140—前 87 年在位。承文、景之治,对内实行政治经济改革,对外用兵,开拓疆土。废黜百家,独尊儒术;并采用法术、刑名,以加强统治。使当时的西汉成为中国历史上最强盛的时期之一。史载其人信方术,好长生,祀神求仙,挥霍无度。详见《史记·封禅书》《汉书·郊祀志》。 山精:传说中的山中怪兽。《淮南子·氾论》:"山出枭阳,水生罔象。"汉高诱注:"枭阳,山精也。人形长大,面黑色,身有毛,足反踵,见人而

笑。"《抱朴子内篇·登涉》："山中山精之形,如小儿而独足,走向后,喜来犯人。"

[4] 案:狭长形的桌子。《说文·木部》："案,几属。"《三国志·吴志·周瑜传》南朝宋裴松之注引《江表传》："(孙)权拔刀斫前奏案曰:'诸将吏敢复有言当迎操者,与此案同!'"《世说新语·雅量》："王丞相主簿欲检校帐下,公语主簿:'欲与主簿周旋,无为知人几案间事。'"

[5] 东方朔:字曼倩,汉平原厌次(今山东惠民)人,生于汉景帝前元三年(前154年),卒于武帝太始四年(前93年)。性诙谐,善辞赋,武帝时官至太中大夫。《史记》《汉书》有传。后世关于朔的奇闻异事甚多,直与神仙无异,皆当出自好事之徒的附会依托,班固已辨之。《汉书·东方朔传》："朔之诙谐,逢占射覆,其事浮浅,行于众庶,童儿牧竖莫不眩耀。而后世好事者因取奇言怪语附著之朔,故详录焉。"

[6] 巨灵:短人名。《文选·张衡〈西京赋〉》："缀以二华,巨灵赑屃,高掌远蹠,以流河曲。"三国吴薛综注:"巨灵,河神也。"旧题汉郭宪《洞冥记》卷四:"唯有一女人,爱悦于帝,名曰巨灵。帝傍有青珉唾壶,巨灵乍出入其中,或戏笑帝前。东方朔望见巨灵,乃目之,巨灵因而飞去,望见化为青雀。"则是女神名。可见汉代人喜以"巨灵"来指称神仙。西王母之使以"巨灵"名之,亦其比也。

[7] 何忽:何以;为何。六朝人语,用于表示疑问或反诘。《古小说钩沉》辑《汉武故事》："逆旅翁谓上曰:'汝长大多力,当勤稼穑,何忽带剑群聚,夜行动众?'"《搜神记》卷一三"长水县"条:"忽有大水欲没县,主簿令干入白令。令曰:'何忽作鱼?'干曰:'明府亦作鱼。'遂沦为湖。"　　叛来:逃出来。"叛"有逃义,习见于汉魏以来典籍。失译《佛说㮈女祇域因缘经》："到日过中,王噫气出,闻醍醐臭,便更大怒曰:'小儿敢以醍醐中我!怪儿所以求我白象,正欲叛去。'"《古小说钩沉》辑《冥祥记》:"(彭)子乔虽知必已,尚虑狱家疑其欲叛,乃解脱械雍更著。"

[8] 阿母:即下文之"王母",指西王母。"阿"是名词词头,汉魏以来典籍多用。参见《洛阳伽蓝记·景宁寺》注[5]。西王母,传说中的人物名,亦称金母、西姥。随着历史的发展,神话故事的演变,其形象也逐渐地变得鲜明和丰满起来。《山海经》描述它是一个形状像人,豹尾虎齿而善啸的怪物,难分男女。在《穆天子传》里她自称"帝女",是一个能吟唱歌谣的女性。到了《汉武内传》,则被塑造成年约三十,容貌绝世的女神。后代的戏曲小说里称之为"瑶池金母",每逢蟠桃熟时,群仙都来为她上寿。民间把她当作长生不老的象征。本书所记的"西王母"则是一乘紫车,玉女夹驭,服饰雍容华贵的天仙。　　还未:回来没有。"未"同"否"。

[9] 对:回答。

[10] 桃:指蟠桃,古代神话中的仙桃,三千年结一次果,食后可益寿延年。

[11] 一作子:结一次果。

[12] 此儿：此人。宋蔡梦弼《杜工部草堂诗笺》卷一二引作"此子"，义同。汉魏六朝时，"儿"有人、子义，常用以指称男性青壮年，而非指儿童。《汉诗》卷九《乐府古辞·白头吟》："男儿重意气，何用钱刀为!"男儿，男子。《全后汉文》卷四六崔寔《政论》："谚曰：'一岁再赦，奴儿喑噁。'"奴儿，奴隶。《抱朴子内篇·勤求》："为儒生尚当兀然守朴，外托质素，知而如否，有而如无，令庸儿不得尽其称。"庸儿，庸人。《世说新语·赏誉》："桓温行经王敦墓边过，望之云：'可儿! 可儿!'"可儿，可人（称心如意之人）。南齐求那毗地译《百喻经·伎儿着戏罗刹服共相惊怖喻》："时诸伎儿会宿山中，山中风寒，燃火而卧。伎人之中有患寒者，着彼戏衣罗刹之服，向火而坐。""伎儿"即下文之"伎人"，指戏子、歌舞艺人。《全梁文》卷二〇昭明太子萧统《陶渊明传》："渊明叹曰：'我岂能为五斗米，折腰向乡里小儿!'""小儿"即"小人"，《晋书》《宋书》《南史》的《陶渊明传》均作"小人"，可证。宋王应麟《困学纪闻》卷一三《考史》云："'儿'与'人'同，如以'可人'为'可儿'。"

[13] 三过：三次，三回。"三过偷之"谓偷（吃）了三次。"过"作量词，义为次、遍的用法，先秦已肇其端，汉魏以来文献沿用尤广。《抱朴子内篇·杂应》："抱朴子曰：'能养以华池，浸以醴液，清晨建齿三百过者，永不摇动。'"晋葛洪《肘后备急方》卷四《治胸膈上痰癊诸方》："但单煮米作浓饮二三升许，适冷暖，饮尽二三升；须臾适吐，适吐毕，又饮。如此数过。"元魏吉迦夜共昙曜译《杂宝藏经》卷八《大力士化旷野群贼缘》："佛便出去，鬼适入宫，佛复还入；如是三返，至第四过，佛不为出。"《齐民要术》卷六《养牛马驴骡》："治马中谷方：手捉甲上长鬐，向上提之，令皮离肉，如此数过。"

[14] 遂：于是。

[15] 谪：贬谪，流放。

[16] 求道：求长生之道。

[17] 复五年：再过五年。

（二）列 异 传

志怪小说集，三卷。《隋书·经籍志》题为魏文帝曹丕撰，但书中所记，又有曹丕身后事。《旧唐书·经籍志》《新唐书·艺文志》均题晋张华撰，亦未见确据。从南朝宋裴松之《三国志注》等已征引此书的情况来看，谓之成于魏晋间人之手，当无疑问。原书已佚，鲁迅编《古小说钩沉》，辑得是书残佚五十则。

现据《古小说钩沉》本选录一则。

2. 宗定伯卖鬼

[题解]

　　鬼是六朝志怪小说里的中心话题,它们大都面目可憎,令人恐惧。但本篇主人公宗定伯遇鬼不慌,巧妙地装扮成鬼的同类,与之周旋,最后智卖真鬼,战而胜之。这是一篇著名的不怕鬼的故事。

　　《古小说钩沉》本篇系据《太平御览》卷三八七、八八四,《法苑珠林》卷一〇以及《太平广记》卷三二一所引辑录,文字略有错误。《搜神记》卷一六"宋定伯"条亦载此事。

[原文]

　　南阳宗定伯[1],年少时,夜行逢鬼。问曰:"谁?"鬼曰:"鬼也。"鬼曰:"卿复谁[2]?"定伯欺之[3],言:"我亦鬼也。"鬼问:"欲至何所?"答曰:"欲至宛市[4]。"鬼言:"我亦欲至宛市。"共行数里。鬼言:"步行大亟[5];可共迭相担也[6]。"定伯曰:"大善[7]。"鬼便先担定伯数里。鬼言:"卿大重,将非鬼也[8]?"定伯言:"我新死[9],故重耳。"定伯因复担鬼[10],鬼略无重[11]。如是再三[12]。定伯复言:"我新死,不知鬼悉何所畏忌[13]?"鬼曰:"唯不喜人唾[14]。"于是共道遇水,定伯因命鬼先渡,听之了无声[15]。定伯自渡,漕漼作声[16]。鬼复言:"何以作声?"定伯曰:"新死不习渡水耳,勿怪。"行欲至宛市[17],定伯便担鬼至头上,急持之,鬼大呼,声咋咋[18],索下[19],不复听之[20]。径至宛市中,著地化为一羊[21],便卖之。恐其变化[22],乃唾之;得钱千五百,乃去。于时言:"定伯卖鬼,得钱千五百。"

[注释]

　　[1] 南阳:郡名。战国秦置,治所在宛县(今河南南阳市)。汉时辖今河南省西南、湖北省北部一带地区。至隋废。　　宗定伯:人名。《法苑珠林》《太平广记》均引作"宋定伯"。

　　[2] 复:又是。

　　[3] 欺:欺骗。

　　[4] 宛市:即"宛县",南阳郡郡府所在地。

　　[5] 大亟：即"大极"。大，很，非常。参见本文注[7]。"亟"同"極"（极）。于省吾先生《甲骨文字释林》云："亟，古极字。……亟字中从人，而上下有二横画，上极于顶，下极于踵，而极之本义昭然可睹矣。"《太平御览》卷八八四引作"太极"，可证。"大亟"（大极）犹言很累。"极"字在汉魏六朝文献中常作疲惫、劳累讲，当即由其穷极、顶点义引申而来。《太平御览》卷八九七引《风俗通》佚文："俗说马之疲羸不能复度绳索，言其极也。"《三国志·魏志·华佗传》："人体欲得劳动，但不当使极尔。"西秦圣坚译《太子须大拏经》："妃语太子：'行道甚极，可暇止此不？'"《世说新语·文学》："（卫）玠体素羸，恒为母所禁，尔夕忽极，于此病笃。"又有"疲极"连言者，后汉支娄迦谶译《佛说阿閦佛国经》卷上《发意受慧品》："昔行菩萨道听说法时，其身不生疲极，意亦不念疲极。"失译《佛说柰女祇域因缘经》："耆域年小，力膂尚微，不堪疾迅，头眩疲极，便止息卧。"均是。《太平御览》卷二六二引《风俗通》佚文："有间，冰还，流汗谓官属曰：'吾斗大极，不胜，当相助。'"亦有"大极"一语。

　　[6] 迭：交替；轮换。《易·说卦》："分阴分阳，迭用柔刚。"三国吴虞翻注："迭，递也。"《史记·李斯列传》："诸侯尚众，周德未衰，故五伯迭兴，更尊周室。"《宋诗》卷九鲍照《岁暮悲》："霜露迭濡润，草木互荣落。"《法苑珠林》《太平广记》引作"递"，义同。　　担：背，背负。

　　[7] 大善：很好。汉魏六朝文献中，"大"常作程度副词用，义为极，很，非常。《汉书·史丹传》："上望见太子，感念哀王，悲不能自止。太子既至前，不哀。上大恨曰：'安有人不慈仁而可奉宗庙为民父母者乎！'"

　　[8] 将：莫非；或许。揣测之辞。三国吴康僧会译《六度集经》卷八《遮罗国王经》："（妃）疑之曰：'吾之所游，辄睹斯人，将是太子乎？'"《古小说钩沉》辑《幽明录》："有一少年云：'此远国异人而能作吾国言，受害无难色，将是神人乎？'"元魏慧觉等译《贤愚经》卷九《善事太子入海品》："夫怪问之：'汝言与我共为夫妇，晨去暮还，心不在此，将为他志，故使尔耶？'"

　　[9] 新死：刚死。

　　[10] 因复：便，于是。"复"作副词词尾。元魏慧觉等译《贤愚经》卷一《二梵志受斋品》："园监于是奉果于王，因复说龙所嘱之变。"又《恒迦达品》："王寻告曰：'听汝出家，修学圣道。'因复将之，共到佛所。"《洛阳伽蓝记》卷四《法云寺》："永熙年中，南青州刺史毛鸿宾赍酒之藩，逢路贼，盗饮之，即醉，皆被擒获。因复命'擒奸酒'。"

　　[11] 略无重：全无重量，一点儿也没有重量。这是形容鬼分量极轻的夸张说法。汉魏六朝典籍中，"略无"常常连言，义为全无……、一点儿没有……，表示彻底的否定。《风俗通义·怪神·世间多有精物妖怪百端》："徐以剑带击魅脚，呼下火上照视，老狸正赤，略无衣毛。"《三国志·吴志·王楼贺韦华传评》："胡冲以为

玄、邵、蕃一时清妙,略无优劣。"《世说新语·文学》:"丞相与殷共相往反,其餘诸贤略无所关。"《魏书·崔浩传》:"又其地卤斥,略无水草,大军既到,不得久停。"又有"略不""略未"等连言者,义同此。

[12] 如是再三:像这样轮换背了几次。"是",《古小说钩沉》本误录作"其",今正。再三:几次,数次。《史记·苏秦列传》:"苏秦曰:'我非忘子。子之与我至燕,再三欲去我易水之上,方是时,我困,故望子深,是以后子。'"晋葛洪《肘后备急方》卷五《治痈疽妒乳诸毒肿方》:"芜菁根大者,削去上皮,……傅肿,帛裹上,日再三易。"

[13] 悉:都。　　何所畏忌:"何所……"是疑问代词"何"+所字结构,用于疑问句中。"所"和它后面的动词组成一个名词性的词组。"何所畏忌"即所畏忌者何,也就是畏忌什么。《古小说钩沉》辑《裴子语林》:"(周颢)指顾心问曰:'此中何所有?'顾择虱不辍,徐徐应曰:'此中最是难测地。'"《世说新语·政事》:"袁公问曰:'贤家君在太丘,远近称之,何所履行?'"《梁诗》卷二九《横吹曲辞·木兰诗》:"问女何所思? 问女何所忆? 女亦无所思,女亦无所忆。""何所……"的用法都和本篇相同。

[14] 唯不喜人唾:当时的人们认为,鬼是害怕人吐唾沫的。下文云:"恐其变化,乃唾之。"《搜神记》卷一六《卢充》条:"(卢)将儿还,四坐谓是鬼魅,金遥唾之。"

[15] 了无声:全无声响,没有一点儿声音。"了无"犹"略无",也是汉魏六朝人习语,义为全无……、一点儿也没有……。后汉昙果共康孟详译《中本起经》卷下《须达品》:"周行求地,唯祇园好,……去城又近。因往守请,祇了无卖意。"《抱朴子内篇·道意》:"而升堂入室高业先进者,不过得祝水及三部符导引日月行炁而已,了无治身之要、服食神药、延年驻命不死之法也。"南朝梁宝唱等撰集《经律异相》卷二九引《分和檀王经》:"王即驰往,见难国王身了无衣服,裸形黑丑,状类如鬼。"《洛阳伽蓝记》卷三《大统寺》:"(樊)元宝如其言,至灵台南,了无人家可问,徙倚欲去。"又有"了不"连言者,义为全不……、丝毫不……,亦习见于六朝典籍。参见《宋诗·读曲歌》注[2]。

[16] 漕㵁(cuǐ):象声词,形容蹚水声。

[17] 欲:将;将要。《东观汉记》卷七《赵孝王良传》:"明旦欲去,前白良曰:'欲竟何时诣严将军所?'"欲去,将要离开。旧题三国吴支谦译《撰集百缘经》卷五《樊陀罗堕饿鬼身体臭缘》:"尔时尊者大目揵连,食时欲至,著衣持钵,入城乞食。"元魏慧觉等译《贤愚经》卷一〇《须达起精舍品》:"须达欢喜,便敕使人象负金出;八十顷中,须臾欲满,残有少地。""欲"均将义。又有"将欲"连言者,南朝梁宝唱等撰集《经律异相》卷一九引《大智(度)论》:"日将欲暮,更有僧来求觅住处,维那亦令在此房住。""将欲"就是将。清刘淇《助字辨略》卷五:"欲,将也。"

[18] 咋咋(zé zé):象声词,形容大声(呼喊)。《周礼·考工记·凫氏》"侈则

柞,弇则郁"汉郑玄注:"柞,读为咋咋然之'咋',声大外也。"唐慧琳《一切经音义》卷五四《杂阿含经》音义:"咋咋:壮白反。咋咋然声也。"

[19] 索:求;请求。《史记·吴太伯世家》:"(公子光)告专诸曰:'不索何获!我真王嗣,当立,吾欲求之。'"《三国志·魏志·袁绍传》:"(韩)馥怀惧,从绍索去,往依张邈。"又有"求索"一词,失译(附后汉录)《大方便佛报恩经》卷五《慈品》:"思惟是已,即求衣钵,往诣王园比丘尼精舍,求索出家。"元魏慧觉等译《贤愚经》卷二《华天因缘经》:"于时华天,即辞父母,求索出家,为佛弟子。""求索"同义连文,犹言请求,要求。

[20] 听:准许。参见《杂譬喻经·医师治王病喻》注[17]。

[21] 著地:置地,放在地上。"著"作置、放在(某处)讲,是六朝常义。晋葛洪《肘后备急方》卷一《救卒客忤死方》:"飞尸走马汤:巴豆二枚,杏人二枚,合绵缠椎令碎,著热汤二合中,指捻令汁出,便与饮之。"《抱朴子内篇·金丹》:"又《乐子长丹法》:以曾青铅丹合汞及丹砂,著铜筒中,乾瓦白滑石封之。"《世说新语·伤逝》:"及亡,刘尹临殡,以犀柄麈尾著柩中,因恸绝。"《水经注·河水一》:"乃更著石室中,从来六十餘年,尸如故不朽。"

[22] 变:《古小说钩沉》本误录(误排)作"便",今正。

(三) 搜 神 记

著名志怪小说集,二十卷,东晋干宝撰。是书采集了大量的神仙鬼怪、人物变异之事,旨在"发明神道之不诬"(《自序》);但不少故事刻画细腻,委婉动人,颇富人间色彩,具有较高的文学欣赏价值,并保存了一批优秀的民间神话和传说,对后世影响极大。作者干宝也因此被时人誉为"鬼之董狐"(见《世说新语·排调》)。

干宝,字令升,新蔡(今河南新蔡)人。以佐著作郎入仕,官至散骑常侍。学问渊博,曾著《晋纪》二十卷(今佚),时称良史。

原书三十卷,宋以后散佚不全。今本二十卷,乃明人所辑录,其中颇有误收他书者。汪绍楹先生校注本(中华书局,1979 年)堪称精善,现据以选录卷一四"女化蚕"、卷一六"卢充"二则。

3. 女 化 蚕

[题解]

本篇记载了蚕桑的由来,故事虽荒诞离奇,情节倒也曲折起伏,委婉感人。所记马恋人事,与《后汉书·南蛮西南夷传》(亦见《搜神记》卷一四)记盘瓠事相类。

[原文]

　　旧说,太古之时[1],有大人远征[2],家无餘人[3],唯有一女。牡马一匹[4],女亲养之。穷居幽处[5],思念其父,乃戏马曰[6]:"尔能为我迎得父还[7],吾将嫁汝。"马既承此言[8],乃绝缰而去[9],径至父所。父见马惊喜[10],因取而乘之。马望所自来[11],悲鸣不已。父曰:"此马无事如此[12],我家得无有故乎[13]?"亟乘以归[14]。为畜生有非常之情[15],故厚加刍养[16]。马不肯食。每见女出入[17],辄喜怒奋击[17]。如此非一[18]。父怪之,密以问女[19]。女具以告父,必为是故[20]。父曰:"勿言,恐辱家门[21]。且莫出入。"于是伏弩射杀之[22],暴皮于庭[23]。父行[24],女与邻女于皮所戏[25],以足蹙之曰[26]:"汝是畜生,而欲取人为妇耶[27]? 招此屠剥[28],如何自苦[29]?"言未及竟[30],马皮蹷然而起[31],卷女以行[32]。邻女忙怕[33],不敢救之。走告其父[34]。父还求索[35],已出失之。后经数日,得于大树枝间,女及马皮,尽化为蚕,而绩于树上[36]。其茧纶理厚大[37],异于常蚕[38]。邻妇取而养之,其收数倍[39]。因名其树曰"桑"。桑者,丧也[40]。由斯百姓竞种之[41],今世所养是也。

[注释]

　　[1] 太古:远古。《列子·黄帝》:"太古神圣之人,备知万物情态,悉解异类音声。"《后汉书·班固传下》载班固作《西都赋》:"歌九功,舞八佾,《韶》《武》备,太古毕。"唐李贤注:"太古,远古也。"

　　[2] 大人:这里指父亲。古时子女敬称父亲为"大人",《说苑·建本》:"曩者参得罪于大人,大人用力教参,得无疾乎?"《史记·越王勾践世家》:"(范蠡)长男曰:'家有长子曰家督,今弟有罪,大人不遣,乃遣少弟,是吾不肖。'"《汉书·霍光传》:"(霍)中孺趋入拜谒,将军迎拜,因跪曰:'去病不早自知为大人遗体也。'"《后汉书·朱晖传》:"晖少子颉怪而问曰:'大人不与堪为友,平生未曾相闻,子孙窃怪之。'"清顾张思《土风录》卷一七"大人"条云:"古自称其父为'大人'。"本篇的用法当即由此演变而来。

　　[3] 餘人:别人;其他人。元魏慧觉等译《贤愚经》卷一二《象护品》:"时象护

父语其子曰:'阿阇贳王凶暴无道,贪求悭恪;自父尚虐,何况餘人?'"元魏佛陀扇多译《如来师子吼经》:"若有餘人语盲人言:'日之光明,有如是相。'"南齐求那毗地译《百喻经·人效王眼瞩喻》:"昔有一人,欲得王意,问餘人言:'云何得之?'"

　　[4] 牡马:公马。

　　[5] 穷居:独居。孤独无亲谓之"穷"。《礼记·月令》:"天子布德行惠,命有司发仓廪,赐贫穷,振乏绝。"唐孔颖达疏:"蔡氏云:'无财曰贫,无亲曰穷。'"《吕氏春秋·季春》:"命有司发仓窔,赐贫穷,振乏绝。"汉高诱注:"鳏寡孤独曰穷。"
幽处:独处。"幽"有独自义,《礼记·儒行》:"儒有博学而不穷,笃行而不倦,幽居而不淫,上通而不困。"唐孔颖达疏:"幽居,谓未仕独处也。"《说苑·建本》:"吾尝幽处而深思,不若学之速。"《论衡·自纪》:"世书俗说,多所不安,幽处独居,考论实虚。"此句"穷居"与"幽处"同义并举,"穷居幽处"即《论衡》"幽处独居"之意。

　　[6] 戏马:和马开玩笑。

　　[7] 尔:你。

　　[8] 承:听到;听说。同书卷三"淳于智"条:"上党鲍瑗,家多丧病,贫苦。淳于智卜之,曰:'君居宅不利,故令君困尔。……君径至市,入门数十步,当有一人卖新鞭者,便就买还……'瑗承言诣市,果得马鞭。"旧题三国吴支谦译《撰集百缘经》卷二《乾闼婆作乐赞佛缘》:"(善爱)今在门外,致意问讯,云在彼间,遥承王边有乾闼婆,善巧弹琴、歌舞戏笑,故从远来,求共角试弹琴技术。"《楼兰尼雅出土文书》第42号:"远承凶讳,益以咸切念,追惟剥截,不可为怀!"《晋书·王敦传》:"(王)含至江宁,司徒导遗含书曰:'近承大将军困笃绵绵,或云已有不讳。'"

　　[9] 缰:马缰绳。"绝缰"言挣断马缰绳。

　　[10] 惊喜:又惊又喜。《全三国文》卷七魏文帝曹丕《又与钟繇书》:"近日南阳宗惠叔称君侯昔有美块,闻之惊喜,笑与忭会。"《世说新语·假谲》:"(王)文度欣然而启蓝田云:'兴公向来忽言欲与阿智婚。'蓝田惊喜。""惊喜"一语今在"惊喜交集""惊喜万分"等固定词组中仍保留着,意为"惊和喜",自六朝产出而意义有别。

　　[11] 所自来:指(从家里)跑来的方向。

　　[12] 无事:不必;用不着。《风俗通义·愆礼·九江太守武陵陈子威》:"如仁人恻隐,哀其无归,直可收养,无事正母之耳。"《三国志·吴志·鲁肃传》:"方今天下豪杰并起,吾子姿才,尤宜今日。急还迎老母,无事滞于东城。"《庚子山集》卷五《燕歌行》:"蒲桃一杯千日醉,无事九转学神仙。"又《代人伤往》之一:"青田松上一黄鹤,相思树下两鸳鸯;无事交渠更相失,不及从来莫作双。"清刘淇《助字辨略》卷一"无"条云:"无事,犹云不必。"

　　[13] 得无:莫非;该不是;是否。表示揣测或疑问。同书卷一"葛玄"条:"客

曰：'事毕，先生作一事特戏者。'玄曰：'君得无即欲有所见乎？'"《太平御览》卷六三四引《风俗通》佚文："（李登）谓双生弟宁曰：'我兄弟相似，人不能别；汝类病者，代我至府。'宁曰：'府君大严，得无不可？'"南朝梁宝唱等撰集《经律异相》卷三六引《福报经》："其人问曰：'君得无是神乎？'答曰：'吾是天人也。'"《洛阳伽蓝记》卷五《闻义里》："王遣传事谓宋云曰：'卿涉诸国，经过险路，得无劳苦也？'"故：指意外的事情、变故。

[14] 亟：急忙；赶快。《尔雅·释诂下》："亟，疾也。"

[15] 为：因为。　非常：异乎寻常，非同一般。同书卷三"郭璞"条："有县农行过舍边，仰视，见龙牵车，五色晃烂，其大非常；有顷遂灭。"《史记·司马相如列传》："盖世必有非常之人，然后有非常之事；有非常之事，然后有非常之功。非常者，固常人之所异也。"唐司马贞索隐："常人见之以为异。"《世说新语·容止》："匈奴使答曰：'魏王雅望非常，然床头捉刀人，此乃英雄也。'"今语还有"非常时期"的说法。

[16] 刍养：喂养。

[17] 喜怒：或喜或怒。　奋击：谓奋蹄击地，躁动不已。

[18] 如此非一：像这样不止一次了。同书卷三"臧仲英"条："家人作食，设案，有不清尘土投污之。炊临熟，不知釜处。兵弩自行。……若此非一。"则"如（若）此非一"是本书惯用语。

[19] 密：隐密；暗中。

[20] 必为是故：一定是因为这个（指向牡马许诺找回父亲后即嫁给它）缘故。

[21] 辱家门：有损家庭的名声。《敦煌变文校注·捉季布传文》："本来事主夸忠赤，变为不孝辱家门。"

[22] 伏弩：埋伏弓箭（手）。《汉书·高帝纪上》："（项）羽大怒，伏弩射中汉王。"　射杀：射死。《史记·项羽本纪》："汉有善骑射者楼烦，楚挑战三合，楼烦辄射杀之。"《三国志·吴志·孙坚传》："（孙坚）单马行岘山，为祖军士所射杀。"

[23] 暴：后作"曝"，晒。

[24] 行：外出。《世说新语·方正》："陈太丘与友期行，期日中，过中不至，太丘舍去。"《宋诗》卷四谢惠连《捣衣》："纨素既已成，君子行未归。"南齐求那毗地译《百喻经·奴守门喻》："大家行还，问其奴言：'财宝所在？'"

[25] 于皮所戏：在晒马皮的地方嬉戏玩耍。

[26] 蹙：同"蹴"，踢。

[27] 取：同"娶"。　妇：妻。参见《生经·佛说鳖猕猴经》注[21]。

[28] 招：招致，引来。

[29] 自苦：自找苦吃。

[30]言未及竟：话还没讲完。

[31]蹶然：同"蹷然"，急遽、迅速的样子。《礼记·孔子闲居》："子夏蹶然而起，负墙而立。"《史记·郦生陆贾列传》："于是尉他乃蹶然起坐，谢陆生曰：'居蛮夷中久，殊失礼义。'"《说苑·建本》："曾子芸瓜而误斩其根。曾皙怒，援大杖击之。曾子仆地，有顷乃苏，蹶然而起。"

[32]以：而。

[33]忙怕：畏惧；害怕。"忙"同"恾"，怕惧之义。《广韵·唐韵》："恾，怖也。忙，上同。"故"忙怕"是同义连文。稗海八卷本《搜神记》卷三"李信"条："见信首面浸烂，鬼使忙怕，恐王怒之。"《敦煌变文校注·伍子胥变文》："江神遥闻剑吼，战悼涌沸腾波，鱼鳖忙怕攒塰，鱼龙奔波透出。"又《唐太宗入冥记》："皇帝闻已，忙怕极甚。"

[34]走：跑步。

[35]还：返回(家中)。　　求索：寻找，搜寻。《楚辞·离骚》："路曼曼其修远兮，吾将上下而求索。"《汉书·眭弘传》："汉帝宜谁差天下，求索贤人，禅以帝位。"

[36]绩：谓吐丝作茧。

[37]纶理：纹路；纹理。

[38]常蚕：普通的蚕。

[39]收：收益。

[40]桑者，丧也：以"丧"释"桑"，首倡于刘向，所谓"声训"是也。两汉经师好用声训之法，然时有牵强附会者，此即一例。《宋书·五行志三》："案刘向说：'桑者丧也。'"

[41]由斯：从此。

4. 卢　　充

[题解]

　　少年儒生与年轻女鬼相恋，是魏晋南北朝志怪小说的常见内容。但就描写之细致、感情之缠绵、文笔之优美而言，则无出本篇之右者。卢充与崔氏女的悲剧，实即现实生活中不幸婚姻的一个缩影。

　　此事又见《世说新语·方正》"卢志于众坐问陆士衡"条南朝梁刘孝标注引《孔氏志怪》，文字稍异，较简略。

[原文]

　　卢充者[1]，范阳人[2]。家西三十里，有崔少府墓[3]。充年二十，先

冬至一日[4]，出宅西猎戏[5]。见一獐[6]，举弓而射，中之。獐倒复起，
充因逐之，不觉远[7]。忽见道北一里许[8]，高门瓦屋[9]，四周有如府
舍[10]。不复见獐。门中一铃下唱[11]："客前。"充问："此何府也[12]?"
答曰："少府府也。"充曰："我衣恶[13]，那得见少府[14]?"即有一人，提一
襆新衣[15]，曰："府君以此遗郎[16]。"充便著讫[17]，进见少府，展姓
名[18]。酒炙数行[19]，谓充曰："尊府君不以仆门鄙陋[20]，近得书[21]，为
君索小女婚[22]，故相迎耳[23]。"便以书示充。充父亡时虽小，然已识父
手迹[24]，即欷歔[25]，无复辞免[26]。便敕内："卢郎已来，可令女郎妆
严[27]。"且语充云："君可就东廊[28]。"及至黄昏，内白："女郎妆严已
毕。"充既至东廊，女已下车[29]，立席头，却共拜[30]。时为三日，给
食[31]。三日毕，崔谓充曰："君可归矣。女有娠相[32]，若生男，当以相
还[33]，无相疑[34]；生女，当留自养。"敕外严车送客[35]。充便辞出。崔
送至中门，执手涕零[36]。出门，见一犊牛[37]，驾青衣[38]，又见本所著
衣及弓箭[39]，故在门外[40]。寻传教将一人[41]，提襆衣[42]，与充相问
曰[43]："姻缘始尔[44]，别甚怅恨，今复致衣一袭[45]，被褥自副[46]。"充上
车，去如电逝，须臾至家。家人相见悲喜，推问[47]，知崔是亡人而入其
墓，追以懊惋[48]。

别后四年，三月三日，充临水戏[49]，忽见水旁有二犊车，乍沉乍
浮[50]。既而近岸，同坐皆见。而充往开车后户[51]，见崔氏女与三岁男
共载。充见之忻然[52]，欲捉其手。女举手指后车曰："府君见人。"即
见少府。充往问讯[53]。女抱儿还充，又与金鋺[54]，并赠诗曰："煌煌灵
芝质[55]，光丽何猗猗[56]。华艳当时显[57]，嘉异表神奇。含英未及
秀[58]，中夏罹霜萎[59]。荣耀长幽灭，世路永无施[60]。不悟阴阳运[61]，
哲人忽来仪[62]。会浅离别速[63]，皆由灵与祇[64]。何以赠余亲? 金鋺
可颐儿[65]。恩爱从此别，断肠伤肝脾。"充取儿、鋺及诗，忽然不见二
车处。充将儿还，四坐谓是鬼魅[66]，佥遥唾之[67]，形如故。问儿："谁
是汝父?"儿径就充怀。众初怪恶，传省其诗[68]，慨然叹死生之玄
通也[69]。

充后乘车，入市卖鋺。高举其价[70]，不欲速售，冀有识[71]。欻有
一老婢识此[72]，还白大家曰[73]："市中见一人乘车，卖崔氏女郎棺中
鋺。"大家即崔氏亲姨母也。遣儿视之[74]，果如其婢言。上车，叙姓

名。语充曰："昔我姨嫁少府，生女，未出而亡[75]。家亲痛之[76]，赠一金鋺，著棺中[77]。可说得鋺本末[78]。"充以事对。此儿亦为之悲咽[79]。赍还白母。母即令诣充家[80]，迎儿视之[81]。诸亲悉集。儿有崔氏之状，又复似充貌。儿、鋺俱验，姨母曰："我外甥三月末间产[82]，父曰：'春暖温也。愿休强也[83]。'即字温休。温休者，盖幽婚也[84]。其兆先彰矣[85]。"儿遂成令器[86]，历郡守二千石[87]。子孙冠盖[88]，相承至今。其后植，字子干[89]，有名天下。

[注释]

[1] 卢充：据本篇所述，是范阳卢氏的先人。约生活于东汉，生平事迹未详，或云系小说家之虚构人物。

[2] 范阳：郡、国名。汉名涿郡，曹魏黄初中改范阳郡，治所在涿县（今河北涿州）；西晋改国，北魏复为郡，隋开皇初废。

[3] 少府：官名。始于战国，秦、汉相沿，为九卿之一。东汉时掌宫廷需用，魏晋南北朝沿置。至元、明后废。

[4] 先冬至一日：冬至的前一天。

[5] 出：至，到……去。同书卷一"左慈"条："后公出近郊，士人从者百数。"《史记·封禅书》："（上）浮江，自寻阳出枞阳，过彭蠡，礼其名山川。"《世说新语·排调》："后王光禄作会稽，谢车骑出曲阿祖之。"南朝梁慧皎《高僧传》卷一一"释慧明"："齐竟陵文宣王闻风祗挹，频遣三使，殷勤敦请，乃暂出京师到第。"《南史·谢灵运传》："（灵运）又与王弘之诸人出千秋亭饮酒，裸身大呼。""出"字此义见于汉魏六朝典籍，盖为当时口语的记录。"出宅西猎戏"是说到住宅的西面打猎嬉戏。

[6] 獐：鹿科动物。比鹿小，无角。性机警敏捷，善跳跃，能游泳。

[7] 不觉远：不知不觉地追远了。

[8] 一里许：一里左右。《古小说钩沉》辑《荀氏灵鬼志》："合暮还五丈，未达减一里许，先是空冈，忽见四匝瓦屋当道。"按：六朝人喜以"许"字置于数词（或数量词）之后，用以表示约略估计的数量，相当于"大约""左右"。同书卷二"夏侯弘"条："后忽逢一鬼，乘新车，从十许人。"《抱朴子内篇·祛惑》："昔有古强者，……年八十许，尚聪明，不大羸老。"东晋法显《法显传·于阗国》："彼国人民星居，家家门前皆起小塔，最小者可高二丈许。"《颜氏家训·治家》："遣婢籴米，因尔逃窜，三四许日，方复擒之。"

[9] 高门瓦屋：《古小说钩沉》辑《荀氏灵鬼志》："须臾，一吏呼勤上，见高门瓦

屋,欢宴盈堂。"

[10] 有如:如同;好像。《抱朴子内篇·仙药》:"猎人见之,欲逐取之,而其人逾坑越谷,有如飞腾,不可逮及。"　府舍:官舍,官邸。《汉书·严延年传》:"延年服罪,重顿首谢,因自为母御,归府舍。"《后汉书·宣秉传》:"秉性节约,常服布被,疏食瓦器。帝尝幸其府舍,见而叹曰:'楚国二龚,不如云阳宣巨公。'"

[11] 铃下:官府护卫司门之卒。《三国志·吴志·吴范传》:"(吴范)乃髡头自缚诣门下,使铃下以闻。"《资治通鉴·晋武帝泰始五年》:"铃阁之下,侍卫不过十数人。"元胡三省注:"铃下卒及阁下威仪也。铃下者,有使令则掣铃以呼之,因以为名。"　唱:呼叫,高喊。《三国志·魏志·曹爽传》南朝宋裴松之注引《魏末传》:"使尉部围爽第四角,角作高楼,令人在上望视爽兄弟举动。爽心穷愁闷,持弹到后园中,楼上人便唱言:'故大将军东南行!'"《梁诗》卷八《与沈助教同宿溢口夜别》:"华烛已消半,更人数唱筹。"《魏书·毛修之传》:"(毛)法仁言声壮大,至于军旅田狩,唱呼处分,振于山谷。"《南史·贼臣传·侯景》:"还将登太极殿,丑徒数万同共吹唇唱吼而上。""唱"义均同本篇,"唱呼""唱吼"则是同(近)义连文。

[12] 府:犹言宅、宅舍。

[13] 恶:粗劣,不好。《韩非子·说疑》:"不明臣之所言,虽节俭勤劳,布衣恶食,国犹自亡也。"《史记·平准书》:"(卜)式既在位,见郡国多不便县官作盐铁,铁器苦恶。"刘宋求那跋陀罗译《大方广宝箧经》卷中:"佛言阿难:'后五百岁法欲灭时,当有如是恶形比丘,如是恶衣著不齐故,如是下贱,如是无智。'"

[14] 那得:怎么能;为何能。是六朝人语,常用以表示疑问或反诘。"那"后作"哪"。同书卷一五《李娥》条:"又我见召在此,已十余日,形体又为家人所葬埋,归,当那得自出?"西晋竺法护译《生经》卷五《佛说譬喻经》:"人民见山怪,那得有是山? 皆往视之,乃知大鱼。"《宋书·谢灵运传》:"灵运幼便颖悟,玄甚异之,谓亲知曰:'我乃生瑍,瑍那得生灵运!'""那得"又有"怎么能有"义,《晋诗》卷一九《清商曲辞·子夜四时歌·冬歌》之三:"为欢憔悴尽,那得好颜容!"《梁诗》卷二九《横吹曲辞·折杨柳枝歌》之二:"阿婆不嫁女,那得孙儿抱!"

[15] 襆:包袱。《世说新语·政事》:"殷浩始作扬州,刘尹行,日小欲晚,便使左右取襆。"襆,同"幞"。《晋书·魏舒传》:"时欲沙汰郎官,非其才者罢之。舒曰:'吾即其人也。'襆被而出。""襆被"谓以包袱裹束衣被,作动词用。

[16] 府君:对长官、权贵和尊者的敬称。此称崔少府,下文又用以称卢充父亲和卢充。"府君"本是汉时对郡相、太守的尊称,后代沿用之。《三国志·吴志·孙坚传》南朝宋裴松之注引《吴录》曰:"(王)叡见坚,惊曰:'兵自求赏,孙府君何以在其中?'"《后汉书·方术传·高获》:"(鲍)昱遣追请获,获顾曰:'府君但为主簿所欺,不足与谈。'"清顾炎武《日知录》卷二四"府君"条云:"府君者,汉时太守之

称。"本篇的用法当即由此引申而来。　　　　遗（wèi）：送给。　　　郎：六朝人对世族家中青年男子的敬称，犹言公子、少爷。此指卢充。《三国志·吴志·周瑜传》："瑜时年二十四，吴中皆呼为周郎。"《古小说钩沉》辑《郭子》："（王导）大郎名悦，字长豫。"《太平御览》卷四三二引《俗说》："桓温以弟买得质羊，羊主家富，谓桓言：'仆乃不须买得郎为质，但郎家贫，幸可为郎养买得郎耳。'"

[17] 著讫：换穿好。"著"有穿衣义。参见《杂譬喻经·木师画师喻》注[23]。

[18] 展：陈述；申述。"展姓名"即下文之"叙姓名"。"展"有叙述义，先秦已然。《左传·哀公二十年》："今君在难，无恤不敢惮劳，非晋国之所能及也，使陪臣敢展布之。""展布"犹言陈述。汉魏六朝因之，《汉书·谷永传》："至亲难数言，故推永等使因天变而切谏，劝上纳用之。永自知有内应，展意无所依违。"唐颜师古注："展，申也。"《楼兰尼雅出土文书》第一八一号："▨缘展怀，所以为叹也。"展怀，述怀。《全三国文》卷二二王朗《与许文休书》："道初开通，展叙旧情，以达声问。""展叙"同义连文。

[19] 酒炙：酒肉；酒菜。"炙"本指烤肉，也可泛指菜肴。《汉书·韩延寿传》："吏民数千人送至渭城，老小扶持车毂，争奏酒炙。"　　　行：上（酒菜），分送（饮食）。《文选·班固〈西都赋〉》："陈轻骑以行炰，腾酒车以斟酌。"南朝梁宝唱等撰集《经律异相》卷四一引《僧祇律》："（佛）问：'器中何等？'答曰：'是饼。'佛言：'可行与众僧。'答：'少，不能遍。'佛言：'但与人行一番。'"《颜氏家训·归心》："须臾，宰羊为羹，先行至客。"按："行"有依次斟酒义，《仪礼·大射》："公又行一爵，若宾若长，唯公所赐。"引申之，则有依次分送酒菜、饮食之义。典籍中又常见"行酒""行觞""行炙""行食"等语，"行"义并同。

[20] 尊府君：对卢充父亲的敬称，犹言"令尊大人"。　　　仆：称自己的谦词。　　门：门第。　　鄙陋：浅陋低贱。

[21] 书：信。

[22] 索：求聘。参见《生经·佛说舅甥经》注[68]。

[23] 相迎：迎接你。"相"字偏指第二人称，参见《幽明录·卖胡粉女》注[12]。

[24] 手迹：笔迹。《世说新语·巧艺》："（钟）会善书，学荀手迹，作书与母取剑，仍窃去不还。"《周书·韦孝宽传》："孝宽深患之，乃遣谍人访获道恒手迹，令善学书者伪作道恒与孝宽书，论归款意。"《北史·申徽传》："（徽）因赋诗，题于清水亭。长幼闻之，皆竞来就读，递相谓曰：'此是申使君手迹。'"

[25] 欷歔：哽咽；抽嚏。

[26] 无复辞免：不再推辞。

[27] 女郎：六朝以来对年轻女子的褒称。旧题三国吴支谦译《撰集百缘经》

卷八《波斯匿王丑女缘》:"夫受其言,即往白王:'女郎今者,欲来相见。'"《古小说钩沉》辑《幽明录》:"丁云:'女郎盛德,岂顾老夫?'"《梁诗》卷二九《横吹曲辞·木兰诗》之一:"出门看火伴,火伴始惊惶:同行十二年,不知木兰是女郎!"年轻女子或以之自称,《古小说钩沉》辑《幽明录》:"见一妇来,年可十六七,云:'女郎再拜。日既向暮,此间大可畏,君作何计?'"　　妆严:同"庄严",装饰,打扮。《世说新语·方正》南朝梁刘孝标注引《孔氏志怪》即作"庄严"。参见《生经·佛说舅甥经》注[37]。新娘出嫁前夕必盛装浓抹,精心修饰,此俗古今不异。《古小说钩沉》辑《幽明录》:"(马仲叔)谓曰:'吾不幸早亡,心恒相念。念卿无妇,当为卿得妇。期至十一月二十日送诣卿家。'……向暮风止,寝室中忽有红帐自施,发视其中,床上有一妇,花媚庄严。"

[28] 就:前往。　　东廊:"廊"指厅堂四周的屋子。《汉书·司马相如传下》:"高廊四注,重坐曲阁。"唐颜师古注:"廊,堂下四周屋也。""东廊"即东廊房、东屋,此指新房。

[29] 女已下车:六朝婚俗,新娘嫁到夫家,当坐夫家的迎亲车前往,不可步行,以免有失身份。《古小说钩沉》辑《幽明录》:"宁高祖永初中,张春为武昌太守,时人嫁女。未及升车,忽便失性。"《世说新语·假谲》:"诸葛令女,庾氏妇,既寡,誓云不复重出。此女性甚正强,无有登车理。"本篇中夫家既无人迎娶,新房亦在自己家的"东廊",距离不会太远,然犹须乘车而行,足见此风之盛。

[30] 立席头,却共拜:这两句是说,新郎新娘各自站在铺着地席的一头,交拜行礼,结为夫妇。六朝婚俗,新郎新娘在婚礼上必须互拜,不可或缺。通常是女方先拜,男方答拜。《世说新语·尤悔》:"王浑后妻,琅邪颜氏女。王时为徐州刺史,交礼拜讫,王将答拜。观者咸曰:'王侯州将,新妇州民,恐无由答拜。'王乃止。武子以其父不答拜,不成礼,恐非夫妇,不为之拜,谓为颜妾。"《隋书·礼仪志四》:"后齐皇帝纳后之礼,……前至席位,姆去幒,皇后先拜后起,皇帝后拜先起。"唐段成式《酉阳杂俎》续集卷四《贬误》:"《聘北道记》云:'北方婚礼必用青布幔为屋,谓之青庐。于此交拜,迎新妇。'"

[31] 时为三日,给食:婚后的三天内,设宴招待。魏晋习俗,婚后三天,宴集亲朋。同书卷四"河伯婿"条:"便敕备办,会就郎中婚。……三日,经大会客拜阁。"《世说新语·文学》:"裴散骑娶王太尉女,婚后三日,诸婿大会,当时名士、王、裴子弟悉集。"

[32] 娠相:怀孕之相。

[33] 相还:还你。参见本篇注[23]及《幽明录·卖胡粉女》注[12]。

[34] 无:同"毋",不要。　　相疑:怀疑我。"相"在这里也是偏指用法,所不同的是指代第一人称。《史记·外戚世家》:"子夫上车,平阳主拊其背曰:'行

矣,强饭,勉之! 即贵,无相忘。'"相忘,忘记我。《三国志・吴志・鲁肃传》南朝宋
裴松之注引《吴书》:"州追骑至,肃等徐行,勒兵持满,谓之曰:'……今日天下兵
乱,有功弗赏,不追无罚,何为相逼乎?'"相逼,逼我们。《世说新语・文学》:"应声
便为诗曰:'煮豆持作羹,漉菽以为汁。其在釜下燃,豆在釜中泣;本自同根生,相
煎何太急!'"相煎,煎我。刘宋求那跋陀罗译《佛说大意经》:"(大意)告言:'我不
乐众宝。闻王有一明月珠,愿以相惠。'"相惠,送给我。又:"(大意)即谓海神言:
'我自勤苦,经涉崄岨,得此珠来;汝反夺我。今不相还,我当抒尽海水耳。'"相还,
还我。

　　[35] 严车:置办、准备车子。参见《生经・佛说舅甥经》注[73]。

　　[36] 执手:拉住(卢充的)双手,表示依依不舍。六朝人习以"执手"指送别,
《全晋文》卷二六王羲之《杂帖》:"不得执手,此恨何深! 足下各自爱,数惠告。"参
见《汉诗・李陵录别诗(1)》注[4]。　　涕零:流泪。语出《诗・小雅・小明》:"念
彼共人,涕零如雨。"

　　[37] 犊车:牛车。汉魏六朝时的交通工具。《三国志・吴志・鲁肃传》:"品
其名位,犹不失下曹从事,乘犊车,从吏卒,交游士林。"《宋书・礼志五》:"犊车,軿
车之流也。汉诸侯贫者乃乘之,其后转见贵。……江左御出,又载储偫之物。"

　　[38] 青衣:《法苑珠林》卷九二、明钞本《太平广记》卷三一六引作"青牛",是。
此句连上句谓卢充看见一辆青牛所驾的牛车。

　　[39] 本:原来;原先。《史记・齐悼惠王世家》:"灌婴在荥阳,闻魏勃本教齐
王反,既诛吕氏,罢齐兵,使使召责问魏勃。"东晋法显译《佛说杂藏经》:"王言:'汝
虽说此,我犹不信;复汝本形,尔乃可信。'天即变形,如本月明,衣裳服饰如本,在
王边立。"南齐求那毗地译《百喻经・乘船失釪喻》:"昔有人乘船渡海,失一银釪,
堕于水中。……行经二月,到师子诸国,见一河水,便入其中,觅本失釪。"

　　[40] 故:仍;仍然。失译《佛说㮈女祇域因缘经》:"时王子遥见道中有白物,
即住车问傍人言:'此白物何等?'答言:'此是小儿。'问言:'死活?'答言:'故
活。'"三国吴支谦译《佛说九色鹿经》:"时乌在树头,见王军来,疑当杀鹿,即呼鹿
曰:'知识且起,王来取汝!'鹿故不觉。"《水经注・河水一》:"有一道人命过烧葬,
烧之数千束樵,故坐火中。"参见《汉诗・古诗为焦仲卿妻作》注[4]。

　　[41] 寻:不多时;一会儿。　　传教:宣告、传达长官指令的吏卒。《世说新
语・文学》:"须臾,(刘)真长遣传教觅张孝廉船,同侣惋愕。"《资治通鉴・晋愍帝
建兴三年》:"坐定,(周)莚谓孔侃曰:'府君何以置贼在坐?'(周)续衣中常置刀,即
操刀逼莚,莚叱郡传教吴曾格杀之。"元胡三省注:"传教,郡吏也,宣传教令者也。"

　　将:带领。下文"充将儿还"之"将"义同。参见《杂宝藏经・长者请舍利弗摩
诃罗缘》注[76]。

［42］提襆衣：拎着一包袱衣物。

［43］与充相问：指传话给卢充。

［44］姻缘始尔：犹言新婚燕尔。

［45］致：送；赠送。《全晋文》卷一文帝司马昭《与山涛书》："念多所乏，今致钱二十万，丝百觔，谷二百斛。"又卷三七庾翼《与燕王慕容皝书》："今致细练十端，竹练二端。"《世说新语·德行》："（王）浑薨，所历九郡义故怀其德惠，相率致赙数百万。"按："致"本义为送至、送达。《说文·夂部》："致，送诣也。"《汉诗》卷六张衡《四愁诗》："美人赠我金琅玕，何以报之双玉盘。路远莫致倚惆怅，何为怀忧心烦伤。"其赠送义当即由此引申而来。　　一袭：一套，一身。《史记·刘敬叔孙通列传》："乃赐叔孙通帛二十匹，衣一袭，拜为博士。"《汉书·昭帝纪》："令郡县常以正月赐羊酒，有不幸者赐衣被一袭，祠以中牢。"唐颜师古注："一袭，一称也；犹今言一副也。"

［46］自副："副"有相配、配合义，《全梁文》卷四六陶弘景《授陆敬游十赉文》："今故赉尔香炉一枚，熏陆副之，可以腾烟紫阁，昭感上司。"又："今故赉尔大砚一面，纸笔副之，可以临文写字，对真授言。""熏陆副之"谓熏陆（香木名）相配，餘可类推。"自副"犹言相配、配套。《六韬·虎韬·军用》："天浮铁螳螂，矩内圆外，径四尺以上，环络自副。"东晋法显《法显传·竭叉国》："供养都毕，王以所乘马，鞍勒自副，使国中贵重臣骑之。"均见此词。

［47］推问：盘诘；讯问。《古小说钩沉》辑《幽明录》："及来登床，往赴视，此物不得去，遽变老白雄鸡。推问是家鸡，杀之，遂绝。"《魏书·尔朱荣传》："曾围山而猎，部民射虎，误中其髀，代勤仍令拔箭，竟不推问。"《晋书·艺术传·鲍靓》："年五岁，语父母云：'本是曲阳李家儿，九岁坠井死。'其父母寻访得李氏，推问皆符验。"

［48］追：追思；回想。《汉书·赵充国传》："成帝时，西羌尝有警，上思将帅之臣，追美充国，乃召黄门郎扬雄即充国图画而颂之。"《全三国文》卷五八诸葛亮《出师表》："然侍卫之臣不懈于内，忠志之士忘身于外者，盖追先帝之殊遇，欲报之于陛下也。""追以懊惋"言回想起来而感到懊悔惋惜。

［49］三月三日，充临水戏：三月三日是上巳节，起源于周代。最初是在农历三月上旬的巳日，人们到水边熏药沐浴，祓除不祥，这一习俗叫"禊"或"祓禊"。魏晋以后固定在三月三日，并逐渐演变成了以水边宴饮游戏、郊外踏青等为内容的活动。《后汉书·袁绍传》："三月上巳，大会宾徒于薄落津。"唐李贤注引薛君《韩诗》注云："郑国之俗，三月上巳之辰，两水之上招魂续魄，拂除不祥。"《西京杂记》卷三："三月上巳，张乐于流水，如此终岁焉。"《续齐谐记》："晋武帝问尚书郎挚虞仲治：'三月三日曲水，其义何旨？'答曰：'汉章帝时，平原徐肇以三月初生三女，

至三日俱亡。一村以为怪,乃相与至水滨盥洗,因流以滥觞。曲水之义盖在此矣。"南朝梁宗懔《荆楚岁时记》:"三月三日,士民并出江渚池沼间,为流杯曲水之饮。"文人墨客也常常在此日饮酒赋诗,抒情写意。东晋王羲之有《三月三日兰亭诗序》,南齐王融、梁简文帝萧纲都有《三月三日曲水诗序》。

[50]乍沉乍浮:时沉时浮。"乍……乍……"连用,犹言时而……时而……、一会儿……一会儿……,常用以表示两项相反的动作(或事物)交替出现,轮换进行。《全秦文》卷一李斯《用笔法》:"用笔法……如游鱼得水,景山兴云,或卷或舒,乍轻乍重。"后汉支娄迦谶译《般舟三昧经》卷上《譬喻品》:"其有菩萨,闻是三昧,不形笑,不诽谤者,欢喜不中疑,不言乍信乍不信,乐书乐学,乐诵乐持。"《曹植集》卷二《洛神赋》:"神光离合,乍阴乍阳。"均其例。《古小说钩沉》辑《幽明录》:"至暮,有大白鼋从江中出,乍沉乍浮,向龟随后催逼。"元魏慧觉等译《贤愚经》卷九《善事太子入海品》:"太子还到,其船已满,放船还来,船便沉没,诸贾人辈,乍沉乍浮。"亦见"乍沉乍浮"一语。

[51]车后户:车后门。

[52]忻然:喜悦的样子。《全三国文》卷四九嵇康《声无哀乐论》:"夫会宾盈堂,酒酣奏琴,或忻然而欢,或惨尔而泣。"参见《异苑·刘俦鹍》注[7]。

[53]问讯:问候,请安。参见《贤愚经·长者无耳目舌品》注[24]。

[54]金鋺:即"金碗"。"鋺"同"碗",此处盖因碗是黄金所制,故从金。

[55]煌煌:明亮的样子。　　灵芝:植物名。古人认为芝是仙草,服之可以长生,故名。

[56]光丽:艳丽;美丽。《东观汉记》卷一五《刘般传》:"时五校官显职闲,府寺宽敞,舆服光丽,伎巧毕给,故多宗室肺腑居之。"《世说新语·惑溺》:"后婢往寿家,具述如此,并言女光丽。"南朝梁慧皎《高僧传》卷一〇《杯度》:"须臾,见一寺,甚光丽,多是七宝庄严。"　　何:多么。　　猗猗:美盛貌。语出《诗·卫风·淇奥》:"瞻彼淇奥,绿竹猗猗。"

[57]当时:一时。

[58]含英:含苞。　　秀:开放。

[59]中夏:盛夏。　　罹霜萎:(因)遭受霜打而枯萎。

[60]荣耀长幽灭,世路永无施:以上诗句崔氏女写自己天生丽质,但未及出嫁就夭折了。以下则描述幸遇卢充,喜结良缘,但只是片晌之欢,面对和丈夫、爱子的生离死别,不由得悲痛万分。

[61]不悟:不料;没想到。是六朝人习语。《太平御览》卷六八〇引汉曹操《表》曰:"不悟陛下复加后命,命置旄头,以比东海。"《全晋文》卷一五七支遁《上书告辞哀帝》:"不悟乾光曲曜,猥被蓬荜,频奉明诏,使诣上京。"南朝梁宝唱等撰集

《经律异相》卷四四引《情离有罪经》:"女之父母,忧恼无计,云:'养女长大,不悟如此! 急加防录,不得通问。'"　阴阳运:犹言时来运转。

[62] 哲人:才识卓越之人。语见《诗·大雅·抑》《礼记·檀弓上》。　来仪:降临,到来。语出《书·益稷》:"箫韶九成,凤皇来仪。"《方言》卷二:"仪,来也。陈、颍之间曰仪。"《广雅·释诂三》:"仪,招来也。"故"来仪"同义连文。

[63] 会浅:相会的时间短暂。"浅"可指时日少、时间短。《战国策·赵策二》:"寡人年少,莅国之日浅,未尝得闻社稷之长计。"《全汉文》卷五七卓文君《司马相如诔》:"生平浅促兮命也难扶,长夜思君兮形影孤。"《晋书·孝友传·李密》:"但以刘日薄西山,气息奄奄,人命危浅,朝不虑夕。"

[64] 由:因为。　灵:神灵。　祇:地神。"皆由灵与祇"是说都是因为神灵的安排。

[65] 可颐儿:"颐"有养义,《礼记·曲礼上》:"百年曰期,颐。"《魏诗》卷九嵇康《幽愤诗》:"采薇山阿,散发岩岫,永啸长吟,颐性养寿。"《全晋文》卷二五王羲之《杂帖》:"知体气常佳,此大庆也,想复勤加颐养。""可颐儿"即堪养儿,谓可心称意之儿。参见王羲之《杂帖·知体气常佳》注[4]。

[66] 谓是:认为是。参见《生经·佛说鳖猕猴经》注[22]。

[67] 金遥唾之:都远远地向他(卢充儿)吐唾沫。汉晋人认为唾鬼可使其现原形,故尔。参见《列异传·宗定伯卖鬼》注[14]。

[68] 传省:传看。

[69] 玄通:暗中相通。

[70] 高举:高抬。举,高。参见《水经注·滱水》注[8]。

[71] 冀有识:希望有认得(这只碗)的人。《世说新语·方正》刘注引《孔氏志怪》、《法苑珠林》卷九二、《太平广记》卷三一六所引"识"下均有"者"字。

[72] 歘(xū):同"欻",忽然。

[73] 还:回去。　白:禀报。参见《贤愚经·长者无耳目舌品》注[11]。大家:主人。此指女主人。参见《贤愚经·长者无耳目舌品》注[25]。

[74] 儿:崔氏女姨母的儿子,故下文称崔氏女的母亲、少府妻为"我姨"。

[75] 出:出嫁。《世说新语·假谲》:"诸葛令女,庾氏妇,既寡,誓云不复重出。"重出,再嫁。

[76] 家亲:犹言"家母"。

[77] 著:放置。《抱朴子内篇·道意》:"田家老母到市买数片饼以归,天热,过荫彭氏墓口树下,以所买之饼暂著石人头上,忽然便去,而忘取之。"《陶渊明集》卷六《晋故征西大将军长史孟府君传》:"(孙盛)时在坐,(桓)温命纸笔令嘲之。文成示温,温以著坐处。"《齐民要术》卷四《种柿》:"《食经》藏柿法:柿熟时取之,以灰

汁澡再三度，干令汁绝，著器中，经十日可食。"参见《列异传·宗定伯卖鬼》注[21]。

[78] 本末：始末；经过。《史记·高祖功臣侯者年表》："于是谨其终始，表其文；颇有所不尽本末，著其明，疑者阙之。"《古小说钩沉》辑《笑林》："(楚人)嘿然大喜，赍叶入市，对面取人物，吏遂缚诣县。县官受辞，自说本末，官大笑，放而不治。"南朝梁宝唱等撰集《经律异相》卷二六引《摩日国王经》："问何从获珠，行高乃尔，忽离斯患，道士具陈本末。"

[79] 悲咽：悲伤哽咽。

[80] 诣：造访。

[81] 儿：指卢充与崔氏女所生之子。

[82] 外甥：外甥女。　　三月末间产：三月末时生。间，用以表示一段不太长的时间。《全晋文》卷二六王羲之《杂帖》："豹奴晚不归家，随彼弟向州也。前书云：至三月间到之。"《周氏冥通记》卷二："吾今去矣，下旬间更相过。"《淳化阁帖释文》卷一《唐高宗书》："六尚书及尚书左右承侍郎、殿中将作少府司农等长官，今日晚间并唤向衙里来。"

[83] 休强：吉庆强健。

[84] 温休者，盖幽婚也：这是利用反切作隐语。古音"温"与"幽"双声，与"婚"叠韵；"休"与"婚"双声，与"幽"叠韵。故"温休"相切得"幽"，"休温"相切得"婚"。按：六朝人喜欢编反切隐语，搞文字游戏。又如：《古小说钩沉》辑《续异记》："(施)子然问其姓名，即答云：'仆姓卢，名钩。家在粽溪边，临水。'复经半旬中，其作人掘田塍西沟边蚁蛭，忽见大坎，满中蝼蛄，将近斗许，而有数头极壮，一个弥大。子然自是始悟曰：'近日客卢钩，反音则蝼蛄也。家在粽溪，即西坎也。'"此例中二"粽"字当为"粰"字之形误。粰，《广韵》桑感切，音 sǎn。"卢钩"相切得"蝼"，"钩卢"相切得"蛄"，以"卢钩"隐"蝼蛄"。"粰溪"相切得"西"(粰、西古音同属心组)，"溪粰"相切得"坎"(溪、坎古音属溪纽)，以"粰溪"隐"西坎"。《水经注·河水四》："民有姓刘名堕者，宿擅工酿，采挹河流，酝成芳酎，悬食同枯枝之年，排于桑落之辰，故酒得其名矣。……自王公庶友牵拂相招者，每云索郎有顾，思同旅语。索郎，反语为桑落也。"此以"索郎"隐"桑落"(酒名)。要之都是在玩反切游戏。

[85] 兆：征兆；预兆。　　先彰：早就表露(出来)。

[86] 令器：有用之材。《宋书·沈演之传》："演之年十一，尚书仆射刘柳见而知之，曰：'此童终为令器。'"

[87] 郡守二千石：汉世九卿、郎将、郡守秩二千石。分三等：中二千石，月得百八十斛；二千石，月得百二十斛；比二千石，月得百斛。因以二千石称郡守。郡

守汉景帝时改名太守。

　　[88] 冠盖：冠，礼帽；盖，车盖。官吏所服乘，后借指官吏。这里指仕宦、做官。

　　[89] 其后植，字子干：卢植，字子干，东汉时人。灵帝时历任太守、议郎、北中郎将、尚书。著有《尚书章句》《三礼解诂》，今佚。献帝初平三年（192 年）卒，《后汉书》有传。

(四)　幽　明　录

　　志怪小说集。南朝宋刘义庆撰（作者情况参见《世说新语》篇首简介）。本书体例与《搜神记》相仿，专事搜录神仙鬼怪之事。所不同的是，由于作者信奉佛教，故书中夹杂了一些宣传因果报应等佛教思想的内容。故事大多诞妄不经，但其中一些反映了社会现实和劳动人民的理想和愿望，寓有积极意义。行文不避俚俗，保留了不少晋宋口语，弥足珍贵。

　　此书《宋书》《南史》的《刘义庆传》均未载，《隋书·经籍志》著录二十卷，两《唐志》增为三十卷，唐宋类书中曾大量采录，宋以后散佚。《古小说钩沉》辑得佚文二百六十余条，较为完备。今人亦有辑本。

　　现据《古小说钩沉》选录一则。

5. 卖　胡　粉　女

[题解]

　　这是一幕感人的爱情悲喜剧。一富家子弟热恋上了地位卑微的卖胡粉的女子，在迎来翘首已久的心上人后，竟乐极而亡；后经女子的抚尸痛哭后，又死而复生，终结连理。故事歌颂了冲破等级门阀制度的真挚而又执着的爱情。

[原文]

　　有人家甚富[1]，止有一男，宠恣过常[2]。游市[3]，见一女子美丽，卖胡粉[4]，爱之。无由自达[5]，乃托买粉[6]，日往市[7]，得粉便去，初无所言[8]。积渐久[9]，女深疑之，明日复来，问曰："君买此粉[10]，将欲何施[11]?"答曰:"意相爱乐[12],不敢自达,然恒欲相见[13],故假此以观姿耳[14]!"女怅然有感[15],遂相许以私[16],克以明夕[17]。

其夜,安寝堂屋[18],以俟女来[19]。薄暮果到[20],男不胜其悦,把臂曰[21]:"宿愿始伸于此[22]!"欢踊遂死[23]。女惶惧[24],不知所以[25],因遁去[26],明还粉店。至食时,父母怪男不起,往视,已死矣。当就殡敛[27],发箧笥中[28],见百餘裹胡粉[29],大小一积[30]。其母曰:"杀吾儿者,必此粉也。"入市遍买胡粉,次此女[31],比之[32],手迹如先[33],遂执问女曰[34]:"何杀我儿?"女闻呜咽[35],具以实陈[36]。父母不信,遂以诉官。女曰:"妾岂复吝死[37]?乞一临尸尽哀[38]!"县令许焉。径往抚之恸哭[39],曰:"不幸致此,若死魂而灵[40],复何恨哉[41]?"男豁然更生[42],具说情状[43],遂为夫妇,子孙繁茂。

[注释]

[1] 人家:家庭。

[2] 宠恣:宠爱骄纵。《全晋文》卷一四九慕容皝《与庾冰书》:"每睹史传,未尝不宠恣母族,使执权乱朝,先有殊世之荣,寻有负乘之累,所谓爱之适足以为害。"《全梁文》卷五武帝萧衍《移檄京邑》:"独夫扰乱天常,毁弃君德,奸回淫纵,岁月滋甚。……宠恣愚竖,乱惑妖孽。"

[3] 市:集市;街市。

[4] 胡粉:即"铅粉",搽脸用的化妆品。《释名·释首饰》:"胡粉,胡,餬也,脂合以涂面也。"《全后汉文》卷一八马融《飞章虚诬李固》:"大行在殡,路人掩涕,固独胡粉饰貌,搔头弄姿。"《北堂书钞》卷一三五引《魏名臣奏》云:"今官贩粉、卖胡粉,与百姓争锥刀之末利。宜乞停之。"《抱朴子内篇·论仙》:"愚人乃不信黄丹及胡粉是化铅所作。"《北史·后妃传下·隋文献皇后独孤氏》:"后雅性俭约,帝常合止利药,须胡粉一两,宫内不用。求之竟不得。"

[5] 无由自达:没有办法表白(爱慕之情)。自达:自我表白,自我陈述。《文选·王褒〈四子讲德论〉》:"仆虽嚚顽,愿从足下,虽然,何由而自达哉?"

[6] 托:借口;假托。

[7] 日:每天。

[8] 初无:并无,从来没有。汉魏六朝文献中,"初"常与否定词"无""不"连用,以表示对后续成分的否定。《诗·豳风·东山》:"制彼裳衣,勿士行枚。"汉郑玄笺:"勿,犹无也。……亦初无行陈衔枚之事,言前定也。"《后汉书·盖勋传》:

"帝曰：'善,恨见君晚,群臣初无是言也。'"《世说新语·方正》："夏侯玄既被桎
梏,……考掠初无一言,临刑东市,颜色不异。"元魏吉迦夜共昙曜译《杂宝藏经》卷
一〇《老婆罗门问谄伪缘》："长者白王：'初无奸杂而与往返,唯一婆罗门长共出
入,清身洁己,不犯物也。'""初无"的用法均同本篇。"初不"用例参见《生经·佛
说鳖猕猴经》注[19]。

　　[9] 积：指累积的时日。"积渐久"谓时间渐渐长了。

　　[10] 君：对男子的尊称。这里用以称富家儿。

　　[11] 将欲：打算;想要。《老子》二九章："将欲取天下而为之,吾见其不得
已。"《墨子·非攻下》："今且天下之王公大人士君子,中情将欲兴天下之利,除
天下之害。"《史记·田敬仲完世家》："简公与妇人饮檀台,将欲击田常。"《世说新
语·方正》："宣王既与亮对渭而陈,亮设诱谲万方,宣王果大忿,将欲应之以重
兵。"　　何施：派什么用场。

　　[12] 意相爱乐：心里很喜欢你。相,用作偏指,表示一方对另一方的行为动
作,这里指代第二人称。下文"然恒欲相见"的"相"用法相同。《史记·李斯列
传》："今陛下有海内,而子弟为匹夫,卒有田常、六卿之患,臣无辅弼,何以相救
哉?"相救,救你。《三国志·吴志·鲁肃传》："(孙权)因谓曰：'子敬,孤持鞍下马
相迎,足以显卿未?'"相迎,迎你。《搜神后记》卷六"四人捉马"条："四人云：'不相
杀,当持君赴官。'"相杀,杀你。《世说新语·政事》："王谓何曰：'我今故与林公来
相看,望卿摒拨常务,应对玄言。'"相看,看你。《宋诗》卷一一《清商曲辞·华山
畿》："别后常相思,顿书千丈阙,题碑无罢时。"相思,想你。《晋书·宣帝纪》："此
不足以劳君,事欲必克,故以相烦耳。"相烦,烦劳你。"相"字均用同本篇。　　爱
乐：喜欢,喜爱。《汉书·李广传》："将兵,乏绝处见水,士卒不尽饮,不近水;不尽
餐,不尝食。宽缓不苛,士以此爱乐为用。"失译《兴起行经》卷上《佛说奢弥跋宿缘
经》："见辟支佛衣服整齐,行步详审,六根寂定,心甚爱乐,即请供养。"《搜神后记》
卷四"李仲文女"条："(女)自言：'前府君女,不幸早亡;会今当更生。心相爱乐,故
来相就。'"

　　[13] 恒：常常。

　　[14] 假此：借着这个(指买粉)。　　观姿：犹言看你。

　　[15] 怅然：惆怅失意的样子。《史记·淮南衡山列传》："王坐东宫,召伍被与
谋,曰：'将军上。'被怅然曰：'上宽赦大王,王复安得此亡国之语乎!'"《文选·江
淹〈杂体诗·王征君微〉》："怅然山中暮,怀痾属此诗。"唐刘良注："怅然,失志貌。"
　　感：感触,感慨。

　　[16] 相许以私：即"以私相许",状语后置。"私"谓私情(指明晚约会一事),
"相许"即答应他。"相"也是偏指用法,但所指代的是第三人称,这是和上文"相爱

乐""相见"之"相"的不同之处。《史记·孝武本纪》:"(李)少君言于上曰:'臣尝游海上,见安期生,食臣枣,大如瓜。'……求蓬莱安期生莫能得,而海上燕齐怪迂之方士多相效,更言神事矣。"《列子·汤问》:"(愚公)聚室而谋,曰:'吾与汝毕力平险,指通豫南,达于汉阴,可乎?'杂然相许。"《后汉书·朱穆传》:"穆居家数年,在朝诸公多有相推荐者,于是征拜尚书。"《古小说钩沉》辑《述异记》:"既奠牲奏鼓,使者独见一人,武冠朱衣,中筵而坐,曰:'卢征房若起事,至此,当以水相送。'""相效"即效之、仿效他(李少君),余可类推。

[17] 克:约定。

[18] 安寝:安歇。《陆机集》卷六《拟古·拟明月何皎皎》诗:"安寝北堂上,明月入我牖。" 堂屋:正屋。《搜神记》卷三"陨炤"条:"金五百斤,盛以青罌,覆以铜柈,埋在堂屋东头,去地一丈,入地九尺。"《南齐书·祥瑞志》:"始兴郡本无榝树,调味有阙。世祖在郡,堂屋后忽生一株。"

[19] 俟:等待。

[20] 薄暮:傍晚时分。《汉书·外戚传上·高祖吕皇后》:"戚夫人舂且歌曰:'子为王,母为虏,终日舂薄暮,常与死为伍!'"《陆机集》卷五《答张士然》诗:"终朝理文案,薄暮不遑眠。"

[21] 把臂:抓住手臂、握臂。表示亲昵。《后汉书·吕布传》:"道经陈留,太守张邈遣使迎之,相待甚厚。临别,把臂言誓。"《世说新语·赏誉》:"谢公道豫章:'若遇七贤,必自把臂入林。'"《刘孝标集·广绝交论》:"自昔把臂之英,金兰之友,曾无羊舌下泣之仁,宁慕郈成分宅之德。"

[22] 伸:犹言实现。

[23] 欢踊:欢快喜悦的样子。这里用来描述富家儿欣喜无比、极度兴奋的情状。后汉支娄迦谶译《般舟三昧经》卷下《请佛品》:"若有与施除悭贪,其心欢踊而授与;既施之后恒欣喜,如是行者得三昧。"西晋竺法护译《佛五百弟子自说本起经·颰提品》:"即兴清净心,欢踊意念言:当施与比丘,是本众祐者。"参见《百喻经·得金鼠狼喻》注[2]"喜踊"条。

[24] 惶惧:害怕,恐慌。《全汉文》卷三三孙会宗《与杨恽书》:"大臣废退,当阖门惶惧,为可怜之意。"《论衡·明雩》:"故雩祀尽已惶惧,关纳精心于雩祀之前。"《周书·文帝纪下》:"窦泰卒闻军至,惶惧,依山为阵,未及成列,太祖纵兵击破之。"

[25] 不知所以:不知所措。

[26] 因遁去:便逃离了(现场)。

[27] 当:将要。 殡殓:入殓,出殡。

[28] 发:打开。 箧笥:盛物的箱子。《礼记·内则》:"男女不同椸枷,不

敢县于夫之楎椸,不敢藏于夫之箧笥。"《三国志·吴志·陆凯传》:"或以为凯藏之箧笥,未敢宣行。"《后汉书·礼仪志下》:"五时朝服各一袭在陵寝,其馀及宴服皆封以箧笥,藏宫殿后阁室。"古人在殡殓时,有把死者的常用衣物等放入棺中随葬的习俗(《吐鲁番出土文书》中的不少墓都有"某某随葬衣物疏",即其证),所以要打开箧笥,寻检遗物。

[29] 裹:包。量词。"百餘裹"即百余包。《宋书·符瑞志上》:"(宋武)帝患手创积年,沙门出怀中黄散一裹与帝曰:'此创难治,非此药不能瘳也。'"《全隋文》卷二一王劭《舍利感应记》:"皇帝昔在潜龙,有婆罗门沙门来诣宅上,出舍利一裹曰:'檀越好心,故留与供养。'"

[30] 大小:大大小小。　　一积:一堆。《南史·吉士瞻传》:"始士瞻梦得一积鹿皮,从而数之,有十一领。"《太平广记》卷三九四"徐智通"条(出《录异记》):"一人曰:'吾一声,令十丈旛竿尽为算子,仍十枚为一积。'"

[31] 次:轮到,挨到。

[32] 比之:比较胡粉的包法。

[33] 手迹:包装的手法。

[34] 执:抓住。

[35] 鸣咽:低声哭泣。

[36] 具以实陈:详细地把事情经过讲述了一遍。

[37] 妾:妇女的自谦之称。《史记·刺客列传》:"(聂)荣应之曰:'闻之。然政所以蒙污辱,自弃于市贩之间者,为老母幸无恙,妾未嫁也。'"《汉诗》卷九《乐府古辞·东门行》:"拔剑东门去,舍中儿母牵衣啼:'他家但愿富贵,贱妾与君共铺糜。'"　　岂复:岂,难道。"复"是副词词尾,不表实义。《汉诗》卷七蔡琰《悲愤诗》:"人言母当去,岂复有还时!"失译《长者音悦经》:"如有人违犯王法,闭在牢狱,应当诛戮,财物没入其官,岂复能却之乎?"《世说新语·规箴》:"乳母既至,朔亦侍侧,因谓曰:'汝痴耳,帝岂复忆汝乳哺时恩邪!'"　　吝死:顾惜性命。

[38] 乞:请求。　　一:一次。

[39] 恸哭:大哭。

[40] 灵:有灵;显灵。

[41] 恨:遗憾。

[42] 豁然:霎时;一下子。《释名·释兵》:"戈,豁也,所向莫敢当前,豁然破散也。"《陶渊明集》卷六《桃花源记》:"初极狭,才通人;复行数十步,豁然开朗。"　　更生:复活。

[43] 情状:(当时)情形。

(五) 观世音应验记①

　　记载观世音应验故事的小说集。《观世音应验记》是 20 世纪 40 年代才在日本发现,1994 年始介绍回我国的久佚的南朝小说。作者分别是南朝宋傅亮(撰《光世音应验记》七条)②、张演(撰《续光世音应验记》十条)和南朝齐陆杲(撰《系观世音应验记》六十九条)。傅亮字季友,晋末宋初人,宋武帝时官至中书监、尚书令,宋元嘉三年(426 年)被诛。《宋书》卷四三有传。张演生平事迹不详。陆杲字明霞,起家齐中军法曹行参军,入梁后历任要职,卒于梁中大通四年(532 年)。《梁书》卷二六有传。故这三种《应验记》大致是公元 4 世纪末到 6 世纪初的作品。此书在我国失传已久,1943 年在日本京都青莲院首次发现。原卷系一个古抄本,抄写年代大约在日本镰仓时代(12 世纪末—14 世纪初)。直到 1984 年,我国学者孙昌武访日时才了解到这个抄本的存在,遂在日本学者的大力协助下,设法将其原件影印回国。1994 年由中华书局正式印行。

　　《观世音应验记》三种自发现以来,受到了中日两国学者的重视,刊布了不少有分量的研究成果。日本方面,专著有京都大学教授牧田谛亮的《六朝古逸观世音应验记研究》(平乐寺书店,1970 年);论文有京都花园大学副教授衣川贤次的《傅亮〈光世音应验记〉译注》《张演〈续光世音应验记〉译注(上)》《张演〈续光世音应验记〉译注(下)》等三文,分刊《花园大学文学部研究纪要》第 29 号(1997 年)、第 31 号(1999 年)和第 33 号(2001 年)。中国方面,有魏达纯《〈观世音应验记〉词语拾零》(《古汉语研究》1997 年第 3 期)、董志翘《〈观世音应验记三种〉校

_____

　　①　观世音:梵文 Avalokiteśvara 的意译(音译作阿缚卢枳低湿伐罗),也作光世音、观自在、观世自在等。佛教大乘菩萨之一。原作观世音,因唐人避太宗讳,改称观音。玄奘译《心经》时,改译观自在。佛经说此菩萨为广化众生,示现种种形象,名为"普门示现",一般雕塑和图像多作女相,通常与大势至同为阿弥陀佛左右胁侍,合称"西方三圣"。六朝以来,相传观世音能拯救人危难,《法苑珠林》《高僧传》《续高僧传》等多记其救人免厄之事。

　　②　傅亮此书系据东晋谢敷《光世音应验记》追记而成的。谢敷,东晋人,他撰写《光世音应验记》后传之于傅瑗,后该书散失于晋末的孙恩之乱。刘宋初年,傅瑗之子傅亮根据记忆追写了其中的七则;张演又追记十条,续亮所撰,成《续光世音应验记》;张演的堂外孙、萧齐的陆杲又汇集书传旧闻,辑录六十九则,成《系观世音应验记》。

点举误》(上、下,《古籍整理研究学刊》1996 年第 5 期、1997 年第 2
期)、方一新《南朝人撰三种〈观世音应验记〉词义琐记六则》(《中国语
文》2001 年第 6 期)等。1994 年,孙昌武整理出版了点校本《观世音应
验记三种》(中华书局,下简称中华本),这是该书首次与中国读者见
面。2002 年 1 月,董志翘出版了《〈观世音应验记三种〉译注》(江苏古
籍出版社,下简称《译注》),对三种《观世音应验记》作了精心的整理和
校注,都是这方面的成果,我们在校注时参考了他们的成果。

现以日本京都青莲院藏抄本复印件《观世音应验记》三种为底本,
选注傅亮《光世音应验记》(第 3 则)、陆杲《系观世音应验记》(第 21
则)各一则。前者并据日本大阪府天野山金刚寺藏《佚名诸菩萨感应
抄》对校①。这两种抄本的复印件均承日本友人衣川贤次先生惠予提
供,谨此致谢。

6.染　闵　灭　胡

[题解]

　　五胡乱华,杀戮无数,中华大地一片混乱。人人自危,朝不虑夕。
因此,救人免难,无所不在的观世音菩萨就应运而生了。只要信佛诵
经,就可"白刃不伤",脱灾免祸,多么神奇啊。这既说明佛教在传教的
平民化方面取得的成功,更反映了普通百姓在乱世的心理寄托和美好
幻想。本条记载的故事,正是这一情形的写照。

　　本则据日本大阪金刚寺藏《佚名诸菩萨感应抄》作了校勘。原文
有误者加括号,作( );校正文字加方框号,作[ ]。第 7 则亦同。

[原文]

　　石虎死后[1],染闵杀胡[2]。无少长[3],悉坑灭之[4]。晋人之类胡
者,往往滥死[5]。时邺西寺中有三胡道人[6],共计议曰[7]:"染家法
严[8],政复逃(遂)[匿][9],同无逸理[10]。光世音菩萨救人免厄[11],今
唯当至心自归[12]。"乃共诵经请乞[13],昼夜不懈。数日后,收人来

---

　　① 《佚名诸菩萨感应抄》,日本大阪府天野山金刚寺藏,大致为平安时代(公元 8 世
纪—12 世纪)后期的抄本。全书"观音菩萨"中有不少内容直接抄自《观世音应验记》,有很
高的校勘价值。

至[14],围寺一匝[15]。三人拔刀入户,欲各杀之[16]。一道士所住讲堂壁下[17],先有积(林)[材][18]。一人先来,与刀拟之[19],而(诛)[误]中积(杖)[材][20],刀曲如钩,不可得拔。次一人又前斫之[21],刀应手中[22],即一段飞在空中,一段反还自向[23]。后餘一人,见变如此[24],不敢复前,投刀谢之[25]:"不审上人有何神术[26],乃今白刃不伤[27]?"道士答曰[28]:"我实无术。闻官杀胡,恐自不(逸)[免][29],唯归心光世音。当是威神怜佑耳[30]。"此人驰还白闵,具说事状[31],闵即敕(持)[特]原三道士[32]。道壹在邺亲所闻见。

[注释]

[1] 石虎:字季龙(295—349 年),东晋十六国时期后赵国君,公元 334—349 年在位。羯族,石勒之侄。石勒死后,废勒子石弘自立,迁都于邺(今河北临漳西南)。生性残暴,刑罚严苛,穷兵黩武,民不聊生。死后不久,后赵即亡。参《晋书·石季龙载记》。

[2] 染闵:即"冉闵"。写本中此类同音借用的情况不为罕见。诸如"刘子",斯坦因 4663 号敦煌残类书《杂抄》作"流子"。《异苑》卷二:"元嘉四年,东阳流一作留道先家中筋竹林忽生连理,野人无知,谓之祸祟,欲斫杀之。"中华本校记:"'流道先',《艺文类聚》卷八九引作'刘道德'。"均其例。冉闵(? —352 年),字永曾,魏郡内黄(今属河南)人,东晋十六国时期魏国的建立者。公元 350—352 年在位。父冉瞻为石虎养子,故以石氏为姓。石虎死后,冉闵利用汉人对羯族统治者的仇恨,屠杀羯人,夺取后赵政权,建立魏国,史称冉魏。在位两年,即为前燕慕容儁所败,被俘而死。参《魏书》《晋书·冉闵载记》。　　杀:本篇"杀"原写卷均作"煞","煞"同"杀"。　　胡:古代对北方和西方民族(如匈奴)的称呼,汉魏晋南北朝则以之称西域诸国人。这里指羯族人。

[3] 无少长:不论年幼年老,意即所有人、全部人。《史记·吕太后本纪》:"遂遣人分部悉捕诸吕男女,无少长,皆斩之。"《汉书·晁错传》:"亡臣子礼,大逆无道,错当要斩,父母、妻子、同产,无少长皆弃市。"《说苑·善说》:"对曰:'今谓天高,无少长愚智皆知高;高几何,皆曰不知也。'"与此相类的有"无老壮",谓不论老年人、青壮年,《史记·李将军列传》:"(李广)遂引刀自刭,广军士大夫一军皆哭。百姓闻之,知与不知,无老壮皆为垂涕。"

[4] 坑灭:金刚寺本作"杀"。

[5] 滥死:冤枉而死。滥,冤枉,冤屈。《洛阳伽蓝记》卷一《永宁寺》:"十三日,召百官赴驾,至者尽诛之,王公卿士及诸朝臣死者三千餘人。……贫夫贱士,

禈负争逃。于是出诏,滥死者普加褒赠。"《隋书·五行志下》:"先是,尔朱文畅等谋害神武,事泄,伏诛。诸与交通者多有滥死。"今语仍说"滥杀无辜"。

[6]道人:僧人,和尚。早期的"道人",既可指道教徒、道士,也可指僧人、和尚。宋叶梦得《避暑录话》卷下:"晋宋间佛学初行,其徒犹未有僧称,通曰道人。其姓则皆从所授学。如支遁,本姓关,学于支谦,为支;帛道猷本姓冯,学于帛尸梨密,为帛,是也。至道安始言佛氏释迦。"

[7]计议:商量,讨论。《史记·廉颇蔺相如列传》:"臣知欺大王之罪当诛,臣请就汤镬,唯大王与群臣熟计议之。"《后汉书·彭宠传》:"宠又与常所亲信吏计议,皆怀怨于浮,莫有劝行者。"《太平广记》卷一二七"卢叔敏"条(出《逸史》):"至明年七月末,郑君与县宰计议,至其日五更,潜布弓矢手力于西郭门外。"

[8]染家法:谓冉家之法,"家法"不连读。《后汉书·宦者传·蔡伦》:"选通儒谒者刘珍及博士良史诣东观,各雠校汉家法。""汉家法"谓汉家之法(汉朝的法律、规定),"冉家法"与之相类。

[9]政复:即使,即便。《宋书·沈攸之传》:"若使天必丧道,忠节不立,政复阖门碎灭,百死无恨。"南朝梁元帝萧绎《金楼子》卷三《说蕃》:"萧子响在荆州造仗,长史、司马皆以启闻。王知,大怒,乃伪请入坐,起,既至坐,厉声色而语曰:'身父则是天子,政复造五千人仗,此复何嫌,而君遂以上启!'"也作"正复"。《三国志·魏志·王粲传》:"然正复精意覃思,亦不能加也。"刘宋宝云译《佛本行赞》卷四:"任彼自在力,何用修善为? 正复修善恶,不应有业报。"刘宋求那跋陀罗译《杂阿含经》卷三七:"正复不触,亦不清净。"　　逃遂:金刚寺本作"逃匿",《译注》从之,是。

[10]同无逸理:大家都没有逃脱的可能。无……理,表示没有什么可能,参见《世说新语·孙兴公嫁女》注[6]。逸,金刚寺本作"免"。

[11]光世音:即"观世音"的异译。南朝梁僧祐《出三藏记集》卷一《前后出经异记》:"旧经光世音,新经观世音。"唐智升《开元释教录》卷二上《撰总括群经录上之二》:"《光世音大势至受决经》,一卷,初出,元康年出。亦直云《观世音受记经》见聂道真、僧佑二录。"　　厄:灾难,困苦。"免厄",免除灾难。金刚寺本无"免"字。

[12]唯当:只有;只能。　　至心:诚心;真心。《全后汉文》卷八三孔融《与曹公书论盛孝章》:"昭王筑台,以尊郭隗,隗虽小才而逢大遇,竟能发明主之至心。"《后汉书·孝明八王传·梁节王畅》:"如不听许,臣实无颜以久生,下入黄泉,无以见先帝。此诚臣至心。"《晋书·王嘉传》:"人候之者,至心则见之,不至心则隐形不见。"　　自归:自行投靠,自行归顺。《光世音应验记》第4则:"'唯光世音菩萨救人危难,若能至心归请,必有感应。'(窦)博亦先闻光世音,及得山语,遂专

心属念,昼夜三日,至诚自归。"《续光世音应验记》第 1 则:"众共防守,终晨逮夜。(徐)义素奉佛,乃自归于光世音菩萨,虑苦意专。"

[13] 请乞:请求;乞求。《风俗通义·十反·安定太守汝南胡伊》:"近灵帝之末,司徒掾弘农董君考上名典,君事不得自劾,暂以家急假。太守季崇请乞相见。"《搜神记》卷一五:"其兄病,有乌衣人令杀之。向其请乞,终不下手。"《水经注·夷水》:"县北十余里,有神穴。平居无水,时有渴者,诚启请乞,辄得水。"金刚寺本无"请"字。

[14] 收人:执行抓捕命令者。《南齐书·萧景先传》:"遣军围宅,(萧)毅时会宾客,奏伎。闻变,索刀未得。收人突进,挟持毅入与母别,出便杀之。"《晋书·周颛传》:"路经太庙,颛大言曰:'……神祇有灵,当速杀敦,无令纵毒,以倾王室。'语未终,收人以戟伤其口,血流至踵。"也可指被拘捕者,睡虎地秦墓竹简《属邦》:"道官相输隶臣妾、收人,必署其已禀年日月,受衣未受,有妻毋有。"

[15] 一匝:一圈。

[16] 各:分别。

[17] 道士:和"道人"一样,早期可指僧人、和尚。旧题汉牟融《牟子理惑论》:"仆尝游于阗之国,数与沙门道士相见。"《齐民要术》卷一〇《五谷果蓏菜茹非中国物产者·槃多》:"《嵩山记》曰:'嵩寺中忽有思惟树,即贝多也。……汉道士从外国来,将子于山西脚下种,极高大。'"《晋书·吕纂载记》:"道士句摩罗耆婆言于纂曰:'潜龙屡出,豕犬见妖,将有下人谋上之祸。'"　讲堂:佛、高僧讲经传教的堂舍。后汉支曜译《成具光明定意经》:"佛灭度后,弟子立庙,图像佛形,并设讲堂,论义经法。"西晋竺法护译《舍利弗摩诃目连游四衢经》:"请求睹大圣德,若大枰阁,若大讲堂,净洁涂治,开诸轩窗。"竺法护译《无量清净平等觉经》:"无量清净佛所可教授讲堂精舍,皆复自然宝。"

[18] 林:金刚寺本作"材",谓木料,木材。《译注》从之,是。下文"而诛中积杖"的"杖"亦当从金刚寺本作"材"。

[19] 与刃:用刀(砍杀)。《太平御览》卷二六五引《广陵列士传》:"刘隽为郡主簿,郡将为贼所得,隽知言辞不能动贼,因叩头流血,乞得代之,贼不听,前砍府君。隽因投身护之,正与刃,会斫左肩,疮尺餘。"《宋书·袁淑传》:"(刘)劭因命左右:'与手刃。'见杀于奉化门外。"金刚寺本作"举刃",中华本、《译注》均从改。

拟:对准后砍杀。《搜神记》卷一一"三王墓"条:"王即临之,客以剑拟王,王头随堕汤中;客亦自拟己头,头复堕汤中。"

[20] 诛:中华本以"而诛"二字属上句,作"以刃拟之而诛";《译注》本属下,作"而诛中积材"。按:检影印件,"而"后此字并不明晰,疑为"误"字之残讹。

[21] 斫:砍,劈。

［22］应手：随即；马上。《史记·儒林列传》："下圈刺豕，正中其心，一刺，豕应手而倒。"《三国志·吴志·诸葛恪传》："恪惊起，拔剑未得，而峻刀交下。张约从旁斫峻，裁伤左手；峻应手斫约，断右臂。"《太平广记》卷八三"吴堪"条（出《原化记》）："吏以物及粪，应手洞然，火飚暴起。"

［23］反还：返回；回去，指按原来的路线返回。《淮南子·人间》："（楚庄王）遣卒戍陈，大夫毕贺。申叔时使于齐，反还而不贺。"《易林》卷一《屯之比》："獐鹿逐牧，饱归其居。反还次舍，无有疾故。"《汉书·吴汉传》："汉选四部精兵黄头吴河等及乌桓突骑三千馀人，齐鼓并进，建军大溃，反还奔城。"也作"返还"，《梁书·诸夷传·中天竺国》："此信返还，愿赐一使，具宣圣命。"《法苑珠林》卷三七《神异篇·杂异部》："（释普）安时先往诣鄠县，返还在道。"《译注》径作"返还"，未详何据。　　自向：飞到自己身上，击中自己。向：至，到……去。"自向"原指指向自己、对准自己。《后汉纪·光武帝纪七》："恽即诣令自首，令应之迟。恽曰：'为交报雠，吏之私也；奉法不阿，君之义也。亏君生身，非节也。'趋出诣狱。令跣追之，拔刀自向曰：'子不出，吾以死明之。'恽随令出。"引申则有本条义。

［24］变：变故；奇特景象。

［25］谢：谢罪；请罪。

［26］不审：不知。后常用于疑问句，表示疑问。旧题三国吴支谦译《撰集百缘经》卷五《富那奇堕饿鬼缘》："向佛如来，具说事状：'不审世尊，彼饿鬼者，宿造何业，受此报耶？'"参见《弥沙塞部和醯五分律》注[34]。　　上人：对僧人的尊称。参见《裴子语林·殷浩于佛经有所不了》注[8]。

［27］乃令：写本如此，中华本校为"乃令"。《译注》本作"乃今"，并援引古籍例证，释"乃今"为而今，如今。按：写卷中"今""令"二字形近易混，此当从中华本作"乃令"为是。乃，竟，竟然；令，使，让。"乃令白刃不伤"，竟然让刀刃都伤不着自己。表示事实出人意料。"乃今"固然是一词，但置于此处，与上下文语气稍隔。　　白刃：指锋利的刀。《礼记·中庸》："子曰：天下国家，可均也；爵禄，可辞也；白刃，可蹈也；中庸，不可能也。"《史记·司马相如列传》："触白刃，冒流矢，义不反顾，计不旋踵。"

［28］道士：此例及下文"闵即敕特原三道士"的"道士"，金刚寺本均作"道人"，义同。

［29］恐自：恐怕；担心。自，副词词尾，不表词汇义。宋邵伯温《邵氏闻见录》卷一四："忠宣谓汲公曰：'此路荆棘已七八十年，吾辈开之，恐自不免。'"《朱子语类》卷一四〇《论文下·字附》："鲁直论字学，只好于印册子上看。若看碑本，恐自未能如其所言。"　　逸，金刚寺本作"免"，《译注》从改。似可从。

［30］威神：威严的神灵。《汉书·叙传·述哀纪》："孝哀彬彬，克揽威神。"东

晋法显《法显传·自师子国到耶婆提国》：“唯一心念观世音及归命汉地众僧：‘我远行求法，愿威神归流，得到所止。’”

[31] 事状：情况。《论衡·四讳》：“诸工技之家说吉凶之占，皆有事状。”旧题三国吴支谦译《撰集百缘经》卷六《须达多乘象劝化缘》：“时彼使者，具以事状，往白须达。”《搜神记》卷一五“李娥”条：“于是娥遂得出，与伯文别。伯文曰：‘书一封，以与儿伦。’娥遂与黑俱归。事状如此。”《异苑》卷一：“须臾，复得釜，又取发，水便暴出，五百人一时没溺，唯督监得存，具说事状，于今犹名此湖为五百陂。”

[32] 持：金刚寺本作“特”，是。特原：破例宽赦，特别赦免。《三国志·魏志·刘廙传》：“魏讽反，廙弟伟为讽所引，当相坐诛。太祖令曰：‘叔向不坐弟虎，古之制也。’特原不问。”《世说新语·方正》：“既至，(郭)淮与宣帝书曰：‘五子哀恋，思念其母。其母既亡，则无五子；五子若殒，亦复无淮。’宣帝乃表特原淮妻。”《太平广记》卷七六“桑道茂”条(出《剧谈录》)：“既克京师，从乱者悉皆就戮。时李受命斩决，道茂将欲就刑，请致词，遂以汗衫为请。李公奏以非罪，特之。”和“特原”相似的有“特宥”，见于《宋书·徐羡之传》《魏书·房法寿传》等；有“特赦”，见于《三国志·魏志·高贵乡公纪》《后汉书·王允传》等。

7. 夏库吏脱险

[题解]

汉魏以来，佛经传入内地，在士族阶层和普通民众中产生了相当广泛的影响。传教者宣称，只要信奉观世音，诵经不辍，就能摆脱困境，甚至起死回生。因此，周嵩佞佛，临刑犹诵佛经(《晋书·周嵩传》)；阮裕信佛，为患重病的儿子“祈请三宝，昼夜不懈”(《世说·尤悔》)，士族阶层尚且如此，何况普通民众呢？夏姓库吏托观世音的福得以脱险，正可作为传教者的一个实例。观本书及《冥祥记》《宣验记》一类的应验小说，此类故事极多，固无待乎一一枚举也。

[原文]

晋义熙中[1]，司马休之为会稽[2]。换因库钱廿万[3]，迁荆州，遂不还之。郡无簿书[4]，库吏姓夏，应死，明日见(饭)[杀][5]。今夜梦见一道人，直来其前，语夏：“催去[6]！”因觉起[7]，见所住槛北有四尺许开[8]，又见所梦道人复语：“催去！”夏曰：“缘械甚重，何由得去[9]？”道人曰：“汝已解脱[10]，但便速去，我是观世音也。”夏便自觉无复锁械，即穿出槛,槛外(壚)[墙]上大有芳判[11],见道人在芳上行。夏因上就之[12]。比出狱[13],已晓,亦失向道人[14]。处处藏伏[15],暝投宿下驾山[16],见有(如)[数]道人共水边坐[17]。夏先亦知有观世音,因问曰:"观世音是何处道人?"道人曰:"是佛,非世间人也。"得免后,守人遇(政)[收][18],因首出[19],为秘书令史[20]。后归家作金像[21],著颈发中,菜食断谷[22],入剡山学道[23]。

[注释]

[1] 义熙:晋安帝(司马德宗)年号,起讫为公元 405—418 年。

[2] 司马休之:字季预,官至荆州刺史。参《晋书·司马休之传》。　为会稽:担任会稽内史。为,指担任州、郡、县等地方的第一号行政长官(刺史、太守或内史、县令)。参见《世说新语·殷仲堪节俭》注[1]。

[3] 换:借;借贷。　因:写本作"曰",是"因"的俗写。《译注》录作"回",可疑。"换回"一词有不少用例,似均为交换、换回来义。　库钱:州府仓库中的钱币。《后汉书·朱儁传》:"时同郡周规辟公府,当行,假郡库钱百万,以为冠帻费。"《梁书·何胤传》:"又敕山阴库钱月给五万,胤又不受。"　廿:二十。

[4] 簿书:记录财物出纳的账本、簿册。《周礼·天官·司书》:"司书:上士二人,中士四人,府二人,史四人,徒八人。"汉郑玄注:"司书:主计会之簿书。"《汉书·礼乐志》:"今其甚者杀父兄,盗者取庙器,而大臣特以簿书不报,期会为故。"唐颜师古注:"簿,文簿也。"

[5] 饭:当作"杀"。本写卷凡杀戮均作"煞"("杀"的俗体),遂误作"饭"。　见杀:被杀。见,助动词,用于动词之前,表示被动。

[6] 催去:快离开。催,迅速,马上。《晋诗》卷一二《清商曲辞·吴声歌曲·懊侬歌十四首》之十二:"发乱谁料理? 托侬言相思。还君华艳去,催送实情来。"《世说新语·豪爽》:"祖车骑尚未镇寿春,瞋目厉声语使人曰:'卿语阿黑,何敢不逊! 催摄面去,须臾不尔,我将三千兵槊脚令上。'"唐司空曙《田家》诗:"呼儿催放鞢,邀客待烹鸡。"参张永言主编《世说新语辞典》"催"条注。

[7] 因:于是。　觉:醒,醒来。《诗·王风·兔爰》:"我生之后,逢此百忧,尚寐无觉。"宋朱熹集传:"觉,寤也。"

[8] 槛:监狱,牢房。　许:大约,左右。表示约数。《全后汉文》卷一五桓谭《桓子新论下·闵友》(《太平御览》卷六一九引):"常有所不晓百许寄余,余观其事,皆略可见。"《搜神记》卷五"丁新妇"条:"翁因出菁半许安处,不著船中,径渡之。"《后汉书·冯衍传》:"帝尝幸其府,留饮十许日。"参见《搜神记·卢充》注[8]。

[9] 何由：如何；怎能。《三国志·吴志·鲁肃传》："对曰：'昔高帝区区，欲尊事义帝而不获者，以项羽为害也。今之曹操，犹昔项羽，将军何由得为桓文乎？'"《陶渊明集》卷八《晋故征西大将军长史孟府君传》："尝乘船近行，适逢君过，叹曰：'都邑美士，吾尽识之，独不识此人。唯闻中州有孟嘉者，将非是乎？然亦何由来此。'使问君之从者。"

[10] 解脱：解开（镣铐）。《史记·酷吏列传》："（义纵）至，掩定襄狱中重罪轻系二百餘人，及宾客昆弟私入相视亦二百餘人，纵一捕鞫，曰：'为死罪解脱。'是日皆报杀四百餘人。"南朝宋裴骃集解引《汉书音义》曰："律，诸囚徒私解脱桎梏钳赭，加罪一等；为人解脱，与同罪。"《汉书·陈万年传》："或私解脱钳钛、衣服，不如法。"

[11] 墟：当作"墙"，形近之误。　芳判：未详。疑"芳"当读为"房"。《吕氏春秋·审时》："穗巨而芳夺，秕米而不香。"清俞樾《诸子平议》卷二四："此文'芳'字当读为'房'。房者，柎也。《山海经·西山经》'员叶而白柎'，郭（璞）注曰：'今江东呼草木子房为柎'，是也。'穗巨而芳夺'，言穗虽大而其房必脱落也，因借'芳'为'房'。"是俞氏读"芳"为"房"，指花的子房。然"房判"为何物，亦不得而知。下文"芳上行"若读作"房上行"，则其义即明。

[12] 就：走向，投向。

[13] 比：及；等到。《左传·庄公十二年》："陈人使妇人饮之酒，而以犀革裹之。比及宋，手足皆见。"

[14] 向：方才；刚才。《庄子·庚桑楚》："向吾见若眉睫之间，吾因以得汝矣。"《说苑·臣术》："田子方曰：'子与？吾向者望子，疑以为人君也；子至，而人臣也。'"参见《世说新语·孙兴公嫁女》注[16]。

[15] 处处：四处；到处。《汉书·游侠传序》："然郡国豪杰，处处各有；京师亲戚，冠盖相望，亦古今常道。"《宋书·符瑞志中》："元嘉二十三年至二十四年十二月，甘露频降，状如细雪，京都及郡国，处处皆然，不可称纪。"《搜神后记》卷六："见一鬼，依诸丛草间，处处设网，欲以捕人。"　藏伏：躲藏，隐藏。《周礼·天官·鳖人》："鳖人掌取互物，以时籍鱼鳖龟蜃凡狸物。"汉郑玄注引郑司农云："籍谓以杈刺泥中搏取之。狸物，龟鳖之属，自狸藏伏于泥中者。"宋陆佃《埤雅》卷二《释鱼·鲨》："其藏伏沙上，亦辄飞跃。"《朱子语类》卷七一《易七·剥》："但到坤时，藏伏在此，至复乃见其动之端否？"

[16] 暝：黄昏，傍晚。《易林》卷二《坎之泰》："朝不见光，夜不见明，暝抵空床，季女奔亡，怆然心伤。"　投宿：到某处临时住宿。投，投奔，投靠。《汉书·东方朔传》："从宣曲以南十二所中休更衣，投宿诸宫。"唐颜师古注："昼休更衣，夜则别宿于诸宫。"宋赵与时《宾退录》卷四："尝赴省试，过南安，会日暮，趋城尚远，投宿野人家。"　下驾山：山名。具体位置不详。

[17] 如：当作"数"。　　共：一起，一同。

[18] 政：当作"收"，形近之误。收，逮捕。有"收捕"连言者：失译《大方便佛报恩经》卷五《慈品》："尔时摩伽陀王即起四兵，而往收捕。"旧题三国吴支谦译《撰集百缘经》卷二《如愿临当刑戮求佛出家缘》："时彼城中，有一愚人，名曰如愿。好喜杀生，偷盗邪淫，为人纠告。王敕收捕，系缚送市。"参见南朝梁任昉《奏弹刘整》注[80]。

[19] 首出：自首。《宋书·刘敬宣传》："亡叛多首出，遂得三千餘户。"《南齐书·张敬儿传》："在襄阳，闻敬儿败，将数十骑走入蛮中，收捕不得；后首出，上原其罪。"《唐律疏义》卷四《名例四·略和诱人》"赦书到后百日见在不首故蔽匿者复罪如初"句疏义："谓人物及所假官等见在，故蔽匿隐藏而不首出，并获罪如初。"

[20] 秘书令：秦汉以来，中央政府设置尚书、秘书监、秘书令、秘书丞、秘书郎等官职，执掌官员向皇帝奏事的奏章函牍、皇帝诏令的宣示以及宫廷的图书等工作。秘书令吏，指担任秘书令的属官、随从。

[21] 金像：金铸的观世音像。

[22] 菜食：光吃蔬菜，不吃荤菜和米饭。《汉书·鲍宣传》："今贫民菜食不厌，衣又穿空。"唐许嵩《建康实录》卷十六《周颙传》："文惠太子问颙：'菜食何味最胜？'颙曰：'春初早韭，秋末晚菘。'"　　断谷：犹"辟谷"，不吃五谷。晋张华《博物志》卷五《方士》："右十六人，魏文帝、东阿王、仲长统所说，皆能断谷不食，分形隐没。"《晋书·许迈传》："饵术涉三年，时欲断谷。"

[23] 剡（shàn）山：古属嵊县，今属浙江嵊州市。　　道：指佛教。旧题汉牟融《牟子理惑论》："太子曰：'万物无常，有存当亡，今欲学道，度脱十方。'"《法苑珠林》卷一五引《冥祥记》："汝为道积年，竟无所招，比可养发，当访出门。"《魏书·释老志》："诸服其道者，则剃落须发，释累辞家，结师资，遵律度，相与和居，治心修净，行乞以自给。"

（六）异　　苑

《异苑》，十卷，南朝宋刘敬叔撰。书中所述多为汉魏六朝时期的传闻异事。和其他六朝琐闻型小说一样，语言比较平实，保存了较多的六朝口语词。中华书局 1996 年出版的范宁先生整理的点校本《异苑》，为读者阅读利用提供了方便。① 现据以选录二则。

---

① 范本在校勘方面也有可议之处。参见：《异苑》词语校释琐记[J].古籍整理研究学刊，2000(1).

8. 沈霸葬狗

[题解]

　　人狐、人狗之恋,是六朝志怪小说的主题之一,波及后世,影响深远。沈霸恋狗、葬狗一事文字不长,但出现了较多的口语词,说明六朝小说在保存、反映当时口语方面,具有较高的价值。本篇出自该书卷八第5则,标题为编者所加。亦见《太平广记》卷四三八,文字微异。

[原文]

　　太元中[1],吴兴沈霸梦女子来就寝[2]。同伴密察[3],惟见牝狗[4],每待霸眠,辄来依床[5]。疑为魅[6],因杀而食之[7]。霸后梦青衣人责之曰[8]:“我本以女与君共事[9],若不合怀[10],自可见语[11],何忽乃加耻杀[12]? 可以骨见还[13]。”明日收骨葬冈上,从是乃平复[14]。

[注释]

　　[1] 太元:晋孝武帝(司马曜)年号,起讫为公元376—396年。

　　[2] 吴兴:郡名,三国吴置,治所在乌程(今浙江湖州南,晋义熙初改移今湖州),辖境相当于今浙江临安、余杭(今属杭州市)、德清一线西北,兼有江苏宜兴县地。

　　[3] 同伴:同伙,一同共事的人。《太平御览》卷九〇五引《幽明录》:“(华)隆后至江边伐获,暂出渚次,为大蛇围绕周身,犬还便咋蛇,蛇死,隆僵仆无所知。犬彷徨涕泣,走还船,复反草中。同伴怪所以,随往,见隆闷绝,将归家。”北齐颜之推《还冤记》:“(李)龙引一人,是太乐伎,忘其姓名。劫发之夜,此伎推同伴往就人宿,共奏音声。”

　　[4] 牝狗:母狗。牝,雌性动物。

　　[5] 依床:就床,到床上来。明杨基《句曲秋日郊居杂兴》诗十首之三:“渐老爱秋光,升沉意两忘;雁声偏到枕,虫响故依床。”明孙承恩《感蟋蟀赋》:“恍依床而近榻兮,似向余而诉与。”

　　[6] 魅:鬼怪。《荀子·解蔽》:“明月而宵行,俯见其影,以为伏鬼也;仰视其发,以为立魅也。”

［7］因：于是；就。

［8］青衣人：指穿青色或黑色衣服的人，这里是女子的父亲。《法苑珠林》卷九二引《旧譬喻经》："昔有四姓，藏妇不使人见。妇值青衣人作地，突与琢银儿私通。"《太平广记》卷三八二"杨师操"条(出《冥祥记》)："至永徽元年四月七日夜，见著青衣人骑白马从东来。"《北齐书·神武帝纪上》："又苍鹰尝夜欲入，有青衣人拔刀叱曰：'何故触王！'言讫不见。"

［9］共事：结对，成亲。"共事"本指共同商议事，一起参与做事。《韩非子·八经》："知臣主之异利者王，以为同者劫，与共事者杀。"《汉书·楚元王传》："今将军当盛位，帝春秋富，宜纳宗室，又多与大臣共事。"唐颜师古注："服虔曰：'共议事也。'每事皆与，参共知之。"引申则有婚配、结对义。《汉诗》卷一〇《古诗为焦仲卿妻作》："共事三二年，始尔未为久。"《太平广记》卷三二二"周义"条(出《述异记》)："殓讫，妇房宿，义乃上床，谓妇曰：'与卿共事虽浅，然情相重，不幸至此。'"参看蒋礼鸿《敦煌变文字义通释·释称谓》、张永言《读〈敦煌变文字义通释〉》。另参见《汉诗·古诗为焦仲卿妻作》注［14］。

［10］合怀：满意；惬意。

［11］见语：告诉我。下文"见还"就是还给我。见，代词，指代第一人称代词，犹言"我"。参见《贤愚经》卷五《长者无耳目舌品》注［63］。

［12］何忽：为何；为什么。常用在疑问句中，表示疑问或反诘。《法苑珠林》卷一六引《佛本行经》："问其夫言：'此中鼍肉，今抂何处？'王子报言：'鼍忽然还活，今已走去。'其妇不信，何忽如是。鼍肉已熟，云何能走？"《宋书·宗室传·长沙景王道怜》："义綦曰：'下官初不识，何忽见苦？'"《南齐书·王僧虔传》："汝辈窃议亦当云：阿越不学，在天地间可嬉戏，何忽自课谪？"参见《汉武故事·短人巨灵》注［7］。　　耻杀：谓羞辱而杀之。《太平广记》卷四三八引《异苑》作"耻欤"，文渊阁四库全书本《异苑》在"杀"字下注："一作欤。"

［13］可：可以。　　以骨：把尸骨，拿尺骨。以，拿，用，介词。

［14］从是：从此。本书卷七："明日晨兴，乃于庭内获钱十万，似久埋者，而贯皆新；提还告其儿，儿并有惭色。从是祷酹愈至。"晋傅玄《傅子》(《太平御览》卷七五二引)："明帝诏先生作之，而指南车成，此一异也。从是天下服其巧矣。"《世说新语·规箴》："元帝过江犹好酒。王茂弘与帝有旧，常流涕谏。帝许之，命酌酒一酣，从是遂断。"　　乃：才。　　平复：恢复，像往日一样。《史记·梁孝王世家》："太后闻之，立起，坐飡，气平复。"《洛阳伽蓝记》卷五《凝圆寺》："毒龙居之，多有灾异。夏喜暴雨，冬则积雪。……祭祀龙王，然后平复。"原指疾病痊愈，《韩诗外传》卷一〇："弟父之为医也，以莞为席，以刍为狗，北面而祝之，发十言耳，诸扶舆而来者，皆平复如故。"由此引申则有本条义。

9. 刘 鸺 鹠

[题解]

自古以来,国人诸多忌讳。如忌讳说尊长的姓名,忌讳听见乌鸦叫声,其实都是思维定式、心理因素在作怪。本则刘姓人士,凡与他说话者,必有灾祸,屡试不爽。有一士不信,但甫与之交谈,家中就发生火灾,损失殆尽。此种事例,古人信其有,凿凿于文字,实则耳食误传的可能性极大,姑妄视之可也。

本篇出自该书卷一〇第 20 则,亦见《太平御览》卷八八五、《太平广记》卷八六"刘甲"条。

[原文]

有人姓刘,在朱方[1],人不得共语[2]。若与之言,必遭祸难[3],或本身死疾[4]。惟一士谓无此理[5],偶值人有屯塞耳[6]。刘闻之,忻然而往[7],自说被谤[8],君能见明[9]。答云:"世人雷同[10],亦何足恤[11]。"须臾火燎[12],资畜服玩荡尽[13],于是举世号为刘鸺鹠[14]。脱遇诸途[15],皆闭车走马[16],掩目奔避;刘亦杜门自守[17],岁时一出[18],则人惊散,过于见鬼[19]。

[注释]

[1] 朱方:春秋时吴地名。治所在今江苏省丹徒东南。也指南方。《太平广记》卷八六作"南方"。

[2] 共语:即下文的"与之言"。共,一同,一起。副词。《易林》卷一《坤之同人》:"长男少女,相向共语。"《三国志·蜀志·庞统传》:"(司马)徽采桑于树上,坐统在树下共语,自昼至夜。"

[3] 祸难:祸害灾难。《左传·襄公三十年》:"子产曰:'岂为我徒?国之祸难,谁知所儆?'"《逸周书·芮良夫解》:"敬思以德,备乃祸难。"

[4] 或:有的人。　　本身:自身,自己。唐文宗李昂《大和八年疾愈德音》:"积欠钱物,或囚系多年,资产已尽;或本身沦没,展转摊征。"宋朱熹《朱子语类》卷七五《易十一·上系下》:"元来只是十数。太阳居一,除了本身,便是九个。"

[5] 无此理:没有这样的道理。《法书要录》卷一〇《右军书记》:"此县弊久,因足下始有次第耳,必无此理,便当息意。"《宋书·武二王传·南郡王义宣》:"先

在彭泗闻诸将皆云，必有今日之事。以鄙意量，谓无此理。"

[6] 偶值：偶然碰到。值，遇到，碰到。《庄子·知北游》"明见无值"句唐成玄英疏："值，会遇也。"《抱朴子内篇·辩问》："按仙经以为诸得仙者，皆其受命偶值神仙之气，自然所禀。"《金楼子》卷四《立言》："然而李广数奇，或非深failure；庞涓战死，偶值伏兵。"《颜氏家训·风操》："今二亲丧亡，偶值伏腊分至之节及月小晦后忌之外，所经此日，犹应感慕，异于餘辰。"　　屯塞：倒霉，不顺。屯(zhūn)，艰难，困顿。宋杨简《杨氏易传》卷三"屯六二·屯如邅如乘马班如匪寇婚媾"句注："不与寇为婚媾，虽九五之正应，屯塞未合，终不与寇而失正。"宋王与之《周礼订义》卷三三"肆师之职·禜门用瓢赍"句注："郑锷曰：'禜祭必于国门，意以灾害屯塞，人事有所不通。'"

[7] 忻然：高兴地。《史记·周本纪》："姜原出野，见巨人迹，心忻然说，欲践之。"《全三国文》卷四九嵇康《声无哀乐论》："夫会宾盈堂，酒酣奏琴，或忻然而欢，或惨尔而泣。"《魏书·皇后传·文成文明皇后》："高祖帅群臣上寿，太后忻然作歌，帝亦和歌。"

[8] 被谤：被人诽谤。《史记·屈原贾生列传》："信而见疑，忠而被谤，能无怨乎?"《法苑珠林》卷九三："习报颂曰：'餘业生人道，被谤常忧结。'"

[9] 见明：证明我(不是那样)。见，指代第一人称代词"我"。参见《贤愚经·长者无耳目舌品》注[63]。

[10] 雷同：趋同；仿效。《礼记·曲礼上》："毋剿说，毋雷同。"汉郑玄注："雷之发声，物无不同时应者。人之言当各由己，不当然也。"《后汉书·桓谭传》："略雷同之俗语，详通人之雅谋。"唐李贤注："雷之发声，众物同应，言无是非者谓之雷同。"

[11] 何足：哪里值得。《史记·秦始皇本纪》："且越言乃三代之事，何足法也?"《盐铁论·忧边》："夫蛮貊之人，不食之地，何足以烦虑，而有战国之忧哉?"《三国志·魏志·任城威王彰传》："汝不念读书慕圣道，而好乘汗马击剑，此一夫之用，何足贵也?"　　恤：体恤，怜悯。《左传·宣公十二年》："曰：恤病讨贰。"

[12] 须臾：不多时；不一会。　　火燎：火烧，着火。"火燎"原指灯烛、火炬。《左传·昭公二十年》："亲执铎，终夕与于燎。"晋杜预注："设火燎以备守。"也指(用)火烧。晋孙楚《白起赞》："嗷嗷谗口，火燎于原。"《宋书·袁湛传》："如其迷复奸邪，守愚不改，火燎孟诸，芝艾同烂。"

[13] 资畜：资产；财产。《晋书·慕容皝载记》："今中原未平，资畜宜广。"《隋书·外戚传·独孤罗》："齐将独孤永业以宗族之故，见而哀之，为买田宅，遗以资畜。"　　服玩：服，服饰；玩，器具玩好之物。《后汉书·宦者传·曹节》："车马服玩，拟于天家。"《洛阳伽蓝记》卷二《正始寺》："惟伦最为豪侈，斋宇光丽，服玩精

奇,车马出入,逾于邦君。"《魏书·李元护传附李静》:"性甚贪忍,兄亡未敛,便剥脱诸妓服玩及餘财物。"　荡:毁坏,破坏。《国语·周语下》:"夫周,高山,广川,大薮也,故能生是良材,而幽王荡以为魁陵、粪土、沟渎,其有悛乎?"三国吴韦昭注:"荡,坏也。"又有"荡尽"一语,用同本文。《三国志·蜀志·刘焉传》:"时焉被天火烧城,车具荡尽,延及民家。"《宋书·五行志三》:"是以累代异宝:王莽头、孔子履、汉高断白蛇剑,及二百万人器械,一时荡尽。"

[14] 举世:全社会;全体民众。《庄子·逍遥游》:"且举世而誉之而不加劝,举世而非之而不加沮。"　鹙鶋:鸱鸮的一种,外形和鸱鸮相似,但头部没有角状的羽毛,捕食鼠、兔等,古时常被视为不祥之鸟。《梁书·侯景传》:"所居殿常有鹙鶋鸟鸣,景恶之,每使人穷山野讨捕焉。"

[15] 脱:假使;万一。《吴子·励士》:"君试发无功者五万人,臣请率以当之。脱其不胜,取笑于诸侯,失权于天下矣。"《法苑珠林》卷一六引《佛本行经》:"王复语释种言:'汝等当观,谁女堪与太子为妃?'尔时五百释种各各唱言:'我女堪为作妃。'王复筹量:'忽取他女,脱不称可,则成违负。'"《南齐书·张敬儿传》:"脱枉一诰,未常不对纸流涕。"

[16] 走马:打马快跑,驱赶马快跑。《汉书·宣帝纪》:"然亦喜游侠,斗鸡走马。"《搜神记》卷一"蓟子训"条:"视若迟徐,而走马不及。"

[17] 杜门:闭门。《史记·留侯世家》:"留侯性多病,即道引不食谷,杜门不出岁餘。"《后汉书·来歙传附来历》:"历遂杜门,不与亲戚通。"

[18] 岁时:每年一定的季节或时间。《周礼·地官·州长》:"若以岁时祭祀州社,则属其民而读法。"清孙诒让正义:"此云岁时,唯谓岁之二时春、秋耳。"隋巢元方《诸病源候论》卷一○《温病诸候·温病候·温病令人不相染易候》:"此病皆因岁时不和,温凉失节,人感乖戾之气而生病。"

[19] 过:超过;比……厉害。《论语·公冶长》:"子曰:'由也好勇过我,无所取材。'"

二、志人小说

（一）裴子语林

志人小说集。原名《语林》,一名《裴子》,十卷,东晋裴启撰。记载汉魏两晋士族阶层的言行轶事,"始出,大为远近所传"(《世说新语·

文学》），在当时影响很大。刘义庆撰《世说新语》，即有不少内容取自本书。

裴启，一名荣，字荣期。河东（今山西永济县西）人，一生未仕。

据《世说新语·轻诋》所载，本书曾因受到当朝丞相谢安的诋毁，声誉大减，以致未能流传下来。鲁迅《古小说钩沉》辑其佚文，并拟名《裴子语林》。现据以选录一则。

1. 殷浩于佛经有所不了

[题解]

佛教自西、东汉之交传入内地，两晋时已风行全国，颇为士大夫们所喜好，"何次道往瓦官寺礼拜甚勤"（《世说新语·排调》）、"（周）嵩精于事佛，临刑犹于市诵经"（《晋书·周嵩传》），殷浩之钻研佛经，都从不同侧面反映了两晋士族阶层信佛奉教的社会时尚。

《世说新语·文学》第 43 则："殷中军读《小品》，下二百签；皆是精微，世之幽滞。尝欲与支道林辩之，竟不得。今《小品》犹存。"可与本篇相发明。刘孝标于其后即引本篇为注，是《古小说钩沉》所本。

[原文]

殷浩于佛经有所不了[1]，故遣人迎林公[2]。林乃虚怀欲往[3]，王右军驻之曰[4]："深源思致渊富[5]，既未易为敌[6]；且己所不解[7]，上人未必能通[8]；纵复服从[9]，亦名不益高[10]；若佻脱不合[11]，便丧十年所保[12]。可不须往[13]。"林公亦以为然，遂止。

[注释]

[1] 殷浩：字渊源，陈郡长平（今河南西华县东北）人。东晋名士，善谈名理，精研佛典，享誉当时。以记室参军入宦，累迁要职，仕至扬州刺史、中军将军。后因兵败被废为庶人。卒于晋穆帝永和十二年（356 年）。《晋书》有传。　　佛经：指《小品》（即《小品般若波罗蜜经》），参见"题解"。　　了：明白；知晓。《古小说钩沉》辑《郭子》："庾殊未了，而不得不往；乃从温言诣陶。"《世说新语·贤媛》："入内示其女，女直叫绝，了其意，出则自裁。"《异苑》卷一〇："（蔡邕）因刻石旁作'黄绢幼妇，外孙齑臼'八字。魏武见而不能了，以问群僚，莫有解者。"又有"晓了""了

知"连言者。西晋竺法护译《普曜经》卷四《告车匿被马品》："于是车匿白菩萨言：'虽晓了是,不贪世荣,尚可顾意。'"姚秦竺佛念译《出曜经》卷二一《闻品》："彼知学人闻法即知,善恶诸法,近法远法,有记无记,尽能了知。""有所不了"谓有不明白的地方。

[2] 故：特地；特意。姚秦竺佛念译《出曜经》卷八《念品》："今我五亲,故来迎卿,何为而欺,故言在后？""故来迎卿"言特来迎卿。西秦圣坚译《太子须大挐经》："自说言：'故从远来,欲有乞。'"《世说新语·假谲》："(范玄平)尝失官居东阳,桓大司马在南州,故往投之。"   林公：指支道林,名遁,东晋高僧。"公"是对他的尊称。参见《世说新语·于法开与支遁争名》注[1]。

[3] 虚怀：敞开胸襟,敞怀(以容纳接受质询、意见、人才等)。《全晋文》卷六七邹湛《为诸葛穆答晋王令》："虽曰博纳,虚怀下开。"《文选·沈约〈齐故安陆昭王碑文〉》："抚僚庶尽盛德之容,交士林忘公侯之贵,虚怀博约,幽关洞开。"《全唐诗》卷二三四杜甫《李盐铁二首》之二："一见能倾产,虚怀只爱才。""林乃虚怀欲往"一句说支道林敞露胸襟,无所戒备,准备前去解答殷浩的疑问。

[4] 王右军：即王羲之,字逸少,琅邪临沂(今属山东)人。东晋名士,著名书法家。其书诸体皆精,尤善行草,对后代影响极大。官至江州刺史、右军将军、会稽内史,世称王右军。《晋书》有传。   驻：劝阻；阻止。"驻"本指马站立不动,《玉篇·马部》："驻,马立止也。"引申之可泛指停留,《晋诗》卷一九《清商曲辞·江陵乐》之三："阳春二三月,相将踏百草；逢人驻步看,扬声皆言好。"唐慧琳《一切经音义》卷九三《续高僧传》卷一三音义："《苍颉篇》云：'驻,止也,住也。'"再引申则有劝阻、使……罢休义。《世说新语·尤悔》："温公初受刘司空使劝进,母崔氏固驻之,峤绝裾而去。""驻"字用同本篇。

[5] 深源：即"渊源"。殷浩字渊源(参见本篇注[1]),《古小说钩沉》辑作"深源"者,疑因避唐讳(唐高祖名李渊,唐人常改"渊"为"深""泉"等以避之)而然。但影宋本、明袁褧本、清王先谦本等《世说新语》版本均作"渊源",未详《钩沉》所据。

思致：思辨意趣。《全梁文》卷四二任昉《为萧扬州荐士表》："王僧孺理尚栖约,思致恬敏。"《晋书·阮裕传》："人云：'裕骨气不及逸少,简秀不如真长,韶润不如仲祖,思致不如殷浩,而兼有诸人之美。'"   渊富：精深宏富。《弘明集》卷三南朝宋何承天《答宗居士书》："证譬坚明,文词渊富,诚欲广其利泽,施及凡民。"

[6] 既：与下句"且"相呼应,表示两种情况并存,是古已有之的句法。如《诗经》就有"既佶且闲"(《小雅·六月》)、"既庭且硕"(《小雅·大田》)、"既庶且多"(《大雅·卷阿》)、"既明且哲"(《大雅·烝民》)、"既和且平"(《商颂·那》)等,均连接两个词；连接两个并列分句的用法,当即由此演变而来。   敌：对等；相当。"未易为敌"言不容易成为对手,难以与之抗衡。

[7] 己：犹"彼""他"，第三人称代词。《世说新语·言语》："张天锡……为孝武所器，每入言论，无不竟日。颇有嫉己者，于坐问张：'北方何物可贵？'"又《赏誉》："王长史道江道群：'人可应有，乃不必有；人可应无，己必无。'"又《品藻》："殷侯既废，桓公语诸人曰：'少时与渊源共骑竹马，我弃去，己（此从余嘉锡《世说新语笺疏》，余本作"已"，误）辄取之，故当出我下。'"《太平御览》卷五六八引三国魏邯郸淳《笑林》："某甲者为霸府佐，为人都不解。每至集会，有声乐之事，己则豫焉，而耻不解。"此据中华书局 1960 年影印本。河北教育出版社 1994 年点校本《太平御览》"己"作"已"，误。　　不解：犹上文之"不了"，不理解，不明白。《古小说钩沉》辑《裴子语林》："曹公至江南，读《曹娥碑》文，背上别有八字，其辞云：'黄绢幼妇，外孙蓳臼。'曹公见之不解。"《世说新语·言语》："王仲祖闻蛮语不解，茫然曰：'若使介葛庐来朝，故当不昧此语。'"《晋书·孙绰传》："尝鄙山涛，而谓人曰：'山涛吾所不解，吏非吏，隐非隐。'"

[8] 上人：对僧人的尊称。后汉支曜译《佛说成具光明定意经》："起住观众，四面皆盛，仰视空中，率皆上人。"三国吴支谦译《佛说菩萨本业经》："彼时敬首菩萨承佛圣旨，叹曰：'快哉！今上人会，为未尝有。'"《世说新语·文学》："孙问深公：'上人当是逆风家，向来何以都不言？'"《宋诗》卷八有鲍照《秋日示休上人》诗，均其例。宋吴曾《能改斋漫录》卷七《事实》"僧为上人"条云："唐诗多以僧为上人。"已论及此词。辞书或下断语云："自南朝宋以后，多用作对和尚的尊称。"未能溯源。　　通：说通；解释明白。

[9] 纵复：纵然；即使。"复"是连词词尾，不表实义。姚秦鸠摩罗什译《大智度论》卷三二："如罗汉辟支佛住于实际，纵复恒沙诸佛为其说法，亦不能更有精进。"　　服从：信服；遵从。《韩非子·解老》："众人离于患，陷于祸，犹未知退，而不服从道理。"《全三国文》卷四七嵇康《与山巨源绝交书》："此由禽鹿少见驯育，则服从教制；长而见羁，则狂顾顿缨。"

[10] 名：名声。

[11] 佻脱：未详。疑即轻率、粗疏义。参见《颜氏家训·风操(2)》注[5]。

[12] 丧：丧失；失去。　　所保：指所维护、保持的名声。

[13] 不须：不必。《世说新语·品藻》："明帝问周侯：'论者以卿比郗鉴，云何？'周曰：'陛下不须牵颧比。'"《南史·王骞传》："尝从容谓诸子曰：'吾家本素族，自可依流平进，不须苟求也。'"

（二）郭　　子

志人小说集。三卷，东晋郭澄之撰。编纂旨趣、体例大体与《裴子语林》相同,多记三国以来,特别是两晋名士的一些异闻趣事,为《世说新语》一书的重要材料来源。

郭澄之,字仲静,太原阳曲(今属山西)人。官至宋高祖刘裕相国从事中郎,曾著文集行世(今佚)。《晋书》有传。

原书已散佚,《古小说钩沉》有辑本。现据以选录一则。

2. 张凭举孝廉

[题解]

汉末、魏晋时期遴选官吏,极重人物的品评题鉴。凡经名士品鉴、得到好评者,立即身价倍增,名声大振;跻身上流社会,谋求一官半职也就不成问题了。张凭之所以千方百计地要去与刘真长套近乎,目的正在于此。

《北堂书钞》卷六七、《艺文类聚》卷四六、《太平御览》卷二二九、六一七均引《郭子》本篇,是《古小说钩沉》所本。又,《世说新语·文学》《晋书·张凭传》亦俱载此事。

[原文]

张凭举孝廉[1],出京[2],负其才气[3],谓必参时彦[4]。欲诣刘真长[5],乡里及同举者咸共哂之[6]。张遂径往诣刘。既前,处之下坐,通寒暑而已[7]。真长方洗濯料事,神意不接[8]。良久,张欲自发,而未有其端[9]。顷之[10],王长史诸贤来诣[11],言各有隔而不通处[12],张忽遥于末座判之[13],言约旨远[14],便足以畅彼我之怀[15],举坐皆惊[16]。真长延之上坐[17]。遂清言弥日[18],因留宿,遂复至晓。张退,刘曰:“卿且前去[19],我正尔往取卿[20],共诣抚军[21]。”张既还船,同侣笑之曰[22]:“卿何许宿还[23]?”张笑而不答。须臾,真长至。遣教觅张孝廉船[24],同侣愕愕[25]。既同载,俱诣抚军。至门,刘前进谓抚军曰:“下官今日为公得一太常博士妙选[26]。”既前,抚军与之语,咨嗟称善[27],数日乃止,曰:“张凭劲粹[28],为理之窟[29]。”即用为太常博士。

[注释]

[1] 张凭:字长宗,吴郡人。因得到了东晋名士刘惔的赏识而入仕(本篇即记

其事),官至吏部郎、御史中丞。《晋书》有传。　　举孝廉:"孝廉",本为汉代选拔官吏的两种科目名,"孝"指孝子,"廉"指清廉之士。《汉书·武帝纪》:"元光元年冬十一月,初令郡国举孝廉各一人。"后合为一科。魏晋南北朝因之,州举秀才,郡举孝廉。

[2] 出京:指到东晋都城建康(今南京市)去。《世说新语·文学》作"出都",义同。汉魏六朝文献中,"出"常作往、赴、到……去解,参见《搜神记·卢充》注[5]、《世说新语·于法开与支遁争名》注[5]。

[3] 负:恃;倚仗。　才气:谓才能气概,与今义微异。《汉书·项籍传》:"籍长八尺二寸,力扛鼎,才气过人。"《世说新语·贤媛》:"郭氏语充,欲就省李,充曰:'彼刚介有才气,卿往不如不去。'"《文选·王俭〈褚渊碑文〉》:"袁阳源才气高奇,综核精裁。"又作"材气",《晋书·孙楚传》:"楚既负其材气,颇侮易于苞,……因此而嫌隙遂构。"

[4] 谓:(自)认为。参见《生经·佛说鳖猕猴经》注[22]。　　参:参加(到);跻身(于)。《后汉书·桓帝纪》:"其令秩满百石,十岁以上,有殊才异行,乃得参选。"《世说新语·言语》:"谢仁祖年八岁,谢豫章将送客。尔时语已神悟,自参上流。"《魏书·乐志》:"乐舞之名,乞垂旨判,臣等以愚昧参厕问道,呈御之日,伏增惶惧。"　　时彦:当时的俊杰名流。《尔雅·释训》:"美士为彦。"《全晋文》卷三七庾冰《出镇武昌临发上疏》:"广引时彦,询于政道。"《世说新语·捷悟》:"(王东亭)尝春月与石头兄弟乘马出郊,时彦同游者连镳俱进。"《北史·魏彭城王勰传》:"凡所裁决,时彦归仰。""必参时彦"言一定会跻身于名流之列。

[5] 诣:造访。　　刘真长:名惔,字真长。沛国相(今安徽濉溪县)人。东晋名士,以有识鉴、善清谈享誉当时。历任司徒左长史、侍中、丹阳尹。年三十六卒。《晋书》有传。

[6] 乡里:同乡。《古小说钩沉》同辑:"许允为吏部郎,多用其乡里;帝遣虎贲收允。……允至,明帝核之,允答曰:'举尔所知。臣之乡人,臣所知也。'"　　咸共:都;全部。副词同义连用。后汉昙果共康孟详译《中本起经》卷下《本起该容品》:"诸女恚曰:'此人奚来,断吾宾客!'咸共兴恚,谋图毁害。"苻秦昙摩难提译《增一阿含经》卷一三:"时诸相师受王教令,各共抱瞻,观察形貌,咸共白王:'圣王,太子端政无双,诸根不缺。'"《梁书·王僧辩传》:"夫人恒自谦损,不以富贵骄物;朝野咸共称之,谓为明哲妇人也。"　　哂之:笑话他。

[7] 下坐:末座。位卑者的座位。　　通寒暑而已:寒暄几句了事。"寒暑"本指冷热,这里用以指问候冷暖起居,引申为寒暄、客套。六朝以来又习见"寒温""温凉"等词,《世说新语·赏誉》:"兄子济每来拜墓,略不过叔,叔亦不候。济脱时过,止寒温而已。"《陈诗》卷八江总《南还寻草市宅》:"无人访语默,何处叙寒温。"

《魏书·胡叟传》："叟聊与叙温凉，拂衣而出。"《敦煌变文集·搜神记》："便即赐坐，温凉以毕。""寒温""温凉"的引申方式、意义均同"寒暑"，"通寒暑"与"叙寒温""叙温凉"相仿，谓寒暄、话家常。

[8]神意不接：神意不属，神色不相承。意谓刘惔对张凭的来访毫不在意，一点也不把他放在眼里。《古小说钩沉》同辑："长史云：'谢仁祖能作异舞。'王公命为之，谢便起舞，神意甚暇。"《世说新语·方正》："旁人为之反侧，（何）充晏然，神意自若。""神意"的用法均同本篇。又，《古小说钩沉》辑《裴子语林》："（王公等）闻其至，共载看之；刘倚被囊，了不与王公言，神味亦不相酬。""神味"与"神意"略同，亦神情义。

[9]张欲自发，而未有其端：张凭想挑头说话，但又找不到话题。

[10]顷之：不久。

[11]王长史：即王濛。字仲祖，太原晋阳人。亦东晋名士，与刘惔齐名友善。因官至司徒左长史，故称。《晋书》有传。

[12]言各有隔而不通处：主客在言谈过程中互有阻隔而未能沟通之处。隔，阻隔，堵塞。

[13]遥：远远地。　判：评定；裁决。《后汉书·陈宠传》："宠在乡间，平心率物。其有争讼，辄求判正，晓譬曲直，退无怨者。"《世说新语·规箴》："元皇帝时，廷尉张闿在小市居，私作都门，蚤闭晚开，群小患之，诣州府诉，不得理；遂至挝登闻鼓，犹不被判。"《宋书·孔觊传》："虽醉日居多，而明晓政事，醒时判决，未尝有壅。"

[14]言约旨远：言语精炼而旨意深远。

[15]畅：畅通；使……明白。　彼我之怀：（主客）彼此间的心意。"彼我"即彼此，是六朝人语。《全晋文》卷二二王羲之《与会稽王笺》："夫庙算决胜，必宜审量彼我，万全而后动。""审量彼我"言审度彼此（指敌、我双方）间的情况。《世说新语·文学》："傅嘏善言虚胜，荀粲谈尚玄远，每至共语，有争而不相喻。裴冀州释二家之义，通彼我之怀，常使两情兼得，彼此俱畅。"《宋书·武三王传·江夏文献王义恭》："宜数引见佐史，非唯臣主自应相见；不数则彼我不亲，不亲则无因得尽人，人不尽，复何由知其众事。"

[16]举坐：一座；满座。

[17]延：请；邀请。《史记·日者列传》："二大夫再拜谒。司马季主视其状貌，如类有知者，即礼之，使弟子延之坐。"《古小说钩沉》辑《汉武故事》："（西王母）下车，上迎拜，延母坐，请不死之药。"南齐求那毗地译《百喻经·愚人集牛乳喻》："却后一月，尔乃设会，延置宾客。""延置"同"延致"，谓邀请。又有"延请"连言者，《汉书·隽不疑传》："吏白胜之，胜之开阁延请。"《太平广记》卷三七七"赵泰"条

(出《冥祥记》)："乃为祖父母二弟延请僧众,大设福会。"　　　上坐:上座;上席。尊贵者的座位。

[18] 清言:犹"清谈"。本指高雅的言谈,魏晋玄学兴起后,士大夫们以崇尚老庄、空谈名理为时尚,故"清言"也转指谈论玄理。《世说新语·言语》:"王谓谢曰:'……今四郊多垒,宜人人自效,而虚谈废务,浮文妨要,恐非当今所宜。'谢答曰:'秦任商鞅,二世而亡,岂清言致患邪?'"《晋书·裴頠传》:"乐广尝与頠清言,欲以理服之,而頠辞论丰博,广笑而不言。"　　　弥日:整日。

[19] 卿:你。参见《洛阳伽蓝记·大统寺》注[4]。

[20] 正尔:即刻;就要;不久。形容时间短暂。旧题三国吴支谦译《菩萨本缘经》卷中《一切持王子品》第三之餘:"大王今已听,真得本愿;正尔奉辞,涉路进发。"西秦圣坚译《佛说睒子经》:"我有孝子,名字曰睒。……俱行取水,正尔来还。"元魏慧觉等译《贤愚经》卷六《富那奇缘品》:"(二子)各以家居妇儿付嘱富那奇:'为我看视斯等大小,及家餘事,悉用相累。'正尔别去。"《世说新语·任诞》:"(张季鹰)问贺:'卿欲何之?'贺曰:'入洛赴命,正尔进路。'"

[21] 抚军:指晋简文帝司马昱。昱字道万,晋元帝的少子,史称其"清虚寡欲,尤善玄言"。(《晋书·简文帝纪》)据《晋书》所载,成帝咸康六年(340年),进昱抚军将军,领秘书监。又穆帝永和元年(345年)进位抚军大将军,录尚书六条事,故称。

[22] 同侣:同伴。

[23] 何许:何处。失译《佛说㮈女祇域因缘经》:"便归问母曰:'……我父今者为在何许?'"西秦圣坚译《佛说睒子经》:"但问王:'睒为射何许? 今为死活?'"《陶渊明集》卷四《读山海经》诗之四:"丹木生何许? 乃在密山阳。"按:"许"有处所义,旧题三国吴康僧会译《旧杂譬喻经》卷上:"(龙王)语王:'王有大恩在我许,女昨行,为人所捶,得王往解之。'"西晋竺法护译《生经》卷五《佛说譬喻经》:"时有比丘,日日于是母许,取麻油膏,为佛然灯。"故"何许"即何处。

[24] 教:《世说新语》《晋书》"教"上有"传"字。"传教"指传达长官教令的吏卒,参见《搜神记·卢充》注[41]。

[25] 惋愕:吃惊;惊愕。《玉篇·心部》:"惋,惊叹也。"唐玄应《一切经音义》卷一七引《字略》:"惋,叹惊异也。"是"惋"亦惊愕义,"惋愕"同义连用。《淳化阁帖释文》卷八《晋谢发书》:"晋安素自强壮,且年时尚可,当延遲期。岂谓奄至于此,自毕远境! 二三惋愕,不能已已。"《世说新语·赏誉》:"后聊试问近事,答对甚有音辞,出济意外,济极惋愕。"

[26] 下官:下级官吏自称的谦词。参见《洛阳伽蓝记·正觉寺》注[33]。　　　公:对抚军司马昱的敬称。　　　太常博士:官名,曹魏始设。太常的属官,掌导

引乘舆及追谥之事。　　妙选：恰当的人选；最佳人选。《全晋文》卷五一傅咸《申怀赋》："备东宫之妙选，奉储君之圣明。"《白居易集》卷五四《除郎官分牧诸州制》："今之台郎，一时妙选，尝经任历，率有才用。"

[27] 咨嗟：赞叹。《世说新语·言语》："桓玄既篡位，将改置直馆，问左右：'虎贲中郎省应在何处?'有人答曰：'无省。'当时殊忤旨。问：'何以知无?'答曰：'潘岳《秋兴赋叙》曰：余兼虎贲中郎将，寓直散骑之省。'玄咨嗟称善。"又《规箴》："王问顾曰：'卿何所闻?'答曰：'明公作辅，宁使网漏吞舟，何缘采听风闻，以为察察之政?'丞相咨嗟称佳。"

[28] 劲粹：未详。疑"劲"为"勃"之形误。"勃粹"，联绵词。《太平御览》卷二二九引《郭子》作"勃倅"；《艺文类聚》卷四六引《郭子》作"勃窣"，《世说新语》《晋书》同。"粹""倅""窣"三字均从"卒"得声，声音相近，故可通；"勃粹""勃倅""勃窣"用以形容才华横溢、言辞精彩纷呈的样子，实即一词之异写。

[29] 为理之窟：是义理的渊薮，乃玄理荟萃之所在。《世说新语》《晋书》作"为理窟"，义同。

(三) 世 说 新 语

著名志人小说集。原名《世说》，唐人又称《世说新书》，至宋时改称《世说新语》。卷数历来歧异，今本多为三卷本，卷或分上下。南朝宋刘义庆撰，南朝梁刘孝标注。专事记载东汉以至刘宋初名人雅士的传闻轶事、言谈举止，分门别类，自《德行》至《仇隙》，凡三十六门，反映出汉末魏晋时期的社会政治现实、思想文化概貌和一代风尚，对后世影响很大。唐人纂修《晋书》，即多从中取材。语言上清新自然，保存了一批六朝口语。刘孝标注文博赡精核，与正文互相发明，并行于世。所征引典籍四百余种，大多已亡佚，赖刘注得存其片段。

刘义庆(403—444 年)，本是宋高祖刘裕胞弟、长沙景王道怜的次子，后出嗣给临川烈王道规，永初元年(420 年)袭封临川王。《宋书》本传说他"为性简素，寡嗜欲，爱好文义；才词虽不多，然足为宗室之表"。曾出任藩镇，官荆州刺史。喜欢"招集文学之士，远近必至"(《宋书》本传)，《世说新语》大概就是由他主持编写，文学之士参与其事的。

此书传世版本较多，较善者有古写本《世说新书》(残本)、影宋本《世说新语》、明袁褧嘉趣堂刻本《世说新语》(四部丛刊本)、清王先谦思贤讲舍刻本《世说新语》等。现据袁本选录《德行》《文学》《雅量》《排调》《假谲》《惑溺》六门各一则。

3.殷仲堪节俭

[题解]

　　晋代士族中,有像石崇、王恺那样穷极侈靡的,也有像殷仲堪这样节俭朴素的。殷仲堪居官不忘本,富贵不骄奢,不仅当时传为美谈,也是现实生活的一面镜子。

　　本篇选自《世说新语·德行》,《晋书·殷仲堪传》亦记此事。

[原文]

　　殷仲堪既为荆州[1],值水俭[2],食常五碗盘[3],外无餘肴[4]。饭粒脱落盘席间,辄拾以啖之[5]。虽欲率物[6],亦缘其性真素[7]。每语子弟云[8]:"勿以我受任方州[9],云我豁平昔时意[10],今吾处之不易[11]。贫者,士之常[12],焉得登枝而捐其本[13]! 尔曹其存之[14]。"

[注释]

　　[1] 殷仲堪:陈郡(辖境相当今河南淮阳、太康等地)人。东晋名士,善谈玄理,与韩康伯齐名。历任长史、黄门侍郎、荆州刺史等职。曾起兵谋反朝廷,后被另一叛军首领桓玄所害。《晋书》有传。　　为荆州:为,任,担任;荆州,指荆州刺史。六朝载籍中,指某人担任某地(州、郡等)的行政长官时,常可用"为某地"的省略结构来表达。《古小说钩沉》辑《裴子语林》:"何公为扬州,有葬亲者乞数万钱,而帐下无有。"何公,指何充,他当时任扬州刺史。《世说新语·简傲》:"桓宣武作徐州,时谢奕为晋陵。"言担任晋陵太守。《齐民要术·序》:"黄霸为颍川,使邮亭、乡官皆畜鸡、豚,以赡鳏寡贫穷者。"言出任颍川太守。《晋书·殷仲堪传》:"(司马)道子纳之,乃以玄为江州,佺期为雍州,黜殷仲堪为广州,以桓修为荆州。""为江州"言任江州刺史,余仿此。参看:汪维辉."作(为)某地"式试解[J].古汉语研究,1989(4).

　　[2] 值:遇到;碰上。参见《杂宝藏经·长者请舍利弗摩诃罗缘》注[89]。

　　水俭:因水灾而歉收。俭有饥馑、歉收义。宋王应麟《困学纪闻》卷一〇引《尸子》曰:"旱则为耕者凿渎,俭则为猎者表虎。"失译《杂譬喻经》:"时兄比丘者,值世大俭,游行乞食,七日不得。"又有"饥俭""荒俭"同义连言者,《晋书·天文志下》:

"是时，中外连兵，比年荒俭。"西晋法炬共法立译《法句譬喻经》卷一《罗汉品》："时世饥俭，唯得分那，恐不相活。"因而称遭受某种灾害而减产为"……俭"。如称霜灾歉收为"霜俭"，《北齐书·卢勇传》："属山西霜俭，运山东乡租输。"旱灾歉收为"旱俭"，《北史·魏孝文帝纪》："以西北州郡旱俭，遣侍臣巡察，开仓赈恤。"本篇之"水俭"，亦其比也。

　　[3] 五盌盘：一种成套的食器。盌，后作"碗"。每套由一个圆形托盘和盛放在其中的五只碗组成，为六朝以来南方家庭所流行使用。这种成套的食器，形制一般都比较小，用它来盛菜肴，品种不会超过五种，数量也不会太多，反映了比较节俭的饮食习惯。现今的出土文物中，江西出土的六朝明器"五杯盘"、福建出土的六朝至唐之明器"五盅盘"等实物与之相仿，可以佐证。参骆晓平《"碗盘"乎？"五碗盘"乎？》，《文史知识》1991 年第 5 期。《宋书·武三王传·江夏文献王义恭》："高祖为性俭约，诸子食不过五盏盘。"《南齐书·崔祖思传》："宋武节俭过人，张妃房唯碧绤蚊幬、三齐茈席、五盏盘桃花米饭。""五盏盘"亦与"五盌盘"相似，同指节俭而不奢侈的食器。

　　[4] 餘肴：别的荤菜；其他的菜肴。"餘"有其他、别的义，参见《贤愚经·长者无耳目舌品》注[57]。

　　[5] 唉：吃。

　　[6] 率物：为人表率。物，人也。《国语·周语上》："恭王游于泾上，密康公从，有三女奔之。其母曰：'必致之于王。夫兽三为群，人三为众，女三为粲。……夫粲，美之物也。众以美物归女，而何德以堪之？'"《世说新语·方正》"阮光禄赴山陵"条南朝梁刘孝标注引《中兴书》曰："（阮）裕终日頹然，无所错综，而物自宗之。"失译《兴起行经》卷下《佛说婆罗门女栴沙谤佛缘经》："皆同声骂曰：'汝死赤吹，罪物！何能兴此恶意，诽谤清净无上正真。此地无知，乃能容载如此恶物也！'"

　　[7] 缘：因为；由于。　　真素：真率质朴。

　　[8] 子弟：指子侄辈。《史记·建元已来王子侯者年表》："制诏御史：'诸侯王或欲推私恩分子弟邑者，令各条上，朕且临定其名号。'"《古小说钩沉》辑《裴子语林》："谢太傅问诸子侄曰：'子弟何豫人事，而正欲使其佳？'"《世说新语·俭啬》："常朝旦问讯，郗家法，子弟不坐，因倚语移时。"

　　[9] 以：认为。　　方州：指一州的行政长官刺史。《世说新语·言语》："谢万作豫州都督，新拜。……（高崧）因问：'卿今仗节方州，当疆理西蕃，何以为政？'"《资治通鉴·宋顺帝升明元年》"近以其私用人为方州"句元胡三省注："古者八州八伯，谓之方伯，后世遂以州刺史为方州。"

　　[10] 云：以为；认为。参见《洛阳伽蓝记·正觉寺》注[19]。　　豁：忘记；

舍弃。　　平昔：往日；往常。《颜氏家训·序致》：“追思平昔之指，铭肌镂骨。”《全唐诗》卷五五五马戴《落日怅望》：“临水不敢照，恐惊平昔颜。”“豁平昔时意”谓忘记、舍弃了往日的志向。《全唐诗》卷二二一杜甫《柴门》：“贫病固其常，富贵任生涯。……书此豁平昔，回首犹暮霞。”即从殷氏此语化出。

[11] 不易：不改变。

[12] 士：读书人。《史记·乐书》：“通一经之士不能独知其辞，皆集会《五经》家，相与共讲习读之。”《汉书·食货志上》：“士农工商，四民有业。学以居位曰士，辟土殖谷曰农，作巧成器曰工，通财鬻货曰商。”　　常：常事；常态。

[13] 焉得：怎么能。《孟子·离娄下》：“君子平其政，行辟人可也，焉得人人而济之？”《汉诗》卷一二《古诗·古诗十九首》：“所遇无故物，焉得不速老？”　　登枝而捐其本：登上高枝就忘记、舍弃了树干，喻居要职而忘记了做人的根本。

[14] 尔曹：你们。　　其：副词。表示期望、祈使，略等于“应当”“可要”。

存：想着；留意。《全三国文》卷四八嵇康《答向子期难养生论》：“又常人之情：远，虽大莫不忽之；近，虽小莫不存之。”参见《世说新语·韩寿幽会贾充女》注[5]。

4. 于法开与支遁争名

[题解]

　　本因看破红尘而剃度出家，自应超然脱俗，淡漠名利，但仍然争强好胜，较劲比试，由是知佛门亦非清净地矣。

　　本篇选自《世说新语·文学》，其事南朝梁慧皎《高僧传》卷四《于法开》亦有记述。

[原文]

　　于法开始与支公争名[1]，后情渐归支[2]，意甚不分[3]，遂遁迹剡下[4]。遣弟子出都[5]，语使过会稽[6]。于时支公正讲《小品》[7]。开戒弟子[8]：“道林讲，比汝至[9]，当在某品中[10]。”因示语攻难数十番[11]，云：“旧此中不可复通[12]。”弟子如言诣支公。正值讲，因谨述开意[13]，往反多时[14]，林公遂屈[15]，厉声曰：“君何足复受人寄载来[16]！”

[注释]

　　[1] 于法开：东晋名僧。高僧于法兰的弟子，精通《放光般若经》《法华经》，是两晋般若学“六家七宗”之一识含宗的创立者和代表人物。擅长医术。南朝梁慧

皎《高僧传》有传。　　支公：支遁(314—366 年)，东晋名僧。字道林，俗姓关，陈留(一说河内林虑)人。25 岁出家,精研《般若经》,创立了般若学"六家七宗"之一的即色宗,提出了著名的"即色义",在当时影响很大。喜好《庄子》,尤善《逍遥游》,曾为之标揭新理,出向(秀)、郭(象)两家之外,折服时人。《高僧传》有传。

[2] 情渐归支：人心逐渐倾斜到支遁一边,意谓支遁渐渐占了上风。

[3] 意：意下；心里。　不分：不服气；不满。是六朝以来的俗语。元魏吉迦夜共昙曜译《杂宝藏经》卷九《不孝妇欲害其姑反杀其夫缘》："每所云为,常与姑反；得姑瞋责,恒怀不分。"南朝梁宝唱等撰集《经律异相》卷四四引《百句譬喻经》："此人痛苦,叫唤彻王。王问:'何意不分？'答曰:'实非我罪。'"《敦煌歌辞总编》卷五《杂曲·十二时(劝凡夫)》："鸡鸣丑,鸡鸣丑,不分年贬侵蒲柳。"《全宋词·石孝友〈玉楼春〉》："芳时不分空憔悴,抖擞愁怀赊乐事。"字又作"不忿""不愤",例从略。

[4] 遁迹：隐居。《宋诗》卷八鲍照《和王丞》："遁迹俱浮海,采药共还山。"《颜氏家训·养生》："而望遁迹山林,超然尘滓,千万不遇一尔。"　　剡下：剡县,属会稽郡。汉魏六朝典籍中,"下"字常用于名词(多为地名)之后,表示一定的处所、范围。《史记·赵世家》："赵使赵奢将,击秦,大破秦军阏与下。"《三国志·魏志·武帝纪》："公收绍书,中得许下及军中人书,皆焚之。"《颜氏家训·音辞》："共以帝王都邑,参校方俗,考核古今,为之折衷。摧而量之,独金陵与洛下耳。"元李治《敬斋古今黈拾遗》卷二："洛言洛下,稷言稷下,……言称下者,犹言在此处也。"

[5] 弟子：指于法开高足法威。南朝梁慧皎《高僧传》卷四《于法开》："有弟子法威,清悟有枢辩。……开尝使威出都,经过山阴,支遁正讲《小品》……"　　出都：赴都城,到都城去,是六朝人习语。此例"出都"指从外地前往东晋首都建康(今南京市)。《世说新语·伤逝》："王在东闻谢丧,便出都,诣子敬,道欲哭谢公。"《古小说钩沉》辑《裴子语林》："许玄度出都,诣刘真长。"均其例。与之同理,前往南、北朝的都城也可称"出都",例多不备举。参见《搜神记·卢充》注[5]。

[6] 会稽：郡名。秦置。原治吴县(今江苏苏州市),汉顺帝时改治山阴(今浙江绍兴市);辖江苏一部、浙江大部和福建全省。

[7] 讲：宣讲；讲解(佛典义理)。佛教传入内地以后,受到了中土民众的欢迎,尤其在魏晋南北朝的官僚士族阶层中,信佛者弥众。为适应这一需要,当时许多名僧常开堂讲经,阐释经论义理。《世说新语·文学》："有北来道人好才理,与林公相遇于瓦官寺,讲《小品》。"又:"提婆初至,为东亭第讲《阿毗昙》。"南朝梁慧皎《高僧传》卷一《帛远》："乃于长安造筑精舍,以讲习为业,白黑宗禀,几且千人。"

小品：指七卷本《小品般若波罗蜜经》(后题《摩诃般若波罗蜜经》),与二十四卷本《摩诃般若波罗蜜经》(也称《大品》)相对。译者均为姚秦鸠摩罗什。

〔8〕戒：告诉；嘱咐。《汉书·郦食其传》：“骑士归，食其见，谓曰：‘若见沛公，谓曰：臣里中有郦生，年六十馀，长八尺，人皆谓之狂生。’……骑士从容言食其所戒者。”《文选·张衡〈东京赋〉》：“岁唯仲冬，大阅西园；虞人掌焉，先期戒事。”唐李善注：“戒，犹告也。”

〔9〕比：比及；等到。

〔10〕当在某品中：应该讲到某某品了。

〔11〕示语：传授；告诉。　　攻难：问难；辩难。《世说新语·文学》：“裴成公作《崇有论》，时人攻难之，莫能折。”南朝梁慧皎《高僧传》卷五《竺法汰》：“明旦更集，慧远就席，攻难数番，关责锋起。”　　数十番：几十个回合。“攻难数十番”言准备向支遁提出几十个问题，进行几十个回合的辩难。按：魏晋人喜好谈玄论理，探讨佛教奥秘。在讲论过程中，常常各执一理，互不相让，你疏一义，我发一难，循环往复，乐此不疲。《世说新语·文学》一门多有记载：“许意甚忿，便往西寺与王论理，共决优劣。苦相折挫，王遂大屈。许复执王理，王执许理，更相覆疏，王复屈。”又：“支道林、许掾诸人共在会稽王斋头。支为法师，许为都讲。支通一义，四坐莫不厌心；许送一难，众人莫不抃舞。”南朝梁慧皎《高僧传》卷二《佛驮跋陀罗》：“秦太子泓欲闻贤说法，乃要命群僧，集论东宫，罗什与贤数番往复。”

〔12〕旧：昔日；过去。　　通：疏通；讲通。

〔13〕谨述开意：小心地陈述于法开的见解、意见。

〔14〕往反：争论；辩难。《世说新语·言语》“王中郎令伏玄度习凿齿论青楚人物”条南朝梁刘孝标注引《伏滔集》：“滔与相往反，凿齿无以对也。”《古小说钩沉》辑《郭子》：“孙安国往殷中军许共语，往反精苦，宾主无间。”《晋书·谢万传》：“叙……《八贤论》，其旨以处者为优，出者为劣，以示孙绰。绰与往反，以体公识远者则出处同归。”

〔15〕屈：理亏；辞穷。本书多见，例见注〔11〕。《古小说钩沉》辑《郭子》：“范玄平在简文坐，谈欲屈，引王长史曰：‘卿助我！’”《搜神记》卷一六“黑衣客”条：“忽有一黑衣白袷客来，与共语，遂及鬼神。移日，客辞屈。”《宋书·张邵传》：“初，父邵使与南阳宗少文谈《系》《象》，往复数番，少文每欲屈。”今语犹说“理屈词穷”。

〔16〕何足：哪里值得。《史记·律书》：“同声相从，物之自然，何足怪哉？”　　寄载：委托。按：“寄载”本指搭乘、附载，《搜神记》卷五“周式”条：“汉下邳周式，尝至东海，道逢一吏，持一卷书，求寄载。”《陈诗》卷九《清商曲辞·黄督》之二：“笼车度蹋衍，故人求寄载；催牛闭后户，无预故人事。”本篇用法当即由此演变而来。

5. 顾 雍 丧 子

[题解]

魏晋士人讲究神情举止，看重修养气度，尤其推崇、欣赏那种"泰山崩于前而色不变"的"雅量"。文中的顾雍虽有丧子之痛，但当着众人的面能够克制不发，事后又能自我排解，气量、胸襟的确非同一般。

本篇选自《世说新语·雅量》，又见《太平御览》卷七五三引《裴子语林》。

[原文]

豫章太守顾劭是雍之子[1]。劭在郡卒。雍盛集僚属自围棋[2]，外启信至[3]，而无儿书[4]，虽神气不变[5]，而心了其故[6]，以爪掐掌[7]，血流沾褥[8]。宾客既散，方叹曰："已无延陵之高[9]，岂可有丧明之责[10]！"于是豁情散哀[11]，颜色自若[12]。

[注释]

[1] 豫章：郡名，汉置。治南昌（今江西南昌市），辖境相当于今江西省地。

顾劭：三国名相顾雍之子，字孝则。27 岁即任豫章太守，颇有政绩。任职五年，卒官。《三国志·吴志》附传于顾雍之后，"劭"作"邵"。　　是：动词，表示判断。《谷梁传·僖公元年》："是齐侯与？齐侯也。何用见其是齐侯也？"《战国策·魏策三》："韩是魏之县也。"《说苑·复恩》："臣是夫桑下之饿人也。""是"字作判断词的用法先秦、西汉即已不鲜见，东汉魏晋南北朝沿用甚广，不胜举。　　雍：顾雍（168—243 年），字元叹，吴郡吴县（今江苏苏州）人。出身士族，幼曾从蔡邕学。以合肥长入仕，累迁至尚书令，以刚正持重称。后任丞相，在位十九年而卒。《三国志·吴志》有传。

[2] 僚属：下属官吏。　　围棋：下围棋。按：围棋源起甚早，《太平御览》卷七五三引《博物志》佚文："尧造围棋，丹朱善之。"虽未必可信，但《左传·襄公二十五年》已有"弈者举棋不定，不胜其偶"之语，《孟子·告子上》有"弈秋"，说明至晚在先秦时围棋就已经具备相当规模，为民众所熟知了。《文选·韦昭〈博弈论〉》"枯棋三百，孰与万人之将"句唐李善注引三国魏邯郸淳《艺经》曰："棋局纵横各十七道，合二百八十九道；白黑棋子各一百五十枚。"知上古时围棋盘纵横各 17 道，计 289 格。现今围棋盘纵横各 19 道，计 361 格的棋制，宋代就已实行，参宋程大昌

《演繁露》卷一〇"棋道"条。值得注意的是,汉魏六朝人所说的"围棋",通常都是指弈棋、下围棋,是一个动宾词组,与今语不同。《法言·问道》:"围棋击剑,反目眩形,亦皆自然也。"《三国志·魏志·王粲传》:"观人围棋,局坏,粲为覆之。"《搜神记》卷三"管辂"条:"颜依言而往,果见二人围棋。"《水经注·渠水》:"(阮简)为开封令,县侧有劫贼,外白甚急数,阮方围棋长啸。"

　　[3] 启:禀报;报告。后汉支曜译《佛说成具光明定意经》:"于是善明叹毕,更前长跪,启天尊曰:'愿卒本意。'"失译(附后汉录)《大方便佛报恩经》卷五《慈品》:"尔时阿难入白佛言:'世尊,今欲从佛启请一愿。'"西晋竺法护译《持人菩萨经》卷二《持施王品》:"故启二亲;欲往奉诣如来,兴现在世。"　　信:使者;送信人。《文选·司马相如〈喻巴蜀檄〉》:"故遣信使,晓喻百姓以发卒之事。"《陆云集》卷八《与兄平原书》:"此有书者,更校善书送,信还望之。"《梁诗》卷二二简文帝萧纲《和湘东王三韵诗·春宵》:"彩笺徒自擘,无信往云中。"

　　[4] 书:书信。此义先秦已见,汉魏以降沿而用之。《汉诗》卷一二《古诗·古诗十九首》:"客从远方来,遗我一书札。"《全晋文》卷二三王羲之《杂帖》:"得旦书,知佳,为慰。"《殷芸小说》卷二《周六国前汉人》:"鬼谷先生与苏秦、张仪书云:'二君足下:功名赫赫……'""无儿书"谓没有儿子顾劬的信。

　　[5] 神气:神态;神色。《世说新语·雅量》:"裴叔则被收,神气无变,举止自若。"又《自新》:"陆机赴假还洛,辎重甚盛,(戴)渊使少年掠劫。……渊既神姿峰颖,虽处鄙事,神气犹异。"

　　[6] 了其故:明白其中的缘故。了:明白;知道。参见《裴子语林·殷浩于佛经有所不了》注[1]。

　　[7] 爪:指甲。

　　[8] 褥:座褥。

　　[9] 延陵:古地名,这里指春秋时吴公子季札。季札是吴王寿梦的少子,父死后,因让国而受封于此,世称延陵季子。据《礼记·檀弓下》载,季札熟悉礼制,他长子死了,丧葬都合乎礼法,还达观地说:"骨肉归复于土,命也。若魂气则无不之也,无不之也!"因而受到了孔子的赞扬。　　高:超脱旷达。"延陵之高"喻对丧子持达观的态度。

　　[10] 丧明:双目失明。《礼记·檀弓上》载,孔子弟子子夏丧子,哀痛过度,哭瞎了眼睛。他的同门曾子为此责备子夏,认为他不应该这样。子夏听后连声认错。　　责:批评;责备。"丧明之责"喻丧子后悲伤过度,不能节哀。

　　[11] 豁:排遣;舒散。《晋诗》卷一二庾阐《衡山》:"北眺衡山首,南睨五岭末;寂坐挹虚恬,运目情四豁。"《全晋文》卷二三王羲之《杂帖》:"省足下前后书,未尝不忧。……然古人云:行其道,忘其为身,真卿今日之谓。政自当豁其胸怀。"《庾

子山集》卷三《拟咏怀》诗之一四："有情何可豁，忘怀固难遣。""豁情"与"散哀"同义并列。

　　[12]颜色：神情；神色。《世说新语·汰侈》："每至大将军，固不饮以观其变，已斩三人，颜色如故，尚不肯饮。"《庄子·让王》："孔子穷于陈蔡之间，七日不火食，藜羹不糁，颜色甚惫。"《三国志·魏志·夏侯玄传》："玄格量弘济，临斩东市，颜色不变，举动自若。"　　自若：不变常态。《世说新语·雅量》："嵇中散临刑东市，神气不变。"又："客问淮上利害，答曰：'小儿辈大破贼。'意色举止，不异于常。""颜色自若"与"神气不变""意色……不异于常"义同。

6.孙子荆年少时欲隐

[题解]

　　达则兼济天下，穷则独善其身。在政治斗争残酷、统治黑暗的魏晋时期，不少有识之士都被迫采取了遁迹山林以逃避现实、全身远祸的消极抗争策略，孙楚就是其中的一个。

　　本篇选自《世说新语·排调》。又，《晋书·孙楚传》亦记此事。

[原文]

　　孙子荆年少时欲隐[1]，语王武子[2]"当枕石漱流"[3]，误曰"漱石枕流"[4]。王曰："流可枕、石可漱乎？"孙曰："所以枕流[5]，欲洗其耳[6]；所以漱石，欲砺其齿[7]。"

[注释]

　　[1]孙子荆：名楚，字子荆。太原中都（今山西平遥西北）人，西晋名士。能诗赋，善属文。年四十余始宦，官至冯翊太守。《晋书》有传。明人辑有《孙冯翊集》。

年少：年轻。《世说新语·尤悔》："帝问温前世所以得天下之由，温未答顷，王曰：'温峤年少未谙，臣为陛下陈之。'"《史记·匈奴列传》："儿单于年少，好杀伐，国人多不安。"《殷芸小说》卷四《后汉人》："祢正平年少，与孔文举作尔汝交。"引申之，则可指少年、年轻人。失译《佛说㮈女祇域因缘经》："长者妇问言：'医形貌何似？'答言：'是年少。'彼自念言：'老宿诸医治亦不差，况复年少！'"《古小说钩沉》辑《裴子语林》："刘道真年十六，在门前弄尘，垂鼻涕至胸。洛下年少乘车从门过，曰：'年少甚埚坦。'"　　欲隐：打算隐居。

　　[2]语：告诉。　　王武子：名济，字武子。太原晋阳（今山西太原市）人，西

晋名士。与孙楚友善。好《老》《庄》，能清言。唯生性豪侈浪费，以此获讥于世。以中书郎入仕，终于太仆。

[3] 当：将要。参见《杂譬喻经·医师治王病喻》注[15]。　　枕石漱流：用山石作枕，用涧流漱口。喻指过隐居生活。按："枕石漱流"是汉魏六朝以来熟语，载籍经见。《全三国文》卷六一彭羡《与蜀郡太守许靖书荐秦宓》："伏见处士绵竹秦宓，膺山甫之德，履隽生之直，枕石漱流，吟咏缊袍。"《陆云集》卷一《逸民赋》："杖短策而遂往兮，乃枕石而漱流。"《全陈文》卷一〇徐陵《谏仁山深法师罢道书》："山间树下，故自难期；枕石漱流，实为希有。"《晋书·儒林传论》："文博之漱流枕石，铲迹销声。"《南史·顾协传》："协年数岁，永抚之曰：'儿欲何戏?'协曰：'儿政欲枕石漱流。'"

[4] 漱石枕流：《全三国文》卷七五康僧会《法镜经序》："或有隐处山泽，漱石枕流，专心涤垢，神与道俱。"是此语三国僧人康僧会已先言之，孙楚非其始也。后世遂亦以"漱石枕流"（枕流漱石）形容隐居生活，与"枕石漱流"并用而不悖。

[5] 所以枕流：之所以用涧流作枕，是为了……，"所以"表示"枕流"的原因。"所以漱石"仿此。

[6] 欲洗其耳：想要洗净我的耳朵。此句系用许由的典故。"其"在这里用作第一人称代词。"其"字本为第三人称代词，义为"他的""他"；在汉魏六朝文献中，则常常用以指代第一人称，犹言"我的""我"。《世说新语·规箴》："临还镇，故命驾诣丞相，丞相（此二字衍）翘须厉色，上坐便言：'方当乖别，必欲言其所见。'"又《任诞》："（庾）冰欲报卒，适其所愿。卒曰：'……少苦执鞭，恒患不得快饮酒；使其酒足，餘年毕矣。'"《陆云集》卷八《与兄平原书》："至于定兄文，唯兄亦怒其无遗情而不自尽耳。"失译《兴起行经》卷下《佛说地婆达兜掷石缘经》："于是世尊即说宿命偈曰：'我往以财故，杀其异母弟，推著高崖下，以石堈其上。以是因缘故，久受地狱苦。'"

[7] 欲砺其齿：想要磨砺我的牙齿。

7. 孙兴公嫁女

[题解]

知己知彼，方能百战不殆。为了推销痴呆的女儿，孙兴公先上门"侦察火力"，然后佯装吃亏地与王家定亲，终于蒙蔽住对方，骗婚成功。

本篇选自《世说新语·假谲》。

[原文]

　　王文度弟阿智[1]，恶乃不翅[2]，当年长而无人与婚[3]。孙兴公有一女[4]，亦僻错[5]，又无嫁娶理[6]。因诣文度[7]，求见阿智。既见，便阳言[8]："此定可[9]，殊不如人所传[10]，那得至今未有婚处[11]！我有一女，乃不恶[12]，但吾寒士[13]，不宜与卿计[14]，欲令阿智娶之。"文度欣然而启蓝田云[15]："兴公向来[16]，忽言欲与阿智婚。"蓝田惊喜[17]。既成婚[18]，女之顽嚚[19]，欲过阿智[20]。方知兴公之诈[21]。

[注释]

　　[1] 王文度：名坦之，文度是其字。王述之子，太原晋阳(今山西太原市)人，东晋名士。好刑名之学，干练有吏才，官至中书令、北中郎将及徐、兖二州刺史。《晋书》有传。　　阿智：王处之的小名。本条刘孝标注："阿智，王处之小字。处之字文将，辟州别驾，不就。娶太原孙绰女，字阿恒。"宋汪藻《世说叙录》后附《人名谱·太原晋阳王氏谱》略同。按：古人有名有字，汉魏以来人在名、字之外又常常有所谓"小字"，"小字"就是小名、乳名。仅就汪氏《人名谱·琅邪临沂王氏谱》和《太原晋阳王氏谱》这两个王姓族谱的二十六人的小名来看，六朝人取小名多表达了父母、祖辈的爱昵和希冀，王敦小字阿黑、王导小字阿龙、王劭小字大奴、王羲之小字阿菟、王彭之小字虎犻、王彪之小字虎犊、王修小字苟子、王粹僧小字彦孙、王蕴小字阿兴等，均是。此俗古今不异。也有一些小名反映了当时社会的信仰风尚。六朝时佛教盛行，士族名门多信奉之者，故王珣小字法护、王珉小字僧弥、王祎之小字僧恩、王忱小字佛大、王训小字文殊。还有其他一些情况，如：王悦小字阿太，一曰大郎。悦是王导的长子，"阿太"("太"同"大")、"大郎"表示排行(第一)。王徽小字荆产，盖为其父王澄在荆州刺史任上所生，此则表示出生地。除了双字外，亦有以单字名之者，王泰小字养、王筠小字炬、王恭小字宁、王熙小字齐、王爽小字睹。本篇人物王坦之小字阿讷、王处之小字阿智，无疑是属于爱昵之称的。但王处之事实上是一个弱智者、低能儿，家人以"阿智"呼之，只是一种良好心愿(希望他能变得聪明起来)的体现。

　　[2] 恶：犹言愚痴、蠢笨。　　不翅：即"不啻"，"翅"通"啻"。不止，不仅。《书·多士》："尔不克敬，尔不啻不有尔土，予亦致天之罚于尔躬。"唐陆德明释文："啻，徐本作翅，音同。"《说文·疒部》："疷，病不翅也。"(此从小徐本)清段玉裁注："'翅'同'啻'。……《仓颉篇》曰：'不啻，多也。'古语不啻，如楚人言夥颐之类。"《南齐书·张敬儿传》："必若虚设市虎，亦可不翅此言。""恶乃不翅"直译为愚痴不止，意谓甚愚痴，非常傻。

〔3〕当：值；碰上。　　　年长(zhǎng)：与"年少"相对，年纪大。《素问》卷二三《示从容论篇》："夫年长则求之于府，年少则求之于经，年壮则求之于藏。"《史记·游侠列传》："及(郭)解年长，更折节为俭，以德报怨。"

〔4〕孙兴公：孙绰，字兴公。太原中都(今山西平遥西北)人，东晋名士、文学家。少时隐居会稽，以文才擅名于世。历仕章安令、永嘉太守、散骑常侍，终于廷尉卿。《晋书》有传。明人辑有《孙廷尉集》。

〔5〕僻错：痴呆；发傻。按："僻"有乖僻、昏乱义，《列子·说符》："孟孙阳让之曰：'何吾子问之迂，夫子答之僻，吾惑愈甚。'"《宋书·王微传》载微与江湛书："弟心病乱度，非但蹇蹙而已，此处朝野所共知。……兄守金城，永不堪扶抱就路，若不愈疾，非性僻而何！""错"亦有乖戾、昏乱、失常义，失译(附后汉录)《大方便佛报恩经》卷一《孝养品》："时王荒错，心意迷乱，误入十四日道。"姚秦竺佛念译《出曜经》卷二《无常品》之二："尔时有一孤母而丧一子，得此忧恼，愁愦失意，恍惚倒错。"《搜神后记》卷三"形魂离异"条："少时，夫忽得疾，性理乖错，终身不愈。"故"僻错"是同义复词，指孙绰女神志错乱，智力低下。

〔6〕嫁娶理：出嫁的可能。"理"当可能讲，是六朝人习语，常以"无……理"(没有……可能)或"有……理"(有……可能)连言。《世说新语·贤媛》："许允妇是阮卫尉女，德如妹。奇丑。交礼竟，允无复入理。"《古小说钩沉》辑《裴子语林》："陆士衡在洛，夏月忽思竹筴饮，语刘实曰：'吾乡曲之思转深，今欲东归，恐无复相见理。'"元魏慧觉等译《贤愚经》卷九《善事太子入海品》："此儿前后，意欲所作，要必成办，不可回转。若令入海，犹有还理。'"《齐民要术》卷九《煮胶》："譬如生铁，一经柔熟，永无镕铸之理，无烂汁故也。"《宋书·谢晦传》："(何)承天曰：'外间所闻，咸谓西讨已定，幼宗岂有上理。'"

〔7〕诣：拜访。

〔8〕阳：假装；假意。《原本玉篇残卷·阜部》："阳：野王案：'阳犹详(按："详"通"佯")，诈也。'"

〔9〕定：原来(是)。表示弄清了事实真相。《世说新语·任诞》："(罗友)在益州，语儿云：'我有五百人食器。'家中大惊，其由来清，而忽有此物，定是二百五十沓乌樏。"失译(附后汉录)《杂譬喻经》卷下："道人曰：'吾当为汝出瓮中人。'取一大石，打坏瓮，酒尽，了无所有。二人意解，知定身影，各怀惭愧。"《古小说钩沉》辑《俗说》："(王东亭)语其所念小人俞翼，令在门前：'若见人骑傔从来，汝便可取酒药与我。'俄有行人乘马过，翼便进酒。王语翼：'汝更看。'定非官人。"　　　可：犹言好、不错。用于褒奖人物。《世说新语·赏誉》："桓温行经王敦墓边过，望之云：'可儿！可儿！'"刘孝标注："王敦可人之目，数十年间也。"又："王仲祖、刘真长造殷中军谈。谈竟，俱载去。刘谓王曰：'渊源真可。'"《陶渊明集》卷一《命子》诗：

"既见其生，实欲其可。"《晋书·宣五王传·平原王干》："及闵诛，干哭之恸，谓左右曰：'宗室日衰，唯此儿最可，而复害之！'""此定可"犹言这孩子原来不错。当然这是孙绰有意在撒谎。

[10] 殊：极；很。程度副词。后常接否定词。《战国策·赵策四》："老臣今者殊不欲食，乃自强步，日三四里，少益耆食，和于身。"《史记·越王勾践世家》："而朱公长男不知其意，以为殊无短长也。"同样的用法《世说新语》中多见，《文学》："（刘）真长既至，先令孙自叙本理，孙粗说己语，亦觉殊不及向。"《雅量》："谢徐抚掌而笑曰：'卫军，僧弥殊不肃省，乃侵陵上国也。'"《赏誉》："吾常以卿言为意，殊未有得，恐已悔之。"   不如：不像；不似。《世说新语·赏誉》："王平子目太尉：'阿兄形似道，而神锋太俊。'太尉答曰：'诚不如卿落落穆穆。'"《全后汉文》卷一九范升《奏毁周党等》："臣愿与并坐云台之下，考试图国之道；不如臣言，伏虚妄之罪。"

[11] 那得：怎么能；为何能。参见《搜神记·卢充》注[14]。   婚处：配偶。《世说新语·方正》："（王）文度还报云：'下官家中先得婚处。'"又《贤媛》："王汝南少无婚，自求郝普女。司空以其痴，会无婚处，任其意便许之。"又《假谲》："少日，公报姑云：'已觅得婚处。门地粗可，婿身名宦尽不减峤。'"唐杜佑《通典》卷六〇《礼二十·嘉五·同姓婚议》："（刘）碬在边地无他婚处，居今行古，致斯云耳。"

[12] 不恶：犹言不赖、不错。是《世说新语》习语。《规箴》："王大语东亭：'卿乃复论成不恶，那得与僧弥戏！'"《贤媛》："太傅慰释之曰：'王郎，逸少之子，人身亦不恶，汝何以恨乃尔？'"他书例如：《法书要录》卷二陶隐居与梁武帝《论书启》之五《臣涛言》一纸下注："此书乃不恶，而非右军父子，不识谁人迹，又似是摹。"《太平广记》卷二四九"王福畤"条（出《御史台记》）："尝致书韩父曰：'勔、勮、勃文章并清俊，近小者欲似不恶。'"

[13] 寒士：贫寒之士。按：魏晋时人重门第族望，严士庶之别，门阀制度逐步发展，渐趋严格。表现在婚姻关系上，则要求门当户对者方能通婚。《世说新语·方正》："于时谢尚书求其小女婚，（诸葛）恢乃云：'羊、邓是世婚，江家我顾伊，庾家伊顾我，不能复与谢裒儿婚。'"又："王文度为桓公长史时，桓为儿求王女，王许咨蓝田。……文度因言桓求已女婚。蓝田大怒，排文度下膝，曰：'恶见文度已复痴，畏桓温面；兵，那可嫁女与之！'"均其证。在此基础上有所变通的是：虽然名门之女不可下嫁寒族，但寒族之女却可上嫁名门（这种要求男方门第、地位高于女方的习俗，古今不异）。上举第二例记王述、王坦之父子拒绝了桓温求娶坦之女的要求，只因为桓是行伍出身，非士族名门。而后桓温将自己的女儿嫁给了王坦之之子。本篇的孙绰出身卑微，父祖无名位可言，故自称"寒士"，以求通过嫁女来上攀地望显赫的王家。都说明了这一点。

　　[14] 计：计较。

　　[15] 启：禀告。参见《世说新语·顾雍丧子》注[3]。

　　[16] 向：方才；刚才。姚秦竺佛念译《出曜经》卷一六《忿怒品》："长生太子问其王曰：'向如安眠，何为惊寤？'王告御者：'汝欲知不？我向安眠，梦见长寿王儿长生。'"《搜神记》卷一八"细腰"条："及将曙，(何)文乃下堂中，如向法呼之，问曰：'黄衣者为谁？'"

　　[17] 惊喜：又惊又喜。参见《搜神记·女化蚕》注[10]。

　　[18] 成婚：完婚。

　　[19] 顽嚚：愚妄无知。语出《书·尧典》："岳曰：'瞽子，父顽，母嚚，象傲，克谐以孝，烝烝乂，不格奸。'"后遂以"顽嚚"连言，《左传·文公十八年》："好行凶德，丑类恶物，顽嚚不友，是与比周。"《易林》卷一二《升之家人》："拜跪赞辞，无益于尤。大夫顽嚚，使我生忧。"或作"嚚顽"，义同。《韩诗外传》卷五第十六章："是以嚚顽无礼，而肃敬日损。"《文选·王褒〈四子讲德论〉》："仆虽嚚顽，愿从足下。"

　　[20] 欲：似；好像。是六朝人习语。《陆云集》卷八《与兄平原书》："一日，见正叔与兄读古五言诗，此生叹息欲得之。"又："《文赋》甚有辞，绮语颇多；文适多体，便欲不清。不审兄呼尔不？"《全晋文》卷一一一孝武帝司马曜《帖》："比得谯王书，有欲仙语。"又有"似欲""欲似""如欲"同义连言者，《世说新语·赏誉》："王大将军称其儿云：'其神候似欲可。'"《齐民要术》卷七《笨曲并酒》："酒尽出时，冰硬糟脆，欲似石灰。"《陆云集》卷八《与兄平原书》："云再拜：前省皇甫士安《高士传》，复作《逸民赋》，今复送之，如欲报称。"

　　[21] 诈：狡诈；欺骗。

8. 韩寿幽会贾充女

[题解]

　　对爱情的热切向往、大胆追求，自古而然。《诗经》里就唱"窈窕淑女，君子好逑""髧彼两髦，实维我仪"。卓文君违父命而与司马相如私奔，亦传为千古美谈。本篇中贾充的女儿看中了韩寿，大胆与他约会，最后终成眷属，反映了人们对自由恋爱生活的向往与追求。家丑不可外扬，贾充隐秘此事实出无奈；但并未成功，反倒留下了一段爱情佳话。

　　本篇选自《世说新语·惑溺》。又，此事《太平御览》卷五〇〇及九八一引《郭子》，《晋书·贾谧传》亦均有记载，唯文字详略不同。

[原文]

　　韩寿美姿容[1]，贾充辟以为掾[2]。充每聚会，贾女于青琐中看[3]，见寿，说之[4]，恒怀存想[5]，发于吟咏[6]。后婢往寿家[7]，具述如此，并言女光丽[8]。寿闻之心动，遂请婢潜修音问[9]，及期往宿[10]。寿蹻捷绝人[11]，逾墙而入[12]，家中莫知[13]。自是充觉女盛自拂拭[14]，说畅有异于常[15]。后会诸吏，闻寿有奇香之气[16]，是外国所贡，一著人则历月不歇[17]。充计武帝唯赐己及陈骞[18]，餘家无此香[19]，疑寿与女通[20]；而垣墙重密，门阁急峻[21]，何由得尔[22]？乃托言有盗[23]，令人修墙。使反[24]，曰：“其余无异，唯东北角如有人迹，而墙高非人所逾。”充乃取女左右婢考问[25]，即以状对[26]。充秘之[27]，以女妻寿[28]。

[注释]

　　[1] 韩寿：字德真，南阳堵阳（今河南方城）人。官至散骑常侍、河南尹。姿容：容貌；仪表。《世说新语·容止》“潘岳妙有姿容”条南朝梁刘孝标注引《（潘）岳别传》曰：“岳姿容甚美，风仪闲畅。”

　　[2] 贾充：（217—282年），字公闾，名充。平阳襄陵（今山西襄汾东北）人，西晋名臣，曹魏时以尚书郎起家，迁至廷尉。曾指使成济杀魏帝曹髦，司马氏以晋代魏，充有功焉。晋初以元勋而倍受尊宠，历任车骑将军、侍中、尚书令、司空，终于太尉。《晋书》有传。　　辟：征召（官吏）。《世说新语·言语》：“因问喜：‘昔先公辟君不就，今孤召君，何以来？’”《后汉书·钟皓传》：“前后九辟公府，征为廷尉正、博士、林虑长，皆不就。”《文选·蔡邕〈郭有道碑文序〉》：“群公休之，遂辟司徒掾。”唐李善注：“辟，犹召也。”　　掾：属官。

　　[3] 青琐：本指宫廷门窗上镂刻的青色花纹。《三国志·吴志·华覈传》：“越从朽壤，蝉蜕朝中，熙光紫闼，青琐是凭。”《梁诗》卷二范云《古意赠王中书》：“摄官青琐闼，遥望凤皇池。”《后汉书·梁冀传》：“冀乃大起第舍，……窗牖皆有绮疏青琐，图以云气仙灵。”唐李贤注：“青琐谓刻为琐文，而以青饰之也。”梁冀骄奢僭上，故亦以“青琐”为饰。引申之，则可指刻镂成连环格的窗户，本例即是。

　　[4] 说：后作“悦”。

　　[5] 恒：时常；常常。《世说新语·言语》：“王曰：‘年在桑榆，自然至此，正赖丝竹陶写，恒恐儿辈觉，损欣乐之趣。’”《搜神记》卷二〇“建业妇人”条：“建业有妇人，背生一瘤，大如数斗囊。……恒乞于市。”　　存想：思念；想念。《论衡·订鬼》：“夫精念存想，或泄于目，或泄于口，或泄于耳。”《陆云集》卷一〇《与杨彦明

书》:"存想其人,痛切肝怀,奈何奈何!"《全晋文》卷二六王羲之《杂帖》:"修载来十餘日,诸人近集,存想。"按:"存"有思、想义,三国魏康僧铠译《佛说无量寿经》卷下:"不惟父母之恩,不存师友之义。""惟""存"对文同义。三国吴康僧会译《六度集经》卷六《女人求愿经》:"寻之城外,忽存婿妒,怅然不悦。""忽存婿妒"言忽思婿妒。《全晋文》卷一三四习凿齿《与桓秘书》:"西望隆中,想卧龙之吟;东眺白沙,思凤雏之声;北临樊墟,存邓老之高;南眷城邑,怀羊公之风;纵目檀溪,念崔、徐之友;肆睇鱼梁,追二德之远。""存"与"想""思""怀""念""追"对文同义。故"存想"是同义连文。参见《晋诗·为顾彦先赠妇往返》诗注[4]。

[6] 发于吟咏:在吟唱中表露出来。

[7] 婢:贾女之婢。此婢在主人与韩寿的结合中起到了至关重要的作用,颇类《西厢记》中的红娘。

[8] 光丽:艳丽;美丽。参见《搜神记·卢充》注[56]。

[9] 潜修音问:偷偷传递音信。"音问"作音讯、音信讲,是六朝人习用之语。《全晋文》卷二四王羲之《杂帖》:"且转远非徒无咨觐之由,音问转复难通。"南朝梁宝唱等撰集《经律异相》卷四四引《百句譬喻经》:"经涉五载,音问不达,彼此怀情,竟无所感。"《魏书·景穆十二王传中·任城王澄》:"而使一人一返,静无音问,其诈也可见。"也可用作动词,义为通音讯、报消息。《全晋文》卷二三王羲之《杂帖》:"未知见卿期,当数音问也。"又卷二七王献之《杂帖》:"如今未知面期近远,此慨可言! 惟深保爱,数音问。"

[10] 及期:到了约定的日子。

[11] 蹻捷:身手轻捷。《素问》卷四《异法方宜论篇》:"其民食杂而不劳,故其病多痿厥寒热,其治宜导引按蹻。"唐王冰注:"蹻,谓捷举手足。"是"蹻捷"近义连用。《魏书·尔朱兆传》:"少骁猛,善骑射,手格猛兽,蹻捷过人。"《全唐文》卷三五九杜甫《天狗赋》:"偶快意于校猎兮,尤见疑于蹻捷。""蹻捷绝人"即《魏书》"蹻捷过人"之义。

[12] 逾墙:翻过墙头。

[13] 莫知:没有人知道。

[14] 自是:自此以后。　拂拭:打扮;修饰。《异苑》卷八:"义熙中,东海徐氏婢兰忽患嬴黄,而拂拭异常。"《梁诗》卷一〇吴均《行路难》之一:"未央彩女弃鸣箎,争先拂拭生光仪。""拂拭"此义当由其揩擦义引申而来。

[15] 说畅:欢畅;喜悦。"说"同"悦"。《三国志·吴志·陆抗传》南朝宋裴松之注引晋习凿齿曰:"(羊祜)振义网以罗强吴,明兼爱以革暴俗,易生民之视听,驰不战乎江表,故能德音悦畅,而禀负云集,殊邻异域,义让交弘。"

[16] 奇香:奇特的香;异香。

[17] 著：附着；沾。《周礼·天官·典妇功》"比其小大而贾之，物书而楬之"句汉郑玄注："皆比方其大小，书其贾数而著其物，若今时题署物。"晋葛洪《肘后备急方》卷二《治瘴气疫疠温毒诸方》："牛马疫，以一匕著舌下，溺灌，日三四度，甚妙也。"　历月不歇：几个月不消退。按：此下刘孝标注引《十洲记》曰："汉武帝时，西域月氏国王遣使献香四两，大如雀卵，黑如桑椹，烧之，芳气经三月不歇。"是对这两句的补充说明。

[18] 计：思量。西晋竺法护译《佛五百弟子自说本起经·夜耶品》："观已还静心，察于外死身，内省自己躯，彼尔我如是，计本皆虚无，自从三昧起，修行不懈怠。"后秦鸠摩罗什译《禅秘要法经》卷上："邪命自活，不计无常。"《魏书·景穆十二王传上·广平王嗣子匡》："计芳才学，与匡殊悬；所见浅深，不应相匹。"　武帝：晋武帝司马炎。　陈骞：西晋大臣。

[19] 餘家：别家。参见《贤愚经·长者无耳目舌品》注[57]。

[20] 通：私通。

[21] 急峻：喻守护得非常严密。

[22] 何由得尔：怎么能进来这样（指私通）呢？

[23] 托：借口。　盗：小偷。

[24] 使反：派出去的人回来（报告）。"反"，后作"返"。

[25] 取：召唤；叫来。《世说新语·文学》："张退，刘曰：'卿且去，正当取卿共诣抚军。'"　考问：刑讯审问。"考"通"拷"。《汉书·外戚传下·孝成班健伃》："鸿嘉三年，赵飞燕谮告许皇后、班健伃挟媚道，祝诅后宫，詈及主上。……考问班健伃。"《宋书·文五王传·竟陵王诞》："（邵）领宗既出，致诚毕，复还城内，事泄。诞鞭二百，考问不服，遂支解之。"

[26] 状：情况；实情。　对：回答；告诉。

[27] 秘：保守秘密。《史记·越王勾践世家》："吴告急于王，王方会诸侯于黄池，惧天下闻之，乃秘之。"《南齐书·武十七王传·鱼复侯子响》："长史刘寅等连名密启，上敕精检。寅等惧，欲秘之。"

[28] 妻寿：嫁给韩寿。

史　　书

　　东汉魏晋南北朝史书是研究中古汉语的宝贵资料,其研究价值是不容忽视的。这一时期的正史,大致有六朝人撰著的《三国志》《后汉书》《宋书》《南齐书》《魏书》,唐人编撰的《晋书》《梁书》《陈书》《北齐书》《周书》《南史》《北史》《隋书》。其他还有《东观汉记》《华阳国志》《十六国春秋》《建康实录》等别史。有些史书虽然已经亡佚,但后人有辑本,仍可斟酌使用。史书语言的特点,一是数量较大,在中土典籍中首屈一指。二是门类齐全,有征引的前代文献,包括诏令奏疏、书函信札、辞赋文章等;也有十分俚俗口语化的人物对话;还有一般的叙述语。反映了东汉六朝社会政治、文化生活的方方面面,值得重视。当然,研究史书语言也有一定的困难,如就整体而言,史书的语言比较典雅正统,传统上属于文言文系统;但如前所述,不少史书中保存了较多的东汉六朝口语词,值得爬梳、整理,"披沙简金,往往见宝"。再是语料的断代尚有不同看法,有人看作编者年代的文献,有人则看作反映史实年代的文献。我们认为,由于史书语料的复杂性,存在一些不同的看法是正常的,随着研究的继续深入,相信观点会逐渐趋于一致。

　　正是因为考虑到史书语料的重要性,故本次修订《读本》,把原归入"其他"类的《三国志·魏志·华佗传》抽出来,单独归为"史书"类,并补充《晋书》《宋书》和《魏书》的口语体篇章各一则,以见六朝史书语言价值之一斑。我们依据的各种史书均为通行的中华书局标点本。

（一）三　国　志

纪传体史书,西晋陈寿撰。六十五卷。记魏文帝黄初元年(220

年)至晋武帝太康六年(280 年)间魏、蜀、吴三国史事,计《魏志》三十卷,《蜀志》十五卷,《吴志》二十卷。无表志。在陈寿之前,晋王沈撰《魏书》,三国吴韦昭撰《吴书》,魏鱼豢撰《魏略》,均为陈寿撰著时所参考。三志本独立单行,后世合为一书。至刘宋时,裴松之征引大量史料为之作注,极大地充实、丰富了原著。《三国志》及裴松之注基本属于中古史书文言文系列,但不乏魏晋以来口语词,值得重视。

陈寿(233—297 年),字承祚,安汉(今四川南充北)人。少好学,曾师事谯周,在蜀汉任观阁令史。入晋后,历任著作郎、治书侍御史。晋灭吴统一中国后,搜集记载三国一朝的公私史书,著成《三国志》。《晋书》有传。

1. 华 佗 传

[题解]

华佗是东汉时期杰出的医学家,《三国志》《后汉书》均有传。他医术高超,精通各科,尤其擅长外科,发明全身麻醉剂"麻沸散",用于剖开腹背、切除胃肠等大手术,比欧洲人使用麻醉剂早了一千六百多年。他创立了"五禽戏",强调运动对于人体卫生保健的作用。《华佗传》全面记载了华佗的医术成就以及被曹操杀害的不幸遭遇,文笔质朴简练,于字里行间表露了惋惜之情。

本文系节选于《三国志·魏志·方技传·华佗》。文中凡裴注内容,用"【　】"区别之。

[原文]

华佗,字元化,沛国谯人也[1],一名旉[2]。游学徐土[3],兼通数经[4]。沛相陈珪举孝廉[5],太尉黄琬辟[6],皆不就[7]。晓养性之术,时人以为年且百岁而貌有壮容。又精方药[8],其疗疾,合汤不过数种[9],心解分剂[10],不复称量,煮熟便饮,语其节度[11],舍去辄愈。若当灸,不过一两处,每处不过七八壮[12],病亦应除[13]。若当针,亦不过一两处,下针言"当引某许[14],若至,语人[15]"。病者言"已到",应便拔针,病亦行差[16]。若病结积在内,针药所不能及[17],当须刳割者[18],便饮其麻沸散,须臾便如醉死无所知,因破取[19]。病若在肠中,便断肠湔洗[20],缝腹膏摩[21],四五日差,不痛,人亦不自寤[22]。一月之间,即平复矣[23]。

故甘陵相夫人有娠六月[24],腹痛不安,佗视脉,曰:"胎已死矣。"使人手摸知所在,在左则男,在右则女。人云"在左",于是为汤下之[25],果下男形,即愈。

县吏尹世苦四支烦[26],口中干,不欲闻人声,小便不利[27]。佗曰:"试作热食,得汗则愈;不汗,后三日死。"即作热食而不汗出,佗曰:"藏气已绝于内[28],当啼泣而绝。"果如佗言。

府吏兒寻、李延共止[29],俱头痛身热,所苦正同[30]。佗曰:"寻当下之[31],延当发汗。"或难其异[32],佗曰:"寻外实[33],延内实,故治之宜殊。"即各与药,明旦并起[34]。

盐渎严昕与数人共候佗,适至,佗谓昕曰:"君身中佳否[35]?"昕曰:"自如常。"佗曰:"君有急病见于面[36],莫多饮酒。"坐毕归,行数里,昕卒头眩堕车[37],人扶将还[38],载归家,中宿死[39]。

故督邮顿子献得病已差,诣佗视脉,曰:"尚虚,未得复,勿为劳事[40],御内即死[41]。临死,当吐舌数寸。"其妻闻其病除,从百餘里来省之[42],止宿交接[43],中间三日发病[44],一如佗言。

督邮徐毅得病,佗往省之。毅谓佗曰:"昨使医曹吏刘租针胃管讫[45],便苦咳嗽,欲卧不安。"佗曰:"刺不得胃管,误中肝也,食当日减[46],五日不救。"遂如佗言。

东阳陈叔山小男二岁得疾,下利常先啼[47],日以羸困。问佗,佗曰:"其母怀躯[48],阳气内养,乳中虚冷,儿得母寒,故令不时愈[49]。"佗与四物女宛丸,十日即除。

彭城夫人夜之厕,虿螫其手[50],呻呼无赖[51]。佗令温汤近热,渍手其中,卒可得寐,但旁人数为易汤[52],汤令暖之,其旦即愈。

军吏梅平得病,除名还家,家居广陵,未至二百里,止亲人舍。有顷,佗偶至主人许[53],主人令佗视平,佗谓平曰:"君早见我,可不至此。今疾已结[54],促去可得与家相见[55],五日卒。"应时归[56],如佗所刻[57]。

佗行道,见一人病咽塞,嗜食而不得下,家人车载欲往就医。佗闻其呻吟,驻车往视,语之曰:"向来道边有卖饼家[58],蒜齑大酢,从取三升饮之，病自当去。"即如佗言，立吐蛇一枚[59]，县车边[60]，欲造佗。佗尚未还，小儿戏门前，逆见[61]，自相谓曰："似逢我公[62]，车边病是也。"疾者前入坐，见佗北壁县此蛇辈约以十数。

又有一郡守病，佗以为其人盛怒则差，乃多受其货而不加治，无何弃去[63]，留书骂之。郡守果大怒，令人追捉杀佗。郡守子知之，属使勿逐[64]。守瞋恚既甚，吐黑血数升而愈。

又有一士大夫不快[65]，佗云："君病深，当破腹取。然君寿亦不过十年，病不能杀君，忍病十岁，寿俱当尽，不足故自刳裂[66]。"士大夫不耐痛痒，必欲除之。佗遂下手[67]，所患寻差[68]，十年竟死[69]。

广陵太守陈登得病，胸中烦懑，面赤不食。佗脉之曰："府君胃中有虫数升，欲成内疽[70]，食腥物所为也。"即作汤二升，先服一升，斯须尽服之[71]。食顷，吐出三升许虫[72]，赤头皆动，半身是生鱼脍也，所苦便愈。佗曰："此病后三期当发[73]，遇良医乃可济救[74]。"依期果发动，时佗不在，如言而死。

太祖闻而召佗，佗常在左右。太祖苦头风，每发，心乱目眩，佗针鬲[75]，随手而差[76]。【《佗别传》曰：有人病两脚躄不能行[77]，舆诣佗，佗望见云："已饱针灸服药矣，不复须看脉。"便使解衣，点背数十处，相去或一寸，或五寸，纵邪不相当[78]。言灸此各十壮，灸创愈即行。后灸处夹脊一寸，上下行端直均调[79]，如引绳也。】

李将军妻病甚，呼佗视脉，曰："伤娠而胎不去。"将军言："闻实伤娠[80]，胎已去矣。"佗曰："案脉，胎未去也。"将军以为不然。佗舍去，妇稍小差。百余日复动，更呼佗，佗曰："此脉故事有胎[81]。前当生两儿，一儿先出，血出甚多，后儿不及生。母不自觉，旁人亦不寤，不复迎，遂不得生。胎死，血脉不复归，必燥著母脊，故使多脊痛。今当与汤，并针一处，此死胎必出。"汤针既加，妇痛急如欲生者。佗曰："此死胎久枯，不能自出，宜使人探之。"果得一死男，手足完具，色黑，长可尺所[82]。

佗之绝技[83]，凡此类也。然本作士人[84]，以医见业[85]，意常自悔。后太祖亲理[86]，得病笃重，使佗专视[87]。佗曰："此近难济[88]，恒事攻治[89]，可延岁月。"佗久远家思归，因曰："当得家书[90]，方欲暂还耳[91]。"到家，辞以妻病[92]，数乞期不反[93]。太祖累书呼[94]，又敕郡县发遣[95]。佗恃能厌食事[96]，犹不上道[97]。太祖大怒，使人往检[98]。若妻信病[99]，赐小豆四十斛[100]，宽假限日[101]；若其虚诈[102]，便收送之[103]。于是传付许狱[104]，考验首服[105]。荀彧请曰[106]：“佗术实工[107]，人命所县[108]，宜含宥之[109]。”太祖曰：“不忧[110]，天下当无此鼠辈耶[111]？”遂考竟佗[112]。佗临死，出一卷书与狱吏，曰：“此可以活人[113]。”吏畏法不受，佗亦不强[114]，索火烧之。佗死后，太祖头风未除。太祖曰：“佗能愈此。小人养吾病，欲以自重，然吾不杀此子，亦终当不为我断此根原耳[115]。”及后爱子仓舒病困[116]，太祖叹曰：“吾悔杀华佗，令此儿强死也。[117]”

　　初，军吏李成苦咳嗽，昼夜不寐，时吐脓血，以问佗。佗言：“君病肠臃[118]，咳之所吐，非从肺来也。与君散两钱，当吐二升馀脓血讫，快自养[119]，一月可小起，好自将爱[120]，一年便健。十八岁当一小发，服此散，亦行复差[121]。若不得此药，故当死。”复与两钱散。成得药，去五六岁[122]，亲中人有病如成者，谓成曰：“卿今强健，我欲死，何忍无急去药，以待不祥？先持贷我，我差，为卿从华佗更索。”成与之。已故到谯[123]，适值佗见收，匆匆不忍从求。后十八岁，成病竟发，无药可服，以至于死。

　　【《佗别传》曰：人有在青龙中见山阳太守广陵刘景宗，景宗说中平日数见华佗，其治病手脉之候，其验若神。琅琊刘勋为河内太守，有女年几二十[124]，左脚膝里上有疮[125]，痒而不痛。疮愈数十日复发，如此七八年，迎佗使视，佗曰：“是易治之。当得稻糠黄色犬一头，好马二匹。”以绳系犬颈，使走马牵犬，马极辄易[126]，计马走三十馀里，犬不能行，复令步人拖曳，计行五十里[127]。乃以药饮女，女即安卧不知人。因取大刀断犬腹近后脚之前，以所断之处向疮口，令去二三寸。停之须臾，有若蛇者从疮中而出，便以铁椎横贯蛇头。蛇在皮中动摇良久，须臾不动，乃牵出，长三尺所，纯是蛇[128]，但有眼处而无童子[129]，又逆鳞耳。以膏散著疮中，七日愈。又有人苦头眩，头不得举，目不得视，积年。佗使悉解衣倒悬，令头去地一二寸，濡布拭身体，令周匝，候视诸脉，尽出五色。佗令弟子数人以铍刀决脉[130]，五色血尽，视赤血，乃下，以膏摩被覆[131]，汗自出周匝，饮以亭历犬血散[132]，立愈。又有妇人长病经年，世谓寒热注病者[133]。冬十一月中，佗令坐石槽中，平旦用寒水汲灌[134]，云当满百。始七八灌，会战欲死[135]，灌者惧，欲止。佗令满数。将至八十灌，热气乃蒸出，嚣嚣高二三尺[136]。满百灌，佗乃使然火温床[137]，厚覆，良久汗洽出[138]，著粉，汗燥便愈。又有人病腹中半切痛，十馀日中，鬓眉堕落。佗曰："是脾半腐，可刳腹养治也。"使饮药令卧，破腹就视，脾果半腐坏。以刀断之，刮去恶肉，以膏傅疮，饮之以药，百日平复。】

广陵吴普、彭城樊阿皆从佗学。普依准佗治[139]，多所全济[140]。佗语普曰："人体欲得劳动[141]，但不当使极尔[142]。动摇则谷气得消[143]，血脉流通，病不得生，譬犹户枢不朽是也[144]。是以古之仙者为导引之事，熊颈鸱顾，引挽腰体[145]，动诸关节，以求难老。吾有一术，名五禽之戏，一曰虎，二曰鹿，三曰熊，四曰猿，五曰鸟，亦以除疾，并利蹄足，以当导引。体中不快，起作一禽之戏，沾濡汗出[146]，因上著粉，身体轻便，腹中欲食。"普施行之，年九十馀，耳目聪明，齿牙完坚。阿善针术。凡医咸言背及胸藏之间不可妄针[147]，针之不过四分，而阿针背入一二寸，巨阙胸藏针下五六寸[148]，而病辄皆瘳[149]。阿从佗求可服食益于人者，佗授以漆叶青黏散。漆叶屑一升，青黏屑十四两，以是为率[150]，言久服去三虫，利五藏，轻体，使人头不白。阿从其言，寿百馀岁。漆叶处所而有[151]，青黏生于丰、沛、彭城及朝歌云。

［注释］

　　[1] 沛国：汉代分封的一个王国，在今安徽、江苏、河南三省交界处，以宿县为中心。　　谯（qiáo）：沛国县名。今安徽亳（bó）州（原称亳县）。

　　[2] 勖：同"敷"。

　　[3] 徐土：徐州一带。

　　[4] 经：指《诗》《书》《易》《礼》《春秋》等。《汉书·礼乐志》："六经之道同归，而礼乐之用为急。"唐颜师古注："六经，谓《易》《诗》《书》《春秋》《礼》《乐》也。"

　　[5] 沛相：沛国的相。　　孝廉：汉代选举人才的科目，指孝子和廉洁之士。参见《郭子·张凭举孝廉》注[1]。

　　[6] 太尉：官名，汉代掌握军权的最高长官。　　辟（bì）：征召。

　　[7] 不就：不赴任。

　　[8] 方药：医方和药物，指医术。《汉书·杜延年传》："昭帝末，寝疾，征天下名医，延年典领方药。""方"本指药方，《史记·扁鹊仓公列传》："（长桑君）乃呼扁

鹊私坐，间与语曰：‘我有禁方，年老，欲传与公，公毋泄。’扁鹊曰：‘敬诺。’乃出其怀中药予扁鹊。……乃悉取其禁方书尽与扁鹊。”

[9] 合汤：犹合药，谓配制汤药。《抱朴子内篇·辨问》："得合一大药，知守一养神之要，则长生久视。"《魏书·景穆十二王传·京兆王》："又合狂药，令人服之，父子兄弟不相知识，唯以杀害为事。"又《孝文五王传·汝南王》："有崔延夏者，以左道与悦游，合服仙药松术之属。"是"合"指配制药。汤，指中药加水煎出的液汁，即汤剂。《世说新语·术解》："既来便脉，云：‘君侯所患，正是精进太过所致耳。’合一剂汤与之。"此为"合汤"之义。　　不过：不超过；仅仅。本传下文："若当灸，不过一两处，每处不过七八壮，病亦应除。"《史记·梁孝王世家》："又诸侯朝见天子，汉法凡当四见耳，……凡留长安不过二十日。"

[10] 解：知晓；明白。　　分剂：（药物）分量。《周易参同契》中篇："若药物非种，名类不同，分剂参差，失其纪纲，……亦犹和胶补釜，以卤涂泥，去冷加冰，除热用汤，飞龟舞蛇，愈见乖张。"又作动词，指称量药物。《世说新语·排调》"桓南郡与殷荆州语次"条南朝梁刘孝标注引《中兴书》曰："仲堪父尝病患经时，仲堪衣不解带数年。自分剂汤药，误以药手拭泪，遂眇一目。"《广韵·问韵》："分，分剂。"又《霁韵》："剂，分剂。"

[11] 节度：规矩；分寸；要求。《汉书·朱博传》："又敕功曹：‘官属多褒衣大裙，不中节度，自今掾史衣皆令去地三寸。’"《刘涓子鬼遗方》卷五《治痈疽食肉膏方》："初用，病更肿赤，但用如节度；恶肉尽，止。勿使过也。"《颜氏家训·风操》："吾观《礼经》，圣人之教，……皆有节文，亦为至矣。但既残缺，非复全书；其有所不载，及世事变改者，学达君子，自为节度，相承行之。"《北史·魏世祖纪》："命将出师，指授节度，从命者无不制胜，违爽者率多败失。""语其节度"言告诉其服药的注意事项。

[12] 壮：中医艾灸术语，一灸称一壮。《北史·艺术传下·马嗣明》："嗣明为灸两足趺上各三七壮，便愈。"宋沈括《梦溪笔谈》卷一八《技艺》："医用艾一灼谓之一壮者，以壮人为法。其言若干壮，壮人当依此数，老幼羸弱量力减之。"

[13] 应除：立即治愈。"应"是当即、立刻之义，下文："病者言‘已到’，应便拔针，病亦行差。""应便"同义，都是立即的意思。东晋佛陀跋陀罗共法显译《摩诃僧祇律》卷一〇："问伴言：‘是谁许？’有人言：‘此是净人囊，即速放地。’净人尔时应即取去。""应即"亦同义连言。除：病愈。下文"其妻闻其病除""太祖头风未除"的"除"义同。参见《生经·佛说鳖猕猴经》注[45]。

[14] 某许：某处。参见《郭子·张凭举孝廉》注[23]。

[15] 语：告诉。　　人：我，自称。《文选·司马相如〈长门赋〉》："饮食乐而忘人。"唐李善注："人，后自谓也。"《汉书·霍光传》："我何病？县官非我家将军不

得至是,今将军坟墓未干,尽外我家,反任许、史,夺我印绶,令人不省死。"《世说新语·文学》:"庾子嵩读《庄子》,开卷一尺许便放去,曰:'了不异人意。'"刘孝标注引《晋阳秋》曰:"(庾子嵩)恢廓有度量,自谓是老庄之徒。曰:'昔未读此书,意尝谓至理如此;今见之,正与人意暗同。'"又《排调》:"王浑与妇钟氏共坐,见武子从庭过,浑欣然谓妇曰:'生儿如此,足慰人意。'妇笑曰:'若使新妇得配参军,生儿故可不啻如此。'"各例"人"均犹言"我",人称代词,故"语人"即"告诉我"。

[16] 行:立即;随即。参见南朝梁任昉《奏弹刘整》注[46]。　　差(chài):病愈。

[17] 及:到达。

[18] 刳(kū)割:剖割。刳是剖开的意思。《史记·春申君列传》:"刳腹绝肠,折颈摺颐,首身分离,暴骸骨于草泽。"《后汉书·方术传下·华佗》:"若疾发结于内,针药所不能及者,乃令先以酒服麻沸散,既醉无所觉,因刳破腹背,抽割积聚。"

[19] 破:剖开。下文"又有一士大夫不快,佗云:'君病深,当破腹取。'"

[20] 湔洗:洗涤。指冲洗肠子。南朝宋傅亮《光世音应验记》第七则"沙门竺法义":"刳出肠胃,湔洗府藏。"参见《梁诗·棹歌行》注[6]。

[21] 膏摩:用药膏外敷。汉张机《金匮要略》卷一《脏腑经络先后病脉证》:"四肢才觉重滞,即导引吐纳,针灸膏摩,勿令九窍闭塞。"隋巢元方《诸病源候论》卷四五《小儿杂病诸候一·养小儿候》:"但当以除热汤浴之,除热散粉之,除热赤膏摩之。""膏摩"也指药膏、膏药,名词,下文"以膏摩被覆"的"膏摩"即是。又如《神农本草经》卷四:"作膏摩,除小儿百病。""摩"本是抚摸、搓磨之义,如《释名·释姿容》:"摩娑,犹末杀也,手上下之言也。"北魏贾思勰《齐民要术》卷四《种枣》:"盛暑,日曝使干,渐以手摩挲,散为末。"这里是敷抹之义。

[22] 不自寤:自己没有感觉,不知道。下文云:"前当生两儿,一儿先出,血出甚多,后儿不及生。母不自觉,旁人亦不寤,不复迎,遂不得生。""不寤"亦言不知道。

[23] 平复:病愈;恢复。《易林》卷一〇《塞之遁》:"虽踬复起,不毁牙齿。克免平复,忧除无疾。"三国吴支谦译《大明度经》卷六《法来闿士品》:"是时释化地悉便作水精琉璃,其上有金沙,使普慈及诸女身体疮瘢平复如故。"《陆机集补遗·平复帖》:"彦先羸瘵,恐难平复。"《全晋文》卷二二王羲之《杂帖》:"卿转胜,向平复也,犹耿耿,想上下无恙。"参见《异苑·沈霸葬狗》注[14]。

[24] 有娠:有身孕。

[25] 为汤:配制中药。下文"即作汤二升"的"作汤"义同。汤,(煎煮好的)中药。《史记·扁鹊仓公列传》:"齐中大夫病龋齿,臣意灸其左大阳明脉,即为苦参汤,日嗽三升,出入五六日,病已。"

[26] 四支：即"四肢"。支、肢古今字。　　烦：本义是热头痛，《说文·页部》："烦，热头痛也。"引申指滞重、不适。汉张机《金匮要略》卷一一《五脏风寒积聚》："脾中风：翕翕发热，形如醉人，腹中烦重，皮目瞤瞤而短气。"晋葛洪《肘后备急方》卷七《治卒中溪毒方》："但寒热烦疼，不解便致死耳。"明周王朱橚《普济方》卷一九六《黄疸门·三十六黄·白黄》："病人颜色干枯，目下赤，口干舌缩，心中恍惚，四肢烦重，此是白黄。"

[27] 不利：不通畅。《素问·宣明五气篇》："膀胱不利为癃，不约为遗溺。"唐王冰注："膀胱为津液之府，水注由之。然足三焦脉实，约下焦而不通，则不得小便。"晋皇甫谧《针灸甲乙经》卷七《六经受病发伤寒热病第一中》："头痛身热，鼻窒，喘息不利，烦满汗不出，曲差主之。"

[28] 藏气：即"脏气"。"藏"，内脏，后多作"脏"。《素问·生气通天论》："阳不胜其阴，则五藏气争，九窍不通。""五藏"即"五脏"。《史记·扁鹊仓公列传》："故病有六不治：……阴阳并，藏气不定，四不治也。"隋巢元方《诸病源候论》卷二六《蛊毒病诸候下·解诸毒候·饮酒后诸病候》："或吐利不安，或呕逆烦闷，随藏气虚实而生病焉。"

[29] 兒：同"倪"。　　共止：共同居住，共同生活。止，居住，生活。《诗·商颂·玄鸟》："邦畿千里，维民所止。"汉郑玄笺："止，犹居也。""共止"一词屡见于汉魏六朝典籍，后汉支娄迦谶译《道行般若经》卷八："阿难白佛言：'菩萨菩萨自相与共止，法当云何？'"《三国志·魏志·曹真传》："太祖哀真少孤，收养与诸子同，使与文帝共止。"《后汉书·方术传·任文公》："时有言越嶲太守欲反，刺史大惧，遣文公等五从事检行郡界，潜伺虚实，共止传舍。"

[30] 所苦：（所患的）病症，病情。《东观汉记》卷一八《郑均传》："均屡辟不诣。公车特征拜侍御史，……后以病告归。均遣子英奉章诣阙，诏召见英，问均所苦，赐以冠帻、钱布。"又卷二○《张敏》："张敏以行大射礼，陪位顿仆。乃策曰：'今君所苦未瘳，有司奏君年体衰羸，郊庙礼仪仍有旷废，鼎足之任不可以缺。'"《三国志·魏志·朱建平传》："至下旬转差，垂以平复，三十日日昃，请纪纲大吏，设酒曰：'吾所苦渐平，明日鸡鸣，年便五十。'"《后汉书·儒林传·周泽》："常卧病斋宫，其妻哀泽老病，窥问所苦。泽大怒，以妻干犯斋禁，遂收送诏狱谢罪。"

[31] 下：指导泄，中医治病的方法之一。汉张机《金匮要略》卷一七《呕吐哕下利病脉证治》："病人欲吐者，不可下之。"唐孙思邈《备急千金要方》卷二九《伤寒方·伤寒例》："王叔和曰：夫阳盛阴虚，汗之则死，下之则愈；阳虚阴盛，下之则死，汗之则愈。"

[32] 难（nàn）：驳诘；质疑。

[33] 实：中医术语，指邪气亢盛。《素问·玉机真藏论》："岐伯曰：'脉盛、皮

热、腹胀、前后不通、闷瞀，此谓五实。'"唐王冰注："实谓邪气盛实。"汉张机《伤寒论》卷一《辨脉法》："初持脉，来迟去疾，此出迟入疾，名曰内实外虚也。"宋韩祗和《伤寒微旨论》卷上《可下篇》："或云下利，脉迟而滑者内实，或云脉滑而数者有宿食。"

　　[34] 起：痊愈；病情好转。《公羊传·庄公三十二年》："庄公病，将死，以病召季子，……曰：'寡人即不起此病，'吾将焉致乎鲁国？'"《史记·春申君列传》："歇曰：'今楚王恐不起疾，秦不如归其太子。'"《南齐书·江谧传》："时世祖不豫，谧诣豫章王嶷，请间曰：'至尊非起疾，东宫又非才，公今欲作何计？'"下文"一月可小起"的"起"义同。成语"一病不起"的"起"同义。

　　[35] 身中：犹"体中"，指身体。"身中"有体内、身体当中义，《左传·文公十七年》："古人有言曰：畏首畏尾，身其馀几？"晋杜预注："言首尾有畏，则身中不畏者少。"汉晋以来也可泛指身体，《后汉书·马援传》："臣谨依仪氏䩭，中帛氏口齿，谢氏唇鬐，丁氏身中，备此数家骨相以为法。"　　佳：（身体）好，舒服。《全晋文》卷七晋惠帝司马衷《青简诏敕中书》："体中不佳，不堪出也。"又卷二三王羲之《杂帖》："知阮生转佳，甚慰甚慰。"又卷二四王羲之《杂帖》："想大小皆佳，知宾犹伏尔，耿耿。"南朝梁慧皎《高僧传》卷四《于法开》："帝小不佳，昨呼于公视脉，但到门前，种种辞惮，宜收付廷尉。"

　　[36] 见（xiàn）：表现；表露。后多作"现"。

　　[37] 卒（cù）：通"猝"。突然。

　　[38] 扶将：搀扶；扶着。"将"有扶义，"扶将"为同义连言。《汉书·外戚传上·孝景王皇后》："家在长陵小市，直至其门，使左右入求之。家人惊恐，女逃匿，扶将出拜。"《汉诗》卷一〇《古诗为焦仲卿妻作》："新妇初来时，小姑始扶床，今日被驱遣，小姑如我长。勤心养公姥，好自相扶将。"北朝民歌《木兰诗》："爷娘闻女来，出郭相扶将。"参见《梁诗·木兰诗》注[25]。

　　[39] 中宿：半夜。《梁书·韦睿传》："魏军果败走，因急攻之，中宿而城拔，遂进讨合肥。"

　　[40] 劳事：原指劳作疲惫之事。《周礼·天官·宫人》："凡寝中之事，扫除、执烛，共炉炭，凡劳事。"汉郑玄注："劳事，劳亵之事。"《后汉书·王霸传》："数上书，言宜与匈奴结和亲；又陈：委输可从温水漕，以省陆转输之劳事。皆施行。"古代医书上多见此词。《素问·风论》："泄风之状：多汗，汗出泄衣上，口中干，上渍其风，不能劳事。"晋皇甫谧《针灸甲乙经》卷一〇《阳受病发风第二上》："漏风之状：或多汗，常不可单衣，食则汗出，甚则身汗喘息；恶风，衣常濡，口干善渴，不能劳事。"明周王朱橚《普济方》卷一〇七《诸风门·漏风》："其懈惰而不能劳事者，精气耗竭，不能营其四肢也。"此指房事。

[41] 御内：指和妻子同房。《南齐书·刘休传》："帝素肥瘘，不能御内。诸王妓妾怀孕，使密献入宫。"《晋书·刘寔传》："虽礼教陵迟，而行己以正。丧妻，为庐杖之制，终丧不御内。轻薄者笑之，寔不以介意。"

[42] 省：探望，探视。

[43] 交接：交合；交尾。《汉书·高五王传》："终古或参与被席，或白昼使赢伏，犬马交接，终古亲临观。"《魏书·卢水胡沮渠蒙逊传》："昙无谶以男女交接之术教授妇人，蒙逊诸女子妇皆往受法。"

[44] 中间(jiàn)：间隔，隔了。《战国策·韩策二》："(聂)政曰：'韩与卫，中间不远。'"《三国志·蜀志·诸葛亮传》南朝宋裴松之注引亮《出师表》："自臣到汉中，中间期年耳，然丧赵云、阳群、马玉、阎芝、丁立、白寿、刘郃、邓铜等及曲长屯将七十馀人。"

[45] 胃管：人体腹部的穴位名。晋葛洪《肘后备急方》卷二《治卒霍乱诸急方》："若烦闷凑满者，灸心厌下三寸七壮，名胃管。"唐孙思邈《备急千金要方》卷五《妇人方》："治妇人血瘕，心腹积聚……食有伏虫胪，胀痛疝肿，久寒留热，胃管有邪气方。"

[46] 日：名词作状语，一天天地，一天比一天。

[47] 下利：腹泻，拉肚子。后多作"下痢"。此为医学术语，古医书中习见。《素问·六元正纪大论》："帝曰：'生者何如？'岐伯曰：'不远热则热至，不远寒则寒至。寒至则坚否腹满，痛急下利之病生矣。'"汉张机《金匮要略》卷二《痉湿暍》："湿家下之，额上汗出微喘，小便利者，死。若下利不止者，亦死。"隋巢元方《诸病源候论》卷六《解散病诸候·寒食散发候》："或瞋恚无常，或下利不禁。"

[48] 怀躯：怀孕。

[49] 不时：未能及时。《史记·郦生陆贾列传》："(陈平)常燕居深念，陆生往请，直入坐。而陈丞相方深念，不时见陆生。"《宋书·张畅传》："僧宝有私货，止巴陵，不时下。会义宣起兵，津路断绝，遂不得前。"

[50] 虿(chài)：蝎子一类的毒虫。《说文·虫部》："虿，毒虫也。"

[51] 无赖：不堪，无法忍受。这是魏晋时期的口语，《全晋文》多见。卷二二王羲之《杂帖》："幼小故疾患无赖，野大皆当以至，不得还问，悬心。"又卷二三王羲之《杂帖》："得书，知足下患疖，念卿无赖，思见足下。"又卷二七王献之《辞尚书令与州将书》："乃欲觐谒，忽患齿痛，疼惨无赖，语迫，罔知所厝。"又卷一〇二陆云《与兄平原书》："顷日极匆匆，病一十当出略通。日在马上，此不可谐。……又力作无锡书，极无赖，甚不备具。"参看：郭在贻.释"匆匆""无赖"[J]中国语文，1981(1).

[52] 但：只要；只是。

[53] 许：处。《世说新语·文学》："孙安国往殷中军许共论，往反精苦，客主

无间。"又《雅量》："尝夜至丞相许戏，二人欢极，丞相便命使入己帐眠。"参见《郭子·张凭举孝廉》注[23]。中华书局1959年版标点本《三国志》作"计"，误。

[54] 结：聚积；积累。

[55] 促：速。《三国志·魏志·武帝纪》："太祖乃自力劳军，令军中促为攻具，进复攻之。"又："丁酉，令曰：'吾起义兵，诛暴乱，于今十九年。所征必克，岂吾功哉？乃贤士大夫之力也。……其促定功行封。'于是大封功臣二十餘人，皆为列侯。"《齐民要术》卷一《种谷》："凡种，欲牛迟缓，行种人令促步，以足蹑垅底。"家：指家人。

[56] 应时：当即；顷刻。形容时间短暂。《汉书·何武传》："武为刺史，二千石有罪，应时举奏。"《三国志·吴志·孙坚传》南朝宋裴松之注引《英雄传》："刘表将吕公将兵，缘山向坚。坚轻骑寻山讨公，公兵下石，中坚头，应时脑出物故。"

[57] 刻：限定；勒定。

[58] 向来：刚才；方才。符秦昙摩难提译《增一阿含经》卷四三《善恶品》："佛告王曰：'如是大王，如向来言。我有幻法，能回转世人。'"元魏慧觉等译《贤愚经》卷四："弟子随行，寻自思惟：'我今和上，既已无事，我宁可问向来事不？'"　卖饼家：卖饼者。～家，指某一类人。《陆云集》卷八《与兄平原书》之五："《二祖颂》甚为高伟。云作虽时有一佳语，见兄作，又欲成贫俭家。"贫俭家，贫穷者。《宋书·王微传》："世人便言希仙好异，矫慕不羁，不同家颇有骂之者。"不同家，不同意见者。《诸病源候论》卷六《解散病诸候·寒食散发候》："夫病家气血虚少，不能宣通。"病家，患者。

[59] 立：立即；马上。

[60] 县："悬"的古字。

[61] 逆：迎头；迎面。

[62] 公：父亲。《广雅·释亲》："公，父也。"清赵翼《陔餘丛考》卷三六："有子称父亦曰公者。《列子·黄帝》：'家公执席。'《战国策》：'陈轸将赴魏王之召，其子陈应止其公之行曰……'此子称父为公也。"

[63] 无何：不久；不多时。早期一般多用"居无何"，《史记·越王勾践世家》："复约要父子耕畜，废居，候时转物，逐什一之利。居无何，则致赀累巨万。"《太平御览》卷四六三引《史记》："轸：楚有两妻者，人挑其长者，长者骂之；挑其少者，少者复挑之。居无何，有两妻者死。客谓挑者曰：'谓汝娶长者乎？少者乎？'"也说"居无几何"，《史记·越王勾践世家》："耕于海畔，苦身戮力，父子治产。居无几何，致产数十万。"后来凝缩成"无何"。《三国志·魏志·吕布传》南朝宋裴松之注引《英雄记》："（袁）绍兵卧，布无何出帐去，而兵不觉。"《后汉书·袁绍传》："后绍遣使诣邈，有所计议，因共耳语。馥时在坐，谓见图谋，无何，如厕自杀。"　弃

去：扔下，离去。《史记·滑稽列传》褚少孙补："徒用所赐钱帛取少妇于长安中好女，率取妇一岁所者即弃去，更取妇。"《晋书·郭默传》："默深忧惧，解印授其参军殷峤，谓之曰：'李使君遇吾甚厚，今遂弃去，无颜谢之。三日，可白吾去也。'"

　　[64] 属(zhǔ)：嘱咐。后来写作"嘱"。

　　[65] 不快：不舒服；有病。明冯梦龙《挂枝儿·伤病》："玉人儿，这几日，身子有些不快。"下文"体中不快"的"不快"义同。参见《晋书·愍怀太子传》注[56]。

　　[66] 不足：不必；用不着。《史记·高祖本纪》："章邯已破项梁军，则以为楚地兵不足忧。"　　故自：故，特意，专门。自，副词词尾，没有词汇意义。　　刳裂：明许相卿《云村集》卷一四《墓志铭·徐仲年妻许氏墓志铭》："而丁年永逝，予曷姑闵怜之，痛屠割吾肉血，刳裂予肺肠弃耶？呜呼痛哉！"明王世贞《题唐伯虎画牡丹》诗："讵止无当锋，谁与敢奔殿。刳裂惩狡贪，吮咀慰醋战。"

　　[67] 下手：动手。《孔丛子·连丛子下》："且夫手杀重于知情，知情犹不得为亲，则此下手之时，母名绝矣。"唐长孙无忌等《唐律疏义》卷六《名例六·二罪从重》："斗讼律同谋共殴伤人，各以下手重者为重罪，元谋减一等，从者又减一等。"《初刻拍案惊奇》卷三一："那时必起兵来杀我们，我们不先下手，更待何时？"

　　[68] 寻：当即；立即。参见《生经·佛说舅甥经》注[42]。

　　[69] 竟：果然，果真。《三国志·魏志·王基传》："襄阳太守表吴贼邓由等欲来归化，基被诏，当因此震荡江表。基疑其诈，驰驿陈状。……后由等竟不降。"《后汉纪·光武帝纪八》："今壶头竟不得上，又大军疾疫，皆如舒言。"

　　[70] 欲：似；好像。《陆云集》卷八《与兄平原书》："兄文章之高远绝异，不可复称言，然犹皆欲微多。"《世说新语·赏誉》："谢太傅语真长：'阿龄于此事故欲太厉。'刘曰：'亦名士之高操者。'"《宋书·王微传》："又兄为人矫介欲过，宜每中和。"《晋书·张轨传附张玄靓》："因寝，谓天锡曰：'天下事欲未静。'"是单用之例。《三国志·魏志·钟会传》："会惊，谓维曰：'兵来似欲作恶，当云何？'"《世说新语·赏誉》："王大将军称其儿云：'其神侯似欲可。'"'似欲'同义连文，就是似，好像。也作"欲似"，《齐民要术》卷七《笨曲并酒》："酒尽出时，冰硬槽脆，欲似石灰。"《敦煌变文校注·大目乾连冥间救母变文》："青提夫人欲似有，影响不能全指的。"参看蒋礼鸿《敦煌变文字义通释·释虚字》"欲似"条，但蒋先生谓"'欲'是语助词，没有意义"，似可商。

　　[71] 斯须：一会儿；过一会。《礼记·祭义》："礼乐不可斯须去身。"汉郑玄注："斯须，犹须臾也。"《汉书·礼乐志》："六经之道同归，而礼乐之用为急。治身者斯须忘礼，则暴嫚入之矣。"《诗·小雅·蓼莪》："无父何怙，无母何恃，出则衔恤，入则靡至。"汉郑玄笺："孝子之心，怙恃父母，依依然，以为不可斯须无也。"

　　[72] 许：左右，表示约数。

[73] 三期：三年。期(jī)，周期，指一周年、一整月或一昼夜。也作"朞"。《汉书·王尊传》："一尊之身，三期之间，乍贤乍佞，岂不甚哉!"唐颜师古注："期，年也。音基。"

[74] 济救：救助。《魏书·尉元传》："彭城仓廪虚罄，人有饥色。求运冀、相、济、兖四州粟，取张永所弃船九百艘，沿清运致，可以济救新民。"《太平广记》卷五"沈羲"条(出《神仙传》)："学道于蜀中，但能消灾治病，济救百姓。"

[75] 鬲(gé)：鬲俞，针灸的穴位名。在脊骨第七椎下两旁各一寸五分。

[76] 随手：立即；马上。《史记·淮阴侯列传》："(钟离)昧曰：'汉所以不击取楚，以昧在公所。若欲捕我自媚于汉，吾今日死，公亦随手亡矣。'"《南齐书·魏虏传》："(萧)懿率东从兵二千餘人固守拒战，随手摧却。"宋朱熹《朱子语类》卷三〇《论语十二·哀公问弟子章》："只是略有些子不足于心，便自知之，即随手消除，更不复萌作。"

[77] 躄(bì)：足跛；瘸腿。唐慧琳《一切经音义》卷二四："顾野王云：'躄，谓足偏枯不能行也。'"

[78] 纵邪：竖的斜的。邪，同"斜"。

[79] 均调：平均；均匀。《庄子·天地》："所以均调天下，与人和者也。"东晋法显《法显传·伽耶城贝多树下》："国中寒暑均调，树木或数千岁，乃至万岁。"《宋书·历志下》："二气中影，日差九分半弱，进退均调，略无盈缩。"北魏贾思勰《齐民要术》卷四《园篱》："必须稀概均调，行伍条直相当。"又卷五《种红蓝花栀子》："作紫粉法：用白米英粉三分，胡粉一分，和合均调。"

[80] 闻：《后汉书》作"閒"，即"间"之异体；是。参吴金华《三国志校诂》163页。"间"为先前、原来义，《搜神记》卷九"贾充"条："间使任恺黜汝而不去，又使庾纯晋汝而不改。"《宋书·二凶传·刘劭》："汝间用主、副，并是奴邪? 欲嫁置何处?"

[81] 故事：惯例，常例。这里指按惯例。

[82] 可：大约，表示约数。《韩非子·外储说左上》："御可数百步，以马为不进，尽释车而走。"《搜神记》卷一："(张)传先名改硕，硕呼女前，视可十六七，说事邈然久远。"参见《水经注·淮水》注[7]、《洛阳伽蓝记·大统寺》注[16]。　　所：犹"许"，表示约数。下文"长三尺所"的"所"义同。《三国志·吴志·贺邵传》："(孙)皓疑其托疾，收付酒藏，掠考千所，邵卒无一语，竟见杀害。"《太平广记》卷三三五"姚萧品"条(出《广异记》)："捉者令品牵船，品云：'忝是绪餘，未尝引挽。'遂被捶击，辞不获免，力为牵之。至驿亭桥，已八九里所，鬼不复防御，因尔疾走得脱也。"

[83] 绝技：超群的技艺。《全晋文》卷九二潘岳《射雉赋》："于是算分铢，商远

迩,搠悬刀,骋绝技。"《隋书·艺术传序》:"凡此诸君者,仰观俯察,探赜索隐,咸诣幽微,思侔造化,通灵入妙,殊才绝技。"

[84] 士人:读书人;儒生。《史记·佞幸列传》:"孝文时中宠臣,士人则邓通,宦者则赵同、北宫伯子。"《颜氏家训·归心》:"俗僧之学经律,何异士人之学《诗》《礼》。"

[85] 以医见业:谓被人看作以医术为职业。上下句连起来是说:作为读书人,只被人看作行医者,常常感到后悔。《颜氏家训·杂艺》:"夫巧者劳而智者忧,常为人所役使,更觉为累。"正是此义。

[86] 太祖:指曹操。　　亲理:亲自管理国家政事。

[87] 专视:专门为他诊病。

[88] 近:大概;接近。　　济:谓治愈、救活。本传:"佗曰:'此病后三期当发,遇良医乃可济救。'依期果发动,时佗不在,如言而死。"又:"广陵吴普、彭城樊阿皆从佗学。普依准佗治,多所全济。""济救""全济"皆同义连言。《世说新语·尤悔》:"大儿年未弱冠,忽被笃疾。儿既是偏所爱重,为之祈请三宝,昼夜不懈。谓至诚有感者,必当蒙佑。而儿遂不济。于是结恨释氏,宿命都除。""不济"言没有救活,即死了。

[89] 恒:常。　　攻治:医治,治疗。汉应劭《风俗通义·怪神·世间多有见怪惊怖以自伤者》:"予之祖父郴为汲令,以夏至日请见主簿杜宣,赐酒。时北壁上有悬赤弩,照于杯中,其形如蛇。宣畏恶之,然不敢不饮,其日便得胸腹痛切,妨损饮食,大用羸露,攻治万端,不为愈。"

[90] 当:刚刚;适才。　　家书:家信。《全晋文》卷一五司马休之《上表自陈》:"皇后寝疾之际,汤药不周,手与家书,多所求告。"《全陈文》卷一四沈炯《请归养表》:"一者以年将六十,汤火居心。每跪读家书,前惧后喜。"

[91] 方欲:将要;正想。失译(附后汉录)《大方便佛报恩经》卷四《恶友品》:"装束已讫,与诸人别,而作是言:'汝等于是善安隐归,吾方欲前进,采摩尼宝珠。'"《搜神记》卷四"戴文谋"条:"神乃言曰:'吾相从,方欲相利,不意有疑心异议。'"《世说新语·捷悟》:"郗司空在北府,桓宣武恶其居兵权。郗于事机素暗,遣笺诣桓,方欲共奖王室,修复园陵。"《梁诗》卷九何逊《刘博士江丞朱从事同顾不值作诗云尔》:"吾人少拘碍,得性便游逸。方欲俟褰裳,相从欢道术。"

[92] 辞:托辞、借口。

[93] 数:屡次。《史记·李斯列传》:"见吏舍厕中鼠食不洁,近人犬,数惊恐之。"又可连言"数数",《三国志·魏志·武帝纪》南朝宋裴松之注引《魏书》:"于是权臣专朝,贵戚横恣。太祖不能违道取容,数数干忤,恐为家祸,遂乞留宿卫。"参见《生经·佛说舅甥经》注[47]。　　乞期:请求延长假期。　　不反:不返回。

反，后来写作"返"。

　　[94] 累书呼：多次用书信征召。书，用书信，名词作状语。

　　[95] 敕：告诫；命令。　　发遣：派遣；发送；打发走。《全晋文》卷二四王羲之《杂帖》："期诸处分犹未定，忧悬益深。念君驰情。又遣从事发遣，君无复坐理。"南朝梁宝唱等撰集《经律异相》卷一八引《贫穷老公经》："昼夜七日，水浆乖绝，示有气息，方大欢喜，聚众看之，以为至乐。侍臣谏曰：'沙门慈恭，道德内襟，冻之不寒，饿之不饥，所以来乞，欲为福耳。既不施与，安可穷逼，幸发遣之，勿招其罪。'"《南史·贼臣传·侯景》："乃敕：斩景者不问南北人同赏封二千户兼一州刺史；其人主帅欲还北不须州者，赏以绢布二万，以礼发遣。"《北史·恩幸传·和士开》："士开曰：'……今若出臣，正是剪陛下羽翼。宜谓叡等云：文遥与臣同是任用，岂得一去一留，并可以为州。且依旧出纳，待过山陵，然后发遣。叡等谓臣真出，心必喜之。'"引申之，又有处理、分派等义。如《颜氏家训·省事》："或有劫持宰相瑕疵，而获酬谢，或有喧聒时人视听，求见发遣。以此得官，谓为才力，何异盗食致饱，窃衣取温哉！"

　　[96] 恃能：凭借本领。　　厌食事：谓厌倦于食俸禄侍候人。

　　[97] 上道：动身上路。《文选·李密〈陈情表〉》："郡县逼迫，催臣上道，州司临门，急于星火。"《晋书·文六王传·齐王攸》："疾转笃，犹催上道。"

　　[98] 检：检验。

　　[99] 信：确实；真的。《左传·昭公元年》："女自房观之，曰：'子皙信美矣，抑子南，夫也。'"《颜氏家训·省事》："君子当守道崇德，蓄价待时，爵禄不登，信由天命。"

　　[100] 斛：容量单位，古代以十斗为一斛。

　　[101] 宽假：放宽；宽容。《释名·释天》："夏，假也，宽假万物使生长也。"《全汉文》卷五二扬雄《答刘歆书》："此又未定，未可以见，今君又终之，则缢死以从命也，而可且宽假延期，必不敢有爱。"《北史·魏世祖纪》："常曰：'法者，朕与天下共之，何敢轻也。'故大臣犯法，无所宽假。"　　限日：规定的日期。

　　[102] 若其：如果。参见《贤愚经·长者无耳目舌品》注[6]。

　　[103] 收送：逮捕押送。下文"适值佗见收"的"收"义同。

　　[104] 传付：递解交付。　　许狱：许昌的监狱。汉献帝建安元年(196年)曹操将东汉都城由洛阳迁至许昌。

　　[105] 考验：考察验证。　　首服：自首服罪。《太平御览》卷六三九引《风俗通义佚文》："雨霁当别，因共争斗，各云我缣，诣府自言，太守薛宣劾实，两人莫肯首服。"又作"首伏"，南朝梁宝唱等撰集《经律异相》卷四四引《杂譬喻经》："又召诸臣共议，有臣言曰：'当作方便，令其首伏，当重枷锁载市，唱令杀之。'""首服"又

有告发义,《全三国文》卷四七嵇康《与吕长悌绝交书》:"又足下许吾终不系(阿)都,以子父六人为誓……足下阴自阻疑,密表系都,先首服诬都。"又可作"首辞"或单用"首",《世说新语·黜免》"桓宣武既废太宰父子"条南朝梁刘孝标注引《司马晞传》:"时太宗辅政,晞以宗长不得执权,常怀愤慨,欲因桓温入朝,杀之。太宗即位,新蔡王晃首辞,引与晞及子综谋逆,有司奏晞等斩刑,诏原之,徙新安。"

[106] 荀彧:曹操的谋士。

[107] 工:精;巧;擅长。《晏子春秋·问上》第二四:"任人之长,不强其短,任人之工,不强其拙。"《梁诗》卷六沈约《少年新婚为之咏》:"山阴柳家女,莫言出田墅。丰容好姿颜,便僻工言语。"《魏书·刘仁之传》:"仁之少有操尚,粗涉书史,真草书迹,颇号工便。"《晋书·卫瓘传》:"宜官后为袁术将,今钜鹿宋子有《耿球碑》,是术所立,其书甚工,云是宜官也。"

[108] 县:"悬"的古字。

[109] 含宥:宽恕;宽容。《全晋文》卷七三刘弘《讨斩张奕上表》:"臣以凡才,谬荷国恩,作司方州,奉辞伐罪,不能奋扬雷霆,折冲万里,军退于宛。分受显戮,猥蒙含宥,被遣之职。"《全宋文》卷二六傅亮《为刘毅军败自解表》:"臣元衅大责,既积朝野,桑榆之效,又无以立,而圣恩含宥,弛其徽墨。"《宋书·蔡兴宗传》:"前新除吴郡太守兴宗,前居选曹,多不平允,鸿渥含宥,恕其不闲。"又《南史·贼臣传·侯景》:"景自涡阳败后,多所征求,朝廷含弘,未尝拒绝。""含弘"与"含宥"同义,皆同义平列。

[110] 不忧:无须忧;不必忧虑。

[111] 鼠辈:骂人语,表示对人的蔑视、轻辱。《东观汉记》卷七《城阳恭王祉传》:"祉父敞怒叱太守曰:'鼠子何敢尔?'""鼠子"与"鼠辈"同。

[112] 考竟:拷杀囚犯,(在狱中)处死。《三国志·魏志·高柔传》:"遣使者承指至廷尉考竟勋,勋死,乃遣柔还寺。"《后汉书·孝安帝纪》:"丁丑,诏曰:'自今长史被考竟未报,自非父母丧无故辄去职者,剧县十岁、平县五岁以上,乃得次用。'"汉刘熙《释名·释丧制》:"狱死曰考竟,考得其情,竟其命于狱也。""考竟"又指检察;考核。《三国志·魏志·贾逵传》:"兵曹从事受前刺史假,逵到官数月,乃还;考竟其二千石以下阿纵不如法者,皆举奏免之。"

[113] 活人:使活,即救活人命。

[114] 强:勉强;强迫。

[115] 终当:终归;必定。表示对将来事情的推论。《宋诗》卷一一《清商曲辞·华山畿》:"摩可浓,巷巷相罗截,终当不置汝。"《世说新语·识鉴》:"王平子素不知眉子,曰:'志大其量,终当死坞壁间。'"又《任诞》:"王长史登茅山,大恸哭曰:'琅邪王伯舆,终当为情死!'"

[116] 病困:病甚;病重。《古小说钩沉》辑《裴子语林》:"孔君平病困,庾司空为会稽,省之,问讯甚至,为之流涕。"《世说新语·规箴》:"殷觊病困,看人政见半面。""困"言程度很重,如《晋书·文六王传·齐王攸》:"(攸)疾转笃,犹催上道。攸自强入辞,素持容仪,疾虽困,尚自整厉,举止如常,帝益疑无疾。辞出信宿,呕血而薨。"参见《生经·佛说鳖猕猴经》注[44]。

[117] 强死:谓不该死而死,死于非命。《三国志·吴志·王蕃楼玄等传评》:"此数子,处无妄之世,而有名位,强死其理,得免为幸耳。"《抱朴子内篇·登涉》:"凡为道合药及避乱隐居者,莫不入山,然不知入山法者,多遇祸害。故谚有之曰:'太华之下,白骨狼籍。'皆谓偏知一事,不能博备,虽有求生之志,而反强死也。"宋朱熹《朱子语类》卷三《鬼神》:"盖其人气未当尽而强死,自是能为厉。"

[118] 臃:肿毒;肿瘤。

[119] 快:好好;适意。

[120] 好自:好好。好,好好。自,形容词词尾,不表词汇义。《宋书·文五王传·武昌王浑》:"国虽有典,我亦何忍极法? 好自将养,以保松乔之寿。""好自"又有喜好、喜欢义,汉荀悦《汉纪·孝平帝纪》:"八年春二月,大雨雪,深者二丈。柏竹咸枯死,地震。莽诏曰:'地者有动有震,震者为害,动者不害。故易称曰:坤动而静,辟胁万物,万物生焉。'其好自诬饰,皆此类也。"宋陆佃《埤雅》卷七《释鸟·鹭》:"鹭一名舂锄。步于浅水,好自低昂,故曰舂锄也。"是别一义。   将爱:保养,保重。汉刘向《新序·杂事》:"譬无异夫路人:反裘而负刍也,将爱其毛,不知其里尽,毛无所恃也。"《宋书·张畅传》:"畅因复谓曰:'善将爱。冀荡定有期,相见无远。'"

[121] 行复:即"行",很快就。"复"是副词词尾,不表词汇意义。

[122] 去(jǔ):"弆"的古字。藏;收藏。本句南朝宋裴松之注:"案:古语以藏为去。"下文"何忍无急去药"的"去"义同。《汉书·游侠传·陈遵》:"性善书,与人尺牍,主皆藏去以为荣。"《宋史·陈升之传》:"时俗好藏去交亲尺牍,有讼,则转相告言,有司据以推诘。""藏去"均为同义并列式复合词。

[123] 故:特地;专门。

[124] 年几(jì):年纪。"几",通"纪"。《梁诗》卷一八刘孝威《拟古应教》:"美人年几可十馀,含羞转笑敛风裾。"

[125] 脚:腿。

[126] 极:疲劳;疲惫。下文"人体欲得劳动,但不当使极尔"的"极"义同。参见《列异传·宗定伯卖鬼》注[5]。

[127] 向:近;接近。

[128] 纯是:全是,都是。失译《大方便佛报恩经》卷二《对治品》:"于其肩上

或见担揭，纯是死人。"萧齐僧伽跋陀罗译《善见律毗婆沙》卷一《序品》："佛告诸比丘：'我于三界中不见一阿含。如畜生阿含，纯是众生聚集处也。'"《朱子语类》卷二八《论语十·公冶长上》："譬如一盆油，一般无些子夹杂，方唤做油。一点水落在里面，便不纯是油了。"

[129] 童子：瞳孔。"童"，后作"瞳"。

[130] 铍(pī)刀：就是"铍针"，古代的一种医疗工具，下端剑形，两面有刃。多用以刺破痈疽，排除脓血。铍，《说文·金部》："大针也。"段玉裁注引唐玄应曰："医家用以破痈。""铍针"用例如：《灵枢经·九针十二原》："五曰铍针，长四寸，广二分半。"后也作"铍刀"。唐孙思邈《备急千金要方》卷一八《七窍病方·舌病第四》："急以指刮破舌两边，去汁即愈。亦可以铍刀决两边，破之，以疮膏傅之。"宋许叔微《类证普济本事方》卷四《肾脏风及足膝腰腿脚气等疾》："今一足发肿如瓠，自腰以下，巨细通为一律，痛不可忍。……或者欲以铍刀决之。予曰：'未可。'"

[131] 被覆：覆盖；盖住。《释名·释衣服》："被，被也，所以被覆人也。"《魏书·鲜卑秃发乌孤传》："初，母孕寿阗，因寝产于被中，乃名秃发。其俗为被覆之义。"

[132] 亭历：即"葶苈"，一种一年生草本植物，可入药。《尔雅·释草》："蕇，亭历。实、叶皆似芥，一名狗荠。"《韩非子·难势》："此味非饴蜜也，必苦莱、亭历也。"

[133] 注病：传染病；传染疾病。《释名·释疾病》："注病，一人死，一人复得，气相灌注也。"《宋书·沈演之传》："又辄听募将，委役还私，托注病叛，遂有数百。"《南史·齐本纪下·废帝东昏侯》："凡注病者，或已积年，皆摄充将役。又迫责病者租布，随其年岁多少。"隋巢元方《诸病源候论》卷二四《注病诸候·诸注》："凡注之言住也，谓邪气居住人身内，故名为注。此由阴阳失守，经络空虚，风寒暑湿、劳倦之所为也。"

[134] 平旦：清晨；早晨。

[135] 会：适逢；恰值。　　战：发抖；颤抖。

[136] 嚣嚣：喧哗的样子。

[137] 然：后作"燃"。

[138] 洽：遍；全。《资治通鉴·汉成帝永始元年》："故在位者更推荐之，游者为之谈说，虚誉隆洽，倾其诸父矣。"元胡三省注："洽，渐浃也，周遍也。"

[139] 依准：按照；参照。《三国志·吴志·韦曜传》："宜得曜辈依准古义，有所改立。"《后汉书·张衡传》："褒既受命，乃次序礼事，依准旧典，杂以五经谶记之文。"

[140] 全济：保全性命，指治愈，医好。三国魏曹植《鹦鹉赋》："分糜躯以润

镬,何全济之敢希。"《后汉书·献帝纪》:"自是之后,多得全济。"

[141] 劳动:劳作;活动,与今义有别。《庄子·让王》:"春耕种,形足以劳动。"《三国志·魏志·陈思王植传》:"陛下可得雍容都城,何事劳动銮驾,暴露于边境哉?"《后汉纪·章帝纪》:"尝自为母炊爨,不任妻子。每至岁时,当案比革,以母老,不欲劳动,自在辕中挽车,不用牛马。由是邻里称之。"晋葛洪《肘后备急方》卷三《治服散卒发动困笃方》:"四体欲常劳动,又不可失食致饥。"

[142] 极:疲惫;疲劳。参见《列异传·宗定伯卖鬼》注[5]。

[143] 动摇:摇晃;晃动。汉张机《灵枢经》卷三《经脉》:"舌本痛,体不能动摇,食不下,烦心。"晋皇甫谧《针灸甲乙经》卷八《五藏传病发寒下》:"有热,不欲动摇,泄脓血。"《魏书·李寿传》:"成都北乡,有人望见女子避入草中,往视,见物如人,有身形头目,无手足,能动摇,不能言。"

[144] 譬犹:好像。《战国策·秦策二》:"夫齐,罢国也。以天下击之,譬犹以千钧之弩溃痈也。"《史记·高祖本纪》:"地势便利,其以下兵于诸侯,譬犹居高屋之上建瓴水也。"汉荀悦《汉纪·高祖纪四》:"今王众不过数十万,皆蛮夷,崎岖山海,譬犹汉之一郡,何乃比于汉也!"

[145] 引挽:牵引;牵拉。唐王焘《外台秘要方》卷一九《脚气肿满方》:"令一人于被内,引挽挛急处,却绵衣尽。"《太平广记》卷三三五"姚萧品"条(出《广异记》):"至北郭门,有数吏在船中。捉者令品牵船,品云:'忝是绪餘,未尝引挽。'遂被捶击,辞不获已,力为牵之。"

[146] 沾濡:湿润;濡湿。汉贾谊《惜誓》:"观江河之纡曲兮,临四海之沾濡。"《史记·司马相如列传》:"怀生之类,沾濡浸润,协气横流,武节飘逝。"唐白居易《郡厅有树晚荣早凋人不识名因题其上》诗:"左右皆松桂,四时郁青青;岂量雨露恩,沾濡不均平。"

[147] 胸藏:明周王朱橚撰《普济方》卷二五一《诸毒门·解诸毒》:"充德丸——治因寒药攻大肠急痛,或胸藏冷气。"又卷二五二《诸毒门·解金银铜铁石毒》:"豆真圆——治中蛊不深,久之变为鬼疟。或中气结邪,或胸藏痰癖。"

[148] 巨阙:中医的穴位名。晋皇甫谧《针灸甲乙经》卷三:"腹自幽门,侠巨阙两傍各半寸,循冲脉下,行至横骨,凡二十一穴。"另据该书卷三"腹自鸠尾循任脉下行至会阴凡十五穴"条记载,"巨阙"穴在"鸠尾"和"上脘"两穴之间。元滑寿《难经本义》卷下:"巨阙一穴,在鸠尾下一寸,脾之募。"

[149] 瘳(chōu):病愈。《诗·郑风·风雨》:"既见君子,云胡不瘳。"宋朱熹集传:"瘳,病愈也。"

[150] 率(lǜ):比例。

[151] 处所:到处;处处。宋张君房《云笈七签》卷一一一引《洞仙传·姜伯

真》:"石脑色斑柔软,形如小石,处所皆有,久服身热而不渴。"明王鏊《姑苏志》卷一四《生植·菜之属十三》"蒜"下注云:"处所有之,出崇明者为佳。"

（二）晋　　书

纪传体史书,一百三十卷,唐房玄龄(579—648年)等监修,令狐德棻(583—666年)等撰。《晋书》乃奉唐太宗诏而作,实际参加纂修的达二十一人,唐太宗李世民也写了宣帝、武帝二纪和陆机、王羲之两传的后论。记载西晋武帝泰始元年(265年)至东晋恭帝元熙二年(420年)间共一百五十五年历史,并设立《载记》,为十六国中的十四国立传(前凉、西凉入列传)。唐初流行的晋史很多,有臧荣绪《晋书》等十八家。唐修《晋书》以臧书为主,参考他书,兼采《世说新语》等小说轶闻。《晋书》取材颇涉怪异,语言亦流畅平实,保存了不少六朝口语词。

房玄龄,字乔(一说名乔,字玄龄),齐州临淄(今山东淄博东北)人。协助李世民获取帝位,历任中书令、尚书左仆射,监修国史。

2. 愍怀太子传

［题解］

这是记叙一起冤假错案制造过程的文字。晋惠帝,晋朝的第二个皇帝,弱智低能,由皇后贾氏操纵政事。愍怀太子司马遹,是晋惠帝的长子,儒雅有才学,颇得人心。但因非贾氏所生,且与贾氏及外戚贾谧、贾午不谐,受到排挤。为了扶植己党,贾后设计陷害太子。所选的片段,比较完整地记述了这一事件。

故事情节并不复杂,司马遹接到父亲身体不好的通报,遂进宫中去探望,但迟迟未能与父亲见面,却被皇后指使婢女逼迫,喝下过量的酒。在糊里糊涂之间,皇后拿出伪造好的密商谋害皇帝、皇后的信,让太子手抄一遍。以此为理由,废弃了太子,并最终害死了他。古代为了争夺帝位,皇族外戚六亲不认,无所不用其极。司马遹的那封"谋害信"是的的确确的"欲加之罪",其结局令人叹息。

本书在记载这一事件过程的章节里,采用了愍怀太子司马遹写给王妃的信《与妃书》,而这封信基本上是用口语写的,保存了较多的口语词,可以看作晋人口语。信虽不长,却弥足珍贵。

[原文]

太子性刚[1],知贾谧恃后之贵,不能假借之[2]。谧至东宫[3],或舍之而于后庭游戏。詹事裴权谏曰[4]:"贾谧甚有宠于中宫[5],而有不顺之色,若一旦交构[6],大事去矣。宜深自谦屈,以防其变,广延贤士,用自辅翼。"太子不能从。初,贾后母郭槐欲以韩寿女为太子妃[7],太子亦欲婚韩氏以自固。而寿妻贾午及后皆不听[8],而为太子聘王衍小女惠风。太子闻衍长女美,而贾后为谧聘之,心不能平,颇以为言。谧尝与太子围棋[9],争道[10],成都王颖见而诃谧[11],谧意愈不平[12],因此谮太子于后曰[13]:"太子广买田业,多畜私财以结小人者,为贾氏故也。密闻其言云:'皇后万岁后[14],吾当鱼肉之[15]。'非但如是也,若宫车晏驾[16],彼居大位,依杨氏故事[17],诛臣等而废后于金墉[18],如反手耳[19]。不如早为之所[20],更立慈顺者以自防卫。"后纳其言,又宣扬太子之短[21],布诸远近。于时朝野咸知贾后有害太子意。中护军赵俊请太子废后,太子不听。

九年六月[22],有桑生于宫西厢,日长尺余,数日而枯。十二月,贾后将废太子,诈称上不和[23],呼太子入朝。既至,后不见,置于别室,遣婢陈舞赐以酒枣,逼饮醉之。使黄门侍郎潘岳作书草[24],若祷神之文,有如太子素意,因醉而书之[25],令小婢承福以纸笔及书草使太子书之。文曰:"陛下宜自了[26];不自了,吾当入了之。中宫又宜速自了;不了,吾当手了之[27]。并谢妃共要克期而两发[28],勿疑犹豫,致后患。茹毛饮血于三辰之下[29],皇天许当扫除患害,立道文为王,蒋为内主。愿成,当三牲祠北君[30],大赦天下。要疏如律令[31]。"太子醉迷不觉,遂依而写之,其字半不成[32]。既而补成之,后以呈帝。帝幸式乾殿[33],召公卿入,使黄门令董猛以太子书及青纸诏曰:"遹书如此,今赐死。"遍示诸公王,莫有言者,惟张华、裴颜证明太子[34]。贾后使董猛矫以长广公主辞白帝曰[35]:"事宜速决,而群臣各有不同,若有不从诏,宜以军法从事。"议至日西不决。后惧事变,乃表免太子为庶人,诏许之。于是使尚书和郁持节,解结为副,及大将军梁王肜、镇东将军淮南王允、前将军东武公澹、赵王伦、太保何勖诣东宫,废太子为庶人。

是日太子游玄圃，闻有使者至，改服出崇贤门，再拜受诏，步出承华门，乘粗犊车。澹以兵仗送太子妃王氏、三皇孙于金墉城，考竟谢淑妃及太子保林蒋俊[36]。明年正月，贾后又使黄门自首，欲与太子为逆[37]。诏以黄门首辞班示公卿[38]。又遣澹以千兵防送太子[39]，更幽于许昌宫之别坊，令治书御史刘振持节守之。先是，有童谣曰："东宫马子莫聋空[40]，前至腊月缠汝鬉。[41]"又曰："南风起兮吹白沙，遥望鲁国郁嵯峨，千岁髑髅生齿牙。"南风，后名；沙门，太子小字也。

初，太子之废也，妃父王衍表请离婚[42]。太子至许[43]，遗妃书曰[44]："遹虽顽愚[45]，心念为善，欲尽忠孝之节，无有恶逆之心。虽非中宫所生，奉事有如亲母。自为太子以来，敕见禁检[46]，不得见母。自宜城君亡，不见存恤[47]，恒在空室中坐。去年十二月，道文疾病困笃[48]，父子之情，实相怜愍。于时表国家乞加徽号[49]，不见听许[50]。疾病既笃[51]，为之求请恩福，无有恶心。自道文病，中宫三遣左右来视，云：'天教呼汝[52]。'到二十八日暮，有短函来，题言东宫发[53]，疏云：'言天教欲见汝。'即便作表求入。二十九日早入见国家，须臾遣至中宫。中宫左右陈舞见语[54]：'中宫旦来吐[55]，不快[56]。'使住空屋中坐[57]。须臾，中宫遣陈舞见语：'闻汝表陛下为道文乞王，不得王是成国耳。'中宫遥呼陈舞：'昨天教与太子酒枣。'便持三升酒、大盘枣来见与[58]，使饮酒啖枣尽。遹素不饮酒，即便遣舞启说不堪三升之意[59]。中宫遥呼曰：'汝常陛下前持酒可喜，何以不饮？天与汝酒[60]，当使道文差也[61]。'便答中宫：'陛下会同一日见赐[62]，故不敢辞，通日不饮三升酒也[63]。且实未食，恐不堪。又未见殿下，饮此或至颠倒[64]。'陈舞复传语云：'不孝那[65]！天与汝酒饮，不肯饮，中有恶物邪[66]？'遂可饮二升[67]，餘有一升，求持还东宫饮尽。逼迫不得已，更饮一升。饮已[68]，体中荒迷[69]，不复自觉。须臾有一小婢持封箱来，云：'诏使写此文书。'遹便惊起，视之，有一白纸，一青纸。催促云：'陛下停待[70]。'又小婢承福持笔研墨黄纸来，使写。急疾不容复视[71]，实不觉纸上语轻重。父母至亲，实不相疑，事理如此，实为见诬[72]，想众人见明也[73]。"

太子既废非其罪，众情愤怨[74]。右卫督司马雅，宗室之疏属也[75]，与常从督许超并有宠于太子，二人深伤之，说赵王伦谋臣孙秀曰:"国无适嗣[76],社稷将危,大臣之祸必起。而公奉事中宫,与贾后亲密,太子之废,皆云豫知[77],一旦事起,祸必及矣。何不先谋之!"秀言于赵王伦,伦深纳焉。计既定,而秀说伦曰:"太子为人刚猛,若得志之日,必肆其情性矣[78]。明公素事贾后[79],街谈巷议,皆以公为贾氏之党。今虽欲建大功于太子,太子虽将含忍宿忿[80],必不能加赏于公,当谓公逼百姓之望[81],翻覆以免罪耳[82]。若有瑕衅[83],犹不免诛。不若迁延却期[84],贾后必害太子,然后废贾后,为太子报仇,犹足以为功,乃可以得志。"伦然之。秀因使反间[85],言殿中人欲废贾后,迎太子。贾后闻之忧怖[86],乃使太医令程据合巴豆杏子丸[87]。

三月,矫诏使黄门孙虑赍至许昌以害太子[88]。初,太子恐见鸩[89],恒自煮食于前。虑以告刘振,振乃徙太子于小坊中,绝不与食,宫中犹于墙壁上过食与太子[90]。虑乃逼太子以药,太子不肯服,因如厕,虑以药杵椎杀之[91],太子大呼,声闻于外。时年二十三。

[注释]

[1] 太子:司马遹,字熙祖,晋惠帝长子,母亲为谢才人。晋惠帝永熙元年(290年)立为太子。死后追谥为愍怀太子。

[2] 假借:容忍;包容。《战国策·燕策三》:"荆轲顾笑武阳,前为谢曰:'北蛮夷之鄙人,未尝见天子,故振慑。愿大王少假借之,使毕使于前。'"《三国志·蜀志·魏延传》:"延既善养士卒,勇猛过人,又性矜高,当时皆避下之,唯杨仪不假借延,延以为至忿。"

[3] 东宫:太子所居之宫,亦指太子。《诗·卫风·硕人》:"东宫之妹,邢侯之姨。"汉毛亨传:"东宫,齐太子也。"唐孔颖达疏:"太子居东宫,因以东宫表太子。"晋李密《陈情表》:"寻蒙国恩,除臣洗马,猥以微贱,当侍东宫。"

[4] 詹事:官名。秦始置,职掌皇后、太子家事。

[5] 中宫:皇后所居之处,借指皇后。《汉书·外戚传下·孝成赵皇后传》:"常给我言从中宫来,即从中宫来,许美人儿何从生中?"唐颜师古注:"中宫,皇后所居。"《三国志·魏志·董卓传》南朝宋裴松之注引《献帝纪》:"时中宫仆伏德扶中宫,一手持十匹绢,乃取德绢连续为挚。"《宋书·礼志二》:"成帝时,中宫亦年年拜陵,议者以为非礼。"

[6] 交构:离间;中伤。《后汉书·质帝纪》:"孝安皇帝圣德明茂,早弃天下,陛下正统,当奉宗庙,而奸臣交构,遂令陛下龙潜蕃国。"唐李贤注:"从太子废为

王,故曰龙潜蕃国。"《三国志·蜀志·杨戏传》载戏作《季汉辅臣赞·赞程季然》:"畿报曰:'郡合部曲,本不为叛,虽有交构,要在尽诚。'"

[7] 太子妃:就是太子的配偶。

[8] 不听:不允许;不同意。姚秦鸠摩罗什译《大庄严论经》卷一三:"又敕国内:诸有花者,不听馀用,尽皆持往供养彼塔。"《后汉书·公孙瓒传》:"太守刘君坐事槛车征,官法不听吏下亲近,瓒乃改容服,诈称侍卒,身执徒养,御车到洛阳。"

[9] 围棋:下围棋。动宾词组。《三国志·魏志·武帝纪》南朝宋裴松之注引晋张华《博物志》:"桓谭、蔡邕善音乐,冯翊山子道、王九真、郭凯等善围棋,太祖皆与埒能。"《南史·谢瀹传》:"明帝废郁林,领兵入殿,左右惊走,报瀹,瀹与客围棋,每下子辄云其当有意,竟局乃还。"参见《世说新语·顾雍丧子》注[2]。

[10] 争道:争棋路。《史记·刺客列传》:"荆轲游于邯郸,鲁句践与荆轲博,争道,鲁句践怒而叱。"《宋书·五行志一》:"又尝同弈棋,争道。成都王颖厉色曰:'皇太子国之储贰,贾谧何敢无礼!'"

[11] 诃:斥责;训斥。

[12] 不平:不满。《楚辞·九辩》:"坎廪兮,贫士失职而志不平。"《孔子家语·好生》:"孔子尝自筮其卦,得贲焉,愀然有不平之状。子张进曰:'师闻卜者得贲卦吉也,而夫子之色有不平,何也?'"

[13] 潜(zèn):谗毁;诬陷。《论语·颜渊》:"浸润之潜,肤受之诉。"

[14] 万岁:犹言百年,是帝王死的委婉语。

[15] 鱼肉之:以之(指皇后身边的人)为鱼为肉,意思是要好好处置皇后的亲信、死党。"鱼"和"肉"都是名词的意动用法。

[16] 宫车晏驾:同样是帝王死的委婉语。《史记·樊郦滕灌列传》:"是时高帝病甚,人有恶哙党于吕氏,即上一日宫车晏驾,则哙欲以兵尽诛灭戚氏、赵王如意之属。"《风俗通义·愆礼·弘农太守河内吴匡》:"若宫车晏驾,何以过兹?"

[17] 杨氏故事:指杨骏事。杨骏字文长,弘农华阴(今属陕西)人。晋武帝司马炎时,以后父超居重位。武帝病重时,骗取辅佐惠帝的重任。后因刚愎自用、结党营私而被诛,夷三族。事见《晋书·杨骏传》。

[18] 金墉:古城名,三国魏明帝曹叡时筑,为当时洛阳城西北角的一个小城。唐贞观后废。自三国起,帝、后被废,常徙于此。清顾祖禹《读史方舆纪要·河南·洛阳县》:"嘉平六年,司马师废其主芳,迁于金墉。延熙二年,魏王禅位于晋,出舍金墉城。晋杨后及愍怀太子至贾后之废,皆徙金墉。永康二年,赵王伦篡位,迁惠帝,自华林西门出,居金墉城。"

[19] 反手:把手翻转过来,喻非常容易。《孟子·公孙丑上》:"以齐王,由反手也。"汉赵岐注:"孟子言以齐国之大而行王道,其易若反手耳。"后说"反掌",成

语有"易如反掌"。

　　[20] 不如早为之所：不如早点给他安排一个处所，意思是早点把太子废掉。语本《左传·隐公元年》："姜氏何厌之有？不如早为之所，无使滋蔓。"

　　[21] 宣扬：散布，使消息流传开去。原谓广泛传布、传扬，不含贬义。《汉书·游侠传·陈遵》："皆以举直察枉，宣扬圣化为职。"《魏书·窦瑾传》："司空伊馛等以：宗之腹心近臣，出居方伯，不能宣扬本朝，尽心绥导，而侵损齐民，枉杀良善……理合极刑。"

　　[22] 九年六月：指晋惠帝元康九年，时值公元 299 年。

　　[23] 不和：身体不舒服，不适。《宋书·文九王传·始安王休仁》："因圣躬不和，猥谋奸逆，灭道反常，莫斯为甚。"《隋书·庶人秀传》："我有不和，汝便觇候，望我不起，便有异心。"

　　[24] 书草：书信的草稿。

　　[25] 因：趁着。　　书：抄写。

　　[26] 了：了断；了决。指自尽、自裁。《三国志·魏志·钟会传》："贾亦无以易我语也。我到长安，则自了矣。"

　　[27] 手：亲手；亲自。《三国志·魏志·钟会传》："姜维率会左右战，手杀五六人。"

　　[28] 要(yāo)：约定。《国语·鲁语下》："夫盟，信之要也。"三国吴韦昭注："要，犹结也。"　　克期：约定日期。汉王符《潜夫论·交际》："世有可患者三。三者何？曰：情实薄而辞称厚，念实忽而文想忧，怀不来而外克期。"《后汉书·西羌传》："育自领汉阳金城五千人，合二万兵，与诸郡克期击之。"　　两发：一起举事(指造反)。两，并，一并。《汉书·陈汤传》："先是，宣帝时匈奴乖乱，五单于争立，呼韩邪单于与郅支单于俱遣子入侍，汉两受之。"《三国志·魏志·和洽传》："以玠出群吏之中，特见拔擢，显在首职，历年荷宠，刚直忠公，为众所惮，不宜有此。然人情难保，要宜考核，两验其实。"《诸病源候论》卷六《解散病诸候·寒食散发候》："速与热酒，寒解气通，酒气两行于四肢，周体悉温。"

　　[29] 茹毛饮血：连毛带血地生食鸟兽。茹，吃。《礼记·礼运》："昔者先王，……未有火化，食草木之实，鸟兽之肉，饮其血，茹其毛。"这里喻指盟誓，如歃血为盟之类。　　三辰：指日、月、星。《左传·桓公二年》："三辰旂旗，昭其明也。"晋杜预注："三辰，日、月、星也。"

　　[30] 北君：民间畏忌的恶神之一。汉王符《潜夫论·巫列》："若乃巫觋之所独语，小人之所望畏，土公、飞尸、咎魅、北君、衔聚、当路、直符七神，及民间缮治微蔑小禁，本非天王所当惮也。"

　　[31] 疏：(分条)记录，记下。《墨子·号令》："诸可以便事者，亟以疏传言

守。《汉书·苏武传》:"初,(上官)桀、安与大将军霍光争权,数疏光过失予燕王,令上书告之。"唐颜师古注:"疏,谓条录之。"   如律令:像律令一样(做)。这是汉代以来的俗语,古籍多见。《史记·三王世家》:"二千石下郡太守、诸侯相,丞书从事下当用者。如律令。"《汉书·朱博传》:"檄到,令丞就职,游徼王卿力有余,如律令。"唐颜师古注:"游徼职主捕盗贼,故云如律令。"后演变成咒语一类的语言,常用"急急如律令"的形式出现,民间多用之。晋葛洪《肘后备急方》卷三《治寒热诸疟方》:"咒法:发日,执一石于水滨,一气咒云:'智智圆圆,行路非难。捉取疟鬼,送与河官。急急如律令。'投于水,不得回顾。"北魏贾思勰《齐民要术》卷七《造神曲并酒》载《祝曲文》:"神之听之,福应自冥。人愿无违,希从毕永。急急如律令。"宋张君房《云笈七签》卷一四《三洞经教部·黄庭遁甲缘身经》:"来日早觉,便念四海神名:东海神名阿明,西海神名祝良……四海大神辟百鬼,荡凶灾,急急如律令。"

[32] 半:几乎;大半。

[33] 式乾殿:晋代的宫殿名。《艺文类聚》卷八一引《晋宫阁名》:"太极殿前,芸香四畦;式乾殿前,芸香八畦。"又考《三国志·魏志·齐王芳纪》:"自今以后,御幸式乾殿及游豫后园,皆大臣侍从。"则以"式乾"为名的宫殿早在三国曹魏时即已有之。

[34] 证明:替……证明,为……说明。动词。汉荀悦《汉纪·高祖纪四》:"荀悦曰:贯高首为乱谋,杀主之贼,虽能证明其王,小亮不塞大逆,私行不赎公罪。"《魏书·源贺传》:"比加采访,略无证明,寻其表状,又复莫落,案牒推理,实有所疑。"《晋书·牵秀传》:"秀即表诉被诬,论恺秽行,文辞亢厉,以讥诋外戚。于时朝臣虽多证明其行,而秀盛名美誉由是而损,遂坐免官。"

[35] 白:禀告,报告。此句指贾后使董猛假托长广公主之辞向皇帝报告。

[36] 考竟:刑讯致死。《释名·释丧制》:"狱死曰考竟。考得其情,竟其命于狱也。"《三国志·吴志·孙权传》南朝宋裴松之注引《文士传》:"吕壹宾客于郡犯法,(郑)胄收付狱考竟,壹怀恨。"《搜神记》卷九"贾充"条:"至后,(贾)谧死于钟下,贾后服金酒而死,贾午考竟,用太杖终。"参吴金华《三国志校诂》22页。《后汉书·陈蕃传》:"时小黄门赵津、南阳大猾张汜等,奉事中官,乘埶犯法,二郡太守刘瓆、成瑨考案其罪。虽经赦令,而并竟考杀之。"武英殿本录宋人刘攽《东汉书刊误》曰:"案汉魏鞠狱皆云考竟,此误。"校"竟考"为"考竟",似可备一说。参见《三国志·华佗传》注[112]。

[37] 为逆:作违逆之事,指谋反。《史记·秦本纪》:"庶长壮,与大臣诸侯公子为逆,皆诛。"汉刘向《续古列女传》卷八《霍夫人显》:"事泄,显恐怖,乃谋为逆,欲废天子而立禹。"

[38] 首辞：自首的言辞。《宋书·孔觊传》："二十二日,崤山民缚觊送诣晏。晏谓之曰：'此事孔璪之为,无豫卿事。可作首辞,当相为申上。'"参见《三国志·华佗传》注[105]。 班示：公布,给……看。《三国志·魏志·钟会传》："矫太后遗诏,使会起兵废文王,皆班示坐上人,使下议讫,书版署置。"《后汉书·光武十王传·楚王英》："诏报曰：'楚王诵黄老之微言,尚浮图之仁祠,洁斋三月,与神为誓,何嫌何疑,当有悔吝? 其还赎,以助伊蒲塞桑门之盛馔。'因以班示诸国中传。"

[39] 防送：押送,解送。《宋书·刘劭传》："缚劭于马上,防送军门。"《南齐书·荀伯玉传》："又度丝锦与昆仑舶营货,辄使传令防送过南州津。"

[40] 东宫马子：指太子司马遹。马子：小马,马驹。子,放在名词之后,表示物之小者。 聋空：这两句童谣,《晋书·五行志》作"东宫马子莫咙哅,比至来年缠汝鬃"。"聋空"和"咙哅"义近,都是叠韵联绵词,盖目中无人,骄傲自大义。

[41] 鬃(zōng)：马鬣。

[42] 离婚：脱离(两家)缔结的婚姻关系,故可由女方父亲提出,与今义微别。《世说新语·德行》："王子敬病笃,道家上章,应首过,问子敬：'由来有何异同得失?'子敬云：'不觉有馀事,唯忆与郗家离婚。'"又《贤媛》："贾充前妇是李丰女,丰被诛,离婚,徙边。"

[43] 许：许昌。

[44] 遗(wèi)：给,写给。

[45] 鄙：我。第一人称代词。下文数例"鄙"义同。后汉昙果共康孟详译《中本起经》卷下："世尊又曰：'卿姓字何乎?'长者跪对曰：'鄙字须达,……国人称我给孤独氏。'"西晋竺法护译《正法华经》卷三："白世尊曰：'……前者如来为鄙说法,已得于空,无相无愿。'"参：俞理明.佛经文献语言[M].成都：巴蜀书社,1993：102—103.

[46] 见：助动词,用在动词前面,表示被动。下文"不见存恤""不见听许"的"见"用法相同。 禁检：禁止,阻止。《三国志·魏志·钟会传》："会于是禁检士众,不得钞略,虚己诱纳,以接蜀之群司。"《晋书·刘毅传》："或缺中正而无禁检,故邪党得肆枉滥。"

[47] 存恤：慰抚,安抚。《史记·楚世家》："乃施惠百姓,复陈蔡之地而立其后如故,归郑之侵地,存恤国中,修政教。"《汉书·高帝纪下》："下令曰：楚地已定,义帝亡。后欲存恤楚众,以定其主。"唐刘肃《大唐新语》卷四："飞奏曰：'臣欲闻奏,似为逆人论理；知而不言,恐乖陛下存恤之意。'"

[48] 困笃：病重,病危。《汉书·朱博传》："咸掠治困笃,博诈得为医,入狱得见咸,具知其所坐罪。博出狱,又变姓名为咸验治数百,卒免咸死罪。"《南齐书·萧颖胄传》："遗表曰：'臣疹患数日,不谓便至困笃。气息绵微,待尽而已。'"《法苑

珠林》卷一二《六道篇第四之六·地狱部之餘诫·诫勗》："四大和合,忽尔乖违,病苦所侵,缠绵困笃。"

[49] 国家:指皇帝。《东观汉记》卷九《祭遵传》:"诏书曰:'将军连年拒难,众兵即却,复独按部,功劳烂然。……国家知将军不易,亦不遣力。'"《晋书·陶侃传》:"参佐多谏曰:'(郭)默不被诏,岂敢为此事? 若进军,宜待诏报。'侃厉色曰:'国家年小,不出胸怀。'"　徽号:褒扬赞美的称号。《水经注·汝水》:"汝水又东,为周公渡。藉承休之徽号,而有周公之嘉称也。"宋朱熹《朱子语类》卷六四《中庸三·第二十八章》:"若使有王者受命而得天下,改正朔,易服色,殊徽号,天下事一齐被他改换一番。"

[50] 听许:同意,允许。失译(附后汉录)《大方便佛报恩经》卷五:"我为一切诸女人故,三请如来,欲求佛法;如是至三,亦不听许。"旧题三国吴支谦译《撰集百缘经》卷九:"时王太子名曰善生,见佛世尊,深生信敬。归白大王,求索入道,王不听许。"

[51] 笃:病情危重。

[52] 天教:犹言圣旨,皇上。"天教"原谓上天的旨意、天意。汉王符《潜夫论·述赦》:"近时以来,赦赎稠数,故每春夏辄望复赦。或抱罪之家侥幸蒙恩,故宣此言,以自悦喜,诚令仁君闻此,以为天教而辄从之,误莫甚焉。"汉赵晔《吴越春秋》卷五《勾践归国外传》:"越王勾践臣吴至归越,勾践七年也。百姓拜之于道……王曰:'寡人不慎天教,无德于民。'"本文中犹言圣旨、皇上,盖后起之引申用法。下文"言天教欲见汝""昨天教与太子酒枣"的"天教"义同。

[53] 发:开启,打开(信函)。犹今言"启"。《广雅·释诂三》:"发,开也。"《战国策·齐策四》:"齐王使使者问赵威后,书未发,威后问使者曰:'岁亦无恙耶?'"《史记·刺客列传》:"秦王发图,图穷而匕首见。"《后汉书·黄琬传》:"允发书,视毕,微戏琬曰:'江夏大邦,而蛮多士少。'"

[54] 见语:告诉我。见,指代词,指代第一人称代词"我"。下文"须臾,中宫遣陈舞见语""便持三升酒、大盘枣见与""陛下会同一日见赐""为见诬,想众人见明也"凡例"见"用法相同。《世说新语·方正》:"张玄与王建武先不相识,后遇于范豫章许,范令二人共语。张因正坐敛衽,王孰视良久,不对。张大失望,便去,范苦譬留之,遂不肯住。范是王之舅,乃让王……王笑曰:'张祖希若欲相识,自应见诣。'范驰报张,张便束带造之。"参见《贤愚经·长者无耳目舌品》注[63]。

[55] 旦来:早晨,一早。来,置于时间名词后,表示某一时段。

[56] 不快:身体不适,有病。《三国志·魏志·华佗传》:"又有一士大夫不快,佗云:'君病甚,当破腹取。'"《南齐书·虞悰传》:"上就悰求诸饮食方,悰秘不肯出,上醉后体不快,悰乃献醒酒鲭鲊一方而已。"

[57] 住：逗留；停留。《三国志·魏志·后妃武宣卞皇后传》南朝宋裴松之注引《魏书》：“太后每随军征行，见高年白首，辄住车呼问，赐与绢帛。”《后汉书·方术传·蓟子训》：“见者呼之曰：‘蓟先生小住。’并行应之。视若迟徐，而走马不及。”《世说新语·方正》第38则：“孔车骑与中丞共行，在御道，逢匽术，宾从甚盛，因往与车骑共语。”徐震堮《世说新语校笺》：“‘往’疑当作‘住’，与《晋书》‘止与语’之‘止’字同义。”所校是。

[58] 见与：给我。见，用在动词前面，有称代作用，指我。《三国志·魏志·曹爽传》南朝宋裴松之注引《魏末传》：“前遣家人迎粮，于今未反，数日乏匮，当烦见饷，以继旦夕。”《梁书·王僧孺传》：“初，僧孺与乐安任昉遇竟陵王西邸，以文学友会，及是将之县，昉赠诗，其略曰：‘惟子见知，惟余知子……’”

[59] 启说：禀报；陈述。　　意：原因；缘由。

[60] 天：指皇帝。下文“天与汝酒饮”的“天”义同。

[61] 差（chài）：病愈，病情好转。后作“瘥”。《方言》卷三：“差，愈也。南楚病愈者谓之差。”《广韵·卦韵》：“差，病除也。”《后汉书·方术传·华佗》：“操积苦头风眩，佗针，随手而差。”

[62] 会同：原为古代诸侯朝见天子的通称。《论语·先进》：“宗庙之事，如会同，端章甫，愿为小相焉。”三国魏何晏集解引汉郑玄曰：“宗庙之事，谓祭祀也。诸侯时见曰会，殷覜曰同。”后泛指朝会。晋潘岳《上客舍议》：“乃今四海会同，九服纳贡。”

[63] 通日：一整天。《三国志·魏志·东夷传·夫餘》：“行道昼夜，无老幼皆歌，通日声不绝。”《太平御览》卷一三〇引《北齐书》（今本《北齐书》文字不同）：“以天下无事，便留连饮宴，通日竟夜，躬自鼓舞。”

[64] 颠倒：错误，错乱，这里指醉酒后神志不清、迷乱。《梁书·武陵王纪传》：“今天子年尊，奸臣乱国，宪章错谬，政令颠倒。”《隋书·经籍志一》：“然其文辞浅俗，颠倒舛谬，不类圣人之旨。”

[65] 那：句尾语气词，表示感叹，相当于现代的“啊”。《后汉书·逸民传·韩康》：“女子怒曰：‘公是韩伯休那？乃不二价乎？’”唐李贤注：“那，语馀声也。音乃贺反。”《后汉书》一例表疑问语气，略同于现代的“吗”。

[66] 恶物：指毒药。

[67] 可：约，大约。表示约数。参见《水经注·淮水》注[7]。

[68] 已：……后，接在动词后面，表示动作完成。参见《贤愚经·长者无耳目舌品》注[20]。

[69] 荒迷：昏沉；恍惚。《三国志·蜀志·郤正传》：“媥幸苟得，如反如仄，淫邪荒迷，恣睢自极。”宋朱熹《朱子语类》卷八四《礼一·论修礼书》：“古人此等衣服

冠屦，每日接熟于耳目，所以一旦丧祸，不待讲究，便可以如礼。今却闲时不曾理会，一旦荒迷之际，欲旋讲究，势必难行。”

［70］停待：等待，等着。隋阇那崛多译《佛本行集经》卷三一：“是时猕猴……从虬背上跳下，上彼优昙婆罗大树之上。其虬在下，少时停待。见彼猕猴，淹迟不下，而语之言……”唐玄宗李隆基《停修大明宫诏》：“其修大明宫，宜即停待，至闲月方使毕功；宣示百寮，使知予意。”

［71］急疾：快速；急切；紧迫。《吕氏春秋·论威》：“凡兵欲急疾捷先，……急疾捷先，此所以决义兵之胜也。”《抱朴子外篇·自叙》：“古人有急疾之义，又畏军法，不敢任志。”《旧唐书·突厥传下》：“西突厥去我悬远，急疾不相得力。”

［72］见：介词，后接动词，表示被动。《楚辞·渔父》：“众人皆醉我独醒，是以见放。”《史记·屈原贾生列传》：“信而见疑，忠而被谤，能无怨乎？”

［73］见明：可以为我作证。见，用于动词之前，指代第一人称代词“我”。参见《贤愚经·长者无耳目舌品》注［63］和本篇注［58］。

［74］众情：犹“群情”，民意，民心；众人。《三国志·魏志·曹爽传》南朝宋裴松之注引《魏末传》：“（李）胜愍然为之涕泣，谓宣王曰：‘今主上尚幼，天下恃赖明公。然众情谓明公方旧风疾发，何意尊体乃尔。’”《南齐书·萧颖胄传》：“颖胄有器局，既唱大事，虚心委己，众情归之。”“众情”犹言众人。《后汉书·皇甫嵩传》：“嵩温恤士卒，甚得众情。每军行顿止，须营幔修立，然后就舍。”“众情”犹言民心、民意。

［75］疏属：远宗，旁系亲属。《史记·田单列传》：“田单者，齐诸田疏属也。”《隋书·鲍宏传》：“初，周武帝敕宏修《皇室谱》一部，分为《帝绪》《疏属》《赐姓》三篇。”

［76］适嗣：即嫡嗣，指正妻所生的长子。《左传·襄公三十一年》：“年均择贤，义钧则卜，古之道也。非适嗣，何必娣之子？”晋杜预注：“言子野非适嗣。”唐陆德明《释文》：“适，丁历反。”

［77］云：认为；以为。　　豫：预先；事先。《汉书·赵充国传》：“宜遣使者行边兵豫为备，敕视诸羌，毋令解仇，以发觉其谋。”

［78］情性：本性，性情。《孟子·滕文公上》：“曰：夫物之不齐，物之情也。”汉赵岐注：“孟子曰：夫万物好丑异贾，精粗异功，其不齐同，乃物之情性也。”

［79］明公：汉魏以来对有名位者的尊称。《东观汉记》卷九《祭遵传》：“为军市令，上舍中儿犯法，遵格杀之。上怒，命收遵。主簿陈副谏曰：‘明公常欲众军整齐，今遵奉法不避，是教令行也。’”晋袁宏《后汉纪·光武帝纪一》：“圣人转祸而为福，智士因败而为功，愿明公深计，而无与俗同。”

［80］含忍：容忍；包容。汉刘熙《释名·释言语》：“仁，忍也；好生恶杀，善含

忍也。"《三国志·魏志·程昱传》:"外则托天威以为声势,内则聚群奸以为腹心,大臣耻与分势,含忍而不言。"《北齐书·酷吏传·宋游道》:"兖州刺史李子贞在州贪暴,游道案之。文襄以贞预建义勋,意将含忍。"　　宿忿:旧日的怨恨。唐玄奘、辩机《大唐西域记》卷一:"王即为龙于雪山下立僧伽蓝,建窣堵波,高百余尺,龙怀宿忿,遂发风雨,王以宏济为心。"

[81] 逼:被……所逼迫。　　百姓之望:在百姓中的声望。

[82] 翻覆:反过来,掉过头来。《宋书·吴喜传》:"东土既平,喜见南贼方炽,虑后翻覆受祸,乃生送子房还都。"南朝梁武帝萧衍《孝思赋有序》:"刺史崔慧景志怀翻覆,远招逋逃,多聚奸侠。""志怀翻覆"是说存有叛逆之心。北周庾信《杨柳歌》:"定是怀王作计悮,无事翻覆用张仪。"

[83] 瑕衅:罪过;过失。《后汉书·第五伦传》:"然诸出入贵戚者,类多瑕衅禁锢之人,尤少守约安贫之节。"

[84] 迁延:拖延。唐李商隐《行次西郊作一百韵》诗:"临门送节制,以锡通天班。破者以族灭,存者尚迁延。"　　却期:推迟(拥戴太子的)日期。却,推后,延后。

[85] 反间:指诱使贾后为己所用,借刀杀人。

[86] 忧怖:担心;害怕。晋葛洪《肘后备急方》卷三"治卒得惊邪恍惚方·治人心下虚悸方":"若惊忧怖迫逐,或惊恐失财,或激愤惆怅,致志气错越,心行违僻不得安定者。"《后汉书·皇后纪下·孝仁董皇后》:"重免官,自杀。后忧怖,疾病暴崩,在位二十二年。"

[87] 合:配制中药。汉王符《潜夫论·思贤》:"夫治世不得真贤,譬犹治疾不得良医也。治疾当真人参,反得支罗;服当得麦门冬,反烝横麦。已而不识真,合而服之,病以侵剧,不自知为人所欺也。"《搜神记》卷三"段医":"医为合膏药,并以简书封于筒中。"晋葛洪《抱朴子内篇·金丹》:"今之医家,每合好药好膏,皆不欲令鸡犬小儿妇人见之。"也作"和"。汉王充《论衡·程材》:"如自能案方和药,入室求祟,则医不售而巫不进矣。"参《三国志·华佗传》注[9]。　　巴豆:一种植物,中医学上以种子入药,性热,味辛,主治寒结便秘,腹水肿胀,痰阻喉痹等症。有大毒,须遵医嘱慎用。古代也用来制成毒药。

[88] 赍(jī):携带。

[89] 鸩(zhèn):传说中的毒鸟,其羽毛有剧毒,可用来制作毒酒。《楚辞·离骚》:"吾令鸩为媒兮,鸩告余以不好。"汉王逸注:"鸩,运日也,羽有毒,可杀人,以喻谗佞害人也。"

[90] 过食:送与食物。过,提供,给予。《后汉纪·明帝纪下》:"世祖谓伦曰:'闻卿为吏榜妇公,不过从兄饭,宁有之邪?'"《后汉书·崔瑗传》唐李贤注引《华峤

书》："吾并日而食，以供宾客，而反以获讥，士大夫不足养如此。后勿过菜具，无为诸子所蚩也。"又有"过与"连言者，三国魏刘邵《人物志》卷下《七缪》："仁出慈恤，施发过与。"北凉刘昞注："幼过与者，长必好施。"《全唐诗》卷三七四孟郊《自惜》诗："倾尽眼中力，抄诗过与人。"参看蒋礼鸿《敦煌变文字义通释·释事为》"过与　过以　过"条。

　　[91] 椎杀：(用椎)击杀，打死。《史记·魏公子列传》："朱亥袖四十斤铁椎，椎杀晋鄙。"《资治通鉴·周赧王五十七年》亦有此二句，元胡三省注："椎，直追翻。齐人谓之终葵。铁椎，以铁为之，椎杀，击杀也。与槌同。"

（三）宋　　书

　　纪传体史书，一百卷，南朝梁沈约撰。沈约根据何承天、徐爰诸家的刘宋史书，修改润色，写成此书。记载了自宋武帝永初元年(420 年)至顺帝昇明三年(479 年)刘宋六十年的历史。本纪、列传以外，尚有八志三十卷，它们上溯三代秦汉，尤详于魏晋，可补《三国志》之缺。未编《食货》《艺文》《刑法》等志，是其缺憾。书中采集、引录了刘宋一朝的诸多原始材料，包括诏令、章奏、书信等内容，虽有冗长之嫌，但由此也保存了一批有价值的资料，是南北朝史书中语言研究价值较高者之一。

　　沈约(441—513 年)，字休文，吴兴武康(今浙江德清武康)人。历仕宋、齐两朝，后助梁武帝登位，官至尚书令。是南朝著名的文学家，与谢朓、王融诸人的诗文创作注重声律，时号"永明体"。与周颙等创立"四声八病"说，要求在诗歌创作时应区别调和四声，避免八病，在从古体诗向律诗的转化过程中起到了十分重要的作用。

3. 庾 炳 之 传

[题解]
　　文章选自《宋书》，是正史中难得保留的检举、告密材料之一，值得玩味的地方颇多。古代也有类似于今天的监察、纪检等部门和官员，负责监督、举报高级官员的违纪行为。本文主人公庾炳之就是因为一些违法违纪之事而受到举报，检举他的人是何尚之。

庾炳之没有多少才学，他负责选拔官员，做相当于组织部门的工作，"既不缉众论，又颇通货贿"，确实存在问题。从史书记载和何尚之的检举揭发来看，主要有私自留宿部下、贪财邀功、卖官索贿等，程度之严重，就差造反了（所少贼一事耳）。晋帝本想宽容他，怎奈何尚之不屈不挠，据理力争，最后只得免除庾氏的职务。所选一节中，涉及何尚之秘密禀奏皇上和庾炳之的申辩等内容，都较为口语化，保留了一批中古时期的口语词，体现了正史中奏启、书信及口语对话中的语料价值。

[原文]

炳之为人强急而不耐烦[1]，宾客干诉非理者[2]，忿詈形于辞色。素无术学[3]，不为众望所推。性好洁，士大夫造之者，去未出户，辄令人拭席洗床。时陈郡殷冲亦好净，小史非净浴新衣[4]，不得近左右。士大夫小不整洁[5]，每容接之。炳之好洁反是，冲每以此讥焉。领选[6]，既不缉众论[7]，又颇通货贿[8]。

炳之请急还家[9]，吏部令史钱泰、主客令史周伯齐出炳之宅咨事[10]。泰能弹琵琶[11]，伯齐善歌，炳之因留停宿。尚书旧制，令史咨事，不得宿停外，虽有八座命[12]，亦不许。为有司所奏。上于炳之素厚，将恕之，召问尚书右仆射何尚之，尚之具陈炳之得失[13]。

又密奏曰："夫为国为家，何尝不谨用前典[14]，今苟欲通一人[15]，虑非哲王御世之长术。炳之所行，非暧昧而已[16]。臣所闻既非一旦[17]，又往往眼见[18]，事如丘山[19]，彰彰若此[20]，遂纵而不纠，不知复何以为治。晋武不曰明主[21]，断鬲令事[22]，遂能奋发，华廙见待不轻[23]，废锢累年，后起，止作城门校尉耳。若言炳之有诚于国，未知的是何事[24]？政当云与殷景仁不失其旧[25]，与刘湛亦复不疏[26]。且景仁当时事意[27]，岂复可蔑[28]？朝士两边相推，亦复何限[29]？纵有微诚，复何足掩其恶！今贾充勋烈[30]，晋之重臣，虽事业不胜，不闻有大罪，诸臣进说，便远出之[31]。陛下圣睿，反更迟迟于此[32]。炳之身上之衅[33]，既自藉藉[34]，交结朋党，构扇是非[35]，实足乱俗伤风。诸恶纷纭[36]，过于范晔[37]，所少贼一事耳[38]。伏愿深加三思，试以诸声传[39]，普访诸可顾问者[40]。群下见陛下顾遇既重，恐不敢苦相侵伤[41]；顾问之日，宜布嫌责之旨[42]。若不如此，亦当不辩有所得失[43]。臣蠢，既有所启，要欲尽其心^[44]，如无可纳，伏愿宥其触忤之罪^[45]。"

时炳之自理^[46]："不谙台制^[47]，令史并言停外非嫌^[48]。"太祖以炳之信受失所^[49]，小事不足伤大臣。尚之又陈曰："炳之呼二令史出宿，令史咨都令史骆宰，宰云不通^[50]，吏部曹亦咸知不可^[51]，令史具向炳之说不得停之意^[52]，炳之了不听纳^[53]。此非为不解，直是苟相留耳^[54]。由外悉知此，而诬于信受，群情岂了^[55]？陛下不假为之辞^[56]。虽是令史，出乃远亏朝典，又不得谓之小事。谢晦望实^[57]，非今者之畴，一事错误，免侍中官。王珣时贤小失^[58]，桓胤春蒐之谬^[59]，皆白衣领职^[60]。况公犯宪制者邪？不审可有同王、桓白衣例不^[61]？于任使无损^[62]，兼可得以为肃戒^[63]。孔万祀居左丞之局，不念相当^[64]，语骆宰云：'炳之贵要^[65]，异他尚书身^[66]，政可得无言耳^[67]。'又云：'不痴不聋，不成姑公^[68]。'敢作此言，亦为异也。"

太祖犹优游之^[69]，使尚之更陈其意。尚之乃备言炳之愆过^[70]，曰："尚书旧有增置干二十人，以元、凯丞郎干之假疾病，炳之常取十人私使，询处干阙，不得时补。近得王师，犹不遣还，臣令人语之，'先取人使，意常未安，今既有手力^[71]，不宜复留。'得臣此信^[72]，方复遣耳。大都为人好率怀行事^[73]，有诸纭纭^[74]，不悉可晓。臣思张辽之言，关羽虽兄弟，曹公父子，岂得不言。观今人忧国实寡，臣复结舌^[75]，日月之明，或有所蔽。然不知臣者，岂不谓臣有争竞之迹^[76]，追以怅怅。臣与炳之周旋^[77]，俱被恩接^[78]，不宜复生厚薄^[79]。太尉昨与臣言，说炳之有诸不可，非唯一条，远近相崇畏^[80]，震动四海，凡短人办得致此^[81]，更复可嘉^[82]。虞秀之门生事之^[83]，累味珍肴，未尝有乏，其外别贡，岂可具详。炳之门中不问大小^[84]，诛求张幼绪^[85]，幼绪转无以堪命^[86]。炳之先与刘德愿殊恶^[87]，德愿自持琵琶甚精丽^[88]。遗之^[89]，便复款然^[90]。市令盛馥进数百口材助营宅^[91]，恐人知，作虚买券。刘道锡骤有所输^[92]，倾南俸之半^[93]。刘雍自谓得其力助^[94]，事之如父，夏中送甘蔗，若新发于州^[95]。国吏运载樵荻^[96]，无辍于道。诸见人有物，鲜或不求^[97]。闻刘遵考有材，便乞材^[98]，见好烛盘，便复乞之。选用不平^[99]，不可一二^[100]。太尉又云，炳之都无共事之体^[101]，凡所选举，悉是其意，政令太尉知耳^[102]。论虞秀之作黄门，太尉不正答和，故得停^[103]。太尉近与炳之疏^[104]，欲用德愿儿作州西曹，炳之乃启用为主簿，即语德愿，德愿谢太尉。前后漏泄卖恩，亦复何极[105]，纵不加罪，故宜出之[106]。士庶忿疾之，非直项羽楚歌而已也[107]。自从裴、刘刑罚以来，诸将陈力百倍，今日事实好恶可问。若赫然发愤[108]，显明法宪[109]，陛下便可闲卧紫闼[110]，无复一事也。”

……

又曰：“臣见刘伯宠大慷慨炳之所行[111]，云有人送张幼绪，幼绪语人：吾虽得一县，负三十万钱[112]，庾冲远乃当送至新林，见缚束，犹未得解手。荀万秋尝诣炳之，值一客姓夏侯，主人问：‘有好牛不？’云：‘无。’问：‘有好马不？’又云：‘无。政有佳驴耳。’炳之便答：‘甚是所欲。’客出门，遂与相闻索之[113]。刘道锡云是炳之所举，就道锡索嫁女具及祠器[114]，乃当百万数[115]；犹谓不然。选令史章龙向臣说，亦叹其受纳之过，言‘实得嫁女具，铜炉四人举乃胜[116]，细葛斗帐等物，不可称数[117]’。在尚书中，令奴酤鄽酒[118]，利其百十[119]，亦是立台阁所无[120]，不审少简圣听不[121]？恐仰伤日月之明，臣窃为之叹息。”

太祖乃可有司之奏[122]，免炳之官。是岁，元嘉二十五年也。二十七年，卒于家，时年六十三。太祖录其宿诚[123]，追复本官。二子季远、弘远。

[注释]

　　[1] 强（jiàng）急：性情暴烈急躁。《南史·庾仲文传》：“仲文为人强急不耐烦，宾客诉非理者，忿骂形于辞色。”《资治通鉴·宋文帝元嘉二十五年》：“炳之无文学，性强急轻浅，既居选部，好诟詈宾客，且多纳货贿，士大夫皆恶之。”“强急”又有绷紧、紧绷义，唐张彦远《历代名画记》卷三“论装背褾轴”：“纸缝先避人面及要节处，若缝缝相当，则缓急卷舒有损，要令参差其缝，则气力均平，太硬则强急，太薄则失力。”是别一词。

　　[2] 干诉：求；诉求。《书·大禹谟》：“罔违道以干百姓之誉。”孔氏传：“干，求也。”唐徐坚等《初学记》卷二《雪》引《录异传》：“汉时大雪，地丈馀，洛阳令身出案行，见人家皆除雪出，有乞食者至袁安门，无有行路，谓安已死，令人除雪入户。见安僵卧，问何以不出。安曰：‘大雪，人皆饿，不宜干人。’”“干”有求义，故“干求”同义连文。《三国志·魏志·王观传》：“御府内藏玩弄之宝，爽等奢放，多有干求。”《魏书·高闾传》：“博士学生百有馀人，有所干求者，无不受其财货。”宋綦崇礼《遵用旧法札子》：“士既习见其事，则虽有旧法而于己不便者，则必群噪众起，干诉

百端。"

〔3〕术学：才能学识。《史记·张丞相列传》："申屠嘉可谓刚毅守节矣，然无术学，殆与萧、曹、陈平异矣。"

〔4〕小史：古时原为小官名，汉以后指尚书令史或地方官的一般属吏。《汉书·翟方进传》："方进年十二三，失父孤学，给事太守府为小史，号迟顿不及事，数为掾史所詈辱。"《后汉书·舆服志下》"通天冠"："今下至贱更小史，皆通制袍，单衣，皂缘，领袖中衣，为朝服云。"引申指侍从、书童。晋张翰《周小史》诗："翩翩周生，婉娈幼童；年十有五，如日在东。"南朝梁刘孝威《爱妾换马》诗："骢马出楼兰，一步九盘桓。小史赎金络，良工送玉鞍。"

〔5〕小：稍稍；稍微。参见《杂宝藏经·长者请舍利弗摩诃罗缘》注〔46〕。

〔6〕领选：兼管举荐官吏之事。领，指以地位较高的官员兼理较低的职务。选，选拔官吏。《三国志·魏志·郑浑传》南朝宋裴松之注引《晋诸公赞》："默子球，清直有理识，尚书右仆射、领选。"

〔7〕缉：和睦，协调。《国语·晋语八》："及为成师，居太傅，端刑法，缉训典，国无奸民。"三国吴韦昭注："缉，和也。"《后汉书·蔡茂传》："宜敕有司案理奸罪，使执平之吏永申其用，以厌远近不缉之情。""缉"又与同义词组成复音节的形式，有"缉穆"：《三国志·蜀志·诸葛亮传》南朝宋裴松之注引《汉晋春秋》："乃议中原彼贤才尚多，将相缉穆，未可一朝定也。"《世说新语·雅量》第13则南朝梁刘孝标注引《中兴书》："于是风尘自消，内外缉穆。"《南齐书·郁林王昭业传》："自以为任得其人，表里缉穆。"有"缉宁"：《三国志·吴志·陆抗传》裴松之注引习凿齿曰："思所以镇定民心，缉宁内外。"《魏书·皇后传·高宗乳母常氏》："高祖诏曰：'朕以虚寡，幼纂宝历，仰恃慈明，缉宁四海。'"

〔8〕通：接受；容纳。

〔9〕请急：请假。急，古代休假名。《太平御览》卷六三四引晋范宁《启国子生假故事》："旧有急假，一月五急，一年之中六十日为限，不问虚实，相率如此。""请急"是晋宋人习语。《全晋文》卷九六晋陆机《思归赋序》："余牵役京室，去家四载。以元康六年冬，取急归。"《搜神记》卷八"戴洋"条："都水马武举戴洋为都水令史。洋请急，还乡。"《宋书·蔡兴宗传》："庐陵内史周朗以正言得罪，锁付宁州，亲戚故人，无敢瞻送。兴宗在直，请急诣朗别，上知尤怒。"《南齐书·萧谌传》："郁林即位，深委信谌。谌每请急出宿，帝通夕不得寐，谌还乃安。"

〔10〕令史：古代官职名。汉代时为兰台尚书属官，居郎之下，掌文书事务，魏晋南北朝因之。《史记·项羽本纪》："陈婴者，故东阳令史。"南朝宋裴骃集解："案晋灼曰：《汉仪注》曰：'令吏曰令史，丞吏曰丞史。'"《三国志·魏志·高柔传》："太祖欲因事诛之，以为刺奸令史，处法允当，狱无留滞。"　　出：来到。此义先秦

已见,《左传·僖公二十三年》:"过卫,卫文公不礼焉。出于五鹿,乞食于野人。"
"出于五鹿"即来到五鹿。《论衡·感虚》:"曾子出薪于野,有客至而欲去。""出薪
于野",到郊外去打柴。"出"都是至、到和前往义。参见《搜神记·卢充》注[5]。

　　[11] 能:擅长,善于,与下句"伯齐善歌"的"善"同义。"能"自古就有擅长、善
于义,《荀子·劝学》:"假舟楫者,非能水也,而绝江河。"能水,善于游泳。有"善
能"连言成词者,参见《杂譬喻经·医师治王病喻》注[4]。又有"能善"连言成词
者,《世说新语·德行》第46则南朝梁刘孝标注引《续晋阳秋》:"少而孤贫,能善树
节,以儒素见称。"《诸病源候论》卷六《解散病诸候·寒食散发候》:"药虽良,令人
气力兼倍,然甚难将息,适大要在能善消息节度,专心候察,不可失意,当绝人事。"

　　[12] 八座:古代中央政府的八种高级官员,历代所指不同。东汉指六曹尚书
并令、仆射;三国曹魏、南朝宋、齐指五曹尚书并令、仆射。《三国志·魏志·桓阶
陈群传评》:"魏世事统,台阁重内轻外,故八座尚书,即古六卿之任也。"《魏书·献
文六王传·咸阳王禧》:"是年,八座奏增邑千户,世宗从之。"

　　[13] 得失:犹言过错,过失,乃偏义复词,"得"没有词汇意义。《世说新语·
德行》:"王子敬病笃,道家上章,应首过,问子敬:'由来有何异同得失?'子敬云:
'不觉有馀事,唯忆与郗家离婚。'""异同得失"就是"首过"的"过","得失"就是过
失、失误。

　　[14] 前典:前代的典章制度。

　　[15] 通:赦免;宽恕。《宋书·谢惠连传》:"及居父忧,赠以五言诗十馀首,文
行于世,坐被徙废塞,不豫荣伍。尚书仆射殷景仁爱其才,因言次白太祖:'臣小儿
时便见世中有此文,而论者云是谢惠连,其实非也。'太祖曰:'若如此,便应通
之。'"《晋书·韩伯传》:"陈郡周勰为谢安主簿,居丧废礼,崇尚庄老,脱落名教。
伯领中正,不通勰。……时人惮焉。"

　　[16] 暧昧:原谓模糊、蒙眬。汉蔡邕《释诲》:"胡老傲然而笑曰:'若公子,所
谓睹暧昧之利,而忘昭晰之害。'"引申指糊涂,不聪明。晋杜预《陈伐吴至计表》:
"臣心实了,不敢以暧昧之见,自取后累。唯陛下察之。"本例义同。今指不光明
的、不能公之于众的用法,大约始于宋代。宋李心传《建炎以来系年要录》卷一四
九:"元英言:'舜陟受金,事涉暧昧。其得人心,虽古循吏无以过。'"

　　[17] 一旦:犹言一天两天,喻较短的时间。《后汉书·朱浮传》:"天下非一时
之用也,海内非一旦之功也,愿陛下游意于经年之外,望化于一世之后,天下幸
甚。"《南齐书·豫章文献王嶷传》:"吾侪小人,贻尘帷盖,岂图一旦,遂投此请。"

　　[18] 眼见:亲眼所见。南朝齐陆杲《系观世音应验记》第59则:"须臾,渐觉
光明,遂日出照地。眼见棘刺,方便得下。"《魏书·杨椿传》:"又愿毕吾兄弟世,不
异居、异财,汝等眼见,非为虚假。"

[19] 丘山：山岳，大山。《庄子·则阳》："丘山积卑而谓高，江河合水而为大。"

[20] 彰彰：清楚明白的样子。汉赵晔《吴越春秋》卷四《越王无余外传》："吾获覆釜之书，得以除天下之灾，令民归于里闾，其德彰彰若斯，岂可忘乎？"宋孙奕《示儿编》卷七《文说·古今之言详略圣》："圣人之言文约而意已尽，自然不可易。……观孔子之言性，曰相近而已；而孟子曰善，荀子曰恶，扬子曰混，何其彰彰也！"

[21] 晋武：晋武帝司马炎(236—290 年)。字安世，司马昭长子。咸熙二年(265 年)八月，继司马昭为相国、晋王，十二月代魏称帝，建立晋朝。咸宁六年(280 年)灭吴，统一了中国。

[22] 鬲令事：《晋书·何劭传》："咸宁初，有司奏劭及兄遵等受故鬲令袁毅货，虽经赦宥，宜皆禁止。事下廷尉。诏曰：'太保与毅有累世之交，遵等所取差薄，一皆置之。'"所说"鬲令事"盖指此。

[23] 华廙：晋朝大臣，仕武帝、惠帝两朝，历任光禄大夫、屯骑校尉、中书监、尚书令。　　见待：被待，受到的待遇。

[24] 的：究竟；到底。《陈书·傅𫄨传》："而前后之事，犹如彼此，彼呼此为彼，此呼彼为彼，彼此之名，的居谁处？"《六祖坛经·决疑品》："苦口的是良药，逆耳必是忠言。"近人张相《诗词曲语辞汇释》卷四："的，究也。"

[25] 政当：政，只，仅仅，也作"正"。当，能够，应当。"政当"义为只能、只应，是六朝常语。《全晋文》卷二七王献之《杂帖》："岂谓奄失此女，愍惜深至，恻切心怀。婳哀念当可为心。情愿不可保，使人悢悢悲，政当随事豁之耳。"　　殷景仁：刘宋初名臣，官至中书令。在位时曾引荐刘湛，后二人反目成仇。《宋书》本传记其对亲旧叹曰："引之令入，入便噬人。"就是指刘湛而言。

[26] 刘湛：据《宋书·殷景仁传》载，刘湛本与殷景仁"素善"，刘举荐殷入仕。后缘殷景仁位遇在前，刘"意甚愤愤"，以致图谋雇凶杀殷，后因协附彭城王义康被诛。

[27] 事意：意图，用意。《晋书·司马休之传》："刘裕亲自征之，密使遗休之治中韩延之书曰：'文思事意，远近所知。'"

[28] 可蔑：可以轻视；可以忽视。蔑，轻视，小看。《南齐书·谢超宗刘祥传评》："魏文帝云：文人不护细行，古今之所同也。由自知情深，在物无竞，身名之外，一概可蔑，既徇斯道，其弊弥流。"明胡翰《悯真淑文》："谅风猷之一致兮，旷年岁而不可蔑。"

[29] 何限：多少，几何。《宋书·王景文传》："死于沟渎，死于涂路者，天地之间，亦复何限！"《南史·梁宗室传上·临川静惠王宏》："帝知以激宏，宣旨与综：

'天下文章何限，那忽作此?'虽令急毁，而流布已远。"

　　[30] 贾充：西晋的开国元勋，参见《世说新语·韩寿幽会贾充女》注[2]。

　　[31] 出：指离开京城，外派做官，通常是谪贬官员的一种措施。据《晋书·贾充传》载，贾充曾因任恺的进谮而被外派"为使持节，都督秦、凉二州诸军事"，后因故未成行。"出"之为谪外、外派做官，六朝习见。《三国志·魏志·文昭甄皇后纪》"(袁)熙出为幽州，后留养姑。"《世说新语·赏誉》第 12 则南朝梁刘孝标注引山涛《启事》："吏部郎史曜出，处缺当选。"

　　[32] 反更：反而；反倒。《三国志·魏志·明帝纪》南朝宋裴松之注引《魏略》载帝露布天下并班告益州曰："而亮反裘负薪，里尽毛殚，刖趾适屦，刻肌伤骨，反更称说，自以为能。"《后汉书·孝和帝纪》："诏书实核，欲有以益之，而长吏不能躬亲，反更征召会聚，令失农作，愁扰百姓。"　　迟迟：迟疑，犹豫不决。下文"陛下迟迟旧恩"义同。《后汉书·邓张徐张胡传论》："故昔人明慎于所受之分，迟迟于歧路之间也。"唐李贤注："迟迟，疑不前之貌也。"《魏书·裴叔业传》："叔业迟迟数反，真度亦遣使与相报复。"

　　[33] 衅：罪行；罪责。

　　[34] 藉藉：形容众多的样子。《汉书·司马相如传》："不被创刃而死者，它它藉藉，填坑满谷，掩平弥泽。"《三国志·魏志·管辂传》："季龙取十三种物著大簏中，使辂射云：'器中藉藉，有十三种物。'"下文"未有众过藉藉"之"藉藉"义同。

　　[35] 构扇：挑拨煽动。《宋书·谢灵运传》："少帝即位，权在大臣，灵运构扇异同，非毁执政。"南朝梁简文帝《舌赋》(出《艺文类聚》卷一七)："复有构扇之端，谗谀之迹，艳紫凌朱，飞黄妒白。"《颜氏家训·诫兵》："如在兵革之时，构扇反复，纵横说诱。"

　　[36] 纷纭：形容多的样子。《后汉书·臧洪传》："重获来命，援引纷纭，虽欲无对，而义笃其言。"《三国志·吴志·陆凯传》："今州郡职司，或莅政无几，便征召迁转，迎新送旧，纷纭道路。"东晋僧伽提婆译《中阿含经》卷五〇："黑婢头破血流，便出语比邻，讼声纷纭，多所道说。"也作"纷云"，《汉书·司马相如传下》："威武纷云，湛恩汪涉。"唐颜师古注："纷云，盛貌。"参见《汉诗·古诗为焦仲卿妻作》注[36]。

　　[37] 范晔(398—445 年)：字蔚宗，南朝宋人，史学家，《后汉书》作者。官至太子詹事，掌管禁旅，参与机要。后因涉及孔熙先等图谋迎立彭城王义康一案被杀，下文所谓"贼一事"即指此。

　　[38] 贼：造反。动词。原指造反者，名词。《周礼·秋官·士师》："二曰邦贼。"汉郑玄注："为逆乱者。"《史记·赵世家》："韩厥曰：'灵公遇贼，赵盾在外。吾先君以为无罪，故不诛。'"《三国志·魏志·齐王芳纪》："昔诸葛恪围合肥，新城城

中遣士刘整出围传消息,为贼所得,考问所传语。"《晋书·陶侃传》:"王贡复挑战,侃遥谓之曰:'……卿本佳人,何为随之也? 天下宁有白头贼乎!'"后指造反,转为动词。《南齐书·沈文季传》:"上在乐游苑,闻寓之贼,谓豫章王嶷曰:'宋明初九州同反,鼠辈但作,看萧公雷汝头!'"

[39] 声传:指传闻之事。南朝梁释僧祐《出三藏记集序》:"若人代有据,则表为司南;声传未详,则文归盖阙。"

[40] 顾问:询问;咨询。《韩诗外传》卷七:"诛赏制断,无所顾问。"《晋书·儒林传·徐邈》:"迁散骑常侍,犹处西省,前后十年,每被顾问,辄有献替,多所匡益,甚见宠待。"

[41] 侵伤:侵犯;伤害。《诸病源候论》卷二《风病诸候下·蛊风候》:"蛊风者,由体虚受风,其风在于皮肤,淫淫跃跃,若画若刺,一身尽痛,侵伤气血。"又卷一七《痢病诸候·肠蛊痢候》:"肠蛊痢者,冷热之气,入在肠间,先下赤,后下白,连年不愈,侵伤于藏府。"

[42] 嫌责:责备;指责。《宋书·文九王传·晋熙王昶》:"昶轻诐褊急,不能祗事世祖,大明中常被嫌责,民间喧然,常云昶当有异志。"《南齐书·武十七王传·竟陵文宣王子良》:"世祖检行东宫,见太子服御羽仪多过制度,上大怒,以子良与太子善,不唐闻,颇加嫌责。""嫌"有厌恶、不满义,《荀子·正名》:"其累百年之欲,易一时之嫌。"唐杨倞注:"嫌,恶也。"由此引发,六朝时产生了指责、批评义,《宋书·郑鲜之传》:"先是,兖州刺史滕恬为丁零翟辽所没,尸丧不反;恬子羡仕宦不废,议者嫌之。"《魏书·杨椿传》:"北都时,朝法严急。……于时口敕,责诸内官,十日仰密得一事,不列便大瞋嫌。"故"嫌责"为同义并列式复合词。《汉语大词典》该条释为"谓因不满而加责备",把"嫌责"当作偏正词组来理解,似不确。

[43] 不辩:犹"不办"。不能,做不到。南朝梁慧皎《高僧传》卷一《竺昙摩罗刹》:"凡所译经,虽不辩妙婉显,而宏达欣畅。"《南齐书·高祖十二王传·武陵昭王晔》:"报曰:'见汝二十字,诸儿作中最为优者,但康乐放荡,作体不辩有首尾。'"《南史·齐高帝诸子传上·豫章文献王嶷》:"上答曰:'欺巧那可容! 宋世混乱,以为是不? 蚊蚁何足为忧,至今都应散灭。吾政恨其不办大耳,亦何时无亡命邪?'""不办",文渊阁四库全书本《南史》作"不辩"。　　得失:犹言失,指失误、疏失。偏义复词。《史记·平原君虞卿列传》:"上采《春秋》,下观近世,曰《节义》《称号》《揣摩》《政谋》,凡八篇,以刺讥国家得失,世传之曰《虞氏春秋》。"《南史·齐纪下·废帝东昏侯》:"帝小有得失,潘则与杖,乃敕虎贲威仪,不得进大荆子。"参前注[13]"得失"条。

[44] 要欲:是"希望""必须"的意思。《说文通训定声》:"要,后人谓欲曰要。"《诗·小雅·伐木》:"有酒湑我,无酒酤我。"汉郑玄笺:"酤,买也。此族人陈王之

恩也。王有酒则沛茜之,王无酒酤买之,要欲厚于族人。"《后汉纪·光武帝纪七》:"男儿要欲死于边野,以马革裹尸还葬矣,反卧床上,于儿女子手中死邪!"

[45] 触忤:冒犯;触犯。《后汉书·刘瑜传》:"臣悾悾推情,言不足采,惧以触忤,征营慑悸。"《南齐书·谢超宗传》:"(王)永先列称:主人超宗,恒行来诣诸贵要,每多触忤,言语怨怼。"

[46] 自理:自我申辩,自我申诉。《后汉书·仲长统传》载其作《昌言·损益篇》:"至使弱力少智之子,被穿帏败,寄死不敛,冤枉穷困,不敢自理,虽亦由网禁疏阔,盖分田无限使之然也。"《魏书·张谠传》:"第四子敬叔,先在徐州,初闻父丧,不欲奔赴,而规南叛,为徐州所勒送,至乃自理,后得袭父爵。"

[47] 台制:官府的制度。台,古代中央政府的官署,亦指朝廷、禁中。《东观汉记》卷二一《梁福传》:"司部灾蝗,台召三府驱之。""台制"一词后世亦见。宋许翰《上钦宗乞复用种师道》:"按师道名将,沉毅有谋,山西士卒人人信服。臣以台制,不得身见师道,然素闻其贤如此。"

[48] 嫌:担心,顾虑。非嫌,不必担心、顾虑。"嫌"有担心、顾虑义,见于六朝典籍。《世说新语·言语》:"孝武将讲《孝经》,谢公兄弟与诸人私庭讲习,车武子难苦问谢,谓袁羊曰:'不问则德音有遗,多问则重劳二谢。'袁曰:'必无此嫌。'车曰:'何以知尔?'袁曰:'何尝见明镜疲于屡照,清流惮于惠风。'"《宋书·何尚之传》:"命旨兼虑剪凿日多,以至消尽,鄙意复谓殆无此嫌。"

[49] 信受:相信;听从。《诗·唐风·采苓》:"人之为言,胡得焉。"汉郑玄笺:"人以此言来,不信受之,不答然之,从后察之,或时见罪,何所得。"《后汉书·刘表传》:"后为琮娶其后妻蔡氏之侄,蔡氏遂爱琮而恶琦,毁誉之言日闻于表。表宠耽后妻,每信受焉。"按:"信受"盖源自于汉译佛经。后汉昙果共康孟详译《中本起经》卷下:"人闻吾法,信受奉行,如意所得。"

[50] 不通:不合适,不适宜。"不通"本谓阻塞、不通达。《左传·成公十三年》:"东道之不通,则是康公绝我好也。"由此引申,则有不合适、不适宜义。

[51] 咸:都,全部。

[52] 停:留宿。停,有"逗留"意,引申为"留宿"。《世说新语·宠礼》:"许玄度停都一月,刘尹无日不往。"　意:缘由,原因。参见南朝梁任昉《奏弹刘整》注[29]。

[53] 了不:一点都不,丝毫不(理会)。三国吴支谦译《佛说太子瑞应本起经》卷下:"迦叶五百弟子,人事三火,合千五百火,明旦燃之,火了不燃。"符秦昙摩难提译《增一阿含经》卷二六:"还至妇所,而告之曰:'吾所在求索,了不能得,当如之何?'"《古小说钩沉》辑《述异记》(《太平御览》卷八八五引):"刘是武人,了不惊怪。"参见《宋诗·读曲歌》注[2]。

[54] 直是：只是，只不过是。直，只，仅仅。失译《兴起行经》卷下："火鬣答曰：'护喜用见此髡头道人为？直是髡头人耳，何有道哉！'"《宋书·礼志三》："（孙）权既不亲祠，直是依后汉奉南顿故事，使太守祠也。"北魏贾思勰《齐民要术》卷一〇"五谷果蓏菜茹非中国物产者·芭蕉"："顾微《广州记》曰：'甘蕉，与吴花、实、根、叶不异，直是南土暖，不经霜冻，四时花叶展。'"'直是'又有简直是、就像是义，如：隋阇那崛多译《佛本行集经》卷八："国大夫人产一童子，端正可爱，世间少双；然此童子，直是真天，所以处处散于天花，放天光明。"是别一义。

[55] 群情：民意，民心。《三国志·魏志·武帝纪》南朝宋裴松之注引《魏书》："高祖赦雍齿之雠而群情以安，如何忘之？"《世说新语·德行》："（陈仲举）为豫章太守，至，便问徐孺子所在，欲先看之。主簿曰：'群情欲府君先入廨。'"

[56] 不假：无须；不烦。《后汉书·方术传·华佗》："精于方药，处齐不过数种，心识分铢，不假称量。"南朝梁慧皎《高僧传》卷一〇《神异下·晋诃罗竭传》："此室去水既远，时人欲为开涧，竭曰：'不假相劳。'"《宋书·蔡兴宗传》："带授兴宗手迹数纸，文翰炳然，事证明白，不假核辨。"参见《北周诗·看舞》注[1]。

[57] 谢晦：字宣明，刘宋名臣，官至荆州刺史，因挟重兵居藩镇，为朝廷所忌，遂拥兵作乱，兵败被诛。《宋书》卷四四有传。　　望实：名声与实际。

[58] 王珣：字元琳，小字法护。王洽之子，王导之孙，少以清秀称。大司马桓温辟为主簿，因讨袁真功封为交趾望海县东亭侯，人称王东亭。官至尚书令。

[59] 桓胤：字茂祖，桓嗣之子，桓冲之孙。少有清操，以恬退见称。晋安帝时官至中书令。后因参与桓玄、殷仲文的谋反而被诛。

[60] 白衣：平民，庶人。晋袁宏《后汉纪·灵帝纪》："五月壬午，有白衣人入德阳门内，自称梁伯夏。"宋李心传《建炎以来系年要录》卷七七："已而言者论祖宗朝白衣授官，如苏洵辈，数十年间，未有一人。"

[61] 不审……不：不知……吗？中古以降，"不审……"是表示疑问语气的惯用格式，后或加句尾疑问语气词"不""乎""否"等。《三国志·魏志·胡质传》南朝宋裴松之注引《晋阳秋》："临辞，（胡）质赐绢一匹，为道路粮。威跪曰：'大人清白，不审于何得此绢？'"《世说新语·言语》："顾司空时为扬州别驾，援翰曰：'王光禄远避流言，明公蒙尘路次，群下不宁，不审尊体起居何如？'"下文"不审少简圣听不"的"不审"用法相同。参见《弥沙塞部和醯五分律》注[34]。

[62] 任使：任职；使用。《史记·刺客列传》："荆轲曰：'此国之大事也，臣驽下，恐不足任。'"《三国志·魏志·蒋济传》："时有诏，诏征南将军夏侯尚曰：'卿腹心重将，特当任使，恩施足死，惠爱可怀。'"

[63] 肃戒：警戒；警示。《宋书·孔琳之传》："又今之所患，逋逃为先，屡叛不革，逃身靡所，亦以肃戒未犯，永绝恶原。"

[64] 相当：和（他）的身份相适应。

[65] 贵要：权贵，地位显赫的人。《宋书·王景文传》："卿贵人，不容有此。启由来有是，何故独惊之？居贵要，但问心若为耳。"北宋孙光宪《北梦琐言》卷一八《杨千郎》："破扃锔，贵要间神奇之，官至尚书郎。"

[66] 身：……者；……的人。《宋书·羊玄保传》："又能禽获叛身，类非谨惜，既无堪能，坐陵劳吏，名器虚假，所妨实多。"《南齐书·武帝纪》："五年减为三岁，京邑罪身应入重，降一等。"《南史·王敬则传》："又录得一偷，召其亲属于前鞭之，令偷身长扫街路，久之，乃令偷举旧偷自代。诸偷恐为所识，皆逃走，境内以清。""叛身"就是叛逃的人，余可类推。

[67] 政可得：只能够。政，只，仅仅。参本篇注[102]。

[68] 不痴不聋，不成姑公：不傻不聋，做不了婆婆公公。姑，婆婆；公，公公。此为汉代以来俗谚，典籍多见。《隋书·长孙平传》："鄙谚曰：'不痴不聋，未堪作大家翁。'"明程登吉《幼学琼林》卷二"祖孙父子"："不痴不聋，不作阿家阿翁。"

[69] 优游：宽容，宽待。《后汉书·陈宠传附子忠》："虽苦口逆耳，不得事实，且优游宽容，以示圣朝无讳之美。"此例中"优游"与"宽容"同义并列。又作"优柔""优容"。《后汉书·朱浮传》："长水校尉樊儵言于帝曰：'唐尧大圣，兆人所获，尚优游四凶之狱，厌服海内之心。'"唐李贤注："优游谓优柔也。"《南史·范泰传》："上以泰先朝旧臣，恩礼甚重。以有脚疾，宴见之日，特听乘舆到坐。所陈时事，上每优容之。"

[70] 愆过：过失；过错。《诗·小雅·伐木》："民之失德，干糇以愆。"汉郑玄笺："民尚以干糇之食获愆过于人，况天子之馔，反可以恨兄弟乎？"《高僧传》卷九《竺佛图澄》："澄道化既行，民多奉佛，皆营造寺庙，相竞出家，真伪混淆，多生愆过。"唐吴兢《贞观政要》卷四《教戒太子诸王》："选良佐以为藩弼，庶其习近善人，得免于愆过尔。"

[71] 手力：仆从；佣工；差役。《齐民要术》卷七《造神曲并酒》："作曲、浸曲、炊、酿，一切悉用河水。无手力之家，乃用甘井水耳。"《宋书·孔琳之传》："倪宗又牵威仪手力，击臣下人。"《太平广记》卷四四《萧洞玄》条（出《河东记》）："无为不言，黄衫人即叱二手力：'可拽去！'无为不得已而随之。"也用作动词，指当仆从、作佣工。《三国志·魏志·常林传》南朝宋裴松之注引《魏略》："林少单贫，虽贫，自非年手力，不取之于人。"

[72] 信：口信；音信。《后汉书·齐武王缤传》："新野宰登城言曰：'得司徒刘公一信，愿先下。'"《晋书·山涛传》："因下床而谓澄曰：'何与杜弢通信？'"《南齐书·张敬儿传》："初得贤子颐疏，云得家信，云足下有废立之事，安国宁民，此功巍巍，非吾等常人所能信也。"

[73] 大都：大抵，基本上。《三国志·魏志·张鲁传》："大祭酒皆教以诚信，不欺诈有病，自首其过，大都与黄巾相似。"《全晋文》卷二四王羲之《杂帖》："贤妹大都胜前，至不欲食，笃羸。"　率怀：放情，任性。

[74] 纭纭：形容多而乱的样子。《孙子·势》："纷纷纭纭，斗乱而不可乱也。"《南齐书·豫章文献王嶷传》："况复天下，悠悠万品，怨积聚党，凶迷相类，止于一处，何足不除？脱复多所，便成纭纭。"唐释道宣《广弘明集》卷九甄鸾《笑道论·佛生西阴八》："又《灵宝大诫》云：'道士不饮酒，不干贵。'如何故违犯大诫乎？后之纭纭，全无指的。"参《汉诗·古诗为焦仲卿妻作》注[36]。

[75] 结舌：犹言闭嘴不说。《汉书·杜歆传》："天下莫不望风而靡，自尚书近臣，皆结舌杜口。"《北齐书·神武帝纪下》："则谗人结舌，疑悔不生。"

[76] 不谓：不认为。谓，以为，认为。《诗·王风·大车》："谷则异室，死则同穴。谓予不信，有如皦日。"

[77] 周旋：交往；共事。晋袁宏《后汉纪·明帝纪》："建武中，诸王争招致宾客，好事者皆与之周旋。"晋葛洪《抱朴子外篇·审举》："今俗，妇人……婆婆舍中馈之事，修周旋之好，更相从诣，之适亲戚，承星举火不已。"

[78] 被：蒙受；受到。

[79] 厚薄：犹言亲疏。《淮南子·主术》："夫以一人之心而事两主，或背而去，或欲身徇之，岂其趋舍厚薄之势异哉？"《三国志·魏志·傅嘏传》南朝宋裴松之注："若皆知其不终，而情有彼此，是为厚薄由于爱憎，奚豫于成败哉？以爱憎为厚薄，又亏于雅体矣。"

[80] 崇畏：崇敬畏惧。犹言"敬畏"。宋叶适《习学记言》卷五《洪范旅獒金縢大诰》："箕子言：天不以洪范九畴畀鲧，而以锡禹，其词甚敬，而严后世之传，固妄矣，然古人之所崇畏者，必有故也。"明方孝孺《逊志斋集》卷一《杂著·家人箴十五首·崇畏》："有所畏者，其家必齐，无所畏者，必怠。……君子崇畏：畏心，畏天，畏己有过，畏人之言，所畏者多，故卒安肆。"

[81] 凡短人：指凡庸之人。凡短：平凡；平庸。《晋书·陆玩传》："重复自陈曰：'臣实凡短，风操不立，阶缘嘉会，便蕃荣显。'"《汉书·息夫躬传》："诸曹以下仆遫不足数。"唐颜师古注："仆遫，凡短之貌也。"

[82] 更复：更加；更是。复，副词词尾，不表词汇意义。《魏书·郭祚传》："自是积二十馀年，位秩隆重，而进趋之心更复不息。"《晋书·刘寔传》："参错相乱，真伪同贯，更复由此。"

[83] 门生事之：以门生的身份来事奉他。门生，名词作状语，表示凭着某种身份、资格。

[84] 不问：不论；不管。《世说新语·雅量》："羊曼拜丹阳尹，客来蚤者，并得

佳设,日晏渐罄,不复及精。随客早晚,不问贵贱。"北魏贾思勰《齐民要术》卷一
《耕田》:"凡耕高下田,不问春秋,必须燥湿得所为佳。"北齐颜之推《颜氏家训·勉
学》:"世人不问愚智,皆欲识人之多,见事之广,而不肯读书,是犹求饱而懒营馔,
欲暖而惰裁衣也。"

[85] 诛求:索求;责求。《左传·襄公三十一年》:"对曰:'以敝邑褊小,介于
大国,诛求无时,是以不敢宁居,悉索敝赋,以来会时事。'"晋杜预注:"诛,责也。"
汉董仲舒《春秋繁露·王道》:"诛求无已,天下空虚,群臣畏惧。"

[86] 转:犹言更、更加。表示状况发生了变化。晋葛洪《抱朴子内篇·道
意》:"于是诸病者闻之,悉往自洗,转有饮之以治腹内疾者。"《后汉书·朱浮传》:
"(彭)宠得书愈怒,攻浮转急。"

[87] 殊恶:(关系)很不好。殊:很,非常,程度副词。《战国策·赵策四》:
"曰:'老臣今者殊不欲食,乃自强步,日三四里,稍益耆食,和于身。'"《世说新语·
德行》:"家有一李树,结子殊好,母恒使守之。"

[88] 自持:自有,自己平素使用的。

[89] 遗(wèi):给;送给。《左传·隐公元年》:"对曰:'小人有母,皆尝小人
之食矣,未尝君之羹,请以遗之。'"

[90] 款然:指关系好。《文选·谢灵运〈还旧园作见颜范二中书〉诗》:"曾是
反昔园,语往实款然。"唐李善注引《广雅》:"款,爱也。"

[91] 材:木料。

[92] 骤:屡次。《广雅·释诂三》:"骤,数也。"《左传·宣公二年》:"宣子骤
谏,公患之。"《史记·齐太公世家》:"田成子惮之,骤顾于朝。"　　所输:进贡;
送礼。

[93] 倾:倾尽,全部倒出。《世说新语·贤媛》:"王家见二谢,倾筐倒庋。"
南俸:在南边任职所得的俸禄。

[94] 力助:(出力)帮助。《诗·鄘风·载驰》:"陟彼阿丘,言采其虻。"汉郑玄
笺:"升丘采贝母,犹妇人之适异国。欲得力助,安宗国也。"《孟子·滕文公上》:
"彻者彻也,助者藉也。"汉赵岐章句:"藉者,借也;犹人相借,力助之也。"《宋书·
孝义传·郭原平》:"兄弟二人,昼则佣力,夜则号感,乡里并哀之。乃各出夫,力助
作砖。"

[95] 发:割下;收来。

[96] 樵获:犹言柴草、芦获,是军需物资。樵:柴草,柴薪。《左传·桓公十
二年》:"绞小而轻,轻则寡谋,请无扞采樵者以诱之。"晋杜预注:"樵,薪也。"获:多
年生草本,与芦同类。茎可以编织席箔。《梁书·临贺王正德传》:"及景至江,正
德潜运空舫,诈称迎获,以济景焉。"

[97] 鲜或：很少，罕见。鲜，少；或，句中语气词。《汉书·刘玄传论》："夫为权首，鲜或不及。陈项且犹未兴，况庸庸者乎?"《南齐书·舆服志》："又假为麟首，加乎马头，事不师古，鲜或可施。"

[98] 乞：要；讨要。

[99] 选用：选拔官吏。　　不平：不公平。《史记·项羽本纪》："项羽为天下宰，不平。"

[100] 一二：一一，逐一。《墨子·尚同上》："远国异土之民，是非利害之辩，不可一二而明知，故画分万国，立诸侯国君。"《三国志·蜀志·许靖传》："其纪纲同类，仁恕恻隐，皆有效事，不能复一二陈之耳。"

[101] 都无：毫无，一点也没有。参见《贤愚经·长者无耳目舌品》注[96]。体：指言行举措应遵守的规范准则。

[102] 政：同"正"，只，仅仅。下文"政有佳驴耳"的"政"义同。晋葛洪《抱朴子内篇·遐览》："书在余处者，久之一月，足以大有所写，以不敢窃写者，政以郑君聪懿，邂逅知之，失其意，则更以小丧大也。"南朝宋傅亮《光世音应验记》第一则："长舒答曰：'我了无神，政诵念光世音，当是威灵所祐。'"

[103] 停：搁置；滞留。《梁书·武帝纪上》："可通检尚书众曹，东昏时诸诤讼失理及主者淹停不时施行者，精加讯辨，依事议奏。"

[104] 疏：信。《全三国文》卷七魏曹植《又与吴质书》："虽书疏往返，未足解其劳结。"《全晋文》卷二二王羲之《杂帖》："省足下别疏，具彼山川诸奇。"又卷二五《杂帖》："书成，得十一日疏，甚慰。"南朝梁慧皎《高僧传》卷八《释僧远》："今正为作功德，所须可具疏来也。"

[105] 何极：哪里会穷尽，何时有尽头。用于反问句中，表示没有终极，没有尽头。《楚辞·九辩》："中瞀乱兮迷惑，私自怜兮何极?"《全晋文》卷二六王羲之《杂帖》："隔日不面，悬迟何极?"又卷一一二陶渊明《祭从弟敬远文》："奈何吾弟，先我离世，事不可寻，思亦何极?"

[106] 出：派到外地做官。是谪贬官员的方法之一。《世说新语·惑溺》"魏甄后惠而有色"条南朝梁刘孝标注引《魏略》："（袁）绍死，熙出在幽州，甄留侍姑。"《南齐书·江谧传》："世祖即位，谧又不迁官，以此怨望。时世祖不豫，谧诣豫章王嶷，请间曰：'至尊非起疾，东宫又非才，公今欲作何计?'世祖知之，出谧为征虏将军、镇北长史、南东海太守。"

[107] 非直：不但，不仅仅。《史记·淮南衡山列传》："今吾国虽小，然而胜兵者可得十余万，非直適戍之众，钅几凿棘矜也。"《汉书·翼奉传》："国家之费，当数代之用，非直费财，又乃费士。"后汉竺大力共康孟详译《修行本起经》卷下《游观品》："精神无形，躁浊不明，行致死生之厄，非直一受而已也。"参见《齐民要术·种谷》

注[24]。

[108]发愤：激于义愤，激起愤慨。《史记·伯夷列传》："或择地而蹈之，时然后出言，行不由径，非公正不发愤，而遇祸灾者，不可胜数也。"《后汉书·光武帝纪上》："王莽篡位，秀发愤兴兵，破王寻、王邑于昆阳，诛王郎铜马于河北，平定天下，海内蒙恩。"

[109]显明：表明，清楚地表示出。《汉书·张安世传》："大将军宜宣章盛德，以示天下；显明功臣，以填藩国。"《孔丛子》卷中《论势》："魏王遣使入其馆，谢曰：'寡人昧于政事，不显明是非，以启罪于先生，今知改矣。'"《后汉书·和帝纪》："今新蒙赦令，且复申敕；后有犯者，显明其罚。"

[110]紫闼：指宫廷。《全后汉文》卷四四崔骃《达旨》："不以此时攀台阶，窥紫闼，据高轩，望朱阙。"《文选·陆机〈辨亡论上〉》："旋皇舆于夷庚，反帝座乎紫闼。"唐吕延济注："紫闼，帝宫也。"

[111]慷慨：感慨；感叹。《古诗十九首·西北有高楼》："一弹再三叹，慷慨有餘哀。"《全三国文》卷一三曹植《幽思赋》："搦素笔而慷慨，扬大雅之哀吟；仰清风以叹息，寄余思于悲弦。"《宋诗》卷七鲍照《代邦街行》："念我舍乡俗，亲好久乖违；慷慨怀长想，惆怅恋音徽。"

[112]负：欠（钱）。《史记·佞幸列传》："居无何，人有告邓通盗出徼外铸钱。下吏验问，颇有之，遂竟案，尽没入邓通家，尚负责数巨万。"《后汉书·左雄传》："宽其负算，增其秩禄。"唐李贤注："负，欠也。算，口钱也。"今成语尚有"负债累累"。

[113]相闻：传话，通消息。《三国志·蜀志·先主传》："先主遣麋竺、孙乾与刘表相闻，表白郊迎。"《世说新语·任诞》："便令人与相闻云：'闻君善吹笛，试为我一奏。'"《宋书·氐胡传》："被敕令臣遣使与杨元和、杨头相闻，并致信饷。"

[114]索：索取。《小尔雅·广诂一》："索，取也。"《庄子·外物》："君乃言此，曾不如早索我于枯鱼之肆。"《史记·平原君虞卿列传》："秦索六城于王，而王以六城赂齐。"

[115]乃当：乃至，乃至于。《列子·周穆王》："古之真人，其觉自忘，其寝不梦，几虚语哉！"晋张湛注："真人无往不忘，乃当不眠，何梦之有！此亦寓言，以明怪也。"《后汉书·皇后纪上·明德马皇后》："后又呼相者，使占诸女。见后，大惊曰：'我必为此女称臣，然贵而少子；若养他人者得力，乃当逾于所生。'"

[116]胜：胜任，指举得起。

[117]称数：计算；统计。《战国策·韩策一》："秦马之良，戎兵之众，探前趹后，蹄间三寻者，不可称数也。"《越绝书·外传计倪》："子胥战于就李，阖庐伤焉，

军败而还,是时死伤者不可称数。"

[118] 酃酒:一种古代名酒,取酃湖水酿制而成。酃湖,现在湖南省衡阳市东。晋张载曾撰《酃酒赋》(《艺文类聚》卷七二引):"故其为酒也,殊功绝伦,三事既节,五齐必均,造酿以秋,告成以春。"《水经注·耒水》:"县有酃湖,湖中有洲,洲上民居,彼人资以给酿,酒甚醇美,谓之酃酒;岁常贡之。"北魏贾思勰《齐民要术》卷七《笨曲并酒》:"作酃酒法:以九月中,取秫米一石六斗,炊作饭。以水一石,宿渍曲七斤。炊饭令冷,酘曲汁中。覆瓮多用荷、箬,令酒香,燥复易之。"《宋书·索虏传》:"上遣奉朝请田奇饷以珍羞异味。恚得黄甘,即啖之,并大进酃酒。"《魏书·长孙嵩传》:"裕于舟中望嵩麾盖,遗以酃酒及江南食物,嵩皆送京师。"

[119] 利:贪,图谋。《广雅·释诂二》:"利,贪也。"《礼记·坊记》:"先财而后礼,则民利。"《三国志·魏志·董卓传》:"其后辅营兵有夜叛出者,营中惊,辅以为皆叛,乃取金宝,独与素所厚友胡赤儿等五六人相随,逾城北渡河,赤儿等利其金宝,斩首送长安。"《左传·桓公十年》:"匹夫无罪,怀璧其罪。"晋杜预注:"人利其璧,以璧为罪。"参见《生经·佛说舅甥经》注[38]。　　百十:表示数量多。《管子·轻重甲》:"今君铸钱立币,民通移,人有百十之数。"唐寒山《我见百十狗》诗:"我见百十狗,个个毛鬖鬖。"《旧唐书·韦思谦传附韦嗣立》:"臣窃见比者营造寺观,其数极多。……大则费耗百十万,小则尚用三五万余。"宋熊克《中兴小纪》卷八:"(韩)世忠募海船百十艘,进泊金山下。"

[120] 台阁:汉时指尚书台,后泛指中央政府机构。《后汉书·仲长统传》:"光武皇帝愠数世之失权,忿强臣之窃命,矫枉过直,政不任下,虽置三公,事归台阁。"唐李贤注:"台阁,谓尚书也。"

[121] 少简:稍稍符合。简:核实;符合事实。《礼记·王制》:"司寇正刑明辟,以听狱讼,必三刺,有旨无简不听。"汉郑玄注:"简,诚也,有其意无其诚者,不论以为罪。"　　圣听:陛下的听闻。

[122] 有司:官吏。古代设官分职,各有所司,故称。《书·大禹谟》:"好生之德,洽于民心,兹用不犯于有司。"《盐铁论·疾贪》:"今一二则责之有司,有司岂能缚其手足而使之无为非哉?"

[123] 录:顾念;考虑(到)。《汉书·外戚传》:"今见我毁坏颜色,非故必畏恶吐弃我意,尚肯复追思闵录其兄弟哉!"《晋书·魏咏之传》:"其后录其赞义之功,追封江陵县公,食邑二千五百户,谥曰桓。"《晋书·吉挹传》:"臣亡兄温昔伐咸阳,军次灞水,挹携将二弟单马来奔,录其此诚,仍加擢授。"《魏书·车伊洛传》:"世祖录其诚款,延和中,授伊洛平西将军,封前部王,赐绢一百匹,绵一百斤,绣衣一具,金带靴帽。"

（四）魏　　书

纪传体史书，一百三十卷，北魏北齐之际魏收撰。作者以北魏和东魏为正统，不为西魏三帝立纪。称晋为僭伪，凡刘聪、石勒及宋、齐、梁、陈四朝都入"外国传"。纪传引录诏令、奏议、诗文颇多，为辑佚之渊薮。纪传而外，尚有十志，资料丰赡。尤其是其中的《释老志》《官氏志》《食货志》等都保存了相关的史料，有一定的参考价值。魏收叙事记言，不避俚俗，故本书在语言研究上的价值也很高。

魏收（506—572 年），字伯起，小字佛助，巨鹿下曲阳（今河北晋州西）人。北魏时曾任散骑常侍。北齐时任中书令，兼著作郎，奉诏编撰《魏书》，官至尚书右仆射，监修国史。

4. 尔朱彦伯传

[题解]

这里节选《魏书·尔朱彦伯传》中的一节，记述尔朱世隆被诛前的几件奇事。尤其是河内太守田怗家奴告官说，曾经租车载尔朱世隆出游，而尔朱本人及手下都不知有此事，但检验家奴所指称的证据，都相吻合，十分蹊跷。不久，尔朱世隆就被诛杀了。

选文不长，事情也荒诞不经，但语言上还算简练，其人物对话，家奴自陈等内容，颇多口语，南北朝史书之语料价值，可见一斑。

[原文]

初，世隆曾与吏部尚书元世俊握槊[1]，忽闻局上欻然有声[2]，一局之子尽皆倒立，世隆甚恶之[3]。世隆又曾昼寝，其妻奚氏忽见有一人持世隆首去，奚氏惊怖就视，而世隆寝如故也。既觉，谓妻曰："向梦人断我头去[4]，意殊不适[5]。"

又此年正月晦日[6]，令、仆并不上省[7]，西门不开。忽有河内太守田怗家奴告省门亭长云："今旦为令王借车牛一乘，终日于洛滨游观[8]。至晚，王还省，将车出东掖门，始觉车上无褥，请为记识。"时世隆封王，故呼为令王。亭长以令、仆不上，西门不开，无车入省，兼无车迹。此奴固陈不已，公文列诉。

　　尚书都令史谢远疑谓妄有假借[9]，白世隆付曹推检[10]。时都官郎穆子容穷究之，奴言："初来时至司空府西，欲向省[11]，令王嫌迟，遣二防阁捉仪刀催车[12]。车入，到省西门，王嫌牛小，系于阙下槐树[13]，更将一青牛驾车。令王著白纱高顶帽，短黑色，傔从皆裙襦袴褶，握板，不似常时服章[14]。遂遣一吏将奴送入省中厅事东阁内东厢第一屋中。"其屋先常闭钥[15]。子容以"西门不开，忽言从入；此屋常闭，奴言在中"诘其虚罔。奴云："此屋若闭，求得开看，屋中有一板床，床上无席，大有尘土，兼有一瓮米。奴拂床而坐，兼画地戏弄[16]，瓮中之米亦握看之[17]。定其闭者，应无事验[18]。"子容与谢远自入看之，户闭极久，全无开迹。及入，拂床画地，踪绪历然[19]，米亦符同[20]，方知不谬。具以此对。世隆怅然，意以为恶。未几见诛[21]。

［注释］

　　[1] 握槊：古代游戏，类似于双陆。《魏书·术艺传·范宁儿》："又有浮阳高光宗善樗蒲，赵国李幼序、洛阳丘何奴并工握槊。此盖胡戏，近入中国。"《北齐书·武成皇后胡氏传》："武成宠幸和士开，每与后握槊，因此与后奸通。"

　　[2] 欻然：即"歘然"，忽然。欻，同歘。《庄子·庚桑楚》："出无本，入无窍。"晋郭象注："欻然自生，非有本；欻然自死，非有根。"又："有乎生，有乎死，有乎出，有乎入，入出而无见其形，是谓天门。"郭象注："死生出入，皆欻然自尔，无所由，故无所见其形。"

　　[3] 恶（wù）：厌恶；讨厌。

　　[4] 向：方才，刚才。《庄子·庚桑楚》："老子曰：'向吾见若眉睫之间，吾因以得汝矣。'"《太平经》卷一一九："善哉子之难问，得其意。……子向不能难问，谁复而难问者乎？"

　　[5] 殊：很，极，程度副词，表示程度重。《诗·魏风·汾沮洳》："美无度，殊异乎公路。"《宋史·余玠传》："久闻都统兵精，今疲敝若此，殊不称所望。"　　不适：不舒服，不舒适。唐韩愈《唐故河南令张君墓志铭》："不得已就官，数月大不适，即以病辞免。"《宋史·蔡京传》："攸甫入，遽起，握父手，为胗视状曰：'大人脉势舒缓，体中得无有不适乎？'"

　　[6] 晦日：指农历每月的最后一天。《说文·日部》："晦，月尽也。"

　　[7] 省：指中央官署。《魏书·太祖纪》："初建台省，置百官，封公侯、将军、刺

史、太守,尚书郎已下悉用文人。"古代又有"三省"一词,指中书省、门下省和尚书省。从南北朝至唐,三省同为最高政务机构。《宋书·礼志五》:"史臣案:晋成帝咸和九年制,听尚书八座丞郎,门下三省侍郎乘车白帢低帻出入掖门。"《新唐书·百官志一》:"初,唐因隋制,以三省之长中书令、侍中、尚书令共议国政,此宰相职也。"

[8] 终日:整天。

[9] 假借:假托,假冒。《旧唐书·宣宗纪》:"自宝历以来,中人擅权,事多假借,京师豪右,大扰穷民。"明胡应麟《少室山房笔丛·丹铅新录一》:"柳河东谓《文子》乃后人聚敛而成。……其书杂取经、子诸家语以解《道德经》,凡称老子,皆假借之词。"

[10] 曹:古代分科办事的官署或部门。《广韵·豪韵》:"曹,局也。"《后汉书·百官志三》:"成帝初置尚书四人,分为四曹。"唐刘知几《史通》卷一一《外篇·史官建置》:"由是史臣拜职,多取外司,著作一曹,殆成虚设。"　　推检:审查追究。《宋书·杜骥传》:"太祖尝有函诏敕坦,琬辄开视,信未发又追取之,敕函已发,大相推检。"《晋书·山涛传》:"后毅事露,槛车送廷尉,凡所受赂,皆见推检。"又《苻融载记》:"'左水右马,冯字也;两日,昌字也,其冯昌杀之乎?'于是推检,获昌而诘之,昌具首服。"

[11] 向:往,到……去。《三国志·魏志·吕布传》南朝宋裴松之注引《九州春秋》:"初,布骑将侯成遣客牧马十五匹,客悉驱马去,向沛城,欲归刘备。"东晋法显《法显传·乌苌国》:"慧景、道整、慧达三人先发,向佛影那揭国。"

[12] 防阁:官名。南北朝时期朝廷禁卫武官置直阁将军,诸王、都督、刺史置防阁将军,以勇略之士充任,以防卫斋阁。《宋书·文九王传·建平宣简王宏》:"元徽三年,景素防阁将军王季符失景素旨,怨恨,因单骑奔京邑,告运长、佃夫云'景素欲反'。"《南齐书·蛮·东南夷传》:"西阳蛮田益宗,沈攸之时以功劳将领,遂为临川王防阁,叛投虏,虏以为东豫州刺史。"　　仪刀:皇帝仪仗中所用的刀,历代形制不一。《南齐书·豫章文献王嶷传》:"启自陈曰:'臣自还朝,便省仪刀、捉刀,左右十餘亦省,唯郊外远行,或复暂有,入殿亦省。'"《资治通鉴·唐文宗开成元年》:"丁未,皇城留守郭皎奏'诸司仪仗有锋刃者,请皆输军器使,遇立仗别给仪刀。'从之。"元胡三省注:"仪刀,以木为之,以银装之,具刀之仪而已。"明方以智《通雅》卷三四"器用·杂用诸器":"凡卤簿仪刀、仪镗、仪铤,皆木为之,镗,钺属,起秦汉,唐用为仪仗。"

[13] 阙下:宫阙之下,借指宫廷。《史记·鲁仲连邹阳列传》:"今欲使天下寥廓之士,摄于威重之权,主于位势之贵,故回面污行,以事谄谀之人,而求亲近于左右,则士伏死堀穴岩岩之中耳,安肯有尽忠信而趋阙下者哉!"《汉诗》卷五班固《咏

史》:"小女痛父言,死者不可生。上书诣阙下,思古歌鸡鸣。"

　　[14]服章:古代表示官阶身份的服饰。《左传·宣公十二年》:"君子小人,物有服章。"晋杜预注:"尊卑别也。"汉蔡邕《朱公叔坟前石碑》:"我皇悼心,锡诏孔伤,位以益州,赠之服章。用刊彝器,宣昭遗光。"也泛指服饰。晋慧远《沙门不敬王者论·出家》:"变俗则服章不得与世典同礼,遁世则宜高尚其迹。"

　　[15]闭钥:关门。宋周紫芝《竹坡老人诗话》(元陶宗仪《说郛》卷八四上引):"一日,迓监司于城门。吏报酉时,守阍命闭关。已而使者至,不得入,相与语于门隙。使者请入见,曰:'法当闭钥,不敢启关,请以诘朝奉迎。'"元张之翰《为杜敬甫都事题醉经堂》诗:"兀陶卷帙中,浩瀚江海若;何当一升堂,尽启重闭钥。"

　　[16]戏弄:玩耍;戏要。汉贾谊《新书·匈奴》:"上即幸拊胡婴儿,捣遒之,戏弄之,乃授炙幸自啖之。"汉王符《潜夫论·梦列》:"倡优俳儶,诸小儿所戏弄之象,皆为观笑。"《三国志·魏志·贾逵传》:"自为儿童,戏弄常设部伍,祖父习异之。"

　　[17]握看:拿捏,把玩,"看"义尚较实在。中古时期,"看"可接在表示某一动作的动词后,表示测试或劝诱。"看"仍是动词,但其"用视线接触人或物"的词义有所虚化。《太平御览》卷引八二九引《俗记》:"将还家,语王云:'汝是贵人,试作贵人行看。'"又卷九八九引《世说》:"于时人有致桓公药草者,中有远志。公取以问谢:'此药又名小草。何以物有二称?'谢未即答。尔时郝隆在坐,谢因曰:'郝参军多知识,试复通看。'郝应声答曰(原作'曰答',误):'此甚易解:处则为远志,出则为小草。'"(本例见《世说新语·排调》第32则,但无"谢因曰:'郝参军多知识,试复通看'"几句,其余文字亦略有不同。)

　　[18]事验:证据;(事实)根据。《史记·淮南衡山列传》:"臣端所见,其书节印图及他逆无道事验明白,甚大逆无道,当伏其法。"《后汉纪·献帝纪》:"尚书贾诩奏……请皆治罪。诏曰:'天道幽远,事验难明。且灾异应政而至,虽探道知微,焉能不失?'"《南齐书·褚澄传附徐嗣》:"事验甚多,过于澄矣。"

　　[19]踪绪:踪迹;痕迹。《后汉书·杨震传附子秉》:"乞槛车征匡考核其事,则奸慝踪绪,必可立得。"《太平广记》卷二八五"刘靖妻"(出唐张鷟《朝野佥载》):"俨独卧堂中,夜被刺死,刀子仍在心上。救求贼甚急,竟无踪绪。"清蒲松龄《聊斋志异·阿霞》:"景闻之,益大恚恨,然犹冀阿霞来,差足自慰。越年餘,并无踪绪。"

　　[20]符同:吻合;相符。南朝梁释僧祐《弘明集》卷四南朝宋颜延之《重释何衡阳》:"始获符同,敢不归美?"《文选·沈约〈奏弹王源〉》:"如其所列,则与风闻符同。"《魏书·皇后传·文成元皇后》:"常太后后问后,后云:'为帝所幸,仍有娠。'

时守库者亦私书壁记之,别加验问,皆相符同。"

　　[21] 未几:没多久,不长时间。《诗·齐风·甫田》:"未几见兮,突而弁兮。"《后汉书·马廖传》:"前下制度未几,后稍不行。虽或吏不奉法,良由慢起京师。"《晋书·天文志中·日蚀》:"未几,桓玄克京都,王师败绩。"

诗　　歌

从东汉到隋近六百年时间里,诗歌的发展出现了异彩纷呈的局面,它上承《诗经》《楚辞》,下启唐诗宋词,具有鲜明的中古诗歌语言特色,是我们研究这一时期文献语言的宝贵资料。汉魏六朝诗主要可分为乐府民歌和文人诗两大类,都从不同侧面反映了社会现实和人生慨叹。汉乐府诗和北朝民歌大多内容丰富,生活气息浓郁,文笔质朴生动,表现了下层人民的喜怒哀乐和淳朴情感。南朝乐府诗则主要是吴声歌曲,多描写爱情相思和离愁别绪,风格委婉缠绵,也有一些刚健清新、天真活泼的篇章。文人诗以五言为主,内容有游子、思妇的哀怨,有失志彷徨的苦闷;有对社会不平的愤慨,有对建功立业的渴求;有对山水风光的歌咏,也有对淳朴亲情的赞颂。主要代表人物有曹植、阮籍、左思、陶渊明、鲍照、谢朓等。兹据逯钦立辑校《先秦汉魏晋南北朝诗》(中华书局,1983)选录三十一首。

（一）汉　　诗

1. 饮马长城窟行①

[题解]

这是一首著名古诗,描写了妇人对在远方征戍的丈夫的深切怀念。此诗最早见于《文选》,题为"乐府古辞"。《乐府诗集》收在"相和歌辞十三"中,属"相和曲"。《玉台新咏》载此诗,题为蔡邕作。《蔡邕集》亦载此诗。蔡邕(132—192 年),东汉文学家、书法家,字伯喈,陈留

---

① 饮(yìn)马:指给马喝水。　　行:就是曲,古诗的一种体裁。宋王灼《碧鸡漫志》卷一:"古诗或名曰乐府,谓诗之可歌也。故乐府中有歌有谣,有吟有引,有行有曲。"古诗有《孤儿行》《艳歌行》《东门行》《长歌行》《妇病行》等。

圉(即今河南杞县南)人。通经史、音律、天文。汉灵帝时为议郎,后获罪流放。董卓专权时被任命为侍御史,官左中郎将。卓被诛后,蔡邕被捕,死于狱中。原有《蔡中郎集》,已佚,有辑本。关于这首诗的内容,李善曰:"言征戍之客至于长城而饮青马,妇思之,故为'长城窟行'。"但此诗并未言饮马于长城窟之事,原来秦汉时远戍长城是征人最感到痛苦的事,故成为艰苦征役的代称。据五臣注,长城下有泉窟,可以饮马,征夫经由这里而深感悲伤,故妇人思念征夫的诗称为"饮马长城窟行"。这首诗影响甚大,后世诗人以"饮马长城窟行"为题材的有许多,如陈琳、傅玄等。此诗以"青青河边草"开头,后世以此名诗的也有许多,如王融、荀昶、沈约等,详见《乐府诗集》卷三八。

[原文]

> 青青河边草[1],
> 绵绵思远道[2]。
> 远道不可思,
> 宿昔梦见之[3]。
> 梦见在我傍,
> 忽觉在他乡。
> 他乡各异县,
> 展转不可见[4]。
> 枯桑知天风,
> 海水知天寒。
> 入门各自媚[5],
> 谁肯相为言[6]?
> 客从远方来,
> 遗我双鲤鱼[7]。
> 呼儿烹鲤鱼[8],
> 中有尺素书[9]。
> 长跪读素书[10],
> 书中竟何如[11]?

上有加餐食[12]，
下有长相忆。

［注释］

[1] 青青：多形容茂盛。以"青青"开头，是汉乐府和六朝诗中极常见的比兴手法。如《汉诗》卷九《乐府古辞·长歌行》："青青园中葵，朝露待日晞。"又卷一二《古诗十九首》："青青河畔草，郁郁园中柳。"《魏诗》卷三刘桢诗："青青女萝草，上依高松枝。"《梁诗》卷六沈约《团扇歌》："青青林中竹，可作白团扇。"

[2] 绵绵：延续不断。这里既形容春天的青草绵延不绝，又形容相思之情缠绵不断，故五臣注："绵绵，心不绝貌也。"《文选·东方朔〈非有先生传〉》："绵绵连连，殆哉世之不绝也。"《魏诗》卷八应璩《杂诗》："秋日苦促短，遥夜邈绵绵。"《隋诗》卷六孔德绍《夜宿荒村》："绵绵夕漏深，客恨转伤心。"

[3] 宿昔：夜晚。宿、昔同义。《魏诗》卷六陈思王曹植《种葛篇》："与君初婚时，结发恩义深。欢爱在枕席，宿昔同衣衾。""宿昔"又有以往、过去的意思。《宋诗》卷六何偃《冉冉孤生竹》："芳色宿昔事，谁见过时美。"

[4] 展转：指路途遥远，艰难跋涉。《后汉书·王昌传》："二十，还长安，展转中山，来往燕、赵，以须天时。"《全唐诗》卷二一八杜甫《乾元中寓居同谷县作歌七首》："有弟有弟在远方，三人各瘦何人强。生别展转不相见，胡尘暗天道路长。"

[5] 媚：取悦，喜爱。《诗·大雅·下武》："媚兹一人，应侯顺德。"郑玄笺："媚，爱。"《史记·孝武本纪》："康王后闻文成已死，而欲自媚于上。"《全汉文》卷一一班婕妤《捣素赋》："红黛相媚，绮组流光。"

[6] 相：指"我"，偏指代词。参见《搜神记·卢充》注[34]。　　言：问候的意思。"谁肯相为言"义为：谁肯问候我呢？类似的表达古诗中多有，如《汉诗》卷六秦嘉《赠妇》："独坐空房中，谁与相劝勉？"即其例。

[7] 遗(wèi)：赠送。《左传·隐公二年》："公赐之食，食舍肉。公问之，对曰：'小人有母，皆尝小人之食矣，未尝君之羹，请以遗之。'"

[8] 呼儿：吩咐僮仆。《全唐诗》卷一六二李白《将进酒》："五花马，千金裘，呼儿将出换美酒，与尔同销万古愁。"又卷三三七韩愈《喜侯喜至赠张籍张彻》："呼奴具盘餐，飣饾鱼菜赡。""呼奴"与"呼儿"同义。

[9] 尺素书：素，白绢。古人书信写在白绢上，所用绢帛一般为一尺一寸长，故称书简为"尺素""尺书""尺素书"。

[10] 长跪：直身而跪，表示恭敬。《汉诗》卷一〇《乐府古辞·古诗为焦仲卿妻作》："府吏长跪告，伏惟启阿母。"又卷一二《古诗五首》："上山采蘼芜，下山逢故

夫。长跪问故夫，新人复何如？”

[11] 竟：究竟，到底，用于疑问句。《梁诗》卷三江淹《贻袁常侍》：“涉江竟何望？留滞空采莲。”《世说新语·品藻》：“人问抚军：‘殷浩谈竟何如？’答曰：‘不能胜人，差可鲜酬群心。’”　何如：如何，怎么样，表示询问。《汉诗》卷一二《古诗五首》：“长跪问故夫，新人复何如？”

[12] 加餐食：劝慰、劝勉之词，谓多进饮食，保重身体。类似的说法汉魏六朝乃至唐代文献均多见，如《越绝书·越绝外传吴王占梦》：“大君曰：‘汝强食自爱，慎勿相忘。’伏地而书，既成篇，即与妻把臂而决。”《汉书·宣元六王传》：“又特以玺书赐王太后曰：‘……王太后强餐，止念思，慎疾自爱。’”又《翟方进传》：“朕既已改，君其自思，强食慎职。”《敦煌变文校注·张淮深变文》：“归程保重加餐饭，张掖姑臧在目前。”《全唐诗》卷三七七孟郊《赠别崔纯亮》：“古人劝加餐，此餐难自强。”“强食”“强餐”与“加餐饭”“加餐食”义同。

2. 羽　林　郎①

[题解]

这首诗始见于《玉台新咏》，《乐府诗集》载入《杂曲歌辞》。选自《汉诗》卷七。作者辛延年，东汉人，身世不详。这是一首叙事诗，记述了一个贵族豪奴调戏酒家胡女，遭到严词拒绝的故事，文笔流畅，纯朴。诗题《羽林郎》，是以旧题咏新事，诗中的霍光家奴是西汉人，而诗作于东汉，所以是假托往事以讽当世。

[原文]

昔有霍家姝[1]，
姓冯名子都[2]。
依倚将军势[3]，
调笑酒家胡[4]。
胡姬年十五[5]，
春日独当垆[6]。
长裾连理带[7]，

---

①　羽林郎：《汉书·百官公卿表》：“武帝太初元年初置……建章营骑，后更名羽林骑。”羽林军即皇家的禁卫军，羽林郎是统帅羽林军的官名。

广袖合欢襦[8]。
头上蓝田玉[9]，
耳后大秦珠[10]。
两鬟何窈窕[11]，
一世良所无[12]。
一鬟五百万，
两鬟千万余。
不意金吾子[13]，
娉婷过我庐[14]。
银鞍何煜爚[15]，
翠盖空踟蹰[16]。
就我求清酒[17]，
丝绳提玉壶。
就我求珍肴，
金盘鲙鲤鱼[18]。
贻我青铜镜[19]，
结我红罗裾。
不惜红罗裂，
何论轻贱躯[20]。
男儿爱后妇[21]，
女子重前夫。
人生有新故[22]，
贵贱不相逾。
多谢金吾子[23]，
私爱徒区区。[24]

[注释]

　　[1] 霍家：霍光家。霍光是西汉昭帝时的大司马大将军。　　姝：本指容貌美好。《方言》卷一："娥，嬴，好也。赵魏燕代之间曰姝。"《说文·女部》："姝，好也。"《诗·邶风·静女》："静女其姝，俟我于城隅。"引申指美女。《汉诗》卷九《乐府古辞·陌上桑》："使君遣使往，问是谁家姝？秦氏有好女，自名为罗敷。"多指美

貌女子，然男子亦可用"姝"字。近人丁福保曰："古时士之美者亦曰'姝'。"《魏诗》卷九嵇康《四言赠兄秀才入军》："虽有好音，谁与清歌。虽有姝颜，谁与发华。"《汉诗》卷九《乐府古辞·陌上桑》："盈盈公府步，冉冉府中趋。坐中数千人，皆言夫婿殊。""殊"与"姝"同。　　霍家姝：霍光家的美男子。

　　[2]　冯子都：是霍光的家奴。详见《汉书·霍光传》。

　　[3]　依倚：凭靠；依傍。《释名·释兵》："旐，倚也，画作两龙相依倚。"《论衡·论死》："秋气为呻鸣之变，自有所为。依倚死骨之侧，人则谓之骨尚有知，呻鸣于野。"引申之，则表示抽象的依靠、凭借。《汉书·宣帝纪》："既壮，为取暴室啬夫许广汉女。曾孙（按：指武帝曾孙，即孝宣皇帝）因依倚广汉兄弟及祖母家史氏。"《后汉书·廉范传》："世伏其好义，然依倚大将军窦宪，以此为讥。""依倚将军势"指凭借霍将军的势力。

　　[4]　调笑：调戏；嘲笑。《宋诗》卷三谢灵运《拟魏太子邺中集·应玚》："始奏延露曲，继以兰夕语。调笑辄酬答，嘲谑无惭沮。"西秦圣坚译《太子须大拏经》："时鸠留国有一贫穷婆罗门，年四十乃取妇。……妇行汲水，逢诸年少，嗤说其婿，形调笑之，问言：'汝绝端正，何能为是人妇耶？'""形调笑"三字同义。《全唐诗》卷一六五李白《陌上桑》："不知谁家子，调笑来相谑。"《资治通鉴·晋安帝隆安五年》："卿知调朕，朕不知调卿邪？"胡三省注："调，戏也。"

　　[5]　胡：战国之后，匈奴往往称为"胡"，可能是音译词。如粟特语文书中，Hun 这个词就对应于匈奴，可见汉人称西域人或匈奴人为胡。　　姬：妇女的美称。《诗·陈风·东门之池》："彼美淑姬，可与晤歌。"孔颖达疏："美女而谓之姬者，以黄帝姓姬，炎帝姓姜，二姓之后，子孙昌盛，其家之女，美者尤多，遂以姬、姜为妇人之美称。"《陈诗》卷五徐陵《乌栖曲》："卓女红妆期此夜，胡姬沽酒谁论价。"

　　[6]　当垆：在酒垆前，为卖酒的代称。当，值，犹今言"当班"之"当"。《全汉文》卷五七卓文君《司马相如诔》："忆昔初好兮雍容孔都，怜才仰德兮琴心两娱，永托为妃兮不耻当垆。""当垆"一词较早见于《汉书·司马相如传》："尽卖车骑，买酒舍，乃令文君当卢。"颜师古注："卖酒之处，累土为卢，以居酒瓮，四边隆起，其一面高，形如锻卢，故名卢耳。""卢"与"垆"同。因为卓文君曾当垆，所以诗文中多以"当垆"描绘美貌女子卖酒。《陈诗》卷四陈后主叔宝《舞媚娘》："淇水变新台，春垆当夏开。玉面含羞出，金鞍排夜来。"即其例。引申之，饮酒或设酒待客也称"当垆"。

　　[7]　裾：衣的前襟。长裾：长长的前襟。《北魏诗》卷一高允《罗敷行》："姗姗善趋步，襜襜曳长裾。"《全唐诗》卷五二〇杜牧《张好好》："吴娃起引赞，低徊映长裾。"　　连理带：两条对称的带子，用它系结衣襟。连理：本指异根草木枝干连生，以为吉祥的象征，多喻男女相爱。《汉诗》卷一二《古诗·李陵录别诗》："况我

连枝树,与子同一身。"《梁诗》卷二八王氏《连理诗》:"墓前一株柏,连根复并枝。妾心能感木,颓城何足奇。""连枝""连根""并枝"与"连理"同义。

[8] 广袖:宽大的袖子。《梁诗》卷二〇梁简文帝萧纲《小垂手》:"舞女出西秦,蹑影舞阳春。且复小垂手,广袖拂红尘。"《陈诗》卷四陈后主叔宝《采桑》:"广袖承朝日,长鬟碍聚枝。"　合欢襦:绣有对称图案花纹的短衣。合欢本是植物名,落叶乔木,羽状复叶,小叶对生,夜间成对相合。古人以之赠人,谓能去嫌合好。"合欢"一词又多表示男女恋情,故有"合欢席""合欢酒""合欢带"等说法,如《汉诗》卷二班婕妤《怨诗》:"裁为合欢扇,团团似明月。"又卷一二《古诗十九首》:"文彩双鸳鸯,裁为合欢被。著以长相思,缘以结不解。""合欢""连理"都是成双成对,以表示吉祥和爱情。《梁诗》卷一梁武帝萧衍《子夜四时歌·秋歌》:"绣带合欢结,锦衣连理文。怀情入夜月,含笑出朝云。"即其例。

[9] 蓝田:山名,在陕西省蓝田县东,山出美玉,故又称玉山。南朝梁江淹《江文通集》卷一《丽色赋》:"帐必蓝田之宝,席必蒲陶之文。"蓝田玉即蓝田出产的美玉首饰。

[10] 大秦:西域国名,产金银奇宝。以上是对胡姬服饰的描绘,盛写装饰,以表现她的美丽。这类形容古籍习见。如《汉诗》卷九《乐府古辞·陌上桑》:"头上倭堕髻,耳中明月珠。缃绮为下裙,紫绮为上襦。"参见《汉诗·古诗为焦仲卿妻作》的描写。

[11] 两鬟:两边环形的发髻。《北周诗》卷二《置酒高殿上》:"千金一巧笑,百万两鬟姝。"　窈窕:美好貌。《诗·周南·关雎》:"窈窕淑女,君子好逑。"《汉诗》卷九《舞曲歌辞·淮南王》:"汲寒浆,饮少年,少年窈窕何能贤。"又卷一〇《乐府古辞·古诗为焦仲卿妻作》:"云有第三郎,窈窕世无双。"

[12] 良:实在;确实。副词。《文选·古诗十九首》:"良无磐石固,虚名复何益。"李善注:"良,信也。"《文选·曹丕〈与吴质书〉》:"古人思秉烛夜游,良有以也。"

[13] 不意:不料,没想到。《史记·范雎蔡泽列传》:"须贾顿首言死罪,曰:'贾不意君能自致于青云之上,贾不敢复读天下之书,不敢复与天下之事。'"金吾:即执金吾,官名。《汉书·百官公卿表》:"中尉,秦官,掌徼巡京师。……武帝太初元年更名执金吾。"金吾子,是对豪奴的称呼。

[14] 娉婷:姿态轻盈美好貌。《晋诗》卷一九《清商曲辞·子夜四时歌·春歌》:"娉婷扬袖舞,阿那曲身轻。"《梁诗》卷一梁武帝萧衍《江南弄》:"和云阳光路,娉婷出绮罗。"现代汉语中"亭亭玉立"的"亭亭"与此相同。

[15] 何:犹"一何"、多么,为程度副词。前文"两鬟何窈窕"的"何"也是这个意思。《先秦诗》卷二《穷劫曲》:"王耶王耶何乖劣,不顾宗庙听谗言。"《汉诗》卷四

《鼓吹曲辞·上陵》:“上陵何美美,下津风以寒。”　煜爚:光彩闪烁。《说文·火部》:“煜,熠也。”徐锴《说文系传》:“煜,耀也。”《说文·火部》:“爚,火光也。”《玉篇·火部》:“爚,光也。”是“煜爚”为同义并列。《全晋文》卷七六挚虞《思游赋》:“制文霓以为衣兮,袭采云以为裳。要华电之煜爚兮,佩玉衡之琳琅。”“煜爚”与“煜爚”同。

[16] 翠盖:饰以翠羽的车盖,代指华美的车子。《文选·扬雄〈甘泉赋〉》:“流星旄以电烛兮,咸翠盖而鸾旗。”　空:马车停下来。《方言》卷一三:“空,待也。”《广雅·释诂二》:“空,待也。”又:“止、待、立,逗也。”王念孙《疏证》:“《郑风·大叔于田》传云:‘止马曰控。’义与空相近。”《宋诗》卷二谢灵运《郡东山望溟海》:“策马步兰皋,绁控息椒丘。”即其例。　踟蹰:犹“驻”。形容马站立等待的样子。《汉诗》卷六秦嘉《赠妇诗三首》:“临路怀惆怅,中驾正踯躅。”“踯躅”与“踟蹰”同。又卷七蔡琰《悲愤诗》:“慕我独得归,哀叫声摧裂。马为立踟蹰,车为不转辙。”又卷九《乐府古辞·陌上桑》:“使君从南来,五马立踟蹰。”又“踟蹰”可以表示停留义,如《汉诗》卷九《乐府古辞·蒿里》:“鬼伯一何相催促,人命不得少踟蹰。”

[17] 就:向。《世说新语·文学》67 条:“公卿将校当诣府敦喻,司空郑冲驰遣信就阮籍求文。”《南齐书·虞悰传》:“上就悰求诸饮食方,悰秘不肯出。”《晋诗》卷一九《清商曲辞·子夜歌》:“擥枕北窗卧,郎来就侬嬉。”《北齐诗》卷二颜之推《从周入齐夜度砥柱》:“问我将何去,北海就孙宾。”　清酒:清醇的酒。犹今言“美酒”。《后汉书·板楯蛮夷传》:“盟曰:‘秦犯夷,输黄龙一双;夷犯秦,输清酒一钟。’”《晋诗》卷五陆机《百年歌》:“言笑雅舞相经过,清酒将炙奈乐何。”清酒本指古代祭祀用的清洁的酒,须经过滤,后泛指清醇的酒。与“清酒”相应,有“浊酒”一词,《全三国文》卷四七嵇康《与山巨源绝交书》:“今但愿守陋巷,教养子孙,时与亲旧叙阔,陈说平生,浊酒一杯,弹琴一曲,志愿毕矣。”《晋诗》卷一七陶渊明《己酉岁九月九日》:“何以称我心,浊酒且自陶。”

[18] 鲙:细切的鱼肉肴馔。《吴越春秋》卷四《阖闾内传》:“吴王闻三师将至,治鱼为鲙。”　鲤鱼:产于淡水,为古时的佳肴。《诗·陈风·衡门》:“岂其食鱼,必河之鲤?”《文选·枚乘〈七发〉》:“薄耆之炙,鲜鲤之鲙。”《汉诗》卷一〇《乐府古辞·艳歌》:“今日乐上乐,相从步云衢。天公出美酒,河伯出鲤鱼。”

[19] 贻:赠送。

[20] 何论:更不用说;哪里顾及。《三国志·蜀志·霍峻传附霍弋》裴松之注引《汉晋春秋》:“若万一危辱,吾将以死拒之,何论迟速邪!”《全晋文》卷二四王羲之《杂帖》:“虽患九天可阶,九地无所逃,何论于世路。”又有“无论”,义同“何论”。《全晋文》卷二四王羲之《杂帖》:“知君患隐,何以及尔,是为疲之极也。一知此事,恐不可以不绝骨肉之爱,无论人事也。”　轻贱躯:对自己的谦称。《魏诗》卷三

徐幹《室思》："每颂昔鸿恩,贱躯焉足保。"《陈诗》卷九《清商曲辞·作蚕丝》："何惜微躯尽,缠绵自有时。""贱躯""微躯"与此义近。

［21］男儿:男子。《汉诗》卷九《乐府古辞·白头吟》："男儿重意气,何用钱刀为。""男儿欲相知,何用钱刀为。"

［22］新故:新人与故人。一般指新娶之妻与前妻,这是汉魏六朝诗中常常描写的内容之一。如《汉诗》卷一二《古诗五首》："上山采蘼芜,下山逢故夫。长跪问故夫,新人复何如?颜色类相似,手爪不相如。新人从门入,故人从阁去。"

［23］多谢:告诫,郑重告诉。《汉诗》卷一〇《乐府古辞·古诗为焦仲卿妻作》："多谢后世人,戒之慎勿忘。""多谢"的另一个意思是问候、询问。《汉诗》卷九《乐府古辞·豫章行》："身在洛阳宫,根在豫章山。多谢枝与叶,何时复相连?""谢"字单用也有此二义,如《汉诗》卷一〇《乐府古辞·古诗为焦仲卿妻作》："阿母谢媒人:女子先有誓,老姥岂敢言。"这是告诉之义。《魏诗》卷一〇阮籍《咏怀诗八十二首》："黄鸟东南飞,寄言谢友生。"这是问候义。

［24］徒:白白地。《史记·项羽本纪》："楚汉久相持未决,丁壮苦军旅,老弱罢转漕。项王谓汉王曰:'天下匈匈数岁者,徒以吾两人耳,愿与汉王挑战决雌雄,毋徒苦天下之民父子为也。'"后一"徒"字即是此义。又《晋世家》："太子所以然者,不过以妾及奚齐之故。妾愿子母辟之他国,若早自杀,毋徒使母子为太子所鱼肉也。"

区区:犹拳拳、叩叩,谓挚爱、真情。参见《汉诗·古诗为焦仲卿妻作》注［65］。

3. 悲　歌

［题解］

这首诗描写了离乱社会中无法回家又无家可归的愁苦征人思念故乡的悲痛心境。文笔简洁质朴,平白如话。选自《汉诗》卷一〇《乐府古辞》,《乐府诗集》卷六二载入《杂曲歌辞》类。

［原文］

悲歌可以当泣[1],
远望可以当归[2]。
思念故乡,
郁郁累累[3]。
欲归家无人,
欲渡河无船。
心思不能言[4],
肠中车轮转[5]。

[注释]

[1] 当：当作。《战国策·齐策四》："晚食以当肉,安步以当车,无罪以当贵,清净贞正以自虞。"《魏诗》卷六陈思王曹植《鼙舞歌五首·灵芝篇》："丁兰少失母,自伤早孤茕。刻木当严亲,朝夕致三牲。"《三国志·吴志·韦曜传》："曜素饮酒不过二升,初见礼异时,常为裁减,或密赐茶荈以当酒。"

[2] 归：回家。《吕氏春秋·知接》："卫公子启方事寡人十五年矣,其父死而不敢归哭。""归哭"指回家奔丧。成语"视死如归"的"归"也是此义。

[3] 郁郁累累：忧愁不得志貌。"郁郁""累累"是并列结构,含义相同。《汉书·韩信传》："(萧)何曰:'诸将易得,至如信,国士无双。王必欲长王汉中,无所事信;必欲争天下,非信无可与计事者。顾王策安决。'王曰:'吾亦欲东耳,安能郁郁久居此乎?'"《魏诗》卷四魏文帝曹丕《杂诗》："郁郁多悲思,绵绵思故乡。"《史记·孔子世家》："孔子适郑,与弟子相失,孔子独立郭东门。郑人或谓子贡曰:'东门有人,……累累若丧家之狗。'"裴骃集解引王肃曰："丧家之狗,主人哀荒,不见饮食,故累然而不得意。孔子生于乱世,道不得行,故累然不得志之貌也,《韩诗外传》曰'丧家之狗,既敛而椁,有席而祭,顾望无人'也。"

[4] 心思不能言：心里悲伤得说不出话来。这是汉魏六朝习语。《汉诗》卷一〇《乐府古辞·古歌》："离家日趋远,衣带日趋缓。心思不能言,肠中车轮转。""思"是悲伤的意思。《汉诗》卷一〇《乐府古辞·古乐府》："天寒知被薄,忧思知夜长。"《晋诗》卷一九《清商曲辞·子夜歌》："崎岖相怨慕,始获风云通。玉林语石阙,悲思两心同。""忧思""悲思"皆同义并列。"不能言"也是汉魏六朝诗中俗语。《汉诗》卷一二《古诗》："悲与亲友别,气结不能言。"《魏诗》卷三刘桢《赠徐幹》："思子沉心曲,长叹不能言。起坐失次第,一日三四迁。"

[5] 肠中车轮转：形容极度悲伤。类似的诗句多见,如《晋诗》卷一九《清商曲辞·黄鹄曲》："黄鹄参天飞,半道郁徘徊。腹中车轮转,君知思忆谁。"《梁诗》卷二九《横吹曲辞·黄淡思歌》："心中不能言,腹作车轮旋。与郎相知时,但恐傍人闻。"《北齐诗》卷二颜之推《和阳纳言听鸣蝉篇》："红颜宿昔同春花,素鬓俄顷变秋草。中肠自有极,那堪教作转轮车。"

4. 上 留 田 行

[题解]

本诗选自《汉诗》卷一〇《乐府古辞》,载《乐府诗集》卷三八。这是一首平白如话的小叙事诗：乘车外出,路遇啼儿,竟是亲友之子,细问情形,不禁悲从中来。

［原文］

里中有啼儿[1]，
似类亲父子[2]。
回车问啼儿[3]，
慷慨不可止[4]。

［注释］

　　[1] 里中：街巷里。《汉诗》卷九《乐府古辞·孤儿行》："乱曰：里中一何譊譊！""里"是民户居处的意思。《诗·郑风·将仲子》："将仲子兮，无逾我里。"毛传："里，居也，二十五家为里。"《晋诗》卷一七陶渊明《归园田居》："暧暧远人村，依依墟里烟。"　　啼儿：啼哭的小孩。《汉诗》卷九《乐府古辞·东门行》："拔剑出门去，儿女牵衣啼。"又《妇病行》："入门见孤儿，啼索其母抱。"是"啼"字多用于小儿的哭泣。《全陈文》卷一一徐陵《广州刺史欧阳頠德政碑》："以公昔在衡皋，深留风爱，仁恩可以怀猛兽，威名可以惧啼儿，乃授持节、散骑常侍、衡州刺史。"

　　[2] 似类：像。"似""类"同义。《汉书·元后传》："后微行出，过曲阳侯第，又见园中土山渐台似类白虎殿。于是上怒，以让车骑将军音。"　　亲父："父"是"交"字残文。亲交即亲友，为汉魏习语。《汉诗》卷九《乐府古辞·善哉行》："亲交在门，饥不及餐。"又《妇病行》："闭门塞牖，舍孤儿到市。道逢亲交，泣坐不能起。"《魏诗》卷七陈思王曹植《赠徐幹》："亲交义在敦，申章复何言。"又《赠丁仪》："子其宁尔心，亲交义不薄。"

　　[3] 回车：回转车子。《史记·外戚世家》："诏副车载之，回车驰还，而直入长乐宫。"《三国志·魏志·陈矫传》："'若臣不称其职，则请就黜退，陛下宜还。'帝惭，回车而反。"

　　[4] 慷慨：悲伤；慨叹。《汉诗》卷一二《古诗十九首》："上有弦歌声，音响一何悲。……一弹再三叹，慷慨有馀哀。"《魏诗》卷七陈思王曹植《情诗》："游子叹黍离，处者歌式微。慷慨对嘉宾，凄怆内伤悲。"又卷八应璩《杂诗》："秋日苦促短，遥夜邈绵绵。贫士感此时，慷慨不能眠。"《晋诗》卷五陆机《折杨柳行》："慷慨惟昔人，兴此千载怀。升龙悲绝处，葛藟变条枚。寤寐岂虚叹，曾是感与摧。"

5. 古诗为焦仲卿妻作

［题解］

　　《古诗为焦仲卿妻作》见于南朝陈徐陵所编《玉台新咏》卷一，署为

"无名人"作品。《乐府诗集》收录在卷七三《杂曲歌辞》。这里选自《先秦汉魏晋南北朝诗·汉诗》卷一〇《乐府古辞》。诗前有小序，云：

汉末建安中，庐江府小吏焦仲卿妻刘氏，为仲卿母所遣，自誓不嫁。其家逼之，乃投水而死。仲卿闻之，亦自缢于庭树。时人伤之，为诗云尔。

全诗一千七百余字，是古代少见的长篇叙事诗，生动地叙述了庐江小吏焦仲卿和妻子刘兰芝凄婉的爱情悲剧，语言清新质朴，人物形象鲜明生动，故事情节流畅逼真，是民间乐府的代表作，无论语言还是文学方面都有极高的研究价值。

《古诗为焦仲卿妻作》又称《孔雀东南飞》，原为建安末年民间歌曲，经过后人加工。据徐复《从语言上推测〈孔雀东南飞〉一诗的写定年代》考证①，当为魏晋人所作。

[原文]

孔雀东南飞，五里一徘徊。十三能织素[1]，十四学裁衣。十五弹箜篌，十六诵诗书。十七为君妇，心中常苦悲[2]："君既为府吏，守节情不移。贱妾留空房，相见常日稀[3]。鸡鸣入机织，夜夜不得息。三日断五匹，大人故嫌迟[4]。非为织作[5]迟，君家妇难为[6]。妾不堪驱使[7]，徒留无所施[8]。便可白公姥[9]，及时相遣归。"

府吏得闻之，堂上启[10]阿母："儿已薄禄相，幸复[11]得此妇。结发[12]同枕席，黄泉[13]共为友。共事[14]三二年，始尔[15]未为久。女行无偏斜[16]，何意致不厚[17]？"阿母谓府吏："何乃太区区[18]！此妇无礼节，举动自专由[19]。吾意久怀忿，汝岂得自由！东家有贤女，自名秦罗敷[20]。可怜体无比[21]，阿母为汝求。便可速遣之，遣之慎莫留[22]。"府吏长跪[23]告："伏唯[24]启阿母：今若遣此妇，终老不复取。"阿母得闻之，槌床[25]便大怒："小子无所畏，何敢助妇语！吾已失恩义[26]，会不相从许[27]。"

府吏默无声，再拜还[28]入户。举言谓新妇[29]，哽咽不能语："我自

① 徐复.从语言上推测《孔雀东南飞》一诗的写定年代[J].学术月刊,1958(2);徐复.从语言上推测《孔雀东南飞》一诗的写定年代[M]//徐复.徐复语言文字学丛稿.南京：江苏古籍出版社,1990.

不驱卿[30]，逼迫有阿母。卿但[31]暂还家，吾今且报[32]府。不久当归还，还必相迎取[33]。以此下心意[34]，慎勿[35]违吾语。"新妇谓府吏："勿复重纷纭[36]！往昔初阳岁[37]，谢家[38]来贵门。奉事循公姥[39]，进止敢自专[40]？昼夜勤作息[41]，伶俜萦苦辛[42]。谓言[43]无罪过，供养卒[44]大恩。仍更[45]被驱遣，何言复来还。妾有绣腰襦，葳蕤[46]自生光。红罗复斗帐，四角垂香囊。箱帘六七十，绿碧青丝绳。物物各[47]自异，种种在其中。人贱物亦鄙，不足迎后人。留待作遗施[48]，于今无会因[49]。时时为安慰，久久莫相忘。"

鸡鸣外欲曙[50]，新妇起严妆[51]。著我绣袂裙[52]，事事四五通[53]。足下蹑丝履，头上玳瑁光。腰若流纨素，耳著明月珰。指如削葱根，口如含朱丹。纤纤作细步，精妙世无双。上堂拜阿母，阿母怒不止。"昔作女儿时，生小[54]出野里。本自无教训[55]，兼[56]愧贵家子。受母钱帛多，不堪母驱使。今日还家去，念母劳家里。"却与小姑别，泪落连珠子："新妇初来时，小姑始扶床。今日被驱遣，小姑如我长。勤心[57]养公姥，好自相扶将[58]。初七及下九[59]，嬉戏莫相忘。"出门登车去，涕落百餘行。

府吏马在前，新妇车在后。隐隐何甸甸[60]，俱会[61]大道口。下马入车中，低头共耳语："誓不相隔[62]卿。且暂[63]还家去，吾今且赴府。不久当还归，誓天不相负[64]。"新妇谓府吏："感君区区[65]怀。君既若见录[66]，不久望君来。君当作[67]磐石，妾当作蒲苇。蒲苇纫如丝，磐石无[68]转移。我有亲父兄[69]，性行[70]暴如雷。恐不任[71]我意，逆以煎我怀[72]。"举手长劳劳[73]，二情同依依[74]。

入门上家堂，进退无颜仪[75]。阿母大拊掌："不图[76]子自归！十三教汝织，十四能裁衣。十五弹箜篌，十六知礼仪。十七遣汝嫁，谓言无誓违[77]。汝今无罪过[78]，不迎而自归？"兰芝惭[79]阿母："儿实无罪过。"阿母大悲摧[80]。

还家十餘日，县令遣媒来。云[81]有第三郎[82]，窈窕世无双。年始十八九，便言多令才[83]。阿母谓阿女："汝可去应之。"阿女含泪答："兰芝初还时，府吏见丁宁[84]，结誓[85]不别离。今日违情义，恐此事非奇[86]。自可[87]断来信，徐徐更谓之。"阿母白媒人："贫贱有此女，始适[88]还家门。不堪吏人妇，岂合令郎君？幸可[89]广问讯，不得便相许。"

媒人去[90]数日，寻[91]遣丞请还。说有兰家女[92]，承籍[93]有宦官。云有第五郎，娇逸[94]未有婚。遣丞为媒人，主簿通语言。直说："太守家，有此令郎君[95]。既欲结大义[96]，故遣来贵门。"阿母谢媒人："女子先有誓，老姥岂敢言?"阿兄得闻之，怅然[97]心中烦。举言谓阿妹："作计何不量[98]！先嫁得府吏，后嫁得郎君。否泰[99]如天地，足以荣汝身。不嫁义郎[100]体，其往欲何云[101]?"兰芝仰头答："理实如兄言。谢家事夫婿，中道[102]还兄门。处分适兄意[103]，那得自任专。虽与府吏要[104]，渠会[105]永无缘。登即相许和[106]，便可作婚姻。"媒人下床去，诺诺复尔尔[107]。还部白府君："下官奉使命，言谈大有缘。"府君得闻之，心中大欢喜。视历复开书："便利[108]此月内，六合正相应。良吉三十日，今已二十七。卿可去成婚，交语[109]速装束。"络绎如浮云，青雀白鹄舫。四角龙子幡，婀娜随风转。金车玉作轮，踯躅青骢马，流苏金缕鞍。赍[110]钱三百万，皆用青丝穿。杂彩三百匹，交[111]用市鲑珍。从人四五百，郁郁[112]登郡门。

阿母谓阿女："适[113]得府君书，明日来迎汝。何不作衣裳，莫令事不举[114]。"阿女默无声，手巾掩口啼，泪落便如泻。移我琉璃榻，出置前窗下。左手持刀尺，右手执绫罗。朝成绣袷裙，晚成单罗衫。晻晻[115]日欲暝，愁思[116]出门啼。

府吏闻此变，因求假[117]暂归。未至二三里，摧藏[118]马悲哀。新妇识马声，蹑履相逢迎[119]。怅然遥相望，知是故人来。举手拍马鞍，嗟叹使心伤："自君别我后，人事不可量。果不如先愿，又非君所详[120]。我有亲父母，逼迫兼[121]弟兄。以我应他人[122]，君还何所望?"府吏谓新妇："贺卿得高迁！磐石方且厚，可以卒千年。蒲苇一时纫，便作旦夕间。卿当日胜贵[123]，吾独向黄泉。"新妇谓府吏："何意出此言！同是被逼迫，君尔[124]妾亦然。黄泉下相见，勿违今日言。"执手[125]分道去，各各[126]还家门。生人[127]作死别，恨恨[128]那可论。念与世间辞，千万不复全。

府吏还家去，上堂拜阿母："今日大风寒，寒风摧树木，严霜结庭兰。儿今日冥冥，令母在后单[129]。故作不良计，勿复怨鬼神。命如南山石，四体康且直[130]。"阿母得闻之，零泪应声落："汝是大家子，仕宦于台阁。慎勿为妇死，贵贱情何薄！东家[131]有贤女，窈窕艳城郭。阿母为汝求，便复在旦夕。"府吏再拜还，长叹空房中，作计乃尔[132]立。转头向户里，渐见[133]愁煎迫[134]。

其日牛马嘶，新妇入青庐。菴菴黄昏后，寂寂人定初[135]："我命绝今日，魂去尸长留。"揽裙脱丝履，举身赴清池。府吏闻此事，心知长别离。徘徊顾树下[136]，自挂东南枝。

两家求合葬，合葬华山傍。东西植松柏，左右种梧桐。枝枝相覆盖，叶叶相交通。中有双飞鸟，自名为鸳鸯。仰头相向鸣，夜夜达五更。行人[137]驻足听，寡妇[138]起彷徨。多谢后世人[139]，戒之慎勿忘。

[注释]

[1] 织素：把丝织成绢帛。素：白色的生绢。

[2] 以下是焦仲卿妻对夫君的诉说。

[3] 常：常常。　日稀：一天比一天少。晋陆机《叹逝赋》："亲落落而日稀，友靡靡而愈索。"后"常日"成词，谓平时，往日。《三国志·魏志·仓慈传》："又常日西域杂胡欲来贡献，而诸豪族多逆断绝。"元魏吉迦夜共昙曜译《杂宝藏经》卷三："恭敬情浓，倍于常日。"也指固定的日子。《魏书·礼志一》："祭有常日，牲用少牢。"

[4] 大人："大人"可指德行高尚之人。《孟子·告子上》："从其大体为大人，从其小体为小人。"引申为对长辈的尊称，可以指父母。《史记·高祖本纪》："高祖奉玉卮，起为太上皇寿，曰：'始大人常以臣无赖，不能治产业。'"《汉书·淮阳宪王刘钦传》："博欲上书为大人乞骸骨去。"又可尊称婆婆，本例即是。　故：依然；还是。《史记·龟策列传》："江淮间居人为儿时，以龟枝床，至后老死，家人移床，而龟故生。"《世说新语·言语》："邓艾口吃，语称艾艾。晋文王戏之曰：'卿云艾艾，定是几艾?'对曰：'凤兮凤兮，故是一凤。'"参见《搜神记·卢充》注[40]。

[5] 织作：织布；纺织。《汉书·地理志下》："殷道衰，箕子去之朝鲜，教其民以礼义，田蚕织作。"《后汉书·逸民传·梁鸿》："鸿闻而娉之。女求作布衣、麻屦，织作筐缉绩之具。"《南齐书·陈皇后传》："后少家贫，勤织作。家人矜其劳，或止之，后终不改。""作"常用于表示具体劳动的单音词之后，如耕作、农作。

[6] 难为：难当。参见《晋诗·与殷晋安别》注[13]。

[7] 驱使：使唤；利用。下文"受母钱帛多，不堪母驱使"同。《后汉书·桓谭传》："皇后年少，希更艰难，或驱使医巫，外求方技，此不可不备。"又《文苑传·黄香》："臣香年在方刚，适可驱使。愿乞余恩，留备冗官。"

[8] 无所施：无处施用，没有用处。《史记·乐书》裴骃集解引郑玄曰："古者

乐敬且和,故无事而不用,溺音无所施。"《三国志·魏志·陈思王植传》:"植常自愤怨,抱利器而无所施,上疏求自试。"《后汉书·吴祐传》:"长以械自系,曰:'国家制法,因身犯之。明府虽加哀矜,恩无所施。'"

　　[9]白:告诉;禀报。下文"还部白府君"的"白"同义。《后汉书·独行传·李善》:"续虽在孩抱,奉之不异长君,有事辄长跪请白,然后行之。"　　公姥(mǔ):媳妇称丈夫的父母。这里主要指"姥",即婆婆。

　　[10]启:报告;告诉。下文:"伏惟启阿母:今若遣此妇,终老不复取。"用法同。参见《世说新语·顾雍丧子》注[3]。

　　[11]幸复:就是幸亏、幸运地。"复"是助词,凑足音节。《全后汉文》卷四载章帝《诏赐贾贵人》:"朕既早离皇太后,幸复承于道,中心依依,昊天罔极。"宋曾巩《喜二弟侍亲将至》诗:"慈亲况不倦行役,官长幸复宽期约。似闻笑语已仿佛,想见追随先踊跃。"

　　[12]结发:即束发,成婚的一种仪式,代指成婚。《文选·苏武〈杂诗〉》:"结发为夫妻,恩爱两不疑。"《魏诗》卷三陈琳《饮马长城窟行》:"边城多健少,内舍多寡妇。作书与内舍:'便嫁莫留住。善侍新姑嫜,时时念我故夫子。'报书往边地:'君今出语一何鄙!身在祸难中,何为稽留他家子。……结发行事君,慊慊心意关。明知边地苦,贱妾何能久自全。'"《北史·齐本纪中》:"又至故仆射崔暹第,谓暹妻李曰:'颇忆暹不?'李曰:'结发义深,实怀追忆。'"又《后妃传下·冯翊太妃郑氏》:"妃是王结发妇,常以父母家财奉王,王在怀朔被杖,背无完皮,妃昼夜供给看疮。"以上皆以"结发"指成婚。《礼记·曲礼上》:"女子许嫁,缨。"又:"女子许嫁,笄而字。""缨"即束发,是女子许嫁的标志。《仪礼·士昏礼》:"主人脱服于房,媵受;妇脱服于室,御受。姆授巾。御衽于奥,媵衽良席在东,皆有枕,北止。主人入,亲脱妇之缨。"婚礼上,婿"亲脱妇之缨",即是成婚的象征。所以从许嫁到完婚,都与束发相关联,故以"结发"作为成婚的代名词。上引苏武《杂诗》李善注:"结发,始成人也。谓男年二十,女年十五时,取笄冠为义也。《汉书》李广曰:结发而与匈奴战也。"按:此注未确。《汉书》例的"结发"是指成人,苏武《杂诗》例"结发"则是指成婚。除了通常的笄冠成年礼之外,"结发"还是结婚的一种仪式。而且刘氏"十七为君妇",并非十五岁,也是"结发"指成婚的一个证据。

　　[13]黄泉:指死后。

　　[14]共事:指一道过夫妻生活、成为夫妻。《太平广记》卷三二二"周义"条(出《述异记》):"妇房宿,义乃上床,谓妇曰:'与卿共事虽浅,然情相重。'""共事"本指一道生活。《汉书·晁错传》:"服习以成,勿令迁徙,幼则同游,长则共事。"《后汉书·刘赵淳于江刘周赵传序》:"既而弟子求分财异居,包不能止,乃中分其财。奴婢引其老者,曰:'与我共事久,若不能使也。'"也指一道工作、行事。《汉

书·楚元王刘交传》:"今将军当盛位,帝春秋富,宜纳宗室,又多与大臣共事,反诸吕道,如是则可以免患。"《宋书·刘敬宣传》:"大人与恭亲无骨肉,分非君臣,虽共事少时,意好不协。"后来引申可以专指成为夫妻。参:张永言.语文学论集[M].增补本,北京:语文出版社,1999:102.

[15] 始尔:开始。尔,时间助词,凑足音节。《全晋文》卷一五谯王承《答安南将军甘卓书》:"四海义士,方谋克复,中兴江左,草创始尔,岂图恶逆萌自宠臣。"《全宋文》卷四三柳元景《奏劾蔡兴宗》:"又云,所得亦少,主上践祚始尔,朝士有此人不多,物议谓应美用。"《世说新语·言语》:"于时,江左营建始尔,纲纪未举。"

[16] 行:品行。下文"我有亲父兄,性行暴如雷"同。 偏斜:差错。

[17] 何意:为何,为什么。下文"何意出此言"的"何意"同。《全后汉文》卷八五审配《献书袁谭》:"何意奄然迷沈,堕贤哲之操,积怨肆忿,取破家之祸!"《三国志·魏志·朱建平传》:"何意此子,竟早陨没,戏言遂验乎?"又《曹爽传》:"胜愍然,为之涕泣,谓宣王曰:'今主上尚幼,天下恃赖明公。然众情谓明公方旧风疾发,何意尊体乃尔!'"《魏诗》卷五吴质《思慕诗》:"自谓永终身,志气甫当舒。何意中见弃,弃我归黄垆。" 致:导致,使得。 厚:恩厚,引申有善待、友善义。不厚,就是不友善、不善待。《后汉书·周荣传》:"赠送什物,无不充备。既而选其父兄子弟,事相优异。常称曰:'臣子同贵,若之何不厚!'"《宋书·沈庆之传》:"废帝狂悖无道,众并劝庆之废立,及柳元景等连谋,以告庆之。庆之与江夏王义恭素不厚,发其事,帝诛义恭、元景等。"又《萧惠开传》:"惠开与希微共事不厚,以为随其同上,不能携接往还,意耻之。"

[18] 区区:本谓忠诚、诚恳,犹拳拳、款款、叩叩。也可用作自谦之辞,表示愚忠、管见等。这里作贬义用,指愚蠢、固执。《汉书·杨王孙传》:"是亦圣人之遗制,何必区区独守所闻?"参见下文注[65]。

[19] 自专由:任意;自专。下文"吾意久怀忿,汝岂得自由""进止敢自专""那得自任专"的"自由""自专""自任专"与"自专由"同义。参见下文注[40]。

[20] 自名秦罗敷:名叫秦罗敷。下文"中有双飞鸟,自名为鸳鸯"同。"自名"有自己取名(亲自取名)、称自己名字、自我称呼(自称)等多种含义。《汉书·元后传》:"宣帝爱之,自名曰骜,字太孙,常置左右。"《三国志·魏志·邓艾传》:"言'文为世范,行为士则',艾遂自名范,字士则。"《世说新语·识鉴》:"诸葛道明初过江左,自名道明,名亚王、庾之下。" 罗敷:本是丝织品,是女红中的精品活,也由此指心灵手巧的美女。古时女子多取此名,因而成为美丽又专贞女子的代名词。正像秋胡代指不专一男子一样。《汉诗》卷九《乐府古辞·陌上桑》:"日出东南隅,照我秦氏楼。秦氏有好女,自名为罗敷。"《全后周文》卷九庾信《荡子赋》:"常年桂苑,昔日兰闺。罗敷总发,弄玉初笄。新歌《子夜》,旧舞《前溪》。"《梁诗》卷二四王

筠《陌上桑》："秋胡始停马，罗敷未满筐。"

　　［21］可怜：可爱。　　无比：无法比拟。

　　［22］遣之慎莫留：打发她走，千万别留下来。遣：驱赶，驱逐。慎莫：千万不要。《三国志·魏志·钟会传》："若作恶，祇自灭族耳。卿不须忧此，慎莫使人闻也。"《北齐书·阳休之传》："世人无事常道我欲反，今闻此，更致纷纭，慎莫妄言也。"《周书·耿豪传》："大丈夫见贼，须右手拔刀，左手把槊，直刺直斫，慎莫皱眉畏死。"

　　［23］长跪：脚在后，身体挺直的一种跪拜礼节，多表示对长辈的尊敬。《史记·留侯世家》："父曰：'履我！'良业为取履，因长跪履之。"参见《汉诗·饮马长城窟行》注［10］。

　　［24］伏唯：表示恭敬的发语词，多用于臣对君或下对上。《全后汉文》卷七〇蔡邕《对诏问灾异八事》："臣邕伏唯陛下圣德允明，深悼灾咎，德音恳诚。"又卷七一《为陈留太守奏上孝子程末事表》："伏唯陛下体因心之德，当中兴之运，躬秉万机，建用皇极。"《全晋文》卷六七宣舒《贺封诸侯王表》："伏唯陛下圣哲钦明，稽乾作则，超五越三，与灵协契。"

　　［25］槌：即"搥"，捶打。

　　［26］恩义：恩情；感情。《汉书·元后传》："先帝遇根、况父子至厚也，今乃背忘恩义！"又《王莽传上》："而宗室尤甚，言必切齿焉。何则？以其背畔恩义，而不知重德之所在也。"《后汉书·丁鸿传》："鸿贪经书，不顾恩义，弱而随师，生不供养，死不饭含。"

　　［27］会不相从许：终究不会答应你的。会：终究；一定。相：指对方，犹言你。　　从许：听从；答应。《全齐文》卷一八刘瓛《与张融王恩远书》："又上下年尊，益不愿居官次，废晨昏也。先朝为此，曲申从许，故得连年不拜荣授，而带帖薄禄。"《太平广记》卷三八五"崔绍"条（出《河东记》）："大王顾谓王判官曰：'从许一见之，切须诚约，不得令漏泄。漏泄之，则终身暗哑。'"

　　［28］还（huán）：返回。下文"卿但暂还家""不久当归还，还必相迎取""何言复来还"的"还"都相同。

　　［29］举言：犹发言、讲话。下文"举言谓阿妹"同。《宋书·后妃传·文帝路淑媛》："今中宇虽宁，边虏未息，营就之功，务在从简。举言寻悲，情如切割。"又《始安王休仁传》："及休仁之殒，悲愍特深，千念不能已，举言伤心。"《全齐文》卷一七丘巨源《驰檄数沈攸之罪恶》："遂迷惑颠倒，深相嗟惜，举言哀桀，扬声吠尧。"　　新妇：媳妇。可以他称，也可以是已婚女子自称。《全晋文》卷二四王羲之《杂帖》："谢范新妇得□富春还，诸道路安稳，甚慰心。"苻秦昙摩难提译《增一阿含经》卷六："昔日此舍卫城中有一人，迎新妇端正无双，尔时彼人未经几时，便自

贫穷。"《世说新语·排调》："王浑与妇钟氏共坐,见武子从庭过,浑欣然谓妇曰：'生儿如此,足慰人意。'妇笑曰：'若使新妇得配参军,生儿故可不啻如此。'"

[30] 自：本来。　　卿：一般是上对下的称呼,如君称臣,夫称妻等。平辈间关系密切也可以称"卿"。这里是夫称妻为"卿"。《世说新语·惑溺》："王安丰妇常卿安丰。安丰曰：'妇人卿婿,于礼为不敬,后勿复尔。'妇曰：'亲卿爱卿,是以卿卿；我不卿卿,谁当卿卿?'遂恒听之。"下文"卿可去成婚,交语速装束"的"卿"是太守称其下属,属于上对下的称呼。参见《洛阳伽蓝记·大统寺》注[4]。

[31] 但：只是。

[32] 报：一作"赴"。

[33] 迎取：迎接。

[34] 下心意：犹言打定主意。"下"是确定的意思。"心意"即主张、决定。史书有"下意"。《宋书·傅隆传》："十四年,太祖以新撰《礼论》付隆使下意,隆上表。"《全齐文》卷七竟陵王子良《又启》："如闻命议所出,先谘于都,都既下意,然后付郎,谨写关行。"又卷八王僧虔《辞判二岸杂事启》："且职事所司,不应多陈。虽奉今旨,臣岂敢于外下意不先上闻?"《南齐书·武帝纪》："内外众事无大小,悉与鸾参怀共下意。""下意"与"下心意"义近。

[35] 慎勿：千万不要。与"慎莫"同。《全后汉文》卷四五崔瑗《座右铭》："无道人之短,无说己之长。施人慎勿念,受施慎勿忘。"《三国志·魏志·司马芝传》："后黄门复往,慎勿通也。"《后汉书·延笃传》："慎勿迷其本,弃其生也。"

[36] 勿复重纷纭：不要再多说了。勿复：不要。"复"是副词的后附加成分,凑足音节。　　纷纭：指话语多,犹言议论纷纷。《三国志·魏志·三少帝纪》："诏曰：'吾以暗昧,爱好文雅,广延诗赋,以知得失,而乃尔纷纭,良用反仄。'"《晋书·石勒载记上》："石季龙与张敬、张宾及诸将佐百餘人劝勒称尊号,勒下书曰：'孤猥以寡德,忝荷崇宠,夙夜战惶,如临深薄,岂可假尊窃号,取讥四方！……其亟止斯议,勿复纷纭。自今敢言,刑兹无赦！'乃止。"《北齐书·阳休之传》："世人无事常道我欲反,今闻此,更致纷纭,慎莫妄言也。"又作"纷纷"。《三国志·魏志·文帝纪》载：汉献帝以众望在魏,乃禅位,魏王群臣反复劝进,魏王坚辞,曰："亟为上章还玺绶,勿复纷纷也。"又《吴志·华覈传》："后迁东观令,领右国史,覈上疏辞让,皓答曰：'……宜勉修所职,以迈先贤,勿复纷纷。'"又作"纷纶"。《史记·司马相如列传》："率迩者踵武,逖听者风声。纷纶葳蕤,湮灭而不称者,不可胜数也。"又作"纭纭"。《宋书·武三王传·衡阳文王义季》："上诏报之曰：'……汝既有美尚,加以吾意殷勤,何至不能慨然深自勉厉,乃复须严相割裁,坐诸纭纭,然后少止者。'"又《宋书·谢灵运传论》："六义所因,四始攸系,升降讴谣,纷披风什。"《文选》吕延济注："纷披,言多也。""纷纭""纷纷""纭纭""纷纶"与"纷披"同。

[37] 初阳岁：初阳时节。《全晋文》卷二〇王廙《春可乐》："春可乐兮，乐孟月之初阳：冰泮涣以微流，土冒橛而解刚，野喧卉以挥绿，山葱茜以发苍。"

[38] 谢家：辞别家里。下文"谢家事夫婿"同。下文"谢媒人"是指用言辞拒绝媒人。

[39] 奉事：行事。　　公姥：偏义副词，指姥。《汉书·燕刺王刘旦传》："旦得书，以符玺属医工长，谢相二千石：'奉事不谨，死矣。'即以绶自绞。"《后汉书·皇后纪·章德窦皇后》："帝手诏曰：'窦氏虽不遵法度，而太后常自减损。朕奉事十年，深惟大义。'"也有侍奉义。如《后汉书·马援传》："援乃上疏曰：'臣援自念归身圣朝，奉事陛下，本无公辅一言之荐，左右为容之助。'"《搜神记》卷一八"高山君"："大能饮食，治病有验。文奉事甚肃。积数年，得进其帐中。"奉事循公姥：做事情遵循婆婆的旨意。

[40] 进止敢自专：举止行为岂敢自己说了算？这是用疑问句表示否定的意思。进止：犹举止，行动。《史记·周本纪》："武王自称太子发，言奉文王以伐，不敢自专。"《汉书·鲍宣传》："治天下者当用天下之心为心，不得自专快意而已也。"　　自专：任意，自己说了算。《汉书·薛宣传》："宣为人好威仪，进止雍容，甚可观也。"

[41] 作息：劳作。是偏义复词，"息"不表义。《搜神记》卷五"丁氏妇"："九月九日，乃自经死。遂有灵响，闻于民间。发言于巫祝曰：'念人家妇女，作息不倦，使避九月九日，勿用作事。'"

[42] 伶俜萦苦辛：孤单地辛苦操劳。伶俜：孤单的样子。《文选·潘岳〈寡妇赋〉》："少伶俜而偏孤兮，痛切怛以摧心。"李善注："伶俜，单孑貌。偏孤，谓丧父也。《古猛虎行》曰：少年惶且怖，伶俜到他乡。"《全晋文》卷二三王羲之《杂帖》："彦仁书云，仁祖家欲至芜湖，单弱伶俜何所成？"《隋书·薛濬传》："但念尔伶俜孤宦，远在边服，顾此恨恨，如何可言。"　　萦：萦绕。"萦苦辛"谓被辛苦包围。

[43] 谓言：以为；认为。下文"十七遣汝嫁，谓言无誓违"同。《宋诗》卷一王叔之《劳歌二首》："幼童轻岁月，谓言可久长。一朝见零悴，叹息向秋霜。"《全宋文》卷一九王微《报何偃书》："卿诸人亦当尤以此见议。或谓言深博，作一段意气，鄙薄人世，初不敢然。"《全梁文》卷七三释慧皎《高僧传论》："当知一经达此，岂非更赐受命，而顷世学徒，唯慕钻求一典，谓言广读多惑，斯盖惰学之辞，匪曰通方之训。"

[44] 卒：完成；完结。这里指报答。下文"可以卒千年"是说可以持续一千年。

[45] 仍更：仍然；依旧。《太平广记》卷二九七"瀚海神"条（出《潇湘录》）："君当为我诣此冢告张公，言我自来收叛将，何乃藏之家中？仍更借兵拒我，当速逐

出。不然,即终杀尔!"《陈书·蔡景历传》:"高祖得书,甚加钦赏。仍更赐书报答,即日板征北府中记室参军,仍领记室。"《北史·高道穆传》:"若仍更蹈前失,或伤善人,则尸禄之责,无所逃罪。"疑"仍更"为同义连言。"更"有接续的意思。《国语·晋语四》:"姓利相更,成而不迁。"韦昭注:"更,续也。"《史记·平准书》:"悉巴蜀租赋不足以更之。"裴骃集解引韦昭注同。而接续、继续与依旧、仍然的意思相关。

[46]葳蕤:纷披下垂貌。《汉书·司马相如传》:"扶舆猗靡,翕呷萃蔡;下摩兰蕙,上拂羽盖;错翡翠之葳蕤,缪绕玉绥;眇眇忽忽,若神之仿佛。"《宋书·谢灵运传》:"顾晚草之薄弱,仰青春之葳蕤。引蔓颖于松上,擢纤枝于兰途。"《晋书·乐志上》:"五月之管名为蕤宾,葳蕤,垂下貌也;宾,敬也,谓时阳气下降,阴气始起,相宾敬也。"

[47]物物:每一物,犹言样样。《汉书·王莽传上》:"克身自约,籴食逮给,物物卬市,日阕亡储。"《列子·仲尼》:"至游者,不知所适;至观者,不知所眰。物物皆游矣,物物皆观矣,是我之所谓游,是我之所谓观也。"宋赵与时《宾退录》卷一:"会稽虞少崔《送林懿成》诗云:'男儿何苦敝群书,学到根原物物无。'"《文献通考·经籍考》:"是非资禀之异,学行之笃,安能事事物物各当其理,各造其极哉?"　各:都,皆。《史记·武帝本纪》:"此二十二人咸成厥功:皋陶为大理,平,民各伏得其实;伯夷主礼,上下咸让。"又:"余尝西至空桐,北过涿鹿,东渐于海,南浮江淮矣,至长老皆各往往称黄帝、尧、舜之处,风教固殊焉,总之不离古文者近是。"此以"皆各"同义连言。汉董仲舒《春秋繁露·阳尊阴卑》:"诸在上者,皆为其下阳;诸在下者,各为其上阴。"此以"皆""各"对文同义。"各自异"意思是都不同。

[48]遗施:犹言赠物、遗物。唐元稹《元和五年予官不了罚俸西归三月六日……怆囊游因投五十韵》:"酒醒闻饭钟,随僧受遗施。餐罢还复游,过从上文记。"又《和友封题开善寺十韵》:"古匣收遗施,行廊画本朝。"本有馈赠、赠送义。《新唐书·萧至忠传》:"不喜接宾客,以简俭自高,故生平奉赐,无所遗施,及籍没,珍宝不可计。"

[49]因:因缘;机会。《晋诗》卷一六陶渊明《与殷晋安别》:"山川千里外,言笑难为因。"《梁诗》卷九何逊《与虞记室诸人咏扇》:"罗袖幸拂拭,微芳聊可因。"又卷二八沈满愿《摘同心栀子赠谢娘因附此诗》:"两叶虽为赠,交情永未因。同心何处恨,栀子最关人。"参见《汉诗·李陵录别诗(1)》注[10]。　于今无会因:今世没有相会的因缘了。下文"渠会永无缘"意思相近。

[50]曙:天亮。

[51]严妆:装扮,穿戴整齐。《搜神后记》卷一〇:"廊柱下,有灯火,一婢子严

妆直守，后房帷帐甚美。"《太平广记》卷三三四"郑德懋"条（出《宣室志》）："向暮，一婢前白：'女郎已严妆讫。'"又卷四三三"周雄"条（出《北梦琐言》）："其媪嫂方税驾，遂严妆，倚驿门而看，为虎攫去。""严妆"是并列结构，又作"妆严""庄严"。《太平广记》卷三一六"卢充"条（出《录异传》）："便敕内：'卢郎已来，便可使女妆严，即就东廊。'至黄昏。内白女郎妆严毕。""严"单用也有装饰和穿戴整齐义。如《搜神记》卷九："吴诸葛恪征淮南归，将朝会之夜，精爽扰动，通夕不寐。严毕趋出，犬衔引其衣。"

　　[52] 袷裙：夹裙，双层裙。下文"朝成绣袷裙，晚成单罗衫"同义。

　　[53] 通：动量词，犹言遍。《隋书·礼仪志三》："戒鼓一通，军士皆严备。二通，将士贯甲。三通，步军各为直阵以相俟。"

　　[54] 生小：从小。《全梁文》卷五六刘之遴《吊僧正京法师亡书》："法师幼而北面，生小服膺，迄乎耆迈，恒在左右，在三之重。"《全陈文》卷一徐陵《玉台新咏序》："弟兄协律，生小学歌；少长河阳，由来能舞；琵琶新曲，无待石崇，箜篌杂引，非关曹植。"唐崔颢《长干曲·古辞》："家临九江水，去来九江侧。同是长干人，生小不相识。"

　　[55] 本自：本来。《三国志·魏志·王凌传》裴松之注引《魏略》："固见其母，不仰视，其母知其惭也，字谓之曰：'恭夏，汝本自不欲应州郡也，我强故耳。汝为人吏，自当尔耳。'"《史记·白起王翦列传》裴骃集解引何晏语："若后之役成不豫其论者，则秦众多矣，降者可致也；必不可致者，本自当战杀，不当受降诈也。"《南齐书·豫章文献王嶷传》："北第旧邸，本自甚华，臣改修正而已，小小制置，已自仰简。""本自"是同义连言。上文"我自不驱卿，逼迫有阿母"的"自"也是本来义。

　　教训：教养；训练。《史记·五帝本纪》："颛顼氏有不才子，不可教训，不知话言，天下谓之梼杌。"《汉书·高帝纪下》："民前或相聚保山泽，不书名数，今天下已定，令各归其县，复故爵田宅，吏以文法教训辨告，勿笞辱。"又："今小吏未尝从军者多满，而有功者顾不得，背公立私，守尉长吏教训甚不善。"

　　[56] 兼：更加。

　　[57] 勤心：尽心；劳心。《汉书·孔光传》："陛下圣德聪明，兢兢业业，承顺天戒，敬畏变异，勤心虚己，延见群臣。"《后汉书·郎𫖮传》："昼研精义，夜占象度，勤心锐思，朝夕无倦。"又《宦者传序》："至元帝之世，史游为黄门令，勤心纳忠，有所补益。"《梁书·南平王伟传附恭》："时世祖居藩，颇事声誉，勤心著述，卮酒未尝妄进。"《晋书·齐王攸传》："然守相不能勤心恤公，以尽地利。"

　　[58] 好自：好好地。"自"是后附加成分。　　扶将：本义是搀扶。这里是照顾、赡养的意思。汉董仲舒《春秋繁露·深察名号》："以霣者言，弗扶将，则颠陷猖狂，安能善?"参见《梁诗·木兰诗》注[25]。

[59] 下九：农历每月十九日。阙名《采兰杂志》(元陶宗仪《说郛》卷三一下引)："九为阳数。古人以二十九日为上九,初九日为中九,十九日为下九。每月下九,置酒为妇女之欢,名曰阳会。"

[60] 隐隐：象声词,此处状车声,犹"辚辚"。《晋诗》卷一傅玄《杂言》诗："雷隐隐,感妾心,倾耳清听非车音。"《搜神记》卷一二："晋惠帝元康中,吴郡娄县怀瑶家,忽闻地中有犬声隐隐。"又卷一五："须臾果至,但闻人马隐隐之声。"《后汉书·天文志上》："须臾有声,隐隐如雷。"《宋书·五行志五》："京都地震,从东来,隐隐有声,屋瓦摇。"宋司马光《柳枝词》之四："属车隐隐远如雷,陈后愁眉久不开。"

甸甸：形容车声很大。　　何：程度副词,犹言多么,一何。参见《汉诗·羽林郎》注[15]。

[61] 俱会：相会。《后汉书·吴汉传》："初,渔阳都尉严宣与汉俱会光武于广阿。"又《廉范传》："时庐江郡掾严麟奉章吊国,俱会于路。"又《南匈奴传》："二军俱会,夜围北单于。"《三国志·吴志·周瑜传》："肃邀羽相见,各驻兵马百步上,但请将军单刀俱会。"《魏书·世祖纪上》："庚申,遣安东将军、宜城公奚斤发幽州民及密云丁零万余人,运攻具,出南道,俱会和龙。"《晋书·陶侃传》："五月,与温峤、庾亮等俱会石头。""俱"有偕同、在一起的意思。《孟子·告子上》："虽与之俱学,弗若之矣。"

[62] 隔：分离。《太平广记》卷三二"王贾"条(出《记闻》)："魅知不免,乃帐中言曰：'甥比佳乎? 何期别后,生死遂隔。汝不忘吾,犹能相访,愧不可言。'"又卷一二一"崔尉子"条(出《原化记》)："崔之亲老在郑州,讶久不得消息,积望数年,天下离乱,人多飘流,崔母分与子永隔矣。"

[63] 且暂：即"暂且",暂时。为同义连言。《魏书·昭成子孙传·忠子晖》："且暂尔往还,理不委悉,纵有简举,良未平当。"《太平广记》卷六九"张云容"条(出《传记》)："又约曰：'此去但遇道北有林薮繁翳处,可且暂匿,不独逃难,当获美姝。'"

[64] 誓天：对天发誓。　　不相负：不负你。相：指对方,属于第二人称代词。下文"幸可广问讯,不得便相许"的"相"同。参见《幽明录·卖胡粉女》注[12]。

[65] 区区：本谓忠诚、诚恳,犹拳拳、款款、叩叩。多用作自谦之辞,表示愚忠、管见等。《全汉文》卷二八李陵《重报苏武书》："功大罪小,不蒙明察,孤负陵心,区区之意,每一念至,忽然忘生。"《汉书·萧望之传》："如将军昭然度行积思,……则下走其庶几愿竭区区,底厉锋锷,奉万分之一。"《后汉书·伏湛传》："臣诗愚戆,不足以知宰相之才,窃怀区区,敢不自竭?"《全后汉文》卷一八马融《广成颂》："小臣蝼蚁,不胜区区。"

[66] 见录：收留我。见,指代第一人称代词,犹言"我"。下文"府吏见丁宁"

的"见"同。参见《贤愚经·长者无耳目舌品》注[63]。录：收留；接纳。

[67]作：如，如同。下文"作蒲苇"即如蒲苇。《晋诗》卷一九《清商曲辞·团扇郎》："御路薄不行，窈窕决横塘。团扇郎白日，面作芙蓉光。"又《清商曲辞·欢闻变歌》："驶风何曜曜，帆上牛渚矶。帆作伞子张，船如侣马驰。"《北齐诗》卷二萧悫《春日曲水》："岩前片石迥如楼，水里连沙聚作洲。"《陈诗》卷一阴铿《晚出新亭》："潮落犹如盖，云昏不作峰。"宋辛弃疾《破阵子》词："马作的卢飞快，弓如霹雳弦惊。"

[68]无：同"毋"，不要。

[69]父兄：偏义复词，这里指兄。

[70]性行：性情；品行。《汉书·五行志》："言大臣之义，当观贤人，知其性行，推而贡之。"《三国志·魏志·荀攸传》："许子远凶淫之人，性行不纯，而伯求亲之，是二罪也。"又《蜀志·诸葛亮传》："将军向宠，性行淑均，晓畅军事，试用于昔日，先帝称之曰能。"《后汉书·五行志四》："又邓皇后本小人，性行无恒，苟有颜色，立以为后，后卒坐执左道废，以忧死。"

[71]任：听凭；任从。

[72]以：而，连词。　煎：比喻忧伤，折磨。《宋书·前废帝纪》："吾老疾沉笃，每规祸鸩，忧煎漏刻，气命无几。"又《江夏王义恭传》："今者忧怛，政在性命，未暇及美业，复何为吾煎毒至此邪！"又《二凶传·刘濬》："濬奋衣而去，曰：'天下事寻自当判，愿小宽忧煎，必不上累。'"《陈书·沈炯传》："而上玄降戾，奄至今日，德音在耳，坟土遽干，悠悠昊天，哀此罔极。兼臣私心煎切，弥迫近时，缕缕之祈，转忘尘触。"以上"煎忧""煎毒""煎切"均同义连言。

[73]劳劳：忧伤貌。《宋诗》卷一一《清商曲辞·华山畿》："相送劳劳渚，长江不应满，是侬泪成许。"《梁诗》卷二五梁元帝萧绎《送西归内人》："秋气苍茫结孟津，复送巫山荐枕神。昔时慊慊愁应去，今日劳劳长别人。"

[74]依依：依恋，不忍分离。《全汉文》卷二八苏武《报李陵书》："相见末期，国别俗殊，死生隔绝，代马越鸟，能不依依。"《三国志·魏志·明帝纪》："今者翻然濯鳞清流，甚相嘉乐，虚心西望，依依若旧，下笔属辞，欢心从之。"又《蜀志·费诗传》："寻表明之言，追平生之好，依依东望，故遣有书。"《后汉书·章帝纪》："乐以迎来，哀以送往，虽祭亡如在，而空虚不知所裁，庶或飨之。岂亡克慎肃雍之臣，辟公之相，皆助朕之依依。"

[75]进退：举止。《史记·赵世家》："且圣人利身谓之服，便事谓之礼。夫进退之节，衣服之制者，所以齐常民也，非所以论贤者也。"上文"进止敢自专"的"进止"同。　颜仪：犹容颜，仪态。北凉昙无谶译《佛所行赞》卷四《瓶沙王诸弟子品》："遥见舍利弗，颜仪甚熙怡。告言今见汝，而有异常容。"无颜仪：指羞愧，不

自然。

[76] 不图:不料,想不到。《汉书·礼乐志》:"故孔子适齐闻《招》,三月不知肉味,曰:'不图为乐之至于斯!'美之甚也。"《后汉书·光武帝纪》:"及见司隶僚属,皆欢喜不自胜。老吏或垂涕曰:'不图今日复见汉官威仪!'由是识者皆属心焉。"

[77] 无誓违:不违背誓言。

[78] 罪过:罪行;过错。《史记·吕太后本纪》:"友以诸吕女为后,弗爱,爱他姬,诸吕女妒,怒去,谗之于太后,诬以罪过。"又《三王世家》:"汉家有正法,王犯纤介小罪过,即行法直断耳,安能宽王。"

[79] 惭:抱歉;谢罪。

[80] 大:非常,很。下文"言谈大有缘""心中大欢喜"同义。参见《列异传·宗定伯卖鬼》注[7]。　　悲摧:悲伤。下文"摧藏"同义。《全晋文》卷二二王羲之《杂帖》:"去月穆松大祥,奉瞻廓然,永惟悲摧,情如切割,汝亦增慕,省疏酸感。"《全梁文》卷五六刘之遴《吊震法师亡书》:"虽乘此宿殖,必登善地,人情怛化,衔疢悲摧,念在三之重,追慕哀恸,缠绵永往,理不可任,奈何奈何。"

[81] 云:说。

[82] 第三郎:排行第三的儿子。下文"第五郎"即排行第五的儿子。

[83] 便言:擅长说话,犹言能说会道。便:擅长。《宋书·何承天传》:"千家之邑,战士二千,随其便能,各有自仗,素所服习,铭刻由己。""便能"为同义连言。《南齐书·东昏侯纪》:"渐便骑马。日夜于后堂戏马,与亲近阉人倡伎鼓叫。"《陈书·程灵洗传》:"少以勇力闻,步行日二百馀里,便骑善游。""便"与"善"对文同义。又《萧摩诃传》:"颍川陈禹,亦随摩诃征讨,聪敏有识量,涉猎经史,解风角、兵书,颇能属文,便骑射,官至王府谘议。""便"与"能"对文同义。　　令才:才能。《三国志·吴志·妃嫔传》:"孔愉、诸葛恢并以清节令才少著名望。"又:"吴主权谢夫人,会稽山阴人也。父煚,汉尚书郎、徐令。"裴松之注:"煚子承撰后汉书,称煚幼以仁孝为行,明达有令才。""令"有美好义。

[84] 见丁宁:即叮咛我,嘱咐我。"见"指代第一人称代词,指自己。

[85] 结誓:一道发誓。也指结盟。刘向《校〈战国策〉书录》:"当此之时,虽有道德,不得施设;有谋之强,负阻而恃固;连与交质,重约结誓,以守其国。"《异苑》卷六:"吴兴袁乞妻临终执乞手云:'我死,君再婚否?'乞言不忍也。既而服竟更娶。乞白日见其死妇语之云:'君先结誓,云何负言!'"

[86] 奇:好,善。《史记·殷本纪》:"西伯之臣闳夭之徒,求美女奇物善马以献纣,纣乃赦西伯。"《西京杂记》卷二:"梁孝王苑中……奇果佳树,瑰禽异兽,靡不毕备。"宋苏轼《饮湖上初晴后雨》诗:"水光潋滟晴方好,山色空蒙雨亦奇。"

[87] 自可:可以。《后汉书·左雄传》:"若有茂才异行,自可不拘年齿。"又

《窦武传》:"中官放纵者,自可诛耳。我曹何罪,而当尽见族灭!"

　　[88] 始适:刚刚;开始。《南齐书·竟陵文宣王子良传》:"自宋道无章,王风陵替,窃官假号,骈门连室。今左民所检,动以万数,渐渍之来,非复始适,一朝洗正,理致沸腾。"

　　[89] 幸可:希望。三国吴支谦译《菩萨本缘经》卷上《毗罗摩品》:"尔时菩萨为诸婆罗门说如是言:'汝等当知,我今集聚如是种种金银女人车乘象马㻏谷珍宝,正为汝等。幸可少时寂然无言听我所愿,然后随意共分而去。'尔时一切诸婆罗门寂然无声。"又卷中《一切持王子品》:"大仙当知,我年朽迈,身力羸损,家贫空乏,困于仆使。若欲满我本所愿者,幸可惠施二奴仆使。"《宋书·衡阳文王义季传》:"上诏报之曰:'……汝既有美尚,加以吾意殷勤,何至不能慨然深自勉厉,乃复须严相割裁,坐诸纶纶,然后少止者。幸可不至此,一门无此酣法,汝于何得之?'"《南齐书·文惠太子传》:"既被诛,巴西太守柳弘称启太祖,敕答曰:'柏年幸可不尔,为之恨恨!'"《晋书·王廙传附彪之》:"从伯导谓曰:'选官欲以汝为尚书郎,汝幸可作诸王佐邪!'彪之曰:'位之多少既不足计,自当任之于时,至于超迁,是所不愿。'"《太平御览》卷四三二引《俗说》:"桓温以弟买得质羊,羊主家富,谓桓言:'仆乃不须买得郎为质,但郎家贫,幸可为郎养买得郎耳。'"

　　[90] 去:离开。下文"媒人下床去"同义。

　　[91] 寻:不久。

　　[92] 兰家女:一说即某家女。晋时称不确指的"某家"为"兰家"。一说为姓兰或名兰的人家。《太平广记》卷一二八"尼妙寂"条(出《续幽怪录》):"数年,闻蕲黄之间有申村,因往焉。流转周星,乃闻其村西北隅有名兰者。默往求佣,辄贱其价,兰喜召之。俄又时闻其从父弟有名春者,于是勤恭执事,昼夜不离。见其可为者,不顾轻重而为之,未尝待命。兰家器之,昼与郡佣苦作,夜寝他席,无知其非丈夫者。"

　　[93] 承籍:继承;传承。《晋书·会稽文宣王道子传》:"张法顺谓之曰:'桓玄承籍门资,素有豪气,既并殷、杨,专有荆楚。'"又《杨佺期传》:"佺期沈勇果劲,而兄广及弟思平等皆强犷粗暴。自云门户承籍,江表莫比。"

　　[94] 娇逸:俊美。唐王毂《玉树曲》:"陈宫内宴明朝日,玉树斜妆逞娇逸。"

　　[95] 郎君:多指有地位的男子、儿子,也是对青年男子的尊称。下文"后嫁得郎君"同义。《三国志·蜀志·张嶷传》:"取古则今,今则古也,自非郎君进忠言于太傅,谁复有尽言者也!"《后汉书·南蛮西南夷传》:"夷人欢喜,奉迎道路。曰:'郎君仪貌类我府君。'"令郎君,即美郎君。

　　[96] 结大义:指婚配。汉秦嘉《赠妇》诗:"既得结大义,欢乐苦不足。"

　　[97] 怅然:忧伤貌。下文"怅然遥相望,知是故人来"同义。

　　[98] 作计:作决定;谋划。下文"府吏再拜还,长叹空房中,作计乃尔立"同。

《三国志·魏志·田豫传》："凡逋亡奸宄,为胡作计不利官者,豫皆构刺搅离,使凶邪之谋不遂,聚居之类不安。"《宋书·长沙景王道怜传》："元徽中,朝廷危殆,妻常惧祸败,每谓秉曰:'君富贵已足,故应为儿子作计。年垂五十,残生何足吝邪!'"《南齐书·桓荣祖传》："安都曰:'不知诸人云何,我不畏此。大蹄马在近,急便作计。'"　量:考虑;估量。下文"自君别我后,人事不可量"同义。

[99] 否(pǐ)泰:坏与好。

[100] 义郎:官职名。《陈书·周弘正传》："普通中,初置司文义郎,直寿光省,以弘正为司义侍郎。"又《儒林传·全缓》："梁太清初,历王国侍郎、奉朝请,俄转国子助教,兼司义郎,专讲《诗》《易》。"

[101] 何云:即云何,是因为押韵的需要而倒置的,与"如何"同。

[102] 中道:中途。

[103] 处分:处置;吩咐。《宋书·武帝纪上》："解甲息士,洗浴饮食之,乃出列陈于南塘。以赤特违处分,斩之。"又《谢晦传》："时朝廷处分异常,其谋颇泄。"《南齐书·柳世隆传》："上敕世隆曰:'历阳城大,恐不可卒治,正宜断隔之,深为保固。处分百姓,若不将家守城,单身亦难可委信也。'"　适兄意:随兄意。上文"恐不任我意"的"任"与"适"同义。《陈书·宣帝纪》："劝课士女,随近耕种。石鳖等屯,适意修垦。"

[104] 要:约会。

[105] 渠会:即会渠,与他会面。渠,指他,第三人称代词。

[106] 登即:立即。为同义连言。《魏书·夏侯道迁传》："天宝凶徒,因宵鸟散,进既摧破,退失巢穴,潜舍军众,依山傍险,突入白马。集朗与二弟躬擐甲胄,率其所领,即擒斩。"《梁书·王僧辩传》："会岳阳王军袭江陵,人情搔扰,未知其备。世祖遣左右往狱,问计于僧辩,僧辩具陈方略,登即赦为城内都督。"　许和:答应,同意。《后汉书·方术传下·徐登》："尝临水求度,船人不和之。"唐李贤注:"和,犹许也。"是"许和"为同义连文,"和"之答应、允许义当由其应和义引申而来。《全唐文》卷一七一朱敬则《梁武帝论》："若言息人是务,何须纳叛臣乎? 若言吞伐有时,何须中许和乎?"《新唐书·马燧传》："吐蕃归燧之兄子弇,曰:'河曲之屯,春草未生,吾马饥,公若度河,我无种矣。赖公许和,今释弇以报。'"登即相许和,意思是立即答应他。

[107] 诺诺复尔尔:诺诺、尔尔都是应答声。可双音节连用,也可单用。《史记·商君列传》："千人之诺诺,不如一士之谔谔。"《世说新语·文学》："何晏注老子未毕,见王弼自说注老子旨,何意多所短,不复得作声,但应诺诺,遂不复注,因作道德论。"《晋书·张方传》："垣迎说辅曰:'张方欲反,人谓卿知之。王若问卿,何辞以对?'辅惊曰:'实不闻方反,为之若何?'垣曰:'王若问卿,但言尔尔。不

然,必不免祸。'辅既入,问之曰:'张方反,卿知之乎?'辅曰:'尔。'曰:'遣卿取之可乎?'又曰:'尔。'"

[108] 便利:吉利,有利。为同义连言。《史记·高祖本纪》:"带河山之险,县隔千里,持戟百万,秦得百二焉。地势便利,其以下兵于诸侯,譬犹居高屋之上建瓴水也。"又《廉颇蔺相如列传》:"王所赐金帛,归藏于家,而日视便利田宅可买者买之。"《魏书·高凉王孤传》:"桥阔,来往便利,近桥诸郡,无复劳扰,公私赖之。"也可以写作"利便"。《宋书·申恬传》:"缘山诸逻,并得除省,防卫绥怀,利便非一。"也可以对文单用。《史记·秦始皇本纪》:"因利乘便,宰割天下,分裂河山。"此以"利"与"便"对文同义。

[109] 交语:告诉。本义是交谈,(与人)说话。《魏书·私署凉州牧张寔传》:"有神降,自称'玄冥',与人交语。"《北齐书·幼主纪》:"帝幼而令善,及长,颇学缀文,置文林馆,引诸文士焉。而言语涩呐,无志度,不喜见朝士。自非宠私昵狎,未尝交语。"《隋书·杨汪传》:"战不利,弘策出还,遇汪而屏人交语。"《南史·何尚之传附敬容》:"职隆任重,专预机密,而拙于草隶,浅于学术,通苞苴饷馈,无贿则略不交语。"

[110] 赍:送;赠送。

[111] 交:教,让。《宋诗》卷五《清商曲辞·读曲歌》:"揽裳踱,跣把丝织履,故交白足露。"又《华山畿》:"本自无此意,谁交郎举前。视侬转迈迈,不复来时言。"

[112] 郁郁:人多貌。

[113] 适:刚才。参见上文注[88]"始适"。

[114] 举:成,成功。

[115] 晻晻:昏暗貌。

[116] 愁思:忧伤。是同义连言。《汉诗》卷六秦嘉《赠妇诗》:"良马不回鞍,轻车不转毂。针药可屡进,愁思难为数。"又卷一二《古诗十九首》:"客行虽云乐,不如早旋归。出户独彷徨,愁思当告谁。"《汉书·伍被传》:"徐福得平原大泽,止王不来。于是百姓悲痛愁思,欲为乱者十室而六。"《魏诗》卷七陈思王曹植《赠王粲诗》:"端坐苦愁思,揽衣起西游。"

[117] 求假:请求休假。《三国志·魏志·梁习传》:"性少信,时有吏父病笃,近在外舍,自白求假。思疑其不实,发怒曰:'世有思妇病母者,岂此谓乎!'遂不与假。"

[118] 摧藏:忧伤。《全晋文》卷五九成公绥《啸赋》:"唱引万变,曲用无方,和乐怡怿,悲伤摧藏。"《晋诗》卷一一刘琨《扶风歌》:"去家日已远,安知存与亡。慷慨穷林中,抱膝独摧藏。"《梁诗》卷二六江洪《和新浦侯咏鹤》:"闲园有孤鹤,摧藏

信可怜。"参见上文注[80]。

[119] 逢迎：迎接。参见《梁诗·光宅寺》注[2]。

[120] 详：知，知道。晋陶渊明《五柳先生传》："先生不知何许人也，亦不详其姓字。"

[121] 兼：加上。《陈书·沈炯传》："而上玄降戾，奄至今日，德音在耳，坟土遽干，悠悠昊天，哀此罔极。兼臣私心煎切，弥迫近时，缕缕之祈，转忘尘触。"

[122] 应：答应。应他人，是说答应嫁给他人。

[123] 胜贵：显贵；显贵者。《全隋文》卷三三释彦琮《通极论》："或胜贵经过，或上客至止，不将虚心而接待，先陈出手之倍数。"《晋书·郗鉴传》："又沙门支遁以清谈著名于时，风流胜贵，莫不崇敬，以为造微之功，足参诸正始。"是同义并列，又作"贵胜"。《魏书·胡叟传》："每至贵胜之门，恒乘一牸牛，敝韦袴褶而已。"《北齐书·邢邵传》："尝有一贵胜，初授官，大集宾食。"

[124] 尔：如此，这样。与下文"然"同义。

[125] 执手：手拉手。多用于分别的场合。参见《汉诗·李陵录别诗(1)》注[4]。

[126] 各各：犹各自。《新论·离事》："可以殿上五色锦屏风谕而示之：望视，则青、赤、白、黄、黑各各异类；就视，则皆以其色为地，四色文之。"

[127] 生人：活着的人。

[128] 恨恨：惆怅，忧伤。东汉秦嘉《重报妻书》："车还空反，甚失所望，兼叙远别，恨恨之情，顾有怅然。"三国魏王修《诫子书》："自汝行之后，恨恨不乐。何者？我实老矣，所恃汝等也。"西晋陆云《与杨彦明书》："彦先来，相欣喜，便复分别，恨恨不可言。"《魏书·王世弼传》："二州刺史，翻复为郡，亦当恨恨耳。"《南齐书·文惠太子传》："柏年强立，善言事，以应对为宋明帝所知。既被诛，巴西太守柳弘称启太祖，敕答曰：'柏年幸可不尔，为之恨恨！'"

[129] 单：孤单。

[130] 直：本谓挺直，不弯曲，在这里引申为强壮。"康且直"即康且强。

[131] 东家：泛指某家。

[132] 乃尔：如此，这样。《三国志·魏志·三少帝纪》："诏曰：'吾以暗昧，爱好文雅，广延诗赋，以知得失，而乃尔纷纭，良用反仄。'"又《曹爽传》裴松之注引皇甫谧《列女传》："或谓之曰：'人生世间，如轻尘栖弱草耳，何至辛苦乃尔！'"《后汉书·方术传·蓟子训》："道过荥阳，止主人舍，而所驾之驴忽然卒僵，蛆虫流出，主遽白之。子训曰：'乃尔乎？'"

[133] 见：被。

[134] 煎迫：逼迫。《北齐书·尉景传》："常山君谓神武曰：'老人去死近，何

忍煎迫至此。'"又《王晞传》："比王侯诸贵每见煎迫，言我违天不祥，恐当或有变起，吾正欲以法绳之。"

[135] 人定：即"亥时"，指晚上九时至十一时。参见《佛经·佛说舅甥经》注[8]。

[136] 顾：《玉台新咏》《乐府诗集》作"庭"。

[137] 行人：游子，指孤身远游的浪子。多与思妇相对而言。《全晋文》卷一〇〇陆云《岁末赋》："长叹息而永怀兮，感逝物而伤悲。哀年岁之攸往兮，伊行人之思归。"《晋诗》卷一三《清商曲辞·夏歌》："田蚕事已毕，思妇犹苦身。当暑理缔服，持寄与行人。"《全后周文》卷九庾信《荡子赋》："前日汉使著章台，闻道夫婿定应回。手巾还欲燥，愁眉即剩开。逆想行人至，迎前含笑来。"《齐诗》卷二王融《古意》："游禽暮知反，行人独未归。坐销芳草气，空度明月辉。……待君竟不至，秋雁双双飞。"《梁诗》卷九鲍令晖《寄行人》："桂吐两三枝，兰开四五叶。是时君不归，春风徒笑妾。"标题"寄行人"即以思妇的口吻寄赠游子。

[138] 寡妇：犹言"思妇"，指独守空房的女子。《魏诗》卷三陈琳《饮马长城窟行》："边城多健少，内舍多寡妇。作书与舍内：'便嫁莫留住。善事新姑嫜，时时念我故夫子。'"晋潘岳《关中诗》："夫行妻寡，父出子孤。"《太平广记》卷四〇八"相思草"条（出《述异记》）："秦赵间有相思草，状若石竹，而节节相续。一名断肠草，又名愁妇草，亦名媚草，又呼为寡妇莎。盖相思之流也。"

[139] 多谢：告诫。参见《汉诗·羽林郎》注[23]。

6. 李陵录别诗(1)

[题解]

　　本诗选自《汉诗》卷一二《古诗》，是《李陵录别诗二十一首》中的第一首。《文选》卷二九收此诗，题《与苏武》，《艺文类聚》等作《赠苏武别》。这是一首离别诗，描绘了送别时的悲凉情景。

[原文]

良时不再至[1]，

离别在须臾[2]。

屏营衢路侧[3]，

执手野踟蹰[4]。

仰视浮云驰[5]，

奄忽互相逾[6]。

风波一失所，

各在天一隅[7]。

长当从此别[8]，

且复立斯须[9]。

欲因晨风发[10]，

送子以贱驱。

[注释]

[1] 良时：美好的时光。《魏诗》卷三阮瑀《七哀》："丁年难再遇，富贵不重来。良时忽一过，身体为土灰。"《晋诗》卷一傅玄《杂诗三首》："良时无停景，北斗忽低昂。""良时不再至"谓好时光不再来。

[2] 须臾：一会儿，片刻。《汉诗》卷二广陵王刘胥《歌》："欲久生兮无终，长不乐兮安穷，奉天期兮不得须臾。"《魏诗》卷三徐干《室思》："寄（按《韵补》作"妾"）身虽在远，岂忘君须臾。"《晋诗》卷一三卢悦《兰亭诗》："寄畅须臾欢，尚想味古人。"

[3] 屏营：徘徊；伤感。《汉诗》卷六张衡《叹》："大火流兮草虫鸣，繁霜降兮草木零。秋为期兮时已征，思美人兮愁屏营。"《曹植集》卷一《感婚赋》："春风起兮萧条，蛰虫出兮悲鸣。顾有怀兮妖娆，用搔首兮屏营。"《晋诗》卷四石崇《王明君辞》："飞鸿不我顾，伫立以屏营。"《全晋文》卷二三王羲之《杂帖》："臣抱疾遐外，不获随列。瞻望宸极，屏营一隅。"　　衢路侧：大路旁。《尔雅·释宫》："四达谓之衢。"《后汉书·冯衍传》："杨朱号乎衢路兮，墨子泣乎白丝；知渐染之易性兮，怨造作之弗思。"《宋诗》卷九鲍照《拟古诗八首》之一："日晏罢朝归，舆马塞衢路。"

[4] 执手：手拉手，多用于离别之时。《魏诗》卷八阮侃《答嵇康》："临舆执手诀，良诲一何精。"《晋诗》卷一七陶渊明《悲从弟仲德》："门前执手时，何意尔先倾。"《宋诗》卷一一《清商曲辞·乌夜啼》："巴陵三江口，芦荻齐如麻。执手与欢别，痛切当奈何。"《梁诗》卷九沈繇《答何郎》："欢慽递来事，聚散居常理。……执手涉梁上，悲心万端起。"　　踟蹰：徘徊。《诗·邶风·静女》："爱而不见，搔手踟蹰。"《魏诗》卷六曹植《五游咏》："踟蹰玩灵芝，徙倚弄华芳。"野踟蹰：在野地徘徊。《汉诗》卷一二《古诗·李陵录别诗二十一首》："褰裳路踟蹰，彷徨不能归。""野踟蹰"与"路踟蹰"用法相同。

[5] 浮云：飘浮的白云。古诗中习用此语。《汉诗》卷一〇《乐府古辞·古八变歌》："北风初秋至，吹我章华台。浮云多暮色，似从崦嵫来。"《魏诗》卷三徐干

《室思》:"浮云何洋洋,愿因通我辞。"《晋诗》卷一傅玄《青青河边草篇》:"回流不及返,浮云往自还。"

　　[6] 奄忽:倏忽;迅疾。《汉诗》卷五石勋《费凤别碑诗》:"不悟奄忽终,藏形而匿影。"又卷一二《古诗十九首》:"人生寄一世,奄忽若飙尘。"《全晋文》卷二三王羲之《杂帖》:"司马虽笃疾久,顷转平除,无他感动,奄忽长逝。痛毒之甚,惊惋摧动,痛切五内。"　　逾:越过。

　　[7] 一隅:一角;一方。《吕氏春秋·士容》:"故火烛一隅,则室偏无光。"《汉诗》卷一二《古诗·李陵录别诗二十一首》:"远处天一隅,苦困独零丁。"《全晋文》卷二三王羲之《杂帖》:"臣抱疾遐外,不获随列。瞻望宸极,屏营一隅。""各在天一隅"犹言各在天一方。

　　[8] 长当:长久。《梁诗》卷二一梁简文帝萧纲《望同泰寺浮图》:"愿能同四忍,长当出九居。"唐张永进《白雀歌》:"白衣居士写金经,誓弼人王不出庭。八大金刚持宝杵,长当护念我王城。"

　　[9] 斯须:片刻,与"须臾"同。《魏诗》卷四魏文帝曹丕《秋胡行》:"企予望之,步立踟蹰。佳人不来,何得斯须。"《梁诗》卷九何逊《秋夕叹白发》:"逢时乃倏忽,失路亦斯须。"

　　[10] 因:凭借。《汉诗》卷一二《古诗·李陵录别诗二十一首》:"寂寂君子坐,奕奕合众芳。温声何穆穆,因风动馨香。"《晋诗》卷一一杨方《合欢》:"因风吐微音,芳气入紫霞。"《隋诗》卷一卢思道《棹歌行》:"因波寄远情,谁能结锦缆。"

7. 李陵录别诗(2)

[题解]

　　这也是《汉诗·李陵录别诗二十一首》中的一首,描写了游子对亲人的思恋。

[原文]

晨风鸣北林,

熠耀东南飞[1]。

愿言所相思[2],

日暮不垂帷。

明月照高楼,

想见馀光辉[3]。

玄鸟夜过庭[4]，
仿佛能复飞[5]。
褰裳路踟蹰[6]，
彷徨不能归。
浮云日千里，
安知我心悲。
思得琼树枝，
以解长渴饥[7]。

[注释]

[1] 晨风：指鸟。语出《诗·秦风·晨风》：“鴥彼晨风，郁彼北林。”毛传：“晨风，鹯也。”晋陆机《拟〈行行重行行〉》诗：“王鲔怀河岫，晨风思北林。”　熠耀：形容鸟类羽毛鲜艳有光泽。《国风·豳风·东山》：“仓庚于飞，熠耀其羽。”郑玄笺：“熠耀其羽，羽鲜明也。”

[2] 愿言：思念；怀念。《汉诗》卷一二《古诗五首》：“愿言追昔爱，情款感四时。”《晋诗》卷五陆机《折杨柳行》：“寤寐岂虚叹，曾是感与摧。弭意无足欢，愿言有餘哀。”《宋诗》卷三谢灵运《入东道路》：“行路既经见，愿言寄吟谣。”“愿言”一词《诗经》中已经出现，《卫风·伯兮》：“其雨其雨，杲杲出日。愿言思伯，甘心首疾。”郑玄笺：“愿，念也。我念思伯，心不能已。”《尔雅·释诂下》：“愿，思也。”《广韵·愿韵》：“愿，念也。”“言”为语助，无义。“愿言”还有另一意思：希望；心愿。《汉诗》卷一二《古诗·李陵录别诗》：“随时爱景曜，愿言莫相忘。”《晋诗》卷四潘岳《在怀县作》：“愿言旋旧乡，畏此简书忌。”《宋诗》卷二谢灵运《过始宁墅》：“挥手告乡曲，三载期归旋。且为树扮枌，无令孤愿言。”《齐诗》卷三谢朓《冬日晚郡事隙》：“愿言税逸驾，临潭饵秋菊。”　所相思：所思念的人，就是亲人。诗中常用“所思”。如：《魏诗》卷四魏文帝曹丕《秋胡行》：“采之遗谁，所思在庭。”又卷一〇阮籍《咏怀诗八十二首》：“开轩临四野，登高望所思。”“所相思”即“所思”。

[3] 想见餘光辉：这是双关语，表示隐约看见“所相思”者的形象，这类描写诗中多见。如《汉诗》卷六秦嘉《赠妇》：“顾看空室中，仿佛想姿形。”又徐淑《答秦嘉》：“思君兮感结，梦想兮容辉。”《齐诗》卷二王融《青青河畔草》：“赐子殊未归，寤寐君容辉。夜中心爱促，觉后阻河曲。”

[4] 玄鸟：燕子。因其羽毛黑，故名。《诗·商颂·玄鸟》：“天命玄鸟，降而生商。”

　　[5] 仿佛：隐约；隐约看见。《汉诗》卷六秦嘉《赠妇》："顾看空室中，仿佛想姿形。"《晋诗》卷一六陶渊明《桃花源记》："林尽水源，便得一山。山有小口，仿佛若有光。"《宋诗》卷一〇王素《学阮步兵体》："沈情发遐虑，纡郁怀所思。仿佛闻箫管，鸣凤接嬴姬。""仿佛"此义，先秦已有，《楚辞·远游》："时仿佛以遥见兮，精皎皎以往来。"洪兴祖《楚辞补注》引《说文》曰："仿佛，见不谍也。"

　　[6] 褰裳：撩起衣裾，指出行。《诗·郑风·褰裳》："子惠思我，褰裳涉溱。"《汉诗》卷一二《古诗五首》："朝登津梁山，褰裳望所思。"《魏诗》卷六陈思王曹植《门有万里客》："门有万里客，问君何乡人。褰裳起从之，果得心所亲。"《晋诗》卷八曹摅《思友人》："褰裳不足难，清扬未可俟。延首出阶檐，伫立增想似。"《梁诗》卷四江淹《杂体诗·陈思王曹植赠友》："褰裳摘明珠，徙倚拾蕙若。"　　踟蹰：参见《汉诗·李陵录别诗(1)》注[4]。

　　[7] 以解长渴饥：以解除长久的饥渴。"饥渴"用来比喻分离的痛苦和思念之甚。《汉诗》卷一二《古诗·李陵录别诗》："愿得萱草枝，以解饥渴情。"《晋诗》卷五陆机《为顾彦先赠妇》："愿保金石躯，慰妾长饥渴。"

（二）魏　　诗

8. 杂　　诗

[题解]

　　这首诗选自《魏诗》卷七，是陈思王曹植《杂诗七首》中的第二首，又见于《文选》卷二九。曹植（192—232 年）字子建，魏武帝曹操之子，曹丕的同母弟，封陈王，谥思，世称"陈思王"。他受到曹丕（文帝）和曹叡（明帝，曹丕之子）的猜忌与压抑，因而常抑郁不欢，四十一岁便死去了。他的诗流传下来的约八十首。以五言为主，大都情感热烈，慷慨动人，充满了昂扬奋发的精神。语言精练，词采华美，代表了建安文学的最高成就。这首诗再现了游子漂泊异地的凄苦与伤感。

[原文]

转蓬离本根[1]，
飘飖随长风[2]。
何意回飙举[3]，
吹我入云中。

高高上无极，

天路安可穷。

类此游客子[4]，

捐躯远从戎[5]。

毛褐不掩形[6]，

薇藿常不充[7]。

去去莫复道[8]，

沈忧令人老[9]。

[注释]

　　[1] 转蓬离本根：蓬即蓬蒿，秋枯根拔，风卷而飞，故曰"离本根"，又因其随风飞转，称"转蓬"或"飞蓬"。古诗中习用此语，喻亲人分离或远离家乡、四处漂泊。如《魏诗》卷六陈思王曹植《吁嗟篇》："吁嗟此转蓬，居世何独然。长去本根逝，宿夜无休闲。"又卷八何晏《言志诗》："转蓬去其根，流飘从风移。"《梁诗》卷一一吴均《别王谦》："严光不逐世，流转任飞蓬。"

　　[2] 飘飖：飘动貌。《汉诗》卷一二《古诗·李陵录别诗二十一首》："孤魂游穷暮，飘飖安所依。"《魏诗》卷六陈思王曹植《美女篇》："罗衣何飘飖，轻裾随风还。"《晋诗》卷一傅玄《杂诗》："清风何飘飖，微月出西方。"

　　[3] 何意：孰料；没想到。《汉诗》卷九《乐府古辞·清调曲·豫章行》："何意万人巧，使我离根株。"《魏诗》卷五吴质《思慕》："自谓永终身，志气甫当舒。何意中见弃，弃我就黄垆。"又魏明帝曹叡《猛虎行》："上有双栖鸟，交颈鸣相加。何意行路者，秉丸弹是窠。"《晋诗》卷一傅玄《短歌行》："昔君视我，如掌中珠；何意一朝，弃我沟渠。"参见《汉诗·羽林郎》注[13]。　　回飙：犹旋风。《汉书·扬雄传》："回飙肆其砏礚兮，㧑桂椒，郁移杨。"汉贾谊《惜誓》："临中国之众人兮，托回飙乎尚羊。"东汉丁廙《弹棋赋》："号令既通，兵棋启路，运若回飙，疾似飞兔。"举：高；高扬。

　　[4] 游客子：漂泊异地的人。汉魏六朝诗中常用"某某子"表示人的身份。《汉诗》卷九《乐府古辞·东光》："诸军游荡子，早行多悲伤。"《魏诗》卷一〇阮籍《咏怀诗八十二首》："如何当路子，磬折忘所归。"又："轻薄闲游子，俯仰乍浮沉。"《晋诗》卷五陆机《驾言出北阙行》："念昔徂殁子，悠悠不可胜。"皆其例。

　　[5] 捐躯：谓献身。《魏诗》卷六陈思王曹植《白马篇》："捐躯赴国难，视死忽如归。"又卷七《三良》："谁言捐躯易，杀身诚独难。"

　　[6] 毛褐：兽毛或粗麻制成的短衣。《文选·曹植〈七启〉》："玄微子曰：'予

好毛褐，未暇此服也。'”《全晋文》卷六一孙绰《游天台山赋》：“被毛褐之森森，振金策之铃铃。”“毛”一般指未加工过的、粗糙的东西。“褐”指布衣。《孟子·滕文公上》：“许子必织布然后衣乎？曰：否。许子衣褐。”赵岐注：“许子衣褐，以毳织之，若今马衣者也。或曰褐，枲衣也。一曰粗布衣也。”因此“毛褐”多指粗糙的布衣。“毛褐不掩形”，指衣衫破旧。

[7] 薇藿：薇为野豌豆，藿为豆叶。《齐民要术》卷一〇《五谷果蓏菜茹非中国物产者·薇》引《诗义疏》曰：“薇，山菜也，茎叶皆如小豆。藿，可羹，亦可生食之。”薇藿多指贫者之食。《魏诗》卷七陈思王曹植《赠徐幹》：“薇藿弗充虚，皮褐犹不全。”《晋诗》卷一七陶渊明《咏贫士》：“弊襟不掩肘，藜藿常乏斟。”“藜藿”亦指野菜，与“薇藿”义近。　　充：饱；足。《管子·内业》：“凡食之道，大充，伤而形不藏。”尹知章注：“大充，谓过于饱。”《齐民要术》卷六《养牛马驴骡》：“谚曰‘羸牛劣马寒食下’，务在充饱调适而已。”“充饱”同义连言。

[8] 去去：犹言“罢罢”“算了”。表示割舍，抛开。《汉诗》卷七蔡琰《悲愤诗》：“去去割情恋，遄征日遐迈。”《晋诗》卷五陆机《拟行行重行行》：“去去遗情累，安处抚清琴。”　　莫复道：不再说，莫再提起。也是汉魏六朝诗中的习用语。《汉诗》卷九《乐府古辞·妇病行》：“入门见孤儿，啼索其母抱。徘徊空舍中，行复尔耳，弃置勿复道。”又卷一二《古诗十九首》：“思君令人老，岁月忽已晚。弃捐勿复道，努力加餐饭。”《魏诗》卷四魏文帝曹丕《杂诗二首》：“吴会非我乡，安得久留滞。弃置勿复陈，客子常畏人。”“莫复道”犹“勿复道”“勿复陈”，而“去去”亦犹“弃置”“弃捐”。“去去莫复道”犹今言“罢罢，别说了”，或曰“算了，别再提了”。多用于不堪言的伤心事。这种用法唐代仍有，如孟郊《感怀诗》之二：“去去勿复道，苦饥形貌伤。”

[9] 沈忧：忧伤。《宋书·后废帝纪》：“吾与其所生，每厉以义方，遂谋鸩毒，将骋凶忿。沈忧假日，虑不终朝。”《晋书·康献褚皇后传》：“于是居崇德宫，手诏群公曰：‘昔以皇帝幼冲，从群后之议，既以暗弱，又频丁极艰，衔恤历祀，沈忧在疚。’”“沈忧令人老”是汉魏六朝的俗语，言忧伤使人衰老。《汉诗》卷一二《古诗十九首》：“思君令人老，岁月忽以晚。”“千里远结婚，悠悠隔山陂。思君令人老，轩车来何迟。”亦其例。

9. 咏　　怀

[题解]

这首诗选自《魏诗》卷一〇阮籍《咏怀诗八十二首》。阮籍（210—263 年），字嗣宗，陈留尉氏（今河南尉氏县）人，“建安七子”之一阮瑀的儿子,"竹林七贤"之一。《晋书·阮籍传》说他"本有济世志,属魏晋之际,天下多故,名士少有全者,籍由是不与世事,遂酣饮为常"。以此反抗当时的黑暗统治和虚伪礼教。八十二首五言《咏怀》诗,是阮籍的代表作,大多写他的生活感受,抒发了自己的抱负与苦闷,暴露和抨击了当时的社会政治,手法比较隐晦曲折。这一首写交友之难,感慨颇深。

[原文]

人知结交易^[1],

交友诚独难^[2]。

险路多疑惑,

明珠未可干^[3]。

彼求飨太牢^[4],

我欲并一餐^[5]。

损益生怨毒^[6],

咄咄复何言^[7]。

[注释]

[1] 结交:交友;结识交往。《汉诗》卷一〇《乐府古辞·箜篌谣》:"结交在相知,骨肉何必亲。甘言无忠实,世薄多苏秦。"又卷一二《古诗二首》:"结交莫羞贫,羞贫友不成。"又《李陵录别诗》:"骨肉缘枝叶,结交亦相因。四海皆兄弟,谁为行路人。"《北周诗》卷三庾信《园庭》:"但使相知厚,当能来结交。"

[2] 诚独难:确实很难。为魏晋习语。《魏诗》卷七陈思王曹植《三良》:"谁言捐躯易,杀身诚独难。"《晋诗》卷一二卢谌《览古》:"舍身岂不易,处死诚独难。""诚独"同义连言,意思是"确实""非常"。《魏诗》卷一〇阮籍《咏怀诗八十二首》:"持瓜思东陵,黄雀诚独羞。"《汉诗》卷九《乐府古辞·平陵东》:"两走马,亦诚难,顾见追吏心中恻。""诚难"与"诚独难"同义。

[3] 未可干:不可求,不可企及。《魏诗》卷一〇阮籍《咏怀诗八十二首》:"儒者通六艺,立志不可干。"《晋诗》卷一七陶渊明《咏贫士》:"袁安困积雪,邈然不可干。""干"有求义。《尚书·大禹谟》:"罔违道以干百姓之誉。"孔传:"干,求也。"《颜氏家训·名实》:"窃名者,厚貌深奸,干浮华之虚称,非所以得名也。"又《省事》:"总此四涂,贾诚以求位,鬻言以干禄。"

[4] 飨:接受、享用酒食。　　太牢:宴会或祭祀时并用牛、羊、豕三牲为太

牢。引申指丰盛的食物。

　　[5] 并一餐：吃一餐。"并"有吞并、兼并的意思。《广雅·释言》："并，兼也。"引申则有吃掉的意思。《魏诗》卷一〇阮籍《咏怀诗八十二首》："渴饮清泉流，饥食并一箪。"

　　[6] 怨毒：怨恨。《战国策·赵策》："今足下功力，非数痛加于秦国，而怨毒积恶，非曾深凌于韩也。"《史记·伍子胥列传论》："太史公曰：怨毒之于人甚矣哉！"《汉书·贾谊传》："秦王置天下于法令刑罚，德泽亡一有，而怨毒盈于世。"

　　[7] 咄咄：感叹；叹息。《后汉书·严光传》："咄咄子陵，不可相助为理邪？"《晋诗》卷五陆机《东宫》："软颜收红蕊，玄鬓吐素华。冉冉逝将老，咄咄奈老何。"又卷一七陶渊明《饮酒诗》："三季多此事，达士似不尔。咄咄俗中愚，且当从黄绮。"又作"咄嗟"，《魏诗》卷一〇阮籍《咏怀诗八十二首》："咄嗟荣辱事，去来味道真。"又作"咄唶"。《魏诗》卷七陈思王曹植《赠白马王彪》："年在桑榆间，影响不能追。自顾非金石，咄唶令心悲。"　　复何言：犹言"还说什么"，意即不必说了。《魏诗》卷七陈思王曹植《赠徐幹》："亲交义在敦，申章复何言。"《晋诗》卷六陆云《为顾彦先赠妇往返》："时暮复何言，华落理必贱。"

（三）晋　　诗

10. 为顾彦先赠妇往返①

[题解]

　　《为顾彦先赠妇往返》诗共四首，这里选录第一首。作者陆云（262—303 年），字士龙，吴郡吴县华亭（今上海市松江）人，西晋太康时期的代表作家。祖逊、父抗，都是东吴名将。太康末年与兄陆机入洛阳，文才倾动一时，世称"二陆"。曾任侍御史、太子中舍人、中书侍郎、清河内史。后兄机兵败，为成都王司马颖所杀，云同时遇害。其文辞藻华美，骈俪工整。本诗选自《晋诗》卷六，抒发了对妻子的思念之情，真挚动人。

[原文]

　　　　　　我在三川阳[1]，

---

　　① 顾彦先：陆云的同乡好友。参见陆云《与杨彦明书》注[1]。

子居五湖阴。

山海一何旷[2]，

譬彼飞与沉[3]。

目想清惠姿，

耳存淑媚音[4]。

独寐多远念[5]，

寤言抚空衿[6]。

彼美同怀子[7]，

非尔谁为心[8]。

[注释]

[1] 阳：山南水北谓之阳，反之则为阴。《晋诗》卷五陆机《赠从兄车骑》："仿佛谷水阳，婉娈崑山阴。"又卷一一李充《嘲友人》："尔隔北山阳，我分南川阴。"

[2] 一何旷：多么遥远。《晋诗》卷五陆机《拟涉江采芙蓉》："故乡一何旷，山川阻且难。"又卷一六陶渊明《庚子岁五月中从都还阻风于规林》："自古叹行役，我今始知之。山川一何旷，巽坎难与期。""一何"为程度副词，意思是"多么""如此"，古诗中习用，如《汉诗》卷九《乐府古辞·妇病行》："当言未及得言，不知泪下一何翩翩。"《魏诗》卷四魏文帝曹丕《芙蓉池作》："上天垂光彩，五色一何鲜。"《晋诗》卷五陆机《赠斥丘令冯文罴》："登楼望峻陂，时逝一何速。"

[3] 譬彼：比如。古诗中习语。《晋诗》卷三张华《感婚》："譬彼暮春草，荣华不再阳。"　飞与沉：指飞鸟与沉鱼。诗中常以此二物比喻不相干、不可及。如《晋诗》卷八曹摅《答赵景猷》："嗟我怀人，离群索居。山谷乖错，飞沉异涂。"又卷一二卢谌《赠刘琨》："每凭山海，庶觌高深。遐眺存亡，缅成飞沉。"

[4] 存：就是"想"。目想、耳存，意思相近。这种描写方式魏晋南北朝诗文中习见。《全三国文》卷三〇吴质《在元城与魏太子笺》："南望邯郸，想廉蔺之风；东接巨鹿，存李齐之流。"《晋诗》卷五陆机《与弟清河云》："心存言宴，目想容辉。"又卷一一李充《嘲友人》："目想妍丽姿，耳存清媚音。"又卷一二卢谌《赠刘琨》："感今惟昔，口存心想。"

[5] 独寐：独自一人睡觉。《晋诗》卷六郑丰《答陆士龙·南山》："兴言永思，系怀斯钦。爱而不见，独寐寤吟。"例证详下"寤言"条注。

[6] 寤言：醒来独自说话。"寤"是睡醒的意思。《诗·卫风·考槃》："独寐寤言，永矢弗谖。"《魏诗》卷一〇阮籍《咏怀诗十三首》："清风肃肃，修夜漫漫。啸歌

伤怀,独寐寤言。"《晋诗》卷八曹摅《答赵景猷》:"修夜悠悠,寂寂闲处。情在心想,中宵寤语。"又卷一六陶渊明《赠长沙公》:"同源分流,人易世疏。慨然寤叹,念兹厥初。""寤言""寤语"相同,与"寤吟""寤叹"也义近。　　衿:衣的交领。《方言》卷四:"衿谓之交。"郭璞注:"衿,衣交领也。"《晋诗》卷四潘岳《悼亡》:"抚衿长叹息,不觉涕沾胸。"是"抚衿"为独自哀伤时的一种动作。

[7] 同怀子:心意相同的人,即指所思念的人。《晋诗》卷五陆机《为顾彦先赠妇》:"循身悼忧苦,感念同怀子。"参见《魏诗·杂诗》注[4]。

[8] 谁为心:犹言谁关心。为汉魏六朝诗习语。《晋诗》卷五陆机《赠从兄车骑》:"孤兽思故薮,离鸟悲旧林。翩翩游宦子,辛苦谁为心。"又《赴太子洗马时作》:"惜无怀归志,辛苦谁为心。"《齐诗》卷二王融《法乐辞》:"禅悦兼芳旨,法言恋清琴。一异非能辨,宠辱谁为心。"又有相类似的语句,如《晋诗》卷五陆机《赠冯文罴》:"慷慨谁为感,愿言怀所钦。"《宋诗》卷二谢灵运《永初三年七月十六日之郡初发都》:"辛苦谁为情,游子值颓暮。爰似庄念昔,久敬曾存故。""谁为感""谁为情"皆为此类。

11. 从 弟 别

[题解]

　　伤离悼别,思念亲人,这是古诗中习见的主题之一。本诗即描写了告别堂弟的心境:征途遥远,山川阻隔,真不知何时才能再相见。本诗选自《晋诗》卷八,作者郭愔,为十六国时期后赵王石勒(274—333年)之臣。

[原文]

乖索易永久[1],

寻离觉月促[2]。

辽落隔修途[3],

窈窕阂丘谷[4]。

[注释]

　　[1] 乖索:分离。"乖""索"同义,都是分开的意思。《晋诗》卷一傅玄《朝时篇》:"自伤命不遇,良辰永乖别。"又卷五陆机《答贾谧》:"分索则易,携手实难。念昔良游,兹焉永叹。"　　永久:长久。

[2]　寻离：将要离别。"寻"有即将、将要的意思。为时间副词。参见《生经·佛说舅甥经》注[42]。　　促：短。

[3]　辽落：旷远，空阔。《世说新语·言语》："江山辽落，居然有万里之势。"《南齐书·州郡志下》："自汔以来，不复动移。境域之内，含带蛮、蜑，土地辽落，称为殷旷。"《晋诗》卷一二卢谌《时兴》："旷野增辽索，登高眺遐荒。"又卷一六陶渊明《和胡西曹示顾贼曹》："悠悠待秋稼，寥落将赊迟。""辽索""寥落"与"辽落"同义。　　修途：远途。

[4]　窈窕：深远貌。《汉诗》卷九《乐府古辞·乌生》："阿母生乌子时，乃在南山岩石间。唶我，人民安知乌子处，蹊径窈窕安从通。"《魏诗》卷六陈思王曹植《飞龙篇》："晨游泰山，云雾窈窕。忽逢二童，颜色鲜好。"《晋诗》卷二枣据诗："下窥幽谷底，窈窕一何深。"又卷八曹摅《赠石荆州》："轗轲石行难，窈窕山道深。"由路途深远义引申，又有展转跋涉之义，如《晋诗》卷一一李颙《涉湖》："窈窕寻湾漪，迢递望峦屿。"又卷一六陶渊明《归去来兮辞》："既窈窕以寻壑，亦崎岖而经丘。"阂：阻隔。《文选·张衡〈西京赋〉》："右有陇坻之隘，隔阂华戎。"《文选·陆机〈文赋〉》："恢万里而无阂，通亿载而为津。"慧琳《一切经音义》卷一五引《考声》："阂，隔也。"

12. 情人碧玉歌

[题解]

本诗选自《晋诗》卷一三，题晋孙绰所作。《乐府诗集》卷四五《清商曲辞二》有《碧玉歌》，宋郭茂倩题解引《乐苑》云："《碧玉歌》者，宋汝南王所作也。碧玉，汝南王妾名。以宠爱之甚，所以歌之。"考《梁诗》卷二五梁元帝萧绎《采莲曲》："碧玉小家女，来嫁汝南王。莲花乱脸色，荷叶杂衣香。因持荐君子，愿袭芙蓉裳。"是梁代人就认为碧玉是汝南王之妾。又《北周诗》卷二庾信《结客少年场行》："定知刘碧玉，偷嫁汝南王。"故以汝南王所作较为近情理。要之，这是一组情歌，表现了小女子"碧玉"对情人的真挚纯朴的爱慕之情。这里选录其中一首。

[原文]

碧玉破瓜时[1]，
相为情颠倒[2]。
感郎不羞赧[3]，
回身就郎抱[4]。

[注释]

　　[1]碧玉:女子名。《晋诗》卷一三孙绰《情人碧玉歌》:"碧玉小家女,不敢攀贵德。"　　破瓜:瓜字可分剖成二八字,故诗文中习称女子十六岁为"破瓜之年"。《晋诗》卷一九《清商曲辞·欢好曲》:"窈窕上头欢,那得及破瓜。但看脱叶莲,何如芙蓉花。"

　　[2]颠倒:沉醉,沉迷。《晋诗》卷一九《清商曲辞·懊侬歌》:"山头草,欢少四面风,趋使侬颠倒。"又《阿子歌》:"春月故鸭啼,独雄颠倒落。工知悦弦死,故来相寻博。"《梁诗》卷一〇吴均《行路难》:"游侠少年游上路,倾心颠倒想恋慕。""颠倒"本指首尾倒置、本末倒置,《晋诗》卷二一杨羲《十月十五日右英夫人说诗令疏·小有真人王君常吟咏》:"悲哉苦痛客,根华已颠倒。"引申又有错乱义,《颜氏家训·书证》:"简策字,竹下施束……亦有竹下遂为夹者……徐仙民《春秋》《礼音》,遂以筴为正字,以策为音,殊为颠倒。"

　　[3]郎:青年男女相爱时,女子自称"侬",称情人为"郎"。如《晋诗》卷一九《清商曲辞·子夜歌》:"婉伸郎膝下,何处不可怜。""天不夺人愿,故使侬见郎。""郎为旁人取,负侬非一事。""郎歌妙意曲,侬亦吐芳词。"　　感郎:谓感激郎。《晋诗》卷一九《清商曲辞·桃叶歌》:"春花映何限,感郎独采我。"《宋诗》卷一一《清商曲辞·碧玉歌》:"感郎千金意,惭无倾城色。"又《西乌夜飞》:"感郎崎岖情,不复自顾虑。"

　　[4]回身就郎抱:犹言转身扑进郎怀里。这是汉魏六朝诗中常见的描写。《晋诗》卷一九《清商曲辞·孟珠》:"望欢四五年,实情将懊恼。愿得无人处,回身与郎抱。"《宋诗》卷一一《清商曲辞·读曲歌》:"芳萱初生时,知是无忧草。双眉画未成,那能就郎抱。"

13. 与殷晋安别

[题解]

　　作者陶渊明(365—427年),字元亮,一说名潜字渊明,世号"靖节先生",浔阳柴桑(今江西九江西南)人。其祖父、父亲都曾做过太守一类的官。但到陶渊明时,家境已经衰落,生活很贫困。陶渊明青年时代怀有建功立业的壮志,加之生计所迫,曾几次出仕,先后任江州祭酒、镇军参军、建威参军、彭泽令等职,但他的抱负无法施展,又难于忍受仕途的污浊,终于在四十一岁时弃官归隐。此后就一直过着躬耕隐居的生活。

　　陶渊明是我国古代一位伟大的诗人,他的诗充分表现了对当时士族社会的憎恶,对劳动人民淳朴生活的热爱,对田园风光的赞美。他用朴素的语言抒发内心的思想情感,平淡自然而又韵味隽永,达到了很高的艺术境界。

这首诗作于晋义熙八年(412 年)癸丑,陶渊明四十八岁。殷晋安,是对殷铁(字景仁)的称呼,以官职相称,表示尊敬。殷景仁原任江州晋安南府长史掾,住在浔阳,与陶渊明有交往;后改任太尉刘裕的参军。临别,作者以此诗相赠,叙述了与友人相处的欢乐,表达了对友人依依不舍的心情。本诗选自《晋诗》卷一六。

［原文］

殷先作晋安南府长史掾,因居浔阳,后作太尉参军,移家东下,作此以赠。

游好非少长[1],

一遇尽殷勤[2]。

信宿酬清话[3],

益复知为亲[4]。

去岁家南里,

薄作少时邻[5]。

负杖肆游从[6],

淹留忘宵晨[7]。

语默自殊势[8],

亦知当乖分[9]。

未谓事已及[10],

兴言在兹春[11]。

飘飘西来风,

悠悠东去云。

山川千里外[12],

言笑难为因[13]。

良才不隐世,

江湖多贱贫。

脱有经过便[14]，

念来存故人[15]。

[注释]

[1] 游好：友情；朋友。《南齐书·庾杲之传》："永明中，诸王年少，不得妄与人接，敕杲之与济阳江淹五日一诣诸王，使申游好。"《南史·徐羡之传》："有时载伎肆意游行，荆楚山川，靡不毕践。朋从游好，莫得见之。"　非少长：意思是非关年龄大小。

[2] 尽：倾尽。　殷勤：真诚；恳切。《晋诗》卷一七陶渊明《饮酒》："区区诸老翁，为事诚殷勤。"又卷一九《清商曲辞·子夜歌》："感欢初殷勤，叹子后辽落。"参见《杂宝藏经·长者请舍利弗摩诃罗缘》注[20]。

[3] 信宿：连住两夜。过一夜为宿，过两夜为信宿。《晋诗》卷六郑丰《答陆士龙·南山》："民思其治，士怀其德。或思置之列位，或思从之信宿。""有客信宿，独痛寐语。"又卷一三王羲之《兰亭》："造新不暂停，一往不再起。于今为神奇，信宿同尘滓。"《后汉书·蔡邕传论》："董卓一旦入朝，辟书先下，分明枉结，信宿三迁。"李贤注："谓三日之间，位历三台也。"

[4] 益复：更加。南朝宋刘敬叔《异苑》卷四："及徙荆州，益复怏怏，尝伸纸作书，约部将王亮连兵作逆。"《南齐书·礼志上》："设令祥在此晦，则去缞三月，依附准例，益复为碍。"

[5] 薄：语助，相当于"夫""且"。《诗·周南·芣苢》："采采芣苢，薄言采之。"毛传："薄，辞也。"《晋诗》卷一三郗昙《兰亭》："端坐兴远想，薄言游近郊。"是其例。"薄"一般用在动词之前。　少时：短时间。

[6] 负杖：拿着拐杖。《晋诗》卷一一刘琨《答卢谌》："块然独坐，则哀愤两集；负杖行吟，则百忧俱至。"《梁诗》卷八何逊《聊作百一体》："匆匆昨不定，负杖出蓬蒿。"又称"策杖"。《魏诗》卷六陈思王曹植《苦思行》："中有耆年一隐士，须发皆皓然。策杖从吾游，教我要忘言。"又称"挈杖"，《晋诗》卷一六陶渊明《和刘柴桑》："良辰入奇怀，挈杖还西庐。"　肆：肆意，纵情。　游从：相随同游。《后汉书·班固传》："骋文成之丕诞，驰五利之所刑，庶松、乔之群类，时游从乎斯庭，实列仙之攸馆，匪吾人之所宁。"《魏书·李彪传》："无情之人，父兄系狱，子弟无惨惕之容；子弟逃刑，父兄无愧恶之色。宴安荣位，游从自若，车马仍华，衣冠犹饰，宁是同体共气、分忧均戚之理也？"又《张普惠传》："世宗崩，坐与甄楷等饮酒游从，免官。"

[7] 淹留：滞留；逗留。《魏诗》卷四魏文帝曹丕《燕歌行》："慊慊思归恋故乡，

君何淹留寄他方?"《晋诗》卷五陆机《班婕妤》:"婕妤去辞宠,淹留终不见。"又卷一五陆冲《杂诗》:"羁旅淹留久,怅望愁我心。"

[8] 语默:说话和沉默,引申指出仕与隐居,也指时运的通达与穷困。《晋诗》卷一六陶渊明《命子》:"时有语默,运因隆窊。"《齐诗》卷三谢朓《游山》:"托养因支离,乘间遂疲蹇。语默良未寻,得丧云谁辩。"《南齐书·高逸传序》:"《易》有君子之道四焉,语默之谓也。故有入庙堂而不出,徇江湖而永归,隐避纷纭,情迹万品。"　殊势:不同地位。

[9] 当:将,将要。《汉诗》卷六秦嘉《赠妇》:"既得结大义,欢乐苦不足。念当远离别,思念叙款曲。"又卷九《乐府古辞·妇病行》:"妇病连年累岁,传呼丈人前一言。当言未及得言,不知泪下一何翩翩。"《魏诗》卷三阮瑀诗:"置酒高堂上,友朋集光辉。念当复离别,涉路险且夷。"清王引之《经传释词》卷六:"当犹将也。"

乖分:"乖""分"同义,分离,分别。《晋诗》卷一二卢谌《赠刘琨》:"分乖之际,咸可叹慨。"参见《晋诗·从弟别》注[1]。

[10] 未谓:未料,没想到。《汉诗》卷七附《胡笳十八拍》:"不谓残生兮却得旋归,抚抱胡儿兮泣下沾衣。"《魏诗》卷八阮侃《答嵇康》:"不谓中离别,飘飘然远征。临舆执手诀,良诲一何精。"《晋诗》卷一七陶渊明《拟古诗》:"初与君别时,不谓行当久。""不谓"与"未谓"同义。

[11] 兹春:这个春天。

[12] 山川千里外:山川遥远。以山川远隔,喻指相思,是魏晋诗中的常见描写。《晋诗》卷三张华《情诗》:"悬邈修涂远,山川阻且深。"又卷一五陆冲《杂诗》:"命驾遵长途,绵邈途难寻。我行一何艰,山川阻且深。"又卷一六陶渊明《赠长沙公》:"山川阻远,行李时通。"

[13] 难为:不可为;不堪为;不易为。是汉魏六朝诗中的常见词语。如《汉诗》卷六秦嘉《赠妇》:"针药可屡进,愁思难为数。"《魏诗》卷三陈琳《饮马长城窟行》:"高会时不娱,羁客难为心。殷怀从中发,悲感激清音。"《晋诗》卷四潘岳《在怀县作》:"春秋代迁逝,四运纷可喜。宠辱易不惊,恋本难为思。"除诗外,其他典籍也习用此语,如《全晋文》卷二六王羲之《杂帖》:"此蒸湿难为人,得示,知足下故尔堪行,想不成病耳。"又卷二七王献之《与郗超书》:"彦伯已入,殊足顿兴往之气,故知捶挞自难为人,冀小却当复差耳。""言笑难为因"是指难得有机会再在一起谈笑了。

[14] 脱:犹"倘",假如。《吴子·励士》:"君试发无功者五万人,臣请率以当之。脱其不胜,取笑于诸侯,失权于天下矣。"《齐民要术》卷五《种桑柘》:"设令无雨,蓬蒿簇亦良。其在外簇者,脱遇天寒,则全不作茧。"《魏书·出帝平阳王纪》:"脱事已经年,有司不列者,听其人各自陈诉;若事连州郡,由缘淹岁者,亦仰尚书

总集以闻。"也有"脱若"同义连言者,《魏书·杨播传附弟椿》:"汝等脱若万一蒙时主知遇,宜深慎言语,不可轻论人恶也。"　　经过便:顺路拜访的方便。"经过"有拜访、问候义,《魏诗》卷一〇阮籍《咏怀诗八十二首》:"西游咸阳中,赵李相经过。"《晋诗》卷五陆机《百年歌》:"罗衣绰粲金翠华,言笑雅舞相经过,清酒将炙奈乐何。"《宋诗》卷一一《清商曲辞·华山畿》:"松上萝,愿君如行云,时时见经过。"

[15] 存:存问,问候。《战国策·秦策五》:"今大王返国,皆西面而望。无一介之使以存之,臣恐其皆有怨心。"高诱注:"存,劳问也。"《史记·魏公子列传》:"臣乃市井鼓刀屠者,而公子亲数存之,所以不报谢者,以为小礼无所用。"《淳化阁帖释文》卷九《陈释智永书》:"乙两日少可,寻冀言展。若因行李,愿存故旧。"故人:朋友。这里是作者自指。《汉诗》卷一二《古诗》:"前日风雪中,故人从此去。"《晋诗》卷一七陶渊明《饮酒诗序》:"既醉之后,辄题数句自娱,纸墨遂多,辞无诠次。聊命故人书之,以为欢笑尔。"又《饮酒》:"故人赏我趣,挈壶相与至。""念来存故人"意思是"记着来看望我"。

14. 移　　居

[题解]

　　陶渊明《移居》诗共二首,这是第一首,写的是移居到南村的原因和与邻里相处的快乐,表现出高雅的情操,风格淳朴自然。选自《晋诗》卷一七。

[原文]

昔欲居南村[1],
非为卜其宅[2]。
闻多素心人[3],
乐与数晨夕[4]。
怀此颇有年,
今日从兹役[5]。
弊庐何必广[6],
取足蔽床席。
邻曲时时来[7],
抗言谈在昔[8]。
奇文共欣赏[9]。
疑义相与析[10]。

[注释]

[1] 南村：在浔阳(今江西九江)城下。诗人《与殷晋安别》曰："去岁家南里，薄作少时邻。""南里"就是南村。

[2] 卜其宅：选择住宅。"卜"本义是用火灼龟甲，根据裂纹来预测吉凶，引申之，选择吉祥的事物也称"卜"。"卜宅"即选择住宅。《史记·周本纪》："太史公曰：学者皆称周伐纣，居洛邑，综其实不然。武王营之，成王使召公卜居，居九鼎焉，而周复都丰镐。"又《秦本纪》："乃卜居之，占曰吉，即营邑之。"《齐诗》卷一竟陵王萧子良《行宅》："访宇北山阿，卜居西野外。幼赏悦禽鱼，早性羡蓬艾。"《全梁文》卷四四任昉《齐司空曲江公行状》："将欲使功遂之日，身退有所，爰乃卜宇金陵，萦带林壑。"《左传·昭公三年》："谚曰：'非宅是卜，唯邻是卜。'二三子先卜邻矣。""非为卜其宅"正是这个意思。

[3] 素心：纯洁的心，或曰心地纯洁。《文选·颜延年〈陶徵士诔〉》："弱不好弄，长实素心。"《宋书·谢灵运传》载《撰征赋》："本文成之素心，要王子于云仞。"《晋诗》卷一七陶渊明《饮酒》："若不委穷达，素抱深可惜。""素抱"与"素心"同。"素"本是白色生绢，引申有纯洁、真诚之义。"素心人"指心地善良纯洁的人。

[4] 数晨夕：谈论家常，说今道古。"数"是称说、谈论的意思。《荀子·劝学》："故诵数以贯之，思索以通之，为其人以处之，除其害者以持养之。"清俞樾《诸子平议》曰："诵数犹诵说也……凡称说必一一数之，故即谓之数。'诵数以贯之'，犹云诵说以贯之。"《礼记·儒行》："遽数之，不能终其物；悉数之，乃留，更仆，未可终也。"唐孔颖达疏："数，说也。"《宋书·颜延之传论》："而据笔数罪，陵儭犯逆，余彼兹亲，垂之虎吻，以此为忠，无闻前语。""数罪"即一一陈说罪状。晨夕，即早晚，指家常事、家常话。

[5] 兹役：这件事。陶渊明对选择邻居很看重，诗中常有表现，如《晋诗》卷一六《示周续之祖企谢景夷三郎时三人共在城北讲礼校书》："老夫有所爱，思与尔为邻。愿言谢诸子，从我颖水滨。"

[6] 弊庐：破旧的房子。《晋诗》卷一七陶渊明《饮酒》："弊庐交悲风，荒草没前庭。""弊庐何必广"谓陋室何必要宽大？《晋诗》卷一七陶渊明《戊申岁六月中遇火》："草庐寄穷巷，甘以辞华轩。"也是这个意思。

[7] 邻曲：邻里；邻居。《晋诗》卷一六陶渊明《游斜川》："天气澄和，风物闲美，与二三邻曲，同游斜川。"又《答庞参军》："三复来贶，欲罢不能。自尔邻曲，冬春再交。款然良对，忽成旧游。"

[8] 抗言：本义为高声而言，也指反驳。《后汉书·董卓传》："公卿以下莫敢对。卓又抗言曰：'昔霍光定策，延年按剑。有敢沮大议，皆以军法从之。'坐者震

动。"《三国志·吴志·吾粲传》:"遭二宫之变,抗言执正,明嫡庶之分。"《宋书·王弘传》:"但成旨已决,涣汗难反,加臣懦劣,少无此志,进不能抗言陈辞,以死自固;退不能重茧置冰,鲜食为瘠。"《魏书·游明根传》:"于时群官莫不失色顺旨,肇独抗言以为不可,终不下署。"这里指热烈交谈。　　在昔:过去;以往。《尚书·君奭》:"我闻在昔,成汤既受命。"《魏诗》卷四魏文帝曹丕《黎阳作》:"在昔周武,爰暨公旦,载主而征,救民涂炭。"又卷六陈思王曹植《浮萍篇》:"在昔蒙恩惠,和乐如瑟琴。何意今摧颓,旷若商与参。"《晋诗》卷五陆机《挽歌辞》:"在昔良可悲,魂往一何戚。"

[9]奇文:新奇的文章。《汉书·王褒传》:"诏使褒等皆之太子宫虞侍太子,朝夕诵读奇文及所自造作。"　　欣赏:领略玩赏。《隋书·音乐志中》:"钦若皇猷,永怀王度。欣赏斯穆,威刑允措。"

[10]相与:一道;相伴。《晋诗》卷一七陶渊明《癸卯岁始春怀古田舍》:"日入相与归,壶浆劳近邻。"又《饮酒》:"山气日夕佳,飞鸟相与还。"又:"故人赏我趣,挈壶相与至。"参见《颜氏家训·杂艺》注[5]。

15. 子 夜 歌

[题解]

　　这首诗是《吴声歌曲·子夜歌四十二首》之一,载于《晋诗》卷一九《清商曲辞》,又载于《乐府诗集》卷四四。逯钦立引《唐书·乐志》曰:"子夜歌者,晋曲也。晋有女子名子夜,造此声,声过哀苦。"此为一说。"子夜歌"多用谐音、暗喻等方式巧妙地表达男女之情。这里选录的一首就是以浓雾遮隐,看不清芙蓉,喻写郎的犹豫、对待爱情的不明朗态度。

[原文]

我念欢的的[1],

子行由豫情[2]。

雾露隐芙蓉[3],

见莲不分明[4]。

[注释]

　　[1]欢:古时男女相爱,女称男子为"欢"。《晋诗》卷一九《清商曲辞·吴声歌曲·子夜歌》:"自从别欢来,奁器了不开。头乱不敢理,粉拂生黄衣。""欢愁侬亦

惨,郎笑我便喜。""怜欢好情怀,移居作乡里。"又《子夜变歌》:"人传欢负情,我自未尝见。三更开门去,始知子夜变。" 的的:鲜明;清晰。《宋诗》卷一一《清商曲辞·读曲歌》:"闺阁断信使,的的两相忆。"《梁诗》卷一二王僧孺《为人述梦》:"工知想成梦,未信梦如此。皎皎无片非,的的一皆是。"又卷二八刘泓《咏繁华》:"可怜宜出众,的的最分明。秀眉开双眼,风流著语声。"

[2] 子:犹"君",称对方。 行:处,持有。《晋诗》卷一九《清商曲辞·子夜歌》:"依作北辰星,千年无转移。欢行白日心,朝东暮还西。"《宋诗》卷一一《清商曲辞·华山畿》:"郎情难可道,欢行豆挟心,见获多欲绕。"《齐诗》卷二王仲雄《懊侬曲歌》:"君行不净心,那得恶人题。" 由豫:即"犹豫"。《宋诗》卷一一《清商曲辞·读曲歌》:"依心常慊慊,欢行由豫情。雾露隐芙蓉,见怜讵分明。"

[3] 雾露:雾。《史记·袁盎晁错列传》:"淮南王为人刚,如有遇雾露行道死,陛下竟为以天下之大弗能容,有杀弟之名,奈何?"《汉书·韩安国传》:"臣闻五帝不相袭礼,三王不相复乐,非故相反也,各因世宜也。且高帝身被坚执锐,蒙雾露,沐霜雪,行几十年,所以不报平城之怨者,非力不能,所以休天下之心也。"《水经注·河水四》:"其中水流交冲,素气云浮,往来遥观者,常若雾露沾人,窥深悸魂。"据闵家骥《简明吴方言词典》引《越谚》:"一日雾露三日雨,三日雾露无有雨。"现在浙江方言还称"雾"为"雾露"。

[4] 见莲:即"见怜",谐音双关,意思是"爱我","见"为反身代词,指自己。参见《贤愚经·长者无耳目舌品》注[63]。 分明:清楚,明白。《宋诗》卷一一《清商曲辞·读曲歌》:"譬如水上影,分明不可得。"《梁诗》卷一梁武帝萧衍《子夜四时歌·秋歌》:"当信抱梁期,莫听回风音。镜中两入鬓,分明无两心。"又卷一四梁昭明太子萧统《拟古诗》:"念人一去许多时,眼语笑厣近来情,心怀心想甚分明。"按:"子夜歌"中多有以芙蓉、莲子作喻的,如《晋诗》卷一九《子夜四时歌·夏歌》:"朝登凉台上,夕宿兰池里。乘风采芙蓉,夜夜得莲子。"又:"芙蓉始结叶,抛艳未成莲。"又《秋歌》:"处处种芙蓉,婉转得莲子。"

16. 团 扇 郎

[题解]

本诗选自《晋诗》卷一九《清商曲辞》,为《团扇郎六首》之一,又载于《乐府诗集》卷四五。这是一首情歌,流露了对负心人的不满。

[原文]

团扇薄不摇[1],

窈窕摇蒲葵[2]。

相怜中道罢[3]，

定是阿谁非[4]？

[注释]

[1] 团扇：圆形有柄的扇子。一般女子用之较多，在表现男女情爱的诗中多有描写。如《晋诗》卷五陆机《班婕妤》："婕妤去辞宠，淹留终不见。寄情在玉阶，托意惟团扇。"又卷一三桃叶《答王团扇歌三首》："七宝画团扇，灿烂明月光。与郎却喧暑，相忆莫相忘。""青青林中竹，可作白团扇。动摇郎玉手，因风托方便。"　薄：语助。《团扇郎六首》："犊车薄不乘，步行耀玉颜。""御路薄不行，窈窕决横塘。""白练薄不著，趣欲著锦衣。"皆其例。参见《晋诗·与殷晋安别》注[5]。

[2] 窈窕：形容姿态、举止轻盈优美。《晋诗》卷一九《清商曲辞·子夜四时歌·春歌》："情人戏春月，窈窕曳罗裾。"又《夏歌》："轻袖拂华妆，窈窕登高台。"又《团扇郎六首》："御路薄不行，窈窕决横塘。"参见《汉诗·羽林郎》注[11]。　蒲葵：植物名。形似棕榈，叶大，可以用来制作蓑、笠和扇。旧题晋嵇含《南方草木状》卷上曰："蒲葵如栟榈，而柔薄可为葵笠。"

[3] 相怜：相爱。　中道罢：中途停止，即言不再相爱了。《魏诗》卷七陈思王曹植《怨诗行》："恩情中道绝，流止任东西。"亦其义。

[4] 定：究竟；到底。《晋诗》卷一七陶渊明《拟古诗九首》："自从分别来，门庭日荒芜。我心固匪石，君情定何如？"《宋诗》卷一一《清商曲辞·襄阳乐》："腹中车轮转，欢今定怜谁？"《世说新语·言语》："邓艾口吃，语称'艾艾'。晋文王戏之曰：'卿云艾艾，定是几艾？'"　阿谁：就是"谁"，不定代词。《汉诗》卷一二《古诗》："道逢乡里人，家中有阿谁？""烹谷持作饭，采葵持作羹。羹饭一时熟，不知贻阿谁。"《梁诗》卷二九《横吹曲辞·东平刘生歌》："东平刘生安东子，树木稀，屋里无人看阿谁？"参见《洛阳伽蓝记·景宁寺》注[5]。

17. 正 月 歌

[题解]

这首诗选自《晋诗》卷一九《清商曲辞·月节折扬柳歌》，从正月算起到十二月，再加上"闰月歌"，共计十三首。这一首诗用正月里春风初起，大地复苏，新芽代替枯枝的自然现象作喻，描写了女子遭遗弃的悲伤痛苦之情。

[原文]

春风尚萧条[1]，
去故来如新[2]，
苦心非一朝[3]。
折扬柳[4]，
愁思满腹中[5]，
历乱不可数[6]。

[注释]

[1] 萧条：形容风的凄冷、萧瑟。《宋诗》卷七鲍照《拟行路难》："朔风萧条白云飞，胡笳哀急边气寒。"《齐诗》卷三谢朓《观朝雨》："朔风吹飞雨，萧条江上来。""萧条"还有寂寞、惆怅、悲凉义，如《宋诗》卷八鲍照《发后渚》："从军乏衣粮，方冬与家别。萧条背乡心，凄怆清渚发。"《梁诗》卷一六刘孝绰《酬陆长史倕》："萧条聊属和，寂寞少知音。"《陈诗》卷一〇昙瑗《游故苑》："萧条四野望，惆怅将如何。"《隋诗》卷一孙万寿《行经旧国》："萧条金阙远，怅望羁心愁。"

[2] 去故来如新：故人离去，又来新人。参见《汉诗·羽林郎》注[22]。"如"字《乐府诗集》作"入"。

[3] 苦心：忧愁；伤感；伤心。《魏诗》卷四魏文帝曹丕《善哉行》："君子多苦心，所愁不但一。"《晋诗》卷一五湛方生《怀归谣》："感羁旅兮苦心，怀桑梓兮增慕。"又卷一九《清商曲辞·子夜四时歌·春歌》："自从别欢后，叹昔不绝响，黄蘗向春生，苦心随日长。"这是双关语。

[4] 折扬柳：这是应诗题《月节折扬柳歌》语，每首歌都有此句。

[5] 愁思：悲伤。为古诗中习用语。《魏诗》卷七陈思王曹植《赠王粲》："端坐苦愁思，揽衣起西游。"又《七哀》："明月照高楼，流光正徘徊。上有愁思妇，悲叹有余哀。"《北魏诗》卷二萧综《听钟鸣》："气郁结，涕滂沱，愁思无所托，强作听钟歌。"

[6] 历乱：凌乱；烦乱。《梁诗》卷四江淹诗："见上客兮心历乱，送短诗兮怀长叹。"《宋诗》卷七鲍照《拟行路难》："剉蘗染黄丝，黄丝历乱不可治。"《北齐诗》卷二颜之推《和阳纳言听鸣蝉篇》："历乱起秋声，参差搅人虑。"比较《齐诗》卷三谢朓《隋王鼓吹曲·钧天曲》："威凤来参差，玄鹤起凌乱。"可证"历乱"就是"凌乱"。"愁思满腹中，历乱不可数"是用丝麻等物喻心情的烦乱，这种比喻古诗中亦习用，如《宋诗》卷七鲍照《采菱歌》："愁心不可荡，春思乱如麻。"又卷一一《清商曲辞·华山畿》："腹中乱如丝，愤愤适得去，愁毒已复来。"《隋诗》卷一孙万寿《远戍江南寄京邑亲友》："心绪乱如丝，空怀畴昔时。"

（四）宋　　诗

18. 中　兴　歌

[题解]

　　这首诗选自《宋诗》卷七,描写了一个女子色衰失宠的哀怨。语言清新简洁。《中兴歌》共十首,这是第五首。作者鲍照(约 414—466 年),字明远,南朝宋东海(今山东苍山县南)人,出身寒微。曾任秣陵令、中书舍人等职。后为临海王刘子顼前军参军,子顼起兵失败,照为乱兵所杀。鲍照长于乐府诗,尤擅长七言歌行,语言凝练,风格俊逸,对后世影响颇大。内容上多表现对当时社会的不满和要求平等的强烈愿望,是刘宋时期最有代表性的杰出诗人。

[原文]

三五容色满[1],

四五妙华歇[2]。

已输春日欢[3],

分随秋光没[4]。

[注释]

　　[1] 三五容色满:谓十五岁正是丰满美丽的时候。古诗中多以“三五”“二八”“三六”等表示女子正值妙龄。如《梁诗》卷二〇梁简文帝萧纲《东飞伯劳歌》:“少年年几方三六,含娇聚态倾人目。”《陈诗》卷四陈后主叔宝《日出东南隅行》:“南威年二八,开牖敞重闱。”又卷五陆琼《玄圃宴各咏一物须筝》:“三五并时年,二八共来前。今逢泗滨树,定减琴中弦。”又卷七江总《东飞伯劳歌》:“年时二八新红脸,宜笑宜歌羞更敛。”

　　[2] 四五妙华歇:二十岁时美妙的姿容已消失。谓衰老。歇:消失,停止;凋零,衰败。《宋诗》卷七鲍照《代贫贱苦愁行》:“长叹至天晓,愁苦穷日夕。盛颜当少歇,鬓发先老白。”又《采菱歌》:“春芳行歇落,是人方未齐。”《梁诗》卷六沈约《却东西门行》:“乐去哀镜(按:《乐府诗集》卷三七作“境”)满,悲来壮心歇。”《说文·欠部》:“歇,息也。”段玉裁注:“息者,鼻息也。息之义引申为休息,故歇之义引申为止歇。”由此再引申,则有停止、竭尽和衰败、枯萎等义。《尔雅·释诂下》:“歇,

竭也。”

　　[3] 输：竭；倾尽。《魏诗》卷二王粲《从军》：“弃余亲睦恩，输力竭忠贞。”又卷
六陈思王曹植《薤露行》：“愿得展功勤，输力于明君。”《三国志·魏志·陈思王植
传》：“志或郁结，欲逞其才力，输能于明君也。”《玉篇·车部》：“输，尽也。”

　　[4] 分：情分；情义。《晋诗》卷一二卢谌《赠刘琨》：“义由恩深，分随昵加。”
《梁诗》卷一梁武帝萧衍《会三教》：“大云降大雨，随分各受荣，心想起异解，报应有
殊形。”参见《杂譬喻经·医师治王病喻》注[20]。

19. 拟 行 路 难

[题解]

　　《拟行路难》诗共十八首，这里选录其中一首。《行路难》本是汉代
歌谣，《乐府解题》说：“《行路难》备言世路艰难及离别悲伤之意。”这首
诗即表现了对世道的强烈不平与愤慨之情，是鲍照的代表作之一。

　　本诗选自《宋诗》卷七，又载于《乐府诗集》卷七〇。

[原文]

对案不能食[1]，

拔剑击柱长叹息[2]。

丈夫生世会几时[3]，

安能蝶躞垂羽翼[4]？

弃置罢官去[5]，

还家自休息[6]。

朝出与亲辞[7]，

暮还在亲侧[8]。

弄儿床前戏[9]，

看妇机中织。

自古圣贤尽贫贱，

何况我辈孤且直[10]。

[注释]

　　[1] 对案不能食：面对餐桌吃不下饭，形容愁苦之甚。这是古诗中习见的描

写。如《汉诗》卷六秦嘉《赠妇》："省书情凄怆，临食不能饭。独坐空房中，谁与相劝勉。"《魏诗》卷三徐幹《情诗》："佳肴既忘御，旨酒亦常停。顾瞻空寂寂，唯闻燕雀声。"《晋诗》卷一九《清商曲辞·子夜歌》："驻箸不能食，蹇蹇步闱里。"　案：一种放食器的小儿（形如有脚的托盘）。《急就篇》："椳杅盘案杯閜碗。"颜师古注："无足曰盘，有足曰案，所以陈举食也。"《史记·田叔列传》："（高祖）过赵，赵王张敖自持案进食，礼恭甚。"《后汉书·逸民传·梁鸿》："每归，妻为具食，不敢于鸿前仰视，举案齐眉。"

[2] 拔剑：这是古诗中表现男子忧愁烦恼的常见描写。《汉诗》卷九《乐府古辞·东门行》："盎中无斗米储，还视架上无悬衣。拔剑东门去，舍中儿母牵衣啼。"《梁诗》卷九何逊《见征人分别》："凄凄日暮时，亲宾俱伫立。征人拔剑起，儿女牵衣泣。"

[3] 丈夫：犹言"男子汉"。《宋诗》卷七鲍照《代陈思王白马篇》："丈夫设计误，怀恨逐边戎。"又《拟行路难》："诸君莫叹贫，富贵不由人。丈夫四十强而仕，余当二十弱冠辰。"《齐诗》卷二孔稚珪《白马篇》："但使强胡灭，何须甲第成。当今丈夫志，独为上古英。"　会几时：能多久。

[4] 蹀躞：即"蹀躞"，小步行走貌。《汉诗》卷九《乐府古辞·白头吟》："今日斗酒会，明旦沟水头。蹀躞御沟上，沟水东西流。"《晋诗》卷一九《清商曲辞·神弦歌》："蹀躞越桥上，河水东西流。"又可倒作"躞蹀"，《宋诗》卷一一《清商曲辞·读曲歌》："日光没已尽，宿鸟纵横飞。徙倚望行云，躞蹀待郎归。"《梁诗》卷一梁武帝萧衍《江南弄》："众花杂色满上林，舒芳耀绿垂轻阴，连手躞蹀舞春心。"　羽翼：鸟类借羽翼而飞，用以比喻人的精神状态等。《魏诗》卷一〇阮籍《咏怀诗八十二首》："再抚四海外，羽翼自飞扬。去置世上事，岂足愁我肠。"《梁诗》卷六沈约《相逢狭路间》："三子俱入门，赫奕多羽翼。若若青组纡，烟烟金铛色。"垂羽翼，形容失意丧气的样子。

[5] 弃置：抛开，犹"罢罢"。汉魏六朝诗中习用语。如《魏诗》卷六陈思王曹植《种葛篇》："往古皆欢遇，我独困于今。弃置委天命，悠悠安可任。"《齐诗》卷六韩兰英《为颜氏赋》："丝竹犹在御，愁人独向隅。弃置将已矣，谁怜微薄驱。"其他例证参见《魏诗·杂诗》注[8]"去去莫复道"条。又作"去置"，如《魏诗》卷一〇阮籍《咏怀诗八十二首》："去置世上事，岂足愁我肠。"

[6] 休息：歇息；停止。《晋诗》卷一一刘琨《答卢谌》："有鸟翻飞，不遑休息。匪桐不栖，匪竹不食。"《宋诗》卷九鲍照《学古》："齐衾久两设，角枕已双陈。愿君早休息，留歌待三春。"

[7] 亲：指父母。

[8] 还：回来。上文"还家自休息"亦其义。

[9] 弄:嬉戏;玩耍。《晋诗》卷一九《清商曲辞·子夜四时歌·春歌》:"绿荑带长路,丹椒重紫荆。流吹出郊外,共欢弄春英。"又《冬歌》:"愿欢攘皓腕,共弄初落雪。"《宋诗》卷七鲍照《拟行路难》:"春燕差池风散梅,开帏对景弄禽雀。"《左传·僖公九年》:"夷吾弱不好弄。"杜预注:"弄,戏也。"

[10] 何况:犹"况且",表示进一步的意思。《汉书·邹阳传》:"今人主诚能去骄傲之心,怀可报之意,披心腹,见情素,堕肝胆,施德厚,终与之穷达,无爱于士,则桀之犬可使吠尧,跖之客可使刺由,何况因万乘之权,假圣王之资乎!"又《鲍宣传》:"小民正月朔日尚恐毁败器物,何况于日亏乎!"　孤且直:孤高又耿直。《北齐书·厍狄士文传》:"士文性孤直,虽邻里至亲莫与通狎。"《北史·房彦谦传》:"清介孤直,未必高第;卑谄巧官,翻居上等。""且"是连词,"又"的意思,常连接两个相近或相对的词或词组,是古诗中习见的行文方式。《梁诗》卷一〇吴均《与柳恽相赠答》:"相思咽不言,洞房清且肃。"又《赠柳真阳》:"王孙清且贵,筑室芙蓉池。"即其例。

20.华　山　畿

[题解]

　　本诗为《宋诗》卷一一《清商曲辞·华山畿二十五首》之一,又载于《乐府诗集》卷四六。据《古今乐录》记载,宋少帝时,南徐一士子从华山畿往云阳,见客舍有一女子,悦之无因,遂感心疾。气欲绝,谓其母曰:"葬时车载从华山度。"母从其意,比至客舍女子门,牛不肯前。女出歌曰:"华山畿,君既为侬死,独活为谁施? 欢若见怜时,棺木为侬开。"棺应声开,女遂入棺,乃合葬。这个美丽动人的爱情故事发生于华山畿,因之也成了曲名。《华山畿二十五首》皆叙述男女恋情,其手法多用比喻和谐音双关等,婉转而又质朴。

[原文]

将懊恼[1],

石阙昼夜题[2],

碑泪常不燥[3]。

[注释]

　　[1] 懊恼:悲伤;哀痛。《晋诗》卷一九《清商曲辞·懊侬歌》:"懊恼奈何许,夜

闻家中论,不得侬与汝。"《宋诗》卷一一《清商曲辞·华山畿》:"懊恼不堪止,上床解要绳,自经屏风里。"又作"懊侬",《淳化阁帖释文》卷八《宋祠部尚书会稽孔琳之书》:"日月深酷,抚膺崩叫,心肝分脍,寻绎懊侬,触感殒绝,孤思悒悒。"

[2] 石阙:石筑之门观。《说文·门部》:"阙,门观也。"汉刘向《说苑·反质》:"(秦始皇)立石阙东海上朐山界中,以为秦东门。" 题:题字,书写。谐音"啼"。《宋诗》卷一一《清商曲辞·读曲歌》:"欢相怜,今去何时来。裲裆别去年,不忍见分题。"《梁诗》卷二五梁元帝萧绎《歌曲名》:"啼乌怨别偶,曙鸟忆离家,石阙题书字,金灯飘落花。""昼夜题"谐音"昼夜啼",谓日夜哭泣。

[3] 碑泪:谐音"悲泪"。以题石碑为喻的古诗有许多,如《宋诗》卷一一《清商曲辞·华山畿》:"别后常相思,顿书千丈阙,题碑无罢时。""题碑"谐音"啼悲"。又《读曲歌》:"打坏木栖床,谁能坐相思。三更书石阙,忆子夜啼碑。""啼碑"即"啼悲"。《晋诗》卷一九《清商曲辞·子夜歌》:"崎岖相怨慕,始获风云通。玉林语石阙,悲思两心同。"这里用的也是双关手法。 不燥,不干燥,即常流泪之义。

21. 读曲歌

[题解]

选自《宋诗》卷一一《清商曲辞·读曲歌》,又载于《乐府诗集》卷四六。逯钦立题解曰:"《宋书·乐志》曰:读曲歌者,民间为彭城王义康所作也。其歌云'死罪刘领军,误杀刘第四'是也。《古今乐录》曰:读曲歌者,元嘉十七年,袁后崩,百官不敢作声歌,或因酒宴,止窃声读曲细吟而已。"《读曲歌》多用比喻、双关等手法表现男女爱情。语言质朴无华,多俚俗语。共八十九首,兹选录一首。

[原文]

自从近日来[1],
了不相寻博[2]。
竹帘裲裆题[3],
知子心情薄[4]。

[注释]

[1] 自从:介词连用,从。《晋诗》卷一九《清商曲辞·子夜歌》:"自从别郎来,

何日不咨嗟。"《宋诗》卷一一《清商曲辞·读曲歌》："自从别郎后,卧宿头不举。"《梁诗》卷二〇梁简文帝萧纲《独处怨》："自从征马去,音信不曾通。"又卷二九《清商曲辞·攀杨枝》："自从别君来,不复著绫罗。"

[2] 了:全然;完全,用于否定副词之前。《全晋文》卷二三王羲之《杂帖》："顷日了不得食,至为虚劣。"《晋诗》卷一六陶渊明《癸卯岁十二月中作与从弟敬远》："劲气侵襟袖,箪瓢谢屡设。萧索空宇中,了无一可悦。"《宋诗》卷七鲍照《吴歌》："人言荆江狭,荆江定自阔。五雨了无闻,风声那得达。"又卷一一《清商曲辞·读曲歌》："空中人,住在高橹深阁里。书信了不通,故使风往尔。"《梁书·庾肩吾传》："但以当世之作,历方古之才人,远则扬、马、曹、王,近则潘、陆、颜、谢,而观其遗辞用心,了不相似。……裴氏乃是良史之才,了无篇什之美。"　　相:偏指代词,犹言"我"。　　寻博:寻找。《晋诗》卷一九《清商曲辞·阿子歌》："春月故鸭啼,独雄颠倒落。工知悦弦死,故来相寻博。"《宋诗》卷一一《清商曲辞·读曲歌》："近日莲违期,不复寻博子。六筹翻双鱼,都成罢去已。"《齐诗》卷六释宝月《估客乐》："初发扬州时,船出平津泊。五两如竹林,何处相寻博。""寻""博"同义,"博"也是"寻找"的意思。《宋诗》卷五荀昶《拟相逢狭路间》："邂逅相逢值,崎岖交一言。一言不容多,伏轼问君家。君家诚易知,易知复易博。"《晋诗》卷一九《清商曲辞·子夜四时歌·夏歌》："朱夏花落去,谁复相寻觅。""相寻博"犹此"相寻觅"。

[3] 裲裆:汉刘熙《释名·释衣服》:"裲裆,其一当胸,其一当背也。"就是坎肩儿、背心,前幅当胸,后幅当背,所以毕沅认为当作"两当"。王先谦亦曰:"今俗谓之背心,当背当心,亦两当之义也。"《宋诗》卷一一《清商曲辞·读曲歌》:"所欢子,问春花可怜,摘插裲裆里。"《梁诗》卷二四王筠《行路难》:"裲裆双心共一袜,袙複两边作八褟。"又卷二九《横吹曲辞·企喻歌》:"前行看后行,齐著铁裲裆。""裲裆"前后两片贴于胸,多喻男女爱情。如《晋诗》卷一九《清商曲辞·上声歌》:"裲裆与郎著,反绣持贮里。汗污莫溅浣,持许相存在。"《梁诗》卷二九《横吹曲辞·紫骝马歌》:"独柯不成树,独树不成林。念郎锦裲裆,恒长不忘心。"又作"两裆",《南史·陈武帝纪》:"童谣曰:'石头捣两裆,捣青复捣黄。'"

[4] 心情:情感;实情。"心情薄"犹今言"薄情"。这是"清商曲辞"中习见的内容。《晋诗》卷一九《清商曲辞·子夜歌》:"感欢初殷勤,叹子后辽落。打金侧瑇瑁,外艳里怀薄。""念爱情慊慊,倾倒无所惜。重帘持自鄣,谁知许厚薄。"这是双关语。《宋诗》卷一一《清商曲辞·读曲歌》:"谁交强缠绵,常持罢作意。走马织悬帘,薄情奈当驶。"皆其例。

（五）齐　　诗

22. 懊 侬 曲 歌

［题解］

　　本诗选自《齐诗》卷二，原载于《南齐书·王敬则传》。作者王仲雄，晋陵南沙人，南齐大将军王敬则之子。仲雄善弹琴，擅名当时。明帝时，江左有蔡邕焦尾琴，上敕五日一给仲雄，仲雄于御前鼓琴作《懊侬曲歌》，表现了多情女子对负心郎的谴责和不满，以影射皇上对宿臣的疑心和忧惧。语言纯朴而又充满激情。

［原文］

常叹负情侬[1]，

郎今果何许[2]？

君行不净心[3]，

那得恶人题[4]。

［注释］

　　［1］负情侬：负情的女子。《晋诗》卷一九《清商曲辞·子夜歌》：“郎为傍人取，负侬非一事。摘门不安横，无复相关意。”“负”是辜负、背叛的意思。《晋诗》卷一九《清商曲辞·月节折扬柳歌·七月歌》：“揽结长命草，同心不相负。”又《子夜变歌》：“人传欢负情，我自未尝见。三更开门去，始知子夜变。”

　　［2］果：究竟；到底。《史记·伍子胥列传》：“九年，吴王阖庐谓子胥、孙武曰：‘始子言郢未可入，今果如何？’”又《魏世家》：“翟璜曰：‘今者闻君召先生而卜相，果谁为之？’”唐韩愈《与冯宿论文书》：“不知其人果如何耳。”　　何许：如何；怎样。《齐诗》卷三谢朓《晚登三山还望京邑》：“佳期怅何许？泪下如流霰。”又《在郡卧病呈沈尚书》：“良辰竟何许？凤昔梦佳期。”《陈诗》卷八江总《并州羊肠坂》：“关山定何许？徒御惨悲凉。”《南史·鲍泉传》：“后为通直侍郎。常乘高幰车，从数十左右，伞盖服玩甚精。道逢国子祭酒王承，承疑非旧贵，遣访之，泉从者答曰：‘鲍通直。’承怪焉，复欲辱之，遣逼车问：‘鲍通直复是何许人，而得如此！’”

　　［3］不净：不洁净，肮脏。“行”是“处”的意思。参见《晋诗·子夜歌》注［2］。行不净心：犹言心眼不正、心眼坏。

[4] 那得：怎么能。参见《搜神记·卢充》注[14]。　　恶：厌恶。"恶人题"意思是厌恶别人评论。

（六）梁　　诗

23. 棹　歌　行

[题解]

　　这是一首以女子口吻唱出的采菱划船曲，文辞华丽，对仗工整。作者梁简文帝萧纲（503—551 年），字世缵，南兰陵（今江苏常州西北）人，梁武帝第三子，善属文，好题诗，然多描写宫廷生活，轻靡绮艳，当时号曰"宫体"。后继王位，仅两年即被贼臣侯景杀害。《梁书》有传。

　　本诗选自《梁诗》卷二〇，又载于《乐府诗集》卷四〇。

[原文]

> 妾家住湘川，
> 菱歌本自便[1]。
> 风生解刺浪[2]，
> 水深能捉船[3]。
> 叶乱由牵荇[4]，
> 丝飘为折莲。
> 溅妆疑薄汗[5]，
> 沾衣似故湔[6]。
> 浣纱流暂浊[7]，
> 汰锦色还鲜[8]。
> 参同赵飞燕[9]，
> 借问李延年[10]。
> 从来入弦管[11]，
> 讵在棹歌前[12]。

[注释]

　　[1] 菱：一种水生草本植物，果实有硬壳，四角或两角，俗称菱角，可食用。菱

歌，即采菱之歌。《宋诗》卷七鲍照《采菱歌》："箫弄澄湘北，菱歌清汉南。"《北齐诗》卷一魏收《晦日泛舟应诏》："袅袅春枝弱，关关新鸟呼。棹唱忽逶迤，菱歌时顾慕。"唐卢照邻《幽忧子集》卷二《七夕泛舟》："日晚菱歌唱，风烟满夕阳。"采菱时多唱歌，《水经注·滱水》："至若娈童丱角，弱年女子，或单舟采菱，或叠舸折芰（按：芰，原误作艾），长歌阳春，爱深渌水，掇拾者不言疲，谣咏者自相和（按："相和"二字据王国维校补）。"　　便：善于；擅长。《全三国文》卷四七嵇康《与山巨源绝交书》："素不便书，又不喜作书，而人间多事，堆案盈机。"《三国志·吴志·吴主传》裴松之注引《献帝春秋》："向有紫髯将军，长上短下，便马善射，是谁？"《魏书·南安王传》："性识聪敏，博闻强记，便弓马，解吹笛，微晓医术。"

〔2〕解：能；会。南朝齐求那毗地译《百喻经·三重楼喻》："往昔之世，有富愚人，痴无所知，到馀富家，见三重楼，高广严丽……即唤木匠而问言曰：'解作彼家端正舍不？'木匠答言：'是我所作。'"《梁诗》卷一七刘缓《在县中庭看月》："移榻坐庭阴，初弦时复临。侍儿能劝酒，贵客解弹琴。""能"与"解"对文同义。异文也可证"解"为"能"义。《敦煌变文集·搜神记》："主人问曰：'女有何伎能？'女曰：'我解织。'"同一事，在晋干宝《搜神记》卷一"董永"条中的记载是："主曰：'妇人何能？'永曰：'能织。'"是"解织"犹"能织"。　　刺浪：划水。"刺"有划水撑船之义。《庄子·渔父》："客曰：'……吾去子矣！'乃刺船而去，延缘苇间。"《史记·陈丞相世家》："平恐，乃解衣裸裎而佐刺船。"

〔3〕捉船：撑船，划船。南朝齐求那毗地译《百喻经·口诵乘船法而不解用喻》："昔有大长者子，共诸商人入海采宝。此长者子善诵入海捉船方法。'若入海，水漩洑洄流矶激之处，当如是捉，如是正，如是住。'语众人言：'入海方法我悉知之。'众人闻已，深信其语。……至洄洑驶流之中，唱言：'当如是捉，如是正。'船盘回旋转，不能前进至于宝所。举船商人没水而死。"是"捉"有划船之义。

〔4〕荇：一种水生植物，又名接余。嫩时可供食用。《诗·周南·关雎》："参差荇菜，左右流之。"毛传："荇，接余也。"孔颖达疏："接余，白茎，叶紫赤色，正圆，径寸余，浮在水上，根在水底……上青下白。鬻其白茎，以苦酒浸之，肥美，可案酒是也。"

〔5〕疑：似，如。《梁诗》卷一〇吴均《采莲曲》："江风当夏清，桂楫逐流萦，初疑京兆剑，复似汉冠名。"又卷一六刘孝绰《于座应令咏梨花》："杂雨疑霰落，因风似蝶飞。"又卷二五梁元帝萧绎《巫山高》："树杂山如画，林暗涧疑空。"又卷二六沈旋《咏萤火》："泊树类奔星，集草疑余燎。"又卷二七朱超《咏孤石》："对影疑双阙，孤生若断云。"诗中"疑"字多与"似""如""类""若"等同义词相应。此诗亦以"疑薄汗"与"似故溷"相对应。

〔6〕湔：洗濯。《史记·扁鹊仓公列传》："湔浣肠胃，漱涤五藏。"《说文·水

部》："湔,一曰手澣之。"《广韵·仙韵》："湔,洗也。"

　　[7]浣:洗。《公羊传·庄公三十一年》："临民之所漱浣也。"何休注："无垢加工曰漱,去垢曰浣,齐人语也。"《晋诗》卷一九《清商曲辞·上声歌》："裲裆与郎著,反绣持贮里。汗污莫溅浣,持许相存在。"

　　[8]汏:洗涤。《晋书·孙绰传》："绰性通率,好讥调。尝与习凿齿共行,绰在前,顾谓凿齿曰:'沙之汏之,瓦石在后。'凿齿曰:'簸之扬之,糠秕在前。'"鲜:鲜艳;新鲜。《汉书·广川惠王刘越传》："昭信复谮望卿曰:'与我无礼,衣服常鲜于我。'"颜师古注："鲜,谓新华也。"《晋诗》卷一九《清商曲辞·前溪歌》："黄葛结蒙笼,生在洛溪边,花落逐水去,何当顺流还,还亦不复鲜。"

　　[9]参同:相合;一致。《韩非子·主道》："有言者自为名,有事者自为形,形名参同,君乃无事焉。"《后汉书·襄楷传》："其文易晓,参同经典,而顺帝不行。"
　　赵飞燕:汉成帝皇后,善歌舞,以体轻,故称"飞燕"。

　　[10]借问:问候;问讯。《全后汉文》卷三八辑应劭《风俗通义》佚文(出《太平御览》卷五一六、八二七):"陈留太守泰山吴文章,少孤,遭忧衰之世,与兄伯武相失。别二十年后,相会下邳市中,争计共斗。伯武殴文章,文章欲报击之,心中凄怆,手不能举,大自怪也。因投杖于地,观者咸笑之。更相借问,乃亲兄也。"《梁诗》卷一七吴孜《春闺怨》："玉关信使断,借问不相谙。"又卷一九萧子范《后堂听蝉》："借问边城客,伤情宁可言。"《陈诗》卷二张正见《采桑》："人多羞借问,年少怯逢迎。恐疑夫婿远,聊复答专城。"　　李延年:汉代音乐家,中山(即今河北定州)人。善歌,又善创新声,曾作"横吹曲",用于军中。汉武帝时,在乐府中任协律都尉。

　　[11]从来:历来;一向。《梁诗》卷九何逊《往晋陵联句》："从来重分阴,未曾轻尺璧。"又卷二三庾肩吾《赋得有所思》："井梧生未合,宫槐卷复稀。不及衔泥燕,从来相逐飞。"《隋诗》卷四薛道衡《豫章行》："荡子从来好留滞,况复关山远迢递。"

　　[12]讵:副词,相当于"岂"。　　棹歌:就是划船歌。《汉诗》卷一汉武帝刘彻《秋风辞》："泛楼船兮济汾河,横中流兮扬素波。箫鼓鸣兮发棹歌,欢乐极兮哀情多。"《晋诗》卷五陆机《棹歌行》："名讴激清唱,榜人纵棹歌。""棹"是划船工具。

24. 代秋胡妇闺怨

[题解]

　　本诗载于《梁诗》卷二四,作者邵陵王萧纶,字世调,梁武帝第六子。天监十三年封邵陵郡王。出为宁远将军,琅邪、彭城二郡太守,后为江州刺史。大宝年间,假黄钺,都督中外诸军事,兵败,为西魏杀害。《梁书》卷二九有传,称其"博学善属文,尤工尺牍"。本诗又载于《梁诗》卷二五,列为梁元帝萧绎《闺怨》诗,未知孰是。这是"思妇"诗,在汉魏六朝诗中较习见,表现孤守空房的妻子对出游在外的丈夫的深切思念和担忧。

[原文]

荡子从游宦[1],

思妾守房栊[2]。

尘镜朝朝掩[3],

寒衾夜夜空[4]。

若非新有悦[5],

何事久西东[6]。

知人相忆否[7]?

泪尽梦啼中。

[注释]

　　[1] 荡子:犹"游子",出游未归的男子。多与思妇相对应。《汉诗》卷一二《古诗十九首》:"昔为倡家女,今为荡子妇。荡子行不归,空床难独守。"《梁诗》卷三江淹《征怨》:"荡子从征久,凤楼箫管闲。"《陈诗》卷四陈后主叔宝《有所思》:"荡子好兰期,留人独自思。落花同泪脸,初月似愁眉。"《隋诗》卷四薛道衡《昔昔盐》:"关山别荡子,风月守空闺。""荡"有出游之义,《陈诗》卷一〇释洪偃《登吴升平亭》:"旅人聊策杖,登高荡客情。""荡客"与"旅人"同义,亦犹"荡子"。　　游宦:离家在外做官,或外出谋求官职。《史记·张丞相列传》:"而相工本谓之当为侯代父,而后失之;复自游宦而起,至丞相。"又:"太史公曰:深惟士之游宦所以至封侯者,微甚。"《晋诗》卷五陆机《为顾彦先赠妇》:"借问叹何为? 佳人渺天末。游宦久不归,山川修且阔。"

　　[2] 思妾:悲伤的妇人,通常指思念远行丈夫的妇人。《陈诗》卷五徐陵《梅花落》:"娼家怨思妾,楼上独徘徊。""怨思妾"犹"思妾"。《乐府诗集》卷三三唐乔知之《从军行》:"南庭结白露,北风扫黄叶。此时鸿雁来,惊鸣催思妾。"诗中多作"思妇",如《晋诗》卷五陆机《为顾彦先赠妇》:"东南有思妇,长叹充幽闼。"《陈诗》卷五徐陵《关山月》:"关山三五月,客子忆秦川。思妇高楼上,当窗应未眠。"　　房栊:

窗户。《宋诗》卷四谢惠连诗：“夕坐苦多虑，行歌践闱中。房栊引倾月，步檐结春风。”《梁诗》卷九何逊《闺怨》：“闺阁行人断，房栊月影斜。谁能北窗下，独枕后园花。”按，“房栊”还有室内义。《梁诗》卷二八刘氏《赠夫》：“妆铅点黛拂轻红，鸣环动佩出房栊。”《陈诗》卷六贺彻《采桑》：“蚕妾出房栊，结伴类花丛。”辞书仅释“房栊”为“窗户”，不完备。

[3] 尘镜：有了灰尘的镜子，喻久不梳妆。《陈诗》卷一阴铿《和樊晋陵伤妾》：“镜前尘剧粉，机上网多丝。”

[4] 衾：被子。

[5] 若非：如果不是。表示假设的连词。《梁诗》卷九何逊《至大雷联句》：“若非今宴适，讵使客愁轻。”又卷一二王僧孺《登高台》：“若非邯郸美，便是洛阳才。”《水经注·洧水》：“（卓茂）温仁宽雅，恭而有礼。人有认其马者，茂与之，曰：‘若非公马，幸至丞相府归我。’遂挽车而去。后马主得马，谢而还之。”

[6] 何事：何必；为何。《晋诗》卷七左思《招隐》：“非必丝与竹，山水有清音。何事待啸歌，灌木自悲吟。”《宋诗》卷一〇吴迈远《长相思》：“闺阴欲早霜，何事空盘桓。”《梁诗》卷一梁武帝萧衍《戏题刘孺手板》：“揽笔便应就，何事久迟回？”《隋诗》卷五王胄《言反江阳寓目瀌浍赠易州陆司马》：“信美非吾乐，何事久盘桓？”

久西东：喻长久分离。参见《陈诗·别袁昌州》注[5]。

[7] 知人相忆否：犹言“知道我思念你吗？”。人，相当于“我”，此为思妾自称。《汉书·霍光传》：“今丞相用事，县官信之……益不信人。”意思是：皇帝更加不信任我。《三国志·魏志·钟会传》载司马师之言：“惟钟会与人意同。”言与我意同。参见《三国志·华佗传》注[15]。　　相：指称对方，犹言“你”，为第二人称代词。参见《幽明录·卖胡粉女》注[12]。

25. 车中见美人

[题解]

　　本诗描绘了一个动人的画面：路上，一个美妙女子轻盈婀娜的身影；车中，一男子远远地瞧着女子，弄得神魂颠倒，不禁慨叹：远看竟如此六神无主，要是得到了该会怎样呢？描绘与议论的结合，使美人之美和车中人之痴相得益彰，表现得淋漓尽致。这首诗选自《梁诗》卷二四，作者邵陵王萧纶，详《代秋胡妇闺怨》题解。

［原文］

关情出眉眼[1]，

软媚著腰肢[2]。

语笑能娇媒[3]，

行步绝逶迤[4]。

空中自迷惑[5]，

渠傍会不知[6]。

悬念犹如此[7]，

得时应若为[8]？

［注释］

[1] 关情：关涉情怀，萦绕于心，引申为动情。《梁诗》卷二〇梁简文帝萧纲《美女篇》："佳丽尽关情，风流最有名。"《陈诗》卷一沈炯《六甲》："已乃忘怀客，荣乐尚关情。"《隋诗》卷七丁六娘《十索》："含娇不自转，送眼劳相望。无那关情伴，共入同心帐。""关"有关涉、感动之义，《宋诗》卷七鲍照《代堂上歌行》："筝笛更弹吹，高唱好相和。万曲不关心，一曲动情多。欲知情厚薄，更听此声过。""关心"即动心。《梁诗》卷二八沈满愿《摘同心栀子赠谢娘因附此诗》："两叶虽为赠，交情永未因。同心何处恨，栀子最关人。""最关人"言最动人心。 眉眼：指容貌。《梁诗》卷二二梁简文帝萧纲《赠丽人》："腰肢本犹绝，眉眼特惊人。判自无相比，还来有洛神。"又《咏美人看画》："分明净眉眼，一种细腰身。"关情出眉眼：谓眼神中表达出动人之情。

[2] 媚：娇；美；可爱。《晋诗》卷一九《清商曲辞·子夜四时歌·春歌》："妖冶颜荡骀，景色复多媚。"又《采桑度》："冶游采桑女，尽有芳春色。姿容应春媚，粉黛不加饰。"《宋诗》卷九鲍照《学古诗》："骄（按：疑是"娇"字之误）爱生盼瞩，声媚起朱唇。"《梁诗》卷二八施荣泰《杂诗》："来时娇未尽，还去媚何极。""软媚"即柔美。 腰肢：犹言体形。《梁诗》卷六沈约《少年新婚为之咏》："腰肢既软弱，衣服亦华楚。"又卷二三庾肩吾《咏美人看画》："绛树及西施，俱是好容仪。非关能结束，本自细腰肢。"

[3] 能：程度副词，甚，很。《汉诗》卷九《舞曲歌辞·淮南王》："汲寒浆，饮少年，少年窈窕何能贤。""何能"同义连言，即多么、甚。《宋诗》卷一一《清商曲辞·华山畿》："著处多逢罗，的的往年少，艳情何能多。""何能多"犹言"何其多""甚多"。《梁诗》卷二三庾肩吾《咏美人看画应令》："欲知画能巧，唤取真来映。并出

似分身,相看如照镜。"《陈诗》卷二张正见《日出东南隅行》:"罗敷妆粉能佳丽,镜前新梳倭堕鬓。"　　媄:《说文·女部》:"色好也。""娇媄",就是娇美、柔美。语笑能娇媄:语言笑声甚娇美动人。

　　[4]行步:走路;走路的姿势。《汉书·五行志上》:"故行步有佩玉之度,登车有和鸾之节,田狩有三驱之制,饮食有享献之礼。"《梁诗》卷二五梁元帝萧绎《半路溪》:"相逢半路溪,隔溪犹不度。望望判知是,翩翩识行步。"　　绝:甚,极,副词。《史记·伍子胥列传》:"秦女绝美,王可自取,而更为太子取妇。"《梁诗》卷二○梁简文帝萧纲《采菊篇》:"月精丽草散秋株,洛阳少妇绝妍姝。"《北魏诗》卷四《仙道·化胡歌》:"姿容甚丽妍,天姿绝端严。"《北周诗》卷四庾信《山中》:"涧暗泉偏冷,岩深桂绝香。"《玉篇·糸部》:"绝,最也。"　　逶迤:曲折宛转貌。这里是形容女子行路的姿态婀娜。《梁诗》卷九何逊《增新曲相对联句》:"酒阑日隐树,上客请调弦,娇人挟瑟至,逶迤未肯前。"《陈诗》卷七江总《杂曲》:"房栊宛转垂翠幕,佳丽逶迤隐珠箔。""逶迤"还可以状山路的蜿蜒起伏,可以状水流的曲折回环,可以状声音的委婉美妙,可以状烟气的袅袅升腾。如《梁诗》卷一○吴均《行路难》:"逶迤好气佳容貌,经过青琐历紫房。"《梁诗》卷二八沈满愿《挟琴歌》:"逶迤起尘唱,宛转绕梁声。"《陈诗》卷四陈后主叔宝《朱鹭》:"涧曲多岩树,逶迤复断续。"总之,凡委婉曲折貌皆可用"逶迤"来表示。

　　[5]空中:有凭空、独自的意思。《南齐书·张敬儿传》:"敬儿武将,不习朝仪,闻当内迁,乃于密室中屏人学揖让答对,空中俯仰,如此竟日,妾侍窃窥笑焉。"《梁书·鄱阳忠烈王恢传》:"后又目有疾,久废视瞻,有北渡道人慧龙得治眼术,恢请之。既至,空中忽见圣僧,及慧龙下针,豁然开朗,咸谓精诚所致。"《魏书·僭晋司马叡传》:"会稽内史王凝之事五斗米道,恩之来也,弗先遣军,乃稽颡于道室,跪而咒说,指麾空中,若有处分者。"　　迷惑:犹言心神颠倒、迷乱无主。《梁诗》卷二七费昶《有所思》:"北方佳丽子,窈窕能回顾。夫君自迷惑,非为妄心妒。"《北周诗》卷六无名氏《第三无色界魔王歌》:"空中万变秽气纷葩,保真者少迷惑者多。""迷惑"同义连言。《梁诗》卷一九伏挺《行舟值早雾》:"听猿方忖岫,闻濑始知川。渔人惑澳浦,行舟迷溯沿。""惑""迷"同义对文,是其证。空中自迷惑:谓凭空地就迷惑了。

　　[6]渠傍:他人。渠、傍,都有他或他人的意思。《梁诗》卷二九《横吹曲辞·黄淡思歌》:"与郎相知时,但恐傍人闻。"《北齐诗》卷一魏收《看柳上鹊》:"何独离娄意,傍人但未听。"《三国志·吴志·赵达传》:"滕如期往,至,乃阳求索书,惊言失之,云:'女婿昨来,必是渠所窃。'"　　会:终;终究。副词。《汉诗》卷一○《乐府古辞·古诗为焦仲卿妻作》:"吾已失恩义,会不相从许。"《宋诗》卷七鲍照《拟行路难》:"莫言草木委冬雪,会应苏息遇阳春。"《北周诗》卷四庾信《春望》:"落花何

假拂，风吹会并来。”《隋诗》卷六虞世基《赋得戏燕俱宿》：“千里争飞会难并，聊向吴宫比翼栖。”渠傍会不知：是说他人都不知道。

[7]悬念：遥想。“悬”有遥远的意思。《梁诗》卷一九武陵王萧纪《和湘东王夜梦应令》：“昨夜梦君归，贱妾下鸣机。悬知意气薄，不著去时衣。”《北齐诗》卷二萧悫《奉和元日》：“遥见飞凫下，悬知叶县来。”《北周诗》卷二庾信《乌夜啼》：“桂树悬知远，风竿讵肯低。”还有“悬”与“遥”对应者。如《北周诗》卷三庾信《拟咏怀诗二十七首》：“遥看塞北云，悬想关山雪。游子河梁上，应将苏武别。”又《山斋》：“石影横临水，山云半绕峰。遥想山中店，悬知春酒浓。”《隋诗》卷二辛德源《白马篇》：“遥见浮光发，悬知上头人。”

[8]若为：如何；怎样。《梁诗》卷二九《横吹曲辞·隔谷歌》：“兄在城中弟在外，弓无弦，箭无栝，食粮乏尽若为活？救我来！救我来！”《宋书·王景文传》：“人居贵要，但问心若为耳。”《南齐书·明僧绍传》：“僧远问僧绍曰：‘天子若来，居士若为相对？’”后两句意思是说：远远地想着就心神迷乱，如果得到会怎么样呢？

26. 荡妇高楼月

[题解]

　　这是《同萧治中十咏二首》之一，选自《梁诗》卷二七，作者王台卿，据逯钦立题解，曾任刑狱参军，并为雍州刺史南平王恪门下宾客。这首诗描写了月夜思妇的孤寂心境，语言纯朴明快。

[原文]

　　　　　　空庭高楼月，
　　　　　　非复三五圆[1]。
　　　　　　何须照床里[2]，
　　　　　　终是一人眠[3]。

[注释]

　　[1]非复：不是；不再是。《梁诗》卷七沈约《别范安成》：“生平少年日，分手易前期。及尔同衰暮，非复别离时。”又卷九何逊《往晋陵联句》：“寄语落毛人，非复平原客。”又卷二〇梁简文帝萧纲《乐府·妾薄命篇十韵》：“卢姬嫁日晚，非复少年时。”　　三五圆：农历十五的圆月。“三五”即农历十五。这是古诗中习见的表达方式。《梁诗》卷八何逊《宿南洲浦》：“违乡已信次，江月初三五。”《北齐诗》卷一荀

仲举《铜雀台》:"谁堪三五夜,空对月光圆。"《北周诗》卷一杨文佑《咏定林寺桂树》:"月轮三五映,乌生八九飞。""三五"除表时间外,还表示年龄。参见《宋诗·中兴歌》注[1]。

[2] 何须:何必;不必。《齐诗》卷二孔稚珪《白马篇》:"但使强胡灭,何须甲第成。当今丈夫志,独为上古英。"《梁诗》卷二〇梁简文帝萧纲《桃花曲》:"但使新花艳,得间美人簪。何须论后实,怨结子瑕心。"又卷二一《咏舞》:"上客何须起,啼乌曲未终。"又有"不须",义同"何须"。《梁诗》卷二七梁宣帝萧詧《奉和夜听妓声》:"新歌自作曲,旧瑟不须调。"

[3] 终:终归;终究。《全上古三代文》卷四介子推从者《悬书宫门》:"龙欲上天,五蛇为辅。龙已升云,四蛇各入其宇。一蛇独怨,终不见处所。"《史记·吕太后本纪》:"(孝惠见"人彘"后)使人请太后曰:'此非人所为。臣为太后子,终不能治天下。'"《北周诗》卷四庾信《尘镜》:"明镜如明月,恒常置匣中。何须照两鬓,终是一秋蓬。"

27.梦 见 故 人

[题解]

　　这首诗选自《梁诗》卷二八,又载《玉台新咏》卷一〇,作者姚翻,身世不详。诗中描写了孤身一人守长夜的凄凉和慨叹。

[原文]

> 觉罢方知恨[1],
> 人心定不同[2]。
> 谁能对角枕[3],
> 长夜一边空[4]。

[注释]

　　[1] 觉:醒来。　　恨:遗憾;怅然。

　　[2] 定:终;终究;终归。《梁诗》卷一梁武帝萧衍《戏作》:"徒闻殊可弄,定自乏明珰。"又卷二二梁简文帝萧纲《同刘谘议咏春雪》:"看花言可插,定自非春梅。"《北周诗》卷三庾信《拟咏怀诗》:"虽言梦蝴蝶,定自非庄周。"《陈诗》卷八江总《秋日新宠美人应令》:"后宫唯闻莫琼树,绝世复有宋容华。皆自争名进女弟,定觉双飞胜荡家。"

［3］角枕：一种用角装饰的枕头。《宋诗》卷九鲍照《学古》："齐衾久两设，角枕已双陈。"《陈诗》卷七江总《妇病行》："窈窕怀贞室，风流挟琴妇。唯将角枕卧，自影啼妆久。"又卷八《秋日新宠美人应令》："翠眉未画自生愁，玉脸含啼还似笑。角枕千娇荐芬香，若使琴心一曲奏。"《隋诗》卷四薛道衡《豫章行》："空忆常时角枕处，无复前日画眉人。""角枕"在先秦时即有，《诗·唐风·葛生》："角枕粲兮，锦衾烂兮。"即其例。

［4］一边：一侧。《后汉书·五行志一》："桓帝元嘉中，京都妇女作愁眉、啼妆、堕马髻、折要步、龋齿笑。……堕马髻者，作一边。"《宋书·五行志一》："室宇豪丽，车服鲜明，乘车常偏向一边，违正立执绥之体。"《梁诗》卷二七戴暠《咏欲眠》："拂枕薰红帊，回灯复解衣。傍边知夜永，不唤定应归。""傍边知夜永"言孤单一人知道夜长，与"长夜一边空"义近。前一首诗"终是一人眠"也是这个意思。

28. 光 宅 寺

［题解］

　　本诗选自《梁诗》卷二八，作者刘令娴，为著作佐郎徐悱之妻，尚书吏部郎刘孝绰之妹，称刘三娘。这首诗描绘了盼望与情人幽会的心情。

［原文］

> 长廊欣目送[1]，
> 广殿悦逢迎[2]。
> 何当曲房里[3]，
> 幽隐无人声。

［注释］

　　［1］长廊：长的廊屋。《梁诗》卷一二王僧孺《与司马治书同闻邻妇夜织》："洞房风已激，长廊月复清。"又卷二一梁简文帝萧纲《率尔为咏》："玉阶偏望树，长廊每逐春。"

　　［2］广殿：大殿，大的屋舍。《北齐诗》卷二阳休之《正月七日登高侍宴》："广殿历年辉，上林起春色。"　　逢迎：迎接。《梁诗》卷八何逊《与崔录事别兼叙携手》："逝将穷履历，方欲恣逢迎。"《北周诗》卷二庾信《奉报赵王出师在道场赐》："小人乘摄养，歧路阻逢迎。"《陈诗》卷一阴铿《奉送始兴王》："良守别承明，枉道暂

逢迎。"逢迎"又引申为奉承、应酬,含贬义,如《梁诗》卷二一梁简文帝萧纲《蒙华林园戒》:"非为乐肥遁,特是厌逢迎。"

［3］何当:何时。《全晋文》卷二三王羲之《杂帖》:"朱博士何当还,君可致意,令速还。"《晋诗》卷一九《清商曲辞·前溪歌》:"花落逐水去,何当顺流还。"《宋诗》卷七鲍照《代北风凉行》:"问君何行何当归,苦使妾坐自伤悲。"《齐诗》卷二王融《拟古》:"花蒂今何在,亦是林下生。何当垂双鬓,团扇云间明。"《梁诗》卷一〇吴均《梅花落》:"何当与春日,共映芙蓉池。"　　曲房:深邃幽隐的房室。《文选·枚乘〈七发〉》:"往来游宴,纵恣于曲房隐间之中。"《梁诗》卷一六刘孝绰《古意送沈宏》:"复此归飞燕,衔泥绕曲房。"《北齐诗》卷一魏收《挟琴歌》:"春风宛转入曲房,兼送小苑百花香。"又有"曲堂",义与"曲房"相近。《北齐诗》卷二阳休之《咏萱草》:"开跗幽涧底,散彩曲堂垂。"即其例。

29. 木 兰 诗

[题解]

《木兰诗》最早著录于陈释智匠的《古今乐录》,《乐府诗集》收入卷二五《横吹曲辞·梁鼓角横吹曲》。本诗选自《梁诗》卷二九《横吹曲辞》。《古今乐录》曰:"木兰不知名,浙江西道观察使兼御史中丞韦元甫续附入。"木兰女扮男装,替父从军,多年征战,载誉归来。她坚毅勇敢,淡泊名利,热爱和平,是中国文学史上一个光彩照人的巾帼英雄形象。《木兰诗》是北朝后期的作品,后来可能经过隋唐文人的修饰。语言风格刚健明朗,清新朴素,充满浓郁的生活气息。

[原文]

唧唧复唧唧[1],木兰当户织[2]。不闻机杼声,唯闻女叹息。问女何所思?问女何所忆?女亦无所思,女亦无所忆。"昨夜见军帖[3],可汗大点兵[4]。军书十二卷[5],卷卷有爷名[6]。阿爷无大儿[7],木兰无长兄[8]。愿为市鞍马[9],从此替爷征。"东市买骏马,西市买鞍鞯[10],南市买辔头[11],北市买长鞭[12]。朝辞爷娘去,暮宿黄河边。不闻爷娘唤女声,但闻黄河流水鸣溅溅[13]。旦辞黄河去,暮宿黑山头。不闻爷娘唤女声,但闻燕山胡骑声啾啾[14]。万里赴戎机[15],关山度若飞[16]。朔气传金柝[17],寒光照铁衣[18]。将军百战死,壮士十年归。归来见天子,天子坐明堂[19]。策勋十二转[20],赏赐百千强[21]。可汗问所欲,木

兰不用尚书郎[22]。愿借明驼千里足[23],送儿还故乡[24]。爷娘闻女
来,出郭相扶将[25]。阿姊闻妹来,当户理红妆。小弟闻姊来,磨刀霍
霍向猪羊[26]。开我东阁门,坐我西阁床。脱我战时袍,著我旧时裳。
当窗理云鬓,对镜帖花黄[27]。出门看火伴[28],火伴始惊忙[29]:"同行
十二年,不知木兰是女郎!""雄兔脚扑朔,雌兔眼迷离[30]。双兔傍地
走[31],安能辨我是雄雌[32]?"

[注释]

[1] 唧唧:叹息声。《梁诗》卷二八施荣泰《王昭君》:"垂罗下椒阁,举袖拂胡
尘。唧唧抚心叹,蛾眉误杀人。"唐白居易《琵琶行》:"我闻琵琶已叹息,又闻此语
重唧唧。"唐张祜《捉搦歌》:"窗中女子声唧唧。"金王若虚《滹南诗话》卷二:"夫笑
而呵呵,叹而唧唧,皆天籁也。""复唧唧"原作"何力力",从《古文苑》和《乐府诗
集》改。

[2] 当:对着。下文"当户理红妆"意思同。下文"当窗理云鬓,对镜帖花黄",
正以"当"与"对"对文同义。

[3] 军帖:军中的文告。从此句开始,是木兰的话。

[4] 可汗(kè hán):古代西北地区民族对君主的称呼。《魏书·吐谷浑传》:
"楼力屈,乃跪曰:'可汗,此非复人事。'"又:"伏连筹死,子夸吕立,始自号为可
汗。"　点兵:征调丁壮,征兵。唐杜甫《新安吏》:"客行新安道,喧呼闻点兵。"
《北史·斛律金传》:"张华原以簿帐历营点兵,莫有应者。"《敦煌变文校注·张议
潮变文》:"仆射闻吐浑王反乱,即乃点兵。"

[5] 十二:和下文中"十二转""十二年"中的"十二",都是泛指,极言其多,并
非确数。下文"将军百战死,壮士十年归"中的"百"和"十"也是虚数。

[6] 爷:父亲。唐杜牧《别家》诗:"初岁娇儿未识爷,别爷不拜手吒叉。"唐牛
僧孺《玄怪录》卷二"顾总":"忆爷抛女不归家,不作侍中为小吏。"

[7] 阿爷:父亲。《梁书·侯景传》:"景曰:'前世吾不复忆,惟阿爷名标。'"

[8] 阿爷无大儿,木兰无长兄:这里上下两句意思相同。明谢榛《四溟诗话》:
"凡作诗文,或有两句一意,此文势相贯,宜乎双用。"

[9] 市:购买。《国语·齐语》:"以其所有,易其所无,市贱鬻贵。"《周书·王
悦传》:"将战之夕,悦馨其行资,市牛飨战士。"

[10] 鞯:马鞍下的垫子。

[11] 辔头:马笼头。唐杜甫《前出塞》诗之二:"走马脱辔头,手中挑青丝。"

[12] 东、西、南、北:并非实指,四句用互文、铺陈的手法,表现出精选装备器

物的繁忙。

[13] 溅溅：象声词，形容水流急速的声音。唐白居易《引泉》诗：“谁教明月下，为我声溅溅。”唐薛渔思《河东记·韦齐休》：“河水溅溅流不绝，芳草绵绵野花发。”

[14] 燕山：在今天津蓟县一带。《梁诗》卷一八刘孝威《骢马驱》：“先救辽城危，后拂燕山雾。”《北周诗》卷二庾信《出自蓟北门行》：“燕山犹有石，须勒几人名。”《陈诗》卷五徐陵《出自蓟北门行》：“蓟北聊长望，黄昏心独愁。燕山对古刹，代郡隐城楼。”　啾啾：象声词。《汉诗》卷六秦嘉《赠妇诗》：“啾啾鸡雀，群飞赴楹。”又卷九《乐府古辞·鸡鸣》：“鸳鸯七十二，罗列自成行。鸣声何啾啾，闻我殿东厢。”这里是描摹马鸣声。

[15] 戎机：战事；战争。唐刘希夷《入塞》：“将军陷虏围，边务息戎机。霜雪交河尽，旌旗入塞飞。”

[16] 关山：关隘山岭。《宋诗》卷六何偃《冉冉孤生竹》：“思欲侍衣裳，关山分万里。”　关山度若飞：是“度关山若飞”的倒文，意思是度越关山像飞一样。

[17] 朔：北方。　金柝：金属梆子，即刁斗，古代行军用具，斗形有柄，铜质，白天作为炊具，晚上击以巡更。晋张华《博物志》：“番兵谓刁斗曰金柝。”颜延之《阳给事诔》：“金柝夜击，和门昼扃。”唐孙逖《夜到润州》：“城郭传金柝，闾阎闭绿洲。”

[18] 寒光：指清冷的月光。《梁诗》卷三江淹《赤亭渚诗》：“水夕潮波黑，日暮精气红。路长寒光尽，鸟鸣秋草穷。”《陈诗》卷四陈后主叔宝《关山月》：“寒光带岫徙，冷色含山峭。”　铁衣：即铁甲。用金属薄片（多为铁片）连缀制成的战衣。唐岑参《白雪歌送武判官归京》：“将军角弓不得控，都护铁衣冷难著。”

[19] 明堂：古代帝王宣明政教的地方，凡朝会、祭祀、庆赏、选士等大典，都在此举行。《孟子·梁惠王下》：“夫明堂者，王者之堂也。”《汉诗》卷五班固《明堂诗》：“於昭明堂，明堂孔阳。圣皇宗祀，穆穆煌煌。”

[20] 策勋：记功勋于策书之上。《左传·桓公二年》：“凡公行，告于宗庙，反行，饮至、舍爵、策勋焉，礼也。”杜预注：“既饮置爵，则书勋劳于策，言速纪有功也。”《后汉书·光武帝纪下》：“夏四月，大司马吴汉自蜀还京师，于是大飨将士，班劳策勋。”李贤注：“其有功者，以策书纪其勋也。”唐刘禹锡《平蔡州》诗：“策勋礼毕天下泰，猛士按剑看常山。”　转：勋级每升一级叫一转。唐韩愈《顺宗实录三》：“文武常参并州府县官子为父后者，赐勋两转。”

[21] 强：有余，多置于数词或量词后表示数量之多。唐杜甫《春水生》诗：“一夜水高二尺强，数日少可更禁当。”仇兆鳌注：“强，多也。”《敦煌变文校注·燕子赋（二）》：“海龙王第三女，发长七尺强。”又《孔子项托相问书》：“当时便欲酬倍价，每

束黄金三铤强。"金元好问《征西战士谣》："三十未有二十强，手内蛇矛丈八长。"

　　[22] 不用：不要；不需要。　　不用尚书郎：不要担任尚书郎。宋赵与时《宾退录》卷一引作："可汗问所欲，木兰不愿尚书郎。"

　　[23] 明驼：犹言良驼，好驼。《敦煌变文校注·韩擒虎话本》："蕃王闻语，连忙下马，遥望南朝拜舞，叫呼万岁。拜舞既了，遂拣细马百匹，明驼千头，骨咄𤞤羝麇鹿麝香，盘缠天使。""细马"指精良之马，即骏马，与"明驼"相对，义亦相同。《清诗别裁》卷一五查容《送武曾之宣府》："候骑千屯吹黍粟，明驼一队奏琵琶。""明"常常表示美好义，可以修饰许多事物，如"明珠、明珰、明眸、明霞"表示美好的珍珠、美好的耳饰、美丽的眼睛和美好的霞光；"明衣"表示洁净的衣服；"明府、明君"是对人的尊称，"明"有圣明的意思；"明医"指医术高超的医生。"明驼"指好的骆驼，就是善于行走的骆驼，与"千里足"意思相同。正像良马又称千里马一样。还有另一种说法：宋罗愿《尔雅翼·释兽五》："其卧，腹不贴地、屈足漏明者曰明驼，能行千里。"此说当据《酉阳杂俎》卷一六："驼性羞。《木兰篇》'明驼千里脚'多误作'鸣'字。驼卧，腹不贴地，屈足漏明，则行千里。"录此以供参考。此句原作"愿驰千里足"，从《诗纪》改。

　　[24] 儿：古代女子的自称。这里是木兰称自己。《敦煌变文校注·孟姜女变文》："君若有神，儿当接引。"唐张鷟《游仙窟》："十娘答曰：'儿是清河崔公之末孙，适弘农杨府君之长子……'"宋赵与时《宾退录》卷一："古乐府《木兰词》，文字奇古，然其间有云：'……愿驰明驼千里足，送儿还故乡。'按：木兰诈作男子，代父征行，逮归家易服，伙伴方知其为女。当其见天子之时，尚称男子，而曰'送儿归故乡'，何哉？儿者，妇人之称也。"

　　[25] 郭：指外城。　　扶将：搀扶。《汉书·外戚传·孝景王皇后》："帝曰：'何为不蚤言？'乃车驾自往迎。……家人惊恐，女逃匿。扶将出拜，帝下车立曰：'大姊，何藏之深也？'"《三国志·魏志·华佗传》："坐毕归，行数里，昕卒头眩堕车，人扶将还，载归家，中宿死。"将：扶住；扶持。《诗·周南·樛木》："乐只君子，福履将之。"郑玄笺："将，犹扶助也。"扶、将同义并列。

　　[26] 霍霍：象声词，这里指磨刀声。

　　[27] 帖花黄：帖，同"贴"，粘贴，涂抹。"贴花黄"是古时妇女的一种面饰，即把金黄色的纸剪成小小的星、月、花等形状，贴在额上，或者涂一点黄颜色在额上。明于慎行《谷山笔麈》："古时妇人之饰，率用粉黛，粉以傅面，黛以填额。元魏时禁民间妇人不得施粉黛，自非宫人，皆黄眉黑妆。故《木兰词》中有'对镜贴花黄'之句。"

　　[28] 火伴：指同伍的兵士。古代兵制，每十个兵士同在一个灶吃饭，所以称同伍的兵士为火伴。后作"伙伴"。

[29]惊忙：惊慌。一本作"惊惶"。《集韵·唐韵》："忙，心迫也。"惊、忙同义并列。唐张鹭《朝野佥载》卷六："问裙带之由，公主云：方熨龙衮，忽为火迸，惊忙之中，不觉燕带。"

[30]扑朔：犹言"扑腾"，四脚乱动或跳跃的样子。张玉毂《古诗赏析》说："'扑朔'，兔走足缩之貌。'迷离'，犹朦胧也。"　迷离：模糊不清。宋苏轼《月兔茶》："环非环，玦非玦，中有迷离玉兔儿。"明张岱《西湖梦寻》卷三："冶艳桃花供祇应，迷离烟柳藉提携。"后以"扑朔迷离"指模糊、神秘，难以分辨。按兔前后脚长短不齐，所以兔走或跑动时总像是在乱蹦。古人又以为兔善顾，古怨歌云："茕茕白兔，东走西顾。"以见其眼神不定。这原是雄兔、雌兔共有的现象，这里各举一端，以见其不易仔细辨认。从修辞上说是一种互文。上文"开我东阁门，坐我西阁床。脱我战时袍，著我旧时裳。当窗理云鬓，对镜帖花黄"也属于互文的表达方式。

[31]傍：贴近；靠近。晋左思《蜀都赋》："尔乃邑居隐赈，夹江傍山，栋宇相望，桑梓接连。"唐杜甫《剑门》诗："一夫怒临关，百万未可傍。""双"原作"两"，从《乐府诗集》改。

[32]安：如何；怎么。

（七）北 周 诗

30. 看　　舞

[题解]

"歌以咏言，舞以尽意。"（《文选·傅毅〈舞赋〉》语）古代诗文中，描写女子歌舞的题材颇多。本诗即描写女子轻盈美妙的舞姿像凤鸟回旋一样。作者庾信(513—581年)，字子山，南阳新野(今属河南)人，庾肩吾之子。历仕梁、西魏、北周，官至骠骑大将军、开府仪同三司。善诗赋、骈文，文笔典雅，在梁时作品柔靡绮艳，与徐陵同为当时宫廷诗的代表，世称"徐庾体"；晚年诗作多反映社会现实和自己深切的故国之思，笔触凝重，风格苍凉，对后世影响很大。有后人辑佚的《庾子山集》传世。《北史》有传。

本诗选自《北周诗》卷四。

[原文]

　　　　　　鸾回不假学[1]，

凤举自相关[2]。

到嫌衫袖广[3]，

恒长碍举鬟[4]。

［注释］

　　[1] 鸾回：像鸾一样回旋翻飞，形容舞姿翩跹。《后汉书·冯衍传》："山峨峨而造天兮，林冥冥而畅茂；鸾回翔索其群兮，鹿哀鸣而求其友。""鸾回翔"即鸾回。《全三国文》卷一四魏曹植《神龟赋序》："步容趾以俯仰，时鸾回以鹤顾。"《庚子山集》卷三《和咏舞》诗："鸾回镜欲满，鹤顾市应倾。"唐张彦远《法书要录》卷四《唐朝叙书录》："今观圣迹，兼绝二王，凤翥鸾回，实古今书圣也。"鸾是凤凰之类的神鸟。《说文·鸟部》："鸾，亦神灵之精也。赤色，五采，鸡形，鸣中五音。"　　不假：不必；不须。《北齐诗》卷一郑公超《送庾羽骑抱》："送君自有泪，不假听猿吟。"《北周诗》卷三庾信《蒙赐酒》："阮籍披衣进，王戎含笑来。从今觅仙药，不假向瑶台。"又有"无假"。《梁诗》卷二二简文帝萧纲《咏橘》："无假存雕饰，玉盘余自尝。""无假"就是无须、不必。又有"何假"。《北周诗》卷四庾信《春望》："春望上春台，春窗四面看。荷花何假拂，风吹会并来。""何假"就是"何必""何须"。

　　[2] 相关：相关涉、相联系，也就是相同。《晋诗》卷一七陶渊明《庚戌岁九月中于西田获早稻》："遥遥沮溺心，千载乃相关。但愿长如此，躬耕非所叹。"《北魏诗》卷二萧综《悲落叶》："悲落叶，落叶何时还。凤昔共根本，无复一相关。"《隋诗》卷七丁六娘《十索》："二八好容颜，非意得相关。"还有"关"字单用例：《全陈文》卷一〇徐陵《玉台新咏序》："阅诗敦礼，岂东邻之自媒，婉约风流，异西施之被教。弟兄协律，生小学歌，少长河阳，由来能舞，琵琶新曲，无待石崇；箜篌杂引，非关曹植；传鼓瑟于杨家，得吹箫于秦女。"

　　[3] 到嫌：反而嫌。"到"有"反而"义。《北齐诗》卷二萧悫《春庭望晚》："不愁花不飞，到畏花飞尽。"《北周诗》卷四庾信《和侃法师三绝》："回首河堤望，眷眷嗟离绝。谁言旧国人，到在他乡别。"又作"倒"，《陈诗》卷四沈后《答后主》："谁言不相忆，见罢倒成羞。"

　　[4] 恒长：常常。《梁诗》卷二九《横吹曲辞·紫骝马歌》："独柯不成树，独树不成林。念郎锦裲裆，恒长不忘心。"又作"恒常"。《北周诗》卷四庾信《尘镜》："明镜如明月，恒常置匣中。何须照两鬓，终是一秋蓬。"　　举鬟：高高的发结。"举"有高义，参见《水经注·滱水》注[8]。

（八）陈　诗

31. 别 袁 昌 州

[题解]

　　这是一首送别诗，表现了与友人分手时的惆怅心绪。袁昌州即袁
宪，曾任昌州刺史。本诗作者江总（519—594 年），字总持，济阳考城
（今河南兰考东）人，仕梁、陈、隋三朝，陈时官至尚书令，不理政务，但
日与后主游宴后庭，为陈后主所爱幸。能属文，擅长五言七言诗，然过
于浮艳。《陈书》有传。

　　本诗选自《陈诗》卷八，又载《艺文类聚》卷二九。

[原文]

河梁望陇头[1]，

分手路悠悠。

徂年惊若电[2]，

别日欲成秋。

黄鹄飞飞远，

青山去去愁[3]。

不言云雨散[4]，

更似东西流[5]。

[注释]

　　[1] 河梁：指送别之地。本义为桥梁，《史记·赵世家》："庆舍将东阳河外师，
守河梁。"张守节正义曰："河梁，桥也。"《汉诗》卷一二《古诗·李陵录别诗》："携手
上河梁，游子暮何之？……行人难久留，各言长相思。"后因以"河梁"借指送别之
地。《齐诗》卷二王融《萧谘议西上夜集》："徘徊将所爱，惜别在河梁。"《全北齐文》
卷八尹义尚《与徐仆射书》："昔杨朱歧路，悲始末之长离；苏武河梁，叹平生之永
别。"《全隋文》卷三四释真观《与徐仆射领军述役僧言》："乃非歧路，而有分袂之
悲。虽异河梁，遂结言离之痛。"　　陇头：就是陇山。《说文·𨸏部》："陇，天水大
阪也。"为汉代天水郡山名，位于陕西、甘肃交界处，在中原人眼中，是荒远的羌胡

之地,征人常在此戍边作战,因而成为象征征战戍边和地域遥远的代名词,古诗中习见。《梁诗》卷一〇吴均《别鹤》:"别鹤寻故侣,联翩辽海间。单栖孟津水,惊唳陇头山。"《北周诗》卷一王褒《燕歌行》:"试为来看上林雁,应有遥寄陇头书。"《陈诗》卷四陈后主叔宝《陇头》:"陇头征戍客,寒多不识春。"又卷七江总《长相思》:"长相思,久离别,征夫去远芳音灭。湘水深,陇头咽。"

　　[2] 徂年:光阴;流年。《后汉书·马援传》:"赞曰:……徂年已流,壮情方勇。"又《文苑传》载傅毅《迪志诗》:"於戏君子,无恒自逸。徂年如流,鲜兹暇日。"《晋诗》卷一六陶渊明《荣木》:"嗟予小子,禀兹固陋。徂年既流,业不增旧。""徂"有往、去和消逝的意思。　　　若电:形容迅速。

　　[3] 去去:出游;离别。犹"行行"。《晋诗》卷七左思《悼离赠妹》:"去去在近,上下歔欷。含辞满胸,郁愤不舒。"《宋诗》卷四谢惠连《西陵遇风献康乐》:"行行道转远,去去情弥迟。"《梁诗》卷八何逊《与沈助教同宿溢口夜别》:"行人从此别,去去不淹留。"又卷九《相送联句》:"悯悯歧路侧,去去平生亲。一朝事千里,流涕向三春。"又卷一五刘遵《蒲阪行》:"汉使出蒲阪,去去往交河。"

　　[4] 不言:不料;不曾想。《梁诗》卷一一吴均《赠周兴嗣》:"与君初相知,不言异一宿。意欲褰衣裳,阴云乱人目。"又卷一五陶弘景《题所居壁》:"夷甫任散诞,平叔坐谈空。不言昭阳殿,化作单于宫。"又卷二七费昶《长门怨》:"金屋贮娇时,不言君不入。"　　云雨散:云雨从天空飞散,喻亲朋长别;分离。《北周诗》卷三庾信《岁晚出横门》:"明朝云雨散,何处更相寻。"单用"云雨"也有此义。《宋诗》卷八鲍照《登云阳九里埭》:"宿心不复归,流年抱衰疾。既成云雨人,悲绪终不一。"《梁诗》卷八何逊《南还道中送赠刘谘议别》:"入塞长云雨,出国暂泥沙。握手分歧路,临川何怨嗟。"《隋诗》卷三姚察《游明庆寺》:"何言遂云雨,怀比怅悠然。"单用"云"或"雨"喻离别,也是诗中习见描写,如:《魏诗》卷二王粲《赠蔡子笃》:"济岱江衡,邈焉异处。风流云散,一别如雨。"《魏诗》卷六曹植《名都篇》:"鸣俦啸匹侣,列坐竟长筵。……云散还城邑,清晨复来还。"《齐诗》卷四谢朓《和刘中书绘入琵琶峡望积布矶》:"山川隔旧赏,朋僚多雨散。"

　　[5] 东西流:比喻分离。《陈诗》卷八江总《别袁昌州诗》之二:"客子叹途穷,此别异东西。""东西"本指不同的方向,还表示出游、外出,犹言"东奔西走"。《魏诗》卷五魏明帝曹叡《乐府诗》:"揽衣曳长带,屣履下高堂。东西安所之,徘徊以彷徨。"《晋诗》卷一六陶渊明《答庞参军》:"我实幽居士,无复东西缘。"引申则有分离义。

杂　著

在这一部分里,我们选录了北魏时期的三部杰出著作:贾思勰的《齐民要术》、郦道元的《水经注》、杨衒之的《洛阳伽蓝记》。在北魏拓跋王朝这一百六十年间里,经济、文化都比较落后,而这三部书却如晨星一样熠熠生辉,光照后世,成为中国历史上不朽的杰作。

《齐民要术》是我国现存最早又保存最完整的古代农书,也是世界农学史上最早、最具科学价值的名著之一,它所记录的南北朝时期系统、完整而又门类甚广的农业科学理论和实践经验,至今仍有重要的指导意义和借鉴作用,引起了国内外学者的高度重视。

《水经注》是我国古代杰出的地理巨著,它详细记述了川流河道的来龙去脉,描绘了祖国山河的壮美风光,既有科学著作的严谨细密,又如散文一样优美动人,具有很高的语言文学价值。

《洛阳伽蓝记》则是一部佛学名著,详细记述了北魏京城洛阳佛寺的兴废变化,涉及当时的经济、政治、人物、风情、地理、掌故逸事等诸多方面,既记录了北魏王朝的佛教史实和佛塔艺术,也再现了当时的社会风貌,因而具有很高的历史和文学价值。

现分别选录若干章节,以求体现"北魏三书"各自不同的语言特色。

(一) 齐 民 要 术

《齐民要术》是我国迄今为止保存最完整、时代最早的农学名著,也是世界农学史上最早最有价值的著作之一。全书十卷,九十二篇,共计十一万五千多字,包括农、林、牧、渔、副各方面,"起自耕农,终于醯醢,资生之业,靡不毕书"(《齐民要术·序》)。即从农作物耕作栽培开始,直到制醋做酱等,对生产、劳作以创造生活资料的基本技术知识详细介绍,几乎包括了古代农家经营活动的全部事项,因而是一部规模空前的综合性的农业百科全书。它反映了当时的生产力水平,总结了北魏时期黄河中下游地区高水平的农业科学技术,这些技术和方法至今仍有很大的指导意义和借鉴作用。文笔平实流畅,保存了很多南北朝时期的俚俗口语,对于方言研究和汉魏六朝的语言研究都极有参考价值。

作者贾思勰,山东益都(今山东省寿光市)人,曾任后魏高阳太守,到过今山西、河北、河南等黄河中下游地区,书中所反映的也是这一带的农业生产情况。《齐民要术》成书于公元 6 世纪 30 年代到 40 年代之间,是北魏时期的主要代表作之一。

现依据缪启愉《齐民要术校释》(中国农业出版社,1998 年版),选录三篇。

1. 齐民要术序(节选)

[题解]

这是本书作者贾思勰的自序。序文旁征博引,充分论述了农业生产的重要性,表明了撰写本书的目的、意义。这里选录最后一节,论述本书的取材标准和写作范围。

[原文]

今采捃经传[1],爰及歌谣[2],询之老成[3],验之行事[4];起自耕农,终于醯、醢[5],资生之业[6],靡不毕书[7],号曰《齐民要术》[8]。凡九十二篇,束为十卷[9]。卷首皆有目录,于文虽烦,寻览差易[10]。其有五谷、果蓏非"中国"所殖者[11],存其名目而已;种莳之法,盖无闻焉。舍本逐末,贤哲所非[12];日富岁贫,饥寒之渐[13],故商贾之事,阙而不录。花草之流[14],可以悦目,徒有春花[15],而无秋实,匹诸浮伪[16],盖不足存。

鄙意晓示家童[17],未敢闻之有识[18],故丁宁周至[19],言提其耳[20],每事指斥[21],不尚浮辞[22]。览者无或嗤焉。

[注释]

[1] 采捃：采集收录。《晋书·孝友传·庾衮》："及麦熟，获者已毕，而采捃尚多，衮乃引其群子以退，曰：'待其间。'及其捃也，不曲行，不旁掇，跪而把之，则亦大获。"《玉篇·手部》："捃，拾也。""捃"常与同义词连用，如《史记·十二诸侯年表》："及如荀卿、孟子、公孙固、韩非之徒，各往往捃摭《春秋》之文以著书，不可胜记。""捃摭"与《要术》之"采捃"用法相同。参见《洛阳伽蓝记·景宁寺》注[18]。

[2] 歌谣：《诗·魏风·园有桃》："心之忧矣，我歌且谣。"毛传："曲合乐曰歌，徒歌曰谣。"《淮南子·主术》："陈之以礼乐，风之以歌谣。"这里是指乡间流传的民谣、民谚等。

[3] 老成：指令人尊敬、经验丰富的老者，也指老练、有经验。《晋诗》卷二孙楚《答弘农故吏民》："诜诜臣故，爰及群士。皓首老成，率彼邑里。"又卷八潘尼《赠陆机出为吴王郎中令》："予涉素秋，子登青春。愧无老成，厕彼日新。"《魏书·张黎传》："诏曰：'侍中广平公黎、东郡公浩等，保傅东宫，有老成之勤，朕实嘉焉。'"又《游明根传》："诏曰：'游五更光素蓬檐，归终衡里，可谓朝之旧德，国之老成。'"这里指有声望、有经验的老人。

[4] 行事：实行之事，即事实、成事。《史记·太史公自序》："子曰：'我欲载之空言，不如见之于行事之深切著明也。'"晋干宝《搜神记·序》："缀片言于残阙，访行事于故老。"《陶渊明集》卷六《晋故征西大将军长史孟府君传》："谨按采行事，撰为此传。"《梁书·武帝纪》："行事不得相闻，不容妄有所道。""行事"本为动词，谓做事、施行，如《史记·商君列传》太史公曰："余尝读商君开塞耕战书，与其人行事相类。卒受恶名于秦，有以也夫！"《洛阳伽蓝记》卷四《城西·宣忠寺》："（庄帝设计谋杀尔朱荣），庄帝闻荣来，不觉失色。中书舍人温子升曰：'陛下色变。'帝连索酒饮之，然后行事。"引申之，作名词用，则有成事、规律等含义。

[5] 醯：醋，这里包括制醋、作菹和酿造各法。　　醢：原义是肉酱，这里包括各种酱、豉和酱藏食物的制作方法以及腌腊、烹调各法。

[6] 资生：指凭借为生；谋生。《齐民要术》卷五《种桑、柘》："资生要理，安可不知之哉？"《魏书·崔玄伯传》："道固面缚请罪，表曰：'臣资生南境，限隔大化，本朝不以卑末，委授藩任。'"又《李安世传》："细民获资生之利，豪右靡余地之盈。"又《萧宝夤传》："其资生所须之物，及衣冠、车马、在京邸馆，付尚书悉令豫备。"

[7] 靡不毕书：无不尽书。

[8] 齐民要术：指平民百姓赖以谋生的重要劳动技能和方法。贾思勰在《序》前有注："《史记》曰：'齐民无盖藏。'如淳注曰：'齐，无贵贱。故谓之齐民者，若今言平民也。'"按《史记·平准书》集解引如淳曰："齐等无有贵贱，故谓之齐民。若今言'平民'矣。"要术：即生产和生活的必备本领。

[9] 束为十卷：古书多用绢帛，可以舒卷存放，故称书为卷，篇幅长则分为若干卷。束，捆扎、结束。《颜氏家训·治家》："读书未竟，虽有急速，必待卷束整齐，然后得起。"

[10] 寻览：阅读。《宋书·刘穆之传》："（穆之）裁有闲暇，自手写书，寻览篇章，校定坟籍。""寻"就是"览"的意思。《宋书·王微传》："微常住门屋一间，寻书玩古，如此者十余年。""寻书"即读书。《全晋文》卷二三王羲之《杂帖》："比日寻省卿文集，虽不能悉周遍寻玩，以为佳者，名固不虚。"又卷一五七支敏度《合首楞严经记》："至大晋之初，有沙门支法护白衣竺叔兰并更译此经，求之于义，互相发明，披寻三部，劳而难兼。"上例"寻省""寻玩""披寻"皆同义连言。　　差易：容易；方便。《三国志·魏志·武帝纪》："今皆来集，其众虽多，莫相归服，军无适主，一举可灭，为功差易，吾是以喜。"《宋书·范晔传》："性别宫商，识清浊，斯自然也。……年少时，谢庄罪有其分，手笔差易，文不拘韵故也。"《魏书·食货志》："或先以开治，或古迹仍在，旧事可因，用功差易。"又《释老志》："必如其言，未若因东山万仞之上，为功差易。"《晋书·食货志》："江西良田，旷废未久，火耕水耨，为功差易。"

[11] 中国：指我国北方，主要是北魏的疆域。　　殖：通"植"。

[12] 所非：所非难、所指责的。《后汉书·荀淑传》："少有高行，博学而不好章句，多为俗儒所非，而州里称其知人。"

[13] 渐：开端；萌芽。《论衡·明雩》："雨颇留，湛之兆也；旸颇久，旱之渐也。"《汉书·董仲舒传》："囹圄空虚四十余年，此亦教化之渐而仁谊之流，非独伤肌肤之效也。"《广韵·琰韵》："渐，事之端，先睹之始也。"

[14] 流：类。《史记·乐书》："夫豢豕为酒，非以为祸也；而狱讼益烦，则酒之流生祸也。"《后汉书·党锢传》："至王莽专伪，终于篡国，忠义之流，耻见缨绋，遂乃荣华丘壑，甘足枯槁。"《水经注·圣水》："春秋有白鱼出穴，数日而返，人有采捕食者，美珍常味，盖亦丙穴嘉鱼之流类也。""流类"同义连言。

[15] 徒：空；白白的。《文选·潘岳〈射雉赋〉》："屏发布而累息，徒心烦而技痒。"徐爰注："欲射则纷纭不定，空心烦而技痒。"

[16] 匹诸：比之于。"匹"是等同、相当的意思。《全梁文》卷六八后梁宣帝《樱桃赋》："等橘柚于檐户，匹诸荐乎中庭。""诸"是"之于"的合音。　　浮伪：虚假；空洞。

[17] 鄙：谦称，犹言"我""我的"。《全晋文》卷二三王羲之《杂帖》："不得司马近问，悬情。近所送书，即至也。君信明早令得。后得鄙书未至，即想东不久耳。"又："鄙疾进退，忧之甚深。"《晋书·愍怀太子传》："太子至许，遗妃书曰：'鄙虽顽愚，心念为善，欲尽忠孝之节，无有恶逆之心。'""鄙"本指愚蠢、浅陋，常用于自谦

之辞中，如《史记·张释之冯唐列传》："上怒，起入禁中。良久，召唐让曰：'公奈何众辱我，独无间处乎？'唐谢曰：'鄙人不知忌讳。'"后世则径以"鄙"自称。　　晓示：告知；使明白。

[18] 有识：谓有见识的人。

[19] 丁宁：嘱咐；告诫。《诗·小雅·采薇》："曰归曰归，岁亦莫止。"郑玄曰："丁宁归期，定其心也。"《汉诗》卷一〇《乐府古辞·古诗为焦仲卿妻作》："兰芝初还时，府吏见丁宁，结誓不别离。"　　周至：周到；详尽。《三国志·魏志·郭淮传》："及见，一二知其款曲，讯问周至，咸称神明。"又《蜀志·诸葛亮传》："论者或怪亮文彩不艳，而过于丁宁周至。"又《吴志·吴主传》："梁寓传命，委曲周至，深知殿下以为意望。"《晋书·纪瞻传》："少与陆机兄弟亲善，及机被诛，赡恤其家周至，及嫁机女，资送同于所生。"

[20] 言提其耳：指恳切教诲，多用于上对下及长辈对晚辈。《诗·大雅·抑》："匪面命之，言提其耳。"《三国志·魏志·公孙度传》裴松之注引《吴书》载公孙渊上表孙权曰："奉被敕诫，圣旨弥密，重纨累素，幽明备著，所以申示之事，言提其耳。""言提其耳"又可以省作"提耳""言提"，《后汉书·刘矩传》："民有争讼，矩常引之于前，提耳训告，以为忿恚可忍，县官不可入，使归更寻思。"《文选·任昉〈奏弹曹景宗〉》："惟此庸固，理绝言提。"

[21] 指斥：直言陈述，犹言"直截了当"。"指斥"一般意思是指名直呼，如汉蔡邕《独断》卷上："谓之陛下者，群臣与天子言，不敢指斥，故呼在陛下者而告之，因卑达尊之意也。"《南史·刘瓛传》："学徒敬慕，不敢指斥，呼为青溪焉。"引申之，不加修饰，直言陈述也叫"指斥"。葛洪《抱朴子内篇·黄白》："古人秘重其道，不欲指斥，故隐之云尔。"亦其例。

[22] 浮辞：浮华、空虚之辞。《韩非子·存韩》："夫韩尝一背秦而国迫地侵，兵弱至今，所以然者，听奸臣之浮说，不权事实，故虽杀戮奸臣，不能使韩复强。"《晋诗》卷一九《清商曲辞·懊侬歌》："内心百际起，外形空殷勤。既就颓城感，敢言浮花言。"《后汉书·孝安帝纪》："远求博选，开不讳之路，冀得至谋，以鉴不逮，而所对皆循尚浮言，无卓尔异闻。""浮说""浮花言""浮言"与"浮辞"同义。

2. 种　　谷

[题解]

　　北方口语称粟为谷子，南方口语称稻为谷，反映了北方重粟、南方重稻的粮食生产的历史特点。这里的"种谷"就是种粟。粟在北方的粮食作物中占首要地位，所以被列为作物栽培的第一篇（按：《种谷》

是全书的第三篇,头两篇分别是“耕田”和“收种”),而且记述得十分详细,这里选录开头一部分。

[原文]

凡谷,成熟有早晚,苗秆有高下,收实有多少,质性有强弱,米味有美恶,粒实有息耗[1]。早熟者苗短而收多,晚熟者苗长而收少。强苗者短,黄谷之属是也;弱苗者长,青、白、黑是也。收少者美而耗,收多者恶而息也。地势有良薄[2],良田宜种晚,薄田宜种早。良田非独宜晚,早亦无害[3];薄田宜早,晚必不成实也[4]。山、泽有异宜。山田种强苗,以避风霜;泽田种弱苗,以求华实也。顺天时,量地利,则用力少而成功多。任情返道[5],劳而无获。入泉伐木,登山求鱼,手必虚[6];迎风散水,逆坂走丸,其势难。

凡谷田,绿豆、小豆底为上[7],麻、黍、胡麻次之,芜菁、大豆为下。常见瓜底,不减绿豆[8]。本既不论,聊复记之。

良地一亩,用子五升,薄地三升。此为稙谷[9],晚田加种也。

谷田必须岁易[10]。䬆子则莠多而收薄矣。䬆,尹绢反。

二月、三月种者为稙禾,四月、五月种者为稺禾。二月上旬及麻菩、音倍,音勃杨生种者为上时,三月上旬及清明节、桃始花为中时,四月上旬及枣叶生、桑花落为下时。岁道宜晚者[11],五月、六月初亦得[12]。

凡春种欲深[13],宜曳重挞[14]。夏种欲浅,直置自生[15]。春气冷,生迟,不曳挞则根虚,虽生辄死。夏气热而生速,曳挞遇雨必坚垎[16]。其春泽多者,或亦不须挞[17];必欲挞者,宜须待白背[18],湿挞令地坚硬故也。

凡种谷,雨后为佳。遇小雨,宜接湿种[19];遇大雨,待秽生[20]。小雨不接湿,无以生禾苗;大雨不待白背,湿辗则令苗瘦。秽若盛者,先锄一遍,然后纳种乃佳也[21]。春若遇旱,秋耕之地,得仰垅待雨[22]。春耕者,不中也[23]。夏若仰垅,非直荡汰不生[24],兼与草秽俱出。

凡田欲早晚相杂。防岁道有所宜。有闰之岁,节气近后,宜晚田。然大率欲早[25],早田倍多于晚[26]。早田净而易治,晚者芜秽难治。其收任多少,从岁所宜[27],非关早晚。然早谷皮薄,米实而多;晚谷皮厚,米少而虚也。

苗生如马耳则镞锄[28]。谚曰:“欲得谷,马耳镞。”初角切稀豁之处[29],锄而补之。用功盖不足言,利益动能百倍[30]。凡五谷,唯小锄为良。小锄者,非直省功,谷亦倍胜[31]。大锄者,草根繁茂,用功多而收益少。良田率一尺留一科。刘章

《耕田歌》曰："深耕概种[32]，立苗欲疏；非其类者，锄而去之。"谚云："回车倒马，掷衣不下，皆十石而收。"言大稀大概之收，皆均平也。

薄地寻垅蹑之[33]。不耕故。

苗出垅则深锄。锄不厌数[34]，周而复始，勿以无草而暂停。锄者非止除草，乃地熟而实多，糠薄米息[35]。锄得十遍[36]，便得"八米"也[37]。

春锄起地[38]，夏为除草。故春锄不用触湿[39]；六月以后，虽湿亦无嫌[40]。春苗既浅，阴未覆地，湿锄则地坚。夏苗阴厚，地不见日，故虽湿亦无害矣。《管子》曰："为国者，使农寒耕而热芸。"芸，除草也。

苗既出垅，每一经雨，白背时，辄以铁齿鎘榛纵横杷而劳之。杷法：令人坐上，数以手断去草；草塞齿，则伤苗。如此，令地熟软，易锄省力。中锋止。

苗高一尺，锋之。三遍者皆佳。耩故项反者，非不壅本苗深，杀草益实，然令地坚硬，乏泽难耕。锄得五遍以上，不烦耩[41]。必欲耩者，刈谷之后，即锋芟方末反下令突起，则润泽易耕。

凡种，欲牛迟缓行，种人令促步以足蹑垅底。牛迟则子匀，足蹑则苗茂。足迹相接者，亦可不烦挞也。

熟，速刈。干，速积。刈早则镰伤，刈晚则穗折，遇风则收减。湿积则蘘烂，积晚则损耗，连雨则生耳[42]。

凡五谷，大判上旬种者全收[43]，中旬中收，下旬下收。

[注释]

[1] 息耗：增减；多少。这里指出米率有多有少。"息"有增长、繁殖之义，《要术》中多见，如卷一《收种》："欲知岁所宜，以布囊盛粟等诸物种，平量之，埋阴地。冬至后五十日，发取量之，息最多者，岁所宜也。"又卷三《种姜》："中国土不宜姜，仅可存活，势不滋息。"又卷六《养羊》："母皆瘦死，羔小未能独食水草，寻亦俱死。非直不滋息，或能灭群断种矣。""滋息"是同义连文。《种谷》篇又曰："收少者美而耗，收多者恶而息也。"这里的耗、息是指烧饭时是否出饭、涨锅。出饭量大为息，反之为耗。下文："锄者非止除草，乃地熟而实多，糠薄米息。""米息"是说出米量多。王充《论衡·辨祟》："家人治产，贫富息耗，寿命长短，各有远近。""息耗"犹言消长。《三国志·魏志·蒋济传》："今其所急，唯当息耗百姓，不至甚弊。"这里"息耗"是偏义联合，只表"息"义，是休息、息养之义。

[2] 良薄：指土地肥沃或贫瘠，这是《要术》中的习用语，卷二《水稻》："选地欲近上流。地无良薄，水清则稻美也。""良""薄"分用者居多，如《种谷》篇下文："良地一亩，用子五升，薄地三升。"卷二《种葵》："地不厌良，故墟弥善，薄即粪之，不宜

妄种。"良""薄"都是指土质好坏。卷二《粱秫》："粱、秫并欲薄地而稀，一亩用子三升半。地良多雉尾，苗概穗不成。"

[3] 无害：无妨碍。下文："春苗既浅，阴未覆地，湿锄则地坚。夏苗阴厚，地不见日，故虽湿亦无害矣。"卷二《种瓜》："至春草生，瓜亦生，茎叶肥茂，异于常者。且常有润泽，旱亦无害。"《荀子·儒效》："不知，无害为君子；知之，无损为小人。"这是此词的较早用例。《要术》中又有"无苦""无伤""无妨"等词，义与"无害"相同。如：卷一《耕田》："湿耕者，白背速锋耧之，亦无伤。"卷八《作鱼鲊》："作长沙蒲鲊法……四五宿，洗去盐，炊白饭，渍清水中。盐饭酿。多饭无苦。"又卷五《种槐柳楸梓梧柞》："炒食甚美，味似菱芡，多啖亦无妨也。"参见本篇注[40]"无嫌"条。

[4] 不成实：果实不成熟、不饱满。"成实"同义并列，指饱满、成熟、不虚空。《春秋繁露·求雨》："今五谷病旱，恐不成实。"《列子·汤问》："于是当春而叩商弦，以召南吕，凉风忽至，草木成实。"《太平经·钞辛部》卷八："下士心意纯无善，是下阳也，故名秕。秕不成实，内空无米，为无实信也。"东晋僧伽提婆译《中阿含经》卷29《大品瞻波经》："犹如居士秋时扬谷，谷聚之中若有成实者，扬便止住；若不成实及秕糠者，便随风去。"

[5] 任情：随意；任意。《梁诗》卷二〇梁简文帝萧纲《赋乐府得大垂手》："垂手忽迢迢，飞燕掌中娇。罗衣恣风引，轻带任情摇。"《齐民要术》中多用"任意"一语，意同"任情"。如卷九《饼法》："任意所便，滑而且美。""臛浇、麻、酪任意，滑而且美。""任"单用就有任意之意，如《种谷》下文："其收任多少，从岁所宜，非关早晚。""任多少"就是任凭多少。　　　返：通"反"。反道即背道，这里指违背生长规律。《尚书·大禹谟》："侮慢自贤，反道败德。"《汉书·哀帝纪》："八月，诏曰：'……贺良等反道惑众，下有司。'"

[6] 手必虚：一定空手，意思是所求无获，空手而归。

[7] 底：指同一块地前次种的作物。"小豆底"指上茬作物为小豆。下文"常见瓜底"，"瓜底"指以瓜田为底。卷二《黍穄》："凡黍、穄田，新开荒为上，大豆底为次，谷底为下。"又《大豆》："种茇者，用麦底。"又《种瓜》："良田，小豆底佳，黍底次之。"

[8] 不减绿豆：不差于绿豆底。"不减"有"不差于""不次于"的意思，《要术》中习见。如《种谷》："稗中有米，熟时捣取米，炊食之，不减粱米。"意即不比粱米差。又卷七《笨曲并酒》："(粟米酒)气味香美，不减黍米酒。"他书亦见用例，如晋陆机《演连珠》之四七："臣闻虐暑熏天，不减坚冰之寒。"是说酷暑难熬的程度不次于严冬。《宋书·范晔传》："至于《循吏》以下及《六夷》诸序论，笔势纵放，实天下之奇作。其中合者，往往不减《过秦》篇。"《北魏诗》卷二温子昇《燉煌乐》："客从远方来，相随歌且笑。自有燉煌乐，不减安陵调。"《淳化阁帖释文》卷一〇《无名氏

书》："既与直人理略绝,何缘复有周旋理。长史断阔,亦不减卿,唯公事时相瞻望耳。"由"不次于""不亚于"义引申,则有"不差""挺好"之义,如《陆云集》卷八《与兄平原书》："刘氏颂极佳,但无出言耳。二颂不减,复过所望,如此已欲解此公之半。"

[9]　稙(zhī)谷：早谷子。下文："二月、三月种者为稙禾,四月、五月种者为稺禾。"即其义。《诗·鲁颂·閟宫》："黍稷重穋,稙稺菽麦。"毛传："先种曰稙,后种曰稺。"　　稺(zhì)禾：晚谷子。与"稙禾"相对。"稺"即"稚"。

[10]　岁易：每年轮换种植(不同作物),即不宜重茬。

[11]　岁道：犹年景,指天气凉热、晴雨、灾情等自然气候。如"风调雨顺"就是好岁道。下文："凡田欲早晚相杂。防岁道有所宜。有闰之岁,节气近后,宜晚田。"语义与前文相同。"岁道有所宜"的"宜"是"易""变化"的意思,"岁道易晚"也是这个意思,指年景节气等推迟、变晚。又卷六《养羊》："余昔有羊二百口,茭豆既少,无以饲,一岁之中,饿死过半……余初谓家自不宜,又疑岁道疫病,乃饥饿所致,故他故也。""岁道"指年运。

[12]　得：可以。为北方方言,《要术》中习见。如卷一《耕田》："若牛力少者,但九月、十月一劳之,至春稚种亦得。"又卷三《种胡荽》："胡荽宜黑软青沙良地,三遍熟耕。树阴下,得;禾豆处,亦得。"又卷五《种桑、柘》："明年正月,移而栽之。仲春、季春亦得。"又卷九《作脾、奥、糟、苞》："急束两头,悬井水中。经一日许,方得。""得"字也可用在动词前,作状语。如卷二《小豆》："牛力若少,得待春耕;亦得稚种。"又卷八《作酢法》："与少胡荽子著中,以辟,得不生虫。"又卷九《作脾、奥、糟、苞》："暑月得十日不臭。"

[13]　欲深：宜深、要深。下文："夏种欲浅""凡田欲早晚相杂""凡种,欲牛迟缓行,种人令促步以足蹑垄底。"其中"欲"字都作"宜""要"解。这是《要术》的习用语,卷二《黍穄》："刈穄欲早,刈黍欲晚。穄晚多零落,黍早米不成。"又《大豆》："美田欲稀,薄田欲稠。"又《种麻子》："雨泽时适,勿浇。浇不欲数。"言浇灌不宜频繁。

[14]　曳重挞：挞是一种农具,用一丛枝条缚成竹扫把的样子,由牲口或人力拉着,以镇压虚土,称"曳挞"。《种谷》下文："春气冷,生迟,不曳挞则根虚,虽生辄死。夏气热而生速,曳挞遇雨必坚垎。"又卷二《黍穄》："燥湿候黄场,种讫不曳挞。"上面压着泥土或石块等重物,称"重挞";若不压东西,称"空挞"。有时"挞"作动词,表示用挞拖压土地,《种谷》下文："其春泽多者,或亦不须挞;必欲挞者,宜须待白背,湿挞令地坚硬故也。"即其例。

[15]　直置自生：意思是只要种下自然会生长。直：只,仅。《要术》卷三《种胡荽》："若地柔良,不须重加耕垦者……直深细锄地一遍,劳令平。"置：放置,这里指种植。卷四《种桃奈》："桃、奈桃,欲种,法：熟时合肉全埋粪地中。直置凡地则

不生,生亦不茂。"又卷六《养羊》:"其六、七月中作者,卧时令如人体,直置冷地,不须温茹。"又《养鸡》:"唯冬天著草——不茹则子冻。春夏秋三时则不须,直置土上,任其产、伏。"

　　[16] 坚垎:土块干燥后变得坚硬。《要术》卷一《耕田》:"湿耕坚垎,数年不佳。"卷二《旱稻》:"凡下田停水处,燥则坚垎,湿则污泥,难治而易荒。"《说文·土部》:"垎,水干也,一曰坚也。"段玉裁注:"按干与坚义相成,水干则土必坚。"《种谷》下文:"必欲挞者,宜须待白背,湿挞令地坚硬故也。"又卷五《种蓝》:"栽时既湿,白背不急锄则坚确也。""坚垎"与"坚硬""坚确"同义。

　　[17] 不须:不必。《要术》卷二《大小麦》:"矿麦,非良地则不须种。薄地徒劳,种而必不收。"又卷三《种胡荽》:"若地柔良,不须重加耕垦者……直深细锄地一遍,劳令平。"又卷六《养牛马驴骡》:"至于粪溺,自然一处,不须扫除。"

　　[18] 白背:潮湿土壤经日晒后,表面先干,由黑褐色变成白色的"皮",称白背,这是北方俗语,《要术》中习见。《种谷》下文:"大雨不待白背,湿辗则令苗瘦。""苗既出垅,每一经雨,白背时,辄以铁齿镉榛纵横杷而劳之。"又卷一《耕田》:"秋耕待白背劳。"

　　[19] 接湿:趁地湿之时。《要术》中此类用法极多,如下文:"小雨不接湿,无以生禾苗。"又卷五《种蓝》:"五月中新雨后,即接湿耧构,拔栽之。"又称"即湿",卷二《黍穄》:"刘穄欲早,刘黍欲晚,皆即湿践。"又称"接润",卷三《种胡荽》:"便于暖处笼盛胡荽子,一日三度以水沃之,二三日则芽生,于旦暮时接润漫掷之,数日悉出矣。"又称"接泽",同上篇:"开春冻解地起有润泽时,急接泽种之。"《要术》中"润""泽""润泽"或"湿",都指土壤墒情良好,所以"接湿""即湿""接润""接泽"义皆相同。又作"藉泽",卷三《种胡荽》:"春雨难期,必须藉泽,蹉跎失机,则不得矣。"

　　[20] 秽:杂草。《种谷》下文:"秽若盛者,先锄一遍。""夏若仰垅,非直荡汰不生,兼与草秽俱出。""早田净而易治,晚者芜秽难治。"皆指杂草。《说文》:"秽,芜也。"徐锴《说文系传》:"田中杂草也。"

　　[21] 纳种:下种。卷二《水稻》:"纳种如前法。"又《旱稻》:"麦时水涝,不得纳种者,九月中复一转,至春种稻,万不失一。"

　　[22] 仰垅:敞开着垅,即不平上土。《种谷》下文:"夏若仰垅,非直荡汰不生,兼与草秽俱出。"《要术》中"仰"多指敞开、不合拢、不加盖的意思。如卷八《常满盐、花盐》:"风尘阴雨则盖,天晴净,还仰。"又《作酱法》:"仰瓮口曝之,……雨即盖瓮,无令水入。"

　　[23] 不中(zhòng):不可以。"中"是北方俗语,犹"堪","可以""合适"的意思,《要术》中屡见。如卷一《耕田》:"明年,乃中为谷田。"卷二《种麻》:"颜色虽白,

啮破枯燥无膏润者,秕子也,亦不中种。"又《大小麦》:"小麦忌戌,大麦忌子,'除'日不中种。"卷五《种桑、柘》:"裁截碎木,中作锥、刀靶。"《洛阳伽蓝记》卷二《城东·正始寺》:"多有枳树而不中食。"

[24] 非直:不但;不仅。六朝习语,《要术》中多见。《种谷》下文又曰:"小锄者,非直省功,谷亦倍胜。""五谷之田,不宜树果……非直妨耕种,损禾苗,抑亦堕夫之所休息,竖子之所嬉游。"又卷二《大小麦》:"凡耧种直,非直土浅易生,然于锋、锄亦便。"又卷三《杂说》:"若用红纸者,非直明净无染,又纸性相亲,久而不落。"又卷六《养羊》:"母皆瘦死,羔小未能独食水草,寻亦俱死。非直不滋息,或能灭群断种矣。"又《养牛马驴骡》:"非直饮食遂性,舒适自在,至于粪溺,自然一处,不须扫除。"他书亦习见此词,如《洛阳伽蓝记》卷五《城北·闻义里》:"年岁虽久,彤炳若新,非直条缝明见,至于细缕亦新。"　　荡汰:洗涤冲刷。这里指种子被雨水冲走或拍在泥土下面。《梁诗》卷二三庾肩吾《新苔诗》:"随潮染岸石,逐沫聚浮楂。徒令阿谷丽,停筐不汰沙。"

[25] 大率:大体;通常。副词。《要术》卷二《黍穄》:"非夏者,大率以椹赤为候。"又《小豆》:"小豆,大率用麦底。"又《种麻子》:"大率二尺留一根。"又称"率"。《种谷》:"良田率一尺留一根。"又作名词用,卷七《货殖》:"贪贾三之,廉贾五之,亦比千乘之家。此其大率也。""大率欲早"是说大体宜早。

[26] 倍多:特别多。"倍"有"特别""格外""更加"之义,《要术》中习见。卷三《种葵》:"茎叶皆美,科虽不高,菜实倍多。其不剪早生者……看虽似多,其实倍少。"又卷五《种桑、柘》:"栽后二年,慎勿采、沐,小采者,长倍迟。"又《种槐柳楸梓梧柞》:"六、七月中,取春生少枝种,则长倍疾。"又卷六《养羊》:"看势两渐薄,乃削研,用倍省矣。"

[27] 岁所宜:岁道所适宜的。整句话的意思是:其收成不论多少,都是根据岁道适宜何种作物,与时间早晚无关。《要术》卷一《收种》:"欲知岁所宜,以布囊盛粟等诸物种,平量之,埋阴地。冬至后五十日,发取量之,息最多者,岁所宜也。"是说粟稻等各种作物种子,按相同数量埋在地下,到时取出,生长最多的一种就是今年岁道所适宜的作物。

[28] 马耳:形容谷苗初长出时如马耳的形状。《要术》卷六《养牛马驴骡》:"耳欲小而锐如削筒。"　　镞锄:可能是一种锄法。

[29] 稀豁:稀疏空缺,指缺苗。《说文·禾部》:"稀,疏也。"段玉裁注:"稀与概为反对之辞,所谓立苗欲疏也。"徐灏笺:"稀之本义为禾之稀疏。"《广雅·释诂三》:"豁,空也。"是"稀豁"同义,言田里的空隙,即缺苗。

[30] 动:动辄。《三国志·吴志·周瑜传》:"曹公,豺虎也,然托名汉相,挟天子以征四方,动以朝廷为辞。"又《蜀志·诸葛亮传》裴松之注引《汉晋春秋》载《后

出师表》:"刘繇、王朗,各据州郡,论安言计,动引圣人。"《梁诗》卷二六徐君蒨《春宵》:"燉煌定若远,一信动经年。"刘淇《助字辨略》卷三曰:"凡云动者,即兼动辄之义,乃省文也。"

[31] 倍胜:犹言更加好,(数量或质量上)超过、胜过。《要术》卷四《种桃柰》:"非直滋味倍胜,又得夏暑不败坏也。"又卷六《养羊》:"凡乘秋刈草,非直为羊,然大凡悉皆倍胜。"又卷七《笨曲并酒》:"瓮满好熟,然后押出。香美势力,倍胜常酒。"参见上注[26]"倍多"条。

[32] 概种:密植。《说文·禾部》:"概,稠也。"徐锴《说文系传》曰:"概,稠密也。古人云:'深耕概种。'故从禾。"《种谷》下文:"谚云:'回车倒马,掷衣不下,皆十石而收。'言大稀大概之收,皆均平也。""回车倒马"是形容"大稀",言苗间空隙可以倒转车马;"掷衣不下"是形容"大概",言稠密得衣服扔上去都掉不下来。又卷三《种胡荽》:"生高数寸,锄去概者,供食及卖。"又卷四《园篱》:"至明年秋,生高三尺许,间斫去恶者,相去一尺留一根,必须稀概均调,行伍条直相当。"又卷五《种榆白杨》:"五寸一荚,稀概得中。"

[33] 寻垅:沿着田垅。《要术》卷三《种姜》:"三月种之。先重楼构,寻垅下姜,一尺一科,令上土厚三寸。"又卷五《种紫草》:"即深细耕,寻垅以杷耧取。"寻:沿着。《后汉书·袁绍传》:"绍遂寻山北行。"

[34] 数(shuò):频繁;屡次。《种谷》下文:"杷法:令人坐上,数以手断去草。"又卷二《种麻子》:"雨泽时适,勿浇。浇不欲数。"言浇不宜频繁。卷四《种椒》:"熟时收取黑子。俗名椒目。不用人手数近捉之,则不生也。"皆其例。《要术》中强调多锄地,如卷三《种葵》:"地释即生,锄不厌数。"《广韵·觉韵》:"数,频数。"

[35] 糠薄米息:糠少米多。"薄"字在《要术》中主要有二义:一是土地贫瘠的意思,与"良"相对。如卷二《种麻》:"麻欲得良田,不用故墟。地薄者粪之。"参见上注[2]"良薄";一是数量少的意思,与"息"相对(按"息"见上注[1]"息耗")。如《种谷》上文:"颗子则莠多而收薄矣。"又卷二《大小麦》:"大、小麦,皆须五月、六月暵地,不暵地而种者,其收倍薄。""倍薄"言特别少。

[36] 得:达到。《种谷》下文:"锄得五遍以上,不烦构。"言锄地达到五遍以上。

[37] 八米:指出米率为八成。

[38] 春锄起地:春天锄地是为了使土地松软。"起"有膨胀、隆起的意思,如《要术》卷五《漆》:"若不揩拭者,地气蒸热,遍上生衣,厚润彻胶便皱,动处起发,飒然破矣。"又卷七《笨曲并酒》:"一宿,上生白沫,起。"又卷八《作酢法》:"以渍米汁随瓮边稍稍沃之,勿使曲发饭起。""起"就是发酵、发胀的意思。土隆起就是疏松。

[39] 不用：不可以；不允许。犹言"不得"，是《要术》中习语。如卷三《种葵》："畦长两步，广一步，大则水难均，又不用人足入。"言不得脚踏进去。又卷四《种栗》："既生，数年不用掌近。凡新栽之树，皆不用掌近，栗性尤甚也。"又卷五《种桑、柘》："行欲小掎角，不用正相当，相当者则妨犁。"　触湿：趁地湿。《要术》卷三《种胡荽》："大都不用触地湿入中。"又卷五《种槐柳楸梓梧柞》："从五月初，尽七月末，每天雨时，即触雨折取春生少枝，长一尺以上者，插著垄中。""触雨"就是趁下雨之时。又卷二《胡麻》："种欲截雨脚。若不缘湿，融而不生。""若乘湿横积，蒸热速干，虽曰郁裛，无风吹亏损之虑。""触湿"与"缘湿""乘湿"同义。又参见上注[19]"接湿"条。"不用触湿"即不可以趁地湿之时。

[40] 无嫌：无妨，无妨碍。《要术》卷六《养羊》："积茭著栅中，高一丈亦无嫌。"又作"不嫌"。又卷三《种葵》："地形狭长者，并必作一行；地形正方者，作两三行亦不嫌也。""无嫌"与"无害"同义，参见上注[3]"无害"条。

[41] 不烦：不必。《种谷》下文："足迹相接者，亦可不烦挞也。"又卷四《栽树》："凡栽一切树木，欲记其阴阳，不令转易。阴阳易位则难生。小小栽者，不烦记也。"又："摇则泥入根间，无不活者；不摇，根虚多死。其小树，则不烦尔。"

[42] 生耳：古谚语，缪启愉曰："从唐宋人诗赋中常提到的来推测，当是指禾头因雨湿高温蒸郁而引起物质变化，或者发芽，因而造成严重损失。如杜甫诗：'禾头生耳黍穗黑'，陆游诗：'愁看场上禾生耳''雨畏禾头蒸耳出，润忧麦粒化飞蛾'，苏轼《秋阳赋》：'禾已实而生耳，稻方秀而泥蟠。'"农作物初发芽常称"耳"，参见上文[28]"马耳"条注，这里是说植物因潮湿变霉而发芽。

[43] 大判：大体；大概。《全宋文》卷二三何承天《答颜光禄》："来告云：人则役物以为养，为则见役以养人，大判如此，便是顾同鄙议。"《全梁文》卷六五皇侃《论语义疏叙》："但先儒后学，解释不同，凡通此论字，大判有三途。"《陈诗》卷一阴铿《雪里梅花》："叶开随足影，花多助重条。今来渐异昨，向晚判胜朝。""判"与"大判"义近。又参见上注[25]"大率"条。

3.　种　麻

[题解]

麻，指大麻，雌雄异株，雌麻主要利用它的子实，在古代是作为五谷之一的粮食用的；雄麻是利用它的韧皮纤维织布。本篇详细记述了雄麻的栽培技术。《种麻子》则专讲雌麻的栽种，不录。选自《齐民要术》卷二。

[原文]

凡种麻，用白麻子。白麻子为雄麻。颜色虽白，啮破枯燥无膏润者[1]，秕子也[2]，亦不中种[3]。市籴者[4]，口含少时，颜色如旧者佳；如变黑者，裹[5]。崔寔曰："牡麻子，青白，无实，两头锐而轻浮。"

麻欲得良田[6]，不用故墟[7]。故墟亦良，有点丁破反叶夭折之患[8]，不任作布也[9]。地薄者粪之[10]。粪宜熟。无熟粪者，用小豆底亦得[11]。崔寔曰："正月粪畴。畴，麻田也。"

耕不厌熟[12]。纵横七遍以上，则麻无叶也。田欲岁易[13]。抛子种则节高。

良田一亩，用子三升；薄田二升。概则细而不长[14]，稀则粗而皮恶。

夏至前十日为上时，至日为中时，至后十日为下时。"麦黄种麻，麻黄种麦"，亦良候也。谚曰："夏至后，不没狗。"或答曰："但雨多，没橐驼。"又谚曰："五月及泽[15]，父子不相借。"言及泽急，说非辞也[16]。夏至后者，非唯浅短[17]，皮亦轻薄。此亦趋时不可失也。父子之间，尚不相假借[18]，而况他人者也？

泽多者，先渍麻子令芽生。取雨水浸之，生芽疾；用井水则生迟。浸法：著水中，如炊两石米顷[19]，漉出[20]，著席上，布令厚三四寸[21]。数搅之，令均得地气。一宿则芽出。水若滂沛[22]，十日亦不生。待地白背，耧构，漫掷子[23]，空曳劳[24]。截雨脚即种者[25]，地湿，麻生瘦；待白背者，麻生肥。泽少者，暂浸即出，不得待芽生，耧头中下之。不劳曳挞[26]。

麻生数日中，常驱雀。叶青乃止。布叶而锄[27]。频烦再遍止[28]。高而锄者，便伤麻。

勃如灰便收[29]。刈，拔，各随乡法。未勃者收，皮不成；放勃不收而即骊。荄欲小，穊欲薄[30]，为其易干。一宿辄翻之。得霜露则皮黄也。

获欲净。有叶者喜烂[31]。沤欲清水，生熟合宜。浊水则麻黑，水少则麻脆，生则难剥，大烂则不任[32]。暖泉不冰冻，冬日沤者，最为柔朋也。

[注释]

[1] 膏润：油泽；润泽。多指湿润有水分。为《要术》中习语。如卷三《种葵》："正月地释，驱羊踏破地皮。不踏即枯涸，皮破即膏润。"又《蔓菁》："七月末种者，叶虽膏润，根复细小。"又卷六《养羊》："若不早放先拃者，比竟，日高则露解，常食燥草，无复膏润，非直渐瘦，得乳亦少。"《陈诗》卷一阴铿《闲居对雨》："绿野含膏润，青山带濯枝。"《广雅·释言》："膏，泽也。"《集韵·号韵》："膏，润也。"故"膏润"为同义连言。

[2] 秕子：干瘪、不饱满、不成实的种子。

[3] 不中：不堪；不可以。参见《种谷》篇注[23]。

[4] 市籴：购买。

[5] 裛：通"浥"，沾湿。《要术》卷二《胡麻》："若乘湿横积，蒸热速干，虽曰郁裛，无风吹亏损之虑。"朱骏声《说文通训定声·临部》："裛，假借为浥。"

[6] 欲得：必须；应当。此亦为《要术》习用语。如卷二《旱稻》："其土黑坚强之地，种未生前遇旱者，欲得令牛羊及人履践之。"卷五《种桑、柘》："种禾豆，欲得逼树，不失地利，田又调熟。"又《种蓝》："蓝地欲得良。"又《养牛马驴骡》："马，头为王，欲得方；目为丞相，欲得光；脊为将军，欲得强；腹胁为城郭，欲得张；四下为令，欲得长。"《三国志·魏志·华佗传》："（华）佗语普曰：'人体欲得劳动，但不当使极尔。'"

[7] 故墟：连作地，连续在一块地上种同一种农作物，就是第二茌（年）仍然种与头一茌（年）一样的作物。《要术》卷三《种葵》："地不厌良，故墟弥善。"又《蔓菁》："种不求多，唯须良地，故墟新粪坏墙垣乃佳。""不用故墟"就是不可以在同一块地上连种同一种作物。"不用"义见《种谷》篇注[39]。

[8] 点叶：草叶败坏。《集韵·箇韵》："点，草叶坏也。故墟种麻有点叶夭折之患。贾思勰说。"正是指《种麻》此段话。"点"原指细小的黑色斑痕。《说文·黑部》："点，小黑也。"植物叶生病变坏，也有点迹、斑痕，当是本义的引申。

[9] 不任：不堪；不可以。"任"有堪、可之意。如《要术》卷三《种蜀芥芸薹芥子》："中为咸淡二菹，亦任为干菜。""中""任"同义。又卷四《插梨》："杜如臂以上，皆任插。"又卷六《养鹅鸭》："浸鸭子，一月任食。""不任"就是不堪、不可，如卷四《种枣》："其旱劳之地，不任耕稼者，历落种枣则任矣。""早收者涩，不任食之也。"又《种梅杏》："乌梅入药，不任调食也。"《史记·白起王翦列传》："是时武安君病，不任行。"《资治通鉴·周纪五·赧王五十六年》引此文，胡三省注："不任，谓不堪也。"《广韵·侵韵》："任，堪也。""不任"的这种用法汉魏六朝典籍中习见，例略。

[10] 地薄：土地贫瘠。参见《种谷》篇注[2]"良薄"条。

[11] 用小豆底亦得：用上茌种植小豆的田也可以。见《种谷》篇注[7]"底"、注[12]"得"条。

[12] 耕不厌熟：耕地不厌透彻，与"耕不厌数"义相近。"熟"有反复、彻底、透彻之义。《要术》卷三《种蒜》："三遍熟耕，九日初种。"又《种胡荽》："胡荽宜黑软青沙良地，三遍熟耕。"又《种姜》："熟耕如麻地，不厌熟，纵横七遍尤善。"

[13] 田欲岁易：种麻的田宜每年变换，即不要在同一块地上连种。欲：适宜；应当。参见《种谷》篇注[10]"岁易"条、注[13]"欲"条。

[14] 穊：稠。参见《种谷》篇注[32]。

[15] 及泽：趁着雨水。"及"有"趁着"的意思。《要术》卷二《大小麦》："窖麦

法：必须日曝令干，及热埋之。"又卷四《种椒》："其叶及青摘取，可以为菹。"又卷六《养鹅鸭》："率二斗，及热下盐一升和之。"皆其例。"及"字此义先秦即有，如《左传·僖公二十二年》："彼众我寡，及其未既济也，请击之。""泽"指雨水，《种麻》下文："泽多者，先渍麻子令芽生。"亦此义。《文选·应璩〈与广川长岑文瑜书〉》："昔夏禹之解阳旰，殷汤之祷桑林，言未发而水旋流，辞未卒而泽滂沛。"参见《种谷》篇注[19]"接湿"条、注[39]"触湿"条。

　　[16] 说非辞也：意思是"五月及泽，父子不相借"这种说法不是借口，而是确实紧急，即下文："此亦趋时不可失也。""说"指说法，名词；"辞"即借口，托词。

　　[17] 非唯：不但。义同"非直"。参见《种谷》篇注[24]"非直"条。

　　[18] 假借：就是"借"，"假借"为同义并列结构。《南齐书·文学传·崔慰祖》"聚书至万卷，邻里年少好事者来从假借，日数十帙，慰祖亲自取与，未尝为辞。"《颜氏家训·勉学》："东莞臧逢世，年二十余，欲读班固《汉书》，苦假借不久，乃就姊夫刘缓乞丐客刺书翰纸末，手写一本。"皆其例。参见《颜氏家训·治家》注[10]"求假"条。

　　[19] 炊两石米顷：烧两石米饭的工夫。"顷"多表示一段时间。《齐民要术》卷八《作酱等法》："挼去黑皮，漉而蒸之。一炊顷，下置净席上，摊令极冷。"又《作鱼鲊》："作鱼鲊法：锉鱼毕，便盐腌。一食顷，漉汁令尽，更净洗鱼，与饭裹，不用盐也。"在汉魏六朝佛典中，"顷"字这一用法习见，如：旧题后汉支娄迦谶译《佛说般舟三昧经·四事品》："复有四事，疾得是三昧：一者不得有世间思想如弹指顷，三月。"失译《摩登伽经》卷下《明时分别品》："今复说漏刻之法，如人瞬顷，名一婆罗。"刘宋翔公译《佛说濡首菩萨无上清净分卫经》卷上"斯须之顷，濡首忽至。""顷"字皆表示一段时间，与其他词语构成偏正结构作时间状语。

　　[20] 漉：过滤；捞取，使水渗下，从而分离水中固体物。《齐民要术》中多见：如卷八《黄衣、黄蒸及蘖》："作黄衣法：六月中，取小麦，净淘讫，于瓮中以水浸之，令醋。漉水，熟蒸之。"又《脯腊》："用骨汁煮豉，色足味调，漉去滓。"

　　[21] 布：平摊；铺展。《齐民要术》常见"薄布"一词，如卷二《大小麦》："倒刈，薄布，顺风放火。"又卷三《种葱》："收葱子，必薄布阴干，勿令浥郁。"又卷五《种桑、柘》："薄布薪于箔上，散蚕讫，又薄以薪覆之。""薄布"即薄薄地摊开。又卷六《养羊》："收刈杂草，薄铺使干，勿令浥郁。""薄布"与"薄铺"同。再看其他用例：卷二《种瓜》："以瓜子、大豆各十枚，遍布坑中。"又卷三《种韭》："种法：以升盏合地为处，布子于围内。"《种兰香》："作干者，大晴时，薄地刈取，布地曝之。""布地"谓在地上展开。《小尔雅·广言》："布，展也。"

　　[22] 滂沛：《文选·左思〈吴都赋〉》："经扶桑之中林，包汤谷之滂沛。"李周翰注："滂沛，水多貌。"

　　[23] 漫掷子：均匀地抛洒种子，是一种下种方法。"漫"为"周遍义"，"漫掷"与"漫散""漫种"同义。如卷二《小豆》："泽多者，耧耩。漫掷而劳之，如种麻法。"又卷三《种胡荽》："于旦暮时接润漫掷之，数日悉出矣。"又《荏蓼》："荏则随宜，园畔漫掷，便岁岁自生矣。"

　　[24] 空曳劳：只曳耢，上面不压重物或人。《要术》卷二《胡麻》："空曳劳。劳上加人，则土厚不生。"又卷三《种蒜》："空曳劳。二月半锄之。""空"本指空洞、无物，如卷七《笨曲并酒》："下馈著空瓮中。"引申之，则有单独、只、仅等义，如卷五《种红蓝花栀子》："若无石榴者，以好醋和饭浆亦得用。若复无醋者，清饭浆极酸者，亦得空用之。""若无髓，空用脂亦得也。"参见《贤愚经·长者无耳目舌品》注[52]"空归"条。

　　[25] 截雨脚：趁着雨水，一种形象的说法。《要术》卷二《胡麻》："种欲截雨脚，若不缘湿，融而不生。""脚"一般用来指物体的底部，如"床脚""楼脚"等，引申之，又指物象的下端或尾部，这在唐宋作品中较多见，如《全唐诗》卷二一七杜甫《羌村》："峥嵘赤云西，日脚下平地。"卷三九〇李贺《李凭箜篌引》："吴质不眠倚桂树，露脚斜飞湿寒兔。"卷三九一李贺《老夫采玉歌》："斜山柏风雨如啸，泉脚挂绳青袅袅。"卷三九二李贺《崇义里滞雨》："家山远千里，云脚天东头。"除了以上"日脚""泉脚""露脚""云脚"外，还有作"雨脚"的，如《全唐诗》卷三九〇李贺《秦王饮酒》："洞庭雨脚来吹笙，酒酣喝月使倒行。"是其例。"雨足"与"雨脚"同义。

　　[26] 不劳：不必；不须。《要术》卷五《种桑、柘》："种禾豆，欲得逼树。不失地利，田又调熟。绕树散芜菁者，不劳逼也。"又《种榆白杨》："斫后复生，不劳更种，所谓一劳永逸。"又卷六《养羊》："养羊法：当以瓦器盛一升盐，悬羊栏中，羊喜盐，自数还啖之，不劳人收。"

　　[27] 布叶：叶子舒展、展开。《要术》中通常指叶子刚刚舒展。如卷二《小豆》："凡大小豆，生既布叶，皆得用钱齿鍢楱纵横杷而劳之。"又："豆生布叶，锄之。生五、六叶，又锄之。"又《种麻子》："二月下旬，三月上旬，傍雨种之。麻生布叶，锄之。"汉魏六朝诗歌中也多见"布叶"或"布叶垂阴"等词语，例略。

　　[28] 频烦：频繁；多次；一再。《要术》卷二《旱稻》："地白背时，速耕，杷、劳，频烦令熟。"又《种瓜》："刈讫即耕，频烦转之。"

　　[29] 勃：粉末。这里指花粉。《种麻》下文："未勃者收，皮不成；放勃不收而即骊。"又引《氾胜之书》："获麻之法，穗勃勃如灰，拔之。""勃勃如灰"是说花粉放散如灰末。又卷二《种麻子》："既放勃，拔去雄。若未放勃去雄者，则不成子实。""勃"还有干面粉的意思，《要术》卷九《饼法》："干剂于腕上手挼作，勿著勃。"又："截断，切作方棋，簸去勃，甑里蒸之。"还可指新鲜果实上的一层细细的茸毛。如卷一〇《五谷果蓏菜茹非中国物产者·乌茋》："初生，其心挺出，其下本大如箸，上

锐而细,有黄黑勃,著之污人手。""勃"还可以指水的泡沫。又卷九《煮糗》:"断箕
漉出滓,以糗帚舂取勃。勃,别出一器中。"又作"渤"。参见《水经注·漇水》注
[20]"白敦"条。

　　[30] 蘱:《说文》:"小束也。"稸:音敷,铺展的意思。"蘱欲小",意思是要束
成小把;"稸欲薄"是说平摊要薄。《要术》卷二《胡麻》:"刈束欲小,束大则难燥。"
也是这个意思。　　欲:是"要""应该"的意思。《种麻》篇下文曰:"获欲净""沤欲
清水"的"欲"也是这个意思。卷五《种桑、柘》:"春采者……要欲旦暮,而避热时。"
"要欲"同义连言。参见《种谷》篇注[13]。

　　[31] 喜烂:易烂。"喜"作"容易""易于"解,为魏晋南北朝习用语,《要术》中
多见。如卷三《种蒜》:"早出者,皮赤科坚,可以远行;晚则皮皴而喜碎。"又《种
葱》:"此葱性热,多喜泹郁,泹郁则不生。"又卷七《涂瓮》:"火盛喜破,微则难热,务
令调适乃佳。"又卷八《作酱等法》:"凡作鱼酱、肉酱,皆以十二月作之,则经夏无
虫。餘月亦得作,但喜生虫,不得度夏耳。"

　　[32] 不任:指不堪用、不胜任。《要术》卷四《种梅杏》:"白梅任调食及齑,杏
则不任此用。"又卷五《种桑、柘》:"此树条直,异于常材。十年之后,无所不任。"义
即可以用来作任何东西。"不任"为六朝习用语。《生经》卷一《佛说堕珠著海中
经》:"导师德尊,威神巍巍,诸鬼神龙虽欲翻船夺如意珠,力所不任,于时导师及五
百人安隐渡海。"《全晋文》卷二六王羲之《杂帖》:"吾齲痛,所作赞又恐不任,当示
殷也。"又作"无任"。《三国志·魏志·蒋济传》:"济上疏曰:'臣忝宠上司,而爽敢
包藏祸心,此臣之无任也。'"又《武帝纪》:"非君攸济,朕无任焉。"《宋书·庚登之
传》:"(谢)晦败,登之以无任,免罪禁锢还家。""无任"与"不任"同,就是无用、不胜
任。本篇前文注[9]"不任",是作状语,与此作谓语用法不同,但其基本意义相同,
都是"不堪""不可"。

(二) 水 经 注

　　《水经注》是我国古代杰出的地理名著,名为注释《水经》,实则以
《水经》为纲,详细记载了大小河流一千二百多条,从大江大河,到溪津
陂泽,皆穷源竟委,清晰分明。并且描述了水流所经地区的山陵、原
隰、城邑、关津、郡县乡亭聚落的方位、地理沿革和有关历史遗迹、人物
掌故、神话传说等,自成巨著,蔚为大观,成为六世纪前乃至整个封建
社会中最为全面、系统的综合性地理著作,对研究历史地理、水利沿革
和古代史有重要意义。全书引用书籍四百余种,还记录了不少汉魏间

碑刻墨迹及渔歌民谣,文笔绚烂,语言清丽,因而具有极高的文学
价值。

　　作者郦道元(446 或 472? —527 年),字善长,涿州(今属河北)人。
北魏地理学家、文学家。官黄门侍郎、御史中尉等,执法严峻,后为关
右大使,被雍州刺史萧宝夤杀害。《魏书》《北史》有传。

　　此据杨守敬、熊会贞《水经注疏》(段熙仲点校,陈桥驿复校,江苏
古籍出版社 1989 年版),并以王国维《水经注校》(上海人民出版社
1984 年版)参校,选录四节,标点有误则径直改正。

4. 滱　　水

[题解]

　　此节选自《水经注》卷一一《滱水》,主要记述滱水支流徐水的发源
和流经地。文辞绚丽,骈散结合,颇具特色。

[原文]

　　徐水三源奇发,齐泻一涧[1],东流北转,径东山下,水西有御射
碑[2]。徐水又北流,西屈径南岩下,水阴又有一碑[3]。徐水又随山南
转,径东岩下,水际又有一碑[4]。凡此三铭[5],皆翼对层峦[6],岩鄣深
高[7],壁立霞峙[8]。……徐水屈东北径郎山,又屈径其山南,众岑竞
举[9],若竖鸟翅[10],立石嶙岩,亦如剑杪[11]。……其山上合下开[12],
开处高六丈,飞水历其间[13]。南出乘崖[14],倾涧泄注[15],七丈有余。
济荡之音[16],奇为壮猛[17]。触石成井[18],水深不测[19]。素波自
激[20],涛襄四陆[21]。瞰之者惊神,临之者骇魄矣。

[注释]

　　[1] 泻:倾注。

　　[2] 御:凡皇帝所作、所为或与皇帝有关的事物都称“御”。

　　[3] 水阴:水南面。参见《晋诗·为顾彦先赠妇往返》注[1]。

　　[4] 水际:水边。

　　[5] 铭:指石刻碑文。凡为文刻于器物之上,称述生平功德,使流传千古,或
用以自警者,皆称“铭”。上古多刻于钟鼎,秦汉以降多刻于碑石。

　　[6] 翼对：比喻像张开的鸟翅膀一样相对应。　　层峦：高耸的山峦。"层"有高的意思，《水经注·滱水》："南则秀鄣分霄，层崖刺天，积石之峻，壁立直上。"又《濡余水》："山岫层深，侧道褊峡，林鄣据嶮，路才容轨。"又《濡水》："左层峦之上，有孤石云举，临崖危峻，可高百余仞。"又《穀水》："竹柏荫于层石，绣薄丛于泉侧。"各例"层"皆谓高。又《濡水》："山甚层峻，未有升其岭者。"又《洛水》："水出宜阳县南女几山，东北流径云中坞，在上迢遰层峻，流烟半垂。""层峻"同义连言，都是高耸的意思。又《濡水》："西径大翮小翮山南，高峦截云，层陵断雾，双阜共秀，竞举群峰之上。""高峦"与"层陵"相对应，"层"就是"高"。《文选·王延寿〈鲁灵光殿赋〉》："渐台临池，层曲九成。"吕向注："层，高也。"

　　[7] 岩鄣：像屏障似的山岩。《水经注·渭水上》："一水出县西山，世谓之小陇山，岩嶂高嶮，不通轨辙。""岩鄣"与"岩嶂"同。《广韵·漾韵》："嶂，峰嶂。"《集韵·漾韵》："嶂，山之高险者。"是"岩鄣(嶂)"为并列结构。

　　[8] 霞跱：像云霞一样高耸峙立("跱"与"峙"同)，犹言"直插云霄"。《水经注》中多以云、霞喻山峰高峻，如《易水》："东台有三峰，甚为崇峻，腾云冠峰，高霞翼岭，岫壑冲深，合烟罩雾。"又《漾水》："绝壁峭跱，孤嵅云高，望之形若覆壶。"又有"霞举"一词，言像云霞一样高。又《涑水》："其西则石壁千寻，东则磻溪万仞，方岭云回，奇峰霞举，孤标秀出。"又《濡水》："其山重峦叠巘，霞举云高。"又称"云举"。《水经注·滱水》："北岭虽层陵云举，犹不若南峦峭秀。"又《洛水》："水出鹈鹕山，有二峰，峻极于天，高崖云举，亢石无阶。""霞跱"与"云高""霞举""云举"义近。

　　[9] 竞举：竞相高耸。《水经注·濡水》："高峦截云，层陵断雾，双阜共秀，竞举群峰之上。"又《洛水》："洛水之北，有熊耳山，双峦竞举，状同熊耳。"又《漳水》："荆山在景山东一百余里新城沶乡县界，虽群峰竞举，而荆山独秀。"又有"竞高"一词，与"竞举"同义。又《汝水》："一水东北出为汝水，历蒙柏谷，左右岫壑争深，山阜竞高，夹水层松茂柏，倾山荫渚，故世人以名也。""举"的本义是两手对举、擎起，引申之则有"高"义。

　　[10] 若竖鸟翅：像竖立的鸟翅一样。

　　[11] 剑杪：剑锋。《水经注·浙江水》："山上有石，特起十丈，上峰若剑杪。"

　　[12] 上合下开：犹言上窄下宽。《水经注·淇水》："山上合下开，可减六七十步，巨石磥砢，交积隍涧。"又《江水二》："中滩北岸有山，山上合下开，洞达东西，缘江步路所由。"

　　[13] 飞水：飞奔而下的流水。《水经注·赣水》："西北五六里，有洪井，飞流悬注，其深无底。""飞水"与"飞流"同。　　历其间：经过其间。《水经注·濡水》："泉发于山侧，沿坡历涧。"

　　[14]乘崖：高崖。"乘"有登高的意思，如《水经注·浙江》："溪之下，孤潭周数亩，甚清深，有孤石临潭。乘崖俯视，猨狖惊心。"引申则有高义。

　　[15]倾涧：倾注的山涧。《水经注·浙江水》："其间倾涧怀烟，泉溪引雾。"

　　[16]济荡：水流奔腾激荡。《水经注·淇水》："巨石磥砢，交积隍涧，倾涧济荡，势同雷转，激水散氛，暧若雾合。"又《滱水》："余考记稽疑，盖城池当初山水济荡，漂沦巨栈，阜积于斯，沙息壤加，以城池。"又有"渊济"一词。《水经注·河水四》："虽世代加功，水流渊济，波涛尚屯，及其商舟是次，鲜不踟蹰难济，故有众峡诸滩之言。"又《渭水上》："山下石穴广四尺，高七尺，水溢石空，悬波侧注，渊济震荡。"又《泗水》："悬涛渊济，实为泗崄，孔子所谓鱼龟不能游。"又《淄水》："长津激浪，瀑布而下，澎飚之音，惊川聒谷，渊济之势，状同洪井。"

　　[17]奇：甚；非常。副词。《水经注·沁水》："水北有华岳庙，庙侧有攒柏数百根，对郭临川，负冈荫渚，青青弥望，奇可玩也。"又《穀水》："魏太和中，皇都迁洛阳，经构宫极修理，街渠务穷隐，发石视之，尝无毁坏，又石工细密，非今之所拟，亦奇为精至也。"又《汝水》："建层楼于隅阿，下际水塌，降栗渚，左右列榭，四周参差竞跱，奇为佳观也。"又《洧水》："坞侧有水，悬流赴壑，一匹有余，直注涧下，沧积成渊，嬉游者瞩望，奇为佳观。"除《水经注》外，其他典籍亦多有此词，如吴康僧会译《六度集经》卷三《布施度无极经》："昔者菩萨身为鹿王，厥体高大，身毛五角，蹄角奇雅。"《陶渊明集》卷四《读山海经》："翩翩三青鸟，毛色奇可怜。"《世说新语·品藻》："谢太傅谓王孝伯：'刘尹亦奇自知，然不言胜长史。'"又《贤媛》："许允妇是阮卫尉女，德如妹，奇丑。"《古小说钩沉》辑《妒记》："夫人遥见，甚怜爱之，语婢云：'汝出问，此是谁家儿，奇可念。'"《晋书·诸葛长民传》："长民答曰：'正见一物，甚黑而有毛，脚不分明，奇健，非我无以制之。'"

　　[18]触石：与石相撞。《水经注·沁水》："水出东北巨峻山，乘高泻浪，触石流响，世人因声以纳称。"又《江水一》："商旅上水，恐触石有声，乃以布裹篙足。"

　　成井：水流撞石，形成深深的漩涡，像井一样深。《水经注·淄水》："长津激浪，瀑布而下，澎飚之音，惊川聒谷，渊济之势，状同洪井。"又《庐水》："水出山腹，挂流三四百丈，飞湍林表，望若悬素，注处悉巨井，其深不测。"除用井形容外，《水经注》还多用"巨轮"形容湍急而又深圆的漩涡。如：《河水四》："西去河三里，平地开源，溃泉上涌，大几如轮，深则不测。"又《济水二》："泺水出历县故城西南，泉源上奋，水涌若轮。"又《沁水》："丹水又东南历西岩下，岩下有大泉涌发，洪源巨轮，渊深不测。"

　　[19]不测：喻极深，不可测量。《水经注·圣水》："一穴西南出，入水，径五六日方还，又不测穷深。"又《濕水》："南岸下有风穴，厥大容人，其深不测，而穴中肃肃，常有微风。"又《渭水上》："渭水东南与神涧水合，《开山图》所谓灵泉池也，俗名

之为石万湾,渊深不测,实为灵异。"又:"其水东北流,历涧,注以成渊,潭涨不测。"除《水经注》外,它书亦多用此词,如《全汉文》卷一六贾谊《过秦论》:"据亿丈之城,临不测之溪以为固。"

[20] 素波:白色的波浪。参见《水经注·淮水》注[5]。　　自激:飞溅激荡。王国维《水经注校》作"白敫",谓白色的波浪;"白敫"与"素波"结构、意义相同。汹涌大水冲击形成的波浪称"勃",《水经注·江水二》:"其水并浚激奔暴,鱼鳖所不能游,行者常苦之,其歌曰:滩头白勃坚相持,倏忽沦没别无期。"《广韵·没韵》:"渤,水貌。""渤"与"勃""敫"同。参见《齐民要术·种麻》注[29]"勃"条。

[21] 涛襄四陆:波涛涌上四陆。《水经注·河水四》:"其间一百二十里,河水竦石桀出,势连襄陆,盖亦禹凿以通河,疑此阕流也。"有"波襄"一词,谓波涛汹涌。《水经注·河水三》:"河流激荡,涛涌波襄,雷济云泄,震天动地。"又《汾水》:"汾水又南与东西温溪合,水出左右近溪,声流翼注,水上杂树交荫,云垂烟接,自是水流潭涨,波襄转泛。"又《濡水》:"昔在汉世,海水波襄,吞食地广,当同碣石苞沦洪波也。"又有"襄陵"一词,言水流涌到山陵上。《水经注·江水二》:"至于夏水襄陵,沿溯阻绝,王命急宣,有时朝发白帝,暮到江陵。"《尚书·尧典》:"汤汤洪水方割,荡荡怀山襄陵,浩浩滔天。"孔氏传:"襄,上也。"

5. 淮　　水

[题解]

　　此节选自《水经注》卷三〇《淮水》,记述了淮水支流九渡水和油水的流经之地。文辞华美而又清丽自然,很能代表《水经注》的语言风格。

[原文]

　　淮水又径义阳县故城南,……有九渡水注之,水出鸡翅山,溪涧漾委[1],沿溯九渡矣[2]。其犹零阳之九渡水[3],故亦谓之为九渡焉。于溪之东山有一水,发自山椒下数丈[4],素湍直注[5],颓波委壑[6],可数百丈[7],望之若霏幅练矣[8]。……油水又东曲,岸北有一土穴,径尺,泉流下注,沿波三丈,入于油水,乱流南屈[9],又东北注于淮。

[注释]

　　[1] 漾委:王国维《水经注校》作"潽委",曲折回旋貌。《水经注·河水五》:

“至每岁蒲生，紫委若有系状，似水杨。”又《汾水》：“山有羊肠坂，在晋阳西北，石蹬萦委，若羊肠焉，故仓坂取名矣。”又《颍水》：“其水东流南阳城西，石溜萦委，溯者五涉，故亦谓之五渡水。”“紫委”与“漾委”“澋委”同，状曲折回旋貌。《文选·郭璞〈江赋〉》：“漩澴萦澋，溟溟渍瀑。”李善注：“皆波浪回旋，渍涌而起之貌也。”《玉篇·水部》：“澋，水洄。”《集韵·清韵》：“澋，澴澋，水回貌。或从紫。”是“漾”“澋”“紫”同。

[2]沿溯：顺水下行与逆水上行。《水经注·江水一》：“峡中有瞿塘、黄龙二滩，夏水回复，沿溯所忌。”又《江水二》：“至于夏水襄陵，沿溯阻绝，王命急宣，有时朝发白帝，暮到江陵，其间千二百里，虽乘奔御风，不以疾也。”《梁诗》卷九何逊《晓发》：“水底见行云，天边看远树。且望沿溯剧，暂有江山趣。”“沿”指顺流行驶，“溯”指逆流行驶，故“沿溯”多泛指水上行驶，上引各例即其证。

[3]九渡水：曲折宛转的水道。“九渡”形容回环之甚。

[4]山椒：山顶。《水经注·河水三》：“顾瞻左右，山椒之上，有垣若颓基焉，沿溪亘岭，东西无极，疑赵武灵王之所筑也。”又《浙江水》：“起亭于山椒，极高尽眺矣。”《文选·谢庄〈月赋〉》：“洞庭始波，木叶微脱；菊散芳于山椒，雁流哀于江濑。”李善注：“山椒，山顶也。”

[5]素湍：因水势湍急而形成的白色水流。《水经注·浍水》：“水出绛山，东至寒泉，奋涌，扬波北注，县（即“悬”）流奔壑十一许丈，青崖若点黛，素湍如委练，望之极为奇观矣。”又《鲍丘水》：“望山上水，可高二十余里，素湍皓然，颓波历溪，沿流而下。”又《江水二》：“春冬之时，则素湍渌潭，回清倒影。”“素”本为白色生绢，引申指白色；湍为迅疾的流水。　　注：倾注。

[6]颓波：向下奔流的水波。《水经注·淇水》：“《山海经》曰：淇水出沮如山，水出山侧，颓波湍注，冲激横山。”又《圣水》：“其水伏流里余，潜源东出，又东，颓波泻涧一丈有余，屈而流也。”又《鲍丘水》：“素湍皓然，颓波历溪，沿流而下。”又《汉水》：“泉涌山顶，望之交横，似若瀑布，颓波激石，散若雨洒。”“颓波”是形容水流倾注像颓塌一样迅猛。又有“倾波”一词，义同“颓波”。《水经注·赣水》：“赣川石岨，水急行难，倾波委注，六十余里。”即其例。　　委壑：原作“秀壑”，据王国维校改。委壑，倾泻到山壑中。《水经注·清水》：“垂岩悬河，注壑二十余丈，雷扑之声震动山谷。”又《巨马水》：“盖山崩委涧，积石沦隍，故溪涧受其名矣。”“注壑”“委涧”与“委壑”义同。又《涞水》：“伏流地下，溢则通津委注，谓之白涧口。”这里是“委注”同义连言。

[7]可：大约。《水经注·淇水》：“山上合下开，可减六七十步，巨石礌砢，交积隍涧。”又《鲍丘水》：“去山三十许里，望山上水，可高二十余里，素湍皓然，颓波历溪，沿流而下。”又《渭水》：“水南道侧有二石楼，相去六七丈，双跱齐竦，高可

丈七八，柱圆围二丈有余。"又《江水一》："北岸山上，有神渊，渊北有白盐崖，高可千余丈，俯临神渊。"又《汇水》："村之流水侧有豫章木，本径可二丈，其株根犹存。"

[8] 霏幅练：形容瀑布如飞动的白色幅练。《水经注·浍水》："扬波北注，县（即"悬"）流奔壑十一许丈，青崖若点黛，素湍如委练，望之极为奇观矣。"又《湘水》："山上有飞泉下注，下映青林，直注山下，望之若幅练在山矣。"又《庐江水》："水导双石之中，悬流飞瀑，近三百许步，下散漫千数步，上望之连天，若曳飞练于霄中矣。""霏幅练"犹"飞练"，"霏"通"飞"。

[9] 乱流：合流；两条或数条水流汇合后形成的水流。《水经注·济水一》："济水又东径原城南，东合北水，乱流东南注。"又《济水二》："盟津河别流十里，与清水合，乱流而东径洛当城北，黑白异流，泾渭殊别，而东南流注也。"又《沁水》："而东会绝水，乱流东南入高都县，右入丹水。"又《滱水》："渚水东流，又合洛光水，水出洛光涓，东入长星水，乱流东径恒山下庙北。"又《圣水》："水出西山东，南径广阳县故城南，南入广阳水，乱流东径东南至阳乡县，右入圣水。""乱流"又作动词，谓水流汇合。如《水经注·浊漳水》："又东北分为二水，一水右出为淀，一水北注呼池，谓之涉口，清漳乱流而东注于海。""乱流"又可单称"乱"，如《沭水》："偪阳有祖水，祖水而南，乱于沂而注于沭，谓之祖口。""（祖水）乱于沂"言祖水与沂水合流。"乱"有混合义，《释名·释言语》："乱，浑也。"而"浑"有混合、浑然一体之义，《集韵·混韵》："混，或作浑。"《韩非子·喻老》："乱之楮叶之中而不可别也。"言混入也。故"乱流"即合流，混合之流。此词为《水经注》习用语，有作名词用者，有作动词用者。辞书或释"乱流"为"水流不循常道"，验之《水经注》各例，皆未允当。

6. 延 江 水

[题解]

　　此节选自《水经注》卷三六《延江水》，记述了延江水支流更始水流经之处的悬崖峭壁的情状，描写与议论相结合，生动地再现了邃涧倾崖岌岌可危的险势。

[原文]

　　更始水，即延江枝分之始也[1]。……更始水东入巴东之南浦县，其水注引渎口石门，空岫阴深[2]，邃涧阁密，倾崖合上[3]，恒有落势[4]，行旅避瘴[5]，时有径之[6]，无不危心于其下[7]。又谓之西乡水，亦谓之西乡溪,溪水间关二百许里[8],方得出山。又通波注远[9],复二百余里,东南入迁陵县也。

[注释]

[1] 枝分:水流分枝、分岔。动词。《水经注·㶟水》:"《魏氏土地记》曰:清泉河上承桑干河,东流与潞河合,㶟水东入渔阳,所在枝分,故俗谚云:高梁无上源,清泉无下尾。盖以高梁微涓浅薄,裁足津通,凭藉涓流,方成川甽;清泉至潞,所在枝分,散漫难寻故也。"又《鲍丘水》:"水自堰枝分,东径梁山南。"又《榖水》:"榖水于城东南隅枝分北注,径清阳门东。"又《淮水》:"淮水出县故城,王莽更名之曰淮敬。淮水于县枝分,北为游水,历朐县与沭合。""枝分"又作名词用,谓支流。《水经注·汉水》:"水北出旬山,东南流,径平阳戌下,与直水枝分东注,径平阳戌,入旬水。"又《沔水中》:"作者述志,多言江水至山阴为浙江,今南江枝分,历乌程县南,通余杭县,则与浙江合。"又《潜水》:"潜水,盖汉水枝分潜出,故受其称耳。"

[2] 空岫:深邃的山谷。下文《水经注·夷水》:"浅处多五色石,冬夏激素飞清,傍多茂木空岫,静夜听之,恒有清响。"《宋诗》卷五袁淑《咏寒雪诗》:"边亭哀兮夜燧灭,孙枝振兮空岫吟。"

[3] 倾崖上合:悬崖倾斜,顶端往一块合拢。参见《滱水》注[12]。

[4] 恒有落势:常像要坠落的样子,喻其奇险。《水经注·河水四》:"此石经始禹凿,河中漱广,夹岸崇深,倾崖返捍,巨石临危,若坠复倚。"正是此种情形。又《渭水》:"三峰霞举,叠秀云天,崩峦倾返,山顶相捍,望之恒有落势。"又《沮水》:"凌空交合,危楼倾岳,恒有落势。"

[5] 行旅:旅客;来往的行人。《水经注·滱水》:"至若娈童丱角,弱年女子,或单舟采菱,或叠舸折芰(按:芰,原误作艾),长歌《阳春》,爱深《渌水》,掇拾者不言疲,谣咏者自(王国维注:"自下疑脱相和二字。")于时行旅过瞩,亦有慰于羁望矣。"又《榖水》:"考寻兹说,当承缘生《述征》谬志耳。缘生从戍行旅,征途讯访,既非旧土,故无所究。"又《江水一》:"江水又径虎须滩,滩水广大,夏断行旅。"又《浙江水》:"自建德至此,八十里中有十二濑,濑皆峻崄,行旅所难。"又称"行李"。《水经注·滱水》:"岫鄣高深,霞峰隐日,水望澄明,渊无潜甲,行李所经,鲜不徘徊忘返矣。""行旅"又有旅途义。又《易水》:"意欲图还上京,阻于行旅,造次不获。""行旅"又作动词,谓行走、通行。又《榖水》:"凡是数桥,皆累石为之,亦高壮矣,制作甚佳,虽以时往损功,而不废行旅。"又《钟水》:"浚流奔急,竹节相次,亦为行旅溯涉之艰难也。"又《庐江水》:"山庙甚神,能分风擘流,住舟遣使,行旅之人,过必敬

祀，而后得去。”　避瘴：躲避瘴疫。瘴气，旧指南方山林间湿热蒸郁致人疾病的毒气。《玉篇·疒部》：“瘴，瘴疠也。”《广韵·漾韵》：“瘴，热病。”《水经注·若水》：“此水傍瘴气特恶，气中有物，不见其形，其作有声，中木则折，中人则害，名曰鬼弹。”

［6］时有径之：王国维《水经注校》作“将有径之处”，犹言行走在有路径的地方。《诗·郑风·丰》：“子之昌兮，俟我乎堂兮，悔予不将兮。”毛传：“将，行也。”孔颖达疏：“今日悔我本不共是子行去兮。”《广雅·释诂一》：“将，行也。”

［7］危心：心存戒惧。《孟子·尽心上》：“独孤臣孽子，其操心也危。”《后汉书·明帝纪赞》：“显宗丕承，业业兢兢，危心恭德，政察奸胜。”李贤注：“危心，言常危惧。”

［8］间关：谓溪水曲折宛延。《水经注·河水二》：“河自蒲昌，有隐沦之证，并间关入塞之始，自此经当求实致也。”又《湛水》：“源经所注，斯乃汨川之所由，非湛水之间关也，是经之误证耳。”又《若水》：“若水沿流，间关蜀土。”《梁诗》卷二二梁简文帝萧纲《山斋》：“玲珑绕竹涧，间关通槿藩。”“玲珑”状涧水之声音，“间关”写涧水之形貌。“间关”本是象声词，多状鸟鸣声。《汉诗》卷一二《古诗·伤三贞》：“间关黄鸟，爰集于树。”《魏书·李骞传》载《释情赋》：“鸟间关以呼庭，花芬披而落牖。”《全晋文》卷三四卢谌《燕赋》：“颉颃水湄，下上云际。嘲哳间关，倏忽瀏漵。”在这一意义上，“间关”与“关关”同。《诗·周南·关雎》：“关关雎鸠，在河之洲。”《北齐诗》卷一魏收《晦日泛舟应诏》：“袅袅春枝弱，关关新鸟呼。”《隋诗》卷二李孝贞《听百舌鸟》：“好鸟从西苑，流响入南宫。间关既多绪，变转复无穷。”鸟鸣声曲折委婉，引申之凡曲折宛转谓之“间关”，除水流曲折宛转称“间关”外，道路崎岖逶迤也称“间关”，人行路展转艰难也称“间关”。如《汉书·王莽传》：“（王邑）间关至渐台。”颜师古注：“间关，犹言崎岖展转也。”《后汉书·马援传》载朱勃上书：“投自西州，钦慕圣义，间关险难，触冒万死。”吴康僧会译《六度集经》卷六《精进度五极章》：“己自损食，肥体日耗，间关得出。”《水经注·澧水》：“水自下历溪曲折，逶迤倾注，行者间关，每所褰泝。”《北周诗》卷一王褒《和从弟祐山家》：“散云非一色，连嵓异众峰。合沓似无径，间关定有踪。”

［9］通波：畅通的水流。《水经注·涞水》：“水盛则长津宏注，水耗则通波潜伏，重源显于遒县，则旧川矣。”《晋诗》卷五陆机《答张士然》：“回渠绕曲陌，通波扶直阡。”又卷六陆云《答张士然》：“行迈越长川，飘遥冒风尘。通波激枉渚，悲风薄丘榛。”又卷一九《清商曲辞·前溪歌》：“前溪沧浪映，通波澄渌清。”还可以作动词，谓水流相通。《后汉书·班彪传》：“东郊则有通沟大漕，溃渭洞河，泛舟山东，控引淮、湖，与海通波。”《水经注·河水一》：“河入中国，注于东海。沔流小渚，绝不通波。”

7. 夷　水

[题解]

　　此节选自《水经注》卷三七《夷水》,主要描写了夷水支流丹水和夷水末端——佷山北溪水清澈的水流和两岸景致,如同一幅浓淡相宜的山水画,让人流连忘返。

[原文]

　　丹水又东北流,两岸石上有虎迹甚多,或深或浅,皆悉成就自然[1],咸非人工[2]。……夷水又径宜都北,东入大江,有泾渭之比,亦谓之佷山北溪。水所经皆石山,略无土岸[3]。其水虚映[4],俯视游鱼,如乘空也[5]。浅处多五色石[6],冬夏激素飞清[7],傍多茂木空岫[8],静夜听之,恒有清响;百鸟翔禽,哀鸣相和[9]。巡颓浪者[10],不觉疲而忘归矣[11]。

[注释]

　　[1] 皆悉:全;都。"皆悉"为同义连言。《水经注·巨马水》:"层岩壁立,直长于霄,远望崖侧,有若积刀,镶镶相比,咸悉西首。"又《洍水一》:"亦云有人葬洍北,墓宅将为水毁,其人五女无男,皆悉巨富,共修此激,以全坟宅,然激作甚工。"又《赣水》:"城中有井,其水色半清半黄,黄者如灰汁,取作饮粥,悉皆金色而甚芬香。""咸悉""皆悉""悉皆"义皆相同,均为同义连文,为六朝习语。《三国志·魏志·武帝纪》裴松之注引《魏书》:"长史受取贪饕,依倚贵势,历前相不见举;闻太祖至,咸皆举免,小大震怖,奸宄遁逃,窜入他郡。"又有"皆悉俱"三字同义连言者,如《三国志·魏志·陈群传》:"闻车驾欲幸摩陂,实到许昌,二宫上下,皆悉俱东,举朝大小,莫不惊怪。"　　成就:完成;造就。《汉书·翟方进传》:"伏念太皇太后惟经艺分析,王道离散,汉家制作之业独未成就,故博征儒士,大兴典制。"《异苑》卷八:"元嘉中,章安有人噉鸭肉……须臾烦闷,吐一鸭雏,身啄翅皆已成就,惟左脚故缀昔所食肉,病遂获差。"

　　[2] 人工:人力所为的,与"天然"相对。《水经注·洧水》:"其上銮栌承栱,雕檐四柱,穷巧绮刻,妙绝人工。"又作"人功"。《水经注·沁水》:"水西有孔山,山上石穴洞开,穴内石上,有车辙牛迹,耆旧传云:自然成者,非人功所就也。"

　　[3] 略无:一点也没有;全无。江苏古籍本《水经注疏》"略"误作"路",王国

维《水经注校》不误。《水经注·河水四》:"上有穴如轮,风气萧瑟,习常不止,当其冲飘也,而略无生草,盖不定,众风之门故也。"又《荷水》:"故亭今有高庙,庙前有碑,延熹十年立,庙阙崩褫,略无全者。"又《江水二》:"自三峡七百里中,两岸连山,略无阙处,重岩叠嶂,隐天蔽日。""自灵溪始,桓温令陈遵造,遵善于防攻,使人打鼓远听之,知地势高下,依傍创筑,略无差矣。"参见《列异传·宗定伯卖鬼》注[11]。

[4] 虚映:空照。"映"有照、明之义。《水经注·湘水》:"衡山东南二面临映,湘川自长沙至此,江湘七百里中有九背,故渔者歌曰:帆随湘转,望衡九面。山上有飞泉下注,下映青林,直注山下,望之若幅练在山矣。"

[5] 乘空:凭空;无所依傍。《水经注·洧水》:"渌泉南注,东转为渊,渌水平潭,清洁澄深,俯视游鱼,类若乘空矣,所谓渊无潜鳞也。""空"是虚空的意思,《列子·黄帝》:"乘空如履实,寝虚若处床。"正以"虚"与"空"对应。唐柳宗元《永州八记·小石潭记》:"潭中鱼可百许头,皆若空游无所依。"与《水经注》的描写是一致的。

[6] 五色石:色彩斑斓的石子。《水经注·穀水》:"黄初元年,文帝愈崇宫殿,雕饰观阁,取白石英及紫石英及五色大石,于太行穀城之山,起景阳山于芳林园。""五色"多形容色彩斑斓。如《文选·潘岳〈射雉赋〉》:"聿采毛之英丽兮,有五色之名翚。"徐爰注:"伊洛以南,素质五采皆备成章曰翚。"《颜氏家训·书证》:"又寸断五色丝,横著线股间绳之,以象茞草,用以饰物。"《水经注·渭水上》:"其水东北流,历涧注以成渊,潭涨不测,出五色鱼,俗以为灵,而莫敢操捕。"

[7] 激素飞清:指水流飞溅。素、清都代指水。《水经注·渭水上》:"又西得龙尾溪水,与蒲谷水合,俱出南山,飞清北入川水。"又《漾水》:"山侧有甘泉,涌波飞清,下注平洛水。"又《滱水》:"触石成井,水深不测。素波自激,涛襄四陆。"参见《水经注·淮水》注[5]。

[8] 空岫:深邃的山谷。

[9] 相和:相应和。《水经注·濕餘水》:"晓禽暮兽,寒鸣相和,羁官游子,聆之者莫不伤思矣。"又《资水》:"渔者咸轻舟委浪,谣咏相和,罗君章所谓其声绵邈者也。"

[10] 颓浪:向下奔流的波浪。《史记·河渠书》:"井下相通行水,水颓以绝商颜。"裴骃集解:"瓒曰:'下流曰颓。'"参见《水经注·淮水》注[6]。

[11] 不觉疲:没有感觉到疲劳。"不觉"谓没有感觉到。《晋书·谢安传》:"既罢,还内,过户限,心甚喜,不觉屐齿之折。"即其例。"不觉"还有不禁、不由得之义,如《水经注·江水二》:"流连信宿,不觉忘返,目所履历,未尝有也。"

（三）洛阳伽蓝记[①]

《洛阳伽蓝记》以记述北魏京城洛阳的寺庙佛塔为中心，"先以城内为始，次及城外，表列门名，以远近为五篇"（详《洛阳伽蓝记·序》），对其建筑起因、形制、风格，以及相关的历史史实、古迹和传闻掌故等详细记载，精心结撰，成为一部完整系统的杰出著作，既是别具特色的北魏佛教史，又是价值颇高的"拓跋别史"，可补《魏书》《北史》之缺，从而使我们了解了当时的政治、人物、风尚、地理及佛教艺术等各方面。语辞秀逸，骈散结合，"妙笔葩芬，奇思清峙"（毛晋、绿君亭本《〈洛阳伽蓝记〉跋》语），叙述委婉有致，像游记一样洒脱自然，又像小说一样引人入胜，具有很高的文学价值。

作者杨衒之，北魏散文家，北平（今河北满城县）人，曾任期城郡太守、秘书监等。于公元547年行经北魏旧都洛阳，看到昔日豪华壮丽的佛塔大半被毁，深为感叹，因捃拾旧闻，详述佛寺园林的盛衰兴废，流露了对国家成败得失的感慨和对豪门贵族奢侈无度的讥讽。兹据《洛阳伽蓝记校注》（范祥雍校注，上海古籍出版社1982年版），选录四节。

8. 宗 圣 寺

[题解]

北魏王朝在营建官室、创立社稷的同时，就开始了修建佛寺的工作。《魏书·释老志》曾载魏太祖拓跋珪诏书曰："夫佛法之兴，其来远矣。济益之功，冥及存殁。神踪遗轨，信可依凭。其敕有司于京城建饰容范，修整官舍，令信向之徒，有所居止。"因而都城洛阳庙宇林立，佛塔遍布。这里选录的一节就是关于佛寺建筑的典型描写。此节选自《洛阳伽蓝记》卷二。

[原文]

宗圣寺有像一躯[1]，举高三丈八尺[2]，端严殊特[3]，相好毕备[4]，

---

① 伽蓝(qié lán)：为梵语"僧伽蓝摩"之简称，指僧人所居园林佛寺。

士庶瞻仰[5],目不暂瞬[6]。此像一出,市井皆空[7],炎光腾辉,赫赫独绝世表[8]。妙伎杂乐[9],亚于刘腾[10],城东士女多来此寺观看也。

[注释]

[1] 像:佛像。　　一躯:一座。躯为量词。《洛阳伽蓝记》卷五《闻义里》:"有金像一躯,举高六丈,仪容超绝,相好炳然。"

[2] 举高:犹高达。《洛阳伽蓝记》卷一《永宁寺》:"中有九层浮图一所,架木为之,举高九十丈。有刹,复高十丈,合去地一千尺。"又卷三《龙华寺》:"南北两岸有华表,举高二十丈。"又卷五《闻义里》:"王城南一百余里,有如来昔作靡休国,剥皮为纸、拆骨为笔处,阿育王起塔笼之,举高十丈。"《水经注·伊水》:"厥左壁有石铭云:黄初四年六月二十四日辛巳,大出水,举高四丈五尺。"唐道宣《续高僧传》卷一《释昙曜》:"建立佛寺,名曰灵岩。龛之大者,举高二十餘丈,可受三千许人。""举高"为同义连言,"举"有高义,参见《水经注·滱水》注[8]、[9]。

[3] 端严:端庄;美丽。旧题吴支谦译《撰集百缘经》卷八《波斯匿王丑女缘》:"女见佛身,益增欢喜,身体端严,犹如天女。"《北魏诗》卷四《仙道·尹喜哀叹》:"光影耀虚空,仙人绝端严。齐执黄卷书,口诵长生文。"又《太上皇老君哀歌》:"面目更端严,肉骨更鲜明。死卧三七日,寝尸还更生。"又《化胡歌》:"但见西王母,严驾欲东旋。玉女数万千,姿容甚丽妍,天姿绝端严。"《魏书·彭城王传》:"加以美容貌,善风仪,端严若神,折旋合度,出入言笑,观者忘疲。"隋阇那崛多译《佛本行集经》卷五〇:"城中复有三十二女,从城而出,端严可喜,观者无厌。""端严"为汉魏六朝习语,佛典中屡见,多用于描写佛像或女性。例证又见下文"相好"条注。　　殊特:特殊;突出;超众。《三国志·魏志·邢颙传》载刘桢谏曹植书:"家丞邢颙北土之彦……桢诚不足同贯斯人,并列左右,而桢礼遇殊特,颙反疏简,私惧观者将谓君侯习近不肖,礼贤不足。"《后汉书·皇后纪上·章德窦皇后》:"后宠幸殊特,专固后宫。"《洛阳伽蓝记》卷五《闻义里》:"至乾罗罗鹿见佛影,入山窟,十五步,四面向户,遥望则众相炳然,近看瞑然不见。以手摩之,唯有石壁,渐渐却行,始见其相,容貌挺特,世所希有。""挺特"犹上文之"殊特"。

[4] 相好:佛像;佛像的容貌。《洛阳伽蓝记》卷二《平等寺》:"寺门外有金像一躯,高二丈八尺,相好端严,常有神验。"又卷四《永明寺》:"(孟仲)晖遂造人中夹贮(按:即"纻")像一躯,相好端严,希世所有。"又卷五《闻义里》:"有金像一躯,举高六丈,相好炳然。"佛典称释迦牟尼有三十二种相,八十种好,因以相好为佛身塑像的敬称。《广弘明集》卷一五谢灵运《佛影铭序》:"容仪端庄,相好具足。"亦其例。"相好"由指佛像还可以转而指人的容貌。《敦煌变文校注·丑女缘起》:"蒙

佛慈悲,便垂加佑,换却丑陋之形躯,变作端严之相好。"又,刘宋功德直译《菩萨念佛三昧经》卷三《赞如来功德品》:"不思议殊相,八十种妙好,容色甚挺特,端正无有比。"刘宋求那跋陀罗译《过去现在因果经》卷四:"即便脱之,渡于恒河,往诣佛所,见三十二相,八十种好,颜容挺特,威德具足,心大欢喜。"此可为"相好"来源之佐证。

　　[5] 士庶:官吏和百姓,也泛指百姓。

　　[6] 瞬:眨眼。《列子·汤问》:"尔先学不瞬,而后可言射矣。"

　　[7] 市井:街市;城邑。《诗·陈风·东门之枌序》:"男女弃其旧业,亟会于道路,歌舞于市井尔。"《尉缭子·攻权》:"兵有胜于朝廷,有胜于原野,有胜于市井。"《后汉书·循吏传·刘宠》:"山民愿朴,乃有白首不入市井者。"

　　[8] 世表:世外。《文选·陆机〈叹逝赋〉》:"精浮神沦,忽在世表。"李善注:"表,外也。"《洛阳伽蓝记》卷三《景明寺》:"庄饰华丽,侔于永宁。金盘宝铎,焕烂霞表。""霞表"与"世表"用法同。《晋书·皇甫谧传》:"子独栖迟衡门,放形世表,逊遁丘园,不眄华好。"

　　[9] 杂乐:各种音乐,这里指少数民族音乐。《陈书·章昭达传》:"每饮会,必盛设女伎杂乐,备尽羌胡之声。"

　　[10] 亚于:仅次于。　　刘腾:即指刘腾所立之长秋寺。《洛阳伽蓝记》卷一《长秋寺》:"长秋寺,刘腾所立也……中有三层浮图一所,金盘灵刹,曜诸城内。作六牙白象负释迦在虚空中。庄严佛事,悉用金玉。工作之异,难可具陈……奇伎异服,冠于都市。像停之处,观者如堵,迭相践跃,常有死人。"

9. 景 宁 寺

[题解]

　　北魏王朝为了巩固统治地位,对前来归降的江南人十分优待,吴人纷纷渡江北上。陈庆之就是这时来到洛阳并任侍中的。中大夫杨元慎蔑视陈庆之的傲慢不逊,巧妙地以治病为由,痛快淋漓地嘲讽之,语言幽默,富有情趣,反映了北方游牧民族与江南人不同的生活习惯,显示了北魏自迁都洛阳后鲜卑人和汉人的交融。此节选自《洛阳伽蓝记》卷二。

[原文]

　　于后数日,庆之遇病,心上急痛,访人解治[1]。元慎自云"能解",

庆之遂凭元慎[2]。元慎即口含水噀庆之曰[3]："吴人之鬼,住居建康,
小作冠帽,短制衣裳。自呼阿侬[4],语则阿傍[5]。菰稗为飰[6],茗饮作
浆[7];呷啜莼羹[8],唼嗍蟹黄[9];手把豆蔻[10],口嚼槟榔[11]。乍至中
土[12],思忆本乡。急手速去[13],还尔丹阳[14]。若其寒门之鬼[15],□头
犹修,网鱼漉鳖[16],在河之洲。咀嚼菱藕[17],捃拾鸡头[18],蛙羹蚌
臛[19],以为膳羞。布袍芒履[20],倒骑水牛,洗(按:当作沉)、湘、江、
汉,鼓棹遨游[21]。随波溯浪[22],噞喁沉浮[23],白苎起舞[24],扬波发讴。
急手速去,还尔扬州。"庆之伏枕曰："杨君见辱深矣[25]。"自此后,吴儿
更不敢解语。[26]

[注释]

　　[1] 解:向鬼神祈祷消除疾病。吴康僧会译《六度集经》卷二《波罗奈国王
经》:"(妻)诈为首疾,告其婿曰:'斯必山神所为也,吾欲解之,明日从君以求祈
福。'"南朝梁宝唱等撰集《经律异相》卷二六引《慈仁法句譬喻》:"王为佛作礼叉
手,长跪问讯,说母病经久,良医神祇,无不周遍,今始欲行解谢星宿四山五岳,为
母请命,冀蒙得瘥。""解"字的本义为剖宰牲畜。《说文·角部》:"解,判也。从刀
判牛角。"古人迷信,常常举行祭祀、祠神活动,以求神灵保佑,消除各种灾祸,而祭
祀是一定要宰杀牲畜的,故"解"字就引申为向鬼神祈祷以消除疾病;同理,祈祷神
灵以消除自然灾害也称"解"。《淮南子·修务》:"是故禹之为水,以身解于阳盱之
河;汤旱,以身祷于桑山之林。"高诱注:"为治水解祷,以身为质。"即其例。

　　[2] 凭:请,请托。《全唐诗》卷五二四杜牧《赠猎骑》:"凭君莫射南来雁,恐有
家书寄远人。"

　　[3] 噀:含在口中而喷出。一般多用在祈祷神灵,制止恶鬼等迷信仪式上。
如晋葛洪《神仙传·栾巴》:"正旦大会,巴后到,有酒容,赐百官酒,又不饮,而西南
向噀之,有司奏不敬。诏问巴,巴曰:'臣适见成都市上火,臣故漱酒,为尔救之。'
乃发驿书问成都,已,奏言:'正旦食后失火,须臾有大雨三阵,从东北来,火乃止,
雨著人皆作酒气。'"《北周诗》卷四庾信《见游春人》:"那能学噀酒,无处似栾巴。"
唐薛用弱《集异记·叶法善》:"扈从者多疾,凡噀咒,病皆愈。"清褚人获《坚瓠餘
集·噀水缚盗》:"顷之,盗二十餘人至,景春尽腹中水噀之,盗俱僵卧,如被缚者。"
皆其例。慧琳《一切经音义》卷三七"咒潠"条:"下孙寸反。《埤苍》云,潠,喷也。
乃洒物也。顾野王云:以口含水喷之也。"《龙龛手镜·口部》:"噀,俗;喙,正。与
潠同。"《古今韵会举要·愿韵》:"潠,喷水也。亦作噀。"

　　[4] 阿侬:我,自称之辞。为南北朝时期口语。《古小说钩沉》辑《幽明录》:

"俄见(三小儿)共争一瓠壶子,俊引弹弹之,正中壶,霍然不见。俊得壶,因挂阁
边……间一日,又见向小儿持来门侧,举之,笑语俊曰:'阿侬已复得壶矣。'言终而
隐。""阿侬"是小儿自谓。《南齐书·东昏侯纪》:"(徐)世标亦知帝昏纵,密谓其党
茹法珍、梅虫儿曰:'何世天子无要人,但阿侬货主恶耳。'"阿侬为世标自谓。又可
倒作"侬阿"。唐长孙无忌《新曲》之一:"侬阿家住朝歌下,早传名。"六朝人自称
"侬",如《晋诗》卷一九《清商曲辞·子夜歌四十二首》:"天不夺人愿,故使侬见
郎。""欢愁侬亦惨,郎笑我便喜。""欢"与"郎"同义,称男子,一般是指情人,"侬"与
"我"对文同义。又《上声歌八首》:"郎作上声曲,柱促使弦哀。譬如秋风急,触遇
伤侬怀。"《宋诗》卷一一《清商曲辞·华山畿二十五首》:"华山畿,君既为侬死,独
活为谁施? 欢若见怜时,棺木为侬开。"皆其例。而古人又喜欢在称呼前加"阿"字
(详下条注),故就自称"阿侬"了。《尔雅·释诂上》:"阳,予也。"郭璞注:"《鲁诗》
云:'阳如之何?'今巴、濮之人自呼阿阳。""阿侬"与"阿阳"相同。

[5] 语则"阿傍":谓称人"阿某"。古语称呼中多冠以阿字,大致可分为如下
数端:第一,称呼亲属,在身份名词前加阿字。《汉诗》卷七蔡琰《悲愤诗》:"人言母
当去,岂复有还时。阿母常仁恻,念何更不慈。我尚未成人,奈何不顾思。"《全晋
文》卷二七王献之《杂帖》:"不审阿姨所患得差否? 极令悬恻。"《梁诗》卷二九《横
吹曲辞·木兰诗》:"军书十二卷,卷卷有爷名。阿爷无大儿,木兰无长兄。"又《横
吹曲辞·折杨柳枝歌》:"阿婆不嫁女,那得孙儿抱。"南朝梁宝唱等撰集《经律异
相》卷一五引《十诵律》:"有野干来河边饮水,见已问言:'阿舅,汝作何等?'獭言:
'外甥,我等得此大鱼不能分,汝能为我分不?'"《敦煌变文集·搜神记》:"其天女
等遥见,知是儿来,两个阿姊语小妹曰:'你儿来也。'即啼哭唤言:'阿娘。'"又:
"(孙)元觉祖父年老,病瘦渐弱,其父憎嫌,遂缚筐舆异弃深山。元觉悲泣谏父,父
曰:'阿翁年老,虽有人状,悟甍如此,老而不死,化成狐魅。'"《晋书·贾充传》:"及
赵王伦废后,以诏召谧于殿前,将戮之。走入西钟下,呼曰:'阿后救我!'乃就斩
之。"以上皆为子女对父母或晚辈对长辈。同辈之间则称"阿兄""阿妹"等,如《南
齐书·张绪传》:"从弟融敬重绪,事之如亲兄,赍酒于绪灵前酹饮,恸哭曰:'阿兄
风流顿尽!'"长辈称晚辈、父母称子女等谓阿子、阿女等,如《宋书·五行志二》:
"晋穆帝升平中,童子辈忽歌于道曰:'阿子闻。'曲终辄曰:'阿子汝闻否?'无几穆
帝崩,太后哭曰:'阿子汝闻否?'"应当强调的是,有时亲属称谓前加"阿"字,不是
用于称呼亲人,而是自称、他称或泛称。如《宋书·长沙景王道怜传》:"义宾弟义
綦,元嘉六年,封营道县侯。凡鄙无识知,每为始兴王濬兄弟所戏弄。濬尝谓义綦
曰:'陆士衡诗云:营道无烈心。其何意苦阿父如此?'义綦曰:'下官初不识,何忽
见苦。'其庸塞可笑类若此。"此"阿父"为尊称他人父亲。《全晋文》卷二二王羲之
《杂帖》:"比服寒食酒,如似为佳。力因王会稽。不一一。阿耶。"这是作者写给子

孙的信,"阿耶"即"阿爷",为王羲之自称。《后汉书·天文志中》:"兵起宫中。"刘昭注引《李氏家书》曰:"王者权柄及爵禄,人天所重慎,诚非阿妾所宜干豫。"此泛指妻妾。《汉诗》卷一〇《乐府古辞·古诗为焦仲卿妻作》:"阿母谢媒人:'女子先有誓,老姥岂敢言。'阿兄得闻之,怅然心中烦,举言谓阿妹:'作计何不量!'""阿母""阿兄""阿妹"皆一般叙述语中的称谓。第二,称呼亲人,在姓、名、字、排行等前加阿字。《南齐书·高帝纪上》:"前湘州刺史王蕴,太后兄子,少有胆力,以父楷名宦不达,欲以将途自奋。每抚刀曰:'龙渊、大阿,汝知我者。'叔父景文诫之曰:'阿答,汝灭我门户!'蕴曰:'答与童乌贵贱异觉。'童乌,景文子绚小字;答,蕴小字也。"此称晚辈,小字前加阿字。《陶渊明集》卷三《责子》:"虽有五男儿,总不好纸笔。阿舒已二八,懒惰故无匹。阿宣行志学,而不爱文术。"舒、宣皆小名。此为称子,小名前加阿字。《北齐书·平鉴传》:"时和士开以佞幸势倾朝列,令人求鉴爱姜刘氏,鉴即送之。仍谓人曰:'老公失阿刘,与死何异。'"此称妻妾,姓前加阿字。《南齐书·武陵昭王晔传》:"武陵昭王晔字宣照,太祖第五子也。……晔善射,屡发命中,顾谓四坐曰:'手何如?'上神色甚怪。嶷曰:'阿五常日不尔,今可谓仰藉天威。'帝意乃释。"此为兄称弟,排行前加阿字。亲属中一般称呼男性皆名前加阿字,例多不赘。第三,小儿多称"阿某",且有以此取名者。如南朝梁宝唱等撰集《经律异相》卷一六引《僧祇律》:"时有婆罗门生子,令相师视之,师言:'是子无相,当名阿保。'"《梁诗》卷一梁武帝萧衍《河中水之歌》:"十五嫁为卢家妇,十六生儿字阿侯。"第四,不确指者称"阿谁",这在乐府民歌中就多次出现。兹引《晋书》一例,《王敦传》:"(熊甫)因酒酣谓敦曰:'开国承家,小人勿用,佞悖在位,鲜不败业。'敦作色曰:'小人阿谁?'"称呼中的"阿某"还有很多,比如称公婆为"阿家"、称儿子、丈夫为"阿郎"等,不多举。应当说明的是,叙述语中也多有"阿某",如《太平御览》卷八四六引《风俗通义》:"巴郡宋迁母名静,往阿奴家饮酒。迁母坐上失气,奴谓迁曰:'汝母在坐上,何无仪适?'迁曰:'肠痛误耳,人各有气,岂止我母。'迁骂奴,乃持木枕击迁,遂死。"此阿奴即奴,与长辈呼晚辈、夫称妻、兄称弟为阿奴(如《南史·齐废帝郁林王纪》,又《齐郁林王何妃传》《世说新语·德行》)不同。另外,不独中土称"阿某",少数民族也有,如《宋书·鲜卑吐谷浑传》:"鲜卑称兄为阿干。"称呼中冠以阿字,吴人为甚,故杨元慎以此讥讽陈庆之。

[6] 菰:又名蒋,就是茭白。《广雅·释草》:"蒋,菰也。其米谓之'雕胡'。"《齐民要术》卷一〇《五谷果蓏菜茹非中国物产者·蒋》引《广志》曰:"菰可食。以作席,温于蒲。生南方。"王念孙《广雅疏证》曰:"菰之可食者,小曰菰菜,苏颂《本草图经》所云茭白是也;大曰菰首,《尔雅》所云出隧蘧蔬,《西京杂记》所云绿节是也。二者皆可为蔬,而惟菰米可以做饭。"另外,菰叶也有用处,《齐民要术》卷四《种枣》引《食经》曰:"作干枣法:新菰蒋露于庭,以枣著上,厚三寸,复以新蒋覆之,

凡三日三夜。"即其例。简言之,菰是南方特产,为禾本科,菰米可食。　　稗:《说文·禾部》:"稗,禾别也。"段玉裁注:"谓禾类而别于禾也。"《左传》云:'用秕稗也。'杜云:稗,草之似谷者。稗有米,似禾可食,故亦种之。如淳曰:细米为稗。"稗可食,古书已有记载,《孟子·告子上》:"五谷,种之美者也;苟为不熟,不如荑稗。夫仁,亦在乎熟之而已矣。"赵岐注:"熟,成也。五谷虽美,种之不成,不如荑稗之草,其实可食。为仁不成,亦犹是。"《氾胜之书》讲得更详细:"稗,既勘水旱,种无不熟之时,又特滋茂盛,易生芜秽。良田亩得二三十斛。宜种之,备凶年。稗中有米,熟时捣取之,炊食之,不减粱米。又可酿作酒。　　餰:即"饭"字。《原本玉篇残卷》:"餰,《字书》:餰也。野王案今并为饭字也。"

　　[7] 茗饮:茶。《尔雅·释木》:"槚,苦荼。"晋郭璞注:"树小似栀子。冬生叶,可煮作羹饮。今呼早采者为'荼',晚取者为'茗'。一名'荈'。蜀人名之'苦茗'。"《说文新附·草部》:"茗,茶芽也。"饮茶,在中国有悠久的历史,《三国志·吴志·韦曜传》载:"(孙)皓每飨宴,无不竟日,坐席无能否率以七升为限,虽不悉入口,皆浇灌取尽。曜素饮酒不过二升,初见礼异时,常为裁减,或密赐茶荈以当酒。""茶荈"同义,就是茶。《世说新语·纰漏》:"坐席竟,下饮,便问人云:'此为茶为茗?'觉有异色,乃自申明云:'向问饮为热为冷耳。'"茶、茗同义,问者分为二,故入"纰漏"中。《齐民要术》卷一〇《五谷果蓏菜茹非中国物产者·樣》,讲的就是茶,引《荆州地记》曰:"浮陵茶最好。"又引《博物志》曰:"饮真茶,令人少眠。"唐陆羽《茶经·一之源》:"茶者,南方之嘉木也。……其名一曰茶,二曰槚,三曰蔎,四曰茗,五曰荈。"唐封演《封氏闻见记》卷六《饮茶》曰:"茶早采者为茶,晚采者为茗。《本草》云:'止渴,令人不眠。'南人好饮之,北人初不多饮。"正因如此,杨元慎以北人常饮的酪浆与茶饮相比。《洛阳伽蓝记》卷三《正觉寺》对此描写得更多,此不赘引。

　　[8] 呷啜:就是尝饮。呷,吸。啜,食,饮。　　莼:莼菜,多年生水生草本,夏采嫩叶可食。《集韵·谆韵》:"莼,水葵。"《诗·鲁颂·泮水》:"思乐泮水,薄采其茆。"毛传:"茆,凫葵也。"孔颖达引陆玑《毛诗草木鸟兽虫鱼疏》:"茆与荇叶相似,叶大如手,赤圆,有肥者,著手中滑不得停。茎大如匕柄。叶可以生食,又可鬻,滑美,江南人谓之莼菜或谓之水葵,诸陂泽水中皆有。"莼羹为吴中美馔。《世说新语·言语》:"陆机诣王武子,武子前置数斛羊酪,指以示陆曰:'卿江东何以敌此?'陆云:'有千里莼羹,但未下盐豉耳!'"刘辰翁曰:"言外谓下盐豉后,尚未止此。"《晋书·文苑传·张翰》:"齐王冏辟为大司马东曹掾,……因见秋风起,乃思吴中菰菜、莼羹、鲈鱼脍,曰:'人生贵得适志,何能羁宦数千里以要名爵乎!'遂命驾而归。"皆其证。

　　[9] 唼嗍:也作唼喋、唼啑,禽鸟吃食。慧琳《一切经音义》卷七六"唼食"条:

"顾野王云：凫鹥之类口食谓之啑也。《考声》：嘲也。"这里是吃食的意思。
蟹黄，就是蟹膏，为一道美味。《北周诗》卷四庾信《奉和永丰殿下言志》："披林求木实，拂雪就园蔬。浊醪非鹤髓，兰肴异蟹蛆。"《太平御览》卷九四二引《岭表录异》："黄膏蟹，壳内有膏如黄苏，加以五味，和壳熸之，食亦有味。赤母蟹，壳内黄赤膏如鸡鸭子黄，肉白以和，膏实其壳中，淋以五味，蒙以细面，为蟹饳锣，珍美可尚。"《齐民要术》卷八《作酱等法》有藏蟹法，云："得蟹则内盐汁里……食时下姜末调黄，盏盛姜酢。"

　　[10] 豆蔻：旧题晋嵇含《南方草木状》曰："豆蔻花，其苗如芦，其叶似姜，其花作穗，嫩叶卷之而生。花微红，穗头深色。叶渐舒，花渐出。旧说此花食之破气消痰，进酒增倍。"《齐民要术》卷一〇《五谷果蓏菜茹非中国物产者》中第四四条为"豆蔻"，亦引《南方草木状》，曰："豆蔻树，大如李。二月花色，仍连著实，子相连累。其核根芬芳，成壳。七月八月熟。曝干，剥食，核味辛香，五味。出兴古。"《文选·左思〈吴都赋〉》："草则藿蒳豆蔻，姜汇非一。"是为吴人常食者。

　　[11] 栟榔：就是槟榔。亦为南方特产。《洛阳伽蓝记》卷四《永明寺》："（扶南国）民户殷多，出明珠金玉及水精珍异，饶栟榔。"《齐民要术》卷一〇《五谷果蓏菜茹非中国物产者·槟榔》引俞益期《与韩康伯笺》曰："槟榔，信南游之可观，子既非常，木亦特奇，大者三围，高者九丈。叶聚树端，房构叶下，华秀房中，子结房外。……调直亭亭，千百若一。步其林则寥朗，庇其荫则萧条，信可以长吟，可以远想矣。性不耐霜，不得北植，必当遐树海南；辽然万里，弗遇长者之目，自令人恨深。"又引《异物志》曰："槟榔……无花而为实，大如桃李……剖其上皮，煮其肤，熟而贯之，硬如干枣。以扶留、口贲灰并食，下气及宿食、白虫，消谷。饮啖设为口食。"又引《南州八郡志》："槟榔，大如枣，色青，似莲子。彼人以为贵异，婚族好客，辄先逞此物；若邂逅不设，用相嫌恨。"《南史·刘穆之传》："（穆之少时，好往妻兄家乞食）食毕求槟榔。江氏兄弟戏之曰：'槟榔消食，君乃常饥，何忽须此？'……及穆之为丹阳尹，将召妻兄弟……及至醉饱，穆之乃令厨人以金柈贮槟榔一斛以进之。"此记载可为上文之佐证。

　　[12] 乍：初；刚刚。《洛阳伽蓝记》卷五《闻义里》："佛在石下，东面而坐，……乍往观之，如似未彻，假令刮削，其文转明。"《陈诗》卷五徐陵《走笔戏书应令》："此日乍殷勤，相嫌不如春。"《颜氏家训·勉学》："李恕问梁使曰：'江南有露葵否？'答曰：'露葵是莼，水乡所出。卿今食者绿葵菜耳。'李亦学问，但不测彼之深浅，乍闻无以核究。"唐宋以来典籍中多见此词，比如宋李清照《声声慢》词："乍暖还寒时节，最难将息。"《正字通·丿部》引《增韵》："乍，初也。"张相《诗词曲语辞汇释》卷一："乍，犹初也，才也。"现在东北方言仍有这个用法，如："初来乍到，人生地不熟。"

［13］急手：急，急速，为六朝俗语。《洛阳伽蓝记》卷三《菩提寺》："畅闻涵至，门前起火，手持刀，魏氏把桃枝，谓曰：'汝不须来！吾非汝父，汝非吾子，急手速去，可得无殃！'"又卷四《白马寺》："有洛阳人赵法和请占'早晚当有爵否？'室公曰：'大竹箭，不须羽。东厢屋，急手作。'"他书亦恒用"急手"一词。如葛洪《肘后备急方》卷六《治面皰发秃身臭心惛鄙丑方》："比见诸人水取石子，研丁香汁，拔讫，急手傅，孔中亦即生黑毛。此法大神验。"《齐民要术》卷五《种蓝》："栽时宜并功急手，无令地燥也。白背即急锄，栽时既湿，白背不急锄则坚确也。"又："率十石瓮，著石灰一斗五升，急手抨之，一食顷止。"又卷八《作豉法》："扬簸讫，以大瓮盛半瓮水，内(按：即"纳")豆著瓮中，以杷急抨之使净。若初煮豆伤熟者，急手抨净即漉出。""急手抨"与"急抨"同义。又卷九《炙法》："上黄用鸡鸭翅毛刷之。急手数转，缓则坏。"敦煌文献中亦屡见"急手"一词，《王梵志诗校辑》卷二《兀兀贪生业》："兀兀贪生业，憨人合脑痴。漫作千年调，活得没多时。急手求三宝，愿入涅槃期。"又卷五《吾死不须哭》："吾死不须哭，徒劳枉却声。只用四片板，四角八枚钉。急手涂埋却，臭秽不中停。"又《朝使来相过》："合去正身行，不容君字错。雇人即棒脊，急手摄你脚。"又作"急首"：《王梵志诗校辑》卷一《家口总死尽》："家口总死尽，吾死无亲衰。急首卖资产，与设逆修斋。"又作"急守"：《敦煌变文校注·李陵变文》："急守趁贼来，大家疲乏。""首""守"与"手"同音。

［14］丹阳：南朝郡名，属扬州，在今江苏省江宁县东南五里。以上杨元慎之语为韵语，"康""裳""傍""浆""黄""榔""乡""阳"押韵。

［15］寒门：犹言寒微之家。古时多以"门"称家或家族。《洛阳伽蓝记》卷四《宣忠寺》："祖仁一门刺史，皆是徽之将校。"又："杨衒之云：'崇善之家，必有余庆；积祸之门，殃所毕集。'"此正以"家"与"门"对应。再如《晋诗》卷一一刘琨《答卢谌》："未辍尔驾，已隳我门。二族偕覆，三孽并根。"《北魏诗》卷四《仙道·太上皇老君哀歌七首》："两两共相牵，遂至死灭门。"《北史·刘昶传》："唯能是寄，不必拘门。"皆其例。"寒"则表示地位卑贱，如：《三国志·魏志·吕布传》："并州刺史丁原。"裴松之注引汉王粲《英雄记》："原字建阳，本出自寒家。"又《吴志·周泰传》："(孙权)遣使者授以御盖。"裴松之注引晋虞溥《江表传》："卿吴之功臣，孤当与卿同荣辱，等休戚。幼平意快为之，勿以寒门自退也。"《晋书·刘毅传》："是以上品无寒门，下品无势族。"从此句往下也是韵语，"修""洲""头""羞""牛""游""浮""讴""州"通押。

［16］漉鳖：捞取鳖。"漉"有从水中过滤，以分离出固体物的意思。《魏诗》卷七陈思王曹植《七步诗》："煮豆持作羹，漉豉以为汁。"参见《齐民要术·种麻》篇注［20］。

［17］咀嚼菱藕：《文选·司马相如〈上林赋〉》："唼喋青藻，咀嚼菱藕。"《水经

注·滍水》："匪直蒲笋是丰,实亦偏菱藕。"

[18] 捃拾:就是拾,二字同义。《后汉书·范冉传》："遭党人禁锢,遂推鹿车,载妻子,捃拾自资。"《宋书·沈道虔传》："常以捃拾自资,同捃者争穟,道虔谏之不止,悉以其所得与之,争者愧恶。"《急就篇》:"捃获秉把插楱杷。"颜师古注:"拾遗曰捃。"参见《齐民要术·序》注[1]。　　　鸡头:通名芡,俗名"鸡头"。《说文·草部》:"芡,鸡头也。"《方言》卷三:"菨,芡,鸡头也。北燕谓之菨,青、徐、淮、泗之间谓之芡,南楚江、湘之间谓之鸡头,或谓之雁头,或谓之乌头。"《神农本草经》卷下《果菜部·上品》:"鸡头实,味甘平。主治湿痹,腰脊膝痛,补中,除百病,益精气,强志。耳目聪明。久服轻身齐不饥,耐老神仙。一名雁喙实。生池泽。"陶弘景注:"子形上花似鸡冠,故名鸡头。"《齐民要术》卷一〇《五谷果蓏菜茹非中国物产者》亦有"芡"。

[19] 臛:肉羹。《古小说钩沉》辑《幽明录》:"汉武帝与群臣宴于未央,方啖黍臛,忽闻人语云:'老臣冒死自诉。'"

[20] 布袍芒履:布制长袍、草鞋,为穷人的穿着。《后汉书·东夷传·三韩》:"大率皆魁头露紒,布袍草履。"《南史·沈约传》:"恒服布袍芒履,以麻绳为带。"《梁书·范缜传》:"在(刘)瓛门下积年,去来归家,恒芒履布衣,徒行于路。"《晋书·刘惔传》:"惔少清远,有标奇,与母任氏寓居京口,家贫,织芒履以为养,虽筚门陋巷,晏如也。"是"布袍芒履"等为六朝习语,喻贫寒。

[21] 鼓棹:摇动船桨。《宋书·谢灵运传》:"嘉陶朱之鼓棹,乃语种以免忧。"《楚辞·屈原〈渔父〉》:"渔父莞尔而笑,鼓枻而去。""鼓棹"与"鼓枻"同。

[22] 溯:逆流而行。参见《水经注·淮水》注[2]。

[23] 噞喁:《文选·左思〈吴都赋〉》:"溯洄顺流,噞喁沉浮。"刘逵注:"噞喁,鱼在水中群出动口貌。"李善注:"《淮南子》曰:'水浊则鱼噞喁。'"(按:今本《淮南子·主术》无"喁"字。)唐刘禹锡《武陵书怀五十韵》:"禽惊格磔起,鱼戏噞喁繁。"宋王禹偁《续戒火文》:"社鸟鸣以啁唧,池鱼涸而噞喁。"

[24] 白纻:吴琯本等作"白纻"。"纻"是纻布,用苎麻织成的布。《周礼·天官·典枲》:"典枲,掌布缌缕纻麻草之物。"郑玄注:"白而细疏曰纻。"《文选·左思〈吴都赋〉》:"士女伫眙,商贾骈坒。纻衣絺服,杂沓似萃。"是吴人多穿纻布。《晋诗》卷一〇《舞曲歌辞·白纻舞歌诗三首》云:"爱之遗谁赠佳人,制以为袍余作巾。袍以光躯巾拂尘,丽服在御会佳宾。"《宋书·乐志》:"白纻舞,按舞辞有巾袍之言。纻本吴地所出,宜是吴舞也。"又,《梁诗》卷六有沈约《四时白纻歌》五首。元萨都剌《和王本中直台书事》诗之二:"近曾夜直南台上,学得吴儿《白纻歌》。"

[25] 见辱:辱我。

[26] 吴儿:吴人。《洛阳伽蓝记》同篇前文曰:"时朝廷方欲招怀荒服,待吴儿

甚厚。"《世说新语·政事》:"贺太傅作吴郡,初不出门,吴中诸强族轻之,乃题府门云:'会稽鸡,不能啼。'贺闻,故出行,至门反顾,索笔足之曰:'不可啼,杀吴儿。'"《南史·贼臣传·侯景》:"(侯景)乃伪作邺人书,求以贞阳侯换景,……帝从之,复书曰:'贞阳旦至,侯景夕反。'景谓左右曰:'我知吴儿老公薄心肠。'"可见"吴儿"多是对吴地人的贬称。

10. 大　统　寺

[题解]

　　人为神送书信,是魏晋志怪小说中常见的内容,本文即描写了樊元宝为洛水之神骆子渊送家书的情景,叙述委婉有致,让人有身临其境之感。从魏晋志怪小说发展到唐宋传奇,其中间过渡时期的代表作之一就是《洛阳伽蓝记》。此节选自《洛阳伽蓝记》卷三,又见于《法苑珠林》卷九四,《太平广记》卷二九二。

[原文]

　　时虎贲骆子渊者,自云洛阳人。昔孝昌年,戍在彭城。其同营人樊元宝得假还京[1],子渊附书一封[2],令达其家[3],云:"宅在灵台南,近洛河,卿但是至彼[4],家人自出相看[5]。"元宝如其言,至灵台南,了无人家可问[6]。徙倚欲去[7],忽见一老翁来问:"从何而来,徬徨于此?[8]"元宝具向道之。老翁云:"是吾儿也。"取书,引元宝入。遂见馆阁崇宽[9],屋宇佳丽。坐,命婢取酒。须臾,见婢抱一死小儿而过,元宝初甚怪之。俄而酒至,色甚红,香美异常。兼设珍羞[10],海陆具备[11]。饮讫辞还,老翁送元宝出,云:"后会难期[12]。"以为凄恨[13],别甚殷勤[14]。老翁还入,元宝不复见其门巷。但见高岸对水,渌波东倾[15]。唯见一童子可年十五[16],新溺死[17],鼻中出血。方知所饮酒,是其血也。及还彭城,子渊已失矣。元宝与子渊同戍三年,不知是洛水之神也。

[注释]

　　[1] 营:军营。《史记·绛侯周勃世家》:"于是天子乃按辔徐行。至营,将军亚夫持兵揖曰:'介胄之士不拜,请以军礼见。'"又《滕郦樊灌列传》:"时独沛公与

张良得入坐,樊哙在营外,闻事急,乃持铁盾入到营,营卫止哙,哙直撞入……是日微樊哙奔入营谯让项羽,沛公事几殆。"《字汇·火部》:"营,军垒为营。"

[2] 附书:捎信。《搜神记》卷四"胡母班"条:"(胡母)班乃入阁拜谒。主为设食,语班曰:'欲见君,无他,欲附书与女婿耳。'"《淳化阁帖释文》卷九《唐太子率更令长沙欧阳询书》:"吾君何当至,速附书,必向饶,定须寄信。"《广韵·遇韵》:"附,寄附。"

[3] 达:送到。《搜神记》卷四"胡母班"条:"(主人请胡母班给女婿捎信),班问:'女郎何在?'曰:'女为河伯妇。'班曰:'辄当奉书,不知缘何得达?'"

[4] 卿:对平辈人的一种称呼。一般带有表示熟悉、亲近或较随意的感情色彩。《洛阳伽蓝记》卷四《宣忠寺》:"(尔朱)兆忽梦(元)徽云:'我有黄金二百斤,马一百匹,在祖仁家,卿可取之。'""卿"又可用于上对下,《世说新语·方正》:"王太尉不与庾子嵩交,庾卿之不置。王曰:'君不得为尔。'庾曰:'卿自君我,我自卿卿。我自用我法,卿自用卿法。'"一般"卿"字只用于上对下,而庾子嵩不因王夷甫地位高而改称呼,故归入"方正"类。《南齐书·陆慧晓传》:"慧晓历辅五政,治身清肃,僚佐以下造诣,趣起送之。或谓慧晓曰:'长史贵重,不宜妄自谦屈。'答曰:'我性恶人无礼,不容不以礼处人。'未尝卿士大夫,或问其故,慧晓曰:'贵人不可卿,而贱者可卿。人生何容立轻重于怀抱!'终身常呼人位。""卿"又可用于君对臣,这与上称下在本质上是一致的。《洛阳伽蓝记》卷三《正觉寺》:"高祖怪之,谓(王)肃曰:'卿中国之味也。羊肉何如鱼羹?茗饮何如酪浆?'""卿"又可作为夫妻间的称呼:《洛阳伽蓝记》卷四《开善寺》:"(韦)英早卒,其妻梁氏不治丧而嫁……英闻梁氏嫁,白日来归,乘马将数人至于庭前,呼曰:'阿梁,卿忘我也?'"夫称妻"卿"是可以的,反过来则被看作不正常了,如《世说新语·惑溺》:"王安丰妇常卿安丰。安丰曰:'妇人卿婿,于礼为不敬,后勿复尔。'妇曰:'亲卿爱卿,是以卿卿。我不卿卿,谁当卿卿!'遂恒听之。"从以上诸例可以看出,"卿"这一称呼有亲近和轻贱两种含义,表示亲热可用于平辈中熟悉者,甚至可以妻称夫,成语"卿卿我我"即由此而来。"卿"又含轻贱之义,故可以用来君称臣,上称下,夫称妻。

[5] 相看:探望;看望。《世说新语·政事》:"王、刘与林公看何骠骑,骠骑看文书,不顾之。王谓何曰:'我今故与林公来相看,望卿摆拨常务,应对玄言,那得方低头看此邪?'"《太平广记》卷三七"杨越公弟"(出《逸史》):"集闻姓氏,再拜复坐。曰:'吾亦知汝过此,故来相看。'"

[6] 了无:全无;一点都没有。参见《列异传·宗定伯卖鬼》注[15]。　人家:住户。《全唐诗》卷五二四杜牧《山行》:"远上寒山石径斜,白云深处有人家。"元马致远《天净沙·秋思》:"枯藤老树昏鸦,小桥流水人家。"

[7] 徙倚:徘徊;来回走动。《汉诗》卷一二《古诗十九首》:"眄睐以适意,引领

遥相睎。徙倚怀感伤,垂涕沾双扉。"《魏诗》卷三徐幹《室思》:"浮云何洋洋,愿因通我辞。飘飘不可寄,徙倚徒相思。"又繁钦《定情》:"厕此丑陋质,徙倚无所之。自伤失所欲,泪下如连丝。"《魏诗》卷五吴质《思慕》:"怆怆怀殷忧,殷忧不可居。徙倚不能坐,出入步踟蹰。"

[8] 徬徨:徘徊,与"徙倚"同义。《汉诗》卷一〇《乐府古辞·古诗为焦仲卿妻作》:"行人驻足听,寡妇起彷徨。""彷徨"与"徬徨"同。《魏诗》卷九稽康《四言赠兄秀才入军》:"瞻仰弗及,徙倚彷徨。"《梁诗》卷一八刘孝威《奉和逐凉》:"钟鸣夜未央,避暑起徬徨。"《魏书·元寔君传》:"时苻洛等军犹在君子津,夜常警备,诸皇子挟仗徬徨庐舍之间。"

[9] 崇宽:高大宽敞。

[10] 设:置办。《搜神记》卷四"胡母班"条:"河伯乃大设酒食,词旨殷勤。"参见《洛阳伽蓝记·正觉寺》注[25]。　珍羞:精美的食物。《洛阳伽蓝记》卷四《冲觉寺》:"至于清晨明景,骋望南台,珍羞具设,琴笙并奏,芳醴盈罍,佳宾满席。"《后汉书·和帝纪》:"远国珍羞,本以荐奉宗庙。"《续齐谐记》:"乃口中吐出一铜盘奁子,奁子中具设诸馔殽,海陆珍羞方丈。"《陈诗》卷二陆玠《赋得杂言咏栗》:"委玉盘,杂椒糈,将象席,糁珍羞。""珍羞"为同义连言,都表示美味食物,《礼记·王制》:"七十贰膳,八十常珍。"《周礼·天官·膳夫》:"掌王之食饮膳羞,以养王及后世子。"郑玄注:"羞,有滋味者。"滋味就是美味。辞书或释"珍羞"为"珍贵的食物",视为偏正结构,不确。《正字通·玉部》:"珍,食之美者亦曰珍。"参见《洛阳伽蓝记·正觉寺》注[27]。

[11] 海陆:代指山珍海味。《洛阳伽蓝记》卷三《正觉寺》:"(王)肃对曰:'羊者是陆产之最,鱼者乃水族之长。'"又《高阳王寺》:"雍嗜口味,厚自奉养,一食必以数万钱为限,海陆珍羞,方丈于前。"《文选·陆机〈齐讴行〉》:"海物错万类,陆产尚千名。"《广弘明集》卷二六沈约《究竟慈悲论》:"秋禽夏卵,比之如浮云。山毛海错,事同于腐鼠。"《全梁文》卷二五沈约《郊居赋》:"罗方员而绮错,穷海陆而兼荐。"

[12] 后会难期:谓以后何时会面难以约定,意思是很难再见面。《宋诗》卷二谢灵运《赠从弟弘元时为中军功曹住京》:"子既祗命,饯此离襟。良会难期,朝光易侵。"《太平广记》卷三四四"祖价"(出《会昌解颐录》):"今夕偶相遇,后会难期,辄赋三两篇,以述怀也。"

[13] 凄恨:伤感;遗憾。《全后周文》卷一一庾信《拟连珠四十四首》:"盖闻迁移白羽,流徙房陵,离家析里,凄恨抚膺。"唐戴孚《广异记·赵州参军妻》:"三使送还,至堂上,见身卧床上,意甚凄恨。"

[14] 殷勤:情意深厚,依恋。《魏书·游明根传》:"高祖命之令进,言别殷勤,

仍为流涕。"

[15] 渌波：清波。《文选·曹植〈洛神赋〉》："远而望之，皎若太阳升朝霞；迫而察之，灼若芙蕖出渌波。"《晋诗》卷一一王肃之《兰亭》："吟咏曲水濑，渌波转素鳞。"《文选·江淹〈别赋〉》："春草碧色，春水渌波。送君南浦，伤如之何！"" "渌"是清澈的意思。如《晋诗》卷八潘尼《巳日》："蔼蔼疏圃，载繁载荣。淡淡天泉，载渌载清。"又卷一九《清商曲辞·子夜四时歌·夏歌》："青荷盖渌水，芙蓉葩红鲜。"又《神弦歌·娇女》："芙蓉发盛华，渌水清且澄。"又《前溪歌》："前溪沧浪映，通波澄渌清。"《梁诗》卷二六江洪《和巴陵王四咏·渌水曲》："尘容不忍饰，临池思客归。谁能别渌水，全取浣罗衣。"《广韵·烛韵》："渌，水清。"

[16] 可：大约。《洛阳伽蓝记》卷四《法云寺》："南阳人侯庆有铜像一躯，可高丈余。"又卷五《闻义里》："见四童子累牛粪为塔，可高三尺，俄然即失。"《搜神记》卷二"石子冈"条："二人俱白：'见一女人，年可三十余，上著青锦束头，紫白裌裳。'"《梁诗》卷一八刘孝威《拟古应教》："美人年几可十余，含羞转笑敛风裾。"

[17] 新：刚刚；初。

11. 正 觉 寺

[题解]

　　北魏拓跋王朝先祖为鲜卑游牧民族，迁都洛阳后，南人与北人的种族观念、习惯风俗等常常产生冲突，下面选录一则王肃的故事，其中"羊肉何如鱼羹？茗饮何如酪浆？"的有趣争辩，语言机敏而幽默，可以看出志人小说如《世说新语》等的影响。称茶为"酪奴"、称饮茶为"水厄"等都源于此（按：据宋吴淑《事类赋注》载，《世说新语》中即有"水厄"之语，见本篇注[28]，然今本《世说新语》无此条）。此节选自《洛阳伽蓝记》卷三。

[原文]

　　肃初入国[1]，不食羊肉及酪浆等物[2]，常饭鲫鱼羹[3]，渴饮茗汁[4]。京师士子[5]，道肃一饮一斗[6]，号为"漏卮"。经数年以后，肃与高祖殿会[7]，食羊肉酪粥甚多。高祖怪之，谓肃曰："卿中国之味也[8]，羊肉何如鱼羹？茗饮何如酪浆？"肃对曰："羊者是陆产之最，鱼者乃水族之长。所好不同[9]，并各称珍[10]。以味言之，甚是优劣[11]。羊比齐、鲁大邦，鱼比邾、莒小国[12]。唯茗不中[13]，与酪作奴[14]。"高祖大笑,因举酒曰:"三三横,两两纵[15],谁能辨之赐金钟。"御史中丞李彪曰[16]:"沽酒老妪瓮注坬[17],屠儿割肉与秤同[18]。"尚书右丞甄琛曰:"吴人浮水自云工[19],妓儿掷绝在虚空[20]。"彭城王勰曰:"臣始解此字是习字[21]。"高祖即以金钟赐彪。朝廷服彪聪明有智,甄琛和之亦速。

彭城王谓肃曰:"卿不重齐、鲁大邦,而爱邾、莒小国。"肃对曰:"乡曲所美[22],不得不好[23]。"彭城王重谓曰:"卿明日顾我[24],为卿设邾莒之食[25],亦有酪奴。"因此复号茗饮为酪奴。时给事中刘缟慕肃之风,专习茗饮[26],彭城王谓缟曰:"卿不慕王侯八珍[27],好苍头水厄[28]。海上有逐臭之夫[29],里内有学颦之妇[30],以卿言之,即是也。"其彭城王家有吴奴,以此言戏之。自是朝贵宴会,虽设茗饮,皆耻不复食,唯江表残民远来降者好之。后萧衍子西丰侯萧正德归降时[31],元义欲为之设茗,先问:"卿于水厄多少[32]?"正德不晓义意,答曰:"下官生于水乡[33],而立身以来,未遭阳侯之难[34]。"元义与举坐之客皆笑焉。

[注释]

[1] 肃:王肃,字公懿,琅琊人(今属山东)。齐雍州刺史王奂之子。《洛阳伽蓝记》卷三《正觉寺》说他"赡学多通,才辞美茂"。肃在齐聘谢氏女为妻,归魏后,又娶了公主。谢氏入道为尼。肃觉愧对谢氏,遂为之造正觉寺。《魏书》有传。"初入国"指背齐归魏。

[2] 羊肉酪浆:北魏王朝崛起于极北鲜卑游牧民族,到太祖道武帝拓跋珪天兴元年(398年)定国号为魏。到了太和十七年(493年)迁都洛阳,所以鲜卑游牧民族吃羊肉喝酪浆的习俗也带到了洛阳。

[3] 饭:吃。《论语·述而》:"饭疏食饮水,曲肱而枕之,乐亦在其中矣。"《汉诗》卷六秦嘉《赠妇》:"省书情凄怆,临食不能饭。"　鲫鱼:产于淡水,为江南人主要食用鱼。《水经注·江水一》:"其地平旷,有湖泽,中有菱芡鲫雁,不异外江。"又《江水三》:"湖有鲫鱼,食之肥美,辟寒暑。"

[4] 茗汁:茶水。饮茶之俗,自古已有。魏晋渐广,唐宋则大盛。《晋书·陆纳传》:"谢安尝欲诣纳,而纳殊无供办……安既至,纳所设唯茶果而已。"唐封演《封氏闻见记》卷六《饮茶》:"此古人亦饮茶耳,但不如今人溺之甚。穷日尽夜,殆成风俗。始自中地,流于塞外。""人自怀挟,到处煮饮,从此转相仿效,遂成风俗。"宋吴淑《事类赋注》卷一七《饮食·茶》:"唯芳茗之为用,盖饮食之所资。"参见《洛阳伽蓝记·景宁寺》注[7]。

[5] 京师：京城。《洛阳伽蓝记》卷一《永宁寺》："遣颍川王尔朱兆举兵向京师。"《公羊传·桓公九年》曰："京师者何？天子之居也。京者何？大也？师者何？众也。天子之居，必以众大之辞言之。"　士子：士大夫官僚阶层。《洛阳伽蓝记》卷二《崇义里》："京师士子，送去迎归，常在此处。"又卷四《宝光寺》："京邑士子，至于良辰美日，休沐告归，征友命朋，来游此寺。"

[6] 道：说；谈论。《世说新语·德行》："桓常侍闻人道深公者，辄曰：'此公既有宿名，加先达知称，又与先人至交，不宜说之。'"又《雅量》："后有人向庾（子嵩）道此，庾曰：'可谓以小人之虑，度君子之心。'"

[7] 殿会：朝廷聚会。

[8] 卿：君对臣的称呼。参见《洛阳伽蓝记·大统寺》注[4]。

[9] 好：爱好。详见下文注[23]。

[10] 珍：精美的食物。《后汉书·明帝纪》："侯王设酱，公卿馔珍，朕亲袒割，执爵而酳。"郑玄注："珍谓肴羞之属，即《周礼》'八珍'之类。"又《章帝纪》："身御浣衣，食无兼珍。"珍本指宝物，引申有美好、宝贵之义，再引申，则美好的食物亦称珍。参见《洛阳伽蓝记·大统寺》注[10]。

[11] 优劣：优和劣。喻高下、差别。《后汉书·南匈奴传》："各以权力优劣、部众多少为高下次第焉。"《南齐书·豫章文献王嶷传》："才有优劣，位有通塞，运有富贫，此自然理，无足以相陵侮。"

[12] 邾、莒：皆春秋时邻近齐鲁之小国，后为楚所灭。

[13] 不中：不好；不合宜。《汉书·成帝纪》："朕涉道日寡，举错不中，乃戊申日蚀地震，朕甚惧焉。"《齐民要术》卷六《养羊》："荳豆、胡豆、蓬、藜、荆、棘为上；大小豆其次之；高丽豆其，尤是所便；芦、薍二种则不中。"即其证。"中"有"好""可以"之义，如《齐民要术》卷八《作酱等法》："作鱼酱法，鲤鱼、鲭鱼第一好，鳢鱼亦中。"言鳢鱼也好。唐宋作品中渐多，宋杨万里《午热登多稼亭》诗："只有炎风最不中。"参见《齐民要术·种谷》注[23]。

[14] 与酪作奴：给酪当奴仆，意思是茗汁不及酪浆。宋吴淑《事类赋注》卷一七《饮食·茶》引《魏录》曰："琅琊王肃昔仕南朝，好茗饮莼羹，及过北，又好羊肉酪浆。尝云：'羊，陆产之宗；鱼，水族之长。羊比鲁齐之大邦，鱼比邾莒之小国，唯茗饮不中，与酪浆作奴。'"

[15] 三三横，两两纵：此设字谜，指"习"的繁体字"習"。横即横划，纵即竖划。

[16] 中丞李彪：当是"中尉李彪"之误。《洛阳伽蓝记》卷二《正始寺》："里内有尚书仆射游肇、御史尉李彪。"《魏书》卷六二、《北史》卷四〇《李彪传》均作"御史中尉"，并其证。

[17] 瓨：当是"瓨"之误。"瓨"与"纵""钟""同""工""空"诸字通押。《说文·瓦部》："瓨，似罌，长颈。受十升。读若洪。从瓦，工声。"南齐求那毗地译《百喻经·二子分财喻》："有一愚老人言：'教汝分物使得平等。现所有物破作二分……所有瓮、瓨亦破作二分。'"

[18] 屠儿：屠夫。加"儿"多含有低贱轻蔑之义，下文"妓儿"亦其例。《汉书·鲍宣传》："苍头庐儿皆用致富，非天意也。"参见《洛阳伽蓝记·景宁寺》注[26]。

[19] 浮水：游泳。《礼记·祭义》："舟而不游。"唐孔颖达疏："言渡水必依舟船，不浮游水上；乘舟则安，浮水则危。""浮"有游泳义，《魏诗》卷一〇阮籍《咏怀诗八十二首》："塞门不可出，海水焉可浮。"《晋诗》卷六陆云《为顾彦先赠妇往返》："浮海难为水，游林难为观。"　　云：以为。《陆云集》卷八《与兄平原书》："愁邑忽欲复作文，欲定前，于用功夫大小文随了；为以解愁作文，临时辄自云佳。"《抱朴子内篇·论仙》："愚人乃不信黄丹及胡粉是化铅所作，又不信骡及駏驉是驴马所生，云物各自有种。"《颜氏家训·勉学》："世人但见跨马被甲，长矟强弓，便云我能为将；不知明乎天道，辩乎地利，比量逆顺，鉴达兴亡之妙也。"《晋书·杨佺期传》："佺期沈勇果劲，而兄广及弟思平等皆强犷粗暴，自云门户承籍，江表莫比，有以其门地比王珣者，犹恚恨。""云"有"说"义，由此引申，则有以为、认为义。

[20] 绝：当是"绳"之误。　　虚空：天空；空中。《洛阳伽蓝记》卷一《长秋寺》："作六牙白象负释迦在虚空中。"又卷五《闻义里》："道荣传云：'童子在虚空中向王说偈。'""虚空"一词，佛典中习见，刘宋宝云译《佛本行经》卷六："以左手举山，置于右手中，便跳掷虚空，乃上至梵天。"《北魏诗》卷四《仙道·尹喜哀歌》："光影耀虚空，仙人绝端严。"

[21] 解：明白；知道。《广韵·蟹韵》："解，晓也。"《陈诗》卷一阴铿《咏石》："还当穀城下，别自解兵书。"　　习字：这是上文"三三横，两两纵"字谜的谜底。而李彪、甄琛之语则是对这一谜底的形象的描述。故下文曰："朝廷服彪聪明有智，甄琛和之亦速。"孝文帝用这"习"字作字谜、酒令，暗示了饮食不同是习惯使然。清赵翼《陔餘丛考》卷二二云："谜即古人之隐语。《左传》申叔展所云鞫躬，河鱼腹疾，公孙有山之呼庚癸，其滥觞也。亦曰廋词。《国语》秦客为廋词，范文子能对其三。楚庄、齐威俱好隐语。汉东方朔射覆，龙无角，蛇无足，生肉为脍，干鱼为脯之类，尤为擅长……其名曰谜，则自曹魏始。《文心雕龙》曰：魏代以来，君子嘲隐，化为谜语。谜者回互其词，使昏迷也。……又魏孝文帝云：三山横，两人从，妓女白日行青空，屠儿斫肉与秤同，有人辨得赏金钟。彭城王勰曰：乃一习字也。又咸阳王禧败逃，谓防阁尹龙武试作一谜以解忧。龙武曰：眠则同眠，起则俱起，贪如豺狼，赃不入己。谓箸也。则谜之为技，六朝更盛行。"

　　〔22〕乡曲：乡里；乡亲。《文选·司马迁〈报任安书〉》："仆少负不羁之行，长无乡曲之誉。"《史记·平准书》："当此之时，纲疏而民富，役财骄溢，或至兼并豪党之徒，以武断于乡曲。"又《张仪列传》："故卖仆妾不出闾巷而售者，良仆妾也；出妇嫁于乡曲者，良妇也。"又《游侠列传》："诚使乡曲之侠，予季次、原宪比权量力，效功于当世，不同日而论矣。"

　　〔23〕好（hào）：喜好；爱好。下文云："不慕王侯八珍，好苍头水厄。""唯江表残民远来降者好之。"皆此义。《文选·曹植〈与杨德祖书〉》："世人之著述，不能无病。仆常好人讥弹其文，有不善者，应时改定。"《南齐书·何戢传》："太祖为领军，与戢来往，数置欢宴。上好水引饼，戢令妇女躬自执事以设上焉。"《水经注·潜水》："汉祖入关，从定三秦，其人勇健好歌舞，高祖爱习之。"皆其例。《玉篇·女部》："好，爱好也。"

　　〔24〕顾：探望；拜访。《三国志·蜀志·诸葛亮传》载《出师表》："先帝不以臣卑鄙，猥自枉屈，三顾臣于草庐之中。"《太平广记》卷四二"裴老"（出《逸史》）："至期，王君洁净别室以候。妻呼曰：'安有与除厕人亲狎如此！'王君曰：'尚惧不肯顾我。'"参见《颜氏家训·风操（2）》注〔2〕。

　　〔25〕设：摆设酒席。"设"常表示置办饮食之义。下文："虽设茗饮，皆耻不复食。""欲为之设茗。"《洛阳伽蓝记》卷三《大统寺》："兼设珍羞，海陆具备。"再如《古小说钩沉》辑《笑林》："汉人有适吴，吴人设笋。"《齐民要术》卷一〇《五谷果蓏菜茹非中国物产者》三三"槟榔"条引《异物志》："饮啖设为口实。"又引《南州八郡志》："槟榔……彼人以为贵异，婚族好客，辄先逞此物，若邂逅不设，用相嫌恨。"又称"供设"，后汉支曜译《佛说成具光明定意经》："（善明）遣人入白言：'今自计所有，可供二千人饭。'……佛告阿难：'汝语善明，使还供设，尽汝所有，佛当与大众一切皆往，勿嫌不办。'"南齐求那毗地译《百喻经·愚人集牛乳喻》："昔有愚人，将会宾客，欲集牛乳，以拟供设。"又称"施设"，《世说新语·简傲》："主已知子猷当往，乃洒扫施设。"

　　〔26〕习：习惯；爱好。《史记·孝文本纪》："汉大臣皆故高帝时大将，习兵，多谋诈。"又《平准书》："臣少牧，不习仕宦，不愿也。"《颜氏家训·勉学》："人生在世，会当有业：……武夫则惯习弓马，文士则讲议经书。"《魏书·杨播传》："又此族类，衣毛食肉，乐冬便寒。"又《贺拔岳传》："好田猎，便骑射。""习"与"便""好"同义。

　　〔27〕八珍：《周礼·天官·膳夫》："凡王之馈，食用六谷，膳用六牲，饮用六清。羞用百有二十品，珍用八物。"郑玄注："珍，谓淳熬、淳母、炮豚、炮牂、捣珍、渍、熬、肝膋也。"后则泛指精美的肴馔，如《三国志·魏志·卫觊传》："饮食之肴，必有八珍之味。""王侯八珍"亦用此义。

　　〔28〕苍头：奴仆；平民，与上文"王侯"相对应。《汉书·鲍宣传》："苍头庐儿

皆用致富,非天意也。"颜师古注:"孟康曰:黎民黔首,黎、黔,皆黑也……汉名奴为苍头,非纯黑,以别于良人也。……臣瓚曰:《汉仪注》:官奴给书计从侍中已下为苍头青帻。"《魏书·甄琛传》:"入都积岁,颇以弈棋弃日,至乃通夜不止。手下苍头常令秉烛。"　　水厄:水灾,这里是戏称饮茶。宋吴淑《事类赋注》卷一七《饮食·茶》:"则有疗彼斛瘕,困兹水厄。"并引《世说新语》曰:"晋王濛好饮茶,人至辄命饮之。士大夫皆患之,每欲往候,必云'今日有水厄'。""水厄"的基本含义是溺水之灾。《北齐书·房豹传》:"绍宗自云有水厄,遂于战舰中浴,并自投于水,冀以厌当之。"《南史·萧方等传》:"汝有水厄,深宜慎之。"《正觉寺》下文:"卿于水厄多少?""水厄"本指饮茶,萧正德答以"未遭阳侯之难",说明是理解成"溺水之灾"了。

[29] 逐臭之夫:《吕氏春秋·遇合》:"人有大臭者,其亲戚兄弟妻妾知识无能与居者,自苦而居海上。海上有人说其臭者,昼夜随之而弗能去。"《文选·曹植〈与杨德祖书〉》:"人各有好尚,兰茝荪蕙之芳,众人所好,而海畔有逐臭之夫。"

[30] 学颦之妇:《庄子·天运》:"西施病心而颦其里,其里之丑人见而美之,归亦捧心而颦其里,其里之富人见之,坚闭门而不出。贫人见之,挈妻子而去之走。"即成语"东施效颦"。

[31] 萧正德:梁临川王萧宏第三子,后封为西丰侯。《梁书》卷五五、《南史》卷五一有传。《资治通鉴》卷一四九梁武帝普通三年云:"初太子统之未生也,上养临川王宏之子正德为子。""及太子统生,正德还本,赐爵西丰侯。正德怏怏不满意,常蓄异谋。是岁,正德自黄门侍郎为轻车将军。顷之,奔魏,自称废太子,避祸而来……明年,复自魏逃归,上泣而宥之,复其封爵。"

[32] 多少:几何;若干。《史记·南越列传》:"会暮,楼船攻败越人,纵火烧城。越素闻伏波名,旦暮,不知其兵多少。"《南史·蔡撙传》:"武帝尝谓曰:'卿门旧尚书有堪事者多少?'"唐《孟浩然集》卷四《春晓》:"夜来风雨声,花落知多少?"

[33] 下官:谦称,多用于下对上的自称。《洛阳伽蓝记》卷二《龙华寺》:"公主容色美丽,综甚敬之,与公主语,常自称下官。"又《平等寺》:"世隆怒曰:'卿亦合死。'季明曰:'下官既为议臣,依礼而言,不合圣心,俯剪惟命。'"《汉诗》卷一〇《乐府古辞·古诗为焦仲卿妻作》:"媒人下床去,诺诺复尔尔。还部白府君:'下官奉使命,言谈大有缘。'"《全晋文》卷二五王羲之《杂帖》:"羲之死罪,累白至也,辱十四日告,慰情。念转塞,想善平和。下官至匆匆(按:当是'勿勿'之误),自力白。"宋龚颐正《续释常谈》:"《通典》曰:宋孝武多猜忌,诸国史人于本国君不得称臣,而称下官,事在《孝武纪》中。一说昔之称臣,皆通称焉,梁武帝始改臣为下官。"明徐渭《南词叙录》:"六朝以来,仕者见上皆称下官,或曰小官,最古。"盖古人称"下官",本指下属官吏,刘宋孝建时则规定属官不许称"臣",而称"下官"。也可用作官吏自称的谦词,由此引申又泛用于一般谦称。

〔34〕阳侯：传说中的水神。《楚辞·屈原〈九章·哀郢〉》："凌阳侯之泛滥兮，忽翱翔之焉薄。"《淮南子·览冥》："武王伐纣，渡于孟津，阳侯之波，逆流而击。"高诱注："阳侯，陵阳国侯也。其国近水，休（即溺）水而死，其神能为大波，有所伤害，因谓之阳侯之波。"又《汉书·扬雄传》注引应劭曰："阳侯，古之诸侯也，有罪自投江，其神为大波。"

其　　他

这一部分收入了道经、书札、契约文书、家训这四类,因无法统括之,姑且名之为"其他"。

《太平经》出现于东汉时期,是研究道教思想史和哲学史的珍贵文献。从语言研究角度讲,也有重要价值:它保存了许多东汉口语,更有大量特色语词为该书所独具,有些成为中古乃至近、现代汉语的源头;文体多采用对话方式,语言平直而生动,含有不少方俗俚语。《太平经》应该成为研究东汉乃至整个中古时期文献语言的重要语料。

六朝人书札,对于语言研究者来说,是一个极为丰富的矿藏,因为书简往往信笔写来,不假藻饰,最贴近口语,故其研究价值也特别大。唯其中的一些口语词,现在索解已难。钱锺书先生概括得好:"按六朝法帖,有煞费解处。此等太半为今日所谓'便条''字条',当时受者必到眼即了,后世读之,却常苦思而尚未通。"(《管锥编》第三册 1108 页)"陆云《与兄平原书》。按无意为文,家常白直,费解处不下二王诸《帖》。"(《管锥编》第四册 1215 页)《淳化阁帖》《法书要录》《全晋文》等都保存了大量文人书札,这里选录六篇,从中可以窥见书札的行文特点和语言状况。

文书又称文牍、案牍,是一种公文体裁,实用性颇强。出土文书如《楼兰尼雅出土文书》《吐鲁番出土文书》等保存了许多民间往还的契约、字据等,而正史和《全上古三代秦汉三国六朝文》中则载录了大量的文人文书。这里选录汉代王褒写的一篇买卖奴隶的契约《僮约》、戴良写的寻找丢失父亲的招贴《失父零丁》,以及梁代任昉给皇上的奏呈《奏弹刘整》。这三篇文书都保存了相当珍贵的当时口语词汇,俚俗而生动,是极为难得的语言研究资料。

最后是家训类。在我国漫长的封建社会里,教子格言、家训家规类作品相当多,然一般影响不大,只有语言流畅、内涵丰富的《颜氏家训》成为一部影响十分广泛而又深远的作品,故选录其中的四篇。

(一) 太 平 经

1. 事死不得过生法

[题解]

最早的道经著作是出现于东汉时期的《太平经》,多采用师徒问答的形式传播教义,因而口语性较强,而且出现了一些特殊的词语表达方式,是中古汉语文献中不应当忽视的一种重要语料。

本文引自王明《太平经合校》丙部卷三六,通过弟子(称"真人")和师傅(称"天师")的对话,对当时社会上重丧淫祀的不良风气进行了批判,提出事死不得过生的道理。主要参考了王明编《太平经合校》(中华书局 1979 年版)和俞理明《太平经正读》(巴蜀书社 2001 年版)。

[原文]

"真人前[1]。""唯唯[2]。""孝子事亲,亲终,然后复事之,当与生时等邪[3]?""不也,事之当过其生时也。""何也哉?""人由亲而生,得长巨焉[4]。见亲死去,乃无复还期,其心不能须臾忘[5]。生时日相见,受教敕[6],出入有可反报[7];到死不复得相睹,訾念其悒悒[8],故事之当过其生时也。""真人言是也,固大已失天道真实[9],远复远矣。今真人说尚如此,俗人冥冥是也[10],失天法明矣[11]。""何谓也?唯天师[12]。""然。人生,象天属天也[13];人死,象地属地也。天,父也;地,母也:事母不得过父。生人,阳也;死人,阴也:事阴不得过阳。阳,君也;阴,臣也:事臣不得过君。事阴反过阳[14],则致逆气[15];事小过则致小逆[16],大过则致大逆,名为逆气,名为逆政[17]。其害使阴气胜阳,下欺其上,鬼神邪物大兴[18],共乘人道[19],多昼行不避人也。今使疾病不得绝,列鬼行不止也[20]。其大咎在此[21],子知之邪,子知之耶?""愚生大不及有过[22],不也[23]? 今见天师已言,乃恻然大觉[24]。师幸原其勉勉慎事[25],开示其不达[26],今是过小微[27],何故乃致此乎哉?""事阴过阳,事下过上,此过之大者也。极于此[28],何等乃言微乎[29]? 真人复重不及矣[30]。又生人，乃阳也；鬼神，乃阴也。生人属昼，死人属夜，子欲知其大深放此[31]。若昼大兴长则致夜短[32]，夜兴长则致昼短，阳兴则胜其阴[33]，阴伏不敢妄见[34]，则鬼神藏矣。阴兴则胜其阳，阳伏，故鬼神得昼见也。夫生人，与日俱也；奸鬼物，与星俱也。日者，阳也。星者，阴也。是故日见则星逃，星见则日入。故阴胜则鬼物共为害甚深[35]，不可名字也[36]。乃名为兴阴，反衰阳也[37]。使治失政，反伤生人。此其为过甚重[38]，子深计之[39]。""唯唯。"

"故天道制法也，阴职常当弱于阳[40]。比若臣当弱于其君也[41]，乃后臣事君顺之；子弱于其父母，乃子事父母致孝也[42]。如强不可动移者[43]，为害甚深剧[44]。故孝子虽恩爱不能忘其亲者[45]，事之不得过生时也。真人亦宁晓不耶[46]？""唯唯。""慎之慎之！凡事不可但恣意而妄为也[47]。""唯唯。""子欲事死过于生，乃得过于天[48]。""是何乎[49]？""乃为不敬其阳，反敬其阴，名为背上向下，故有过于天也。""愚生大负[50]，唯天师原之耳[51]！""不也[52]，但自详计之[53]，言事皆当应法[54]。""唯唯。天师开示之，愿悉闻其不得过其生时意。""其葬送，其衣物所赍持治丧，不当过生时。皆为逆政，尚为死者得谪也[55]。送死不应本[56]，地下簿考问之失实[57]，反为诈伪行[58]，故得谪又深。敬其兴凶事大过[59]，反生凶殃，尸鬼大兴，行病害人[60]，为怪变纷纷[61]。""以何明之耶？""善哉，子难也[62]！以上古圣人治丧[63]，心至而已[64]，不敢大兴之也。夫死丧者，天下大凶恶之事也。兴凶事者为害，故但心至而已，其饮食象生时，不负焉[65]。故其时人多吉而无病也，皆得竟其天年[66]。中古送死治丧，小失法度[67]，不能专其心至而已[68]，失其意，反小敬之[69]，流就浮华[70]，以厌生人[71]，心财半至其死者耳[72]，死人鬼半来食。治丧微违实[73]，兴其祭祀，即时致邪，不知何鬼神物来共食其祭，因留止祟人[74]，故人小小多病也[75]。下古复承负中古小失[76]，增剧[77]，大失之，不心至其亲而已，反欲大厌生人，为观古者作荣[78]，行失法，反合为伪，不能感动天，致其死者鬼不得常来食也[79]。反多张兴其祭祀[80]，以过法度，阴兴反伤衰其阳[81]。不知何鬼神物悉来集食，因反放纵，行为害贼杀人[82]，不止共杀一人者。见兴事不见罪责[83]，何故不力为之乎[84]？是故邪气日多，还攻害其主也[85]，习得食随生人行不置也[86]。阴强阳弱，厌生人，臣下欺上，子欺父，王治为其不平[87]，而民不觉悟，故邪日甚剧[88]，不复拘制也[89]。是故古者圣贤事死，不敢过生，乃睹禁明也[90]。真人亦岂已解耶[91]？”“可恢哉，可恢哉[92]！向天师不示[93]，愚生心无由得知此也。”

“真人前，子与吾合心，必天使子主问事[94]，不可自易也[95]。是以吾悉告子也[96]。所以然者，今良平气且临至[97]，凡事当顺，一气逆，转不至[98]。”“何谓也？”“夫天道，当兴阳也而衰阴，则致顺，令反兴阴而厌衰阳[99]，故为逆也。反为敬凶事，致凶气，令使治乱失其政位[100]，此非小过也。真人无匿此书[101]，出之，使凡人自知得失之处。夫治不调[102]，非独天地人君之过也，咎在百姓人人自有过，更相承负[103]，相益为多[104]，皆悉坐不守实所致也[105]。以离去其实[106]，远本反就伪行，而不自知。”“何谓乎？”“生者，其本也。死者，其伪也。”“何故名为伪乎？”“实不见睹其人可欲[107]，而生人为作知[108]，妄图画形容过其生时也[109]，守虚不实核事[110]。夫人死，魂神以归天[111]，骨肉以付地腐涂[112]，精神者可不思而致，尚可得而食之[113]。骨肉者无复存也，付归于地。地者，人之真母。人生于天地之间，其本与生时异事，不知其所职者何等也[114]？故孝子事之宜以本，乃后得其实也。生时所不乐，皆不可见于死者，故不得过生，必为怪变甚深[115]。真人晓不？慎之慎之。”“唯唯。”“善哉善哉，实已出矣[116]！子可谓知之矣。行，去[117]。”“唯唯。”

[注释]

[1] 真人：道教称存养本性或修真得道的人。《庄子·大宗师》："古之真人，其寝不梦，其觉无忧，其食不甘，其息深深。"《淮南子·本经》："莫死莫生，莫虚莫盈，是谓真人。"在中国道教的等级系统中，神人处于最高的等级，其次就是真人。"神人者象天，天者动照无不知；真人者象地，地者至诚不欺天，但顺人所种不易也。"（《太平经合校》卷五六——六四"阙题"）神人即神仙，是古代道教或方士理想中所谓修真得道而长生不死的人。在这里"真人"是道家师傅对弟子的称呼。"真人前"犹言：弟子过来。是师傅向弟子传授教义的常见的开场白。

[2] 唯唯：恭敬的应答声。《论语·里仁》："子曰：'参乎！吾道一以贯之。'曾子曰：'唯。'"宋玉《〈高唐赋〉序》："王曰：'试为寡人赋之。'玉曰：'唯唯。'"《汉书·司马相如传上》："齐王曰：'虽然，略以子之所闻见言之。'仆对曰：'唯唯。'"颜师古注："唯唯，恭应之辞也。"下文多见"唯唯"，均是应答之辞。

[3] 事亲：侍奉父母。《孟子·梁惠王上》：“是故明君制民之产，必使仰足以事父母，俯足以畜妻子。”“亲”即指父母。下文“见亲死去”的“亲”同。　事之：指为死去的双亲治丧、守孝。这个“事”特指治丧、埋葬、祭奠等。《汉书·外戚传下·丁姬》：“孝子事亡如事存。”“事亡”的“事”正是其义。　等：相同；同样。《墨子·杂守》：“为板箱，长与辕等。”《史记·孝武本纪》：“其秋，上幸雍，且郊。或曰‘五帝，泰一之佐也。宜立泰一而上亲郊之’。上疑未定。齐人公孙卿曰：‘今年得宝鼎，其冬辛巳朔旦冬至，与黄帝时等。’”又《滑稽列传》：“于是朔乃肯言，曰：‘所谓驺牙者也。远方当来归义，而驺牙先见。其齿前后若一，齐等无牙，故谓之驺牙。’”　邪：与“耶”同，句尾语气词，表疑问。

[4] 巨：大。《方言》卷一：“巨，大也。齐宋之间曰巨。”长巨，即长大。

[5] 须臾：片刻；一会儿。

[6] 教敕：教导；教训。《汉书·江充传》：“非爱车马，诚不欲令上闻之，以教敕亡素者。”《世说新语·排调》刘孝标注引《张敏集》载《头责子羽文》曰：“于是子羽愀然深念而对曰：‘凡所教敕，谨闻命矣。’”

[7] 有可：有所。可：犹“所”，和动词组合，构成名词词组。《史记·万石张叔列传》：“(卫绾)自初官以至丞相，终无可言。”《后汉书·窦宪传》：“燕然山铭：‘兹所谓一劳永逸，暂费而永宁者也。’”《文选》“所”作“可”。《太平经合校》卷三七“五事解承负法”：“是以古者圣人将有可为作，皆仰占天文，俯视地理，明其反本之明效也。”　反报：反，禀报；报，告知。“反报”同义并列，禀告。《公羊传·宣公十五年》：“(司马子反)揖而去之，反于庄王。”《吕氏春秋·贵因》：“吾已令膠鬲以甲子之期报其主矣。”《晋书·王濬传》：“臣牙门将军马潜即收得二十余人，并疏其督将姓名，移以付浚，使得自科结，而寂无反报，疑皆纵遣，绝其端绪也。”

[8] 瞥念：思念。二字同义并列，《广韵·支韵》：“瞥，思也。”《礼记·少仪》：“不愿于大家，不瞥重器。”郑玄注：“瞥，思也。”《太平经合校》卷九〇“冤流灾求奇方诀”：“为人师者多难，瞥真人悒悒，为子更复分别悉道其意。”　悒悒：郁郁；忧伤《三国志·魏志·张既传》裴松之注引《魏略》：“缉性吝于财而矜于势，一旦以女征去郡，还坐里舍，悒悒躁扰。”

[9] 大：甚。刘淇《助字辨略》卷四：“大，甚也。《孟子》：‘稽大不理于口。’《史记·田叔列传》：‘鲁王以故不大出游。’此为过甚之辞也。”下文“愚生大不及有过”的“大”同。　已：通“矣”。此句可以理解为“失天道真实固大已”的倒置。

[10] 俗人：指凡人、普通人。与“真人”相对。　冥冥：懵懂无知的样子。《战国策·赵策二》：“岂掩于众人之言，而以冥冥决事哉？”《春秋繁露·顺命》：“其尊至德，巍巍乎不可以加矣；其卑至贱，冥冥其无下矣。”《颜氏家训·书证》：“若不信其说，则冥冥不知一点一画有何意焉。”　是：代词，与前文“如此”同。意思

是：弟子(即真人)尚且如此(指事死过生)，俗人糊涂更是如此了。

[11] 明：明显；显然。

[12] 唯：听从。 天师：是弟子对师傅的尊称。

[13] 象：效法。《广雅·释诂三》："象，效也。"《庄子·刻意》："天德之象也。"成玄英疏："象者，法效也。"《史记·五帝本纪》："养材以任地，载时以象天。"下文"象地属地""其饮食象生时"的"象"同。

[14] 反：反而。 过：超过。《史记·殷本纪》："帝纣资辨捷疾，闻见甚敏；材力过人，手格猛兽。"又《周本纪》："夫天地之气，不失其序；若过其序，民乱之也。"

[15] 则致逆气：《太平经钞》作"即致阴阳气逆而生灾"。逆气：悖逆不顺之气。《管子·七臣七主》："人不足则逆气生，逆气生则令不行。"《太平经合校》卷六七"六罪十治诀"："今天上极太平气立至，凡事当顺，故以上下也。不以上下，则为逆气，令治不平，但多由逆气不顺故也。"诸葛亮《便宜十六策·治国》："故天失其常，则有逆气。"

[16] 过：超过(限度)；过分。《论语·先进》："子贡问：'师与商也孰贤？'子曰：'师也过，商也不及。'曰：'然则师愈与？'子曰：'过犹不及。'"《史记·秦始皇本纪》："四月，二世还至咸阳，曰：'先帝为咸阳朝廷小，故营阿房宫。为室堂未就，会上崩，罢其作者，复土郦山。郦山事大毕，今释阿房宫弗就，则是章先帝举事过也。'"《宋书·江夏文献王义恭传》："声乐嬉游，不宜令过。"

[17] 逆政：乱正。"政"通"正"，《墨子·节葬下》："上稽之尧、舜、禹、汤、文、武之道，而政逆之。"孙诒让《间诂》："政、正通。"《太平经合校》卷三五"分别贫富法"："是者名为弱养强，不足筋力养有余也，名为逆政。"下文"皆为逆政"同。

[18] 物：特指鬼魅精怪。《史记·扁鹊仓公列传》："(长桑君)乃出其怀中药予扁鹊：'饮是以上池之水，三十日当知物矣。'"司马贞索隐："服之三十日，当见鬼物也。"《汉书·郊祀志》："有物曰蛇。"颜师古注："物谓鬼神也。"晋干宝《搜神记》卷一七："'向者物何如？乃令君怖惧耶？'对曰：'其身如兔，两眼如镜，形甚可恶。'" 大兴：大量出现，非常兴盛。《汉书·儒林传·瑕丘江公》："诏太子受《公羊春秋》，由是《公羊》大兴。"《后汉书·冯衍传》："庐落丘墟，田畴芜秽，疾疫大兴，灾异蜂起。"

[19] 乘：登；升。《释名·释姿容》："乘，升也，登亦如之也。"《汉书·陈汤传》："夜过半，木城穿，中人却入土城，乘城呼。"颜师古注："乘，登也。"明周王朱橚《普济方》卷二九《肾脏门·肾虚》："此由寒伤胃脘，肾气先虚，逆气上乘于胃，与气相逆。" 人道：道教所谓人生死轮回的六道之一。乘人道：谓行走于人道。

[20] 列鬼：众鬼。列：众；各。《史记·龟策列传》："飘风日起，正昼晦冥。

日月并蚀,灭息无光。列星奔乱,皆绝纪纲。”

[21] 咎:过错。

[22] 愚生:弟子自称。表示谦敬。　　　不及:不知道;不明白。《后汉书·张酺传》:“臣实愚蠢,不及大体。”《太平经合校》卷三五“分别贫富法”:“‘愚暗生见天师有教,不敢不言,不及有过。’‘子尚自言不及,俗人安知贫富之处哉?’”卷三六“守三实法”:“凡人所不及也,事无大小,不可强知也。及之无难,不及无易也。”下文“真人复重不及矣”的“不及”同。

[23] 不也:不是吗? 也,相当于“耶”,表示疑问。

[24] 恻然:恳切;真诚。《太平经合校》卷一一〇“大功益年书出岁月戒”:“用是之故,益复悷动,恻然念天恩所施行,使得全完为人,知好恶之义,人以此等念恩深厚,不知以何报之。”《后汉书·皇后纪上·明德马皇后》:“时楚狱连年不断,囚相证引,坐系者甚众。后虑其多滥,乘间言及,恻然。帝感悟之,夜起仿偟,为思所纳,卒多有所降宥。”《颜氏家训·勉学》:“夫所以读书学问,本欲开心明目,利于行耳。……未知事君者,欲其观古人之守职无侵,见危授命,不忘诚谏,以利社稷.恻然自念,思欲效之也。”　　　大觉:大悟。

[25] 幸:希望。《颜氏家训·风操》:“晋代有许思妣、孟少孤:如此名字,幸当避之。”参见《汉诗·古诗为焦仲卿妻作》注[89]。　　　原:顾念。《汉书·刘向传》:“原秦鲁之所消以为戒。”颜师古注:“原,谓思其本也。”　　　勉勉:勤勉。《诗·大雅·棫朴》:“勉勉我王,纲纪四方。”朱熹集传:“勉勉,犹言不已也。”《全唐文》卷三九六袁参《上中书姚令公元崇书》:“若使君事至不可知,千秋万岁后,而君门阑卒有饥寒之虞,则请解参之裘,推参之哺,勉勉不息,终身奉之,使子孙之忧,不能累君矣。”　　　慎事:谨慎工作。《汉书·魏相传》:“与相书曰:‘朝廷已深知弱翁治行。方且大用矣。愿少慎事自重,臧器于身。’”又《王嘉传》:“陛下素仁智慎事,今而有此大讯。”全句是说希望师傅顾念我勤勉工作。

[26] 开示:指明;开导。《太平经合校》卷六七“六罪十治诀”:“今唯天师更开示之,令使大觉悟,深知其意,不敢复犯也。”《后汉书·马援传》:“又于帝前聚米为山谷,指画形势,开示众军所从道径往来。”《三国志·蜀志·后主传》:“宣温密之诏,申三好之恩,开示门户,大义炳然。”　　　不达:不明白。

[27] 是过:这个过错。　　　小微:微小。《史记·陈杞世家》:“杞小微,其事不足称述。”《南齐书·五行志》:“寻而京师人家忽生火,赤于常火,热小微,贵贱争取以治病。”

[28] 极:顶点;极限。极于此,这里指到达这个极限。

[29] 何等:怎么,表反问。《三国志·吴志·董袭传》:“曹公出濡须,袭从权赴之,使袭督五楼船,住濡须口。夜卒暴风,五楼船倾覆,左右散走舸,乞使袭出。

袭怒曰:'受将军任,在此备贼,何等委去也? 敢复言此者斩!'于是莫敢干。"

[30] 复重:即重复,又,再次。《太平经合校》卷四三"大小谏正法":"教而不听,忿其不以时用其言,故废而置之,不复重教示之也。"《后汉书·皇后纪上·明德马皇后》:"帝省诏悲叹,复重请曰:'汉兴,舅氏之封侯,犹皇子之为王也。'"

[31] 大深:深刻;透彻。《太平经合校》卷九六"忍辱象天地至诚与神相应大戒":"'今谨已闻至诚动天,愿闻动地意。''善哉! 子言日益大深,不惜之也。行,安坐,为子道之。'"　放:通"仿"。

[32] 大:过于;过分。　兴长:兴盛;滋长。可作形容词或动词。《太平经合校》卷一〇二"经文部数所应诀":"五十者,阳气兴长于上,阴气伏起于下,阴仵阳化,故为仵命。"《太平经合校》卷一一七"天咎四人辱道诫":"今天乃贵重传相生,故四时受天道教,传相生成,无有穷已也,以兴长凡物类。故天者名生称父,地者名养称母。"《后汉书·杜乔传》:"不急忠贤之礼,而先左右之封,伤善害德,兴长佞谀。"《宋书·礼志二》:"又诏曰:'此石兽碑表,既私褒美,兴长虚伪,伤财害人,莫大于此。'"又《江夏文献王义恭传》:"奇服异器,不宜兴长。"《晋书·武帝纪》:"二千石长吏不能勤恤人隐,而轻挟私故,兴长刑狱,又多贪浊,烦挠百姓。"下句"夜兴长则致昼短"中"兴长"同义。

[33] 兴:兴盛。《诗·小雅·天保》:"天保定尔,以莫不兴。"郑玄笺:"兴,盛也。"《玉篇·臾部》:"兴,盛也。"

[34] 见:通"现"。出现。下文"故鬼神得昼见也","是故日见则星逃,星见则日入"的"见"同。

[35] 深:程度重;严重。下文"故得谪又深"同。

[36] 名字:描述。《太平广记》卷三"汉武帝"条(出《汉武内传》):"(夫人)服青霜之袍,云彩乱色,非锦非绣,不可名字。"

[37] 反:反而。

[38] 为过:犯错误。

[39] 计:考虑;思考。《管子·中匡》:"计得地与宝,而不计失诸侯;计得财委,而不计失百姓。"三国魏嵇康《释私论》:"言不计乎得失而遇害。"

[40] 职:职务;职位。《书·周官》:"六卿分职,各率其属,以倡九牧,阜成兆民。"《韩非子·扬权》:"周合刑名,民乃守职,去此更求,是谓大惑。"　常当:应当。《三国志·吴志·贺齐传》"齐中兵拒击,得盛所失"裴松之注引《江表传》曰:"权既入大船,会诸将饮宴,齐下席涕泣而言曰:'至尊人主,常当持重。今日之事,几至祸败。'"《全晋文》卷一一〇郗超《奉法要》:"何谓不杀? 常当矜愍一切蠕动之类,虽在困急,终不害彼利己。"《宋书·乐志三》:"神仙之道,出窈入冥。常当专之,心恬憺无所愒欲。"

[41] 比若：如同；和……一样。《太平经》中多见，如《太平经合校》卷三五"分别贫富法"："今唯天师令弟子之无知，比若婴儿之无知也，须父母教授之乃后有知也。""夫女者无宫，女之就夫，比若男子之就官也，当得衣食焉。"与之相同的是"比如"和"比似"。《史记·游侠列传》："比如顺风而呼，声非加疾，其势激也。"《三国志·魏志·东夷传》："(倭人)对应声曰'噫'，比如'然''诺'。"《武林旧事》卷七《乾淳奉亲》："翠水瀛壶人不到，比似世间秋别。"

[42] 致孝：犹言尽孝。《史记·夏本纪》："禹伤先人父鲧功之不成受诛，乃劳身焦思，居外十三年，过家门不敢入。薄衣食，致孝于鬼神。"《三国志·魏志·辛毗传》："古之君子，入则致孝于亲，出则致节于国。"

[43] 强：强盛。　　动移：移动；改变。《太平经合校》卷五〇"灸刺诀"："灸刺者，所以调安三百六十脉，通阴阳之气而除害者也。……衰盛应四时而动移，有疾则不应，度数往来失常，或结或伤，或顺或逆，故当治之。"《太平御览》卷一四一"杨贵妃"条引《唐书》："太真姿质丰艳，善歌舞，通音律，智算过人。每倩盼承迎，动移上意。宫中呼为娘子，礼数实同皇后。"

[44] 深剧：深重；深刻。《说文新附·刀部》："剧，尤甚也。"宋苏轼《与任德翁书》："半月不面，思仰深剧。"又《与苏子容六首》："违去左右，已逾周岁矣，怀仰之心，惟日深剧。"为害甚深剧：即危害甚深。与上文"故阴胜则鬼物共为害甚深"同义。

[45] 恩爱：仁爱；怜爱。《韩非子·六反》："明主知之，故不养恩爱之心，而增威严之势。"《太平经合校》卷三五"分别贫富法"："今天师既加恩爱，乃怜帝王在位，用心愁苦，不得天意，为其每具开说，可以致上皇太平之路。"这里意思为感念父母活着时养育自己的恩情。

[46] 宁：表疑问的语气词。　　不：同"否"。《说文·不部》："否，不也。"段玉裁注："不者，事之不然也；否者，说事之不然也。故音义皆同。"《韩非子·内储说上》："昭侯以此察左右之诚不。"《后汉书·段颎传》："羌悉众攻之，厉声问曰：'田婴夏育在不？'"

[47] 但：只；仅。下文"兴凶事者为害，故但心至而已"中的"但"是只要的意思。　　恣意：任意；放纵。《史记·龟策列传》："素有眦睚不快，因公行诛，恣意所伤，以破族灭门者，不可胜数。"

[48] 过：罪责。"得过于天"，获罪于天。

[49] 是何乎：犹言这是为什么呢？

[50] 负：负罪；过错。可作动词或名词。《战国策·燕策二》："自负以不肖之罪。"鲍彪注："负，言荷罪在身也。"《资治通鉴·汉献帝建安十八年》"亦汝之负"胡三省注："负，罪负也。"《汉书·郦食其传》："项王有背约之名，杀义帝之负。"唐陈

子昂《麈尾赋》：“此先都之灵兽，因何负而罹殃。” 　　大负：大错。

　　[51] 原：原谅；宽恕。《庄子·天道》：“因任已明而原省次之。”成玄英疏：“原者，恕免。”《后汉书·独行传·范冉》：“是时西羌反叛，黄巾作难，制诸府掾属不得妄有去就。冉首自劾退，诏书特原不理罪。”《宋书·杜骥传》：“上遣主书诘责，骥答曰：‘开函是臣第四子季文，伏待刑坐。’上特原不问。”

　　[52] 不也：表示否定的应答，这里大约相当于现代汉语的“不必”。

　　[53] 详计：犹言好好考虑。《战国策·齐策六》：“今死生荣辱，尊卑贵贱，比其一时也。愿公之详计而无与俗同也。”《汉书·翟方进传》：“君其执念详计，塞绝奸原，忧国如家，务便百姓以辅朕。”

　　[54] 应法：合乎法理规矩。《汉书·尹翁归传》：“所举应法，得其罪辜，属县长吏虽中伤，莫有怨者。”《魏书·甄琛传》：“谥不应法者，博士坐如选举不以实论。”

　　[55] 尚：并且；还。 　　谪：谴责；罚罪。《说文·言部》：“谪，罚也。”《玉篇·言部》：“谪，罪也，过也。”《左传·成公十七年》：“又告夫人曰：‘国子谪我。’夫人怒。”杜预注：“谪，谴责也。”《史记·张丞相列传》：“议以谪罚侵削诸侯。”

　　[56] 本：指死者的实际身份、地位、品德、功业等。应本：指合乎死者的本来身份。

　　[57] 簿考问：按簿考问。簿：指鬼神记录人平生功过的簿籍。考问：核察，讯问。《汉书·董仲舒传》：“臣愿陛下兴太学，置明师，以养天下之士，数考问以尽其材，则英俊宜可得矣。” 　　失实：不合乎事实。《韩非子·显学》：“孔子曰：‘以容取人乎，失之子羽；以言取人乎，失之宰予。’故以仲尼之智而有失实之声。”汉王充《论衡·正说》：“《五经》皆多失实之说。”这里指不合乎死者的实际身份、地位等。

　　[58] 反为诈伪行：反而是虚假的行为。

　　[59] 敬：警戒。后作“儆”。《诗·大雅·常武》：“既敬既戒，惠此南国。”郑玄笺：“敬之言警也，警戒大军之众。”《荀子·天论》：“故君子敬其在己者，恒自肃敬也。”《荀子·大略》：“敬戒无怠。” 　　凶事：可指丧事，下文“夫死丧者，天下大凶恶之事也。”《太平经合校》卷七二“不用大言无效诀”：“此死亡，天下大凶事也。”

　　兴凶事大过：举办丧事太过分（即铺张）。参下文：“以上古圣人治丧，心至而已，不敢大兴之也。”

　　[60] 病害：祸害。《太平经》多见，如《合校》卷一八至三四“解承负诀”：“今天地阴阳，内独尽失其所，故病害万物。”又卷四五“起土出书诀”：“天因大恶人生灾异，以病害其子，比若家人，父怒治其子也，其变即生。” 　　行：施行；从事。下文“行为害贼杀人”句子结构及含义与之相近。

[61] 怪变：怪异；灾难。《后汉书·彭宠传》："其妻数恶梦，又多见怪变，卜筮及望气者皆言兵当从中起。"《魏书·高湖传》："居宅数有赤光紫气之异，邻伍惊恐，金谓怪变，宅不可居。"

[62] 难：提问；诘难。《孟子·离娄下》："如此则与禽兽奚择哉，于禽兽又何难焉？"《世说新语·言语》："足下相难，依据者何经？"《太平经》中多"难问"并列，如《合校》卷三五"分别贫富法第四一"："善哉善哉！子之难问也，已入微言要矣。"又卷四二"四行本末诀"："'何故正有此四行乎？' '善哉，子之难问，可谓得道意矣。'"

[63] 以：因为。

[64] 心至而已：心意到了就可以了。

[65] 负：违背。《战国策·秦策》："魏必负之。"高诱注："负，背也。"《列子·仲尼》："其负类反伦不可胜言也。"张湛注："负犹背也。"

[66] 竟：完成；终了。《三国志·吴志·虞翻传》："讨逆明府，不竟天年。"

[67] 小：稍微；略微。下文"反小敬之"的"小"同。

[68] 专：专一；遵守。《易·系辞上》："其静也专，其动也直。"韩康伯注："专，专一也。"《三国志·魏志·杜畿传》："奉上之节未立，向供之心不一者，委任之责不专，而俗多忌讳故也。"

[69] 敬：看重；重视。

[70] 流就：趋向；趋就。《易·乾》："同声相应，同气相求。水流湿，火就燥。"此以"流"与"就"对文同义。《太平经合校》卷三六"守三实法"："愚哉！然天下人本生受命之时，与天地分身，抱元气于自然，不饮不食，嘘吸阴阳气而活，不知饥渴，久久离神道远，小小失其指意，后生者不得复知，真道空虚，日流就伪，更生饥渴，不饮不食便死，是一大急也。"又卷四二"四行本末诀"："故使天地生万物，皆多本无末，实其咎在失本流就末，失真就伪，失厚就薄，因以为常。"

[71] 厌（yā）：侵犯；损害。《荀子·礼论》："礼者，谨于吉凶不相厌者也。"杨倞注："厌，掩也，谓不使相侵掩也。"下文"反欲大厌生人。""阴强阳弱，厌生人，臣下欺上，子欺父。""夫天道，当兴阳也而衰阴，则致顺，令反兴阴而厌衰阳，故为逆也。"含义相同。

[72] 财：通"才"，仅仅。"心才半至"与"心至"相反。

[73] 微：稍微。

[74] 留止：停留；逗留。《史记·高祖本纪》："高祖复留止，张饮三日。"祟人：鬼神捉弄人，危害人。《韩非子·解老》："鬼不祟人则魂魄不去，魂魄不去而精神不乱，精神不乱之谓有德。"

[75] 小小：数量少或程度轻，稍微，少量。《三国志·魏志·高柔传》："柔皆

清惩虚实,其余小小挂法者,不过罚金。"《太平经》中多见,如《合校》卷三九"解师策书诀":"承者为前,负者为后;承者,乃谓先人本承天心而行,小小失之,不自知,用日积久,相聚为多,今后生人反无辜蒙其过谪,连传被其灾,故前为承,后为负也。"又卷四五"起土出书诀":"今大人躯长一丈,大十围,其齿有龋虫,小小不足道,合人齿。大疾当作之时,其人啼呼交,且齿久久为堕落悉尽。"

[76] 承负:承受;蒙受。《太平经》中多用以指后人因先人的过失而从上天得到的谪罚。《合校》卷三九"解师策书诀":"承者为前,负者为后;承者,乃谓先人本承天心而行,小小失之,不自知,用日积久,相聚为多,今后生人反无辜蒙其过谪,连传被其灾,故前为承,后为负也。"又:"吾乃上辞于天,亲见遣,而下为帝王万民具陈,解亿万世诸承负之谪也。""今天以是承负之灾四流,始有本根,后治者悉皆随之失其政,无从得中断止之,更相贼伤,为害甚深,今天以为重忧。""得而众贤,各自深计,其先人皆有承负也,诵之不止,承负之厄小大,悉且已除矣。"

[77] 增剧:(多指病情)变得严重。《三国志·蜀志·蒋琬传》:"疾转增剧,至九年卒。"《全宋文》卷一八王昙首《与释某书》:"昨服散差可,然不过佳,请示所宜。如更增剧,恐难为力耳。"《宋书·谢弘微传》:"弘微疾增剧,辄豫告文宣。"《晋书·武十三王传·吴敬王晏》:"又少有风疾,视瞻不端,后转增剧,不堪朝觐。"

[78] 观古:俞理明校"古"当作"占";观占,观看。　　作荣:显示荣耀。

[79] 致其死者鬼不得常来食也:大意是:致使其死者魂灵不能常来享用祭品。

[80] 张:夸大;张扬。《左传·桓公六年》:"随张,必弃小国。"陆德明释文:"张,自侈大也。"晋皇甫谧《三都赋序》:"虚张异类,托有于无。"　　张兴:犹言大兴。张兴其祭祀:言大事操办祭祀活动。前文有"兴其祭祀"。

[81] 伤衰:损害;伤害。

[82] 为害:犹言伤害。前文"故阴胜则鬼物共为害甚深""为害甚深剧""兴凶事者为害"的"为害"同义。　　贼:杀害。《书·舜典》:"寇贼奸宄。"孔传:"杀人曰贼。"《越绝书·吴人内传》:"纣贼比干,囚箕子,微子去之。""贼杀"同义并列。《史记·秦本纪》:"出子六年,三父等复共令人贼杀出子。"又《李斯列传》:"赵高教其女婿咸阳令阎乐劾不知何人贼杀人移上林。""为害"与"贼杀"同义并列。

[83] 兴事:兴凶事。上文有"敬其兴凶事大过""兴凶事者为害"。

[84] 力:尽力。《史记·卫将军骠骑列传》:"军大捷,皆诸校尉力战之功也。"《全宋文》卷九明帝《与刘勔、张世兴、萧道成诏暴吴喜罪》:"观其意趣,止在贼平之后,应力为国计。"唐李亢《独异志》卷上:"有修道人以章疏闻天,因而滂沱,某可力为之。"

[85] 攻害:侵害;伤害。《说文·攴部》:"攻,击也。"《全三国文》卷五三魏伏

义《与阮嗣宗书》:"以此备之,殆恐攻害其至无日,安坐难保。"《华阳国志》卷一:"光和二年,板楯复叛,攻害三蜀,汉中州郡连年苦之。"

[86] 习:习惯。　　不置:不止。置:搁置;停止。《韩非子·十过》:"子置,勿复言。"《晏子春秋》卷六梁丘据自患不及晏子晏子勉据以常为常行》:"婴非有异于人也,常为而不置,常行而不休者,故难及也。"三国魏嵇康《与山巨源绝交书》:"足下若嬲之不置,不过欲为官得人,以益时用耳。"《三国志·魏志·常林传》裴松之注引《魏略》:"于叙人才不能宽,然纪人之短,虽在久远,衔之不置。"

[87] 王治:犹言王道,仁政。汉王充《论衡·卜筮》:"卜筮兆数,犹王治瑞应。"汉荀悦《申鉴·政体》:"君子所以动天地、应神明、正万物,而成王治者,必本乎真实而已。"王治为其不平:意思是王道因此而不公平。

[88] 日甚剧:一天天厉害,逐渐严重。参见上注[44]。

[89] 拘制:约束。制:禁止。《淮南子·修务》:"夫马之为草驹之时,跳跃扬蹄,翘尾而走,人不能制。"高诱注:"制,禁也。"《后汉书·光武帝纪下》:"诏吏人遭饥乱及为青徐贼所略为奴婢下妻,欲去留者,恣听之。敢拘制不还,以卖人法从事。"《太平经》多见,如《合校》卷四四"案书明刑德法":"天刑其威极盛,幸能厌服人民万物,何故反不能拘制其士众,独不怪斯耶?"又卷四五"起土出书诀":"其后生动之尤剧乃过前,更相仿效,以为常法,不复拘制,不知复相禁止,故灾日多,诚共冤天地。"

[90] 睹:显现。与上文"见"用法同。参见上注[34]。

[91] 岂:表疑问的语气词。

[92] 恔:惊怕;恐骇。义同"骇"。《太平经合校》卷三五"分别贫富法":"今小生闻是,心大悲而恐恔。"卷九一"拘校三古文法":"子知恔畏天谈,子长活矣。"《太平经》中"恔"与"骇"混用:有"恐恔",也用"恐骇";有"恔畏",又有"骇畏"或"畏骇"。

[93] 向:假如。

[94] 主:负责;掌管。

[95] 易:轻忽;草率。《史记·礼书》:"礼之中,能思索,谓之能虑;能虑勿易,谓之能固。"张守节正义:"易,谓轻易也。"又《魏其武安侯列传》:"魏其者,沾沾自喜耳,多易。"《汉书·王嘉传》:"二千石益轻贱,吏民慢易之。"颜师古曰:"易亦轻也。"《太平经》中多"自易"连用,谓自己看轻了。如《合校》卷四四"案书明刑德法":"子宜反复深思其意,动作毋自易。"卷四五"起土出书诀":"今天使子来见问,是知吾能言,真人不可自易,不可不慎也。"

[96] 悉:全部。

[97] 良平气:犹言吉祥之气。

[98] 转:反而;反倒。《诗·小雅·谷风》:"将恐将惧,维予与女。将安将乐,

女转弃予。"高亨《诗经今注》："到了安乐时，你反而抛弃了我。"晋陶渊明《癸卯岁始春怀古田舍》诗："先师有遗训，忧道不忧贫。瞻望邈难逮，转欲患长勤。"

[99] 令：假使。　厌衰：损害；减损。《全三国文》卷四八魏嵇康《养生论》："其次自力服药，半年一年，劳而未验，志以厌衰，中路复废。"与"伤衰"义近。参见上注[81]。

[100] 令使：致使。同义并列。《三国志·吴志·孙韶传》："以不能全权，令使奸变得施。"《晋书·傅玄传附子咸》："令使诸部用心，各如毛玠，风俗之移，在不难矣。"

[101] 无匿：不要藏匿。

[102] 调：和谐；平顺。《说文·言部》："调，和也。"《诗·小雅·车攻》："决拾既佽，弓矢既调。"郑玄笺："调谓弓强弱与矢轻重相得。"汉东方朔《七谏·谬谏》："不论世而高举兮，恐操行之不调。"王逸注："调，和也。言人不论世之贪浊，而高举清白之行，恐不和于俗而见憎于众也。"

[103] 更相：相继。《史记·张丞相列传》："田文言曰：'今此三君者，皆丞相也。'其后三人竟更相代为丞相。"《宋书·羊玄保传》："占山封水，渐染复滋，更相因仍，便成先业，一朝顿去，易致嗟怨。"

[104] 相益：相加。益：增加。

[105] 皆悉：全都，副词连用。参见《水经注·夷水》注[1]。　坐：因为；由于。《史记·白起王翦列传》："今空秦国甲士而专委于我，我不多请田宅为子孙业以自坚，顾令秦王坐而疑我耶？"《汉诗》卷九《乐府古辞·陌上桑》："来归相怨怒，但坐观罗敷。"《水经注·江水》："母好饮江水，嗜鱼脍，常以鸡鸣溯流汲江，子坐取水溺死。"　实：实质，本质。《孟子·滕文公上》："夏后氏五十而贡，殷人七十而彻，其实皆什一也。"汉王充《论衡·讥日》："作车不求良辰，裁衣独求吉日，俗人所重，失轻重之实也。"即上文"固大已失天道真实""治丧微违实"的"实"。

[106] 以：通"已"，已经。《国语·晋语四》："其闻之者，吾以除之矣。"《吕氏春秋·应言》："责以偿矣，尚有何责？"《汉书·张敞传》："今两侯以出，人情不相远。"

[107] 见睹：看见；了解。见、睹同义并列，《太平经》中多见，如《合校》卷四五"起土出书诀"："凡人不见睹此书，不自知罪过重，反独常共过罪天地，何不和也？"又卷五一"校文邪正法"："今吾见睹子初来学之时，以为子但且问一两事而去，何意乃欲毕天道乎？吾言而不正，天道略可见睹矣。"　其人：指死者。　可欲：所欲。参见本文注[7]。

[108] 生人：活着的人，指死者的亲属。　为：通"伪"，假装，装作。《汉书·淮南王传》："（淮南王）欲如伍被计，使人为得罪而西。"颜师古注引苏林曰：

"诈作得罪人而西也。"

[109] 图画：描述。《后汉书·列女传·皇甫规妻》："卓乃引车庭中，以其头县轭，鞭扑交下。妻谓持杖者曰：'何小重乎？速尽为惠。'遂死车下。后人图画，号曰'礼宗'云。" 形容：描摹；描述。《三国志·魏志·武宣卞皇后传》："秉蒙，子兰嗣。少有才学。"裴松之注引《魏略》曰："兰献赋赞述太子德美，太子报曰：'赋者，言事类之所附也，颂者，美盛德之形容也，故作者不虚其辞，受者必当其实。'""图画形容"是同义并列结构。

[110] 实核：实际(的)；实质(的)。《太平经》多见，如《合校》卷三五"一男二女法"："二人共断天地之统，贪小虚伪之名，反无后世，失其实核，此天下之大害也。"又卷三七"五事解承负法"："此本由一人失说实，乃反都使此凡人失说实核，以乱天正文，因而移风易俗，天下以为大病，而不能相禁止，其后者剧，此即承负之厄也，非后人之过明矣。" "虚不实核"：谓虚假不真实。另一说"实核"就是"核实"，验证的意思。也通。《后汉书·章帝纪》："其各实核尤贫者，计所贷并与之。"又《殇帝纪》："二千石长吏其各实核所伤害，为除田租，刍稿。"

[111] 以：通"已"，已经。下句同。

[112] 付：与"归"同义，交付。下文"付归于地"的"付归"同义。 腐涂：腐烂；腐坏。《太平经》多见，如《合校》卷六七"六罪十治诀"："或有遇得善富地，并得天地中和之财，积之乃亿亿万种，珍物金银亿万，反封藏逃匿于幽室，令皆腐涂。"又："夫亿万之家，可周万户，予陈收新，毋疾利之心，德洽天地，闻于远方，尚可常得新物，而腐涂者除去也。"

[113] 食：指祭祀。

[114] 职：职掌；从事。 何等：什么。汉荀悦《汉纪·成帝纪三》："或问温室中树皆何等木？光默然不应。"《三国志·魏志·吕布传》裴松之注引《献帝春秋》："(布)曰：'卿曹无相国，我当自首明公。'陈宫曰：'逆贼曹操，何等明公！今日降之，若卵投石，岂可保全也！'"南朝宋刘义庆《幽明录》"东方朔"条："帝骇愕，不知何等，乃曰：'东方朔必识之。'"

[115] 此句承前省略"过生"。

[116] 实：实质；要旨。《太平经合校》卷三六"三急吉凶法"："实者，是其核也。是故古者圣人守三实，治致太平，得天心而长吉，竟天年，质而已，非必当多端玄黄也。"

[117] 行：应答之词，可用"好"字代替，如现代口语中说："行，你来吧，我讲给你听。""行"的这一用法《太平经》中多见，如《合校》卷三五"分别贫富法"："'唯天师更开示其所不及也。''行，真人来。天下何者称富足，何者称贫也？'"又卷三六"守三实法"："'行，子已觉矣。而象吾书以治乱者，立可试不移时也。'"又卷四二

"九天消先王灾法":"'行,子努力,所说竟,当去矣。''唯唯。'"

(二) 书　札

现今保存下来的六朝人书札,内容多为吊丧问疾、寒暄琐事,因为这些书札多是从法帖中得来,而"唐贞观中购求前世墨迹甚严,非吊丧问疾书迹,皆入内府,士大夫家所存,皆当日朝廷所不取者,所以流传至今"(宋沈括《梦溪笔谈》卷一七《书画》语)。虽然如此,却弥足珍贵,一是因为信手写来,直抒胸臆,最能展现作者的思想情怀和当时的风尚习俗;二是因为"至亲无文",不加雕饰,多方言习语,当时受者必眼到即了,深觉平易,且正是这些俚俗口语,真实地反映了当时口头语言与书面语言的巨大差异,为俗语词研究和整个汉语史研究提供了极为宝贵的资料。现选录陆云和王羲之、王献之的书札共六篇,并加标题。

2. 与杨彦明书①

[题解]

《与杨彦明书》共七首,这里选录第四首。作者陆云,西晋时期代表作家(详见《晋诗·为顾彦先赠妇往返》题解)。陆云的书信,常有感而发,语句平实而充满真情。这篇书札写出了对顾彦先疾病的担忧和对杨彦明的思念,充满了真挚淳朴的友情。

此书信选自《陆云集》(中华书局 1988 年版)卷一〇。

[原文]

彦先相说[1],疾患渐欲增废[2],深为怛然[3]。行向衰[4],笃疾来应百年之望[5],虽未必此为疑[6],然亲亲所以相恤之一感耳[7]。想勤服药[8],行复向佳耳。吾既常羸[9],间来体中亦恒少赖[10]。日尔匆匆[11],则堪自力[12],未速待罪[13],会期难克[14]。情之恋想,何劳之多?好自爱[15],屡相闻[16]。

---

① 杨彦明:与顾荣(顾彦先,详下文注释)一样,为陆云的同乡好友。《晋书·顾荣传》载顾荣"为州里杨彦明书",又载顾荣上书:"会稽杨彦明、谢行言皆服膺儒教,足为公望……凡此诸人,皆南金也。"

[注释]

[1] 彦先：即顾彦先，《晋书·顾荣传》曰："顾荣字彦先，吴国吴人也。……荣神机朗悟，弱冠仕吴，为黄门侍郎、太子辅义都尉。"后任尚书郎、太子中舍人等。《陆云集》有陆云《赠顾彦先》诗五章，又有《为顾彦先赠妇往返》诗四首等。　相说：对我说。"相"为偏指代词。犹"我"。参见《搜神记·卢充》注[34]。

[2] 疾患：疾病；病痛。《淳化阁帖释文》卷二《魏太傅颍川钟繇书》："哀伤不可言，疾患自宜量力，不复具。"《全晋文》卷二二王羲之《杂帖》："幼小故疾患无赖。"又卷二四："玄度来数月，有疾患，便复来。"又卷二六："知多疾患，念劳心。"《宋书·蔡兴宗传》："时尚书何偃疾患，上谓兴宗曰：'卿……便可开门当之，无所让也。'"是"疾患"为六朝习语。参见《杂宝藏经·长者请舍利弗摩诃罗缘》注[79]。　渐欲：渐渐。《全隋文》卷二二王劭《舍利感应别录》："于时道俗悲号，四方忽然一时云起，如烟如雾，渐欲向上。"《晋书·姚兴载记下》："左右机要，皆其党人，渐欲广树爪牙，弥缝其阙。"《隋书·音乐志下》："其曲大抵以诗为本，参以古调，渐欲播之弦歌，被之金石。"唐张籍《凉州词》："边城暮雨雁飞低，芦笋初生渐欲齐。"《颜氏家训·教子》："齐朝有一士大夫，尝谓吾曰：'我有一儿，年已十七，颇晓书疏，教其鲜卑语及弹琵琶，稍欲通解，以此伏事公卿，无不宠爱，亦要事也。'""渐欲"与"稍欲"同。　废：通"癈"，长期不愈的病。《说文·疒部》："癈，固病也。"段玉裁注："癈犹废，固犹锢。如痼、聋、跛、躄、断者，侏儒皆是。癈为正字，废为假借字。"《抱朴子内篇·塞难》："贤不必寿，愚不必夭，……窦公庸夫，年几二百，伯牛废疾，子夏丧明；盗跖穷凶而白首，庄跻极恶而黄发，天之无为，于此明矣。"《后汉书·皇后纪上·和熹邓皇后》："顷以废病沉滞，久不得侍祠。"《南齐书·巴陵隐王传》："宝义少有废疾，不堪出人间，故止加除授，仍以始安王遥光代之。""废病""废疾"与前文"废"同义。增废：意思是变成痼疾。

[3] 怛然：担忧；忧虑。《汉书·成帝纪》："朕惟其难，怛然伤心。"《后汉书·独行传·谯玄》："窃闻后宫皇子产而不育。臣闻之怛然，痛心伤剥，窃怀忧国，不忘须臾。"《全晋文》卷二二王羲之《杂帖》："然疾源如此，忧怛尚深。"又卷二七王献之《杂帖》："比者切怛，当不可言。"《陆机集补遗·平复帖》："彦先羸瘵，恐难平复。"则"深为怛然"是有理由的。

[4] 行：近来。　向衰：接近衰弱，逐渐衰老。《全唐文》卷五一〇陆长源《上宰相书》："某齿发向衰，志力犹在。""向"有面临、接近的意思，如陆云《与兄平原书》："作弊屋向百年，于今正平夷。"《淳化阁帖释文》卷二《晋太傅陈郡谢安书》："此月向终，惟祥变在近，号慕崩恸。"姚秦竺佛念译《出曜经》卷二一《如来品》："向暮与女共卧交接。"《搜神记》卷五《蒋山祠[五]》条："虎既死，其妇故活，向晓能

语。"南朝梁宝唱等撰集《经律异相》卷七引《释迦毕罪经》:"村中有一小儿,年向八岁,虽不捕鱼,见则欢喜。"以上表示时间接近。《后汉书·段颎传》:"今适暮年,所耗未半,而余寇残烬,将向殄灭。"此表示势态发展。"向衰"正是此义。又下文"行复向佳耳"的"向"与此同。

[5] 笃疾:重病。《全晋文》卷二三王羲之《杂帖》:"司马虽笃疾久,顷转平除。"又卷二五:"庾虽笃疾,谓必得治力。岂图凶问奄至,痛惋情深。"又作"疾笃"。《全晋文》卷二二王羲之《杂帖》:"司州疾笃,不果西,公私可恨。"又:"老妇顷疾笃,救命恒忧虑。"

[6] 虽未必此为疑:结合上下句,意思是说,活到百岁的愿望虽然未必因此病而受到怀疑(或动摇),但也是亲人所担忧的一个方面。

[7] 亲亲:亲戚;亲人。为汉魏六朝人习语。《淳化阁帖释文》卷二《晋特进京兆杜预书》:"孤女亲亲也,有信数附书信,以慰吾心也。"《全晋文》卷二三王羲之《杂帖》:"二蔡过葬来居此,亲亲集事,而君复出为因耳。"又:"君远在此,乃受恩来,今留之,明晚共亲亲集。"又卷二七王献之《杂帖》:"想足下每思先后公,岂须言亲亲不已意耳。"《后汉书·宋意传》:"肃宗性宽仁,而亲亲之恩笃,故叔父济南、中山二王每数入朝,特加恩宠,及诸昆弟并留京师,不遣就国。"又《楚王英传》:"有司奏英招聚奸猾,造作图谶……请诛之。帝以亲亲不忍,乃废英,徙丹阳泾县,赐汤沐邑五百户。"

[8] 想:希望;盼望。《全晋文》卷二三王羲之《杂帖》:"朱博士何当还?君可致意,令速还,想无稽留。"又卷二四:"得九日问,亦云鄙平平,想得凉转胜。"又卷二六:"得示,知足下故尔堪行,想不成病耳。"又:"想清和,士人佳也。"又卷二七王献之《杂帖》:"闻官前逼遣足下甚急,想以相体恕耳。"是"想"多表示心愿、意愿。　　服药:吃药。《全晋文》卷二二王羲之《杂帖》:"得告,知中冷不解,更壮湿,甚耿耿,服何药耶?"又卷二七王献之《杂帖》:"因夜行,忽复下,如欲作瘴,今服药,尽温燥理,冀当可耳。"

[9] 羸:病弱。

[10] 间来:近来。《搜神记》卷三:"间来候师王叔茂请往迎之,须臾便与俱来。"唐薛渔思《河东记》"韩弇":"今从秃发大使填漳河,憔悴困辱不可言,间来奉旨耳,别后有一诗奉呈。""间"有近日之义,《后汉书·方术传下·华佗》:"有李将军者,妻病,呼佗视脉。佗曰:'伤身而胎不去。'将军言:'间实伤身,胎已去矣。'佗曰:'案脉,胎未去也。'"　　少赖:"赖"本谓依靠、凭借,引申有快乐之义。少赖指身体不适,不愉快,与"无赖"义近。六朝人习用"无赖"一词表示痛苦、不堪之义。《陆云集》卷八《与兄平原书》:"又力作无锡书,极无赖,甚不备具。"《全晋文》卷二三王羲之《杂帖》:"雨寒,卿各佳不?诸患无赖。"又卷二四:"腹中便复恶,无

赖。""无赖"多表示生理或心理的痛苦不堪，"少赖"与之义近。参见《三国志·华佗传》注[51]。

[11] 勿勿：身体不适；心绪不佳。《陆云集》卷八《与兄平原书》："顷日极勿勿，病一十当出略通，日在马上，此不可谐。"《全晋文》卷二二王羲之《杂帖》："向又惨惨自举哀，乏气勿勿。"又卷二三："弟各佳不？吾至勿勿。"又卷二五："吾至勿勿，常恐一夏不可过。"又卷二七王献之《杂帖》："吾并故诸恶劳，益勿勿。"参看：郭在贻.释"勿勿""无赖"[J].中国语文,1981(1).

[12] 自力：尽力；勉力；尽自己的力量。如《陆云集》卷九《王即位未见宾客群臣又未讲启》附《吴王答令》："多病疾，难以辞公事，为自力，风疾连动，故未能用。"《三国志·魏志·曹爽传》裴松之注引《魏末传》："今当与君别，自顾气力转微，后必不更会，因欲自力，设薄主人，生死共别。"又《吴志·诸葛恪传》："(孙峻)自出见恪曰：'使君若尊体不安，自可须后，峻当具白主上。'……恪答曰：'当自力入。'"《全晋文》卷二四王羲之《杂帖》："吾并乏劣，自力不报息。"又卷二五："吾胛痛剧，灸不得力，至患之，不得书，自力数字。"

[13] 待罪：古代官吏任职的谦称，意谓不胜其职而将获罪。

[14] 会期：聚会，相见。《后汉书·列女传·董祀妻》："天属缀人心，念别无会期。存亡永乖隔，不忍与之辞。"《晋诗》卷一傅玄《青青河边草》："生存无会期，要君黄泉下。"会期难克：谓聚会难以实现。《魏书·昭成子孙传》："太祖复使安同诣贺骢，因克会期。"《晋诗》卷五陆机《答贾谧》："分索则易，携手实难。念昔良游，兹焉永叹。"《颜氏家训·风操》："别易会难，古人所重。"正是此义。

[15] 好：好好地。　　自爱：保重。《全三国文》卷七魏文帝《与吴质书》："行矣，自爱。丕白。"《三国志·魏志·曹爽传》裴松之注引《魏末传》："宣王乃复阳为昏谬，曰：'君方到并州，努力自爱！'"《全晋文》卷二六王羲之《杂帖》："不得执手，此恨何深，足下各自爱，数惠告，临书怅然。"《后汉书·皇后纪下·灵思何皇后》："王谓姬曰：'卿王者妃，势不复为吏民妻。自爱，从此长辞！'遂饮药而死。""自爱"为汉魏六朝人习语。例证又见《汉诗·饮马长城窟行》注[12]。

[16] 相闻：犹言通音讯、通报。《陆云集》卷一〇《与杨彦明书》："行矣爱德，往来相闻。"后汉昙果共康孟详译《中本起经》卷下《须达品》："舍卫长者，名曰须达，与主人伯勤虽未相见，每信相闻，行同德齐，遥揖为友。"《三国志·吴志·吴主传》："初临海罗阳县有神，自称王表……所历山川，辄遣婢与其神相闻。"《全晋文》卷二五王羲之《杂帖》："有定去日，更与足下相闻。"《宋书·张敷传》："善持音仪，尽详缓之致，与人别，执手曰：'念相闻。'馀响久之不绝。"是"相闻"为汉魏六朝习语，言通报、通消息。　　屡相闻：谓多通信。参见《宋书·庾炳之传》注[113]。

3. 念足下穷思兼至

[题解]

此书札选自《全晋文》卷二二王羲之《杂帖》,表现了对友人的思念和关心。

王羲之(321—379,一作 303—361),字逸少,琅邪临沂(今属山东)人。父旷,为淮南太守。羲之累迁江州刺史、右军将军、会稽内史。工书法,早年从卫夫人(铄)学,据《淳化阁帖释文》卷八载《晋汝阴太守李矩妻河东卫铄书》:"卫有一弟子王逸少,甚能学卫真书,咄咄逼人,笔势洞精,字体遒媚。"及长,博采众长,精研体势,形成妍美流便的新体。《晋书》本传称:"尤善隶书,为古今之冠,论者称其笔势,以为飘若浮云,矫若惊龙。"成为中国历史上影响极大的杰出书法家。

[原文]

念足下穷思兼至[1],不可居处[2]。雨气无已,卿复何似[3]? 耿耿[4],善将息[5]。吾故劣[6],力知问[7]。王羲之。

[注释]

[1] 足下:对对方的尊称。 穷思兼至:谓哀伤并至。此为二王杂帖习用语。如《全晋文》卷二二王羲之《杂帖》:"汝尚小,愁思兼至,不可居处。"又卷二四:"亲旧乖离,情悬兼至,良不可言。"又作"兼伤"等。《全晋文》卷二三王羲之《杂帖》:"周嫂弃背,大贤不救,哀痛兼伤,切割心情。"又卷二七王献之《杂帖》:"岁尽无复日,感恩兼怀,不自胜。"又:"夏日,感恩兼悼,切割心怀,痛当奈何奈何。"又:"献之死罪,授衣,诸感悲情,伏惟哀慕兼忉,痛毒难居。""兼伤""兼悼""兼忉"义同,与"穷思兼至"相近。

[2] 不可居处:谓不堪忍受。《全晋文》卷二二王羲之《杂帖》:"汝尚小,愁思兼至,不可居处。"卷二三:"穆松垂祥除,不可居处,言日酸切。"《淳化阁帖释文》卷二《晋太傅陈郡谢安书》:"号慕崩忉,烦冤深酷,不可居处。"相似的词语在二王《杂帖》中亦屡见,皆指对感情痛苦或思念之深等的不堪忍受,如《全晋文》卷二四王羲之《杂帖》:"乖违积年,每惟乖苦,痛切心肝,惟同此情,当可居处。"又卷二七王献之《杂帖》:"夏节近,感恩深惟。穷号崩绝,不可忍处。"

[3] 卿:对人表示亲切、随意的称呼。参见《洛阳伽蓝记·大统寺》注[4]。

何似：犹言"如何""怎么样"。为书札中习见问候语。《全晋文》卷二三王羲之《杂帖》："长史复何似？故问具示。"又："舍内佳不？中书何似？"又："始欲寒，足下常疾，比何似？每耿耿。"又卷二四："比各何似？相忧不忘，当深消息，以全勉为大。"《淳化阁帖释文》卷八《晋中书令琅琊王珉书》："寒切，体中比何似？甚耿耿。"又表示对一般事情的询问。如《全晋文》卷二五王羲之《杂帖》："致此四纸飞白，以为何似？能学不？"

[4] 耿耿：挂念；担心。《全晋文》卷二二王羲之《杂帖》："知足下哀感不佳，耿耿。"又卷二三："足下差否？甚耿耿。喉中不复燥耳，故知问。"又："始欲寒，足下常疾，比何似？每耿耿。"又卷二四："不得尚书中书问，耿耿。得业书，慰之。"《淳化阁帖释文》卷八《晋御史中丞沛国刘环之书》："末阳远感闰，知有患，耿耿。"慧琳《一切经音义》卷七九"耿如"条：《广雅》：耿耿，不安。"又卷八二"悲耿"条：《文字集略》：耿，忧也，志不安也。"

[5] 善将息：谓好好休养。《全晋文》卷二三王羲之《杂帖》："知足下故尔，耿耿。善将息。"又卷二四："知君故乏劣腹痛，甚悬情。灾雨，比日复何似？善消息，迟后问。"又卷二五："知足下不快，何尔？耿耿，善将适。"又卷二七王凝之书："微冷，产后何似？宜佳消息。""将息""消息""将适"都是休息的意思。卷二七王献之《杂帖》："大都将息，近似小却。"

[6] 故劣：谓身体状况仍然不好。《全晋文》卷二三王羲之《杂帖》："不得问多日，悬情，吾故劣，力不具。"又卷二七王献之《杂帖》："二十三日献之问，……吾故劣，力不一一。"又称"故劣劣"。《全晋文》卷二三王羲之《杂帖》："日悬心，吾故劣劣。""故"是仍然义。同上："袁妹极得石散力，然故不善佳，疾久，尚忧之。"又卷二六："得示，知足下故尔堪行，想不成病耳。""故尔"即亦然。"劣"或"劣劣"即弱，指身体状况不好，为二王《杂帖》习语。如卷二三王羲之《杂帖》："吾至乏劣，为尔日日，力不一一。"又："顿劣，因不一一。"又卷二四："得六日书，为吾劣劣，力不一一。"又："其劣，欲知消息。"又："吾顷胸中恶，不欲食，积日勿勿。五六日来小差，尚甚虚劣。""乏劣""顿劣""劣劣""劣""虚劣"义皆相同，双音节则均为同义连言。

[7] 力知问：谓尽力通报信息。此为当时书信习用语。《全晋文》卷二二王羲之《杂帖》："卿转胜，向平复也，犹耿耿。想上下无恙，力知问。"又卷二四："吾志勿勿，力知问，临书恻恻。"又："仆衰老，殆是日不如日，力知问。"又单用"知问"一词，谓知道消息或通报消息。如卷二三王羲之《杂帖》："伯熊上下安和为慰，可令知问。叔夷子前恨不见，可令熊知消息。""知问"与"知消息"同。又卷二五："足下何如？吾劣劣，力遣知问。""知问"即通报消息或知道消息。卷二三王羲之《杂帖》："吾日东，可语期，令知消息。""令知问"与"令知消息"同，犹言让他知道消息。卷二六王羲之《杂帖》："得书，知足下问，吾既不佳，贤内妹未差，延期。""知足下问"

即"知问"。

4. 秋日感怀深

[题解]

　　这封简札选自《全晋文》卷二四王羲之《杂帖》。因季节变化而思念亲人、问候亲人,是魏晋书札的主要内容之一,也是一种习见的行文格式,如《淳化阁帖释文》卷八载《晋大将军琅琊王敦书》:"敦顿首顿首,蜡节忽过,岁暮感悼,悲伤之意,想自如常。"本杂帖即表达了初秋时节对友人的挂念。

[原文]

　　七月十五日羲之白[1]:秋日感怀深[2]。得五日告[3],甚慰。晚热盛[4],君比可不[5]?迟复后问[6]。仆平平[7],力及不一一[8]。王羲之白。

[注释]

　　[1] 七月十五日羲之白:这是古人书信的习惯开头方式之一,"白"是禀报、陈说之义。如《全晋文》卷二三王羲之《杂帖》:"十一月七日羲之报。"本篇书信的结尾是"王羲之白",与首句相应,犹今日书信的落款署名。一般来讲,书信首尾总是相应的。如卷二三王羲之《杂帖》:"臣羲之言:寒严,……臣羲之言。"又卷二四:"十九日羲之顿首:……力不一一。王羲之顿首。"又:"羲之死罪……力白不具,王羲之死罪。"又:"初月一日羲之报……力遣不知,羲之报。"又卷二五:"十二月二十二日羲之白,节近,感叹情深……王羲之白。"是先报写信日期并首尾用语呼应,为魏晋人书信的格式之一。当然,也有其他的情形,不赘述。

　　[2] 感怀:犹思念、忧伤。为同义连言。《全晋文》卷二五王羲之《杂帖》:"忽然夏中感怀,冷冷不适,足下复何似?耿耿。"又:"秋中感怀,雨冷,冀足下各可耳。"　感怀深:犹言"非常挂念",为书信习用语。《全晋文》卷二五王羲之《杂帖》:"徂暑,感怀深,得书,知足下故顿乏食,差不?耿耿。"又卷二六:"十一月四日羲之白:冬中感怀深,始欲寒,足下常疾何如?"又卷二七王献之《杂帖》:"五月十二日献之白:节过,感怀深,至念,痛伤难胜。"《淳化阁帖释文》卷八《晋中军将军琅琊王循书》:"秋月感思深,得近示为慰。"类似的词语在二王《杂帖》中多见,如卷二二王羲之《杂帖》:"便疾绵笃,了不欲食,转侧须人,忧怀深。"又卷二五:"嫂疾至笃,

忧怀甚深。""忧怀""感思"与"感怀"同。

[3] 告：书信；信札。《全晋文》卷二二王羲之《杂帖》："得告，知中冷不解，更壮湿，甚耿耿，服何药耶？"又卷二三："廿八日羲之白，得昨告，承饮动，悬情，想小尔耳。"又："仆信还秦州，将去月十二日告，甚慰。"又："知以多疾不果，乃当秋事。省告，同此叹恨。"又卷二六："不得执手，此恨何深，足下各自爱，数惠告，临书怅然。"又卷二七王献之《杂帖》："奉十二日告，承撽安和，慰驰情。"又："近奉阿姑告，知平安，极慰人意。"

[4] 晚热盛：近来非常热。《全晋文》卷二五王羲之《杂帖》："晚复毒热，想足下所苦并以佳，犹耿耿。""晚复毒热"与"晚热盛"义同。《淳化阁帖释文》卷八《宋祠部尚书会稽孔琳之书》："热盛，比复何似？想已转佳，眠食极胜也。""晚"有近来之义。《全晋文》卷二五王羲之《杂帖》："足下晚各何似？恒灼灼。"又卷二六："便大热，足下晚可耳，甚患此热。"另外，"热"还表示一种病，如卷二三王羲之《杂帖》："仆日弊而得此热，勿勿解日耳。"（"解日"原误作"解白"）

[5] 比：近来，为时间副词。《全晋文》卷二三王羲之《杂帖》："得去月二十六日书，为慰，比可可？"又卷二七王献之《杂帖》："薄热，汝比各可不？"　可不：谓身体好吗？问候语。书札中习见。《全晋文》卷二三王羲之《杂帖》："转寒，足下可不可不？不得问多日，悬情。"又卷二六："便大热，足下晚可耳。""可不"又作"可否"。卷二三王羲之《杂帖》："念足下犹悢息，卿可否？"

[6] 迟(zhì)：等待；盼望。《全晋文》卷二五王羲之《杂帖》："知远比当造次，迟见此子，真以日为岁。"又卷二六："不审定何日当北？遇信复白，迟承后问。"又："不得后问，悬悒不知怀。君云当有旨信，迟望其至。"　后问：谓后来的、近期的音讯、消息。二王杂帖习用语。《全晋文》卷二二王羲之《杂帖》："知得家问，贤子动疾，念甚忧虑，悬得后问不？分张何可久。"又卷二四："灾雨，比日复何似？善消息，迟后问。""问"是音信、消息的意思，如卷二四王羲之《杂帖》："不承近问，驰企。"又卷二六："适知十五日问，清和为慰。"

[7] 仆：自称谦辞。《全晋文》卷二四王羲之《杂帖》："仆左边大剧，且食少。"　平平：一般；尚可。这里谓身体状况一般、尚可，为《全晋文》习用语。如卷二二王羲之《杂帖》："吾平平，比服寒食酒，如似为佳。"又卷二四："得九日问，亦云郦平平，想得凉转胜。"又："吾为亦劣，大都复是平平。"又卷二七王献之《杂帖》："二妹复平平，昨来山下差静。""平平"又指文章一般、普通，没有特色。如《陆云集》卷八《与兄平原书》："蔡氏所长，唯铭颂耳。铭之善者，亦复数篇，其余平平耳。兄诗赋自与绝域，不当稍与比校。"即其例。

[8] 力及不一一：此亦为书札结尾套语，表示体力所限，不一一谈及了。《全晋文》卷二四王羲之《杂帖》："得书知问，足下差，但尚顿极之，不一一。"又："向书

已具，不复一一。"又卷二五："知足下咳剧，甚耿耿，护之，冀以散，力不一一。"

5. 此上下可耳

[题解]

　　本书札选自《全晋文》卷二四王羲之《杂帖》，是一封报平安的家信，语言简洁，多魏晋俗语。

[原文]

　　此上下可耳[1]。出外解小分张也[2]，须产往迎庆[3]。思之不可言[4]。知静婢面犹尔[5]，甚悬心[6]。

[注释]

　　[1] 上下：犹言家中老少、大小。《全晋文》卷二二王羲之《杂帖》："想上下无恙，力知问不具。"又："上下安也，和绪过，见之欣然。"又卷二三："兄弟上下远至，此慰不可言。"又卷二七王献之《杂帖》："愿余上下安和，知婢日夕疏，慰意。"六朝时期，"上下"又可单指"父母"，如《南齐书·刘瓛传》载刘瓛《与张融王思远书》曰："古者以贤制爵，或有秩满而辞老，以庸制禄，或有身病而求归者，永瞻前良，在己何若。又上下年尊，益不愿居官次、废晨昏也。"唐颜师古《匡谬正俗·上下》已言之。　　可：谓身体状况尚好。《全晋文》卷二二王羲之《杂帖》："先生适书，亦小小不能佳，大都可耳。"又卷二四："比见敬祖，小大可耳。"又卷二七王献之《杂帖》："吾小可，当自力芜湖迎汝。"又"可可"连言，卷二四王羲之《杂帖》："大都夏冬自可可，春秋辄有患，此亦人之常。"参见《书札·秋日感怀深》注[5]。

　　[2] 解：知道。此句谓出外知道是短暂的分别。　　分张：分别；分离。为六朝人习用语。《全晋文》卷二二王羲之《杂帖》："省别具，足下大小问，为慰。多分张，念足下悬情武昌。"又："知得家问，贤子动疾，念甚忧虑，悬得后问不？分张何可久？"《全齐文》卷八萧景先《遗言》："自丁荼毒以来，妓妾已多分张，所余丑猥数人，皆不似事。"南朝梁宝唱等撰集《经律异相》卷二七引《五王经》："室家内外，兄弟妻子共想恋慕，一朝破亡，为人抄劫，各自分张，父东子西，母南女北，非唯一处。"《魏书·彭城王传》："今遭圣化，正应力兹愚老，申展尺寸，但在南百口，生死分张，乞还江外，以申德泽。"以上为分别、分离义。又有分散、散开义，如南朝梁宝唱等撰集《经律异相》卷二四引《长阿含经》："天下富乐，地生青草如孔雀尾，渐次分张。"是其例。

　　[3] 须产往迎庆：意思大约是待生子后就前往迎接庆（人名）。《全晋文》卷二

三王羲之《杂帖》:"上下可耳。产行往当迎庆。思之不可言。"

　　[4] 不可言:谓感情激动,难以表达。此亦为二王杂帖习语。《全晋文》卷二二王羲之《杂帖》:"卿若便西者,良不可言。"又:"疾患经月,兼燋劳不可言。"又卷二三:"失此诸贤,至不可言。足下分离,如何可言。"又卷二七王献之《杂帖》:"违远兄姊,感恋无喻,庆等别不可言。"《陆云集》卷一〇《与戴季甫书》:"意爱所隆,嗟悼之心,诚不可言。"又《与杨彦明书》:"彦先来,相欣喜,便复分别,恨恨不可言。"又《吊陈伯华书》:"远闻讣问,若丧四体,拊心恸楚,肝心如割,奈何奈何! 岂况至性,当何可言!""何可言"与"不可言"同义。又称"可言"。《全晋文》卷二四王羲之《杂帖》:"知足下数祖伯诸人问,助慰。绝不得兄子问,悬念可言。"又:"得司州书转佳,此庆慰可言。""可言"即岂可言、不可言的意思。

　　[5] 静婢:人名。《全晋文》卷二四王羲之《杂帖》:"知静婢犹未佳,悬心,可小须留尔。"　面犹尔:谓脸部疾病仍然如此,即未转好。

　　[6] 悬心:挂念;担忧。《全晋文》卷二二王羲之《杂帖》:"野大皆当以至,不得还问,悬心。"又:"大小问,多患,悬心。想二奴母子佳,迟卿问也。"又卷二七王献之《杂帖》:"诸女无日事,悬心。"又:"庆等已至也,鹅差不? 甚悬心。"

6. 知 体 气 常 佳

[题解]

　　此书札选自《全晋文》卷二五王羲之《杂帖》。内容主要是希望友人保重身体,以实现游览汶岭的心愿。字里行间,流露出对友人的深切关心和登高远游的浓厚兴趣。王羲之在给友人的信里曾说:"知彼清晏岁丰,又所使有无一乡,故是名处,且山川形势乃尔,何可以不游目。"(《全晋文》卷二五《杂帖》)此篇信札也表现了同样的感情。

[原文]

　　足下今年政七十耶[1]? 知体气常佳[2],此大庆也[3]。想复勤加颐养[4]。吾年垂耳顺[5],推之人理[6],得尔以为厚幸[7],但恐前路转欲逼耳[8]。以尔要欲一游目汶领[9],非复常言,足下但当保护[10],以俟此期。勿谓虚言[11],得果此缘[12],一段奇事也[13]。

[注释]

　　[1] 政:通"正",恰好。

[2] 体气：犹体质、身体。《全晋文》卷二二王羲之《杂帖》："丹阳旦送，吾体气极佳。"又卷二五："月半，念足下，穷思深至，不可居忍。雨湿，体气各何如？"又卷二七王献之《杂帖》："卿恶亦不复得，妄近生冷，体气顿至此，令人绝叹。"《淳化阁帖释文》卷一〇《无名氏书》："体气以小胜，前日得此暑，大都寻常。"   佳：谓身体好，无疾病。《全晋文》卷二二王羲之《杂帖》："想大小皆佳，丹阳顷极佳也。……想二奴母子佳，迟卿问也。"又卷二三："知阮生转佳，甚慰甚慰。""佳"字还常与同义词连用，表示身体好。如卷二三王羲之《杂帖》："袁妹极得石散力，然故不善佳，疾久，尚忧之。"又卷二七王献之《杂帖》："近雪寒，患面疼肿，脚中更急痛，兼少下，其驰情，转和佳，不审尊体复何如？""善佳""和佳"皆同义连言。

[3] 大庆：犹大吉、大好事。《全晋文》卷二五王羲之《杂帖》："道路平安为慰，妹且停，为大庆。"庆是吉、善义。《全晋文》卷二四王羲之《杂帖》："得司州书转佳，此庆慰可言。"《诗·大雅·皇矣》："则友其兄，则笃其庆。"毛传："庆，善。"

[4] 想：希望。参见《书札·与杨彦明书》注[8]。   颐养：休养；保养。《汉书·食货志下》："酒者，天之美禄，帝王所以颐养天下，享祀祈福，扶衰养疾。"《全晋文》卷二二王羲之《杂帖》："君视是颐养之功，当有何理，今都绝思此事也。"又卷二四："顷劳服食之资，如有万一，方欲思尽颐养。"《北史·崔光传》："取乐琴书，颐养神性。"《后汉书·光武帝纪》："皇太子见帝勤劳不怠，承间谏曰：'陛下有禹汤之明，而失黄老养性之福，愿颐爱精神，优游自宁。'""颐爱"与"颐养"同。

[5] 年垂耳顺：年纪将近六十岁。《论语·为政》："子曰：'吾十有五而志于学，三十而立，四十而不惑，五十而知天命，六十而耳顺，七十而从心所欲，不逾矩。'"后遂以"耳顺之年"为六十岁的代称。《陆云集》卷一〇《与杨彦明书》："昔年少时，见五十公，去此甚远。今日冉冉，已近之已。耳顺之年，行复为忧叹也。"

[6] 推之人理：以人的常理推求。"人理"为二王《杂帖》习语。《全晋文》卷二二王羲之《杂帖》："人理不可得都绝，每至属致，使人多叹。"又卷二三："笃不喜见客，笃不堪烦事，此自死不可化，而人理所重如此。"又卷二四："贤室何如？何可为心？唯难绝于人理耳。"又："聚散人理之常，亦复云何？"

[7] 厚幸：大幸。《汉书·严助传》："臣安妄以愚意狂言，陛下不忍加诛，使使者临诏臣安以所不闻，诚不胜厚幸！"《三国志·魏志·陈思王曹植传》："正值陛下升平之际，沐浴圣泽，潜润德教，可谓厚幸矣。"《晋书·纪瞻传》："臣免罪戮，死生厚幸。"

[8] 转：渐渐。《全晋文》卷二三王羲之《杂帖》："得旦书，知佳，为慰。吾为转差。"又："得十日告，知君如常，吴兴转胜，甚慰。"又："足下各佳不？长素转佳也。"清刘淇《助字辨略》卷三："转，犹浸也。"   逼：窄。

[9] 以尔：因此。   要欲：想要；希望。《全晋文》卷二二王羲之《杂帖》：

"要欲及卿在彼,登汶岭峨眉而旋,实不朽之盛事。"《晋书·陶侃传》："部将吴寄曰:'要欲十日忍饥,昼当击贼,夜分捕鱼,足以相济。'"又《刘曜载记》："大丈夫处身立世,鸟兽投人,要欲济之,而况君子乎!"　　游目:游览;出游。《全晋文》卷二二王羲之《杂帖》："省足下别疏,具彼土山川诸奇……彼故为多奇,益令其游目意足也。可得果,当告卿求迎。"又卷二六《三月三日兰亭诗序》："所以游目骋怀,足以极视听之娱。""游目"为汉魏六朝习语,诗中尤多见,如《魏诗》卷六陈思王曹植《五游咏》："九州不足步,愿得凌云翔。逍遥八纮外,游目历遐荒。"《晋诗》卷三张华《情诗》："游目四野外,逍遥独延伫。兰蕙缘清渠,繁华荫绿渚。"又卷四石崇《思归引序》："出则以游目弋钓为事,入则有琴书之娱。"　　汶领:即汶岭。

[10] 保护:珍重;自爱。二王《杂帖》中多见"保爱"一词,义同"保护"。如《全晋文》卷二二王羲之《杂帖》："足下保爱为上。临书但有惆怅。"又:"乃当此急要,愿诸君各保爱,以俟此期。"又卷二七王献之《杂帖》："如今未知面期近远,此慨可言,惟深保爱,数音问。"又:"知足下便去,不得面别,怅恨,深保爱,临书增怀。""保爱"与"保护"同义。

[11] 谓:以为。参见《生经·佛说鳖猕猴经》注[22]。

[12] 果:实现;兑现。凡意愿等成为现实都称"果"。《全晋文》卷二二王羲之《杂帖》："云卿当来居此,喜迟不可言,想必果,言告有期耳。"又:"司州疾笃不果西,公私可恨。"又卷二三:"知以多疾不果,乃当秋事。省告,同此叹恨。"又卷二七王献之《杂帖》："省前书,故有集聚意,当能果不?"

[13] 一段:一桩;一件。《全晋文》卷二三王羲之《杂帖》："即今克此一段,不知岁终云何守之?"《宋书·巴陵哀王休若传》："我东行是一段功,在郡横为群小辈过失,大被贬降,我实愤怨,不解刘辅国何意不作!"

7. 无 往 不 慰

[题解]

　　本书札选自《全晋文》卷二七王献之《杂帖》,表达了对亲人的思恋之情。

　　王献之(344—386 年),字子敬,王羲之第七子。官至中书令。工书法,兼精诸体,尤善行草。其书豪迈有气势,对后世影响颇大。与其父王羲之齐名,并称"二王"。

[原文]

　　思恋[1],无往不慰[2]。省告[3],对之悲塞[4],未知何日复得奉见[5]，何以喻此心[6]。惟愿尽珍重理[7]。迟此信反[8]，复知动静[9]。

[注释]

[1] 思恋：思念；想念。《全晋文》卷二七王献之《杂帖》："献之白，思恋，触事弥至。"又："献之白，思恋转不可言，瞻近而未得奉见，但有叹塞。"《水经注·涑水》："禹娶涂山氏女，思恋本国，筑台以望之。"

[2] 无往不慰：意思是没有一次相聚不感到快慰。"往"是前往的意思。《三国志·魏志·邓艾传》："以此乘吴，无往而不克矣。""慰""为慰"是二王《杂帖》中的习语，都表示慰藉、快慰之义。《全晋文》卷二四王羲之《杂帖》："不得尚书中书问，耿耿。得业书，慰之。"又卷二五："得十一日疏，甚慰，三舍动静，驰情。"

[3] 省告：看信。《全晋文》卷二三王羲之《杂帖》："知以多疾不果，乃当秋事。省告，同此叹恨。"《淳化阁帖释文》卷六《晋中书令琅琊王献之书》："省告，不觉泫流。"《晋诗》卷七左芬《感离》："披省所赐告，寻玩悼离词。""告"指书信，参见《书札·秋日感怀深》注[3]。

[4] 悲塞：悲痛；伤心。"塞"字常与表示悲伤的词连言，表示感情郁积，如《全晋文》卷二二王羲之《杂帖》："汝临哭悲恸，何可言，言及悁塞。"又卷二三："事在心目，痛之缠心，无复一至于此，可复如何，临纸咽塞。"又："时垂告慰，绝笔情塞。"又："省卿书，但有酸塞。"又卷二六："顷遭姨母哀，哀痛摧剥，情不自胜，奈何奈何，因反，惨塞不次。"又卷二七王献之《杂帖》："黄门陨背，哀痛摧剥，不自胜任，奈何奈何，及书感塞。"上引"悁塞""感塞""咽塞""情塞""酸塞""惨塞"等皆是悲伤之义，与"悲塞"结构、意思相同。

[5] 奉见：犹言"拜见"。"奉"表示恭敬之义。《全晋文》卷二四王羲之《杂帖》："羲之脚不践地，十五年无由奉展。比欲奉迎，不审能垂降不？"又："伏想安和，小大悉佳，奉展乃具。"又卷二七王献之《杂帖》："瞻近而未得奉见，但有叹塞。"《晋诗》卷七左芬《感离》："仿佛想容仪，欷歔不自持。何时当奉面，娱目于书诗。"各例"奉展""奉迎""奉面"皆与"奉见"同类。

[6] 喻此心：表达心意；抒发感情。《全晋文》卷二二王羲之《杂帖》："岂图十日之中，二孙夭命，惋伤之甚，未能喻心，可复如何。"又卷二五："缅然永绝，哀惋深至，未能喻心。"又卷二六王羲之《兰亭集序》："未尝不临文嗟悼，不能喻之于怀。"

[7] 尽珍重理：犹言多多珍重。此为二王《杂帖》习语。《全晋文》卷二七王献之《杂帖》："来月十左右便当发，奉兄无复日，比告何喻，愿复尽珍重理。"再如：卷二三王羲之《杂帖》："衰疾日甚，自恐无暂展语平生理也，以此忘情，将无其人，何以复言，惟愿珍重。""尽……理"是二王《杂帖》中一常见句式，谓努力做到。卷二

七王献之《杂帖》："卫军犹未平和,而衰劳,殊未得尽消息理。""消息"是休养的意思,故"尽消息理"与"尽珍重理"义同。又卷二三王羲之《杂帖》："但恐今妇必门首有出,复有将来之弊耳。此愿尽珍御理。"谓好好管理妻室。又卷二七王献之《杂帖》："不审尊体复何如? 昨夜眠多少? 愿尽宽喻理。"谓尽力放宽心胸。又:"献之比日如复小胜,因夜行忽复下,如欲作瘅。今服药,尽温燥理,冀当可耳。"谓努力做到温燥适宜。

[8] 迟:待。参见《书札·秋日感怀深》注[6]。　　信反:信使返回。《全晋文》卷二五王羲之《杂帖》："信反,得去月七日书,知足下故羸疾。"另外,在二王《杂帖》中常有"反"字,谓回信、复信,如卷二四王羲之《杂帖》："前得君书,即有反,想至也,谓君前书是戏言耳……省君今示,颇知如何,老仆之怀,谓君体之。"首句是说:先前得到你的书信,就有回信,想已收到了。

[9] 知动静:谓知道消息。《全晋文》卷二三王羲之《杂帖》："得昨告,承饮动,悬情。"又:"不审圣体御膳何如? 谨付承动静。"又:"自顷公私无信便(按:"便"疑"使"之误),故不复承动静。""承饮动""承动静"与"知动静"同义。"动静"多指情况、行动等,如卷二五王羲之《杂帖》："得十一日疏,甚慰,三舍动静,驰情。"

(三) 契约、文书

8. 僮　　约

[题解]

《僮约》是一篇奇文,值得"共欣赏"。女子杨惠守寡在家,家中有一个男奴,名便了。一天,西汉谏大夫王褒造访杨惠时,让便了去买酒。便了不愿意,就说当初主人买自己时只说为主人家做事,没说过为别人家男人买酒。王褒恼羞成怒,当场向杨惠提出买便了。便了又说,如果要使唤自己,必须都写在契约上,没写上的就不干。于是,王褒就写了这篇《僮约》。规定了便了春夏秋冬、白天晚上要做的工作,可以说,文章把一个奴隶有可能做的事都写上了,从一个侧面反映出当时奴隶所受到的残酷待遇。前人多认为《僮约》构思奇特,属于文人的游戏文字。《南齐书·文学传评》："王褒《僮约》、束皙《发蒙》,滑稽之流,亦可奇玮。"宋洪迈认为《僮约》《跋龚移文》"皆极文章之妙"(《容斋续笔》卷一五"逐贫赋"条)。明张溥说:"《僮约》谐放,颇近东方。"(《汉魏六朝百三家集》卷六《汉王褒集题词》)王褒之后,晋代石崇作

《奴券》，宋代黄庭坚撰《跋奚移文》，都是仿作，足见《僮约》对后世的影响之大。本文是一篇买卖奴隶的契约，有独特的语言风格，洪迈认为《僮约》"辞句怪丽"（《容斋随笔》卷七"李习之论文"条），明代陆深则说《僮约》"其言质野切直，粲然成文"（《俨山外集》卷四"河汾燕闲录下"条），指出了它俚俗不经，有别于正统文言的特点。

《僮约》较早保存在唐宋类书中，有略、详两种版本。唐欧阳询《艺文类聚》（汪绍楹校，上海古籍出版社1999年新2版）卷三五所引为略本，约五百四十余字，又见北宋李昉《太平御览》卷五〇〇；唐徐坚《初学记》（中华书局1962年版）卷一九所引为详本，约九百余字，又见《太平御览》卷五九八。《古文苑》（丛书集成初编本）卷一七《杂文》本诸《初学记》收录此篇，宋章樵有注。这里以略本——上海古籍本《艺文类聚》为底本，征引汪绍楹校记（简称汪校），并以《初学记》《太平御览》参校。

王褒，字子渊，蜀资中（今四川资阳）人。汉宣帝时为谏大夫，以辞赋著称。原有集行世，后散佚，明人辑有《王谏议集》。《汉书》有传。

[原文]

蜀郡王褒[1]，以事止寙归杨惠舍[2]。有一奴[3]，名便了，倩行酤酒[4]。便捍大杖[5]，上冢巅曰[6]："大夫买便了时[7]，但约守家，不约为他家男子酤酒也。"褒大怒，曰："奴宁欲卖邪？"[8]奴复曰："欲使便了，皆当上券[9]；不上券，便了不能为也。"

褒乃为券曰："百役不得有二言。晨起早扫，饮食洗涤。居当穿臼缚帚[10]，裁盂凿斗。出入不得骑马载车，跊坐大怒[11]，下床振头[12]。垂（钩）[钓]刈蒭[13]，织履作粗[14]，黏雀张乌[15]，结网捕鱼。缴雁弹凫[16]，登山射鹿，入水捕龟；后园纵鱼，雁鹜百餘[17]，驱逐鸥乌[18]。持梢牧猪[19]，种姜养羊[20]，长育豚驹[21]。粪除堂庑[22]，食马牛[23]。鼓四起坐[24]，夜半益蒭，舍中有客，提壶行酤，汲水作餔[25]。奴但当饭豆饮水[26]，不得嗜酒；欲美饮酒[27]，唯得染唇渍口[28]，不得倾盂覆斗[29]。不得晨出夜入，交关倅偶[30]。多取蒲茅[31]，益作绳索。雨堕无所为[32]，当编蒋织薄[33]。植种桃李，梨柿柘桑[34]；三丈一树，八行为行[35]。果类相从，纵横相当。果熟收敛[36]，不得吮尝[37]。犬吠当起，惊告邻里[38]，抢门拄户[39]，上楼击柝。持盾曳矛[40]，环落三周[41]。勤心疾作[42]，不得遨游[43]。奴老力索[44]，种苋织席[45]。事讫欲休，当舂一石[46]。夜半无事，浣衣当白[47]。若有私钱，主急宾客[48]，奴不得有奸私[49]，事事当开白[50]。奴不听教，当笞一百。”

　　读券文讫，辞穷诈索，讫讫叩头[51]，两手自（搏）[搏][52]，目泪下落[53]，鼻涕长一尺[54]。“审如王大夫言[55]，不如早归黄土陌[56]，丘蚓钻额[57]。早知当尔[58]，为王大夫酤酒，真不敢作恶[59]。”

[注释]

　　[1] 蜀郡：古蜀国地，战国秦置，治所在成都。西汉辖境为今四川省的大部。　　王褒：字子渊，蜀资中（今四川资阳）人。汉宣帝时为谏大夫，以辞赋著称。明人辑有《王谏议集》。《汉书》有传。

　　[2] 冤归：“《初学记》十九、《太平御览》五〇〇作寡妇。”（汪校）　　杨惠：男奴便了的女主人。

　　[3] 奴：男性奴隶。原泛指奴隶，后奴隶分称，男为奴，女为婢。

　　[4] 倩（qìng）：让；使。“倩”本有借助义，《方言》卷一二：“倩，借也。”引申则为请、请求义。《字汇·人部》：“倩，使人。”《列女传》卷三《鲁漆室女》：“邻人女奔随人亡，其家倩吾兄行追之。”晋法显《法显传·王舍新城·荸沙王旧城》：“法显于新城中买香、华、油、灯，倩二旧比丘，送法显上耆阇崛山。”　　酤酒：买酒。《墨子·非儒下》：“号襜人衣，以酤酒，孔丘不问酒之所由来而饮。”“酤”单用即为买酒义，《韩非子·外储说右上》：“或令孺子怀钱挈壶瓮而往酤，而狗迓而龁之，此酒所以酸而不售也。”下文“提壶行酤”亦是。

　　[5] 捍：《初学记》作“提”，《太平御览》卷五九八作“拽”。

　　[6] 冢巅：坟头。这里指杨惠亡夫的坟头。

　　[7] 大夫：指杨惠的丈夫，便了原来的男主人。

　　[8] 宁欲卖耶：“宁……耶？”汉魏以来表示反诘语气的常用句式，本例为早见者。参见《六度集经·须大拏经》注[36]。

　　[9] 上券：立约，写进契约。券，契约。宋李彭《日涉园集》卷六《七言古诗·正月二十六日寇顺之饮仆以醹渌酒径醉闻横笛音李仲先顺之有苍头能作龙吟三弄偶不果戏成此诗》：“髯奴不及缘坡竹，柱车守闾各有局；苟不上券吾不欲，《僮约》卒音几怃哭。”

　　[10] 居：平时；平常。《论语·先进》：“居则曰：‘不吾知也。’如或知尔，则何以哉？”又有“平居”“居常”等词，都有平时、平常义。　　穿臼：（在木或石上）挖坑

来制作曰。

[11] 踑坐：即"箕踞"。坐时臀部着地，两腿叉开，形似簸箕。古人认为这是一种不礼貌的坐姿。隋巢元方《诸病源候论》卷三《虚劳病诸候上·虚劳候》："又云大踑坐，以两手捉足五指自极，低头不息九通。"又卷二九《鼻病诸候·鼻衄候·鼻齆候》："手捻鼻两孔，治鼻中患，交脚踑坐。"　　怒：《初学记》《太平御览》卷五〇〇均作"呶"。呶，喧闹。《说文·口部》："呶，讙声也。"

[12] 振头：甩头；摇头晃脑。

[13] 垂钓：钓鱼。钓，原作"钩"，误。据《初学记》《太平御览》卷五九八改。汉严忌《哀时命》："下垂钓于溪谷兮，上要求于仙者。"三国魏曹植《七启》："乃使任子垂钓，魏氏发机，芳饵沈水，轻缴弋飞。"　　刘蒭：割草。蒭，同"刍"。《玉篇·艸部》："刍，茭草。《说文》云：'刈艸也。'俗作蒭。""茭草"就是牲口吃的草。下文"夜半益蒭"的"蒭"义同。

[14] 织履作粗：做鞋子。粗，指草鞋、麻鞋。《方言》卷四："粗，履也。……丝作之者谓之履，麻作之者谓之不借，粗者谓之屦。东北朝鲜洌水之间谓之鞜角，南楚江沔之间总谓之粗。"《释名·释衣服》："(履)荆州人曰粗，丝麻韦草皆同名也。""织履""作粗"同义并列。

[15] 黏雀：(用饴糖等)黏捕麻雀。元王结《文忠集》卷六《善俗要义·三十三曰戒游惰》："颇闻人家子弟多有不遵先业，游荡好闲。或蹴踘击球，或射弹黏雀。"明顾璘《长沙通判陈公》："尝过他县。道旁小儿黏雀为嬉，问知公名。儿相顾曰：'公必恶我等戕物。'命悉纵雀去。"　　张鸟：(用罗网等)捕捉鸟雀。《易林》卷四《姤之泰》："罗网四张，鸟无所翔。"《资治通鉴·汉明帝永平七年》："劳勤张捕，非忧恤之本也。"元胡三省注："张，设也。设为机阱，以伺鸟兽曰张。""黏雀""张鸟"是两个动宾词组的同义并列，犹言捕捉鸟雀。

[16] 缴雁：缴(zhuó)，系在箭上的生丝绳。射中禽鸟后，可以凭此找到猎物。《孟子·告子上》："一心以为有鸿鹄将至，思援弓缴而射之。"宋朱熹集注："缴，以绳系矢而射也。"　　凫：野鸭。

[17] 雁鹜：鹅鸭。雁，既指大雁，也可指鹅。宋罗愿《尔雅翼》卷一七《释鸟五·鹅》："按鹅名舒雁，鹜名舒凫，乃是比之凫雁而舒迟。……鹅既兼有雁名。"《庄子·山木》："夫子出于山，舍于故人之家，故人喜，命竖子杀雁而烹之。"鹜：家鸭。《尔雅·释鸟》："舒凫，鹜。"晋郭璞注："鸭也。"《左传·襄公二十八年》："公膳日双鸡，饔人窃更之以鹜。"唐孔颖达疏："舍人曰：'凫，野名也；鹜，家名也。'李巡曰：'野曰凫，家曰鹜。'"可见"凫"和"鹜"都是鸭子，只不过"凫"是野鸭，"鹜"是家鸭罢了。

[18] 鸥乌：乌，与上下文凫、鱼、馀押韵。《初学记》作"鸥鸟"，指鸥子、鸥鹰。

俗名老鹰。驱赶老鹰是为了保护饲养的鸭鹅。唐杜甫《北征》诗："鸱鸟鸣黄桑，野鼠拱乱穴。"

[19] 梢：《说文·木部》："梢，木也。"本义是树枝，这里指竹竿。　牧猪：古人的"猪"是放养在外的，故常有"牧猪"(豕)的说法，和今之"牧羊"相类。宋罗愿《尔雅翼》卷二三《释兽六·豥》："豕之性能水，牧猪之所，必在水草之交。"《艺文类聚》卷六四、《太平御览》卷三八四引《东观汉记》："(承宫)少孤，年八岁，为人牧猪。"《世说新语·轻诋》："孙绰作《列仙商丘子赞》曰：'所牧何物，殆非真猪。'"刘孝标注引《列仙传》曰："商丘子晋者，商邑人，好吹竽牧豕。"

[20] 羊：《初学记》作"芋"，指芋头、芋艿。羊、芋形近易讹，《颜氏家训·勉学》有载。

[21] 长育：养育；繁殖。语出《诗·小雅·蓼莪》："拊我畜我，长我育我。"《左传·昭公二十五年》："为刑罚威狱，使民畏忌。"晋杜预注："圣人作刑戮，以象类之；为温慈惠和，以效天之生殖长育。"《魏书·薛辩传》："曾夏日于寺傍执得一狐，……或以城狐狡害，宜速杀之；或以长育之月，宜待秋分。"

[22] 粪除：打扫；清扫。《左传·昭公三年》："张趯使谓大叔曰：'自子之归也，小人粪除先人之敝庐，曰：子其将来。'"《后汉书·第五伦传》："载盐往来太原上党，所过辄为粪除而去。"唐李贤注："粪除犹扫除也。"　堂庑：厅堂；屋宇。《新序·杂事》："黄鹄白鹤，一举千里，使之与燕服翼，试之堂庑之下，庐室之间，其便未必能过燕服翼也。"《列子·杨朱》："庖厨之下，不绝烟火；堂庑之上，不绝声乐。"《洛阳伽蓝记》卷一《景乐寺》："有佛殿一所，像辇在焉。雕刻巧妙，冠绝一时，堂庑周环，曲房连接。"

[23] 食(sì)：喂养；给……吃。"《初学记》食上有餧字。"(汪校)

[24] 鼓四：即四鼓，指四更。古代夜间击鼓报时，故亦称几更为几鼓。

[25] 餔：晚饭；申时(下午三时到五时)食。《说文·食部》："餔，日加申时食也。"唐慧琳《一切经音义》卷四六《大智度论》卷一"乳哺"条："论文作'餔'字，……《三苍》：'夕食也。'谓申时食也。"与"飧"义同。古人一日两顿，与"餔""飧"相对，早餐叫"饔"，也叫"朝食"。

[26] 但当：只应；只能。汉张机《伤寒论》卷二《辨痉湿暍脉证第四》："湿痹之候，其人小便不利，大便反快。但当利其小便。"《三国志·魏志·董昭传》："但求人道不勤，罗之不博耳，又何患其不知己矣。但当吞之以药而柔调耳。"晋常璩撰《华阳国志》卷七《刘后主志》："今魏跨带九州，除之未易，如东西掎角，但当蚕食。"　饭：吃。《说文·食部》："饭，食也。"清段玉裁注："食者，谓食之也。此饭之本义也。"《论语·述而》："饭疏食饮水，曲肱而枕之，乐亦在其中矣。"

[27] 美饮："《初学记》作饮美。"(汪校)

［28］渍(zì)口：沾一沾口，喻喝到嘴里的数量极少。宋晁补之《鸡肋集》卷七《古诗·试院次韵文潜欲知归期近呈天启慎思》："欲知归期近，唤马牵出厩。官壶持饷妇，倾写不渍口。"宋张耒《同文唱和诗·晁补之》："官醪持饷妇，倾泻仅渍口。"

［29］盂：盛液体的器皿。《说文·皿部》："盂，饭器也。"清段玉裁从徐锴《说文系传》改作"饮器也"，并云："饮，大徐及《篇》《韵》《急就篇》注作'饭'，误。"《荀子·君道》："君者，盂也；盂方而水方。"　斗：古代的酒器。金文(《秦公簋》)像一个有柄的勺子。《说文·斗部》："斗，十升也。象形，有柄。"《诗·大雅·行苇》："酌以大斗，以祈黄耇。""倾盂覆斗"是说喝光盂斗中的酒。

［30］交关：结交；与……往来。《全后汉文》卷三三应劭《鲜卑胡市议》："故自汉兴于兹，数犯障塞，且无宁岁，吏民创禁，不与交关。"又卷八三孔融《马日碑不宜加礼议》："汉律：与罪人交关三日已上，皆应知情。"《三国志·吴志·诸葛恪传》："恪长子绰，骑都尉，以交关鲁王事，(孙)权遣付恪，令更教诲。"晋葛洪《抱朴子外篇·正郭》："邀集京邑，交关贵游。"　侔偶：同伴；伴侣。侔，"《初学记》《御览》作伴。"(汪校)"伴偶"亦谓伙伴、朋友。明孟称舜《娇红记》第三十出《玩图》："【前腔】恰便是飞琼伴偶，共倚在阳台岫。"又有动词的用法，陪伴。隋阇那崛多译《佛本行集经》卷三："时彼日主大婆罗门，特为彼王，心所爱重，恒相伴偶，不曾暂离。"

［31］蒲：蒲草。《说文·艸部》："蒲，水艸也。可以作席。"可编织席、扇和绳索。　茅：茅草，可编搓成绳。

［32］堕：落下；降下。汉魏以降，下雨也称"雨堕"。后汉安世高译《七处三观经》："已有横风，便天不时时雨堕，便天不时时雨堕，便若人种地便不时生熟。"旧题安世高译《佛说阿含正行经》卷六："佛告诸比丘：持心当如四方石。石在中庭，雨堕亦不能坏，日炙亦不能消，风吹亦不能起。"后秦鸠摩罗什译《大智度论》卷四九："又如雨堕，不住山顶，必归下处。"《太平广记》卷三九三"徐彦"条(出《录异记》)："唐润州延陵县茅山界，元和春，大风，雨堕。""雨堕"又可形容人性情急暴，喜怒无常。《资治通鉴·汉桓帝延熹三年》："新丰侯单超卒……其后四侯转横，天下为之语曰：'坐回天，具独坐，徐卧虎，唐雨堕。'"元胡三省注："按雨堕者，谓其性急暴如雨之堕，无有常处也。"按，《后汉书·宦者传·单超》作"两堕"，唐李贤注："两堕，谓随意所为不定也。今人谓持两端而任意为两堕。"

［33］蒋：《说文·艸部》："蒋，苽蒋也。""蒋"，多年生水生宿根草本，嫩茎叫"茭白"，果实叫"菰米"，也称"雕胡米"，均可食用。叶如蒲苇，可编织成苇帘等器物。也作"将"。《韩非子·十过》："缦帛为茵，将席颇缘。"《齐民要术》卷一〇《五谷果蓏菜茹非中国物产者》七一"蒋"条有释。参见《洛阳伽蓝记·景宁寺》注[6]"菰"。　薄：帘子，后作"箔"。"织薄"，《初学记》作"织箔"。《庄子·达生》："有

张毅者,高门县薄,无不走也。"唐成玄英疏:"县薄,垂帘也。""编蒋""织薄"是说编织门帘、窗帘。

[34]柘桑:柘树,一种木本植物,桑科,果红色,近球形,可食用和酿酒。《说文·木部》:"柘,桑也。"清段玉裁注:"柘,柘桑也。各本无柘字,今补。山桑、柘桑,皆桑之属。"汉应劭《风俗通义·正失·封泰山禅梁父》:"乌号弓者,柘桑之林,枝条畅茂,乌登其上,下垂著地,乌适飞去,从后拨杀,取以为弓,因名乌号耳。"

[35]八行:"(行)《御览》作尺。"(汪校)

[36]收敛:收获;摘取。《庄子·让王》:"秋收敛,身足以休食。"《全汉文》卷五二扬雄《长杨赋并序》:"秋,命右扶风发民入南山……是时,农民不得收敛。"《汉书·龚遂传》:"秋冬课收敛,益畜果实。"

[37]吮尝:品尝。宋黄庭坚《跛奚移文》:"果生守树,果熟守笪,执弓怀弹,驱吓飞鸟,无得吮尝,日使残少。"吮,用嘴吸。《韩非子·备内》:"医善吮人之伤,含人之血。"

[38]犬吠当起,惊告邻里:狗叫起来了,大概是有盗贼劫匪进村了,故须要赶紧起床,"惊告邻里"。《太平御览》卷五九八引录《僮约》小字注:"汉时官不禁报怨,民家皆作高楼致其上,有急则上楼,击以告邑里,令救助也。"

[39]抢门拄户:《初学记》《太平御览》卷五九八均作"枨门柱户"、《太平御览》卷五○○作"枪门柱户"。"抢门"费解,疑作"枨门"或"枪门"为是。枨,音chéng,《说文·木部》:"枨,杖也。"清朱骏声《说文通训定声》:"枨,与橙略同,柱也。"本文是木柱,引申为支撑、顶住。枪,《说文·木部》:"枪,距也。"《玉篇·木部》:"枪,……犹抵也。"与支撑、顶住义相近。古从木从手之字形近相通。　拄:同"柱"。故"枨门"("枪门")"拄户"是两个动宾词组并列,犹言顶住房门。

[40]曳:拖着。

[41]环落:环绕村落。《广雅·释诂上》:"落,居也。""环落三周",指贼匪退走后,还要环绕村落检查几遍。

[42]勤心:专心;集中精力。谓用尽心思。《汉书·孔光传》:"勤心虚己,延见群臣,思求其故。"《汉武帝内传》:"此子勤心已久,而不遇良师。"《后汉书·郎颛传》:"勤心锐思,朝夕无倦。"　疾作:干活快捷,努力劳作。疾,快速。《庄子·至乐》:"夫富者,苦身疾作,多积财而不得尽用。"《韩非子·奸劫弑臣》:"国有无功得赏者,则民不外务当敌斩首,内不急力田疾作。"《史记·吕不韦列传》:"今力田疾作,不得暖衣饱食。"

[43]遨游:游玩;游乐。语本《诗·邶风·柏舟》:"微我无酒,以遨以游。"后组合成词。《全上古三代文》卷一○战国楚宋玉《小言赋》:"蝇蚋眦以顾盼,附蠛蠓而遨游。"《盐铁论·散不足》:"官奴累百金,黎民昏晨不释事,奴婢垂拱遨游也。"

《全三国文》卷四魏文帝曹丕《济川赋》："思魏都以偃息,托华屋而遨游。"

[44] 力索:意思是身体衰弱,力气没了。索,尽,穷尽。下文"辞穷诈索"的
"索"义同。《魏诗》卷三阮瑀《七哀诗》："冥冥九泉室,漫漫长夜台。身尽气力索,
精魂靡所回。""力索"就是"气力索"。杨守敬、熊会贞《水经注疏》卷四〇"右《禹贡
山水泽地在所》凡六"下引清全祖望云："前人读《水经注》者,至此大氐以将毕业,
神疲力索,不复细讨。"唐宋以后,"力索"又有尽力求索、尽力探索义,为偏正结构,
是另一词。《太平广记》卷三九二"王敬之"条(出皇甫枚《玉匣记》)："因掘一株铜
雀台下,其地欻然小陷,随而锸之三尺许,得一苍石,大如盆,遂力索之。石忽破为
二,若摧壳然。"

[45] 苋:苋菜。"种苋"在此和"织席"意思不连贯,当有误。《初学记》《太平御
览》卷五〇〇、五九八均作"莞",可从。莞,音 guān,蒲草,可以为席。《尔雅·释草》：
"莞,苻离,其上蒚。"晋郭璞注："今西方人呼蒲为莞蒲。……中茎为蒚,用之为席。"

[46] 舂:舂米。

[47] 浣衣:洗衣。　　当白:当作白天。

[48] 若有私钱,主急宾客:这两句,《初学记》作"若有私敛,主给宾客",《太平
御览》卷五〇〇作"若有钱私,主给宾客",卷五九八作"若有私钱,主给宾客",均有不
同。私钱,个人钱财。《汉书·丙吉传》："皇孙思慕吉,以私钱顾组令留。"《搜神记》
卷三："为鲁相,出私钱万三千文付户曹孔欣,修夫子车。"《初学记》作"私敛"
者,指收租索债之类。《后汉书·朱穆传》："各言官无见财,皆当出民,捃掠割剥,强
令充足,公赋既重,私敛又深。"主,负责,掌管。急,当从《初学记》《御览》作"给",提
供。全句是说,如果掌管征收田租或讨回债款的钱,负责提供给宾客时……

[49] 奸私:弄虚作假,奸诈营私。《韩非子·奸劫弑臣》："故奸私之臣愈众,而暴
乱之徒愈胜,不亡何时?"《太平经》卷四八："平者,乃言其治太平均,凡事悉理,无复奸私
也。"《宋书·巴陵哀王休若传》："休若坐与沈攸䎛,致有奸私,降号镇西将军。"《太平广
记》卷八"刘安"条(出《神仙传》)："伍被曾以奸私得罪于安,安怒之未发。"

[50] 閞:《初学记》作关。"(汪校)按:作"关"是。盖"关"之俗体作"閞",因误
为"閞"。关白:禀告;报告。《汉书·霍光传》："上廉让不受,诸事皆先关白光,然
后奏御天子。"《太平广记》卷四九七"赵宗儒"条(出《卢氏杂说》)："至是中人掌教
坊之乐者移牒,取之关白,宗儒忧恐不已。"宋范仲淹《天章阁待制滕君墓志铭》：
"君手操简椟,关白诸郡,日二三次,诸郡莫不感服。"

[51] 仡仡(yì yì):《古文苑·僮约》宋章樵注："仡,音屹。恐畏不能言状。"
"仡仡"另有壮勇义,盖形同义异之词。《书·秦誓》："仡仡勇夫,射御不违,我尚不
欲。"孔传："仡仡,壮勇之夫。"《汉书·李寻传》："昔秦穆公说谀谀之言,任仡仡之
勇。唐颜师古注："仡仡,壮健也。"

[52] 自搏：自打耳光。搏，原作"搏"，误。据《太平御览》卷五〇〇改。《初学记》《太平御览》卷五九八作"缚"，亦误。《三国志·魏志·文昭甄皇后传》裴松之注引《魏略》："文帝入绍舍，见绍妻及后，后怖，以头伏姑膝上，绍妻两手自搏。"又《吴志·韦曜传》："被问寒战，形气呐吃，谨追辞叩头五百下，两手自搏。"西晋法炬法立共译《大楼炭经》卷六："人共会议，愁忧自搏，呼嗟啼哭。"南朝梁陶弘景《真诰》卷一二《稽神枢》："'吾，仙官也，尔乃能随我去不？'翊于是叩头自搏，'少好长生，幸遇神仙，乞愿侍给。'"《后汉书·赵熹传》："后遂往复仇，而仇家皆疾病，无相距者。熹以因疾报杀，非仁者心，且释之而去，顾谓仇曰：'尔曹若健，远相避也。'仇皆卧自搏。"唐李贤注："自搏，犹叩头也。"未确。清王鸣盛《十七史商榷》卷三五《后汉书七》"自搏"条纠正了李善的错误，云："自搏，以手自搏击，悔过而痛自责之意也。"

[53] 目泪：眼泪。《全晋文》卷一〇二陆云《与兄平原书》："拭目黄絮二在，有垢黑，目泪所沾污。"宋张君房《云笈七签》卷一四《三洞经教部·胆藏图》："阴阳交争，水胜于火，故目泪出。"隋巢元方《诸病源候论》卷二八《目疾诸候·目风泪出候》："目为肝之外候，若被风邪，伤肝，肝气不足，故令目泪出。"　　下落：落下；掉下。唐徐坚《初学记》卷二三《道释部》引《老子内传》曰："其母曾见日精下落如流星，飞入口中，因有娠。"元魏慧觉等译《贤愚经》卷一三《顶生王品》："时有五百仙人，住在须弥山腹，王之象马屎尿下落，污仙人身。"

[54] 鼻涕：今天是常用词，但在汉代及中古时期，这是一个俚俗词，在正统作品中很难见到。《北齐书·方伎传·皇甫玉》："皇甫玉不知何许人。善相人，常游王侯家。世宗自颍川振旅而还，显祖从后，玉于道旁纵观，谓人曰：'大将军不作物，会是道北垂鼻涕者。'"《朱子语类》卷一三八《杂类》："见面前一石头，个个香山子，子细看看，又是石，恰似乳香滴成，样都通明，身旁一道人云：'是陈先生临死时滴出鼻涕。'"

[55] 审：的确；果真。

[56] 黄土陌：指黄泉。"不如早归黄土陌"言还不如早点死掉算了。宋王安石《书静照师塔》诗："简老已归黄土陌，渊师今作白头翁。百忧三十餘年事，陈迹山林草野中。"宋向子諲《平远堂三首》诗之二："寒芦渐渐催秋晚，浦雨暝暝忆去年。他日未埋黄土陌，为君重赋补亡篇。"

[57] 丘蚓：就是蚯蚓。　　钻额：啃咬额头。喻指死后在地下为蚯蚓所食。额，同"额"。《说文·页部》："额，颡也。"宋徐铉等大徐本注："今俗作额。"《国语·鲁语上》："大刑用甲兵，其次用斧钺，中刑用刀锯，其次用钻笮。"三国吴韦昭注："钻额涅墨；笮，割势，谓宫刑也。"

[58] 尔：这样。

[59] 作恶：做坏事。指不肯为王褒买酒。《逸周书·大戒解》："一忠正不荒，

美好乃不作恶。"后汉支娄迦谶译《佛说遗日摩尼宝经》："心不正不持戒,但欲作恶,喜学外道。"汉魏以降,则有造反、叛乱义。《三国志·魏志·钟会传》："有顷,白兵走向城,(钟)会惊谓维曰:'兵来似欲作恶,当云何?'维曰:'但当击之耳。'"晋常璩撰《华阳国志》卷五《公孙述刘二牧志》："近张满作恶,兵围得之,叹曰:'为天文所误。'恐君复误也。"

9. 失 父 零 丁①

[题解]

　　和《僮约》一样,这也是一篇游戏文字。以寻找丢失的父亲为名,把自己的父亲大大挖苦、揶揄了一通,丑化得够可以的。行文不避俚俗,出现了诸如"阿爹""眼泪""鼻涕""牙齿"等不见或罕见于正统文章的语词,是其特点。不知戴良与其父亲有何过节,使得戴良要这样丑化自己的父亲②。古往今来,游戏文章不为少见,但像本文这样以生父为开涮对象的文字,还真不多见。

　　戴良,字叔鸾,汝南(今属河南)慎阳人。东汉隐士,事迹见《世说新语·德行》第二则"周子居常云"条刘孝标注、《后汉书·逸民传》。本篇以中华书局本《太平御览》卷五九八所引为底本,并以明梅鼎祚编《隋文纪》卷八(文渊阁四库全书本)、清严可均《全上古三代秦汉三国六朝文·全后汉文》卷六八(中华书局本)参校。严氏所辑本篇较为通顺,与《太平御览》、梅鼎祚《隋文纪》多有不同,然未详所据。

[原文]

　　敬白诸君行路者[1],敢告重罪自为□[2],积恶致灾,交天困我[3]。今月七日失阿爹[4],念此酷毒可痛伤[5],当以重币[6],缯用相赏[7]。请为诸君说事状[8]:我父躯体与众异,脊背伛偻捲如蔵[9],唇吻参差不相值[10],此其庶形何能备[11]。请复重陈其面目[12]:鸱头鹄颈獝狗[髆][13],眼泪鼻涕相追逐[14],吻中含纳无牙齿[15],食不能嚼左右

----

　　① 明杨慎《丹铅续录》卷六《杂识·零丁》(杨慎《谭苑醍醐》卷七同):"《齐谐记》云:'有失儿女零丁。'谢承《后汉书·戴良》有'失父零丁'。零丁,今之寻人招子也。""寻人招子"盖即今之寻人启事,已经对"零丁"作了解释。

　　② 清姚之骃《后汉书补逸》卷一〇"谢承《后汉书》第二·戴良"条:"戴良有《失父零丁》,案良字叔鸾,汝南慎阳人。范独载其事母一节,则必幼而失父者也。"知戴良少孤。

蹉[16]，[颇]似西域[脊]骆驼[17]。请复重陈其形骸[18]：为人虽长甚细材[19]，面目芒苍如死灰[20]，眼眶曰陷如米羹杯[21]。

[注释]

[1] 白：禀告；报告。用于下对上的场合或平辈中表示谦敬。《正字通·白部》："白，下告上曰禀白，同辈述事陈义亦曰白。"参见《贤愚经·长者无耳目舌品》注[11]。　　行路者：过路人。《文选·苏武〈五言诗〉之一》："四海皆兄弟，谁为行路人。"唐吕延济注："天下四海，道合即亲，谁为行路之人相疏者。"

[2] "自为"后当缺一字，梅鼎祚编《隋文纪》卷八同。清严可均辑《全上古三代秦汉三国六朝文·全后汉文》卷六八补"祸"字，作"敢告重罪自为祸"，未详所据。

[3] 交天：梅鼎祚《隋文纪》作"旻天"，严可均《全后汉文》无"交"字，作"积恶致灾天困我"。

[4] 阿爹：爹，父亲。阿，汉代以来，在身份名词前面加"阿"，用来称呼亲属。参见《洛阳伽蓝记·景宁寺》注[5]。爹：父亲，方言词。《广韵·哿韵》："爹，北方人呼父。"《南史·梁始兴王憺传》："是冬，诏征以本号还朝。人歌曰：'始兴王，人之爹，赴人急，如水火，何时复来哺乳我？'荆土方言谓父为爹，故云。"宋吴曾《能改斋漫录》卷一"谓父为爹"条云："侬欢出于江南风俗，政犹以父为爹，音徒我反。"宋王观国《学林》卷四、程大昌《演繁露》卷四、明方以智《通雅》卷一九、清黄生《字诂·爹》等亦均有考证。唐韩愈《祭女挐女文》："维年月日，阿爹阿八，使汝奶以清酒时果庶羞之奠，祭于第四小娘子挐子之灵。"《旧唐书·回纥传》："可汗又拜泣曰：'儿愚幼无知，今幸得立，惟仰食于阿爹。'可汗以子事之颉干伽斯。"

[5] 酷毒：痛苦；伤痛。《全晋文》卷一六齐王司马冏《上表理淮南王允》："逆党遘恶，并害三子，冤魂酷毒，莫不悲酸。"西晋竺法护译《佛五百弟子自说本起经》："犯是罪殃已，便堕恶道中，生在太山狱，勤苦甚酷毒。"《太平广记》卷一一五"崔义起妻"条（出《报应记》）："夫人所住亦兼有汤镬、铁床来至，夫人寻被烧煮，酷毒难说。"　文渊阁四库全书本《太平御览》"可"前有"良"字，作"良可痛伤"，未详所据。良：颇；很。程度副词。《列女传》卷六《钟离春》："王曰：'虽然，何喜？'良久曰：'窃尝喜隐。'"《后汉书·公孙述传》："城降三日，吏人从服，孩儿老母，口以万数，一旦放兵纵火，闻之可为酸鼻。……良失斩将吊人之义也。"唐李贤注："良犹甚也。"　痛伤：悲痛伤心。"伤"与下句"赏"押韵。《白虎通·丧服》："既除丧，乃归哭于墓何？明死复不可见，痛伤之至也。"《盐铁论·申韩》："《诗》云：'舍彼有罪，沦胥以铺。'痛伤无罪而累也。"宋惟净、法护同译《金色童子因缘经》卷

四："日照商主，心极痛伤，其犹开剖。"

　　[6] 重币：重额的钱币。币，本义为馈赠的礼物，引申为钱币。《国语·周语下》："景王二十一年，将铸大钱。单穆公曰：'不可。古者，天灾降戾，于是乎量资币，权轻重，以振救民。民患轻，则为作重币以行之。'"三国吴韦昭注："民患币轻而物贵，则作重币，以行其轻也。"《战国策·齐策四》："千金，重币也；百乘，显使也。"

　　[7] 缯：梅鼎祚《隋文纪》作"赠"，严可均《全后汉文》无"缯"字。　　用：以，介词。　　赏：奖励；赠与。相赏，赏给您（指发现其父下落者）。相，用于偏指，指代第二人称。参见《幽明录·卖胡粉女》注[12]。《三国志·魏志·武帝纪》南朝宋裴松之注引《曹瞒传》："公皆厚赏之，曰：'……诸君之谏，万安之计，是以相赏。'"《晋书·谢尚传》："尝与翼共射，翼曰：'卿若破的，当以鼓吹相赏。'"严可均《全后汉文》"赏"作"偿"，作"当以重币用相偿"。"偿"有回报、酬谢义，《字汇·人部》："偿，酬也，报也。"

　　[8] 事状：情况。汉王充《论衡·四讳》："诸工技之家，说吉凶之占，皆有事状。"《搜神记》卷一五"李娥"条："伯文曰：'书一封以与儿佗。'娥遂与黑俱归。事状如此。"《南齐书·刘怀珍传》："遣怀珍将数千人掩讨平之。宋文帝召问破贼事状，怀珍让功不肯当。"参见《观世音应验记·染闵灭胡》注[33]。

　　[9] 伛偻：驼背。联绵词。《淮南子·精神》："子求行年五十有四，而病伛偻，脊管高于顶。"　　捲（quán）：弯曲，不直。唐慧琳《一切经音义》卷二六《大般涅盘经》卷三三"捲脊"条："捲，屈也，曲也。"　　胾（zì）：《说文·肉部》："胾，大脔也。"本义是切成大块的肉。

　　[10] 唇吻：口；嘴巴。《墨子·非命下》："今天下之君子之为文学、出言谈也，非将勤劳其惟舌，而利其唇呡也。""呡"，"吻"之俗字，见《龙龛手镜·口部》。晋皇甫谧《针灸甲乙经》卷一〇《阳受病发风第二下》："痱痿，臂腕不用，唇吻不收，合谷主之。"晋葛洪《抱朴子外篇·重言》："或与阇见者，较唇吻之胜负，为不识者吐清高之谈。"　　值：合宜；恰当。《仪礼·丧服》"大功八升"汉郑玄注："不言七升者，主于受服，欲其文相值。"唐贾公彦疏："值，当也。"不相值，不相称，不对称。《魏书·崔玄伯传》："幼度亦豫令左右觇迎之，而差互不相值，为乱兵所害。"《周礼·冬官·考工记》"良鼓瑕如积环"清方苞《周官集注》卷十一云："左右相值者，合而视之，如环如积。环谓众版之辐辏也，惟良鼓为然。若材偏斜而工拙，则左右缝不相值，而望之不如环矣。"

　　[11] 庶形：体形；长相。　　备：周备；完备。

　　[12] 陈：陈述；报告。　　面目：面孔；脸面。《诗·小雅·何人斯》："有靦面目，视人罔极。"《史记·吕太后本纪》："诸君纵欲，阿意背约，何面目见高帝地下？"南朝梁陶弘景《真诰》卷七："宁见杀时，头先患疮，疮流面目。"

[13] 鸮：盖指猫头鹰，也称鸺鹠。　　鹄：鸿鹄，即天鹅，颈很长。　　猲：同"獦"，音 xiē，短嘴狗。《尔雅·释兽》："长喙猃，短喙猲，猃。"《龙龛手镜·犬部》："猲，短喙犬也。獦，俗。"　　髆：肩。此字原无，梅鼎祚编《隋文纪》同。据文渊阁四库全书本《太平御览》补。《说文·骨部》："髆，肩甲也。"唐慧琳《一切经音义》卷六〇《根本说一切有部毗奈耶律》卷七"髆及膝"条："髆，《集训》云：'两肩及臂也。'""獦狗髆"是说长了像狗一样的肩膀。严可均辑《全后汉文》作"啄"，本义是鸟取食，引申指兽类啃咬食物，也指鸟嘴。

[14] 眼泪：目液。本例是古代文献中之早见者。后汉竺大力共康孟详译《修行本起经》卷下《游观品》："肉消脊躤，支节萎曲。眼泪鼻涕，涎出相属。"东晋僧伽提婆译《中阿含经》卷四二："今我此身有内水界而受於生，此为云何？谓脑膜、眼泪、汗、涕、唾、脓、血、肪、髓、涎、淡、小便，如斯之比。"　　鼻涕：参见《僮约》注 [54]。　　追逐：追赶。这里形容连续不断。《急就篇》三三章："飞龙凤皇相追逐。"《左传·僖公二十三年》"以与君周旋"晋杜预注："周旋，相追逐也。"

[15] 吻：嘴唇；嘴角。《说文·口部》："吻，口边也。"此词六朝、唐宋元明以前均不表亲吻义。　　含纳：收缩；凹进，形容无牙者的样子。此词后世有包容、容纳义，《太平广记》卷四一九"柳毅"条（出《异闻集》）："洞庭含纳大直，钱塘迅疾磊落，宜有承焉。"宋张君房《云笈七签》卷一〇《三洞经教部·老君太上虚无自然本起经》："夫日月不高，所照不远；江海不广，不能含纳。"

[16] 蹉：交错；交互进行。"左右蹉"谓（因无牙）不能咀嚼，只能在嘴里从右到左，从左到右地滚动，勉强下咽。《齐民要术》卷五《养牛马驴骡》："齿，左右蹉，不相当，难御。"

[17] 颇：很。程度副词。此字原无，梅鼎祚编《隋文纪》同，严可均辑《全后汉文》在此位置上标识缺字符号，据文渊阁四库全书本《太平御览》补。《史记·郦生陆贾列传》："及诛诸吕，立孝文帝，陆生颇有力焉。"　　似：梅鼎祚编《隋文纪》作"以"，即"似"之省借。　　脊：原指人或动物背部中间的骨肉，就是背脊的脊。引申指物体中间高起的部分。骆驼有驼峰，故称之为"脊骆驼"。此字原无，梅鼎祚编《隋文纪》同，严可均辑《全后汉文》标识缺字符号，据文渊阁四库全书本《太平御览》补。　　骆馳：即"骆驼"。馳，同"驼"。

[18] 形骸：外貌；躯体。《庄子·德充符》："今子与我游于形骸之内，而子索我于形骸之外，不亦过乎？"晋郭象注："形骸外矣，其德内也。今子与我德游耳，非与我形交也，而索我外好，岂不过哉？"《盐铁论·散不足》："古者瓦棺容尸，木板堲周，足以收形骸、藏发齿而已。"《汉书·陈汤传》："汤尚如此，虽复破绝筋骨，暴露形骸，犹复制于唇舌，为嫉妒之臣所系房耳。"汉王褒《责须髯奴辞》（《初学记》卷一九引）："薄命为罢，正著子颐，为身不能庇其四体，为智不能御其形骸。"

[19] 为人：犹言体貌、外形，指人在形貌方面所表现的特征，与今义有别。战国楚宋玉《登徒子好色赋》："玉为人体貌闲丽，口多微辞，又性好色。"《史记·李将军列传》："广为人长，猿臂。"《三国志·魏志·裴潜传》南朝宋裴松之注引《魏略》："韩宜字景然，勃海人也。为人短小。"参蔡镜浩《魏晋南北朝词语例释》(1990：334—335)。　　细材：瘦削；瘦弱。指细小的身材。后世改指细小的材料。元陶宗仪《说郛》卷八〇引佚名《竹林诗评》："王粲之作，如梗楠杞，梓轮困离，奇夫，岂细材哉！"《易·屯》："《象》曰：虽盘桓，志行正也。"明潘士藻《读易述》卷二："故《象》盘桓，要非磊块小器、枝梧细材、济屯之具也。"

[20] 芒苍：就是"苍芒"，模糊不清的样子。唐瞿昙悉达撰《开元占经》卷四五《太白占一·太白名主一》："荆州曰：太白苍芒有丧忧。"明王绅《盘峰暮雨》诗："薄暮苍苍雨满空，开帘已失眼前峰。"也作"苍茫"，南朝梁沈约《夕行闻夜鹤》诗："海上多云雾，苍茫失洲屿。"　　死灰：原指火灭后的冷灰。《庄子·知北游》："形容槁骸，心若死灰。"引申为形容颜色惨白。《史记·滑稽列传》："皆叩头，叩头且破，额血流地，色如死灰。"汉王褒《责须髯奴辞》(《初学记》卷一九引)："獭须瘦面，常如死灰。"

[21] 曰陷：费解。明梅鼎祚编《隋文纪》作"臼陷"，疑是。《说文·臼部》："臼，舂也。古者掘地为臼，其后穿木石。"本义是中部下凹的舂米器具，也泛指臼状物。此处"臼"是名词作状语，"臼陷"谓像(米臼)一样下陷。　　米羹柸：清李兆洛辑《骈体文钞》卷三一《杂文》引作"羹杯"，无"米"字，似是。自"请为诸君说事状"下皆七言为句，此句不应独异。羹杯：杯，杯子。《全晋文》卷一三八谢敷《食橄》："细如委绥，白如秋练，羹杯半在，才得一咽，十杯之后，颜解体润。"《太平御览》卷九九八引《风土记》："以神前酒杯灌地，以大羹杯覆之，有顷，发杯而菌生，今犹然。"元谢应芳《三进酒馔》诗："我手幸无穷鬼掯，折旋三献奉羹杯。"　　柸：同"杯"。《字汇·木部》："柸，古杯字。"

10. 奏 弹 刘 整[①]

[题解]

这是一篇弹劾官吏的奏呈。主要内容是记述了刘寅妻范氏以及

---

① 《唐钞文选集注汇存》卷七九"奏弹刘整一首"引录南朝史乘，概述了刘寅妻、子与小叔刘整之间的家庭纠纷和本奏弹文字的缘起，录以备参："钞曰：《梁典》云：'西阳王内史刘寅与庶弟整同居，有奴婢四人。后家贫，将奴质钱，后又赎得之。寅后死，有二子，长曰逡，次曰师利。整乃与嫂分财，家中资物整将去，唯有兄在日遣二奴兴易，经久不归，乃将与嫂。后经七年，二奴始出，乃大得财物，整又欲索之。其后儿师利曾远行，乃逢雨，投整墅上，经得十二日。后整计食小斗六斗米，乃来向嫂之处索米。嫂未有，乃将嫂犊车、褴帷为质，后得米往赎，始还。又来嫂家无礼大叫，使婢打嫂伤臂，并打侄儿。嫂范不胜欺苦之甚，故诣御史台诉。任昉得此辞，勘当得实，故奏弹之。'"

几个奴婢的陈诉、证词，随笔写来，不避俚俗，这是现场审问的原始记录，诉状或证词都出自主妇或奴婢之口，与头、尾的骈体文字形成了鲜明的对照。文中保存了一批梁代口语词，是研究六朝口语语汇的宝贵资料。

　　本文今载于《文选》卷四〇，这是注者李善的功劳。昭明太子萧统在编《文选》时，删落了范氏等人的诉讼证词，只选了任昉开头和结尾的弹文，这与《文选》的编选主旨是一致的。李善补上这一部分内容后注云："昭明删此文大略，故详引之，令与弹相应也。"这段文字没有注文。现据李善注本《文选》（中华书局，1977 年）选录此文，参校以六臣注本《文选》（中华书局，1987 年）。《唐钞文选集注汇存》（上海古籍出版社，2000 年。下简称《集注》）卷七九收录本篇，文字与今本《文选》微异。《集注》"钞曰"的文字对解读本篇颇有助益，兹择附于相关条下。对本篇文字中的部分词语，黄侃《〈文选·奏弹刘整〉平点》（载《训诂研究》第一辑，北京师范大学出版社，1981 年）、吴世昌《罗音室读书笔记》（载《学林漫录》五集，中华书局，1982 年）都作过解释；钱锺书《管锥编》（中华书局，1986 年）二〇三《全梁文》二七考证了"即主"；刘坚先生编《近代汉语读本》，收录、注释了本文。又，友人汪维辉教授撰有《〈奏弹刘整〉词语补释》一文（浙江省语言学会 1990 年年会论文），我们在注释时参考了他们的成果。

[原文]

　　御史中丞臣任昉稽首言[1]：臣闻马援奉嫂[2]，不冠不入；氾毓字孤[3]，家无常子。是以义士节夫，闻之有立[4]。千载美谈，斯为称首[5]。臣昉顿首顿首，死罪死罪。谨案，齐故西阳内史刘寅妻范[6]，诣台诉[7]，列称[8]：

　　"出适刘氏[9]，二十许年[10]。刘氏丧亡[11]，抚养孤弱。叔郎整常欲伤害[12]，侵夺分前奴教子[13]、当伯，并以入众[14]。又以钱婢姊妹、弟温[15]，仍留奴自使[16]。伯又夺寅息逡婢绿草[17]，私货得钱[18]，并不分逡。寅第二庶息师利去岁十月往整田上[19]，经十二日[20]，整便责范米六斗哺食[21]。米未展送[22]，忽至户前，隔箔攘拳大骂[23]。突进房中[24]，屏风上取车帷准米[25]。去二月九日夜[26]，婢采音偷车栏[27]、夹

杖、龙牵[28]。范问失物之意[29],整便打息逡。整及母并奴婢等六人来
至范屋中,高声大骂,婢采音举手查范臂[30]。求摄检[31],如诉状[32]。"

　　辄摄整亡父旧使奴海蛤到台辩问[33],列称:"整亡父兴道[34],先为
零陵郡[35],得奴婢四人,分财[36],以奴教子乞大息寅[37]。亡寅后[38],
第二弟整仍夺教子,云:'应入众。'整便留自使。婢姊及弟各准钱五
千文,不分逡。其奴当伯,先是众奴。整兄弟未分财之前[39],整兄寅
以当伯贴钱七千[40],共众作田[41]。寅罢西阳郡还,虽未别火食[32],寅
以私钱七千赎当伯,仍使上广州去[43]。后寅丧亡[44],整兄弟后分奴
婢,唯餘绿草入众。整复云:'寅未分财赎当伯,又应属众。'整意贪得
当伯,推绿草与逡[45]。整规当伯还[46],拟欲自取[47]。当伯遂经七年
不返[48],整疑已死亡不回,更夺取婢绿草[49],货得钱七千。整兄弟及
姊共分此钱,又不分逡。"

　　寅妻范云:"当伯是亡夫私赎,应属息逡。当伯天监二年六月从广
州还[50],至,整复夺取,云:'应充众,准雇借上广州四年夫直[51]。'今
在整处使。"

　　进责整婢采音[52],刘[53]:"整兄寅第二息师利,去年十月十二日忽往
整墅[54],停住十二日。整就兄妻范求米六斗哺食。范未得还[55],整怒,
仍自进范所住,屏风上取车帷为质。范送米六斗,整即纳受。范今年二
月九日夜失车栏子[56]、夹杖、龙牵等,范及息逡道是采音所偷[57]。整闻
声仍打逡。范唤问:'何意打我儿[58]?'整母子尔时便同出中庭[59],隔箔
与范相骂[60]。婢采音及奴教子、楚玉、法志等四人于时在整母子左
右[61]。整语采音:'其道汝偷车校具[62],汝何不进里骂之[63]?'既进,争
口[64],举手误查范臂。车栏、夹杖、龙牵实非采音所偷。"

　　进责寅妻范奴苟奴[65],列:"孃去二月九日夜[66],失车栏、夹杖、龙
牵,疑是整婢采音所偷。苟奴与郎逡往津阳门籴米[67],遇见采音在津
阳门卖车栏、龙牵。苟奴登时欲提取[68],逡语苟奴:'已尔[69]!不须
复取。'苟奴隐僻少时[70],伺视人买龙牵,售五千钱[71]。苟奴仍随逡归
宅,不见度钱[72]。"

　　并如采音、苟奴等列状[73],粗与范诉相应[74]。重核当伯[75]、教子
列:"孃被夺[76],今在整处使。"悉与海蛤列不异。以事诉法,令史潘僧
尚议[77]:"整若辄略兄子逡分前婢货卖[78],及奴教子等私使,若无官

令[79]，辄收付近狱测治[80]。诸所连逮絜[81]，应洗之源[82]，委之狱官[83]，悉以法制从事[84]。"如法所称，整即主[85]。

臣谨案：新除中军参军臣刘整[86]，间阎阘茸[87]，名教所绝[88]。直以前代外戚[89]，仕因纨绔[90]；恶积衅稔[91]，亲旧侧目[92]。理绝通问[93]，而妄肆丑辞[94]，终夕不寐[95]，而谬加大杖[96]。……人之无情，一何至此[97]！实教义所不容[98]，绅冕所共弃[99]。臣等参议[100]：请以见事免整所除官[101]，辄勒外收付廷尉法狱治罪[102]。诸所连逮，应洗之源，委之狱官，悉以法制从事。婢采音不款偷车[103]、龙牵，请付狱测实[104]。其宗长及地界职司[105]，初无纠举[106]，及诸连逮，请不足申尽[107]。臣昉云云，诚惶诚恐以闻。

[注释]

[1] 御史中丞：职官名。汉代以御史中丞为御史大夫的助手，外督部刺史，内领侍御史，监察州郡政事，劾按公卿章奏。西汉末御史大夫转为大司空，御史中丞即成为御史台的长官，权力极大。　臣：这篇弹文是进呈给皇上（梁武帝）的，故任昉自称"臣"。下文"顿首顿首，死罪死罪"两句是臣子写给皇帝奏章、书信等中的套语。　任昉（460—508），字彦升，乐安博昌（今山东寿光）人。历仕宋、齐、梁三朝，梁时曾任御史中丞，终于新安太守。南朝著名文学家，尤善表、奏等各体散文，时称"任笔沈（约）诗"。　稽首：叩头。

[2] 马援：东汉初名将，官至伏波将军。《后汉书》本传说他"敬事寡嫂，不冠不入庐"。

[3] 氾毓：西晋隐士。一生安贫乐道，不慕荣禄。李善注引王隐《晋书》说他"敦睦九族，青土号其家'儿无常母，衣无常主'也"。　字孤：抚养孤儿。

[4] 有立：唐张铣注以为"'有立'谓立志也"。

[5] 斯：此。　称首：第一，最著名。《史记·司马相如列传》："前圣之所以永保鸿名而常为称首者用此，宜命掌故悉奏其义而览焉。"《汉书·游侠传序》："繇是列国公子，魏有信陵，赵有平原，齐有孟尝，楚有春申，……皆以取重诸侯，显名天下。扼腕而游谈者，以四豪为称首。"《全梁文》卷五四王中《头陀寺碑文》："以法师景行大迦叶，故以头陀为称首。"

[6] 故：已故。　西阳内史：《晋书·职官志》："郡皆置太守，……诸王国以内史掌太守之任。"西晋元康初分弋阳郡置西阳国，故其行政长官称"内史"，后代因之。　刘寅：南朝齐人，刘兴道的长子。《南齐书》《南史》无传，只有几次提

到此人,称为"长史刘寅";结合下文"寅罢西阳郡还"来看,刘寅先曾担任过西阳内史,后罢此官,复起用为长史,卒于任上。

[7] 台:指御史台。官署名,汉置。为封建国家的监察机关,专司弹劾之职。本文作者、御史中丞任昉即在此处供职。《集注》钞曰:"台,即谓御史台也。已下皆是诉辞语也。"

[8] 列称:控告;陈述。下接所说的内容。下文"辄摄整亡父旧使奴海蛤到台辩问,列称"的"列称"亦同。《文选·沈约〈奏弹王源〉》:"源人身在远,辄摄媒人刘嗣之到台辩问。嗣之列称……"《南齐书·谢超宗传》:"辄摄白从王永先到台辩问,……永先列称……"按"列"字汉魏六朝人常作陈诉、控告、供述讲,本篇亦多见。《全晋文》卷四三王濬《复上表自理》:"被壬戌诏书,下安东将军所上扬州刺史周浚书,谓臣诸军得孙皓宝物,又谓牙门李高放火烧皓伪宫,辄公文上尚书,具列本末。"《南齐书·王奂传》:"摄兴祖门生刘倪到台辩问,列:'兴祖与奂共事,不能相和。'"

[9] 出适:出嫁。 刘氏:指刘寅。

[10] 二十许年:二十来年;二十余年。"许"表示约数,参见《搜神记·卢充》注[8]。

[11] 刘氏丧亡:《南齐书·鱼复侯子响传》:"子响少好武,在西豫时,自选带仗左右六十人,皆有胆干。至镇,数在内斋杀牛置酒,与之聚乐。令内人私作锦袍绛袄,欲饷蛮交易器仗。长史刘寅等连名密启,上敕精检。……子响大怒,执寅等于后堂杀之。"知刘寅被齐武帝之子萧子响所杀,系死于非命。

[12] 叔郎:丈夫的弟弟,俗称小叔子。《集注》钞曰:"《礼记》云:'嫂叔不通问。'言本无名位,随子呼之为叔郎者;今之俗语呼为小郎是也。" 整:刘整,刘兴道的次子,刘寅之弟。

[13] 分前奴:分财产前刘寅的家奴。六朝畜奴之风极盛,奴婢是家庭财产的重要组成部分。 教子:和后面的"当伯"一样,都是家奴的名字。

[14] 众:指刘氏家族中的众人。"入众"言归家族成员共同使用。下文"众""入众"多见,义同此。

[15] 又以钱婢姊妹、弟温:这一句连下句是说,刘整用钱补偿给他的姐姐和名温的弟弟后,就把教子、当伯当作自己的私奴来使唤。按:"婢"在此处不可通,疑为"裨"字之借。古音"裨"隶帮母支部,"婢"并母支部,声音相近,具备通假条件。在这篇实录的原始文书中,不知是说话者还是记录者的原因,把"裨"写成了"婢"。"裨"有补益、补偿义,也有给予义,《广雅·释诂三》:"裨,予也。"下文"婢姊及弟各准钱五千文"谓给姐、弟各抵偿(使唤教子一奴的)价钱五千文,"婢"也应读为"裨"。又按:古从"卑"之字多有增加、补益义,《说文·人部》:"俾,益也。"《会

部》："裨，益也。"《衣部》："裮，接益也。"《广雅·释诂一》："埤，益也。"均其例。故段玉裁在《说文·土部》"埤，增也"下注云："《诗·北门》曰：'政事一埤益我'，传曰：'埤，厚也。'此与会部裨、衣部裮音义皆同。……凡从卑之字皆取自加高之义。""俾""裮""裨""埤"诸字并声近义通。

[16]仍：便；就。本篇下文多见，义同。《搜神记》卷五"丁姑祠"条："（丁氏女）从一婢至牛渚津，求渡。有两男子共乘船捕鱼，仍呼求载。"《世说新语·巧艺》："（钟）会善书，学荀手迹，作书与母取剑，仍窃去不还。"《古小说钩沉》辑《述异记》："（白气）有顷化为雄鸡，飞集别床。季随斫之，应手有声，形即灭，地血滂沱；仍闻蛮妪哭声。"《魏书·刘洁传》："昭成时，慕容氏来献女，为公主家臣，仍随入朝。"　使：使唤。下文"整便留自使""今在整处使"等"使"字义同。

[17]伯：此字六臣注本无，盖衍。　寅息逺：刘寅长子刘逺。息，儿子。此义先秦已见用例，《战国策·赵策四》："老臣贱息舒祺，最少，不肖。"汉魏六朝沿用甚广。刘宋功德直译《菩萨念佛三昧经》卷二《正念品》："妻息妙珍宝，皆悉能弃舍，以此行菩提；既能施妻子，眷属诸外财，又弃天世位。"《全齐文》卷一九孔稚珪《奏劾王奂》："奂第三息彪随奂在州，凡事是非皆干豫。"南朝梁宝唱等撰集《经律异相》卷六引《求离牢狱经》："大臣谏曰：'王唯有一弟，又少息胤，愿听七日，奉依王命。'"又有"儿息""子息"一词，义同"息"。　绿草：是范氏、刘逺的家婢，名绿草。

[18]货：卖。南朝梁宝唱等撰集《经律异相》卷三六引《百句譬喻经》："（愚人）遍观市中，货炭最驶，即烧香作炭，希得应速。"《全隋文》卷一一江总《玄圃石室铭》："朔去偷桃，董来货杏。"（按："董"指董奉，董奉卖杏事见《神仙传》）《宋书·孝义传·郭原平》："又以种瓜为业。世祖大明七年大旱，瓜渎不复通船，……乃步从他道往钱唐货卖。"《晋书·王戎传》："家有好李，常出货之，恐人得种，恒钻其核。"

[19]庶息：庶子，非正妻所生之子。六朝士族等级森严，"正出"（嫡子）与"庶出"（庶子）的社会地位是截然不同的。　师利：这个庶子的名字。六朝士大夫阶层好以佛教名称名其子弟，"师利"的梵文原意是"吉祥"。参见《世说新语·孙兴公嫁女》注[1]。　去岁：去年。　田上：从下文"（师利）去年十月十二日忽往整墅，停住十二日"来看，此"田上"当指刘整在家宅之外营建的屋舍、别墅，非指田地。

[20]经：犹言居住、逗留，是本篇习语。下文"当伯遂经七年不返"之"经"义同。

[21]责：要；索取。此义先秦已见，汉魏以降用例尤夥。《全后汉文》卷八五公孙瓒《表袁绍罪状》："绍又上故上谷太守高焉、故甘陵相姚贡，横责其钱；钱不备毕，二人并命。"《古小说钩沉》辑《裴子语林》："和峤诸弟往园中食李，而皆计核责

钱，故峤妇弟王济伐之也。"《世说新语·俭啬》："王戎俭吝。其从子婚，与一单衣，后更责之。"元魏吉迦夜共昙曜译《杂宝藏经》卷一《莲华夫人缘》："诸子问言：'为谁所凌？'王言：'乌提延王而常随我责索贡献。'""责索"同义连文。　　哺食：谓口粮。

[22] 未展：未及；来不及。《世说新语·德行》："吴郡陈遗，母好食铛底焦饭。遗作郡主簿，恒装一囊，每煮食，辄贮录焦饭，归以遗母。后值孙恩贼出吴郡，袁府君即日便征。遗已聚敛得数斗焦饭，未展归家，遂带以从军。"南朝梁宝唱等撰集《经律异相》卷四四引《百句譬喻经》："（劫贼）他处共分，各取杂物，谓是奇好；餘此一把，未展分张。"《全唐诗》卷七七骆宾王《夏日游德州赠高四》："未展从东骏，空戢图南翼。"又有"不展"一词，《全晋文》卷二四王羲之《杂帖》："及以令弟食后来，想必如期果之，小晚恐不展也。故复旨示。"《南齐书·王俭传》："俭年德富盛，志用方隆，岂意暴疾，不展救护，便为异世。""不展"义同"未展"。

[23] 箔：门帘。《玉篇·竹部》："箔，帘也。"《集注》作"簿"。下文"隔箔与范相骂"的"箔"同。参见《僮约》注[33]"薄"。　　攘拳：捋袖伸拳。

[24] 突进：冲进；闯进。　　房：《集注》作"屋"。

[25] 车帷：车厢四周的帷帐。《全唐诗》卷五四〇李商隐《镜槛》："骑襜侵鞻卷，车帷约幰铈。"　　准：抵当；抵偿；折合。下文"婢姊及弟各准钱五千文""准雇借上广州四年夫直"二"准"字用同。《南史·齐废帝东昏侯纪》："上自永元以后，魏每来伐，继以内难，扬、南徐二州人丁，三人取两，以此为率。远郡悉令上米准行，一人五十斛。"宋徐梦莘《三朝北盟会编》卷三三引《靖康城下奉使录》："上云：'国家无许多金银，禁中却煞有珠玉等。卿等可过去商量，以此准折。'""准折"同义连文。

[26] 去：表示过去的时间。旧以此字属上读，误。下文"嬢去二月九日夜……"可证。按：汉魏六朝典籍中，"去"字可泛指逝去的时日，《魏诗》卷一魏武帝曹操《短歌行》："对酒当歌，人生几何。譬如朝露，去日苦多。"也可放在"岁""月"之前，定指刚刚过去的一年（今言"去年"）或一月（今言"上月"）。《文选·任昉〈为范尚书让吏部封侯第一表〉》："且去岁冬初，国学之老博士耳；今兹首夏，将亚冢司。"《全晋文》卷二二王羲之《杂帖》："日月如驰，一嫂弃背再周。去月穆松大祥，奉瞻廓然，永惟悲摧。"本篇下文"寅第二庶息师利去岁十月……"的"去岁"亦同。更多的则是放在时间名词之前，特指过去的某一时日，表示对往事的追溯。本例及下文的两个"去"字即用作此义，"去二月九日夜"犹言在二月九日的晚上。《陆云集》卷八《与兄平原书》："近得洛消息，滕永通去二十日书，彦先访为骠骑司马。"《南齐书·王奂传》："去十年九月十八日，奂使仗身三十人来，称敕录兴祖付狱。"《敦煌变文校注·燕子赋（一）》："但雀儿去贞观十九年，大将军征讨辽东。"古

籍亦多见"以去"连言,犹"去",即于、在。"以"可作介词,表示时间,故得以和"去"连用。《全晋文》卷一三四习凿齿《与桓秘书》:"吾以去五月三日来达襄阳,触目悲感,略无欢情。"《晋书·刑法志》:"臣以去太康八年,随事异议。"

　　[27] 婢采音:刘整家婢,名采音。

　　[28] 夹杖、龙牵:两种车具。其形制、作用未详。

　　[29] 意:原因;缘故。《三国志·魏志·梁习传》南朝宋裴松之注引《魏略》:"市易未毕,市吏收缚一胡。……习乃徐呼市吏,问缚胡意,而胡实侵犯人。"《世说新语·尤悔》:"桓宣武对简文帝,不甚得语。废海西后,宜自申叙,乃豫撰数百语,陈废立之意。"《古小说钩沉》辑《冥祥记》:"长姊亦说儿道文殁后,棺动堕车,皆如叔言。既闻遵说道文横死之意,姊追加痛根,重为制服。"

　　[30] 查(zhā):抓。后作"揸"。今吴方言仍称以手抓物(人)为"揸"。

　　[31] 摄检:犹言传讯(有关证人)。详注[33]"摄"。

　　[32] 如诉状:此为六朝人语。《宋书·竟陵王诞传》:"又获吴郡民刘成、豫章民陈谈之、建康民陈文绍等并如诉状,则奸情猜志,岁月增积。"

　　[33] 辄:就。　摄:传讯;传唤。此义六朝文献经见。元魏吉迦夜共昙曜译《杂宝藏经》卷一〇《老婆罗门问谄伪缘》:"尔时国内有一长者,居家巨富,多诸珍宝,于其一夜多失财物。时王闻已,问长者言:'有谁来去,致令亡失?'长者白王:'初无奸杂而与往返,唯一婆罗门长共出入。'……王闻是已,摄婆罗门而诘问之。"《全齐文》卷一七袁彖《奏劾谢超宗》:"腹诽口谤,莫此之甚;不敬不讳,罕与为二。辄摄白从王永先到身台辩问。"《文选·沈约〈奏弹王源〉》:"源人身在远,辄摄媒人刘嗣之到台辩问。"《南齐书·王奂传》:"敕使送兴祖下都,奂虑所启欺妄,于狱打杀兴祖,诈启称自经死。……摄兴祖门生刘倪到台辩问。"　旧使奴海蛤:过去使唤的奴仆,名海蛤。　辩问:答问;辩白。又作"辨问",见《集注》。例见本条"摄"字注。

　　[34] 兴道:刘整父亲刘兴道,《南齐书》仅一见,详注[89]。

　　[35] 为零陵郡:指担任零陵郡太守。参见《世说新语·殷仲堪节俭》注[1]。《集注》无"郡"字。

　　[36] 分财:犹言分家。是本篇习语。《后汉书·蔡邕传》:"与叔父从弟同居,三世不分财,乡党高其义。"《集注》作"分赋",义为分,分配,是南北朝习语。《南齐书·高帝纪上》:"养马至二千馀匹,皆分赋戍逻将士,使耕田而食。"又《王奂传》:"上以行北诸戍士卒多鹑缕,送裤褶三千具,令奂分赋之。"又《孝义传·韩灵敏》:"元徽末,大雪,商旅断行,村里比屋饥饿,丁自出盐米,计口分赋。"《法苑珠林》卷三六引《异苑》:"曾出自斋堂,众僧未食。俱望见云中有一物下,既落其前,乃是大钵,满中香饭,举座肃然,一时敬礼。每自分赋,斋人皆七日不饥。"今本《异苑》卷

五作"分行",疑系后人所改。

[37] 乞:给;给予。失译《杂譬喻经》:"昔有贫家,供养道人,一年便去,用一铜瓶乞主人言:'此瓶是神。打此瓶口,所索皆得。'"南朝梁宝唱等撰集《经律异相》卷四四引《百句譬喻经》:"劫群中有困弱人,独不与分。苦论,共以钯乞,即自卖之。"《世说新语·俭啬》:"乃开库一日,令任意用。郗公始正谓损数百万许,嘉宾遂一日乞与亲友、周旋略尽。"《陈书·新安王伯固传》:"伯固性嗜酒,而不好积聚,所得禄俸,用度无节,酣醉以后,多所乞丐。"《北史·段孝言传》:"其贫踬者,亦时乞遗。""乞"义并同,"乞与""乞丐""乞遗"均为同义复词。

[38] 亡寅后:六臣注本、《集注》本均作"寅亡后",是。

[39] 整兄弟:据上文所述可知,刘兴道盖有三子:长子刘寅、次子刘整、三子刘温。"整兄弟"当指刘整与刘温。此外,刘整上面还有一姐。

[40] 贴:典当;典押。《玉篇·贝部》:"贴,以物质钱。"《全齐文》卷二〇周颙《言渧民于闻喜公子良》:"役命有常,祇应转竭,蹙迫驱催,莫安其所。……亦有摧臂斫手,苟自残落,贩佣贴子,权赴急难。"《南齐书·良政传·虞愿》:"陛下起此寺,皆是百姓卖儿贴妇钱,佛若有知,当悲哭哀愍,罪高佛图,有何功德?"

[41] 共:通"供",供给。　作田:治;种田。《周礼·地官·稻人》:"稻人,掌稼下地。……以遂均水,以列舍水,以浍写水。以涉扬其芟,作田。"汉郑玄注:"作,犹治也。开遂舍水于列中,因涉之,扬去前年所芟之草,而治田种稻。"《齐民要术》卷一《种谷》:"大农置工巧奴与从事,为作田器。"《北齐书·王琳传》:"何不以琳为雍州刺史,使镇武宁,琳自放兵作田,为国御捍。"

[42] 未别火食:指(兄弟间)尚未分家。

[43] 上:往;到。

[44] 后寅丧亡,整兄弟后分奴婢:刘氏兄弟分家是在大哥刘寅死了以后,这时刘寅家只能由大儿子刘逶出面参与叔叔们的析财分奴活动,吃亏也就在情理之中了。

[45] 推:推让,把……让给别人。《汉书·韩信传》:"汉王授我上将军印,数万之众,解衣衣我,推食食我,言听计用。"《世说新语·言语》"南郡庞士元闻司马德操在颍川"条南朝梁刘孝标注引《司马徽别传》:"尝有妄认徽猪者,便推与之;后得其猪,叩头来还。"《南史·丘景宾传》:"(父)亡后,僮仆数十人及宅宇产畜,景宾悉让与兄镇。镇之又推斋屋三间与之,亦不肯受。"

[46] 规:谋划;算计。《三国志·蜀志·先主传》裴松之注引《献帝春秋》:"米贼张鲁居王巴、汉,为曹操耳目,规图益州。"元魏慧觉等译《贤愚经》卷一二《檀弥离品》:"(四人)即共同心,语此比丘:'缘汝之故,我等安隐,本心所规,今已得之。欲求何愿,恣汝求之。'"《古小说钩沉》辑《述异记》:"义熙四年,卢循在广州阴规逆

谋,潜遣人到南康庙祈请。"《魏书·崔玄伯传》:"冲智等以父隔远,乃聚货物,间托关境,规赎模归。"　　还:返回。按:六臣注本、《集注》本"还"上有"行"字。"行"为即、马上义,亦六朝人语。《三国志·吴志·孙坚传》:"会海贼胡玉等从匏里上掠取贾人财物,方于岸上分之;……坚行操刀上岸,以手东西指麾,若分部人兵以罗遮贼状。"《全晋文》卷二六王羲之《杂帖》:"吾夜来腹痛,不堪见卿,甚恨,想行复来。"《梁诗》卷二四王筠《向晓闺情》:"北斗行欲没,东方稍已晞。"

　　[47] 拟欲:准备;打算。

　　[48] 遂:竟;竟然。参见《颜氏家训·杂艺》注[11]。

　　[49] 更:又。

　　[50] 天监:梁武帝建国后第一个年号。天监二年即公元503年。

　　[51] 雇借:雇用。《后汉书·虞诩传》:"诩乃自将吏士,案行川谷,自沮至下辩数十里中,皆烧石剪木,开漕船道,以人僦直雇借佣者,于是水运通利,岁省四千餘万。"　　夫直:工钱。《南史·孝义传上·吴逵》:"逵时逆取邻人夫直,葬毕,众悉以放之,逵一无所受,皆佣力报答焉。"

　　[52] 责:诘问。《史记·吴王濞列传》:"及后使人为秋请,上复责问吴使者,使者对曰:'王实不病。'"《世说新语·排调》"头责秦子羽"条刘孝标注引《张敏集》载《头责子羽文》:"维泰始元年,头责子羽曰:'吾托子为头,万有餘日矣。……子遇我如仇,我视子如仇,居常不乐,两者俱忧,何其鄙哉!'"

　　[53] 刘:李善注本、六臣注本、《集注》本均作此字。清胡克家《文选考异》卷七云:"案:'刘'当作'列'。下文云:'并如采音、苟奴等列状,粗与范诉相应。'此即采音列也。各本皆误,今特订正。"按:以下文"进责寅责妻范奴苟奴,列……"准之,则此处亦当作"进责整婢采音,列……"后面是采音的陈述。胡校甚确,应据正。

　　[54] 墅:家宅以外另建的游息之所,别墅。《世说新语·雅量》"谢公与人围棋"条刘孝标注引《续晋阳秋》:"初,苻坚南寇,京师大震。谢安无惧色,方命驾出墅,与兄子玄围棋。"《宋书·谢灵运传》:"灵运父祖并葬始宁县,并有故宅及墅,遂移籍会稽,修营别业,傍山带江,尽幽居之美。"《庾子山集》卷一六《周冠军公夫人乌石兰氏墓志铭》:"扶风旧城,犹存铁市;河阳故墅,尚餘金谷。"

　　[55] 还:还米。

　　[56] 车栏子:即上文之"车栏","子"是名词词缀,如今言桌子、椅子之类。参见《贤愚经·长者无耳目舌品》注[48]。

　　[57] 道是:说是。《全唐诗》卷三六五刘禹锡《竹枝词》之一:"杨柳青青江水平,闻郎江上唱歌声;东边日出西边雨,道是无情却有情。"

　　[58] 何意:为何;何故。常用于问句之中,表示疑问或反诘。《三国志·魏

志·管辂传》南朝宋裴松之注引《辂别传》:"蔡元才在朋友中最有清才,在众人中言:'本闻卿作狗,何意为龙?'"刘宋求那跋陀罗译《过去现在因果经》卷二:"又责捷陟:'汝载太子,出此王宫。近去之时,寂然无声;今者空反,何意悲嘶?'"南朝梁宝唱等撰集《经律异相》卷三六引《树提伽经》:"提伽乘飞云轮车在虚空中,问诸人等:'来时何意眠地不起?'"《宋书·巴陵哀王休若传》:"我东行是一段功,在郡横为群小辈过失,大被贬降,我实愤怨,不解刘辅国何意不作!"

[59] 整母子:即上文的"整及母",指刘整和其母(范氏的婆婆)。 出:至;来到。参见《搜神记·卢充》注[5]。 中庭:庭院;院子。

[60] 相骂:吵架;对骂。《风俗通义·怪神·世间多有狗作变怪》:"(李叔坚)少时为从事,在家,狗如人立行,家言当杀之。……里中相骂,不言无狗怪,遂不肯杀。"《文选·东方朔〈答客难〉》"孤豚之咋虎"唐李善注引《风俗通》佚文:"按《方言》:'豚,猪子也。'今人相骂曰'孤豚之子',是也。"《太平御览》卷九〇一引《风俗通》佚文:"凡人相骂曰死驴,丑恶之称也。"今吴语如浙江台州方言仍称吵架为"相骂",也说"吵相骂";又把寻衅吵架的行为叫作"寻相骂",把好吵架斗嘴者叫作"相骂精",其源头当上溯到汉魏六朝。

[61] 楚玉、法志:是刘整的两个家奴名。

[62] 其:第三人称代词,犹言"他"。《史记·廉颇蔺相如列传》:"相如持其璧睨柱,欲以击柱。秦王恐其破璧,乃辞谢固请。"《三国志·蜀志·刘璋传》评曰:"璋才非人雄,而据土乱世,负乘致寇,自然之理,其见夺取,非不幸也。"《世说新语·任诞》:"在益州,语儿云:'我有五百人食器。'家中大惊,其由来清,而忽有此物。"《全齐文》卷七萧子响《临死启》:"臣累遣书信唤法亮渡,乞白服相见,其永不肯,群小惧怖,遂致攻战,此臣之罪也。"后三例"其"均作主语,用法与本篇相同。 校具:装饰物。

[63] 里:屋里。

[64] 争口:争吵。元杨梓《敬德不伏老》第一折:"尉迟恭争口,打下我两个门牙。"

[65] 苟奴:是范氏家奴的名字。

[66] 嬢:奴婢对主妇的称呼,这里指范氏。六臣注本作"娘",同。又有以"娘子"称女主人者,南朝梁吴均《续齐谐记》:"会稽赵文韶,为东宫扶侍,住青溪中桥,与尚书王叔卿家隔一巷,相去二百步许。秋夜嘉月,怅然思归,倚门唱《西夜乌飞》,其声甚哀怨。忽有青衣婢年十五六前曰:'王家娘子白扶侍:闻君歌声,有门人逐月游戏,遣相闻耳。'""娘子"之称后世沿用不替。

[67] 郎:犹言少爷、公子。此为奴仆称少主。《世说新语·豪爽》:"桓石虔,司空豁之长庶也,小字镇恶;年十七八,未被举,而童隶已呼为镇恶郎。"《古小说钩

沉》辑《幽明录》："吴兴戴眇家僮客姓王,有少妇美色,而眇中弟恒往就之。客私怀忿怒,具以白眇:'中郎作此,大为无礼。愿遵敕语。'"中郎"犹言二少爷。 津阳门:地名。未详其所在。《全唐诗》卷五六七载有晚唐诗人郑嵎《津阳门诗》,述玄宗皇帝一代之事。不知与此"津阳门"有关系否。 籴米:买米。

[68] 登时:当时;即刻。《三国志·魏志·管辂传》裴松之注引《辂别传》:"然辂以为注《易》之急,急于水火;水火之难,登时之验。"晋葛洪《抱朴子内篇·登涉》:"蛇中人,刮此二物以涂其疮,亦登时愈也。"《古小说钩沉》辑《甄异传》:"吴兴张安病,正发,觉有物在被上,病便更甚。安自力举被捉之,物化成鸟,如鹁鹆,疟登时愈。"《敦煌变文校注·捉季布传文》:"皇帝登时闻此语,回嗔作喜却交存。"清刘淇《助字辨略》卷二:"登时,犹即时也。"《集注》本作"登",义同。

[69] 已尔:犹言"算了吧"。

[70] 隐僻:隐蔽;躲起来。

[71] 售:卖。

[72] 度钱:付钱;给钱。《异苑》卷二:"永康王旷井上有洗石,时见赤气。后有二胡人寄宿,忽求买之;旷怪所以。未及度钱,子妇孙氏睹二黄鸟斗于石上,疾往掩取,变成黄金。"

[73] 列状:(所)陈述(的)。"列"有陈述义,说已见上;"状"也有陈述义,《庄子·德充符》:"申徒嘉曰:'自状其过以不当亡者众,不状其过以不当存者寡。'"晋郭象注"自状"句云:"多自陈其过状,以己为不当亡者众也。"故"列状"是同义复词。

[74] 粗:大略;基本上。三国吴支谦译《大明度经》卷五《累教品》:"若慈孝于佛,不如恭敬明度,慎莫忘失一句,嘱累若粗捖说耳。"《全晋文》卷二四王羲之《杂帖》:"贤妹大都胜前,至不欲食,笃羸,悔,令人忧。餘粗佳。"《世说新语·言语》:"(高崧)因问:'卿今仗节方州,当疆理西蕃,何以为政?'谢粗道其意。" 相应:相合。

[75] 重核:重新检核。

[76] 嬢被夺:犹言在嬢处被夺。《集注》本无"嬢"字。

[77] 令史:官名。汉置。兰台尚书属官,居郎之下,掌文书事务。

[78] 辄:专擅;任意。《玉篇·车部》:"辄,专辄也。"《全晋文》卷四三王濬《上书自理》:"案《春秋》之义,大夫出疆,由有专辄。"《颜氏家训·书证》:"金花则金傍作华,窗扇则木傍作扇,诸如此类,专辄不少。"又《杂艺》:"北朝丧乱之餘,书迹鄙陋,加以专辄造字,猥拙甚于江南。""专辄"同义连文,为六朝人习语。 略:掠夺。 货卖:卖。见本篇[18]注。

[79] 官令:官府命令。

[80] 收付：收，拘捕；逮捕。《说文·攴部》："收，捕也。"《诗·大雅·瞻卬》："此宜无罪，女反收之。"《三国志·魏志·陈思王植传》裴松之注引《典略》："至二十四年秋，公以修前后漏泄言教，交关诸侯，乃收杀之。"付，交付。"收付"谓逮捕起来交付法办，亦六朝人语。《三国志·魏志·夏侯玄传》："未发，以放散官物，收付廷尉，徙乐浪，道死。"《后汉书·方术传下·华佗》："（曹）操大怒，使人廉之，知妻诈疾，乃收付狱讯。"　　测治：刑讯治罪。测，本为刑具名。《隋书·刑法志》："立测者，以土为垛，高一尺，上圆，劣容囚两足立。"也指用测刑来使犯人招供。《全晋文》卷六二孙绰《喻道论》："若圣主御世，百司明达，则向之罪人，必见穷测，无逃形之地矣。"《南史·儒林传·沈洙》"且测人时节，本非古制，近代以来，方有此法。起自晡鼓，迄于二更，岂是常人所能堪忍？"《隋书·刑法志》："凡系狱者，不即答款，应加测罚，不得以人士为隔。"

[81] 连逮缀：三字同义连文，都是牵连、牵涉义。参见《杂宝藏经·长者请舍利弗摩诃罗缘》注[16]。

[82] 洗：犹言澄清、搞清楚。　　之：其，它的。　　源：根源；事由。

[83] 委：交付。

[84] 从事：处置。

[85] 整即主：刘整即为主犯。"某某即主"是六朝奏弹文字在列举罪状后的惯用结语。"主"指主犯、元凶。《文选·任昉〈奏弹曹景宗〉》："不有严刑，诛赏安置！景宗即主。"唐李善注："主，谓为主首也。王隐《晋书》：'庾纯自劾曰：醉酒荒迷，昏乱仪度。即主。'"又沈约《奏弹王源》："纠慝绳违，允兹简裁。源即主。"钱锺书《管锥编》"二〇三·全梁文卷二七"多举南北朝奏弹文字"……即主。臣谨案"用例，指出："'即主'以上犹立状，举其罪，'谨案'以下犹拟判，定其罚。……任昉《奏弹刘整》《奏弹萧颖达》二篇结构尤明。"参看该书第四册第 1403—1404 页，中华书局 1986 年第 2 版。

[86] 除：任职；拜官。　　中军参军：中军，指中军将军，武官名，晋置。参军，原为参某某军事之省称，谓参谋军务。晋南北朝始置此官，为重要幕僚。

[87] 闾阎：犹言草野、民间。《史记·樗里子甘茂列传》："太史公曰：'甘茂起下蔡闾阎，显名诸侯，重强齐、楚。'"　　阘茸：六臣注本作"闒茸"，同。小人，贱民。《全汉文》卷一六贾谊《吊屈原文》："阘茸尊显兮，谗谀得志。"

[88] 名教：指以正名定分为中心的封建礼教。《宋诗》卷二谢灵运《从游京口北固应诏》："事为名教用，道以神理超。"《晋书·阮瞻传》："见司徒王戎，戎问曰：'圣人贵名教，老庄明自然，其旨同异？'"　　绝：弃。

[89] 直：只不过。　　前代外戚：《南齐书·皇后传·高昭刘皇后》："高昭刘皇后讳智容，广陵人也。祖玄之，父寿之，并员外郎。……年十餘岁，归太祖，严

正有礼法，家庭肃然。……寿之子兴道，司徒属。"刘寅、刘整的姑母为南朝齐高帝之后，故曰"前代外戚"。

[90] 仕：入仕；做官。　　纨绔：本指细绢制成的裤子，为富贵人家子弟所服；此处喻指贵族出身。

[91] 恶：仇恨。　　衅：不和；仇隙。　　稔：积蓄已久，酝酿成熟。"恶积"与"衅稔"同义并列。《宋书·孔季恭传》："高祖后讨孙恩，时桓玄篡形已著，欲于山阴建义讨之。季恭以为山阴去京邑路远，且玄未居极位，不如待其篡逆事彰，衅成恶稔，徐于京口图之，不忧不克。""衅成恶稔"谓叛逆的事态成熟以后，与本句结构相似。

[92] 亲旧：亲戚故旧。《全晋文》卷二四王羲之《杂帖》："去月十一日发都，违远朝廷，亲旧乖离，情悬兼至，良不可言。"《世说新语·任诞》："（孔）群尝书与亲旧：'今年田得七百斛秫米，不了曲糵事。'"南朝梁宝唱等撰集《经律异相》卷四七引《生经》："王出游四方，还欲向宫，逢见亲旧为债主所拘。"隋阇那崛多译《佛本行集经》卷三一："时花鬘师即向彼龟而说偈言：'贤龟谛听我作意，汝今亲旧甚众多，我作花鬘系汝咽，恣汝归家作喜乐。'"　　侧目：斜目而视。形容愤恨不平。

[93] 理绝通问：按照伦理的要求，叔、嫂之间应该不互相问候。《礼记·曲礼上》："嫂、叔不通问。"

[94] 而妄肆丑辞：唐李善注："谓大骂也。"《集注》钞曰："谓大叫骂也。"即上文范氏陈诉中提到的"攘拳大骂""高声大骂"。按：汉魏以降人常以"丑"（丑言）来指称恶言骂詈。《诗·小雅·正月》："好言自口，莠言自口。"毛传："莠，丑也。"汉郑玄笺："善言从女口出，恶言亦从女口出。""莠言"即"丑言"，指恶言。《全汉文》卷四二王褒《僮约》："入市不得夷蹲旁卧，恶言丑骂。"《全三国文》卷四七嵇康《与吕长悌绝交书》："古之君子，绝交不出丑言，从此别矣。"《宋书·竟陵王诞传》："咏之恒见诞与左右小人庄庆、傅元祀潜图奸逆，言词丑悖。"

[95] 终夕不寐：盖用东汉第五伦的典故，形容对自己孩子加倍关心。《后汉书·第五伦传》："或问伦曰：'公有私乎?'对曰：'吾兄子常病，一夜十往，退而安寝；吾子有疾，虽不省视，而竟夕不眠。若是者，岂可谓无私乎?'"

[96] 谬：妄。　　大杖：大棍棒。《全汉文》卷四二王褒《僮约》："（杨）惠有夫时奴，名便了。子渊倩奴行酤酒，便了拽大杖，上夫冢岭曰……""加大杖"谓用大棒打人。李善注此句云："谓打逄也。"唐张铣注："言整私其子，则竟夕不寐；恶其侄，则妄加大杖。"

[97] 一何：犹言竟然、居然。

[98] 教义：名教礼法的旨意。《全后汉文》卷八九仲长统《昌言下》："引之以教义。"《后汉书·郎颛襄楷传论》："郎颛、襄楷能仰瞻俯察，参诸人事，祸福吉凶既

应,引之教义亦明。”

[99] 绅冕：绅,用以束腰的大带；冕,礼帽；均为有身份之人的服饰。因而转指有身份有地位者、士大夫。

[100] 参议：奏请；奏议。

[101] 见事：现今之事,这件事。见(xiàn)：后作“现”。　　　所：《集注》作“新”,钞曰：“新除官,谓新除中军行参军也。”

[102] 勒：犹言敕令、命令。　　廷尉：官名,秦置。九卿之一,掌刑狱。东汉以后,或称大理。此指廷尉所在的官署。　　法狱：监狱。《宋书·竟陵王诞传》：“臣等参议,宜下有司,绝诞属籍,削爵士,收付廷尉法狱治罪。”《文选·任昉〈奏弹曹景宗〉》：“臣谨以劾,请以见事免景宗所居官,下太常削爵士,收付廷尉法狱治罪。”

[103] 款：招供；服罪。《宋书·范晔传》：“其夜,先呼晔及朝臣集华林东阁,止于客省。先已于外收综及熙先兄弟,并皆款服。……晔仓卒怖惧,不即首款。”《魏书·奚斤传》：“昌黎王慕容伯儿收合轻侠失志之徒李沈等三百餘人谋反,斤闻而召伯儿入天文殿东庑下,穷问款引,悉收其党诛之。”《南史·隐逸传下·庾诜》：“邻人有被诬为盗,见劾妄款。”均其例。“不款”谓不供认、不认罪。《陈书·儒林传·沈洙》：“都官尚书周弘正曰：‘未知狱所测人,有几人款？几人不款？’”　　车：此下疑脱“栏”字。六臣注本作“车阑”,“阑”同“欄（栏）”。

[104] 测实：刑讯核实。见本篇注[80]。

[105] 宗长：宗族长辈。　　地界职司：指刘氏家庭居住地的地方官吏。

[106] 初无：并无；从无。参见《幽明录·卖胡粉女》注[8]。

[107] 不足：不必；用不着。《史记·苏秦列传》：“西有常山,南有河漳,东有清河,北有燕国；燕固弱国,不足畏也。”《全三国文》卷四七嵇康《与吕长悌绝交书》：“而阿都去年向吾有言,诚忿足下,意欲发举,吾深抑之；亦自恃每谓足下不足迫之,故从吾言。”《三国志·魏志·华佗传》：“佗云：‘君病深,当破腹取。然君寿亦不过十年,病不能杀君；忍病十岁,寿俱当尽,不足故自刳裂。’”《魏书·宋弁传》：“且常侍者黄门之粗冗,领军者二卫之假摄,不足空存推让,以弃大委。”

（四）颜 氏 家 训

《颜氏家训》是一部杂论集,内容丰富,涉及范围很广,包括序致、教子、兄弟、后娶、治家、风操、慕贤、勉学、文章、名实、涉务、省事、止足、诫兵、养生、归心、书证、音辞、杂艺、终制等二十篇。主旨是论述人从小到大处世为人、修身治家之道，以训诫子孙"务先王之道，绍家世之业"(《颜氏家训·勉学篇》语)。"古今家训，以此为祖"(王三聘《古今事物考》语)，本书成于隋代，从那时开始，就成为我国封建社会里一部影响深远的作品。不仅如此，本书还记载了许多当时风情、文人掌故、治学方法、音韵训诂等内容，对南北朝史研究和语言文学研究都极有参考价值。

作者颜之推(531—591 年)，字介，琅琊临沂(今属山东)人。初为南朝梁散骑侍郎，后奔北齐，官至黄门侍郎，复降周，入隋为官。

这里依据王利器《颜氏家训集解》(增补本，中华书局，1993 年)选录四节。

11. 治　　家

[题解]

本篇讲了一个实在而又难得的品行：爱护他人书籍。王士禛《居易录》卷三曾引此段文字，曰："此真厚德之言。或谓还书一痴，小人之言反是。"推而广之，凡是借用他人之物都应该爱护，这也是起码的道德。

[原文]

借人典籍[1]，皆须爱护[2]，先有缺坏[3]，就为补治[4]，此亦士大夫百行之一也[5]。济阳江禄[6]，读书未竟，虽有急速[7]，必待卷束整齐[8]，然后得起[9]，故无损败，人不厌其求假焉[10]。或有狼籍几案[11]，分散部帙[12]，多为童幼婢妾之所点污[13]，风雨虫鼠之所毁伤，实为累德[14]。吾每读圣人之书，未尝不肃敬对之；其故纸有五经词义[15]，及贤达姓名[16]，不敢秽用也[17]。

[注释]

[1] 借人：向别人借取。《左传·定公九年》："(阳虎)尽借邑人之车，锲其轴，麻约而归之。"《晋书·阮裕传》："在剡曾有好车，借无不给。有人葬母，意欲借而不敢言。后裕闻之，乃叹曰：'吾有车而使人不敢借，何以车为！'遂命焚之。"向人借书的例子古籍中记载很多，如：《颜氏家训·勉学》："东莞臧逢世，年二十餘，欲

读班固《汉书》，苦假借不久，乃就姊夫刘缓乞丐客刺书翰纸末，手写一本，军府服其志尚，卒以《汉书》闻。""假借"同义，就是借。《南齐书·柳世隆传》："世隆性爱涉猎，启太祖借秘阁书，上给二千卷。"《魏书·甄琛传》："（奴）乃白琛曰：'郎君辞父母，仕宦京师，若为读书执烛，奴不敢辞罪，乃以围棋，日夜不息，岂是向京之意？……'琛惕然惭感，遂从许叡、李彪假书研习，闻见益优。""假书"就是借书。《晋书·齐王攸传》："就人借书，必手刊其谬，然后反之。"《南史·文学传·任孝恭》："精力勤学，家贫无书，常崎岖从人假借，每读一遍，讽诵略无所遗。"有借入，也有借出，《全晋文》卷四二杜预《与子耽书》："知汝颇欲念学，令同还车到，副书，可案录受之，当别置一宅中，勿复以借人。"言不要借给人书。《古小说钩沉》辑《小说》："杜预书告儿：古诗'有书借人为可嗤，借书送还亦可嗤。'"　　典籍：书籍。汉荀悦《汉纪·成帝纪》："光禄大夫刘向校中秘书，谒者陈农使求遗书于天下，故典籍益博矣。"《后汉书·崔寔传》："少沈静，好典籍。"

〔2〕爱护：爱惜保护。《全晋文》卷一一〇郗超《奉法要》："何谓为爱护？随其方便，触类善救，津梁会通，务存弘济。"《颜氏家训·归心》："夫有子孙，自是天地间一苍生耳，何预身事？而乃爱护，遗其基址，况于己之神爽，顿欲弃之哉？"又《杂艺》："玩阅古今，特可宝爱。""宝爱"与"爱护"义近。

〔3〕先：先前；原来。《颜氏家训·终制》："先有风气之疾，常疑奄然，聊书素怀，以为汝诫。"张相《诗词曲语辞汇释》卷二："先，犹本也，已也。"

〔4〕补治：修补，粘补。《异苑》卷二："张有二卷羊中敬书，忽失所在，鬼于梁上掷还一卷，少裂坏，乃为补治。"《魏书·儒林传·李业兴》："业兴爱好坟籍，鸠集不已，手自补治，躬加题帖，其家所有，垂将万卷。"《急就篇》卷二："针缕补缝绽纨缘。"颜师古注："修破谓之补。"《齐民要术》卷三《杂说》有治书法，十分详尽，如："裂薄纸如虿叶以补织，微相入，殆无际会，自非向明举而看之，略不觉补。裂若屈曲者，还须于正纸上，逐屈曲形势裂取而补之。""凡雌黄治书，待潢讫治者佳；先治人潢则动。"

〔5〕百行：封建士大夫所规定的多种立身行己之道，称为"百行"。《诗·卫风·氓》："士之耽兮，犹可说也。"郑玄笺："士有百行，可以功过相除。"《三国志·魏志·王昶传》载戒子书："夫孝敬仁义，百行之首，行之而立，身之本也。"《后汉书·江革传》："夫孝，百行之冠，众善之始也。"

〔6〕江禄：字彦遐，梁人。幼笃学，有文才，工书善画。位太子洗马、湘东王录事参军，卒于唐侯相。《南史》附传于《江夷传》。

〔7〕虽：即使。　　急速：本谓紧急，这里指紧急之事。《宋书·索虏传》："伐罪吊民，事存急速。"《南齐书·竟陵文宣王子良传》："宋世元嘉中，皆责成郡县；孝武征求急速，以郡县迟缓，始遣台使，自此公役劳扰。"古籍中又有"急疾""急

病"等词,喻紧急或紧急之事。《魏诗》卷三刘桢诗:"风雨虽急疾,根株不倾移。"《晋诗》卷一二王胡之《赠庾翼》:"通广外润,雅裁内正。降己顺时,志存急病。"《齐民要术》卷一《种谷》:"获不可不速,常以急疾为务。芒张叶黄,捷获之无疑。"《晋书·愍怀太子传》:"须臾有一小婢持封箱来,云:'诏使写此文书。'……又小婢承福持笔研墨黄纸来,使写。急疾不容复视,实不觉纸上语轻重。"

[8] 卷束:卷起捆束。明胡应麟《少室山房笔丛·经籍会通一》:"凡书,唐以前皆为卷轴,盖今所谓一卷,即古之一轴。"清叶德辉《书林清话·书之称卷》:"帛之为书,便于舒卷,故一书谓之几卷。凡古书,以一篇作一卷。"古书多写在绢帛之上,收藏须卷起扎束。

[9] 得:可以。《淮南子·主术》:"孕育不得杀,鷇卵不得探,鱼不长尺不得取,彘不期年不得食。"《齐民要术》卷一《耕田》:"若牛力少者,但九月、十月一劳之,至春稸种亦得。""两脚耧,种垅概,亦不如一脚耧之得中也。"参见《齐民要术·种谷》注[12]。

[10] 求假:求借。三国魏刘劭《人物志·七缪》:"天下……皆贫,则求假无所告,而有穷乏之患。"《后汉书·樊宏传》:"尝欲作器物,先种梓漆,时人嗤之,然积以岁月,皆得其用,向之笑者咸求假焉。"此词后代仍沿用,《辽史·文学传上·萧韩家奴》:"求假于人,则十倍其息,至有鬻子割田,不能偿还者。"《广雅·释诂二》:"假,借也。"

[11] 狼籍:散乱不整貌。《史记·滑稽列传》:"日暮酒阑,合尊促坐,男女同席,履舄交错,杯盘狼藉。""狼藉"与"狼籍"同。又喻行为不检,名声不好。如《三国志·魏志·武帝纪》:"国有十馀县,长吏多阿附贵戚,赃污狼藉,于是奏免其八。"《世说新语·方正》:"王含作庐江郡,贪浊狼籍。"　几案:文牍;书籍。《颜氏家训·风操》:"郡县民庶,竞修笺书,朝夕辐辏,几案盈积。"又《文章》:"刘孝绰当时既有重名,无所与让;唯服谢朓,常以谢诗置几案间,动静辄讽味。"《世说新语·雅量》:"王丞相主簿欲检校帐下,公语主簿:'欲与主簿周旋,无为知人几案间事。'"徐震堮注:"几案间事,指案牍之类。"《魏书·阳平王传》:"庆遵弟庆智,美容貌,有几案才。"文章学问或文书计账,皆就几案上作之,故几案有书籍、文牍等义。《颜氏家训》例"几案"与"部帙"对应同义。

[12] 部帙:谓书籍、卷册。《颜氏家训·杂艺》:"晋、宋以来,多能书者。故其时俗,递相染尚,所有部帙,楷正可观,不无俗字,非为大损。"《北史·牛弘传》:"今御出单本,合一万五千馀卷,部帙之间,仍有残缺,比梁之旧目,止有其半。""部"指文章、书籍的分类,如《晋书·李充传》:"于时典籍混乱。充删除烦重,以类相从,分为四部,甚有条贯,秘阁以为永制。"帙是古代竹帛书籍的套子,多用布帛制成。《说文·巾部》:"帙,书衣也。""部帙"连言则指书籍或卷册。

　　[13] 点污：污损；弄脏。《三国志·吴志·韦曜传》："而（孙）皓更怪其书之垢故，又诘曜。曜对曰：'囚撰此书，实欲表上，惧有误谬，数数省读，不觉点污。'"唐张彦远《历代名画记》卷二："客有非好事者，正餐寒具，以手捉书画，大点污。"唐戴孚《广异记·宇文觌》："点污名贤，曾未相见，所由但以为逆所引，悉皆系狱，臣至州日，请一切释免。""点污"同义，"点"就是"污"。《汉书·司马迁传》载迁《报任安书》："若仆大质已亏缺，……终不可以为荣，适足以见笑而自点耳。"颜师古注："点，污也。"《宋诗》卷七鲍照《代白头吟》："食苗实硕鼠，点白信苍蝇。"《魏书·河南王传》："梁郡密迩伪畿，丑声易布，非直有点清风，臣恐取嗤荒远。"

　　[14] 累德：败坏品德。《三国志·魏志·彭城王据传》裴松之注引《魏书》曰："常虑所以累德者而去之，则德明矣。"《颜氏家训·文章》："或问扬雄曰：'吾子少而好赋？'雄曰：'然。童子雕虫篆刻，壮夫不为也。'余窃非之曰：'虞舜歌《南风》之诗，周公作《鸱鸮》之咏，吉甫、史克《雅》《颂》之美者，未闻皆在幼年累德也。'"《魏书·北海王详传》："诏曰：'一人之身，愆不累德，形乖性别，忠逆固殊。'"又作名词，指坏的品德。《庄子·庚桑楚》："解心之谬，去德之累，……恶、欲、喜、怒、哀、乐六者，累德也。""累"有罪过、祸患、缺点等义。南朝梁钟嵘《诗品》上："张协文体华净，少病累。"《颜氏家训·文章》："江南文制，欲人弹射，知有病累，随即改之。""病累"同义。又《归心》："一人修道，济度几许苍生？免脱几身罪累？幸熟思之！""罪累"亦同义连言。也有作动词用者，指败毁。《颜氏家训·止足》："周穆王、秦始皇、汉武帝，富有四海，贵为天子，不知纪极，犹自败累，况士庶乎？"

　　[15] 故纸：旧纸。《齐民要术》卷七《造神曲并酒》："用故纸糊席曝之，夜乃勿收，令受霜露。"故纸又指旧时文牍或古籍。《北齐书·韩轨传》："朝廷处之贵要之地，必以疾辞。告人曰：'废人饮美酒、封名胜，安能作刀笔吏返披故纸乎？'"宋杨万里《题唐德明建一斋》诗："平生刺头钻故纸，晚知此道无多子。"

　　[16] 贤达：贤能、通达之人。《后汉书·黄宪传》："太守王龚在郡，礼进贤达，多所降致，卒不能屈宪。"又《李固传》："天地之心，福谦忌盛，是以贤达功遂身退。"《晋诗》卷一七陶渊明《拟挽歌辞》："千年不复朝，贤达无奈何。"《颜氏家训·养生》："自乱离已来，吾见名臣贤士，临难求生，终为不救，徒取窘辱，令人愤懑。""名臣贤士"犹"贤达"。

　　[17] 秽用：指当解手纸用。《敦煌变文校注·庐山远公话》："自从远公于大内见诸宫常将字纸秽用茅厕之中，悉嗔诸人，以为偈曰：'……不解生珍敬，秽用在厕中。'"

12. 风 操 (1)

[题解]

亲人丧亡,忌日不乐,自古皆然,乃人之常情。有人则借机在深宅中盛摆酒宴,谈笑自若;却以忌日为由不理急务,不接至友。世上虚假之事,当不止于此。

[原文]

《礼》云:"忌日不乐[1]。"正以感慕罔极[2],恻怆无聊[3],故不接外宾[4],不理众务耳。必能悲惨自居[5],何限于深藏也[6]?世人或端坐奥室[7],不妨言笑[8],盛营甘美[9],厚供斋食[10];迫有急卒[11],密戚至交[12],尽无相见之理[13]:盖不知礼意乎[14]!

[注释]

[1] 忌日不乐:《礼记·檀弓上》:"故君子有终身之忧,而无一朝之患,故忌日不乐。"汉郑玄注:"谓死日言忌日,不用举吉事。"《礼记·祭义》:"君子有终身之丧,忌日之谓也。忌日不用,非不祥也,言夫日志有所至,而不敢尽其私也。"郑玄注:"忌日,亲亡之日。忌日者,不用举他事,如有时日之禁也。"《古小说钩沉》辑《裴子语林》:"桓玄不立忌日,止立忌时。每至日,弦歌不废。"《魏书·孝感传·阎元明》:"母亡,服终,心丧积载,每忌日悲恸傍邻。"

[2] 感慕:悲伤。《颜氏家训·后娶》:"基每拜见后母,感慕呜咽,不能自持,家人莫忍仰视。"又《风操》:"言及先人,理当感慕,古者之所易,今人之所难。"又:"今二亲丧亡,偶值伏腊分至之节,及月小晦后,忌之外,所经此日,犹应感慕,异于餘辰。不预饮宴、闻声乐及行游也。"《南史·张敷传》:"生而母亡,年数岁,问知之,虽蒙童,便有感慕之色。""感""慕"同义,都是悲的意思。《晋诗》卷五陆机《悲哉行》:"伤哉客游士,忧思一何深。目感随气草,耳悲永时禽。"《隋诗》卷四杨素《赠薛播州》:"独飞时慕侣,寡和乍孤音。木落悲时暮,时暮感离心。"此以"悲""感"同义对应。《魏书·皇后传·文明皇后》:"(太后崩,诏曰):其餘外事,有所不从,以尽痛慕之情。"又《孝感传·杨引》:"三年服毕,恨不识父,追服斩衰,食粥粗服,誓终身命。终十三年,哀慕不改,为郡县乡闾三百餘人上状称美。"又《阎元明传》:"元明以违离亲养,兴言悲慕,母亦慈念,泣泪丧明。""痛慕""哀慕""悲慕"皆同义连言。　罔极:无穷尽;无边际。《颜氏家训·终制》:"杀生为之,若报罔极

之德。"《魏书·皇后传·文明皇后》:"(太后崩),诏曰:'尊旨从俭,不申罔极之痛;称情允礼,仰损俭训之德。'"

　　[3] 恻怆:悲伤。《颜氏家训·风操》:"《礼》曰:'见似目瞿,闻名心瞿。'有所感触,恻怆心眼;若在从容平常之地,幸须申其情耳。"又:"帝曰:'我年已老,与汝分张,甚以恻怆。'"《晋诗》卷五陆机《门有车马客行》:"拊膺携客泣,掩泪叙温凉。借问邦族间,恻怆论存亡。"《全晋文》卷二四王羲之《杂帖》:"自丧初不哭,不能不有时恻怆。"《宋诗》卷七鲍照《拟行路难》:"念此死生变化非常理,心中恻怆不能言。"　　无聊:无乐。《楚辞·王逸〈九思·逢尤〉》:"心烦愦兮意无聊,严载驾兮出戏游。"王逸注:"聊,乐也。"《三国志·吴志·三嗣主传》:"孤甚愧怅,于今无聊。"又:"衣不全褐,食不赡朝夕,出当锋镝之难,入抱无聊之戚。"姚秦鸠摩罗什译《众经撰杂譬喻》卷下:"婢如是数反,沙门不去。妇愁忧无聊。"宋王安石《送丁廓秀才归汝阴二首》:"西州行路日萧条,执手伤怀不自聊。"

　　[4] 不接外宾:不接待外来亲友。接:接待;待客。《史记·屈原贾生列传》:"出则接遇宾客,应对诸侯。"《颜氏家训·风操》:"昔日,周公一沐三握发,一饭三吐餐,以接白屋之士,一日所见者七十餘人。"又《勉学》:"但知承上接下,积财聚谷,便云我能为相;不知敬鬼事神,移风易俗,调节阴阳,荐举贤圣之至也。"又《归心》:"民将牛酒作礼,县令以牛系刹柱,屏除形像,铺设床坐,于堂上接宾。""接"字此义先秦已见,如《孟子·万章下》:"其交也以道,其接也以礼。"

　　[5] 必:倘若;假如。《颜氏家训·风操》:"《礼》曰:'见似目瞿,闻名心瞿。'有所感触,恻怆心眼;若在从容平常之地,幸须申其情。必不可避,亦当忍之,犹如伯叔兄弟,酷类先人,可得终身肠断,与之绝耶?"又《勉学》:"光阴可惜,譬诸逝水,当博览机要,以济功业。必能兼美,吾无间焉。"又《文章》:"学问有利钝,文章有巧拙。钝学累功,不妨精熟;拙文研思,终归蚩鄙。但成学士,自足为人;必乏天才,勿强操笔。"　　自居:自处;自持。《后汉书·孔融传》:"时河南尹李膺以简重自居,不妄接士宾客。"《颜氏家训·风操》:"父祖伯叔,若在军阵,贬损自居,不宜奏乐宴会及婚冠吉庆事也。"《晋书·王祥传》:"天子幸太学,命祥为三老。祥南面几杖,以师道自居。天子北面乞言,祥陈明王圣帝君臣政化之要以训之,闻者莫不祗砺。"《南史·王昙首传论》:"仲宝雅道自居,早怀伊、吕之志,竟而逢时遇主,自致宰辅之隆,所谓衣冠礼乐尽在是矣。"

　　[6] 何限于:何必局限于。《全晋文》卷八七束皙《嫁娶时月》:"《春秋》二百四十年,鲁女出嫁,夫人来归,大夫逆女,天王娶后,自正月至十二月,悉不以得时失时为褒贬,何限于仲春季秋以相非哉!"《全宋文》卷三七颜延之《又释何衡阳达性论》:"详思来论,立姬废释,故吾引释符姬,答不越问,未觉多采,由金日碑,不生华壤,何限九服之外,不有穷理之人?"《旧唐书·韩滉传》:"夫食,人之所恃而生也,

此居而坐毙,适彼而可生,得存吾人,又何限于彼也?"

[7] 端坐奥室:正襟危坐于深室中。奥室:内室;深宅。《后汉书·梁冀传》:"堂寝皆有阴阳奥室,连房洞户。"宋陆游《雨闷示儿子》诗:"重裘坐奥室,时序真强名。""奥"本指室内西南隅,引申则泛指堂室之内或深宅之中。《荀子·非十二子》:"奥窔之间,簟席之上,敛然圣王之文章具焉。"杨倞注:"西南隅谓之奥,东南隅谓之窔。言不出室堂之内也。"

[8] 不妨:不妨碍;可以。《颜氏家训·文章》:"学问有利钝,文章有巧拙。钝学累功,不妨精熟;拙文研思,终归蚩鄙。"《后汉书·刘般传》:"今滨江湖郡率少蚕桑,民资渔采以助口实,且以冬春闲月,不妨农事。"《齐民要术》卷二《种瓜》:"若无茭处,竖干柴亦得。凡干柴草,不妨滋茂。"又作"无妨",《颜氏家训·书证》:"又相如《封禅书》曰:'导一茎六穗于庖,牺双觡共抵之兽。'此导训择,光武诏云:'非徒有豫养导择之劳'是也。而《说文》云蓻是禾名,引《封禅书》为证。无妨自当有禾名蓻,非相如所用也。""妨"有妨碍、影响之义。"不妨言笑"谓照旧谈笑。

[9] 盛营:大力置办、经营。《魏书·薛辩传》:"性豪爽,盛营园宅。"《南齐书·孔稚珪传》:"不乐世务,居宅盛营山水,凭几独酌,傍无杂事。"《晋书·卞范之传》:"玄既奢侈无度,范之亦盛营馆第。"盛营甘美:大力置办丰盛的饮食。《颜氏家训·勉学》:"世人不问愚智,皆欲识人之多,见事之广,而不肯读书,是犹求饱而懒营馔,欲暖而惰裁衣也。"《后汉书·崔瑗传》:"瑗爱士,好宾客,盛修肴膳,单极滋味,不问餘产。居常蔬食菜羹而已。""营馔""盛修肴膳"与"盛营甘美"义近。

[10] 厚供斋食:丰厚充足地供设斋食。《颜氏家训·终制》:"灵筵勿设枕几,朔望祥禫,唯下白粥清水干枣,不得有酒肉饼果之祭。……杀生为之,若报罔极之德,霜露之悲,有时斋供,及七月半盂兰盆,望于汝也。"是颜之推反对"厚供斋食"。

[11] 急卒:犹"急猝",紧急,此处谓紧急之事。《周书·蔡祐传》:"左右劝乘马以备急卒。"《全唐文》卷五六五韩愈《河南少尹李公墓志铭》:"贼急卒不暇走死,民抱扶迎尽出。"《三国志·吴志·诸葛恪传》:"恪曰:'卒腹痛,不任入。'""卒"即"猝",突然之义。

[12] 密戚至交:亲密友好的亲戚、朋友。《宋书·前废帝纪》:"宗室密戚,遇若婢仆。"《南齐书·东昏侯纪》:"密戚近亲,元勋良辅,覆族歼门,旬月相系。"《北齐书·封述传》:"而厚积财产,一无馈遗,虽至亲密友贫病困笃,亦绝于拯济,朝野物论甚鄙之。""至亲密友"犹上文"密戚至交"。

[13] 无相见之理:没有相见的可能。"无(有)……理",是汉魏六朝文献的习见句式,如《全晋文》卷二二王羲之《杂帖》:"想足下镇彼土,未有动理耳。"《世说新语·假谲》:"诸葛令女,庾氏妇,既寡,誓云:'不复重出!'此女性甚正强,无有登车理。"《魏书·李彪传》:"彪将还,赜亲谓曰:'卿前使还日,赋阮诗云:但愿长闲暇,

后岁复来游。果如今日。卿此还也,复有来理否?'"参见《世说新语·孙兴公嫁女》注[6]。

[14] 盖不知礼意乎:这是作者对那种奥室欢宴而不肯会见来吊唁的至亲好友的做法的抨击。唐封演《封氏闻见记》卷六《忌日》曰:"沈约《答庾光禄书》云:'忌日制假,应是晋、宋之间,其事未久。未制假前,止是不为宴乐,本不自封闭,如今世自处者也。居丧再周之内,每有忌日,哭临受吊,无不见人之义。'"可见忌日是应该接待"密戚至交"的。按:《封氏闻见记》卷六"忌日"引此段,略有不同,录此以供参考:"颜之推亦云:忌日感慕,故不接外宾,不理庶务。不能悲惨自居,何限于深藏也?世人或端坐奥室,不好言笑;卒有急迫,宁无尽不见之理。其不知礼意乎!"

13. 风　操　(2)

[题解]

　　乙子不明"早晚"之义,答非所问,竟成笑柄。这类事现实生活中颇多,我们实在应该"触类慎之"。

[原文]

　　尝有甲设宴席,请乙为宾[1];而旦于公庭见乙之子,问之曰:"尊侯早晚顾宅[2]?"乙子称其父已往。时以为笑。如此比例[3],触类慎之[4],不可陷于轻脱[5]。

[注释]

　　[1] 尝有甲设宴席,请乙为宾:甲、乙为虚设之辞,不实指为某人。《韩非子·用人》:"罪生甲,祸归乙。"《颜氏家训·归心》:"俗之谤者,大抵有五:……其五,以纵有因缘如报善恶,安能辛苦今日之甲,利益后世之乙乎?"《宋书·礼志二》:"某曹关太常甲乙启辞。"

　　[2] 尊侯:对他人父亲的敬称。《搜神记》卷一八"吴兴老狸"条:"后有一法师过其家,语二儿云:'君尊侯有大邪气。'儿以白父,父大怒。"《世说新语·言语》:"中朝有小儿,父病,行乞药。主人问病,曰:'患疟也。'主人曰:'尊侯明德君子,何以病疟?'"《南史·孝义传·吉翂》:"主上知尊侯无罪,行当释亮。"　　早晚:何时。《全晋文》卷二七王献之《杂帖》:"彼郡今载甚不能佳,不知早晚至? 当遂至郡,深相望。"《洛阳伽蓝记》卷二《绥民里》:"步兵校尉李澄问曰:'太尉府前砖浮图,形制甚古,犹未崩毁,未知早晚造?'"《魏书·李顺传》:"世祖曰:'若如卿言,则

效在无远,其子必复袭世。袭世之后,早晚当灭?"《北齐书·琅邪王俨传》:"俨以和士开、骆提婆等奢恣,盛修第宅,意甚不平,尝谓曰'君等所营宅早晚当就? 何太迟也。'"又指或早或晚。《世说新语·雅量》:"过江初,拜官舆饰供馔。羊曼拜丹阳尹,客来蚤者,并得佳设。日晏渐罄,不复及精。随客早晚,不问贵贱。"又指时间先后。《宋书·自序》:"窃惟此既内藩,事殊外镇,抚莅之宜,无系早晚。"　顾宅:谓光临寒舍。

[3] 比例:谓相类似的人或事物,犹言"之类""此类"。《后汉书·阴识传》:"永平元年诏曰:'故侍中卫尉关内侯兴,典领禁兵,从平天下,当以军功显受封爵;又诸舅比例,应蒙恩泽,兴皆固让,安乎里巷。'"《南齐书·王僧虔传》载僧虔诫子书:"汝今壮年,自勤数倍许胜,劣及吾耳。世中比例举眼是,汝足知此,不复具言。"《颜氏家训·文章》:"世人或有文章引《诗》'伐鼓渊渊'者,《宋书》已有屡游之诮,如此流比,幸须避之。""流比"与"比例"用法、意义皆相近。

[4] 触:本谓"用角抵触",引申有接触、触动、遇到等义。触类:犹言遇到同类的;遇到类似的,为动宾结构。《陆云集》卷八《与兄平原书》:"又思《三都》,世人已作是语,触类长之,能事可见。"晋葛洪《抱朴子内篇·对俗》:"伐木而寄生枯,芟草而兔丝萎,川蟹不归而蛣败,桑树见断而蠹珍,触类而长之,斯可悟矣。"《宋书·范晔传》:"晔性精微有思致,触类多善,衣裳器服,莫不增损制度,世人皆法学之。""触"与宾语结合,多表示周遍性的意义。成语"触类旁通"正是此义。《颜氏家训·风操》:"人有忧疾,则呼天地父母,自古而然。今世讳避,触途急切。""触途"谓处处。又《勉学》:"有学艺者,触地而安。自荒乱已来,诸见俘虏,虽百世小人,知读《论语》《孝经》者,尚为人师;虽千载冠冕,不晓书记者,莫不耕田养马。""触地"与"触途"同。《颜氏家训·文章》:"举此一隅,触途宜慎。"此与"触类慎之"同义。

[5] 轻脱:轻率;粗疏。《三国志·蜀志·诸葛亮传》裴松之注引《袁子》曰:"蜀人轻脱,亮故坚用之。"《颜氏家训·养生》:"凡欲饵药,陶隐居《太清方》中总录甚备,但须精审,不可轻脱。"《魏书·皇后传·宣武灵皇后》:"僧敬又因聚集亲族,遂涕泣谏曰:'陛下母仪海内,岂宜轻脱如此!'后大怒,自是不召僧敬。"又《李孝伯传》:"邹山之险,彼之所凭,前锋始得接手,崔邪利便尔入穴,将士倒曳出之。主上丐其生命,今从在此。复何以轻脱,遣马文恭至萧县,使望风退挠也。"

14. 杂　艺

[题解]

字是一个人的脸面,古今人都是这样看待的,因而颜之推主张留意书法,装点好门面。但颜氏又强调"此艺不须过精",恐为人役使。

其实,这是多虑,若为人刚正,凛然不可犯,恐怕才学再精也不会被役使。

[原文]

真草书迹[1],微须留意[2]。江南谚云:"尺牍书疏[3],千里面目也[4]。"承晋、宋餘俗,相与事之[5],故无顿狼狈者[6]。吾幼承门业[7],加性爱重[8],所见法书亦多[9],而玩习功夫颇至[10],遂不能佳者[11],良由无分故也[12]。然而此艺不须过精[13]。夫巧者劳而智者忧[14],常为人所役使,更觉为累[15];韦仲将遗戒[16],深有以也[17]。

[注释]

[1] 真草:真指真书,又称楷书或正书;草指草书。《法书要录》卷二南朝梁庾肩吾《书品论》:"草势起于汉时,解散隶法,用以赴急,本因草创之义,故曰草书。建初中,京兆杜操始以善草知名,今之草书是也。""真草"连言亦泛指书法、墨迹。《颜氏家训·杂艺》:"梁氏秘阁散逸以来,吾见二王真草多矣,家中尝得十卷。"《史记·三王世家》:"谨论次其真草诏书,编于左方,令览者自通其意而解说之。"《全三国文》卷二魏武帝《选举令》:"国家旧法,选尚书郎,取年未五十者,使文笔真草,有才能谨慎,典曹治事,起草立义,又以草呈示令仆讫,乃付令史书之耳。""真草"是两种重要的书法体式,宋欧阳修《文忠集》卷一三〇有《学真草书》:"自此以后,只日学草书,双日学真书。"　书迹:书体;墨迹。《颜氏家训·省事》:"近世有两人,朗悟士也,性多营综,略无成名,经不足以待问,史不足以讨论,文章无可传于集录,书迹未堪以留爱玩。"又《杂艺》:"北朝丧乱之餘,书迹鄙陋,加以专辄造字,猥拙甚于江南。"唐张彦远《法书要录·自序》:"河东公书迹俊异,尤能大书。"

[2] 微须:稍须;略微需要。《齐民要术》卷三《种襄荷芹蘧》:"襄荷宜在树阴下,二月种之,一种永生,亦不须锄。微须加粪,以土覆其上。"　留意:关注;专心。《史记·苏秦列传》:"今无臣事秦之名而有强国之实,臣是故愿大王少留意计之。"又《乐毅列传》:"故敢献书以闻,唯君王之留意焉。"

[3] 尺牍:书信。《颜氏家训·书证》:"若文章著述,犹择微相影响者行之,官曹文书,世间尺牍,幸不违俗也。"《魏书·郭祚传》:"祚涉历经史,习崔浩之书,尺牍文章见称于世。"又《夏侯道迁传》:"道迁虽学不渊洽,而历览书史,闲习尺牍,札翰往还,甚有意理。"又《李苗传》:"解鼓琴,好文咏,尺牍之敏,当世罕及。"　书疏:书信。与"尺牍"同义。《全三国文》卷七魏文帝《又与吴质书》:"岁月易得,别来行复四年。三年不见,东山犹叹其远,况乃过之,思何可支!虽书疏往返,未足

解其劳结。"《世说新语·政事》"成帝在石头"条刘孝标注引《晋阳秋》："自以职在中书，绝不与人交关书疏，闭门不通宾客，家无儋石之储。""书疏"又有文章、典籍之义，如《太平御览》卷五〇〇引《风俗通义》佚文："有苍头地餘，年十七，情性聪慧，仪状端正，工书疏。"

[4] 面目：面貌；脸面。《国语·吴语》："夫差将死，使人说于子胥曰：'使死者无知，则已矣；若其有知，吾何面目以见员也！'遂自杀。"《史记·项羽本纪》："纵江东父兄怜而王我，我何面目见之？"《后汉书·蔡邕传》："相见无期，唯是书疏，可以当面。"此与江南谚语义近。

[5] 相与：一道；共同。东晋法显译《佛说杂藏经》："萍沙王出游遇见，诣林问讯：汝本为王，出入营从……今作乞儿，独行乞食，岂可乐耶？汝还罢道，相与分半国治。"刘宋求那跋陀罗译《过去现在因果经》卷四："于时迦叶闻诸弟子作是言已，即便相与俱诣佛所。"南朝梁宝唱等撰集《经律异相》卷三三引《阿育王经》："语丑人言：'汝当取我一眼，置我手中，我欲观之。'时此丑人欲取其眼，无数诸人相与瞋骂而说偈言……"《水经注·济水》："熹平四年迁州，明年甘露复降殿前树，从事冯巡、主簿华操等相与褒树，表勒棠政。"　　事：研习。

[6] 顿：即刻；一下子。《齐民要术》卷五《种棠》："必候天晴时，少摘叶，干之；复更摘。慎勿顿收，若遇阴雨则浥，浥不堪染绛也。"又卷六《养鱼》："如朱公收利，未可顿求。"《正字通·页部》："顿，遽也。"　　狼狈：多喻匆忙或尴尬窘迫。《后汉书·任光传》："更始二年春，世祖自蓟还，狼狈不知所向。"又《李固传》："侵夺主威，改乱嫡嗣，至令圣躬狼狈，亲遇其艰。"这里喻人仓卒匆忙之中，书迹不能善。《法书要录》卷二南朝梁虞龢《论书表》："卢循素善尺牍，尤珍名法。西南豪士，咸慕其风，人无长幼，翕然尚之，家赢金币，竞远寻求。"说的正是这种一道学习书法的习俗风尚。

[7] 门业：家学；世传的职业。《弘明集》卷一一南朝齐孔稚珪《答竟陵王启》："民积世门业，依奉李老，以冲静为心，以素退成行。"《南史·贺琛传》："梁武帝召见文德殿，与语，悦之。谓徐勉曰：'琛殊有门业。'"又《文学传论》："至若丘灵鞠等，或克荷门业，或夙怀慕尚，虽位有穷通，而名不可灭。"

[8] 爱重：喜爱；看重。《汉书·游侠传·楼护》："（楼）护诵医经、本草、方术数十万言，长者咸爱重之。"《后汉书·东平宪王苍传》："苍少好经书，雅有智思，为人美须髯，腰带八尺，显宗甚爱重之。"《世说新语·尤悔》："大儿年未弱冠，忽被笃疾。儿既是偏所爱重，为之祈请三宝，昼夜不懈。"加性爱重：加上天性喜爱看重（书法）。

[9] 法书：指名家的书法范本，亦即可以效法的书迹。《梁书·殷钧传》："又受诏料检西省法书古迹，别为品目。"唐张彦远《法书要录·自序》："彦远家传法书

名画，自高祖河东公收藏珍秘。"

[10] 玩习：揣摩；研习。失译(附后汉录)《大方便佛报恩经》卷二《对治品》："时转轮圣王寻发愿言：我今应求索无上佛法出世间法，令诸众生读诵玩习，远离生死，得至涅槃。"《三国志·吴志·士燮传》："官事小阕，辄玩习书传。"又《魏志·高贵乡公髦纪》："主者宜敕自今以后，群臣皆当玩习古义，修明经典，称朕意焉。""玩"有揣摩玩味之义，如《后汉书·蔡邕传》："闲居玩古，不交当世。"《颜氏家训·杂艺》："玩阅古今，特可宝爱。""玩习"为同义连言，《文选·嵇康〈琴赋序〉》："余少好音声，长而玩之。"李善注："杜预《左氏传》注曰：'玩，习也。'"又"玩习"亦有赏玩、欣赏之义。《全梁文》卷四六陶弘景《受陆敬游十赉文》："尔崇教惟善，法无偏执，器服表用，爱寄玩习。"　　功夫：指所费时间和精力。《陆云集》卷八《与兄平原书》："今略已成，甚复可惜，事少，功夫亦易耳。"西晋竺法护译《生经》卷四《佛说度悔喻经》："时山神树神睹之，惜其功夫，方欲成就，反欲还家，志在瑕秽，代之恨恨，不可为喻。"《法书要录》卷一南朝齐王僧虔《论书》："宋文帝书，自谓不减王子敬。时议者云：'天然胜羊欣，功夫不及欣。'"全句是说学习研读的时间颇多。

[11] 遂：竟；竟然。《颜氏家训·慕贤》："祭酒问云：'君王比赐书翰，及写诗笔，殊为佳手，姓名为谁？那得都无声问？'编以实答。子云叹曰：'此人后生无比，遂不为世所称，亦是奇事。'"又《勉学》："撞桐，此谓撞捣挺桐之，今为酪酒亦然。向学士又以为种桐时，太官酿马酒乃熟。其孤陋遂至于此。"又《书证》："《易》有蜀才注，江南学士，遂不知是何人。"又："《汉书·王莽赞》云：'紫色蛙声，餘分闰位。'盖谓非玄黄之色，不中律吕之音也。近有学士，名问甚高，遂云：'王莽非直鸢髆虎视，而复紫色蛙声。'亦为误矣。"又《音辞》："甫者，男子之美称，古书多假借为父字，北人遂无一人呼为甫者，亦所未喻。""遂"字此义先秦典籍已见，如《左传·文公七年》："士季曰：'吾与之同罪，非义之也，将何见焉？'及归，遂不见。"《广雅·释诂三》："遂，竟也。"杨树达《词诠》卷六："遂，副词，终竟也。"

[12] 良由：实在是由于。　　分：天分；能力。晋袁宏《后汉纪·灵帝纪》："古之为士，将以兼政，可则进，不可则止。量分受官，分极则身退矣。"《宋书·范晔传》："性别宫商，识清浊，斯自然也。……年少中，谢庄罪有其分，手笔差易，文不拘韵故也。"无分：无天分。

[13] 不须：不必。　　过：甚；太。作副词用。《晋诗》卷一六陶渊明《和郭主簿》："园蔬有余滋，旧谷犹储今。营己良有极，过足非所钦。"《洛阳伽蓝记》卷五《凝圆寺》："时陇西李元谦乐双声语，常经文远宅前过，见其门阀华美，乃曰：'是谁第宅过佳？'"《北齐书·文苑传·李广》："谓其妻云：'吾向似睡，忽见一人出吾身中，语云：君用心过苦，非精神所堪，今辞君去。'""不须过精"谓不必过于精通。

[14] 巧者劳而智者忧：谓手巧能干者多劳作，聪明智慧者多忧思。

[15] 累：累赘。《庄子·天道》："夫至人有世,不亦大乎！而不足以为累。"汉王充《论衡·自纪》："于彼为荣,于我为累。"《颜氏家训·养生》："人生居世,触途牵縶：幼少之日,既有供养之勤；成立之年,便增妻孥之累。"

[16] 韦仲将：韦诞,字仲将,三国时魏国大臣,著名书法家。《世说新语·巧艺》："韦仲将能书。魏明帝起殿,欲安榜,使仲将登梯题之。既下,头发皓然。因敕儿孙勿复学书。"刘孝标注："《文章叙录》曰：'韦诞字仲将,京兆杜陵人,太仆端子。有文学,善属辞。以光禄大夫卒。'卫恒《四体书势》曰：'诞善楷书,魏宫观多诞所题。明帝立陵霄观,误先钉榜,乃笼盛诞,辘轳长絙引上,使就题之,去地二十五丈。诞甚危惧,乃戒子孙绝此楷法,著之家令。'"此为韦仲将遗戒。《世说新语·方正》篇刘孝标注引宋明帝《文章志》有近似的记载。王利器《颜氏家训集解》评价说："献之以方正自处,故不为人所役使,贤于之推习艺不须过精之说矣。"

[17] 有以：有道理；有原因。《汉诗》卷七附《胡笳十八拍》："我非贪生而恶死,不能捐身兮心有以。生仍冀得兮归桑梓,死当埋骨兮长已矣。"《史记·商君列传》太史公曰："余尝读商君开塞耕战书,与其人行事相类。卒受恶名于秦,有以也夫！"《梁诗》卷八何逊《入东经诸暨县下浙江作》："虚信苍苍色,未究冥冥理。得彼既宜然,失之良有以。"又卷二六刘孝胜《升天行》："秦皇多忌害,元朔少宽仁。终无良有以,非关德不邻。"又作"有已"。《全晋文》卷二四王羲之《杂帖》："不因放恕之会,得期于奉身而退,良有已,良有已。"

注释词语索引

说明：

    1. 本索引收入《中古汉语读本》（上海教育出版社，2006 年版）中加注的词语，包括词组、习语，在词语后面依次注明篇名、注释序号及所在页码。

    2. 篇名全部用简称，如"汉武——汉武故事""洛景——洛阳伽蓝记·景宁寺""诗晋——诗歌·晋诗""颜杂——颜氏家训·杂艺"等，余可类推。

    3. 同一词语意思相同而分见数处，如有为主注释或例证较多的条目则加"△"标明。

    4. 一词多义的词语，如出现次数较多，又各有注释的，则分条排列。

    5. 本索引最早是在钱群英博士的协助下编成的，2018 年再版时，复得友生王健、乐优，以及熊润竹、方祺祎检核订正，特此致谢。

重 印 附 记

  拙编自今年 3 月印行以来,幸承学界师长、友人的厚爱,屡蒙指正。特别是年届八秩高龄的张永言先生以及南京大学的真大成博士等师友先后赐信,眼明心热,校正了许多排校及原文疏误。我们自己在阅读和使用时,也发现了不少问题。今乘重印之际,在不影响版面的情况下,尽可能地对已经发现的疏失及体例不一之处进行修改订正。在此,对张先生、大成博士以及所有关注本书的同仁、读者致以衷心的感谢! 希望今后继续得到各位的帮助和指正。

方一新　王云路

2006 年 7 月 20 日

后　记

　　今年开春时节，我们收到上海教育出版社编审徐川山先生的邮件，说今年恰逢上海教育出版社建社 60 周年，社里计划重印一批 60 年来的经典著作，作为纪念和献礼，《中古汉语读本》也在计划之列。

　　听闻消息，我们受宠若惊，也很感激。《读本》从 20 世纪 90 年代初期初版以来，受到学界的关注，也陆续有多位先生撰文商榷，提出讨论，只要我们觉得有道理，就都欣然采纳，已于 2006 年 3 月和 7 月两度修订再版。如今承蒙不弃，再次印行，自当尽力完善之。但上教社说时间紧，建议我们不作全面修订，主要是就发现的 2006 版的一些疏误酌作订正。

　　于是我们急忙翻检札记，把原先发现的记有 2006 年版疏误的《读本》过录本找出来，加上友生阚绪良、许菊芳、孙尊章、王健等几位提出意见，综合几篇商榷补正文章，研究生刘潇、陆海燕等帮助录入，写出了一个有 34 条订补意见的校勘记发给川山兄。接着请友生孟奕辰核对了所有梵文引例，是正多处。孙尊章博士带着他的本科生，轮流细读拙编，又发现、校正了《读本》的失误十多处。本书责编廖宏艳带着熊润竹、方祺祎和乐优，重新编辑索引，友生王健博士通读索引，共同检核订正了 2006 版索引的许多失误，提高了准确性。

　　对为《读本》修订提供帮助的各位师友和友生，我们都牢记在心，谨在这里表示衷心的感谢。还要感谢的是上教社本版次责编廖宏艳女士，她认真负责，常常会为了某个字词的解释、某条索引的出入跟我们往返讨论，细加斟酌，令人感动。

　　从 1993 年在吉林教育出版社出版第一版，到 2006 年由上海教育出版社出版修订本(第二版)，直到今天，《读本》已经走过了二十五年的路程，不可谓短，而我们也已经由青年踏入老年的门槛了。在这二十五年中,随着计算机科技的发展,研究手段和搜集资料的方式也已经发生了翻天覆地的变化,当时为一个例证而"踏破铁鞋无觅处"的苦恼和"得来全不费工夫"的欣喜都烟消云散了,便捷的检索方式和多年的学习积累,使我们很想对《读本》作一次全面修订。今后有机会,当对《读本》再作修订,以弥补缺憾。读者诸君如果发现《读本》重印本的错误,希望能不吝指正,我们非常感谢。

谢谢上海教育出版社,谢谢徐川山先生,谢谢廖宏艳编辑,更要感谢各位同门友生、广大读者的关心和厚爱,有你们的关心和帮助,我们会在中古汉语研究领域继续走下去。

王云路　方一新
2018 年 11 月 26 日于杭州

图书在版编目(CIP)数据

中古汉语读本 / 方一新，王云路编著. —修订本
.—上海：上海教育出版社，2018.11（2020.8重印）
（语言学经典文丛）
ISBN 978-7-5444-8424-4

Ⅰ.①中… Ⅱ.①方… ②王… Ⅲ.①古汉语—研究
Ⅳ.①H109.2

中国版本图书馆 CIP 数据核字(2018)第 251972 号

责任编辑　廖宏艳
特约编辑　徐川山
封面设计　陆　弦

中古汉语读本（修订本）
　方一新　王云路 编著
_____

出版发行　上海教育出版社有限公司
官　　网　www.seph.com.cn
地　　址　上海永福路 123 号
邮　　编　200031
印　　刷　上海展强印刷有限公司
开　　本　965×635　1/16　印张 31　插页 4
字　　数　445 千字
版　　次　2018 年 11 月第 1 版
印　　次　2020 年 8 月第 2 次印刷
书　　号　ISBN 978-7-5444-8424-4/H·0281
定　　价　106.00 元
_____

如发现质量问题，读者可向本社调换　　电话：021‐64377165